Elektronische Dienstemärkte

Springer
Berlin
Heidelberg
New York
Barcelona
Hongkong
London
Mailand
Paris
Singapur
Tokio

Michael Merz

Elektronische Dienstemärkte

Modelle und Mechanismen des Electronic Commerce

Mit 99 Abbildungen
und 12 Tabellen

Springer

Dr. Michael Merz

Fakultät Informatik, VSYS
Universität Hamburg
Vogt-Kölln-Straße 30
D-22527 Hamburg

merz@informatik.uni-hamburg.de

ACM Computing Classification (1998): K.4.4, C.2.4, J.1, J.4, K.6.0

ISBN-13:978-3-540-63518-5

Die Deutsche Bibliothek – CIP-Einheitsaufnahme

Merz, Michael:
Elektronische Dienstemärkte: Modelle und Mechanismen des
electronic commerce/Michael Merz. - Berlin; Heidelberg;
New York; Barcelona; Hongkong; London; Mailand; Paris; Singapur;
Tokio: Springer, 1999
ISBN-13:978-3-540-63518-5   e-ISBN-13:978-3-642-59842-5
DOI: 10.1007/978-3-642-59842-5

Umschlaggestaltung: Künkel + Lopka, Heidelberg
Satz: Datenaufbereitung perform, Heidelberg
SPIN 10643177   45/3142SR – 5 4 3 2 1 0 – Gedruckt auf säurefreiem Papier

Geleitwort

Der „Markt" war schon seit jeher eine der grundlegenden Koordinationsformen für den Austausch von Waren und Dienstleistungen zwischen Menschen – in ganz unterschiedlichen Kulturen und Zeiten. Dabei war es bisher in der Regel unabdingbar, daß sich dazu die beteiligten Handelspartner – entweder selbst oder durch andere vertreten – an einem gemeinsamen Ort trafen, um miteinander zu kommunizieren und einen derartigen Austausch abzuwickeln.

Mit der weiten Verbreitung der Informations- und Kommunikationstechnologie haben sich diese Randbedingungen für die Realisierung von Märkten inzwischen drastisch gewandelt: So ist es z.B. zum einen nicht mehr notwendig, sich zur Durchführung von Handelstransaktionen überhaupt an einem gemeinsamen Ort zu treffen, zum anderen sind etwa die Angebotserstellung, der Zahlungstransfer sowie z.T. auch das Aushandeln der Konditionen von Handelsgeschäften heute sehr weitgehend automatisierbar. Als Kommunikationsnetz wird dafür zunehmend das Internet nutzbar.

Ein aktuelles Schlagwort der anwendungsorientierten praktischen Informatik stellt daher der „Electronic Commerce" (EC) dar, der sich insbesondere mit der technischen Unterstützung elektronischen Handelns durch Methoden der Telekommunikation und der Informatik befaßt. EC findet starkes Interesse in ganz unterschiedlichen Branchen (z.B. bei der z.Zt. sehr stürmischen Entwicklung von Anwendungssoftware im Internet) sowie in einer Vielzahl aktueller Veröffentlichungen und Konferenzen. Beim Electronic Commerce müssen eine ganze Reihe von Teilfunktionen berücksichtigt und technisch angemessen unterstützt werden: Zu diesen zählen unter anderem die elektronische Bezahlung, Sicherheitsmechanismen und -dienste, die softwaretechnische Koordination von Handelstransaktionen oder die Organisation unternehmensübergreifender Geschäftsprozesse. Alle diese Funktionen sollen dabei letztendlich nicht nur innerhalb geschlossener (proprietärer) Organisationen, sondern adhoc auch zwischen den heterogenen informationstechnischen Infrastrukturen unterschiedlicher Partner ausführbar sein.

Thema des vorliegenden Buches ist es nun, von der Analyse elementarer Marktmechanismen ausgehend zu untersuchen, wie diese auf bestmögliche Weise mit Methoden der Informatik umgesetzt und unter Verwendung moderner Kommunikationsnetze realisiert werden können. Der dabei anvisierte *elektronische Dienstemarkt* nutzt den Koordinationsmechanismus von Angebot und Nachfrage auch für die Entwicklung kooperativer Softwarekomponenten in offenen verteilten Umgebungen aus.

Diese Frage beschäftigt heute insbesondere Telekommunikations- und andere Dienstleistungsunternehmen, wie z.B. Banken. Sie versuchen zunehmend, elektronische Marktplätze einzurichten, über die sie sowohl eigene als auch fremde Produkte oder Dienstleistungen handelbar machen. Dafür sind jedoch bisher meist eigenständige, proprietäre Betreiberorganisationen erforderlich, die die Offenheit derartiger Märkte noch immer sehr stark beschränken.

Die in diesem Buch vorgestellten technischen Methoden und Konzepte für die Realisierung elektronischen Handels heben diese Beschränkung auf und versuchen – ähnlich dem Internet auf der Kommunikationsebene, den elektronischen Marktplatz als ein öffentliches Forum aufzufassen, bei dem konsequent jede Dienstleistung von beliebigen Anbietern im Wettbewerb erbracht werden kann. Dies gilt auch für die in der Praxis wichtigen Unterstützungsfunktionen wie z.B. die Abwicklung des Zahlungstransfers oder die Funktion eines unabhängigen Notars.

Angesichts der heute noch recht unkoordinierten Entwicklung erforderlicher Softwarekomponenten stellt die Schaffung eines einheitlichen Rahmenwerkes für den EC und dessen systemtechnische Unterstützung eine ganz besondere Herausforderung dar. Zum einen sollte ein solcher Rahmen weitgehend „offen" sein, um dem rasanten Fortschritt auf diesem Gebiet gerecht werden zu können, zum anderen jedoch sind Rollen, Regeln und Funktionen einer EC-Infrastruktur so weit festzulegen, daß ein Mindestmaß an Interoperabilität zwischen unterschiedlichen Marktteilnehmern gewährleistet werden kann.

Das Buch leitet dazu schrittweise von der Identifikation elementarer Marktprozesse und -mechanismen eine Architektur zur Realisierung solcher generischen elektronischen Marktsysteme ab. Neu an diesem Vorgehen ist die konsequente Orientierung an grundlegenden mikroökonomischen Marktmechanismen. Als Resultat ist eine solche systemtechnische Infrastruktur für den elektronischen Dienstemarkt aus ganz unterschiedlichen Perspektiven *offen*:

- *offen als Markt*, d.h., sie hindert neuartige Anbieter oder Nachfrager nicht durch technische oder ökonomische Zwänge daran, einen Dienst anzubieten bzw. zu nutzen.
- *offen in ihrer Standardisierung*, d.h., die Marktinfrastruktur nimmt weder zuviel Anwendungssemantik vorweg noch spart sie unentbehrliche Komponenten aus. Idealerweise stellt dabei deren Standardisierung selbst einen Wettbewerbsprozeß dar, bei dem Standards schrittweise und innerhalb spezialisierter Anwendergruppen entstehen.
- schließlich *offen* im Sinne der *Interoperabilität* und *Portabilität* der entsprechenden Software, die für die technische Realisierung einer Marktinfrastruktur als *offenes verteiltes System* vorausgesetzt werden.

Die Leserinnen und Leser dieses Buches werden besonders von drei Schwerpunkten profitieren:

- Der Zusammenhang zwischen dem volkswirtschaftlichen Verständnis von Marktmechanismen und den Anforderungen an eine generische informationstechnische Infrastruktur für „Electronic Commerce" wird aufgezeigt.
- Die derzeit verfügbaren informationstechnischen Mittel zur Realisierung solcher Infrastrukturen werden erklärt und auf ihre Brauchbarkeit hin bewertet.

- Eine Kompromißlinie zwischen notwendiger Standardisierung und Offenheit für neue Leistungsangebote wird gefunden und exemplarisch anhand eines prototypischen Systementwurfs demonstriert.

Damit entsteht ein begründeter Maßstab für die Beurteilung der inzwischen überreichlich angepriesenen EC-Systeme, und zwar sowohl hinsichtlich der angebotenen Leistungen als auch der eingesetzten technischen Mittel. Deshalb sollten alle, die sich beruflich oder interessehalber die Urteilsfähigkeit auf diesem Gebiet erhalten müssen oder wollen, dieses Buch lesen.

Eckard Raubold, Winfried Lamersdorf

Vorwort

Ein elektronischer Dienstemarkt (EDM) bildet den marktwirtschaftlichen Koordinationsmechanismus von Angebot und Nachfrage auf verteilte Softwarekomponenten ab. Er steht demnach als verteiltes System Dienstanbietern und -nachfragern jederzeit und an jedem Ort zur Durchführung von Handelstransaktionen zur Verfügung.

Die Erfüllung dieser Voraussetzung kann jedoch für die Konzeption und Realisierung eines EDM zu erheblichen Problemen führen, deren Lösungen häufig im Widerspruch zueinander stehen: Entweder unterstützen verteilte Informationssysteme konventionelle Handelstransaktionen des realen Marktes nur auf der Kommunikationsebene (und damit unvollständig), oder sie sind spezialisiert auf den Handel mit einem bestimmten Produkt – dann ist jedoch das Marktsystem häufig in der Vielfalt seiner Produkte, Koordinationsprozesse oder in seiner Evolutionsfähigkeit zu sehr eingeschränkt.

Das Ergebnis des vorliegenden Buches ist nun eine Softwarearchitektur, die bei reduziertem Modifikationsaufwand *beiden* Anforderungen gerecht wird. Das Vorgehen führt dabei schrittweise von der Identifikation elementarer Marktprozesse über die Ableitung eines deskriptiven *EDM-Modells* hin zur präskriptiven *GEMS-Architektur* für *Generische Elektronische Marktsysteme*. Sie definiert zunächst die wesentlichen Rollen, die Dienstnehmer und -erbringer auf dem EDM einnehmen können. Hierbei können sowohl Wertschöpfungsketten der Dienstnutzung entstehen als auch multilaterale Beziehungen zwischen Anbietern, Nachfragern und einer beliebigen Menge von *Unterstützungsdiensten*, die als unparteiische Dritte der Durchführung einer Handelstransaktion dienen. Damit entstehen bilaterale, trilaterale oder multilaterale Konfigurationen involvierter Softwaresysteme, die eine einheitliche Verfahrensweise zur Koordination durch das GEMS erfordern.

Um diese verschiedenen Dienste flexibel konfigurieren zu können, wird ein allgemeines Konzept zur Definition von Schnittstellen, Semantik und Rollen involvierter Diensterbringer vorgestellt. Die *Dienstrepräsentation* ist dabei ein adäquates Beschreibungsmittel für Aufgaben der Konformitätsprüfung, der Konfigurationsbeschreibung und der Datenkapselung.

Schließlich wird im dritten Teil die Realisierung der GEMS-Architektur erläutert und durch Anwendungsbeispiele illustriert. Diese Komponenten stellen das praktische Resultat des Projekts COSM (Common Open Service Market) dar, dessen Implementierung dieses Buch konzeptionell zugrundeliegt.

Hamburg, im März 1999   Michael Merz

Inhalt

Teil III   Realisierung einer EDM-Infrastruktur 283

Teil I
Elektronische Dienstemärkte

„Zähmen, das ist eine in Vergessenheit geratene Sache", *sagte der*
Fuchs. *„Es bedeutet, sich ‚vertraut machen'."*
„Vertraut machen?"
„Gewiß", sagte der Fuchs. „Noch bist Du für mich nichts als ein
kleiner Junge, der hunderttausend kleinen Jungen völlig gleicht.
Ich brauche Dich nicht, und Du brauchst mich ebensowenig. Ich bin für
Dich nur ein Fuchs, der hunderttausend Füchsen gleicht. Aber wenn
Du mich zähmst, werden wir einander brauchen. Du wirst für mich ein-
zig sein in der Welt. Ich werde für dich einzig sein in der Welt ..."

Antoine de Saint-Exupéry, Der kleine Prinz

Auf dem elektronischen Dienstemarkt gilt es, eine in der Gesamtheit für die Teilnehmer nicht mehr überschaubare Menge von Diensten, Dienstnehmern und daraus resultierenden Beziehungen zwischen diesen zu koordinieren. Wie in der Einleitung
aufgezeigt, bietet sich hier jedoch der Marktmechanismus als geeignete Koordinationsform für die Zusammenführung des Angebots von Diensten und der Nachfrage
nach ihnen an.

Das Ziel des Buches ist nun der Entwurf eines solchen elektronischen Dienstemarktes (zweiter Teil) sowie seine prototypische Realisierung (dritter Teil). Daß
der Markt als Koordinationsmechanismus für verteilte Softwaresysteme überhaupt
anzustreben ist, wird in diesem Teil motiviert. Dabei wird zunächst eine vorwiegend
ökonomisch orientierte Sichtweise gegenüber dem Phänomen des Marktes eingenommen, die sich schrittweise einer informationstechnischen nähert. Die Funktion
dieses ersten Teils liegt somit in der Motivation des Marktes als geeignetem Koordinationsmechanismus und in der Identifikation seiner spezifischen Anforderungen an
Teilnehmer und Infrastruktur. Der Überschrift dieses Teils entsprechend werden nach
der Einleitung die Begriffe *Markt*, *elektronischer Markt* und schließlich *elektronischer Dienstemarkt* in der genannten Reihenfolge eingeführt und diskutiert.

1 Einleitung

Netze und Dienste

Verteilte Rechensysteme im weitesten Sinne existieren bereits seit über 20 Jahren. Galt es in der Frühphase der Vernetzung, Daten und Dateien auszutauschen und einen korrekten Transfer dieser Daten zwischen Einzelrechnern sicherzustellen, so entstand im Laufe der fortschreitenden Vernetzung zunehmend die Forderung nach Standardisierung von Struktur und Semantik dieser Daten. Die Heterogenität sowie der steigende Vernetzungsgrad von Rechensystemen erforderten Lösungsansätze in Form dedizierter Kommunikationsschnittstellen, die schließlich zu komplexen, integrierten Familien von Standards führten, die im Rahmen der Open Systems Interconnection (ISO/OSI) empfohlen wurden oder als technische Realisierungen im Internet (etwa TCP/IP) weltweite Verbreitung fanden. Erst durch anspruchsvolle Unterstützungsmechanismen, wie z.B. Routing-Systeme, Namens- und Verzeichnisdienste oder Dienste des Netzwerkmanagements, konnte die heute gegebene Verteilungstransparenz erreicht werden. Diese erlaubte schließlich das rapide Wachstum, das zur internationalen Vernetzung vieler Millionen Rechnerknoten im Internet führte. Obwohl sich national und international eine Vielzahl von Betreibern die Administration dieses Netzes teilen, bietet es doch dem individuellen Endanwender ein Transparenzmaß, das aus technischer Sicht die Punkt-zu-Punkt-Kommunikation mit beliebigen Partnern weltweit gestattet.

Diese Entwicklung induziert jedoch auch spezifische Probleme: Die weltweite Benutzergemeinde im Internet wird heute auf weit über 100 Millionen Teilnehmer geschätzt – also bereits jetzt jenseits der Größenordnung unserer Volkswirtschaft. Dies bedeutet zum einen, daß eine immer differenziertere Vielfalt an Dienstleistungen zur Verfügung stehen kann, andererseits fehlen jedoch aus historischen Gründen Mechanismen, die ihre effiziente Bereitstellung und Nutzung fördern: Ursprünglich diente das Internet als zuverlässige Kommunikationsinfrastruktur für militärische bzw. akademische Nutzerkreise, die es weniger zur Befriedigung ökonomischer Interessen einsetzten, sondern vielmehr als Werkzeug für den Datenaustausch.

Neben diesem Datentransfer per se treten zunehmend verteilte Client/Server-Anwendungen, Mechanismen der Koordination verteilter Aktivitäten und Dienste zur Telekommunikation und Telekooperation. In jeder dieser Entwicklungen spielt der Mensch nicht nur als Nutzer, sondern auch als integraler Bestandteil verteilter Anwendungen eine bedeutende Rolle als Nachfrager oder Anbieter. Das verteilte System des Internets einschließlich seiner Anwendungskomponenten und Benutzer entwickelt sich damit zu einer hybriden Gesamtheit, die mit zunehmender Anwendungsorientierung weder zentralisiert verwaltet noch in ihrer Vielfalt normiert werden kann und sollte.

Diese Heterogenität verteilter Anwendungssysteme schlägt sich schließlich in der hohen Differenzierung und Spezialisierung anwendungsnaher Protokollstandards nieder. Während z.B. in der Praxis des Internet auf der Transportebene in den meisten Fällen TCP/IP als einziges Kommunikationsprotokoll zum Einsatz kommt, ist die Anzahl anwendungsnaher Standards nicht mehr zu ermessen. Entsprechend komplex gestaltet sich gerade vor diesem Hintergrund die Entwicklung verteilter Anwendungen und das Ausfaktorisieren abgrenzbarer Funktionen in Form allgemeingültiger *Middleware-Dienste*. Im Gegensatz zur Standardisierung eines Transportprotokolls steht bei den hierbei zu entwickelnden *Verteilungsplattformen* gerade die flexible Integration heterogener Softwarekomponenten und ihrer Anwender zu einer logischen Gesamtheit unter Wahrung von Verteilungstransparenz im Vordergrund.

Als weitere Bedingung kommt hinzu, daß die Architektur einer verteilten Anwendung nicht notwendigerweise statisch sein muß: Potentiell kann jederzeit eine Softwarekomponente ausgetauscht werden – mit oder ohne „Wissen" beteiligter Anwendungen oder Benutzer. Während in lokalen Netzwerken oder generell innerhalb geschlossener Organisationen eine zentralisierte Konfiguration solcher Softwaresysteme möglich und erwünscht ist, kann im Bereich organisationsübergreifendender Systeme nicht mehr von dieser Annahme ausgegangen werden. Da jedoch zunehmend auch kommerzielle Dienstleistungen von organisationsexternen Anbietern über das Internet in Anspruch genommen werden sollen, bestehen durch seine Nutzer funktionelle und auch rechtliche (An-)Forderungen gegenüber diesen Diensten. Gerade hier besteht jedoch eine erhebliche „ökonomische Lücke" bei der Abbildung von Anbieter/Nachfrager-Beziehungen des konventionellen Marktes auf die technische Netzinfrastruktur.

Der Dienstemarkt

An dieser Stelle eröffnet sich nun eine qualitativ neue Betrachtungsweise des verteilten Systems als *Komponentenmarkt* (vgl. z.B. [Cox93, MiDr88]). Hierbei liegt der Gegenstand der Untersuchung nicht nur in der prinzipiellen technischen Austauschbarkeit von Komponenten, also der *effektiven* Nutzung von „Componentware", sondern vor allem in der *effizienten* Konstruktion einer verteilten Anwendung unter Berücksichtigung von *Nutzungs*kosten der Komponenten selbst und denen ihrer Bereitstellung und Integration. Wie weiter unten ausführlich behandelt, impliziert eine solche Betrachtung des verteilten Systems als Markt jedoch die Voraussetzung einer Vielzahl ökonomischer Grundmechanismen, die zunächst nicht Entwurfsziel der bereits erwähnten Verteilungsplattformen und auch nicht des Internets selbst waren. Daß die Metapher des Marktes in der Literatur zunehmend zur Charakterisierung der Interaktion zwischen verteilten Softwarekomponenten verwendet wird [TsWH90, Popi95, Müll96], liegt nicht zuletzt auch an der Feststellung, daß eine netzweit zentralisierte Administration und damit auch die Koordination von Softwarekomponenten nicht mehr effizient möglich ist. Über die *Metapher* hinaus setzt die Verwendung des Marktbegriffes eine unmittelbare Koordination der volkswirtschaftlichen Organisation von Güterproduktion und Gütertausch voraus, die aufgrund der Komplexität von Beziehungen, Informationen und Entscheidungsprozessen nicht (oder nur bei suboptimalem Gesamtnutzen) zentralisiert abgewickelt werden kann.

Sicherlich wird in der Realität für die Abwicklung marktwirtschaftlicher Prozesse die Datenkommunikation bereits als Vehikel eingesetzt (vgl. z.B. zu diesem Zweck eingerichtete Systeme und Standards wie SWIFT im Interbanken-Datenverkehr oder EDI [ISO-EDI94] beim zwischenbetrieblichen Datenaustausch im allgemeinen). Im Zusammenhang mit dieser Untersuchung steht jedoch nicht die Analyse im Vordergrund, wie eine bestehende Netzwerkinfrastruktur für diese Durchführung konventioneller Handelsaktivitäten genutzt werden kann, sondern vielmehr die entgegengesetzte Betrachtung, wie das Koordinationsprinzip des Marktes in seiner volkswirtschaftstheoretischen Definition als Mechanismus für die Selbstkonfiguration im Wettbewerb stehender Softwarekomponenten operationalisiert werden kann.

Zusammenfassend nähert sich die Untersuchung eines solchen *elektronischen Dienstemarktes* ihrem Gegenstand aus zwei Perspektiven:

- Einerseits hat die Netzwerkinfrastruktur eine hinreichend hohe Omnipräsenz erlangt, so daß prinzipiell beliebige Dienstleistungen online zur Verfügung gestellt und auch genutzt werden können (*Elektronische Dienste*).
- Zum anderen wird argumentiert, daß vor diesem Hintergrund das mikroökonomische Marktmodell unter Einhaltung gewisser Randbedingungen zu einem effizienteren Koordinationsmechanismus und damit höherem gesamtwirtschaftlichen Nutzen führt (*Markt*).

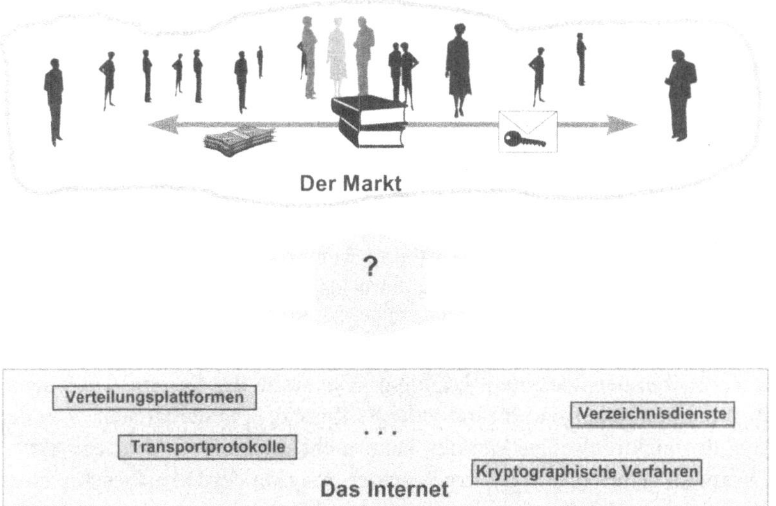

Abb. 1. Die „ökonomische Lücke"

Der elektronische Dienstemarkt ist damit eine Plattform zur marktmäßigen Koordination der Dienstnutzung. Er dient als Bindeglied einerseits zwischen der Anforderung an einen Koordinationsmechanismus, die aus der unübersichtlichen Vielzahl an Nutzern resultiert und der technischen Infrastruktur des Internets andererseits, der es an einer geeigneten „Middleware" zur Unterstützung von Marktprozessen mangelt. Der elektronische Dienstemarkt stellt somit die Synthese der systemtechnischen Infrastruktur und einem Koordinationsmechanismus aus dem wenig formalisierbaren Bereich marktwirtschaftlicher Handelstransaktionen[1] dar (Abb. 1). Dieser Aufgabe, ökonomisch bedeutungsvolle Aktivitäten auf die systemtechnische Ebene abzubilden, ohne dabei die Flexibilität des Marktes einzuschränken, ist das vorliegende Buch gewidmet.

Zielsetzung des Buches

Der Titel „Elektronische Dienstemärkte" weist bereits auf die inhärente Interdisziplinarität des Untersuchungsgegenstandes hin. Dabei wird angestrebt, anhand von Grundlagen der ökonomischen Theorie den Entwurf eines verteilten Systems zu befruchten. Obwohl dieses Buch dem Ziel des Systementwurfs und seiner Realisierung gewidmet ist, werden auch bei der Behandlung dieser Fragen ökonomisch relevante Erfolgsfaktoren als Qualitätsmaß des technischen Entwurfes herangezogen. Diese enge Verzahnung ökonomischer und systemtechnischer Perspektiven beeinflußt nicht nur offensichtlich relevante Bereiche, wie etwa die Abrechnung von Handelstransaktionen, sondern erstreckt sich z.B. auch auf typtheoretische Grundlagen der Dienstnutzung. Grundhypothese ist dabei, daß eine Plattform für verteilte Anwendungen geschaffen werden kann, die eine marktmäßige Dienstbereitstellung und -nutzung unterstützt.

Da nicht jede Produktgattung und jede Nutzungsform von Diensten durch Standards der Marktinfrastruktur vorweggenommen werden kann, sollte ferner die Fortentwicklung des Gesamtsystems insbesondere durch seine *Anwender* selbst erlaubt sein, so daß es offen evolvieren kann. Der erwartete Nutzeffekt liegt in der Reduktion des Aufwandes, den ein Dienstanbieter oder Nachfrager leisten muß, wenn eine solche Weiterentwicklung vorgenommen wird:

- Ein *neuer Dienst* sollte unmittelbar und ohne zentrale Administration bereitgestellt werden können. Vom System wird hierbei ausreichend Flexibilität erwartet, um auf kommunikationstechnischer Grundlage eine dynamische und gleichzeitig sichere Nutzung dieses Dienstes zu gewähren. Bei Bedarf sollte jedoch auch die Standardisierung der Schnittstelle und Semantik des Dienstes effizient unterstützt werden. Anwendungen des elektronischen Dienstemarktes benötigen also Mechanismen der Infrastruktur, die ihre Standardisierung beschleunigen helfen.
- Erweiterte *Techniken der Dienstbeschreibung*. Hier sollte das System durch seine Nutzer selbst manipulierbar und für individuelle Zwecke erweiterbar sein. Von der Infrastruktur des elektronischen Marktes kann nicht erwartet werden, daß sie in statischer Form alle sinnvollen oder erwünschten Aspekte der Dienstbeschreibung vorwegnehmen kann. Folglich ist ein generischer Mechanismus erforderlich, der es nicht nur erlaubt, Dienste in beliebigem Maße zu spezifizieren, sondern der gleichzeitig durch Elemente der Infrastruktur verarbeitet werden kann.

---

[1] Der Begriff der „Transaktion" wird im Rahmen dieses Buches in unterschiedlichen Kontexten verwendet. Falls dies aus dem Textzusammenhang nicht deutlich wird, ist explizit entweder von „Handelstransaktion" oder „Datenbanktransaktion" die Rede. Dieses terminologische Problem einer interdisziplinären Arbeit gilt grundsätzlich für weitere Begriffe, deren thematische Zuordnung sich jeweils aus dem Kontext ergibt.

- Auch *Funktionen der Infrastruktur* selbst sollten bei Bedarf ohne hohen Konfigurationsaufwand und vor allem ohne die Notwendigkeit einer global zu installierenden, neuen Version der Systemsoftware integrierbar sein. Dies gilt bei einem elektronischen Dienstemarkt z.B. für sensitive Funktionen des Zahlungsverkehrs oder der Absicherung von Kommunikationsverbindungen etwa durch Notariatsdienste.

Anstelle nun mit hohem Aufwand jeweils eine isolierte, vollständige Anwendungsumgebung etwa für das Angebot spezifischer Dienste zu entwickeln, sollte die Infrastruktur eines elektronischen Dienstemarktes ein ausgewogenes Maß an Generik bieten, das im Hinblick auf die Gesamtheit der Teilnehmer – also die Volkswirtschaft – den Aufwand zur Bereitstellung und Nutzung kommerziell angebotener Dienste minimiert. Dieser Aufwand setzt sich aus folgenden Komponenten zusammen:

- *Bereitstellungskosten der Marktinfrastruktur* selbst (Netzinstallation, Entwicklung der Infrastruktur des elektronischen Dienstemarktes),
- *Nutzungskosten der Marktinfrastruktur* (Kommunikationsgebühren, Subskriptionsgebühren),
- *Bereitstellungskosten einer Anwendung* (etwa eines Buchungsdienstes, eines Online-Reisebüros oder einer Terminalsoftware) sowie
- *Nutzungskosten der Anwendung* (Transaktionskosten je Dienstzugriff, z.B. für die Abwicklung des Zahlungsverkehrs).

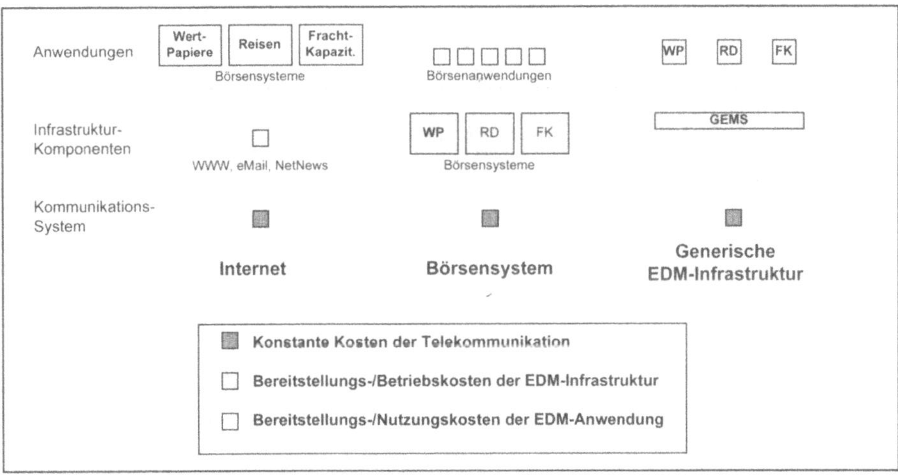

Abb. 2. Bereitstellungs- und Nutzungskosten von Infrastruktur und Anwendungen

Je nach Ausgestaltung der Infrastruktur ergibt sich für die Marktteilnehmer (Nachfrager, Anbieter bzw. Infrastruktur-Betreiber) eine andere Kostenverteilung:

Wenn die Netzinfrastruktur – wie im heutigen Internet – lediglich TCP/IP als gemeinsames Basisprotokoll einsetzt und ansonsten Protokolle für eMail, WWW oder den Datenaustausch zur Verfügung stehen, so sind die *Bereitstellungskosten kommerzieller Anwendungen* vergleichsweise hoch. Dies wird durch hohe Nutzungskosten für jeden individuellen *Anwender* noch verstärkt (vgl. die qualitative Gegenüberstellung der Kostenaufteilung in Abb. 2).

Im entgegengesetzten Fall etwa eines *elektronischen Börsensystems* ist nicht nur das Kommunikationsprotokoll, sondern auch die Abrechnung, die Produktbeschreibung und der Abgleichmechanismus für Angebot und Nachfrage als Teil der Systeminfrastruktur vorgegeben. Hier ist der Nutzer mit vergleichsweise geringen Nutzungskosten konfrontiert, andererseits als Marktteilnehmer jedoch durch das Börsensystem stark auf eine Produktgattung (z.B. Wertpapiere) eingeengt. Sollen bezüglich Schnittstelle und Semantik heterogene Dienste gehandelt werden, wäre eine Vielzahl jeweils spezifischer und voneinander abgegrenzter Börsensysteme erforderlich. Diese Situation wäre aufgrund der jeweils hohen *Entwicklungskosten von Infrastrukturen* durch ein hohes Maß an volkswirtschaftlicher Ineffizienz charakterisiert.

Das Ziel des Buches liegt letztlich in der Synthese dieser Ansätze, d.h. im Entwurf einer Marktsystemarchitektur, die grundsätzlich eine Vielzahl *heterogener* Handelstransaktionen zuläßt und dabei die gesamten volkswirtschaftlichen Kosten der Bereitstellung und Nutzung von Infrastrukturen und Anwendungen minimiert. Einige der systemtechnischen Grundlagen eines solchen *Generischen Elektronischen Marktsystems* (GEMS) wurden im Rahmen der diesem Buch zugrunde liegenden Prototypentwicklung exemplarisch realisiert.

Zur Vorgehensmethodik

Der Ausgangspunkt der Untersuchung liegt in der Motivation des ökonomischen Marktmechanismus nicht nur als *ein*, sondern als *das effizienteste* Koordinationsinstrument für die Bereitstellung und Nachfrage von Anwendungsdiensten in verteilten Rechnernetzen. Der Abstützung dieser These ist der erste Teil des Buches gewidmet. Architekturen von Verteilungsplattformen, die sich jeweils auf der Basis verschiedener Kooperationsmechanismen als Bausteine für die prinzipielle Realisierung einer solchen Umgebung eignen, werden nachfolgend untersucht mit dem Ergebnis, daß die meisten dieser Ansätze speziellen Anforderungen einer marktorientierten Infrastruktur nur punktuell gerecht werden. Kein Ansatz wird jedoch ohne spezielle Erweiterung die nötige Eignung aufweisen, um die erforderliche Allgemeingültigkeit der Infrastruktur mit einer flexiblen Individualisierbarkeit für die Belange von Nutzergruppen integrieren zu können.

Diese Diskrepanz aus dem theoretisch Notwendigen und technisch Möglichen führt somit zum Entwurf der *GEMS-Architektur* für elektronische Dienstemärkte im zweiten Teil. Von herausragender Bedeutung sind dabei Aspekte einer flexiblen und gleichzeitig effizienten Dienstvermittlung und -verwaltung, der Schnittstellenkonformität sowie der Integration erforderlicher Sicherheitsmechanismen. In weitaus stärkerem Maße als innerhalb einer Unternehmensorganisation (d.h. im *Intranet*) hat eine solche Architektur die Anforderungen der Marktteilnehmer nach Sicherheit, Autonomie und der Individualisierung ihres Angebotes zu berücksichtigen.

Schließlich ist der dritte Teil des Buches einer softwaretechnischen Realisierung dieser Architektur gewidmet. Hierbei steht die Wahl der Mittel und Verfahren zur Implementation im Vordergrund. Konkrete Erfahrung aus dem COSM-Projekt (*Common Open Service Market*), dessen Ziel in der Realisierung der im dritten Teil skizzierten Komponenten bestand, fließen jeweils ein. Repräsentative Realisierungsbeispiele dienen zur Illustration der Entwicklungsfähigkeit der implementierten Infrastruktur. Hierbei stehen schließlich auch Fragen der Bereitstellungs- und Nutzungskosten von Diensten im Vordergrund, die anhand prototypischer Implementierungen erörtert werden.

Drei Phasen und drei Leitgedanken

Das erwähnte Vorgehen bildet den formalen Rahmen des Buches, der sich in drei Phasen gliedert:

- Analyse marktwirtschaftlicher Koordinationsmechanismen als Vorgabe des Architekturentwurfs durch das EDM-Modell (Teil I),
- Bestandsaufnahme geeigneter systemtechnischer Kommunikations- und Koordinationstechniken und ihre Integration in die GEMS-Architektur (Teil II),
- Darstellung der prototypischen Umsetzung anhand repräsentativer Anwendungsbeispiele und exemplarischer Lösungen im COSM-Projekt (Teil III).

In diesen Rahmen sind Fragestellungen eingebettet, die sich in allen Phasen bzw. Teilen des Buches widerspiegeln:

1. *Welche Systembestandteile sind bezüglich ihrer Schnittstellen und Semantik als Teil der allgemein verfügbaren Infrastruktur standardisiert und welche sind individuellen Anwendungen oder Benutzern zur freien Ausgestaltung überlassen?*

   Die Frage nach der Standardisierung zielt auf einen Aspekt mit starker Hebelwirkung auf den Erfolg der EDM-Infrastruktur ab: Wie wird die Dynamik des Systems durch die Infrastruktur (sozusagen durch den „ordnungspolitischen Rahmen") katalysiert bzw. gehemmt? Bei dieser Fragestellung gibt es nahezu beliebig viele Trennlinien und Abstraktionsgrade, die man zum Entwurfszeitpunkt zur Trennung der standardisierten „Plattform" von der individuellen Anwendung heranziehen könnte.

2. *In welcher Weise ist das analysierte bzw. entworfene System offen?*

   Die Frage nach der Offenheit erstreckt sich über Aspekte der Interoperabilität hinaus vor allem auf die Offenheit der Infrastruktur für neuartige Dienste- und Anwendungsklassen sowie deren Nutzung durch den Menschen. Vor allem wird sich die im ersten Teil definierte *organisatorische Offenheit* als Grundbedingung für elektronische Dienstemärkte erweisen. Aus dieser Definition ergibt sich gegenüber organisatorisch geschlossenen Systemen eine Abgrenzung, die sich als Klassifikationsmerkmal für Architekturen und Verfahren eignet. Wie sich zeigen wird, hängt das Maß der organisatorischen Offenheit von einer angemessenen Abgrenzung standardisierter und individueller Funktionen ab.

3. *Von welcher Qualität ist die Evolutionsfähigkeit des analysierten oder entworfenen Systems?*

   Die Frage der Evolutions- bzw. Entwicklungsfähigkeit ist zwar abhängig vom Grad der Offenheit, sie wird jedoch im ersten Teil des Buches als weiterer existentieller Erfolgsfaktor für eine Marktinfrastruktur identifiziert, so daß ihr eine gleichwertige Bedeutung zukommt. Dies wird sich in allen Teilen niederschlagen: In Teil I erfolgt ein Exkurs in das Schumpetersche Modell der volkswirtschaftlichen Entwicklung, das zur Prüfung aktueller Ansätze (z.B.: Online-Dienste) auf die Eignung als elektronischer Dienstemarkt herangezogen wird. Teil II berücksichtigt diese Entwicklungsfähigkeit als Entwurfskriterium der EDM-Infrastruktur, und Teil III beschreibt konkrete Anwendungen, die sich der generischen Infrastruktur bedienen, um bei höchstmöglicher Autonomie innovative Dienste anzubieten oder zu nutzen.

Eine *angemessene* Standardisierung ist also von grundlegender Bedeutung für die Folgeaspekte und erfordert somit besondere Berücksichtigung beim Entwurf eines elektronischen Marktsystems.

      „Angemessene" Standardisierung
- ⇒ Organisationale Offenheit
- ⇒ „Schumpetersche Entwicklungsfähigkeit" (vgl.Kapitel 2)
- ⇒ Effiziente Marktinfrastruktur.

Diese abstrakten Fragestellungen werden im Verlauf des ersten Teils zu einem Anforderungskatalog für eine EDM-Infrastruktur konkretisiert und dann im zweiten Teil als Prüfstein für die Qualität der dort untersuchten bzw. definierten Architekturen eingesetzt.

Sichtweisen bei der Untersuchung des Dienstemarktes als verteiltes System

Unabhängig von dieser Vorgehensmethodik läßt der Untersuchungsgegenstand „elektronischer Dienstemarkt" als verteiltes System unterschiedliche Betrachtungsperspektiven zu, die jeweils besondere Kriterien und Zusammenhänge hervorheben. Das von der ISO und der CCITT standardisierte Referenzmodell zur offenen verteilten Verarbeitung (RM-ODP, *Open Distributed Processing*, vgl. z.B. [Lini95]) bietet hierzu eine mit dem Aufbau dieses Buches „kompatible" Strukturierungsmöglichkeit. Das dort definierte Sichtenmodell unterscheidet folgende Betrachtungsperspektiven bei der Analyse und Darstellung eines offenen verteilten Systems:

1. Der *Enterprise Viewpoint* identifiziert handelnde Akteure im System sowie deren Gruppierungen, Organisationen und Rollen. Ferner werden Artefakte identifiziert, die als Handlungsgegenstand von Akteuren bearbeitet oder kommuniziert werden. Im Szenario des EDM lassen sich z.B. Anbieter und Nachfrager als Akteure und Verträge, Produkte, Zahlungsmittel oder Dokumente als Artefakte subsumieren. Der Enterprise Viewpoint beschreibt ferner die Handlungsalternativen bzw. Verfahrensweisen (*policies*), die einem Akteur zur Auswahl stehen und die von der Systeminfrastruktur oder anderen Anwendungen bereitgestellt werden.

2. Der Information Viewpoint konzentriert die Betrachtung auf Informationen, die für eine ODP-Anwendung von Bedeutung sind. Konkret handelt es sich hierbei z.B. um Schnittstellenbeschreibungen oder Repräsentationen etwa für Verträge und Zahlungsmittel. Diese Modellierung relevanter Datenstrukturen und deren Verarbeitung abstrahiert von Heterogenitätsgrenzen, technischen Inkompatibilitä-

ten oder organisatorischen Schnittstellen. Auch die Modellierung von Beziehungen zwischen diesen Informationen sowie deren Integritätsbedingungen ist Gegenstand dieser Sicht und findet in der Definition von Datenstrukturen zur Dienstbeschreibung im zweiten Teil Berücksichtigung.

3. Der *Computational Viewpoint* betont die Funktionsspezifikation von System- und Anwendungskomponenten wie auch die Interaktionen zwischen ihnen und ihren Schnittstellen. Dabei erfolgt die Festlegung dieser Kommunikations- und Kooperationsmechanismen in einer verteilungstransparenten Weise, d.h., es wird von einer zumeist physikalisch gegebenen Verteilung abstrahiert. Konkret schlägt sich diese Spezifikation im zweiten Teil des Buches im Client/Server-Modell mit dynamisch typisiertem Prozeduraufruf sowie in der Auswahl von Kommunikations- und Kooperationsmodellen nieder.

4. Der *Engineering Viewpoint* befaßt sich mit der Modularisierung durch Ausfaktorisieren dedizierter Dienste in Komponenten, die als Bausteine zur Etablierung einer Kommunikationsbeziehung zwischen zwei Anwendungsobjekten fungieren, d.h., die Systeminfrastruktur eines EDM wird untergliedert in generische Komponenten mit wohldefinierten Schnittstellen und Semantiken. Die ebenfalls im zweiten Teil dargestellten System- und Anwendungskomponenten stellen gerade solche Bausteine zur effizienten, marktmäßigen Koordination der Dienstnutzung dar. Dies bedeutet, daß nicht der Softwareingenieur Module definiert, implementiert und konfiguriert, sondern daß deren Angebot und Nutzung dezentral über den Mechanismus von Angebot und Nachfrage erfolgt.

5. Der *Technology Viewpoint* bildet schließlich die resultierende Architektur des Systementwurfs ab auf existierende Betriebssystem- und Kommunikationsmechanismen. Wenn sinnvoll, bezieht sich diese Abbildung auf Standards und Verfahren, die im Rahmen der Common Object Request Broker Architecture (CORBA) festgelegt wurden.

Dieses in Abb. 3 illustrierte Sichtenmodell nach ODP, das eine unabhängige *Betrachtungs*weise suggeriert, führt, wenn nicht zu einem Phasenmodell, so doch zumindest im Rahmen des Softwareentwurfs zu einer Trennung in die Aufgaben (vgl. [Raym94])

- Anforderungsanalyse (Enterprise Viewpoint),
- funktionale Spezifikation (Information & Computational Viewpoint),
- Entwurf (Engineering Viewpoint) und schließlich
- Implementierung (Technology Viewpoint).

Gerade in diesem Kontext vereinen sich das ODP-Sichtenmodell und die Vorgehensweise dieses Buches.

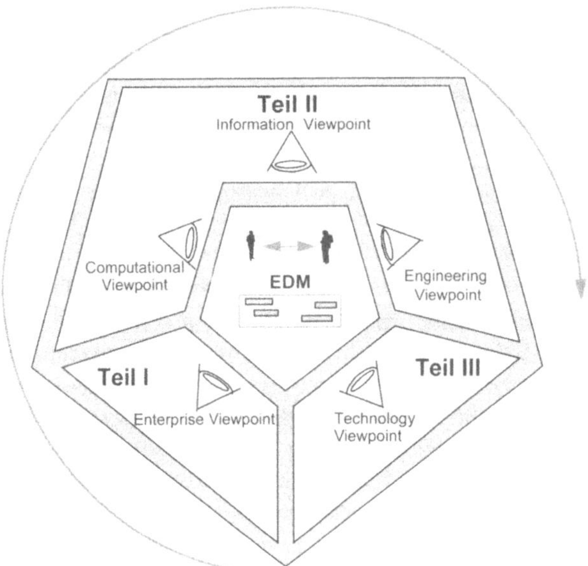

Abb. 3. ODP-Sichtenmodell

2 Modellierung elektronischer Dienstemärkte

Dieses Kapitel dient der Motivation des Preismechanismus zur effizienten Koordination von Dienstangebot und -nachfrage. Es werden zudem Gestaltungsrichtlinien für den Entwurf einer systemunterstützten Marktinfrastruktur erarbeitet. Als Ergebnis werden *kritische Erfolgsfaktoren* identifiziert, die Eigenschaften und Einschränkungen eines EDM für den Architekturentwurf im zweiten Teil des Buches vorgeben.

2.1 Einleitung

Der erste Teil des Buches ist der Untersuchung des Marktes als Koordinationsmechanismus für Dienste gewidmet. Soweit relevant, gilt es hierbei zunächst, Ergebnisse aus der ökonomischen Theorie für die Anforderungsdefinition des *gestaltbaren* Teils eines elektronischen Dienstemarktes zu berücksichtigen. „Gestaltbarer Teil" impliziert hierbei, daß ein erheblicher Teil des Phänomens „Markt" sich der Planung und somit auch einem Systementwurf entzieht. Andererseits erweisen sich gewisse regulatorische Eingriffe in die „Architektur" des Marktes als erforderlich, sofern sie nicht grundlegend diese Möglichkeit zur Selbstorganisation einschränken. Der Entwurf eines elektronischen Marktsystems – und vor allem eines nicht auf bestimmte Produktgattungen spezialisierten – stellt daher einen Balanceakt zwischen zu einschränkender Reglementierung von Strukturen, Prozessen und Inhalten einerseits und der Gefahr zu hoher Allgemeinheit und damit mangelnder Effizienz andererseits dar. An den Extrempositionen dieses Entwurfkontinuums sind etwa folgende „Architekturen" denkbar:

1. *Elektronische Schwarze Bretter* als Medien der Bereitstellung von Angeboten und der Information für Nachfragende lassen eine beliebige natürlichsprachliche oder auch graphische Ausgestaltung des Mediums zu. Ein derartiger „elektronischer Markt" (Definition folgt in Abschnitt 2.4) stellt lediglich eine elektronische Entsprechung von Anzeigenmagazinen der realen Welt als Netzwerkdienst dar. Er liefert eine angemessene Verzeichnisstruktur und nimmt die Funktion der Geschäftsanbahnung ein, ohne die komplette Abwicklung einer Handelstransaktion zu begleiten. Ferner sind Aspekte der Produktspezifikation, des Angebotes, der Nachfrage, des Vertragsschlusses und der Vertragsabwicklung zu wenig formalisiert, als daß dieses elektronische Medium zu einer weiterreichenden Unterstützung einer Transaktionsabwicklung und damit zur Steigerung der Transaktionseffizienz genutzt werden könnte. Diese Variante entspricht der aktuellen Situation im Internet und den dort gegebenen Verhältnissen zwischen Bereitstellungs- und Nutzungskosten (vgl. Abb. 2).

2. Umgekehrt stellt z.B. ein *elektronisches Börsensystem* einen auf einzelne Produktgattungen spezialisierten, regulatorisch stark eingeschränkten Markt dar. Eine Fixierung auf die homogene Produktpalette z.B. von Wertpapieren, Frachtkapazitäten oder Reiseangeboten hat einerseits die Steigerung der Transaktionseffizienz zur Folge, da gewisse Parameter einer Handelstransaktion als systemweit konstant angenommen werden können. Aufgrund dieser starken Produktspezialisierung in Verbindung mit hoher Nutzungsintensität kann das Börsensystem den Prozeß der Abstimmung von Angebot und Nachfrage – das Matching – automatisieren. Andererseits beschränkt die inhärente Spezialisierung dieses Systems eine gleichzeitige Nutzung für Produktgattungen mit abweichender Spezifikation. Zumindest wäre erheblicher Aufwand zum „Umkonfigurieren" des Systems in Kauf zu nehmen.

Die Unterschiede dieser beiden Ausprägungen lassen sich abstrakt auf ein unterschiedliches Verhältnis von standardisierten zu nicht-standardisierten Systemkomponenten der technischen Infrastruktur reduzieren: Während im Beispiel des Schwarzen Brettes Funktionen wie Angebots- oder Produktverzeichnis, Verbuchung von Zahlungen, Repräsentationen für Kauf- und Verkaufstransaktionen und deren Parameter nicht normiert sind, ist dies bei Börsensystemen der Fall. Das erste System gestattet aufgrund seiner Generik einen flexiblen Handel von Gütern und Dienstleistungen aller Art, allerdings auf Kosten der Unschärfe genutzter Produktspezifikations-, Zahlungs- und Katalogisierungsmechanismen.

Diese Beispiele sollen einen ersten Eindruck vermitteln, welche Hebelwirkung eine Verschiebung der Trennlinie zwischen standardisierter Infrastruktur und individueller Anwendung ausübt. Die Verwendung des Begriffes der „Standardisierung" bezieht sich daher im Rahmen dieses Buches vor allem auf die Teilnehmer des elektronischen Marktes selbst und korreliert nicht notwendigerweise mit speziellen Verfahren oder Organisationen zur Standardisierung. Beim Börsensystem sind z.B. die Produktspezifikation (Preis), die Produktidentifikation (Wertpapierkennummer), die Softwareschnittstelle zur Anwendung, die vertraglichen Rahmenbedingungen etc. in diesem Sinne *für alle Teilnehmer* standardisiert. Im Falle des Schwarzen Brettes betrifft dies lediglich das Kommunikationsprotokoll und einige generische Standards zur Ablage von Textdokumenten.

In der konventionellen ökonomischen Umwelt existiert keine Festlegung auf genau ein Verfahren zur Koordination von Angebot und Nachfrage. Vielmehr können die Marktteilnehmer selbst Einfluß auf ihre Handelsinfrastruktur ausüben und damit den Mechanismus des Matching beeinflussen. Dort, wo es sinnvoll erscheint, bilden sich dann in einem deregulierten Markt Schwarze Bretter, Börsensysteme oder infrastrukturelle Unterstützungsmechanismen ihrerseits nach den Vorgaben von Angebot und Nachfrage heraus. Die Koordination selbst ist damit ein *Mittel*, das Marktteilnehmern zur effizienten Organisation ihrer Austauschprozesse zur Verfügung steht.

Als Hypothese sei daher an dieser Stelle angenommen, daß eine systemtechnische Infrastruktur, die mit geringem Anpassungsaufwand sowohl als „Schwarzes Brett" als auch als „Börsensystem" genutzt werden kann, ein anzustrebendes Idealsystem darstellt. Angestrebt ist damit also eine für unterschiedliche Koordinationsformen adaptierbare Infrastruktur, deren Prozeß der Adaption seinerseits bei minimalem Aufwand vollzogen werden kann. Eine solche Infrastruktur dient in diesem Fall den handelnden

Akteuren als Instrument zur Auswahl einer angemessenen Koordinationsform. Gleichzeitig sollte diese Infrastruktur nicht nur von einer einzelnen, nicht am Markt involvierten Partei betrieben werden, sondern vielmehr von Betreibern, die ihrerseits miteinander im Wettbewerb stehen. Denn auch für das Produkt „Marktinfrastruktur" selbst sollten die Regeln von Angebot und Nachfrage gelten, so daß die Koordination der Entstehung und Interaktionen mehrerer Marktplattformen prinzipiell zu berücksichtigen sind. Eine Marktplattform ist somit im Idealfall ein sich evolutionär entwickelndes System, das neben quantitativem Wachstum auch qualitatives zuläßt, indem es seine Struktur und Prozesse zu modifizieren erlaubt. Ein solches Marktsystem setzt sich zusammen aus technischen Komponenten sowie Softwareanwendungen und Menschen, die jeweils als Anbieter oder Nachfrager agieren können.

2.2   Der Markt als Instrument der Koordination

Unabhängig von der Systemkomplexität ist ein Koordinationsmechanismus erforderlich, der die Nutzung von Softwarekomponenten, die Ausführung von Benutzeraktivitäten oder die Übermittlung von Nachrichten in einer semantisch und ökonomisch sinnvollen Weise organisiert [Kräh91]. Üblicherweise ist bei verteilten Softwareanwendungen diese Organisation inhärent durch das Verarbeitungsmodell des jeweiligen Systems bestimmt, oder es ist eine planvolle Konfiguration des verteilten Systems bzw. der verteilten Anwendung vor seiner Inbetriebnahme erforderlich. In beiden Fällen werden Abhängigkeiten der Teilaktivitäten explizit durch eine zentralisierte Administration definiert und gesteuert. Mit zunehmender Organisationsgröße wird das Verfahren der zentralisierten Koordination ineffizient und von stärker dezentralisierten Mechanismen verdrängt. Durch Delegation von Teilaufgaben der Koordination an untergeordnete Instanzen der Verwaltungshierarchie wird einerseits deren lokale Autonomie erhöht, andererseits wächst jedoch immer noch der Steuerungs- und Koordinationsaufwand für diese Instanzen selbst. Letztlich zeigen betriebswirtschaftliche Theorie und Praxis, daß unter dem Gesichtspunkt der effizienten Ressourcenallokation einer zentralistisch verwalteten Hierarchie Grenzen des Wachstums gesetzt sind.

Dennoch erfolgt in einer hinreichend komplexen Volkswirtschaft die gesamte Güterproduktion nicht in einer zufallsbedingten, eben unkoordinierten Weise – an die Stelle der unternehmens*internen*, hierarchischen *Koordination* tritt lediglich ein neuer Mechanismus, der Markt. Dieser Mechanismus entzieht sich im Idealmodell jeglicher Beeinflussung durch ein eventuelles Management, vielmehr erzeugt er aufgrund verschiedener, noch zu untersuchender Wirkungsmechanismen einen Kontext, der es beteiligten Individuen erlaubt, lokale Entscheidungen bezüglich der Nutzung und des Angebots von Gütern und Dienstleistungen auf der Basis eines minimalen Ausschnitts der gesamten Marktinformation zu treffen. Eine zentralisierte Steuerung findet im Rahmen dieser *externen Koordination* nicht statt.

Im konventionellen volkswirtschaftlichen Kontext sind Individuen fähig zur Reflexion bezüglich des zu wählenden Koordinationsmechanismus. So kann lokal z.B. die Entscheidung der externen Koordination („Kauf") gegen die interne der Eigenproduktion abgewogen werden. Koordination kann somit also Ursache, Folge und

Gegenstand lokaler Entscheidungen von Wirtschaftssubjekten sein. Entsprechend kann z.B. im ökonomischen Kontext als Folge einer lokalen Entscheidung Autonomie eingeschränkt werden mit dem Ziel einer *Kooperation*, die z.B. im Bereich der vertikalen Integration von Marktteilnehmern zu finden ist.[2] Umgekehrt erscheint es unter bestimmten Voraussetzungen vorteilhaft, unternehmensintern einen organisatorischen Rahmen aufzuspannen, der Teilaktivitäten nach dem Prinzip der marktmäßigen, externen Koodination steuert (vgl. z.B. „Profit Center", „Interne Ausschreibungen" etc.).

Koordination als Untersuchungsgegenstand findet sich in der einen oder anderen Variante in unterschiedlichen wissenschaftlichen Disziplinen wie z.B. der Biologie, Soziologie, Wirtschaftswissenschaft oder eben der Informatik, bei der es um die Organisation komplex strukturierter Softwareanwendungen geht [MaCr94]. Dieses Buch hat damit auch die Untersuchung zum Ziel, unter welchen Umständen eine marktmäßige, externe Koordination verteilter Softwarekomponenten *möglich* ist, bei welchem Komplexitätsgrad sie *sinnvoll* ist und auf welchem Niveau die Grenzlinie zu ziehen ist zwischen zentral entworfenen und konfigurierten Aspekten des verteilten Systems und solchen, die effizienter aus der Selbstorganisation individueller Teilnehmer hervorgehen.

Erst durch den in den letzten Jahren erreichten Vernetzungsgrad sowohl in Form von Unternehmensdatennetzen als auch im organisationsübergreifenden Bereich des Internets ist eine „kritische Masse" erreicht worden, die eine externe Koordination von Teilaktivitäten im verteilten System effizient erscheinen läßt. Zudem reduzierten sich die Kosten der Rechenleistung und Kommunikation in solchem Maße, daß auch durch diesen Effekt die Schwelle zur externen Koordination gesenkt wird. Architekturen wie CORBA oder DCE [OMG94, OSF92] bieten schließlich die prinzipielle, technische Möglichkeit, Anwendungskomponenten bei erhöhter Verteilungstransparenz unternehmensübergreifend zu entwickeln und zu nutzen.

Diese Voraussetzungen sind jedoch noch nicht hinreichend, wenn für die externe Koordination auch in der technischen Welt ein gewisser „ordnungspolitischer Rahmen" erforderlich ist, für den im Realfall aus rechtlichen, wirtschaftpolitischen oder ethischen Gründen ein Konsens gefunden werden muß. Darüber hinaus ist für ein verteiltes System, das bezüglich Struktur und Verhalten seiner Komponenten in weitaus stärkerem Maße formalisiert ist als soziale Interaktionsmuster, ein weiterer, *systemtechnischer* Rahmen erforderlich, der Schnittstellen und Protokolle festlegt:

- zwischen individuellen Anwendungen,
- zwischen Endbenutzern und Anwendungen sowie
- zwischen Anwendungen und Komponenten der Systeminfrastruktur.

Es wird sich zeigen, daß ein Zuviel oder Zuwenig an interner Koordination, also an vorweggenommenen Protokollen zwischen Benutzern, Anwendungen und Infrastruktur, überproportional starke Hebelwirkung in der ökonomischen Koordinationseffizienz zur Folge hat. Analog zur Reflexion im realen System sollte ein äquivalenter technischer Rahmen der externen Koordination auch seinen Individuen die Möglich-

---

[2] Vgl. etwa Zulieferer in der Automobilindustrie [HaCh93].

keit des Eingriffs in diesen selbst gewähren, um wiederum mit dem Ziel der gesteigerten Koordinationseffizienz Gestaltungsspielraum zu nutzen.

Im Rahmen dieser Untersuchung des Marktmechanismus steht weniger eine wissenschaftshistorische Zusammenfassung noch eine Erweiterung des volkswirtschaftlichen Theoriengebäudes im Vordergrund. Die in diesem Buch eingenommene Sichtweise soll vielmehr das Augenmerk auf jene Modelle der Mikroökonomie lenken, die aus der Perspektive des Systementwurfs Hinweise liefern, welche Eigenschaften signifikant sind für den Marktmechanismus und somit auch den Entwurf einer Referenzarchitektur erlauben bzw. die Realisierung einer effizienten Infrastruktur elektronischer Dienstemärkte. Damit liegt als Kriterium der nachfolgenden Auswahl mikroökonomischer Theorien ihre Relevanz für diesen Entwurf zugrunde.

Es folgt daher eine Übersicht volkswirtschaftlicher Theorien, die neben der *vollständigen Konkurrenz* vor allem Fragen der *Transaktionskosten*, der Markt*entwicklung* und der Auffassung des Marktes als verteiltes Informationssystem nach Hayek [Haye45] untersuchen.

2.2.1 Das Konzept des Marktes in der mikroökonomischen Theorie

Ohne auf seine Bedeutung im Zusammenhang mit systemtechnischen Infrastrukturen einzugehen, wird an dieser Stelle die mikroökonomische Marktkonzeption untersucht. Erst in Abschnitt 2.3 finden diese Beiträge Anwendung zur Begriffsdefinition des elektronischen Marktes sowie bei seiner Abgrenzung einerseits zu dem hier diskutierten Marktmodell und andererseits zu rein technisch motivierten, verteilten Systemen.

Der Marktbegriff

Märkte sind Institutionen oder Mechanismen, die der Allokation von Ressourcen dienen, die von nachfragenden Instanzen benötigt werden. Im Gegensatz zur *Hierarchie*, bei der diese Allokation über *Pläne* erfolgt, ist das Kennzeichen des Marktes der freie Tausch: Die tauschenden Instanzen sind an keine äußeren Pläne gebunden, sondern entscheiden frei und messen Angebote allein an individuellen Bedürfnissen. Auch der Prozess des Tausches und in der Vorphase erforderliche Verhandlungsmuster stehen dabei den Marktteilnehmern zur Auswahl.

Der Markt als Koordinationsform ist bereits seit Aristoteles [Kosl93], spätestens jedoch seit Adam Smiths *Wohlstand der Nationen* [Smit93], Untersuchungsgegenstand der volkswirtschaftlichen Disziplin, so daß im Laufe der Jahrhunderte seine Grundlagen und Wirkungsmechanismen mit zunehmendem Detaillierungsgrad analysiert worden sind.

In der neoklassischen Preistheorie wird die Funktion des Marktes auf einem sehr hohen Abstraktionsniveau analysiert. Methodisches Ziel ist es, zu möglichst universellen, raum- und zeitunabhängigen Aussagen über verschiedene ökonomische Vorgänge und Strukturen zu gelangen. Im allgemeinen gilt der Markt als sogenannter *ökonomischer Ort des Tausches*, an dem ein aggregiertes Angebot auf eine aggregierte Nachfrage trifft. Durch Tauschakte ist jeder Marktteilnehmer bestrebt, seinen Nutzen zu maximieren. Die Koordinationsform „Markt" besitzt eine Reihe interessanter Eigenschaften als Mechanismus zur effizienten Ressourcenallokation [MaCr94]: Der Markt kann zum einen extrem dezentralisiert sein. Lokal und unabhängig getroffene Entscheidungen interagierender Individuen führen auf globaler Ebene ohne zentrale Steuerung zu einer kohärenten Ressourcenallokation. Zum anderen dient der Markt als kollektives Anreizsystem für alle Beteiligten zur individuellen Nutzen- oder Gewinnmaximierung. Nach dem im folgenden skizzierten Marktmodell führt diese Nutzenmaximierung gleichzeitig zu einem globalen Nutzenmaximum, d.h. unter Berücksichtigung der gegebenen Ressourcenausstattung zum maximal möglichen gesamtwirtschaftlichen Wohlstandsniveau. Unter Berücksichtigung weiterer Annahmen über die Präferenzstrukturen und den Informationsstatus der Marktteilnehmer sowie über die Marktstrukturen ergibt sich das Paradigma der *vollständigen Konkurrenz*.

Vollständige Konkurrenz

Ein Markt, auf dem vollständige Konkurrenz herrscht, ist durch drei Merkmale gekennzeichnet:

1. Es besteht eine große Anzahl Anbieter und Nachfrager, deren Angebots- und Nachfragemenge sämtlich nur einen unwesentlichen Anteil am Gesamtangebot bzw. der Gesamtnachfrage ausmachen. Man spricht daher auch von atomistischer Angebots- und Nachfragestruktur.
2. Es bestehen keine Präferenzen von Transaktionspartnern. Die Anbieter bevorzugen keinen Nachfrager in der Weise, daß sie bereit sind, ihm ein Gut günstiger zu verkaufen. Die Nachfrager bevorzugen keinen der Anbieter; die von den verschiedenen Anbietern auf den Markt gebrachten Güter sind im Urteil der Nachfrager völlig gleich. Es handelt sich also um ein homogenes Güterangebot, und man spricht daher bei diesem Fehlen von Präferenzen von homogener oder vollständiger Konkurrenz. Diese Annahme ist sehr restriktiv. In der Realität wird es fast immer Präferenzen von Nachfragern gegenüber Anbietern geben. Die existierenden Arten von Präferenzen sind: Räumliche Präferenz (es wird als Vorteil empfunden, das Gut in der Nachbarschaft zu erwerben), persönliche Präferenz (es bestehen persönliche Bindungen zwischen Anbieter und Nachfrager, z.B. aufgrund alter Geschäftsbeziehungen, des freundlichen Personals etc.) und sachliche Präferenz (diese erstreckt sich auf das Gut selbst und kann auf einem durch Verpackung, Werbung etc. suggerierten Zusatzwert beruhen).
3. Es besteht vollständige Markttransparenz. Schon das zweite Merkmal impliziert, daß den Nachfragern das Güterangebot bekannt ist. Vollständige Markttransparenz bedeutet, daß Anbieter und Nachfrager über die zustandegekommenen Preise unterrichtet sind. Ein synonymer Begriff ist auch vollständige Preistransparenz. Die vollständige Markttransparenz bedeutet jedoch nicht, daß der einzelne Teilnehmer das Angebots- oder Nachfrageverhalten der anderen kennen muß.

Das Modell der vollständigen Konkurrenz zeichnet sich gerade dadurch aus, daß der Preis als Koordinationsinstrument der individuellen Wirtschaftspläne aller Marktteilnehmer ausreicht und keine weitergehende Kenntnis der Umwelt erforderlich ist. Der

Markt kann mit Hayek [Haye37] daher auch als Informationssystem verstanden werden, das durch den Güterpreis Auskunft gibt über die aktuelle Nachfrage, ihre Deckung durch das Angebot sowie deren beider Entwicklung im zeitlichen Verlauf.

Bei rationalem Verhalten der Marktteilnehmer bewirken die Eigenschaften (2) und (3), daß es auf dem betrachteten Markt nur einen Preis (den *Gleichgewichtspreis*) geben kann. Denn gäbe es verschiedene Preise für ein Gut, das im Urteil der Nachfrager völlig gleich ist (Eigenschaft 2), dann würde es nur zum niedrigsten Preis gekauft werden, da alle Nachfrager darüber informiert sind (Eigenschaft 3).

Im Gegensatz zur *Unternehmung* koordiniert der Markt Aktivitäten prinzipiell *anonymer* Teilnehmer. Dabei liegt es in der Freiheit der Teilnehmer, diese Anonymität aufzuheben. Das höhere Maß an Anonymität geht einher mit der fehlenden persönlichen Präferenz eines Transaktionspartners bzgl. eines Gutes.

Das Idealmodell der vollständigen Konkurrenz basiert auf der Existenz eines Gleichgewichtspreises, der sich in jener Höhe einspielt, in der die aggregierte Nachfragemenge gerade der aggregierten Angebotsmenge entspricht, d.h., das gesamte Angebot wird von der Gesamtnachfrage absorbiert. Das Zustandekommen dieses *markträumenden Preises* [Walr72] ist für unsere Untersuchung nicht von Bedeutung.

Offener Markt und vollständiges Konkurrenzgleichgewicht

Das Modell der vollständigen Konkurrenz sah zunächst eine feste Anzahl von Anbietern und Nachfragern vor. Wenn realistischerweise diese Anzahl als variabel angenommen wird, ist der Zugang zum bzw. der Abgang vom Markt zulässig. In der mikroökonomischen Literatur wird hier vom *offenen Markt* bzw. dem *Markt mit freier Konkurrenz* gesprochen [Schu87, S. 199].

Unter der Annahme, daß Nachfrager und Anbieter nach privater Nutzen- bzw. nach Gewinnmaximierung streben und daß ferner Anbieter und Nachfrager gemäß ihrer jeweiligen Nutzenfunktion eine optimale Güterkombination produzieren oder konsumieren, sowie unter der weiteren Annahme, daß sie Teilnehmer eines offenen Marktes sind, läßt sich formal nachweisen, daß in diesem Zustand des *totalen Konkurrenzgleichgewichtes* ein volkswirtschaftliches Wohlfahrtsmaximum erreicht wird (vgl. z.B. [SaNo87]). Denn immer dann, wenn mit dem Ziel einer Nutzen- (bzw. Gewinn-) Steigerung ein nachgefragtes (oder angebotenes) Gut gegen ein anderes getauscht werden kann, und dabei kein anderer Teilnehmer eine Nutzen- oder Gewinnreduzierung in Kauf nehmen muß, führt dies letztlich auch zu einer gesamtwirtschaftlichen Wohlfahrtssteigerung. Wenn sich einem einzelnen Marktteilnehmer z.B. durch einen günstigeren Kaufpreis die Möglichkeit einer effizienteren Transaktion bietet und dabei kein anderer Teilnehmer schlechter gestellt ist, so wirkt sich dieses sog. *Pareto-Kriterium* positiv nicht nur auf den individuellen Nutzen, sondern auch auf den gesamtwirtschaftlichen Wohlstand aus (vgl. z.B. [SaNo87]).

Zwingend erforderlich ist für diese wohlfahrtstheoretische Betrachtung jedoch die vollständige Markttransparenz. Wenn nun jedoch aufgrund der Dezentralisierung des Marktsystems diese Transparenz nicht gegeben ist, so führt dies bei einzelnen Handelstransaktionen und damit auch gesamtwirtschaftlich zu Fehlallokationen und somit einer Reduktion der Wohlfahrt. Der Grad an Transparenz nimmt also erheblichen Einfluß auf die Effizienz eines Wirtschaftssystems.

Das Modell des vollständigen Konkurrenzgleichgewichts stellt eine Idealisierung dar, die in hohem Maße von der realen Marktsituation abstrahiert:

- Zunächst ist die Annahme der atomistischen Konkurrenzsituation unrealistisch angesichts gegebener monopolistischer oder oligopolistischer Strukturen.
- Die angenommene Transparenz ist real nicht gegeben. Auf vielen Märkten werden Preise individuell ausgehandelt, ohne Kenntnis Dritter. Es besteht kaum ein Markt ohne Präferenzen der Nachfrager, da Kosten des Transports oder das Aushandeln neuer Verträge mit anderen Anbietern zu aufwendig wären. Diese real gegebenen *Transaktionskosten* sind letztlich eine Ursache der Fehlallokation von Ressourcen, so daß Maßnahmen zu ihrer Senkung eine volkswirtschaftlich signifikante Bedeutung zukommt (vgl. Abschnitt 2.2.2).
- Das Marktmodell basiert auf einer statischen Annahme ohne *Entwicklung* im Sinne eines technischen Fortschritts, veränderlicher Nachfragepräferenzen oder einer Modifikation seiner „Spielregeln". Gerade durch den Einfluß von Innovation kann sich jedoch ein Anbieter – zumindest für einen gewissen Zeitraum – aus dem Joch der vollständigen Konkurrenz befreien und durch das Angebot eines neuartigen Produkts oder eines dank Produktivitätssteigerung reduzierten Angebotspreises in die Position des Monopolisten manövrieren. Aus diesem Grunde ist die *Entwicklungstheorie Schumpeters* von besonderer Bedeutung, insbesondere die Theorie des Unternehmers (Abschnitt 2.2.3).
- Ein Marktteilnehmer kann gleichzeitig als Anbieter und Nachfrager auftreten, so daß über mehrere Stufen hinweg *Wertschöpfungsketten* (WSK) entstehen, die Einzelmärkte miteinander verbinden. Die Flexibilität, mit der sich Wertschöpfungsketten im zeitlichen Verlauf ändern können, ist ebenfalls ein Merkmal, das aus der Offenheit der Einzelmärkte folgt. Sind Markteintrittshemmnisse gering, so wird die Entscheidung begünstigt, als zusätzliches Glied der WSK aufzutreten und durch Anreicherung, Neukombination oder „Customizing" einen zusätzlichen Wert für die jeweiligen Nachfrager zu generieren. Sind jedoch die marktinfrastrukturbedingten *Investitions-* oder *Rüstkosten* so hoch, daß – gemessen am eingesetzten Kapital – das Angebot eines Mehrwertdienstes unrentabel erscheint, wird eher eine Internalisierung des Wertschöpfungsprozesses in einer Unternehmung begünstigt. Der Aufwand zum Etablieren einer neuen Wertschöpfungsstufe kann somit für die folgende Untersuchung als Qualitätsmerkmal einer Marktinfrastruktur herangezogen werden.

Verschiedene klassische und jüngere Strömungen der Volkswirtschaftstheorie befassen sich mit diesen Einwänden gegenüber dem Idealmodell und versuchen, durch verfeinertes modelltheoretisches Werkzeug ein besseres Abbild der realen Welt zu gewinnen. Für den weiteren Gang der Untersuchung im Hinblick auf elektronische Dienstemärkte sollen einige dieser Theorien kurz beleuchtet werden, um am Ende dieses Teils über eine präzisere Terminologie sowie ein schärferes Effizienzmaß für elektronische Marktsysteme zu verfügen.

2.2.2 Transaktions- und Rüstkosten

Nach Williamson [Will81, Will90] treten Transaktionskosten genau dann auf, wenn ein Gut oder eine Dienstleistung über eine technisch abgrenzbare Schnittstelle transferiert wird.[3] Sie werden im Modell der vollständigen Konkurrenz ignoriert. In der Realität können sie jedoch erhebliche Verzerrungen hinsichtlich Partnerpräferenz und Koordinationseffizienz bewirken. Somit ist nachvollziehbar, daß sich geographische Nähe aufgrund der niedrigen Transportkosten „rechnet". Gleiches gilt für den vertraglichen Zusammenschluß verschiedener Individuen zu einer Unternehmung, in der das immer wieder neue Aushandeln von Bedingungen durch einen einmaligen Rahmenvertrag ersetzt und somit die Koordinationseffizienz erheblich gesteigert wird.

Transaktionskosten sind Kosten sekundärer Art, die ein Gütertausch mit sich bringt, z.B. Kosten

- der Partnerwahl (Gewinnung von Marktinformationen, Messebesuche, Auskunftsdienste, Kosten der Verhandlung),
- der Geschäftsanbahnung (Recherche- und Reisekosten, Werbung, Schriftverkehr),
- der vertraglichen Absicherung (Notarkosten, Wechselkurssicherungen, Versicherungskosten)
- sowie schließlich Kosten der Leistungserfüllung (Transport-, Kommunikationskosten).

Die relative Höhe der Transaktionskosten nimmt starken Einfluß auf die Opportunität der Transaktion selbst. In der Transaktionskostenökonomie nach Coase geht die Argumentation daher von der Unvollkommenheit realer Märkte aus und motiviert damit die Organisationsform der *Unternehmung* als Lösung dieses Problems [Coas37, Coas90]. Diese Theorie berücksichtigt, daß Interaktionen auf Märkten nicht ohne externe Koordinationskosten durchführbar sind – im Gegensatz zur klassischen Theorie. Demnach stellen Unternehmen einen Ersatz für den Marktmechanismus mit dem Ziel der Senkung von Transaktionskosten dar. Eine häufige Reaktion zur Vermeidung von Transaktionskosten besteht in der *vertikalen Integration* angrenzender Stufen einer Wertschöpfungskette. Auf diese Weise werden Transaktionskosten organisatorisch internalisiert.[4]

Die erwähnten Beispiele für Transaktionskosten lassen sich nach *Transaktionsphasen* gliedern [Schm95]. Dabei werden die *Informations-*, die *Vereinbarungs-* und die *Abwicklungsphase* unterschieden (Abb. 4):

- In der Informationsphase gilt es, Produkte bzw. Leistungen am Markt zu sichten und deren Spezifikationen und Konditionen zu bewerten. Zu diesem Zweck werden nicht nur unternehmensinterne Daten herangezogen, sondern auch externe

---

[3] [Will81], S. 1544: „A transaction may thus be said to occur when a good or a service is transferred across a technologically separable interface."
[4] Ein häufiges Beispiel ist die Integration ansonsten externer Software-Dienstleistungsunternehmen durch ihre Anwender (Daimler-Benz und Debis, GM und EDS etc.).

Brancheninformationsdienste, Publikationen oder spezialisierte Dienstleistungen involviert. Das Ergebnis der Informationsphase liegt als Liste potentieller Transaktionspartner vor.

- In der Vereinbarungsphase wird Kontakt mit den Transaktionspartnern aufgenommen. Konditionen wie Zahlungsbedingungen, Termine, Lieferbedingungen, Garantieleistungen etc. werden ausgehandelt und zur Grundlage eines Kontraktes mit dem selektierten Partner gemacht. Diese rechtliche Voraussetzung schafft gleichzeitig die Grundlage für die folgende Phase.

- In der Abwicklungsphase wird erst die eigentliche Transaktion durchgeführt. Dafür können viele sekundäre Dienstleistungen in Anspruch genommen werden (Versicherung, Transport, Zahlung etc.). Die Abwicklungsphase wird durch den Austausch von Dokumenten, Informationen, Leistungen oder Gütern begleitet.

Transaktionskosten können durch ordnungspolitische Maßnahmen des Gesetzgebers, wie z.B. Steuern und Zölle, aber auch Zinsen, Kommunikationskosten etc. innerhalb eines ökonomischen Rahmenwerkes beeinflußt werden. Damit sind dem Staat als „Betreiber" dieser Infrastruktur Mittel zur Beeinflussung der Transaktionseffizienz in einem volkswirtschaftlichen Gemeinwesen gegeben. Die Hebelwirkung von Entscheidungen bezüglich solcher regulatorischen Maßnahmen ist dabei erheblich, so daß sich im Wettbewerb der Infrastrukturen eine Volkswirtschaft aufgrund ineffizienter Ressourcenallokation schnell gegenüber anderen im Nachteil befinden kann. Dieser Aspekt wird zu einem späteren Zeitpunkt wieder aufgegriffen und im Kontext elektronischer Marktinfrastrukturen erneut untersucht.

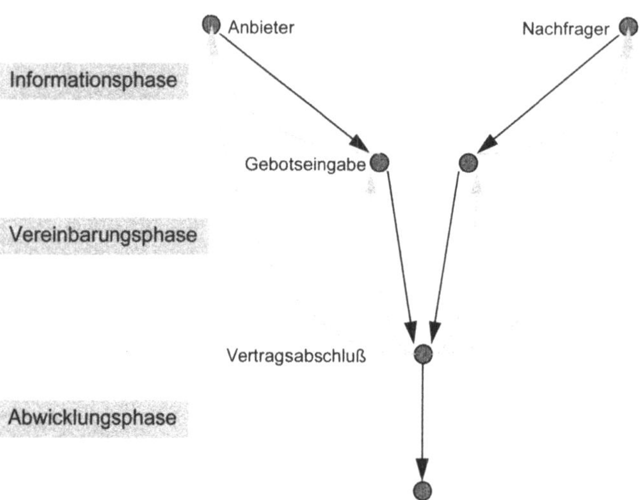

Abb. 4. Phasen einer Handelstransaktion nach [Schm95]

Rüstkosten und Investitionen

Neben den Transaktionskosten können intensitäts- oder nutzungsunabhängige Bereitstellungskosten entstehen, wenn in einem Unternehmen der Produktionsapparat auf die Herstellung eines neuen Gutes umgestellt wird oder zwischen Unternehmen eine Umgebung geschaffen wird, die eine Vielzahl von Transaktionen ermöglicht. Solche *Rüstkosten* fallen daher seltener an als Transaktionskosten, können diese jedoch häufig erheblich in ihrer Höhe überragen. In der Regel geht die Entscheidung, ein Produkt intern herzustellen oder es von einem Fremdanbieter zu beziehen, mit einer Abwägung von Rüst- und Transaktionskosten einher. Dieser Trade-off wird determiniert durch das zu erwartende Produktions- bzw. Nutzungsvolumen („economies of scale").

Transaktionskosten lassen sich erheblich reduzieren durch die Standardisierung von Dienstleistungen und Produkten, die in den einzelnen Transaktionsphasen in Anspruch genommen werden. Somit kommt der Standardisierung eine zentrale Bedeutung zu bei der Steigerung der Allokationseffizienz des Marktkoordination. Unter bestimmten Umständen können Standards auch eine konservierende Wirkung zeigen – wenn sich z.B. der technische Fortschritt im Vergleich zur Standardisierung zu schnell entwickelt.

Optimierende und verzerrende Effekte der Standardisierung

Standardisierung ist ein Prozeß, durch den Kompatibilität realisiert wird. Dies kann auf unterschiedliche Weise erfolgen (vgl. [FaSa87]):

1. Standardisierung durch (organisations-)*interne Entscheidung*. Dieser Prozeß erfordert keine Koordination mit anderen Organisationen. Der Standard erstreckt sich jedoch nur auf den Einflußbereich der Organisation. Ein interner Standard ist z.B. bereits dann gegeben, wenn Mitglieder eines Software-Entwicklungsteams sich auf Modulschnittstellen einigen. Das proprietäre Abrechnungsverfahren individueller Online-Dienste ist beispielsweise jeweils ein interner Standard, den Nutzer aufgrund ihrer Teilnahme (bzw. ihrer Internalisierung des Verfahrens) akzeptieren.

2. Ein Standard kann Ergebnis einer *Einigung von Herstellern* sein. Ursache dieser Kooperation ist in der Regel die Forderung einflußreicher Käufergruppen nach Produktkompatibilität. Auch die durch Standardisierung erzielbaren Netzwerkexternalitäten und damit verbundenen Gewinnerwartungen können Wettbewerber zur Einigung auf einen Standard veranlassen. Die im zweiten Teil untersuchten Verteilungsplattformen CORBA und DCE gehören dieser Kategorie an. Anbietern von Transaktionsmonitoren kommt z.B. ein auf diese Weise normiertes Kommunikationsprotokoll entgegen, da sich deren Nutzung aufgrund weiterreichender Interoperabilität in höherem Maße lohnt.

3. Ein Standard kann durch *Nachahmung von Vorreitern* entstehen. Hierbei muß ein Preiswettbewerb nicht die zwingende Folge sein. Beispiele aus dem IT-Bereich (z.B. WWW-Browser) belegen, daß durch kostenlose Bereitstellung von Software und Entwicklungssystemen zur Nachahmung aufgefordert wird mit dem Ziel, einen Standard zu etablieren.

4. Ein Standard kann *durch den Gesetzgeber forciert* sein, wie z.B. Abgaswerte bei PKWs oder Verfahren zur Schlüsselhinterlegung bei der Verwendung von Verschlüsselungsverfahren in der Datenkommunikation.
5. Ein Standard kann schließlich *durch eine autorisierte Institution,* wie die ISO (International Standards Organisation) oder das CCITT (Comité Consultatif International Télégraphique et Téléphonique) verabschiedet werden. Die Normungsprozedur solcher *de-jure-Standards* kann zum einen schleppend erfolgen und auch nach einer Verabschiedung noch weitere Prozesse der Normierung erfordern. Zum anderen ist es Anliegen der an der Standardisierung beteiligten Unternehmen, ihren Einfluß zu maximieren, so daß letztlich ein Standard in der Regel nicht die effizienteste Lösung ist, sondern häufig eine Obermenge der jeweils erwünschten Funktionen festlegt.

Die genannten Standardisierungsverfahren schließen sich weder gegenseitig aus, noch sind sie unabhängig voneinander. Hat sich jedoch einmal ein Standard etabliert, erfolgt der Wettbewerb konkurrierender Produkte eher über ihren Preis als über besondere Entwurfsmerkmale. Darüber hinaus können auch Aspekte der Kompatibilität den Markteintritt für neue Hersteller erleichtern; ein Markt für standardisierte Produkte ist somit offener. Ein Hersteller ist dabei nicht mehr gezwungen, die gesamte Produktkonfiguration anzubieten, sondern kann sich auf das Angebot von Komponenten beschränken. Ein Standard wie PostScript erlaubt z.B. Druckerherstellern das Angebot herstellerunabhängiger Geräte.

Standards reduzieren Kosten sowohl in der Produktion als auch in der Nutzung von Gütern. Sie wirken sich somit auf Transaktionskosten grundsätzlich mindernd aus. Auch die Investition, die zur Bereitstellung eines neuen, standardkonformen Produktes erforderlich ist, wird reduziert.

Standardisierung und Innovation

Ein grundsätzliches Problem bei der Nutzung standardisierter Güter liegt in der möglicherweise reduzierten Innovationsfähigkeit: Hat sich ein Standard bereits als Status-Quo etabliert und erscheint ein neuer „verbesserter" Standard, so sind die (Rüst-) Kosten des Wechsels von Produkten oder Verfahren abzuwägen gegen die Vorteile des neuen Standards. Eventuell ist der Umstand einzubeziehen, daß in absehbarer Zeit ein weiterer, evtl. wiederum verbesserter Standard an Einfluß gewinnt. Falls als Folge des aktuellen Standards die Rüstkosten prohibitiv sind, wirkt sich die eigentlich nutzbringende Standardisierung negativ auf die Entwicklungsfähigkeit des Gesamtsystems aus.

Ein Standard sollte somit nicht nur wettbewerbsfördernd, sondern auch *generisch* sein, d.h. offen für weitere Verfeinerungen und Verbesserungen. Insbesondere in einem Umfeld mit raschem technischen Fortschritt kommt damit einem generischen Standard besondere Bedeutung zu. In bezug auf Transaktions- und Rüstkosten ist hier jedoch eine weniger mindernde Wirkung zu erwarten: Der dem eingangs erwähnten Schwarzen Brett zugrunde liegende Kommunikationsstandard erlaubt im Gegensatz zum Börsensystem eine freiere Weiterentwicklung für neuartige Anwendungen unter Inkaufnahme höherer Transaktionskosten.

Noch ein weiterer Effekt favorisiert generische Standards: Wenn eine Dienstleistung bzw. ein Produkt in allen Eigenschaften durch den Standard spezifiziert ist, besteht seitens der Anbieter kein Freiraum mehr für eine individuelle Verbesserung. Ähnlich Wechselstuben, deren Produkte über frei einsehbare Wechselkurse als einziges Qualitätsmerkmal vergleichbar sind, werden Wettbewerbsvorteile aufgrund von Produktdifferenzierung ersetzt durch einen reinen Preiswettbewerb. Im Extremfall eines innovationshemmenden Standards besteht dann für Wettbewerber damit keine Möglichkeit und damit auch kein Anreiz mehr, die Produktqualität zu verbessern.

Gerade diese Innovationsfähigkeit wurde jedoch in der Diskussion der letzten Jahre als Motor der volkswirtschaftlichen Entwicklung und Wettbewerbsfähigkeit identifiziert. Im Rahmen dieses Buches kommt der Berücksichtigung dieser Innovationsfähigkeit eine herausragende Bedeutung zu, da zu vermeiden ist, daß das zu definierende Marktsystem durch technisch induzierte Standards in seiner Entwicklungsfähigkeit beschnitten wird.

2.2.3 Der Markt als evolvierendes System

Zur Motivation einer ökonomisch motivierten Definition eines geeigneten Entwicklungsbegriffes sollen zunächst allgemeingültige Grundlagen aufgezeigt werden, die für evolvierende Systeme gelten – und damit auch speziell für reale wie elektronische Märkte. Miller/Drexler [MiDr88a] verwenden zu diesem Zweck den Begriff der *ecology* (Ökologie), die eine Infrastruktur für die Evolution von Individuen, den *Replikatoren,* darstellt. Ein solcher Kontext umfaßt zum einen ein statisches Rahmenwerk, das Parameter mit systemweiter Gültigkeit vorgibt; weiterhin bildet die Gesamtheit der Zustände aller Replikatoren wiederum den Kontext für die Entwicklung einzelner Individuen. Reagieren Replikatoren auf einen externen Selektionsdruck, so ist von einem *evolutionären System* (evolutionary system) die Rede, jedoch noch nicht von einer Ökologie. Nimmt aber diese Evolution gleichzeitig auch Einfluß auf den Selektionsdruck und damit auf andere Replikatoren, sprechen Miller/Drexler von einer Ökologie.

In ihrer vergleichenden Studie untersuchten Drexler und Miller verschiedene solcher Ökologien (z.B. das Axelrod-Spiel als Abfolge mehrerer Prisoner's-Dilemma-Entscheidungen, biologisches Leben und auch den Preismechanismus des Marktes). Es wurden hierbei allgemeingültige Faktoren für das (erfolgreiche) Zustandekommen evolutionärer Entwicklungen identifiziert. Replikatoren stellen dabei die Individuen dar, die einem Selektionsdruck innerhalb des Ökosystems ausgesetzt sind. Ein jeweils definiertes Erfolgsmaß erlaubt die Bewertung von Strategien einzelner Individuen und macht diese vergleichbar. Weitere Bedingung für ein evolutionäres System ist ein Mechanismus zur Variation (von Strategien), so daß dadurch auch eine Variation des Erfolgs individueller Replikatoren ermöglicht wird. Ferner ist eine hinreichend große Grundgesamtheit an Replikatoren notwendig, um die nötige Vielfalt an Variationen zu erreichen. Schließlich stellt der Kontext der Ökologie selbst einen entscheidenden Faktor dar, da durch ihn der „ordnungspolitische Rahmen" des Gesamtsystems festgelegt ist. Für jede der betrachteten Ökologie lassen sich sogenannte *evolutionär stabile Strategien* identifizieren, die im Vergleich zu anderen ein höheres Erfolgsmaß aufweisen. Im folgenden sollen diese Faktoren nur für das Ökosystem „Offener Markt" untersucht werden.

Als Replikatoren agieren in der Ökologie des Marktes die Wirtschaftssubjekte, also Unternehmen und Privatpersonen; ihr Erfolgsmaß stellen der potentielle Veräußerungswert, das Privatvermögen oder auch individuelles „Wohlbefinden" dar. Innovationen bezüglich Produkten oder des Produktionsprozesses bilden den Variationsmechanismus, so daß ein zukünftiger Erfolg von der Art und dem Ausmaß dieser Innovation abhängt. Schließlich bestehen die Grundregeln der Ökologie "Markt" aus der Festlegung eines rechtlichen Rahmenwerks, das Regelverletzungen von Individuen erkennt und sanktioniert. Ähnlich der Definition des vollständigen Konkurrenzgleichgewichts wird für den Markt eine hinreichend große Grundgesamtheit an Wirtschaftssubjekten gefordert, um die erforderliche Vielfalt an Innovation zu erzielen. Anderen Ökologien ähnlich haben sich, in Abhängigkeit von den oben genannten Rahmenbedingungen, evolutionär stabile Strategien herausgebildet. Im Kontext „Markt" lassen sich etwa die Strategien „Produktivitätssteigerung" oder „Warenvielfalt" nennen, aber auch „Nachahmen erfolgreicher Produkte", wenn dies nicht durch den ordnungspolitischen Rahmen untersagt ist.

Die Entwicklungstheorie Schumpeters

Nachdem zuvor einige volkswirtschaftstheoretische Grundmechanismen des Marktprozesses dargestellt wurden, soll an dieser Stelle auf die Lehre Schumpeters eingegangen werden, der sich sehr früh in einem seiner Hauptwerke – der „Theorie der wirtschaftlichen Entwicklung" (im folgenden abgekürzt als „Entwicklung") – von der in der klassischen Theorie vorherrschenden statischen Betrachtung wirtschaftlicher Prozesse löste und besondere Beachtung dem Einfluß der Innovation als Motor qualitativer Entwicklung widmete [Schu87]. Zunächst soll dieser Exkurs in das Schumpetersche Werk im Lichte seines ökonomischen Hintergrundes einführen. Im weiteren Verlauf wird auf diesen Entwicklungsbegriff zur Bewertung elektronischer Marktsysteme zurückgegriffen.

> *„Unter ‚Entwicklung' sollen also nur solche Veränderungen des Kreislaufes des Wirtschaftslebens verstanden werden, die die Wirtschaft aus sich selbst heraus zeugt, nur eventuelle Veränderungen der ‚sich selbst überlassenen', nicht von äußerem Anstoße getriebenen Volkswirtschaft."*
>
> *J. A. Schumpeter, Entwicklung, S. 95*

Der allgemeine Wirtschaftskreislauf, d.h. der volkswirtschaftliche Güterfluß zwischen Unternehmen, Privatpersonen und dem Staat, fällt somit nicht unter diesen Entwicklungsbegriff. Gleiches gilt für rein quantitatives Wachstum der Wirtschaft, das keine „qualitativ neuen Erscheinungen" hervorruft.

„Entwicklung ist die Veränderung der Bahn, in der sich der Kreislauf erfüllt, im Gegensatz zur Kreislaufbewegung, die Verschiebung des Gleichgewichtszustandes im Gegensatz zum Vorgang der Bewegung n a c h einem Gleichgewichtszustand." [Entwicklung, S. 98]. Insbesondere spontan der Wirtschaft entspringende und diskontinuierliche Veränderungen oder Verschiebungen sind in diesem Begriff erfaßt. Die

Schumpetersche Entwicklungstheorie ist nun eine auf diese Erscheinungen, Folgeerscheinungen und Probleme abgestellte Betrachtung.

Der Schumpetersche Unternehmertypus

Motor einer Entwicklung in diesem Sinne ist bei Schumpeter der *Unternehmer*, der sich als Innovator des betrieblichen Produktionsprozesses einsetzt. Hierbei widmet er sich in erster Linie der „Durchsetzung neuer Kombinationen", d.h.:

> *„1. Herstellung eines neuen, d.h. dem Konsumentenkreise nicht vertrauten Gutes oder einer neuen Qualität eines Gutes.*
> *2. Einführung einer neuen, d.h. dem betreffenden Industriezweig noch nicht bekannten Produktionsmethode [...].*
> *3. Erschließen eines neuen Absatzmarktes [...].*
> *4. Eroberung einer neuen Bezugsquelle von Rohstoffen oder Halbfabrikaten [...].*
> *5. Durchführung einer Neuorganisation, wie Schaffung einer Monopolstellung [...] oder Durchbrechen eines Monopols."*

Josef A. Schumpeter, Entwicklung, S. 100–101

Unternehmer, die in diesem Sinne neue Kombinationen durchsetzen, treten neben die alten Verfahren und nicht an deren Stelle, d.h. sie müssen sich im Wettbewerb behaupten. Eine Unternehmung wird hierbei nur ausschließlich als *Durchsetzung* neuer Kombinationen definiert: Demnach sind „Unternehmer die Wirtschaftssubjekte, deren Funktion die Durchsetzung neuer Kombinationen ist und die dabei das aktive Element sind" [Entwicklung, S. 110]. Erfinder sind keine Unternehmer: Sie „finden" zwar neue Kombinationen, setzen sie jedoch nicht durch – die Idee der Kombination allein macht also noch keinen Unternehmer aus. Andererseits können auch etwa Verwaltungsangestellte unter diesen Unternehmerbegriff subsumiert werden, wenn sie das Kriterium der Durchsetzung neuer Kombinationen erfüllen.

Die Wirkung des Schumpeterschen Unternehmers in der Volkswirtschaft

„Entwicklung" bricht Verkrustungen in der Volkswirtschaft auf. Produzierende Unternehmen realisieren hierbei zunächst nur einen marginalen Gewinn – es besteht eine Situation des vollkommenen Konkurrenzgleichgewichts. Dabei agieren Anbieter als Mengenanpasser (price-takers). Der Unternehmer bricht nun diese Verkrustung auf, indem er eine „neue Kombination" verfügbarer Wirtschaftsfaktoren realisiert und damit als Konkurrent in den Wettbewerb tritt. Für die Phase der alleinigen Nutzung dieses „Kombinationsvorteils" befindet er sich somit in einer – wenn auch transienten – Monopolstellung. Diese – und nur diese – Stellung berechtigt ihn nach Schumpeter zum Unternehmergewinn, als Lohn für das mit dieser Tätigkeit verbundene Risiko. „Falls etwas Neues eingeführt wird, wird stets [...] die vollkommene Konkurrenz zeitweilig aufgehoben, entweder automatisch oder durch besondere, zweckbestimmte Maßnahmen, – selbst dann, wenn im übrigen die Bedingungen der vollkommenen Konkurrenz maßgebend sind" [Schu68, S. 211]. Dieses Ausbrechen aus dem Gleichgewichtszustand der volkswirtschaftlichen Statik hat in der zweiten Phase jedoch eine Gegenbewegung zur Folge – das Einschwingen in einen neuen Gleichgewichtszustand, da sich immer neue Unternehmen als „Nachzügler" diese Neukombination des „Vorreiters" zu eigen machen. Der Gewinnüberschuß des Schumpeterschen Unternehmers und der ersten Nachfolger schwindet, bis schließlich die Situation eines neuen Konkurrenzgleichgewichts eingekehrt ist. Natürlich sind die skizzierten Phasen nicht zeitlich disjunkt: Entwicklungen können zeitlich überlappen oder phasenversetzt in verschiedenen Bereichen der Unternehmung (Qualität, Produktion, Vertrieb etc.) auftreten. Ebenfalls können in der Wertschöpfungskette vorgelagerte „Unternehmer" eine neue Kombination nachgelagerter Produzenten induzieren. Im Prinzip kann man sich den gesamten Wirtschaftskreislauf als eine kontinuierliche „Entwicklung" vorgestellen, so daß, aggregiert betrachtet, ein (volkswirtschaftlich) kontinuierlicher Unternehmergewinn realisiert wird. Dennoch stellt das von verschiedenen mit Schumpeter zeitgenössischen Nationalökonomen postulierte Gleichgewicht nur einen Sonderfall im Laufe der ökonomischen Entwicklung dar.

Dem *Strukturbruch* als Ursache des Ungleichgewichtes kommt somit eine dominierende Bedeutung bei der Entwicklung zu. Eine solche „schöpferische Zerstörung" bricht jedoch auch mit bestehenden Standards, Normen und Protokollen [Schu68]. Damit steht sie offensichtlich im Widerspruch zum konservierenden Charakter einer Standardisierung technischer Vorgänge. Genau im Brennpunkt dieses Zielkonfliktes steht jedoch die Idee des elektronischen Marktsystemes und die bereits beobachtete Dichotomie „Schwarzes Brett vs. Börsensystem".

Bevor das Schumpetersche Lehrsystem im folgenden zur Motivation einer neuen Sichtweise auf stärker formalisierte Infrastrukturen herangezogen wird, soll an dieser Stelle seine Rezeption durch Wirtschaftstheorie und -politik der 90er Jahre kurz dargestellt werden. Denn in ähnlicher Weise, wie die Infrastruktur des ordnungspolitischen Rahmens in Richtung eines „Schumpeter-freundlichen" Kontexts verschoben wird, gilt es, weiter unten analog eine Anpassung des „ordnungspolitischen Rahmens" verteilter Informationssysteme zu untersuchen.

Die Berechtigung des ‚dynamischen Unternehmers' ist in der wirtschaftstheoretischen und -politischen Diskussion unbestritten.[5] In diesem Zusammenhang wird im Rahmen einer „Schumpeter-Renaissance" mit Vorrang auf den strukturtheoretischen und strukturpolitischen Aspekt seiner Entwicklungstheorie verwiesen (vgl. z.B. [Meiß84, Müll90]). Damit ist eines der wichtigsten Gebiete der wirtschaftspolitischen Regulierung angesprochen. Die Schumpeter-Renaissance ist in ihrem entwicklungstheoretischen Aspekt für die Lösung dieses Strukturproblems relevant. Hierin besteht einer der Hauptpunkte der gegenwärtigen Schumpeter-Diskussion. In dieser Hinsicht wird Schumpeters Theorie nach möglichen klärenden Einsichten und strukturpolitischen Lösungsvorschlägen und -empfehlungen befragt.

Es stellt sich die Frage, worin dieses längerfristige Strukturproblem besteht. Es reduziert sich ganz offensichtlich darauf, wie das heutige Marktwirtschaftssystem den Bedingungen und Anforderungen der wissenschaftlich-technischen Innovation unserer Zeit zu entsprechen vermag. Warum gerade in den 90er Jahren die Schumpetersche Sicht Bedeutung erlangte, liegt nicht zuletzt auch an dem technologisch und politisch bedingten internationalen Wettbewerb, der sich etwa im Vergleich zu den

---

[5] Vgl. etwa die Rede des Bundespräsidenten anläßlich der Eröffnung des Informatik-Weltkongresses der IFIP 1994 [Herz94].

70er Jahren weitaus stärker in Richtung vollständiger Konkurrenz verschiebt. Eine solche Steigerung der Allokationseffizienz zwingt Anbieter weg vom „statischen Monopol" hin zur Vorreiterrolle des Innovators.

Die ökonomische Innovationsdynamik spiegelt sich letztlich auch in der Entstehung und Fortentwicklung von Wertschöpfungsketten wider: Die Glieder einer Wertschöpfungskette befassen sich gerade mit der Neukombination existierender Faktoren. Somit sollte eine Schumpeter-freundliche Marktinfrastruktur diese Herausbildung fördern.

Wird es eine Adaption Schumpeters in der Informatik geben?

Die Ursache der erwähnten Wettbewerbsverschärfung ist nicht zuletzt auch in der Standardisierung der technologischen Infrastruktur zu finden: Leistungsstarke internationale Kommunikationsnetze, Rechner- und Betriebssysteme sowie auch Anwendungssoftware stehen heute im Vergleich zu den 80er Jahren nicht nur erheblich günstiger zur Verfügung, sondern eine Vielzahl darauf aufsetzender Dienstleistungen kann prinzipiell auch international erbracht werden. Die weitere Entwicklung in der Informationstechnik und Telematik wird diesen Trend weiterführen in Richtung vollständiger Konkurrenz.

Letztlich trägt auch die in diesem Buch dargestellte systemtechnische Infrastruktur zu einer solchen Entwicklung bei. Wenn sich jedoch eine solche Infrastrukur nur auf die Entwicklung hin zur vollständigen Konkurrenz konzentriert, so darf sie andererseits nicht den Freiraum für Schumpetersche Entwicklung begrenzen [Herz94]. Genau hier ist die Problematik stark formalisierter Infrastrukturen wie verteilter Rechensysteme bzw. darauf aufsetzender elektronischer Marktsysteme begründet. Im weiteren Verlauf dieses Kapitels wie auch in Teil II werden daher existierende systemtechnische Infrastrukturen kritisch nach ihrer Entwicklungsfähigkeit im Schumpeterschen Sinne untersucht.

2.2.4 Die Hierarchie als Koordinationsalternative

Im Gegensatz zur ökonomischen Koordinationsform des Marktes steht die der *Hierarchie*, die den Gütertausch zwischen Produzenten und Abnehmern durch eine übergeordnete Organisationsinstanz – das Management – koordiniert. Somit determinieren Managemententscheidungen, und nicht Interaktionen autonomer Wirtschaftssubjekte, zu welchem Preis, in welchem Design und in welcher Quantität Güter zwischen untergeordneten Funktionseinheiten ausgetauscht werden. Der Abnehmer selektiert nicht einen aus einer Gruppe vieler potentieller Anbieter, sondern wird für einen vorgegebenen „konfiguriert". Organisationale Funktionseinheiten verzichten dabei auf Autonomie bei der Wahl des Transaktionspartners. Ein Gleichgewichtspreis kann somit nicht mehr zustande kommen. Eine derartige hierarchische Organisation bilden Unternehmen, die ihrerseits wiederum als Wirtschaftssubjekt auf Märkten agieren können. Die Unternehmensgröße kann letztlich zwischen einem einzigen Mitarbeiter und einer gesamten Volkswirtschaft variieren.

Neben Märkten und Hierarchien ist noch die Mischform der *Kooperation* als Koordinationsmechanismus zu erwähnen, die definiert ist als eine längerfristige Zusammenarbeit zwischen an sich autonomen Wirtschaftspartnern auf der Basis vertraglich ausgehandelter Rahmenbedingungen. Beide Kooperationspartner schränken dabei für einen bestimmten Zeitraum ihre Handlungsautonomie freiwillig ein, um dadurch Vorteile zu gewinnen, z. B. eine bessere Planbarkeit ihrer Geschäftsprozesse. Letztlich hängt es von der Anzahl der Instanzen, der Komplexität ihrer Wechselbeziehungen sowie deren Intensität ab, ob die Organisationsform des Marktes, die der Hierarchie oder eine Hybridform (z.B. Profit-Center, interne Ausschreibungen oder Kooperationen) in einer gegebenen Situation adäquat ist [Zbor96]. Auch bei dieser Entscheidung spielt der Trade-off von Transaktions- gegen Rüstkosten eine elementare Rolle.

Warum existieren überhaupt Unternehmen auf realen Märkten, wenn doch durch den Mechanismus des vollständigen Konkurrenzgleichgewichts bereits ein Wohlfahrtsmaximum erreicht ist? Die Erklärung liegt in der bereits skizzierten Unvollkommenheit realer Märkte: Weder besteht seitens aller Wirtschaftssubjekte vollständige Information über ihre (potentiellen) Transaktionspartner und deren Preise, noch liegen Anbieter oder Nachfrager immer in einer hinreichend hohen Anzahl vor, so daß, wenn es zu einem Gütertausch kommt, neben dem eigentlichen Güterpreis zusätzliche Kosten durch dessen Abwicklung – die Transaktionskosten – entstehen [Will81, Coas37].

> *„Outside the firm, price movements direct production, which is coordinated through a series of exchange transactions on the market.*
> *Within a firm, these market transactions are eliminated and in place of the complicated market structure with exchange transactions is substituted the enterpreneor-co-ordinator, who directs production. It is clear that these are alternative means of co-ordinating production."*
>
> R. Coase, *„The Nature of the firm"* [Coas37]

In ähnlicher Weise wie zuvor ist nun auch die umgekehrte Fragestellung zulässig, warum nicht mit zunehmender Organisationsgröße der gesamtwirtschaftliche Nutzen oder zumindest der Nutzen des einzelnen Unternehmens beliebig wächst. Auch hier sind der optimalen Unternehmensgröße obere Grenzen gesetzt: Während der Anteil der Transaktionskosten an den Gesamtkosten zwar sinkt, steigt der Anteil der *internen Transaktionskosten* (agency costs) zunehmend und überlagert schließlich die Transaktionskosten in einem solchen Maße, daß ein weiteres Wachstum der Organisation nutzenmindernd wirkt. Gemäß dieser Theorie arbeiten Angehörige eines Unternehmens nicht notwendigerweise als Team, d. h. sie ordnen ihr Handeln nicht einem zu maximierenden Gesamtnutzen der Organisation unter, sondern verfolgen individuelle, nicht notwendigerweise mit den Unternehmenszielen (bzw. denen seiner Eigentümer) kohärente Ziele [Ross73]. Demzufolge kann somit ein Unternehmen als Angelpunkt für durch Kontrakte verbundene, eigene Ziele verfolgende Agenten – also autonom entscheidende Mitarbeiter – verstanden werden. Als Konsequenz kann nicht garantiert werden, daß Entscheidungen, die entlang der Hierarchie nach unten delegiert werden, im Interesse der Organisation getroffen bzw. umgesetzt werden. Die Divergenz dieser Interessen kann den Gesamtnutzen der Organisation erheblich einschränken. Analog den Kosten der externen Koordination zerfallen jene der internen Koordination in Überwachungskosten (monitoring costs), die durch die Erfolgskontrolle der Mitarbeiter anfallen, Kosten durch die vertragliche Bindung an Mitarbeiter sowie weitere Residualkosten der Beschäftigung. Trotz dieser kontraproduktiv wirkenden Erscheinungen existieren Unternehmen, da aus verschiedenen Gründen diese Kosten den Unternehmenszweck nicht signifikant beeinträchtigen.

So ist durch eine entsprechende Vertragsgestaltung eine Erfolgsüberwachung möglich, und neben weiteren Faktoren schränken Verhaltenskulturen und -normen innerhalb einer Organisation derartige Erscheinungen ein. Ähnlich ihrem Einfluß auf die externe Koodination wirkt sich die informationstechnische Infrastruktur auch effizienzsteigernd auf die interne Koordination aus.

Neben der jeweiligen Konstellation von Rüst- und Transaktionskosten nehmen weitere Faktoren Einfluß auf die Entscheidung, ein Produkt herzustellen oder am Markt zu erwerben bzw. in Auftrag zu geben. Williamson führt hier insbesondere die Faktoren *Ressourcenspezialisierung* (asset specifity) und *Komplexität der Produktbeschreibung* (complexity of product description) an [Will81, MaYB87]: Je stärker der Spezialisierungsgrad eines Mitarbeiters oder des einzusetzenden Produktionsapparates, desto günstiger erscheint eine interne Koordination dieser Ressourcen. Je umfassender ein zu entwickelndes Produkt spezifiziert werden muß, desto eher fällt eine Entscheidung zugunsten der Eigenfertigung. Es hängt also auch von der Produktgattung ab, ob die Koordinationsform der Hierarchie oder die des Marktes sich jeweils besser eignet.

Zusammenfassend kann festgehalten werden, daß eine optimale Unternehmensgröße durch verschiedene externe Parameter determiniert wird und sich demnach innerhalb der Spanne „Einzelunternehmung-Konzern" befinden kann. Unternehmen als hierarchische Organisationen erscheinen hierbei als Inseln der internen in einem Meer der externen Koordination.

2.2.5 Vorläufiges Fazit

In der bisherigen Untersuchung ist deutlich geworden, daß für ein Szenario, das von einer hohen Zahl von Anbietern und Nachfragern ausgeht, die vollständige Konkurrenz einen adäquaten Koordinationsmechanismus bietet. Gleichzeitig erlaubt jedoch eine derartige Koordinationsökologie im realen Kontext des Marktes auch die Abweichung von diesen „Laborbedingungen". Nach Schumpeters Argumentation ist diese darüber hinaus sogar erforderlich für die Entwicklungsfähigkeit einer Volkswirtschaft. Im realen Kontext menschlicher Akteure besteht die Voraussetzung zu proaktivem Handeln, bzw. die Kreativität und der Anreiz zur „Durchsetzung neuer Kombinationen". Wenn nun der Mechanismus des Marktes zum Muster der systemtechnischen Koordination erhoben wird, ist zu erwarten, daß dies aufgrund einer „ökonomischen Lücke" bzw. mangelnder Unschärfe bei der Abbildung von Handlungsmustern der Markt-Ökologie auf die des technischen Systems zu Problemen bzw. Partiallösungen führen kann.

Gleichzeitig entwickelt sich jedoch das Internet als verteiltes System mit über 100 Millionen Nutzern immer weiter in Richtung der Erfordernisse eines totalen Konkurrenzgleichgewichtes, so daß der Ansatz vielversprechend erscheint, die hybride Natur des Internets – Menschen und Software als Nutzer – vorteilhaft zu kombinieren: Nutzer würden nicht durch eine formalisierte Kommunikationsinfrastruktur in der Entwicklung neuer Produkte behindert und umgekehrt effiziente Kommunikationssysteme nicht durch eine dem Menschen gerechte Interpretierbarkeit eingeschränkt sein. Bevor sich jedoch die Untersuchung im zweiten Teil der Kommunikationsinfrastruktur als Implementationsgrundlage einer systemtechnischen Marktinfrastruktur nähert, werden nun bestehende Ansätze zur Realisierung elektronischer Märkte klassifiziert und exemplarisch erläutert.

2.3 Elektronische Märkte

Nachdem der Marktbegriff und die mit ihm verbundenen Koordinationsmechanismen eingeführt wurden, erfolgt in diesem Abschnitt eine Eingrenzung auf das Forschungsgebiet der *elektronischen Märkte*. Dabei werden zunächst verschiedene Klassifikationsdimensionen identifiziert und im weiteren Verlauf exemplarische Vertreter elektronischer Marktsysteme vergleichend untersucht. Schließlich wird im nachfolgenden Abschnitt der Untersuchungsgegenstand weiter eingegrenzt auf den Bereich *elektronischer Dienstemärkte*, der die Grundlage für die letzten beiden Teile des Buches ist.

2.3.1 Typologisierung elektronischer Marktsysteme

Der Begriff des elektronischen Marktes erstreckt sich auf eine Unterstützung des in Abschnitt 2.2 skizzierten Marktmechanismus im weitesten Sinne. Eingeschlossen sind sämtliche Softwarekomponenten, die das Zustandekommen einer Handelstransaktion unterstützen, also eventuelle Anwendungssysteme, die Kommunikationsinfrastruktur sowie weitere, unterstützende Funktionen wie etwa zur Abrechnung oder Datenspeicherung. Aus ökonomischer Sicht dient ein elektronischer Markt zur Steigerung der Koordinationseffizienz, also der Verschiebung einer konventionellen Marktorganisation hin zur vollständigen Konkurrenz [Bako91]. Die Ursache dieser Steigerung kann in der Integration des Marktsystems in die IS-Infrastruktur der beteiligten Unternehmen, in der höheren Preistransparenz oder in der normierenden Wirkung standardisierter Produktspezifikationen liegen [MaYB89].

Der elektronische Markt bildet den abstrakten ökonomischen Ort des Gütertausches ab auf eine verteilte Systeminfrastruktur. Ein elektronischer Markt kann 24 Stunden am Tag und 7 Tage in der Woche seinen Teilnehmern zur Verfügung stehen [Schm93, Schm93a]. Von dieser Infrastruktur wird erwartet, daß sie als offenes verteiltes System ein hohes Maß an Zuverlässigkeit und Sicherheit bietet.

Abb. 5 zeigt die allgemeine Architektur eines elektronischen Marktsystems (EMS) nach [Schm95]: Es basiert auf einem einheitlichen Kommunikationsprotokoll zwischen Teilnehmern und der EM-Software. Diese selbst kann aus einer unmittelbaren Kommunikationsunterstützung der Teilnehmer bestehen oder optional auch eine dedizierte Marktsoftware umfassen. Das eingangs erwähnte Börsensystem stellt eine solche Marktsoftware dar, während das „elektronische Schwarze Brett" sich auf eine Kommunikationsunterstützung der Teilnehmer beschränkt, dabei allerdings zumindest das Anbahnen einer Handelstransaktion unterstützt. Da beim letzteren eine Vielzahl von Menschen informell unterstützt werden, nennen Schmid et al. die Gattung *Forumdienste*, die nicht nur als Medium von Handelstransaktionen, sondern allgemein als Grundlage der Kommunikation zwischen Benutzern dienen.

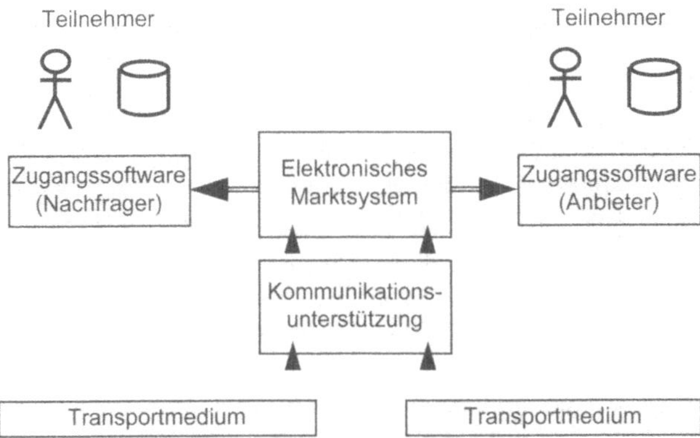

Abb. 5. Architektur eines elektronischen Marktsystems, nach [Schm95]

Mindestvoraussetzung eines EMS-Systems ist eine solche Unterstützung als Einsatzziel der Software, d.h. es findet der Tausch einer Leistung gegen Zahlungsmittel zwischen den Nutzern des Systems statt. Offen ist in diesem Zusammenhang noch, wer genau die Transaktionspartner sind und welche Transaktionsphasen in welchem Maße durch das EMS unterstützt werden. Verschiedene Kriterien können hierbei zur Typologisierung elektronischer Marktsysteme beitragen:

1. Ist der *Preismechanismus* des Marktes durch das EMS internalisiert oder dient es nur der Unterstützung isolierter Transaktionen unmittelbar zwischen den Teilnehmern?
2. Welche *Abstraktion* leistet das EMS von der realen Handelstransaktion zwischen menschlichen Transaktionspartnern? Werden nur Transaktionen mit unmittelbarer Bedeutung für den konventionellen Markt unterstützt oder wird die Allokationseffizienz des Preismechanismus für systemtechnische Optimierungsziele genutzt?
3. Welche *Transaktionsphasen* werden durch das System unterstützt?
4. Welcher *Spezialisierungsgrad* bzgl. der gehandelten Produkte liegt beim EMS vor?
5. Welche *Transaktionskosten* wirft die Nutzung des EMS auf?
6. Welcher Grad an *Offenheit* ist im EMS gegeben?
7. Agieren vorwiegend *Softwaresysteme* oder *menschliche* Nutzer als Teilnehmer des EMS?
8. Welchen *Sicherheitsanforderungen* genügt das EMS?

9. Welche funktionalen Komponenten sind beim EMS *standardisiert* und welche werden durch individuelle Teilnehmer erbracht? Wo liegt dabei die Grenzlinie zwischen damit verbundenen System- und Anwendungsebenen?

Es gilt im folgenden zu prüfen, ob diese Merkmale tatsächlich unabhängig sind oder ob eine sinnvolle Einschränkung auf wenige Dimensionen durchgeführt werden kann. Dazu werden die Merkmale zunächst genauer untersucht:

1. Internalisierung des Preismechanismus

Es können zwei Ausprägungen in dieser Kategorie unterschieden werden: Systeme, die das Zustandekommen eines Gleichgewichtspreises auf algorithmischem Wege bewirken und solche, die keinen direkten Einfluß auf Güterpreise nehmen. In beiden Fällen können EMSe in reale Handelstransaktionen involviert sein: Elektronische Wertpapierbörsen im ersten und „Forumdienste" [Schm95] im zweiten. Unter Forumdiensten werden solche Informationssysteme verstanden, die Informationsobjekte (Hypertextdokumente, NetNews-Beiträge etc.) speichern, diese vermitteln, filtern oder aufwerten sowie dem Anwender zusätzliche Dienste bereitstellen, die ihm den Umgang mit dem jeweiligen Forumdienst erleichtern (z.B. Verzeichnisdienste, Anfragesprachen oder geeignete Übertragungsprotokolle). Sobald jedoch das Matching von Angebot und Nachfrage durch das EMS unterstützt wird, gewinnt dieses den Charakter des Börsensystems, da zumindest teilweise der Preismechanismus algorithmisch in das EMS verlagert ist.

Im weiteren Verlauf wird gemäß diesem Kriterium unterschieden in Forumdienste oder Benutzerinformationsdienste einerseits und Börsensysteme andererseits.

2. Abstraktion des EMS vom Markt für konventionelle Güter

Der Preismechanismus ist ein generelles Instrument zur effizienten Ressourcenallokation in atomistisch dezentralisierten, verteilten Systemen. Entsprechend existieren Optimierungsverfahren, die nicht primär konventionelle Handelstransaktionen reflektieren, d.h. solche mit unmittelbarer ökonomischer Bedeutung, sondern als Mittel der Effizienzsteigerung verteilter Betriebssysteme oder Datenbanken eingesetzt werden [SDKL+94]. In diesen Systemen werden Ressourcen (Speicher, Rechenzeit, Prozessoren, Kommunikationskanäle) anhand eines gemeinsamen Wertmaßstabs „gehandelt". Einheiten dieses Maßes dienen dabei als Kunstwährung für genutzte oder angeforderte Ressourcen und zur Bewertung erzielter Resultate [Boga94]. Gehandelte Güter besitzen ein sehr spezifisches Qualitäts- und somit Wertprofil (z.B. Relationenfragmente beim verteilten Datenbanksystem Mariposa [SDKL+94]). Es nimmt direkten Einfluß auf die Bemessung von Ressourcen durch die Kunstwährung. Solche EMSe sind damit in der Regel hochspezialisiert. In Mariposa existiert z.B. nur ein einziger, formal fest umrissener und gegen andere Produkte abgegrenzter „Markt" für Relationenfragmente. Die Rüstkosten zur Unterstützung anderer Produkte sind vergleichbar mit denen eines Börsensystems.

Ein EMS, das zur Steigerung der Allokationseffizienz *spezifischer,* verteilter Anwendungen eingesetzt wird, ist nicht Gegenstand der weiteren Betrachtung dieses Buches.

3. Transaktionsphasen

Die Transaktionsphasen der Information, Vereinbarung und Abwicklung wurden bereits eingeführt. Ein EMS kann nach den Phasen, die es unterstützt, klassifiziert werden: Informationsdienste wie NetNews, WWW oder CompuServe können zur Anbahnung eines Geschäftes eingesetzt werden, um Informationen über Hersteller, Produkte oder Konditionen zu erlangen. Die Phasen der Vereinbarung und Abwicklung können jedoch nur off-line durchlaufen werden. Erfolgen unterstützende Transaktionen wie z.B. der Zahlungstransfer ebenfalls über einen geeigneten Dienst des EMS, kann der Kontraktschluß und somit die Vereinbarungsphase ebenfalls on-line abgewickelt werden. Es liegt in der Natur der Sache physischer Güter oder Dienstleistungen, daß die Abwicklungsphase nicht auf elektronischem Wege abgewickelt werden kann. Nur im Falle nicht-tangibler Güter, die on-line in Form von Dienstleistungen, Daten oder Software geliefert werden können, ist auch die Abwicklungsphase in den durch das EMS unterstützten Transaktionsprozeß eingeschlossen.

Unter der Annahme einer Senkung von Transaktionskosten durch den Einsatz von EMSen erscheint es offensichtlich, daß eine weitgehende Unterstützung aller Transaktionsphasen für Käufer und Verkäufer opportun ist. Entsprechend sind jedoch auch Dienste erforderlich, anhand derer ein sicherer Zahlungstransfer erfolgen kann. „Sicher" steht hierbei für anonym, vertraulich, zuverlässig, verbindlich und transaktional.[6]

Unter der Eingrenzung auf nicht-tangible Güter steht im weiteren Verlauf der Entwurf von EMSen im Vordergrund, die alle Transaktionsphasen unterstützen.

4. Produktspezialisierung

Williamson führt die Entscheidung der Koordinationsform vor allem auch auf die Faktoren „Ressourcenspezialisierung" und „Komplexität der Produktbeschreibung" zurück. Vor allem der zweite Faktor bereitet bei einem spezialisierten Börsensystem Schwierigkeiten: Wenn z.B. die Spezifikation von Wertpapieren statisch im System verankert ist, bereitet es erhebliche Schwierigkeiten, die Software auf die Spezifikation anderer Güter umzustellen. Sicherlich sind dabei einfach zu spezifizierende Güter wie Reisen, Gebrauchtfahrzeuge oder Frachtkapazitäten eher „handelbar" als z.B. spezialisierte Dienstleistungen, wie die Entwicklung von Individualsoftware oder die Durchführung einer Werbekampagne.

Aus diesem Grunde erfolgt eine Klassifikation von elektronischen Marktsystemen nach ihrer Spezialisierung auf handelbare Güter:

- *SEMS* (Spezifisches elektronisches Marktsystem): Die Realisierung eines Tauschortes für eine einzelne Produktkategorie auf der Basis einer allen Teilnehmern gemeinsamen Systeminfrastruktur und Produktspezifikation (z.B. für Wertpapiere, Reisen, Frachtkapazitäten, vgl. z.B. [Anne93, TNMH96])
- Ein *GEMS* (Generisches elektronisches Marktsystem) ist nicht spezialisiert auf Ein-Produkt-Märkte und muß damit offen bleiben für zum Entwurfszeitpunkt noch nicht antizipierte Spezifikationen.

---

[6] Vgl. auch Kapitel 6 in Teil II.

SEMSe können – wie z.B. im Bereich der marktorientierten Programmierung bei Wellman [Well94, Well95] – auf den Handel eines einzigen Produktes oder einer stark homogenen Produktgruppe (etwa Wertpapiere oder Relationenfragmente) spezialisiert sein. Das Umfeld der Handelstransaktion wird hierbei durch den Spezialisierungsgrad der Börsensoftware reflektiert: Sie ist in der Lage, Güter nach gegebenen Kriterien zu klassifizieren und zu bewerten. Außerdem stellt sie spezialisierte Schnittstellen zur Ausführung einer Handelstransaktion bereit. Ein Börsensystem erlaubt es daher auch spezifischen externen Softwareanwendungen, Transaktionen durchzuführen.

Anders verhält es sich bei einem *generischen EMS*: Auf weniger formalisierte Weise können durch Anwender Angebot und Nachfrage ausgeübt werden. Häufig werden Güter oder Dienstleistungen nur natürlichsprachlich beschrieben, so daß das EMS selbst nur noch der persistenten Speicherung und der Kommunikationsunterstützung seiner Anwender dient. Diese nach [Schm95] *Electronic Mall* genannten Systeme erlauben einerseits den Handel beliebig heterogener Produkte, andererseits verlieren sie die Möglichkeit der Interpretation und eines nichtabstreitbaren Nachweises von Transaktionsinhalten (z.B. WWW, Compuserve, T-Online). Auch der Zahlungstransfer ist beim GEMS semantisch von dem der Leistung entkoppelt: Wenn von einem Bildarchiv ein Bild abgerufen wird, fakturiert das Archiv den Rechnungsbetrag. Das GEMS kann diesen Zahlungstransfer sichern, indem es den Käufer veranlaßt, den Betrag zu überweisen – jedoch kann es nicht den Preis *bewerten*, da (im Gegensatz z.B. zum Börsensystem) das erforderliche Anwendungswissen nicht im GEMS internalisiert ist.

Für den im zweiten Teil angestrebten Entwurf eines EMS für elektronische Dienstemärkte wird in Abgrenzung zum SEMS die Variante des GEMS verfolgt und mit dem Ziel einer weitestmöglichen Annäherung an die Eigenschaften des SEMS entworfen.

5. Transaktionskosten

Wie bereits im Abschnitt 2.2.2 illustriert, übt der Anteil der Transaktionskosten am Kaufpreis eine starke Hebelwirkung bzgl. des gesamten Transaktionsvolumens auf dem elektronischen Markt aus. Kreditkartenunternehmen berechnen ca. 2–3 Prozent des Kaufpreises zuzüglich eines Fixums von 28 Cent. Bei Kaufpreisen im Bereich weniger DM erreicht der Transaktionskostenanteil damit bereits eine signifikante Höhe, so daß dieses Zahlungsverfahren sich nicht für ein EMS eignet, da z.B. T-Online nur einen maximalen Kaufpreis in Höhe von DM 9,90 für Online-Transaktionen zuläßt. Andererseits sind bei elektronischen Märkten sogar Kaufpreise in der Größenordnung weniger Pfennige zu erwarten, etwa für Leistungen der Dienstvermittlung oder ähnliche Mehrwertdienste. Diese *Micropayments* [CoST95]) werden von *Micromerchants* akzeptiert, die entsprechend einen *Microyield* erzielen (vgl. hierzu auch Kapitel 6 in Teil II).

Neben den Kosten der reinen Abrechnung fallen durch den Betrieb des EMS weitere Gemeinkosten an, die in Form von Gebühren auf die Teilnehmer abgewälzt werden. Und schließlich sind all jene Transaktionskosten der Anbahnung, Kontraktion und Abwicklung zu subsumieren, die auch bei einer konventionellen Transaktion anfallen würden.

Vor diesem Hintergrund erscheint das Kriterium der Transaktionskosten als grundsätzliches Erfolgsmerkmal eines EMS. Zumindest die durch das EMS selbst induzierten Transaktionskosten stellen einen signifikanten Faktor für die Attraktivität des Systems im Wettbewerb mit anderen dar.

6. Offenheit

In der Literatur werden verschiedene Formen der Offenheit unterschieden [Lang94]:

1. Unter dem Begriff der *technischen Offenheit* lassen sich die der Interoperabilität und Portabilität subsumieren: Interoperabilität bezieht sich auf die Fähigkeit individueller Komponenten, auf der Basis heterogener Hardware, Betriebssysteme und standardisierter Protokolle zu kommunizieren. Portabilität ist gegeben, wenn Software ohne signifikanten Aufwand an eine neue Systemumgebung angepaßt werden kann. Portabilität erfordert standardisierte Bibliotheksschnittstellen, während Interoperabilität die Normierung von Protokolldateneinheiten sowie deren Abfolge und Semantik voraussetzt.
2. *Benutzeroffenheit*: der technische und organisatorische Aufwand für den Anwender, sich Zugang zu einem EMS zu verschaffen, steht im umgekehrten Verhältnis zur Benutzeroffenheit des Systems. Ist z.B. eine schriftliche Registrierung bei der EMS-Administration, ein Paßwort und die Zahlung einer monatlichen Subskriptionsgebühr erforderlich (wie z.B. bei Online-Diensten), so kann das System als wenig benutzeroffen klassifiziert werden. Das WWW hingegen erfordert weder eine Subskriptionsgebühr noch eine dedizierte Registrierung. Einschränkend kommt bei allen Systemen der technische Aufwand hinzu, der für den Anwender erforderlich ist, um sich den Zugang zum Kommunikationssystem zu verschaffen: Ein Modem muß beschafft und geeignete Terminalsoftware installiert werden. Da dieser Aufwand prinzipiell für alle Kommunikationsinfrastrukturen konstant ist, kann ein Vergleich von diesem Aspekt des technischen Zugangs abstrahieren.
3. *Juristische Offenheit* bezieht sich auf das Recht eines potentiellen Anwenders, das EMS zu nutzen. Wenn z.B. Nicht-EU-Bürger aufgrund gesetzlicher Beschränkungen keinen Zugriff auf ein EMS haben können, ist das System nicht juristisch offen.
4. *Marktoffenheit*: Gemäß den Betrachtungen aus Abschnitt 2.2 gilt ein Markt als offen, wenn jederzeit und in beliebiger Menge Wirtschaftssubjekte in ihn eintreten oder ihn verlassen können. Dazu zählt auch das „Öffnen" eines neuen Marktes durch das Angebot eines neuartigen Produktes. EMSe sind diesbezüglich unterschiedlich offen: Börsensysteme lassen kaum das Angebot von Produkten zu, die intern nicht als „Wertpapier" zu repräsentieren sind. Das NetNews-System erlaubt jederzeit die Erzeugung einer neuen Newsgroup, in der „neuartige Güter" gehandelt werden können. Ebenso können Anbieter und Nachfrager ohne technische oder organisatorische Hinderung diese Gruppe benutzen oder verlassen. Die Marktoffenheit eines EMS impliziert auch jede Eigenschaft, die für den konventionellen Marktbegriff gilt – vor allem die Entwicklungsfähigkeit im Schumpeterschen Sinne.

Zusammengefaßt werden diese Ausprägungen unter dem Begriff der *organisatorischen Offenheit*, da nur ein nach allen genannten Punkten offenes System es einer Organisation (bzw. einer Privatperson) erlaubt, Güter anzubieten oder nachzufragen, also als Teilnehmer auf dem elektronischen Markt zu agieren. Tschammer setzt für ein offenes (Kommunikations-)System folgende Eigenschaften voraus [Tscha93]:

- Ein offenes System ist *nicht begrenzt* auf Städte, Regionen, Länder, Kontinente, aber auch Verwaltungs- und Unternehmensstrukturen.
- Es ist *frei zugänglich*, d.h., benutzeroffen und juristisch offen.
- Es ist *heterogen*, d.h., bestimmte Hardware-, System- oder Anwendungsarchitekturen werden nicht vorausgesetzt oder forciert. Für einen Netzteilnehmer besteht Planungsfreiheit bzgl. seiner individuellen Softwareentwicklung.
- Es ist *selbstbestimmend* und *unabhängig*, d.h., Reaktionen auf beobachtbare Ereignisse sind nicht vorhersagbar. Anwendungen sind autonom und nicht durch eine zentrale Administration steuerbar.
- Es ist *dezentralisiert* – insbesondere auf der Anwendungsebene –, also ohne globale Kontrolle.

Hingegen sind geschlossene Systeme charakterisiert durch spezifische technische Eigenschaften, fehlende Kommunikationsmittel, geographische Abgeschlossenheit oder besondere Schutzmaßnahmen. Die Folge liegt in einer *kontrollierten Fortentwicklung*, die die Abstimmung von Schnittstellen und Funktionen mit einer zentralen Verwaltungsinstanz erfordert. Alle Systemkomponenten gehören einer Organisation an, die Entwurf, Installation, Betrieb und Fortentwicklung des Systems steuert und dadurch für Homogenität, gemeinsames Verständnis und Zusammenhang sorgt. Solche Infrastrukturen fallen in die Kategorie der *eng gekoppelten Systeme*. Der in diesem Buch angestrebte Entwurf konzentriert sich auf organisatorisch offene Systeme.

7. Unterscheidung nach Marktteilnehmern: Personen oder Software

Sowohl als Anbieter wie auch als Nachfrager können Personen oder Softwarekomponenten am elektronischen Markt teilnehmen. Dieses Kriterium steht im engen Zusammenhang mit der Internalisierung des Preismechanismus: Dient das EMS in erster Linie der Kommunikationsunterstützung von Benutzern, so ist das Matching von Angebot und Nachfrage kaum internalisiert. (Diese Ausprägung wird bei [Schm95] auch als *Forumdienst* bezeichnet.)

Im Falle von Börsensystemen, bei denen grundsätzlich Softwareanwendungen als Anbieter bzw. Nachfrager auftreten können, sind Protokolle anwendungsnah normiert (vgl. EDI-Anwendungen [Zbor96]) und der Preismechanismus internalisiert. Bei Online-Diensten, die einen Zugriff auf Softwareanwendungen – z.B. beim Home-Banking – erlauben, stehen Personen als Nachfrager Softwarekomponenten als Anbieter gegenüber. Die letzte Variante aus Tabelle 1 erscheint zunächst exotisch: Softwareanwendungen als Nachfrager und Benutzer als Anbieter. Anwendungen im Bereich des Workflow-Management können jedoch durchaus auch Benutzer in Abläufe integrieren. Die Übersetzung eines Textes kann beispielsweise von einer Software in ein News-Forum eingestellt werden mit der Zusage an die Anbieter, für die Übersetzung einen festen Preis zu bezahlen.

Tabelle 1. Anbieter/Nachfrager-Konstellationen, in Anlehnung an [CuTy93]

Anbieter \ Nachfrager	*Person*	*Computer*
Person	EMail, NetNews, Forumdienste	Online-Dienste: (T-Online, AOL, Compuserve etc.)
Computer	Interaktive Online-Dienste Organisationsübergreifende Workflow-Management-Systeme	EDI, SWIFT, Gemeinsame Programmierschnittstellen und Protokolle; Börsensysteme

8. Sicherheitsdienste

Aufgrund der Teilnehmerautonomie und -anonymität auf dem elektronischen Markt ist im Gegensatz zum geschlossenen System ein weitaus größeres und vielfältigeres Bedrohungspotential gegeben (vgl. [Raub94]). Als Angreifer können nicht nur Außenstehende wie z.B. der Betreiber der Kommunikationsinfrastruktur oder ein vermeintlicher Kommunikationspartner auftreten, sondern vor allem auch der unmittelbare Transaktionspartner selbst. Dies bezieht sich entweder auf den Nachfrager oder Anbieter aber auch weitere involvierte Parteien, wie Anbieter von Zahlungs- oder Zertifizierungsdiensten. Die abstrakten Bedrohungsformen, die dem ISO/OSI Sicherheitsreferenzmodell zugrunde liegen, lassen sich im Kontext des elektronischen Marktes weiter spezialisieren:

- Das Transaktionsverhalten eines Kunden wird verfolgt, indem etwa durch den Verkäufer oder einen Dritten ein individuelles Konsumprofil erstellt wird.
- Zahlungsmittel werden gestohlen (Bedrohung durch Dritte).
- Zahlungsmittel werden mehrfach eingesetzt („double spending", Bedrohung durch den Käufer).
- Ein Käufer weigert sich, eine stattgefundene Dienstnutzung zu bezahlen.
- Ein Verkäufer streitet den Zahlungsempfang ab.
- Ein Handelstransaktionen unterstützender Dienst gibt vor, vertrauenswürdig zu sein, um Informationen oder Handlungen auszuspähen (z.B. Bedrohung durch einen vermeintlichen Bank- oder Notariatsdienst).
- Eine erbrachte Leistung ist von minderer Qualität (der Verkäufer liefert eine Graphikdatei mit falschem Motiv oder minderwertiger Auflösung).

EM-Infrastrukturen lassen sich nach der systemtechnischen Unterstützung zur Vermeidung dieser Bedrohungspotentiale klassifizieren. Börsensysteme wie auch Online-Dienste internalisieren beispielsweise Aufgaben der Bezahlung und Abrechnung, so daß die Vertrauenswürdigkeit des Online-Dienstes auch die des Zahlungsverfahrens impliziert (Abb. 6). In dieser Situation kann jedoch die Verfolgung des Transaktionsverhaltens nicht ausgeschlossen werden. Weiterhin ist eine Notariatsdienstleistung denkbar, bei der auch die Absicherung gegen den letzten Fall durch das EMS internalisiert wird. Hierbei ist eine besondere Behandlung von Vertragsangeboten und

-annahmen durch das System erforderlich, damit die Leistung falscher oder minderer Qualität durch systemimmanente Mechanismen protokolliert werden kann. Eine solche Behandlung von *Vertragssemantiken* geht jedoch weit über die üblichen Verfahren der Zertifizierung durch Notariatsdienste hinaus (vgl. z.B. [BeJu95]).

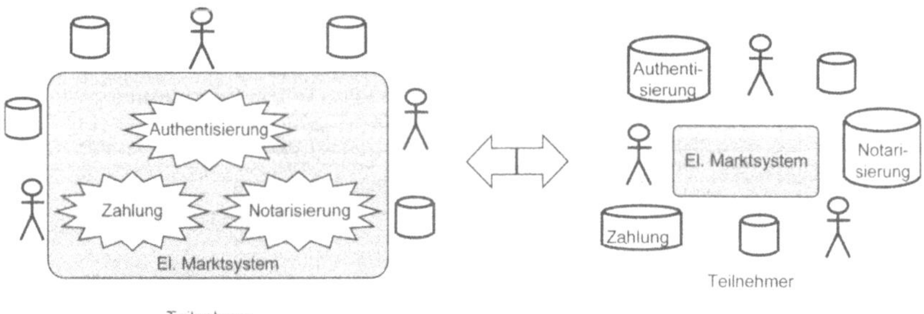

Abb. 6. Internalisierung vs. Externalisierung von Sicherheits- und Zahlungsdiensten

Schließlich ist ein organisatorisch offenes Szenario denkbar, in dem – analog zum konventionellen Markt – diese Sicherheitsdienste nicht normierter Bestandteil des von einer Organisation betriebenen Marktsystems sind, sondern voneinander unabhängig und evtl. selbst im Wettbewerb erbracht werden können. Ein Notariatsdienst ist hier z.B. denkbar als eine optionale Stufe der Wertschöpfungskette, die dann in Anspruch genommen werden kann, wenn zwischen Anbieter und Nachfrager eine mangelnde Vertrauensbasis besteht. Erforderlich ist in diesem Szenario eine umfassende Sicherheitsinfrastruktur, die als Ersatz für die fehlende Vertrauenswürdigkeit einer zentralen Betreiberorganisation in Frage kommt.

9. Grad der Standardisierung

Ein EMS als offenes verteiltes Anwendungssystem ist auf Interoperabilität zwischen Rechnerknoten bezüglich der Kommunikationsprotokolle angewiesen. Aus Sicht der EMS-Betreiber, die (wie z.B. bei T-Online) alle Rechnerknoten innerhalb ihrer (Unternehmens-)Verwaltungsdomäne betreiben, ist es ferner opportun, auch anwendungsnahe Aspekte wie den der Abrechnung, der Verwaltung von Anbietern (Verzeichnisdienst) oder der Schnittstelle zum Endbenutzer zu normieren.

Wenn nicht zu anderem Handeln gezwungen, sind Anbieter hingegen bestrebt, ihr Produkt in individueller Gestalt und Funktion zu präsentieren und dem Nachfrager zugänglich zu machen. Zentralisierte, vereinheitlichte Verfahren der Abrechnung oder der Anbieterverwaltung wirken hier oft einschränkend und prohibitiv, d.h. für den Anbieter besteht kein Anreiz, sein Produkt auf dem EM zu präsentieren.

Während also bezüglich der Datenkommunikation Einigkeit zwischen EMS-Betreibern, Anbietern und Nachfragern besteht, finden sich im konkreten Wettbewerb von Online-Diensten verschiedene Realisierungen mit jeweils unterschiedlich standardisierter Funktionalität.

Neben der Interoperabilität zwischen EMS-Rechnern ist für Anbieter und Nachfrager auch Kompatibilität der auf dem EM angebotenen Güter oder Dienste von Interesse: Das Durchführen einer Hotelreservierung sollte nicht für jedes online erreichbare Hotel individuell erfolgen, sondern in einheitlicher Weise. Andererseits ist es im Interesse der Anbieter, nicht aufgrund einer normierten Schnittstelle den individuellen Charakter ihres Produktes zu verlieren. Der Standardisierungsaufwand für die Definition einer derartigen, normierten Schnittstelle kann sowohl in zeitlicher Hinsicht wie auch aus Wettbewerbsgründen für den einzelnen Anbieter nachteilig sein: Reicht nämlich diese Standardisierung so weit, daß formale Kriterien der Schnittstelle wie auch die Semantik der implementierten Anwendung normiert sind, so ist über diese Notwendigkeit nachfolgenden Anbietern (als Nachzügler) der Markteintritt geebnet. Hier gerät also der einerseits erstrebenswerte transparente Markt in Konflikt mit dem ebenso erwünschten Prinzip der Gestaltungs- (und Entwicklungs-)fähigkeit individueller Schnittstellen.

Wird die Grenzlinie der Standardisierung zu niedrig angesetzt (wie z.B. bei eMail-basierter Kommunikation in Abb. 7), kann sich kein Preismechanismus entfalten, da aufgrund mangelnder Normierung und Transparenz nicht die erforderliche atomistische Marktsituation entstehen kann. Wird sie zu hoch angesetzt, so daß sie die Semantik von Softwareanwendungen normiert, ist zwar der Markt transparent, jedoch wird es dem innovativen Anbieter erschwert, durch zusätzliche Produktmerkmale aus dem formalen Rahmen der EMS-Infrastruktur auszubrechen, d.h. als innovativer Anbieter aufzutreten.

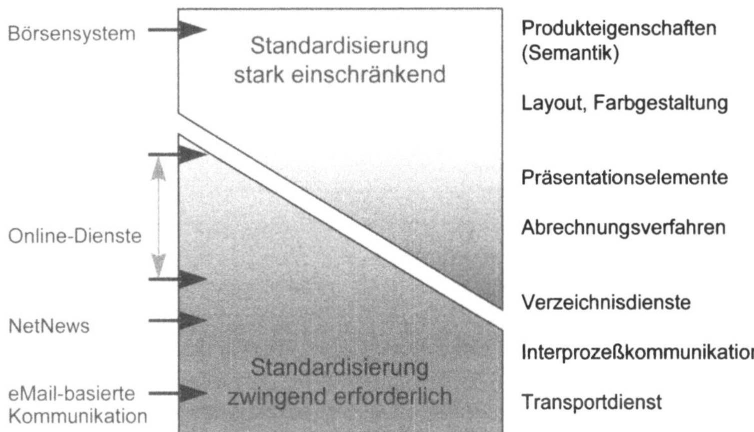

Abb. 7. Standardisierung von Systemfunktionen und korrespondierende EMS-Infrastrukturen

Die im zweiten Teil untersuchten Techniken zur Dienstvermittlung und -verwaltung begegnen diesem Konflikt durch unterschiedliche Freiheitsgrade in der Ausgestaltung des individuellen Angebots. Ferner wird dort ein Ansatz zur *inkrementellen Standardisierung* genutzt, der es Gruppen von Marktteilnehmern überläßt, Schnittstellen, Datenstrukturen und Funktionen zu standardisieren.

Zusammenfassung und Bewertung der Klassifikation

Aus der Klassifikation ist zu entnehmen, daß die bisher verwendeten EMS-Ausprägungen der Börsen- und Forumdienste hinsichtlich jeder Dimension nahezu entgegengesetzte Positionen einnehmen (vgl. Abb. 8).

Daraus kann gefolgert werden, daß eine Dichotomie bzgl. der beiden Ausprägungen besteht. Das Börsensystem internalisiert den Preismechanismus, kann sowohl für den Handel konventioneller Güter wie auch zur Allokationssteuerung technischer Ressourcen eingesetzt werden, unterstützt dabei auch die Transaktionsphase der Abwicklung, ist auf eine Produktgattung spezialisiert, nicht organisatorisch offen, reduziert die Transaktionskosten und stellt aufgrund seiner Abgeschlossenheit keine herausragenden Sicherheitsanforderungen. Forumdienste belegen jeweils die entgegengesetzte Ausprägung der einzelnen Kriterien.

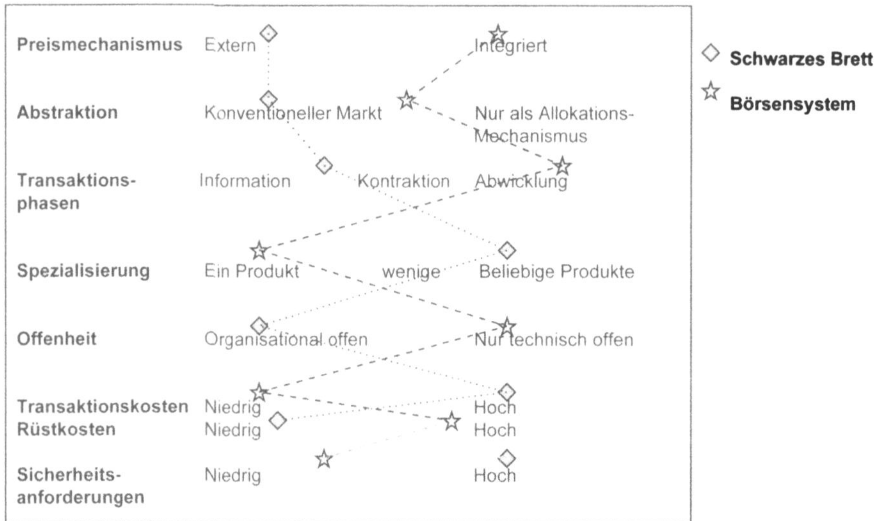

Abb. 8. Klassifikationsprofil für Börsensysteme und generische elektronische Marktsysteme

Als Zielsetzung dieses Buches gilt es nun ein EMS zu entwerfen, das mit geringfügigem Aufwand als Schwarzes Brett (GEMS) wie auch als Börsensystem (SEMS) nutzbar ist. Es sollte dabei in der Wahl seiner Nutzer liegen, die Ausprägung der jeweiligen Marktsituation am besten entspricht. Für das weitere Vorgehen ist folglich eine Untersuchung erforderlich, die zunächst die Grundbestandteile beider EMS-Ausprägungen identifiziert und anschließend untersucht, auf welche Weise diese so zusammengeführt werden können, daß für bestimmte Einsatzbereiche (als SEMS bzw. GEMS) eine Konfiguration mit minimalem Aufwand an Rüst- und Transaktionskosten erfolgen kann.

2.3.2 Erscheinungsformen elektronischer Marktsysteme

An dieser Stelle werden zur Verdeutlichung der Unterschiede zwischen dem Ansatz des GEMS und dem des SEMS verschiedene Ausprägungen der oben gewählten Klassifikation von elektronischen Marktsystemen exemplarisch dargestellt. Dabei wird zunächst das systemtechnische Umfeld einer Wertpapierbörse als Extrem in Richtung des SEMS untersucht. Als entgegengesetzte Ausprägung werden Online-

Informationssysteme wie T-Online, AOL oder Compuserve kurz erläutert und entsprechend der Klassifikation eingeordnet. Abschließend wird das ökonomisch orientierte Objektmodell der Agoric Open Systems von Drexler/Miller skizziert und bzgl. seiner Einsatzfähigkeit als GEMS untersucht. Dabei werden die ersten beiden Beispiele als gegensätzliche Pole zum Teil harmonisiert.

Wertpapierbörsen

Bei elektronischen Wertpapierbörsen (bzw. *Computerbörsen*) als Ort zur Abwicklung von Finanztransaktionen wurde die Rolle des Menschen im Rahmen der Kursermittlung und -aushandlung im Gegensatz zum Präsenzmarkt durch eine automatisierte Orderverarbeitung und Matching-Funktion ersetzt [Paul94]. Aus diesem Grunde erfordert eine Computerbörse für den Wertpapierhandel die Normierung verschiedener Prozeduren und Verfahrensweisen. Der hohe Effizienzgrad von Verfahren des börslichen Kassageschäfts hat zu absolut sehr niedrigen Transaktionskosten geführt. Bezogen auf den Transaktionswert liegen sie häufig unter 1%. Die Transaktionskostenvorsprünge, die ein Börsenstandort gegenüber Wettbewerbern im In- und Ausland erlangen kann, belaufen sich auf Bruchteile dieser Sätze. Aus diesem Grunde ist eine Börse bestrebt, neue Verarbeitungsverfahren zügig umzusetzen [Schm88].

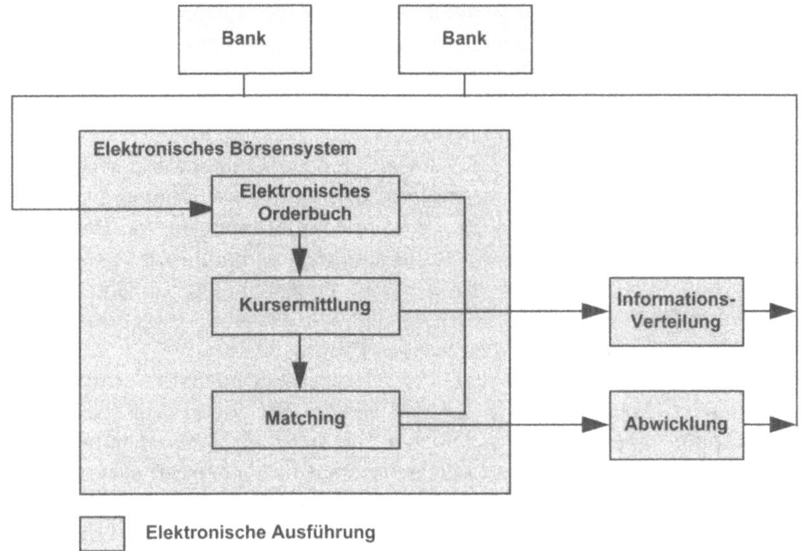

Abb. 9. Organisation einer Computerbörse

Abb. 9 illustriert schematisch die Orderverarbeitung, bei der von Händlern der angeschlossenen Banken Kauf- oder Verkaufsorders zunächst im *elektronischen Orderbuch* eingetragen werden. Dabei erfolgt eine Gruppierung nach Wertpapierkennnummern und innerhalb dieser eine Sortierung nach ihren Kauf- bzw. Verkaufslimits sowie dem Zeitpunkt ihrer Erfassung.

Abgesehen von normierten Daten wie Wertpapierkennummer und Limit (dem Kurs, von dem an ein Kauf bzw. Verkauf durchzuführen ist) sind z.B. folgende *Policies* für den automatisierten Wertpapierhandel spezifiziert [Paul94]:

- „Zum Marktpreis": Der Order wird der Eröffnungskurs zum Handelsbeginn zugeordnet.
- „Stop": Hier wird ein Limit angegeben, bei dem die Order aktiviert wird, sobald es überschritten wird.
- „Limitspezifikation": Durch Angabe eines zweiten Limits wird eine „Spanne" definiert, innerhalb derer eine Order ausgeführt werden soll. Diese Policy soll das System dahingehend steuern, die Marktentwicklung hinsichtlich günstigerer Kurse weiter abzuwarten, wenn ein Limit überschritten wurde.

Weitere Bearbeitungsmodi sind normiert, so etwa die Möglichkeit „vorsichtig" oder „versteckt", bei der eine Order in mehreren Schritten ausgeführt wird, um eine Verzerrung der Marktverhältnisse zu vermeiden bzw. um eine größere Transaktion durch Stückelung nicht erkennbar zu machen. Im Rahmen der zentralen Funktion der *Kursermittlung* erfolgt bei einer Computerbörse eine algorithmische Abbildung der Vorgehensweise im Präsenshandel. Die Orderausführung (*Matching*) erfüllt die ausführbaren Orders nach ihren Prioritäten und auf dem Markt vorhandenen Quantitäten. Analog der Bearbeitungsmodi bestehen normierte Ausführung*policies* für diese Phase: „alles oder nichts" definiert eine Order als vollständig oder gar nicht ausführbar; „vollständig ausführen oder zu annullieren" fordert eine Annullierung der Order aus dem Orderbuch, wenn sie nicht ausführbar ist.

Die Gesamtheit dieser Modi ist seitens der Computerbörse sowie der Handelsabteilung der zugeschalteten Banken semantisch und syntaktisch standardisiert. Eine Anpassung dieser Softwareinfrastruktur z.B. an die Anforderungen von Fracht- oder Tourismusbörsen ist nicht ohne erhebliche Investitionen durchführbar. Aufgrund dieser Spezialisierung beteiligter Softwaresysteme ist die Beteiligung am Börsengeschehen nur profitabel für Banken, die mit erheblichen Umsätzen die Investitionen in die Software- und Netzwerkumgebung rechtfertigen können.

In jedem Fall ist jedoch das Börsensystem als hochspezialisierte Software zu betrachten, die weder (Markt-)offen ist für den Handel mit andersartig spezifizierten Gütern, noch in der Lage ist, die dort üblichen Handelsmodalitäten abzudecken. Der Preismechanismus ist vollständig internalisiert und das System ersetzt vollständig den konventionellen Markt. Alle Transaktionsphasen werden unterstützt durch dedizierte Komponenten zur Sammlung von Kauf- und Verkaufsgeboten, für den Kaufabschluß und die anschließende Zahlungsabwicklung. Computerbörsen sind z.B. auch durch die Unterstützung spezifischer Policies besonders spezialisiert auf den Wertpapiermarkt und damit weder technisch, juristisch, noch ökonomisch offen, da der *unmittelbare* Marktzugang durch gesetzliche Auflagen beschränkt ist. Ein Optimierungsziel von Computerbörsen ist die Minimierung von Transaktionskosten, da diese wiederum dem elektronischen Marktsystem der Börse selbst Wettbewerbsvorteile gegenüber anderen verschafft.

Das Internet als Netzwerkumgebung „für jedermann" erlaubt es zunehmend jedoch auch Privatpersonen, zu geringen Kosten zumindest technisch auf eine Computerbörse zugreifen zu können. Folglich verschiebt sich das Verhältnis aus Rüst- und

Betriebskosten in Richtung der letzteren, d.h., daß zwar Privatkunden relativ höhere Transaktionskosten in Kauf nehmen müssen, allerdings fallen diese in der Summe niedriger aus als die kumulierten Kosten der indirekten Plazierung einer Order über die Bank. Bereits heute ist der Börsenbetrieb für ein spezielles Wertpapier technisch und ökonomisch unmittelbar durch das emittierende Unternehmen realisierbar. Dabei wird dieser elektronische Markt eingeschränkt auf ein völlig homogenes Produkt.

Online-Dienste

Im Gegensatz zum Börsensystem sind Online-Dienste stärker benutzerzentriert: Es ist der Benutzer, der Informationen abruft, mit anderen kommuniziert und Informationen bereitstellt. Daher wird hoher Aufwand der Präsentationsebene der Benutzerschnittstelle gewidmet. Es besteht auch die Möglichkeit, auf der Basis eines Online-Dienstes Softwarekomponenten kommunizieren zu lassen und damit eine Handelstransaktion durchzuführen, jedoch ist für solche Aufgaben erheblicher Konfigurationsaufwand für die Anwendungskomponenten erforderlich, der nur bei sehr hoher Nutzungsintensität zu rechtfertigen ist.

Ein anderes Charakteristikum von Online-Diensten ist ihre Bereitstellung durch einen kommerziellen Anbieter. Dies impliziert verschiedene Aspekte:

- Der Betreiber eines Online-Dienstes ist zunächst bestrebt, eine monopolistische Preispolitik durchzusetzen. Durch den Wettbewerb solcher EMSe selbst verschiebt sich diese jedoch zunehmend in Richtung der vollständigen Konkurrenz. Dennoch fallen durch die betreiberbedingten Zusatzkosten, für die es auf dem konventionellen Markt keine unmittelbare Entsprechung gibt, insgesamt höhere Transaktionskosten für Anbieter und Nachfrager an.

- Online-Dienste internalisieren die Bezahlung von Dienstleistungen sowie deren Abrechnung mit den Teilnehmern. Die auf dem konventionellen Markt gewährte freie Wahl der Zahlungsweise sowie die dort mögliche Autonomie und Anonymität bei der Transaktionsdurchführung ist bei einem Online-Dienst ebenfalls nicht gewährleistet. Als Folge besteht die Gefahr der unter dem Aspekt der Sicherheit erwähnten Angriffsformen aus der Sphäre des Betreibers heraus.

- Ist der Online-Betreiber hingegen als vertrauenswürdige Instanz allgemein anerkannt, lassen sich verschiedene spezifische Probleme des offenen elektronischen Marktes vermeiden. Eine korrekte Bezahlung und Abrechnung braucht nicht durch zusätzliche Sicherheitsmaßnahmen gewährleistet zu werden. Ferner besteht die Möglichkeit, Transaktionen protokollieren zu lassen, so daß im Bedarfsfall der Betreiber des Online-Dienstes anschließend zu Beweiszwecken herangezogen werden kann.

- Online-Dienste schließen in der Regel gut strukturierte Verzeichnisdienste ein, die Nachfrager bei der Auswahl eines Dokumentes oder eines Anbieters unterstützen. Zu bedenken ist jedoch auch, daß sich derartige Verzeichnisdienste im Szenario des offenen elektronischen Marktes als Mehrwertdienste ebenfalls etablieren können, so wie es im World Wide Web in Form von *Suchmaschinen* der Fall ist. Auch hier hängt es letztlich von der Nutzungsintensität dieser Dienste ab, ob sie organisationsintern, in Form einer Kooperation oder extern bezogen werden.

Ein Online-Dienst schließt in der Regel die Abstimmung von Angebots- und Nachfragepreisen aus, so daß die eigentliche Funktion des Börsensystems nicht erfüllt wird. Allerdings kann eine solche Funktion wiederum durch einen dedizierten Dienst auf der Anwendungsebene implementiert werden. Handelstransaktionen sind bei Online-Diensten nicht auf eine spezifische Produktgattung beschränkt, d.h., Produktspezifikationen können nicht auf der Ebene des Marktsystems interpretiert bzw. verarbeitet werden. Statt einer alle Phasen umfassenden Transaktionsunterstützung beschränkt sich diese in der Regel auf die Informationsphase. Auch wenn anschließend die Partnerwahl und das Zustandekommen eines rechtsverbindlichen Vertrages über das Medium des Online-Dienstes abgewickelt werden kann, so liegt trotzdem eine Beschränkung auf die Repräsentation von Dokumenten und Transaktionsdaten sowie die Unterstützung von Koordination und Kommunikation vor. Mindestens auf einer Seite der Transaktionspartner bleibt der menschliche Benutzer Entscheidungsträger.

Dadurch daß die bei Börsensystemen bzgl. der Produktvielfalt vorgefundene Konfigurationsrestriktion hier nicht notwendig ist, besteht ein höherer Grad an (*Markt*)-Offenheit: Der Handel eines neuen Produktes erfordert prinzipiell keine dedizierte Erweiterung des zugrundeliegenden Marktsystems. Ferner liegt es außerhalb der systemtechnischen Betrachtung, ob ein Online-Dienst *juristisch* offen ist. Die Teilnehmeroffenheit ist hingegen stärker eingeschränkt, da nicht nur technischer Aufwand für den Systemzugang erforderlich ist, sondern auch ein finanzieller. Dies steht natürlich im engen Zusammenhang mit dem privatwirtschaftlichen Betrieb des Dienstes.[7] Ein solcher Mehraufwand schränkt jedoch die Bereitschaft ein, den Dienst zu nutzen.

Auf der Anbieterseite ist ein Unternehmen mit z.T. erheblichen Anschluß- und Betriebskosten konfrontiert. Ein Dienst, der sich z.B. auf die Vermittlung von Anbietern – ähnlich den Suchmaschinen im Internet – spezialisiert und für seine Nutzung Kosten in Höhe von „Pfennigbeträgen" verursacht, wird bei einem solchen Szenario voraussichtlich nicht profitabel angeboten werden können. Ein durch zu hohe Transaktions- und Rüstkosten paralysiertes Marktsystem besitzt weder die Fähigkeit, sich dem Zustand vollständiger Konkurrenz zu nähern, noch ist es offen für die „Durchsetzung neuer Kombinationen" im Sinne Schumpeters.

Obwohl ein EMS prinzipiell die Markttransparenz steigert, bedeutet dies nicht, daß Anbietern keine Möglichkeit der Individualisierung gewährt werden sollte. Durch die Anbindung des Nutzers an das EMS spielt nämlich die Gestaltung der Benutzeroberfläche sowie ihre Beeinflussung durch den individuellen Anbieter eine besondere Rolle: Funktional vergleichbare Dienste setzen in erster Linie das Mittel der optischen Gestaltung ihres Produktes zur Steigerung der Attraktivität ein. Wenn nun in dem ohnehin stark formalisierten EMS die Gestaltungsfreiheit eigener „Leitseiten" bzw. „Home Pages" durch eine zu restriktive Benutzerschnittstellentechnik konterkariert wird, verliert der Online-Dienst gegenüber Anbietern an Attraktivität.

Andererseits gilt für alle Online-Dienste, daß bzgl. elementarer Funktionen (z.B. Navigation, Gruppierung von Foren/Containern etc.) Standardisierung gewünscht ist.

---

[7] Während z.B. die Teilnahme an einem Online-Dienst mit einem monatlichen Beitrag von ca. DM 10,-- und nutzungsabhängigen Kosten von ca. DM 6,-- pro Stunde verbunden ist, gibt es Internet-Provider mit monatlichen Festbeiträgen von ca. DM 10,--. Telefongebühren wurden bei diesem Vergleich nicht berücksichtigt.

Wie bereits in Abb. 7 illustriert, kann davon ausgegangen werden, daß ein Mindestmaß an standardisierter Funktionalität innerhalb eines Online-Dienstes erforderlich ist, während bzgl. zusätzlicher Merkmale die Wahl zwischen Internalisierung und Einbindung als externe Anwendung offen gelassen werden sollte. Bei der Implementierung anwendungsspezifischer Funktionalität – z.B. der eines Online-Bankterminals – besteht wiederum Konsens darüber, daß diese als individueller Dienst und ohne Einflußnahme durch die Systeminfrastruktur bereitgestellt werden kann.

Die elektronischen Marktsysteme des Online-Dienstes und des Börsensystems stellen im praktischen Einsatz befindliche elektronische Märkte dar. Um diesen Beispielen ein theoretisches Modell für elektronische Marktsysteme entgegenzustellen, wird im folgenden auf das Modell der agorischen offenen Systeme eingegangen, das kommunizierende Objekte als Wirtschaftssubjekte auffaßt und ihren Informationsaustausch als Handelstransaktion. Dieses Modell ist aufgrund seiner Generik in der Lage, Benutzer, Softwarekomponenten und Dienste flexibel zu integrieren, und bildet damit konventionelle Wirtschaftsprozesse auf das zugrundeliegende Objektmodell ab.

Ein ökonomisch motiviertes Objektmodell: Agoric Open Systems

In ihrem Artikel „Markets and Computation: Agoric Open Systems" zeigen Miller und Drexler modellhaft die Adaption des Koordinationsmechanismus „Markt" für komplexe verteilte Systeme auf [MiDr88]. Auf hohem Abstraktionsniveau werden relevante Einflußfaktoren des Problems einer effizienten Betriebsmittelallokation mit solchen der Faktorkombination auf realen Märkten identifiziert. Diese Faktorkombination aus Prozessorleistung, Arbeitsspeicher und Softwareobjekten korrespondiert in diesem Modell mit der Kombination der Wirtschaftsfaktoren Kapital, Rohstoffe und Arbeitsleistung. Als Hauptargument für die Nutzung des Preismechanismus als Koordinationsinstrument zur Verteilung von Rechenleistung wird die optimale Umsetzung des auf alle Individuen verteilten Wissens zum Zwecke aller angeführt. Wie bereits in der neoklassischen Preistheorie untersucht, expliziert der (Gleichgewichts-)Preis, der für ein Gut erzielt werden kann, das Wissen der involvierten Anbieter und Nachfrager um den (aktuellen) Wert dieses Gutes (vgl. [Haye45]). Der gewählte Begriff *agoric* (agorisch, griech. „agora") bezeichnet im Griechischen den „Treffpunkt" oder auch „Marktplatz" einer antiken *Polis*. Ein agorisches offenes System (AOS) ist somit als ein Softwaresystem definiert, das die Koordinationsleistung des Marktes nutzt.

Der hier verwendete Objektbegriff ist unabhängig von der Objektgranularität und Programmiersprache und sieht keinen Vererbungsmechanismus zwischen Objekten vor. Objekte kommunizieren durch Nachrichtenaustausch im Sinne der Actor-Semantik [AgHe85]. Die Objektkapselung verhindert unerlaubten Zugriff auf lokale Daten, während die Kommunikation einen Informationsaustausch bei gegebener Autorisierung ermöglicht. Objekte sind aktiv, d.h. sie führen Berechnungen durch, die durch externe Ereignisse, wie Nachrichtenempfang, ausgelöst werden. Für diese Aktivität können Objekte einander Kosten in Rechnung stellen. Jedes Objekt ist einem Besitzer zugeordnet, daher laufen die anfallenden Kosten transitiver Objektnutzung letztlich beim Besitzer des „konsumierenden" Objekts an, so daß die „Handelsspanne" eines jeden Objektes sich aus dem fakturierten Umsatz abzüglich der Kosten durch die Inanspruchnahme vorgelagerter Objekte zusammensetzt. Falls alle beteiligten Objekte dem selben Besitzer zugeordnet sind, heben sich die aus diesem Zyklus ergebenden Kosten auf. Um eine geeignete Sicherheitsbarriere zwischen Objekt und Nutzer zu etablieren, wird vorgeschlagen, Objekte entsprechend physikalischer Rechnergrenzen einem Benutzer zuzuordnen, so daß kostenbehaftete Aktivitäten nur über diese Grenzen hinweg angeboten werden. Im weiteren Verlauf wird das Modell der offenen agorischen Systeme dargestellt, beginnend bei systemtechnischen Grundlagen bis hin zu einer Untersuchung der Makroebene einer solchen Ökologie.

Konformität und Effizienz von Objekten

Essentiell für einen Markt unter Objekten ist die Möglichkeit, externe Zugriffe auf lokalen Quellkode zu verhindern, da dies einer Preisgabe lokalen Wissens entspräche. Gleichzeitig liefert diese Kapselung eine lokale Sphäre der vollständigen Kontrolle und Vorhersagbarkeit für Objekte. Ein Objekt und die ihm zugeordneten lokalen Ressourcen entsprechen somit der zentralisierten Organisation des Unternehmens, bei der per Definition des Programmierers Schnittstellen und Module sowie der zwischen diesen stattfindende Daten- und Kontrollfluß festgelegt wird. Der Zugriff auf Objekte (die Fähigkeit, von diesen akzeptierte Nachrichten zu versenden) ist durch einen Capability-basierten Sicherheitsmechanismus gewährleistet, so daß ein Objekt auf ein zweites nur zugreifen kann, wenn es dieses kreiert hat, die erforderliche Capability als Nachricht akquiriert hat oder selbst mit dieser Capability kreiert wurde.

Eine weitere systemtechnische Grundlage für die Nutzung externer Objekte ist bei Drexler/Miller durch die Begriffe *competence* und *performance* charakterisiert: Während Kompetenz mit der Sicherheit in der Nutzung eines Objekts und seiner endlichen Bearbeitungszeit einhergeht, steht die Performanz für die Effizienz in der Ressourcennutzung bei der Aufgabenerfüllung. „Kompetenz" sollte durch den aktuelleren und präziseren Begriff der *Konformität* (vgl. Teil II, insb. Kapitel 2 und 4) ersetzt werden, so daß von Typkonformität bzgl. Objektschnittstellen die Rede ist. Diese Typkonformität kann wiederum auf die Signatur einer Objektschnittstelle beschränkt sein, wie es bei verschiedenen mono- und polymorphen Typsystemen der Fall ist [AmLi90, CaWe85], oder auch eine Partialspezifikation des Objektverhaltens einschließen (vgl. z.B. [Nier95]).

Einen geeigneten Modularisierungsmechanismus zur Unterstützung des Aspektes der Kompetenz/Konformität bieten daher objektorientierte Programmiersprachen (bzw. Programmiersprachen mit typsicherem Modulkonzept im allgemeinen), während elektronische Märkte über den Preismechanismus geeignet sind zur Erzielung einer maximalen „Performance" bei der Nutzung konformer Objekte. Da dem Verarbeitungsmodell des AOS ein Kostenmodell zugrunde liegt, sollte anstelle der „Performance" besser der Effizienzbegriff verwendet werden, da hier die zu bewertende Leistung nicht auf eine physikalische Größe (Zeit), sondern auf den zur Erzielung der Leistung erforderlichen Mitteleinsatz bezogen ist. Während ein Objektmodell die Forderung nach Konformität auf der Typebene befriedigen kann, betrifft die Forderung nach Effizienz die Instanzebene, da verschiedene Objekte gleichen Typs, jedoch unterschiedlicher Effizienz, im Wettbewerb stehen.

Das AOS erlaubt somit zum einen die Entwicklung und Bereitstellung von Objekten durch individuelle Marktteilnehmer, was zunächst der Charakteristik des GEMS entspricht. Diese Objekte unterscheiden sich vor allem durch ihren Typ (bzw. ihre anwendungsspezifische Kompetenz). Zusätzlich erlaubt das System jedoch auch die Bewertung von Objekten eines Typs nach ihrer Leistung, d.h., durch *Agenten* als unterstützende Objekte kann es auch als Börsensystem genutzt werden:

Bezahlung, Abrechnung und Vermittlung von Leistung

Als GEMS unterstützt ein AOS somit die Modularisierung der erbrachten Leistung, wobei Preise als abstrakte Schnittstelle für die Kosten der Ressourcennutzung stehen. Ebenfalls wird ein geeignetes Währungssystem zu den fundamentalen Mechanismen des AOS-Modells gezählt. Dieses reflektiert den Fluß der zwischen Objekten erbrachten Leistung durch einen entgegengesetzten Zahlungsfluß. Erforderlich ist zu diesem Zweck die Einbindung eines vertrauenswürdigen Objektes, das den Transfer von Zahlungsmitteln vertraulich und verbindlich unterstützt. Dieses Objekt kann einem dedizierten Rechnerknoten – der „Bank" – zugeordnet sein. Ferner sind weitere fundamentale Mechanismen erforderlich, z.B. zur transaktionalen Aktivitätssteuerung bzw. zur Durchsetzung einer weitergehenden Rechtsverbindlichkeit beim Handel auf elektronischen Märkten.

Auf einem höheren Abstraktionsniveau stehen beim AOS-Modell spezialisierte Arten von Objekten im Vordergrund, die im Auftrage ihrer Nutzer eine dedizierte Aufgabe übernehmen und sich durch die Art solcher Aktivität unterscheiden. Derartige *Agenten* repräsentieren und implementieren verschiedene Strategien zur Lösung dieser Aufgaben. Auch Agenten können ihrerseits andere Agenten für die Lösung von Teilaufgaben involvieren. Entsprechend der Unterscheidung in die eingeführten Anforderungen der Konformität und der Effizienz lassen sich Agenten in *Subkontraktoren* und *Agenten im engeren Sinne* unterscheiden: Subkontraktoren sind hierarchisch in eine Nutzer-Objekt-Konfiguration eingebunden; es steht jedoch nur die Schnittstellenkonformität im Vordergrund. Im anderen Fall ist die Effizienz der Lösung einer delegierten Aufgabe von Bedeutung.[8] Objekte werden zunächst mit vorgegebenen Beziehungen zu Agenten und Subkontraktoren kreiert. Nachfolgend können sich diese Beziehungen jedoch verändern, indem alternativ andere Objekte zur Erfüllung von Teilaufgaben genutzt werden. Zu diesem Zweck werden Agenten-vermittelnde Agenten (agent-providing agents) eingeführt, die als Ergebnis ihrer Nutzung Adressen nachgefragter Objekte liefern. Miller/Drexler stellen hierbei vor allem *Datentypagenten*, *Reputationsagenten*, *Manager* und *Compiler* heraus:

- Verschiedene Datentypagenten implementieren einen abstrakten Datentyp und erbringen somit den gleichen Dienst auf der Basis eines konformen Protokolls. Darüber hinaus können diese Agenten bezüglich Schnittstelle und Protokoll erweitert werden, ohne die Konformitätsbedingung zu verletzen.
- Reputationsagenten evaluieren andere Agenten bezüglich ihrer Qualität in der Aufgabenerfüllung. Sie können entweder von diesen Agenten selbst oder von nachfragenden Objekten mit der Evaluation beauftragt (und somit auch „bezahlt")

---

[8] Diese zwei Leistungen des im Rahmen des ODP-Standards definierten Traders [ISO-ODP95a] – die Vermittlung eines Dienstes mit konformer Schnittstelle und darüber hinaus die Anwendung eines Bewertungskriteriums zur Auswahl des am besten geeigneten – wurden von Miller/Drexler im Kontext elektronischer Märkte gefordert.

werden. Ähnlich einer Werbeagentur oder einem „Restauranttester" könnten Reputationsobjekte im Auftrag von Anbietern oder Nachfragern handeln.

Zu berücksichtigen ist hierbei immer die hybride Struktur, die Objekte im AOS potentiell annehmen: Sie können von Menschen verwaltet werden, diese in die Aufgabe der Bewertung anderer Agenten einbeziehen oder – quasi im „Innenverhältnis" durch einen Subkontrakt – den vom Agenten angebotenen und zu erbringenden Dienst durch den Menschen „implementieren". Durch diese Integration stellt ein derartiger elektronischer Markt in viel besserer Weise ein Ökosystem dar, weil die erforderlichen Grundmechanismen der Selektion und Variation, die evolutionäre Systeme bedingen, auf höherem Niveau einbezogen sind als z.B. bei der Beschränkung auf genetische Algorithmen. Die allgemeine Forderung nach Entwicklungsfähigkeit des elektronischen Marktes grenzt dabei die konkrete Umsetzung dieser Entwicklung in keiner Weise ein: Selektion und Variation aufgrund menschlicher Kognition und Reflexion konkurriert auf dem elektronischen Markt mit algorithmischen Ansätzen. Die Forderung nach evolutionärer Entwicklung wird durch pro-aktive Benutzer erfüllt, während zur Senkung der Transaktionskosten und zur Steigerung der Markttransparenz spezialisierte Agenten zur Verfügung stehen. Diese sind im Gegensatz zum Börsensystem jedoch nicht Bestandteil der Systeminfrastruktur des EMS.

Makro-Ebene

Diese Integration elektronischer in konventionelle Märkte steht im Mittelpunkt einer Betrachtung der *Makroebene* im AOS-Modell: Unter der Annahme gegenüber der heutigen Gebührenstruktur drastisch reduzierter Datenübertragungskosten, ausreichender Bandbreiten und reduzierter Latenzzeiten – also erheblich reduzierter Transaktionskosten der Kommunikationsinfrastruktur – würden die Hemmnisse einer Nutzung (und Implementierung) entfernter Agenten verschwinden. Wenn somit komplexe Softwareanwendungen in breitbandige, anwendernahe Front-End-Systeme und proprietäre, komplexe Dienste erbringende Back-End-Systeme partitioniert werden könnten und dadurch die erforderliche Kommunikationsbandbreite zwischen diesen Client- und Serverkomponenten minimiert würde, wären auch die zuvor formulierten Anforderungen an die Kapselung lokalen Kodes und lokaler Information gewährleistet. Damit stehen Objekte als Dienste zur Verfügung, die öffentlich, anonym und kommerziell angeboten werden.

Ein weiterer Effekt der Integration von realen und elektronischen Märkten ist der erwartete Übergang zu einer stärker nutzungsorientierten Preisgestaltung (charge-per-use) gegenüber der herkömmlichen, lizenzorientierten. Es bleibt für Anbieter von Softwarediensten abzuwägen, ob durch diese Entscheidungsalternative ein Potential zur Nutzensteigerung gegeben ist. Auf jeden Fall sind sporadische Anwender von Softwaresystemen Nutznießer dieses Verfahrens. Durch die neue Qualität einer nutzungsorientierten Kalkulation ist mindestens die Möglichkeit einer flexibleren Preispolitik für Softwareanbieter gegeben. Eine Verschiebung der präferierten Nutzungsart bleibt letztlich wieder dem Preismechanismus des Marktes überlassen.

Einordnung und Bewertung

Im Gegensatz zu einem Börsensystem internalisiert das Modell der *Agoric Open Sytsems* nicht den *Preismechanismus*, d.h., Agenten (bzw. Objekte) oder Benutzer müssen als Instanzen der Anwendungsebene individuell entscheiden, mit welchem Marktteilnehmer eine Transaktion durchgeführt werden soll. Ein Dienst des Matching kann jedoch durch einen spezifischen „Performance-Agenten" implementiert werden und bleibt damit ebenfalls der Anwendungsebene verhaftet. Handelstransaktionen reflektieren im AOS nicht nur Transaktionen des konventionellen Marktes, sondern können auch als Mechanismus zur systemtechnischen Ressourcenallokation eingesetzt werden. Durch die Integration von Agenten für Objektselektion, Zugriff und Abrechnung können prinzipiell *alle Transaktionsphasen* abgedeckt werden. Das AOS als Infrastruktur ist nicht spezialisiert auf den Handel eines einzelnen Gutes bzw. Objekten eines einzelnen Typs, allerdings besteht eine starke Beschränkung auf Bindung zwischen Nachfrager und Anbieter eines konformen Schnittstellentyps. Ein konformes Nachfrager-Objekt müßte also speziell programmiert werden für die Nutzung eines „neuartigen" Anbieter-Objektes. Insofern ist das AOS zwar prinzipiell offen für eine Entwicklung und Neukombination im Schumpeterschen Sinne. Dennoch wird keine Aussage über Möglichkeiten der adhoc-Nutzung eines Benutzers gemacht, der mit Hilfe einer Terminalsoftware entfernte Objekte nutzen will. Die Festlegung von Organisations- und Sicherheitsdomänen auf das einzelne Rechnersystem erscheint aus heutiger Sicht als naiv: Einerseits bestehen verschiedene Angriffsmöglichkeiten (vgl. das Kriterium „Sicherheitsanforderungen" weiter oben), denen durch die Festlegung nicht begegnet werden kann, andererseits steht eine Vielzahl von Sicherheitsmechanismen und -diensten zur Verfügung, die auch bei der Loslösung von der „Rechnerkopplung" Zuverlässigkeit, Sicherheit, Vertraulichkeit und Authentizität gewährleisten können. Über die Höhe der Transaktionskosten, welche die AOS-Infrastruktur selbst verursacht, stehen keine Informationen zur Verfügung, da weder eine vollständige Implementierung existiert, noch der Transaktionskostenaspekt präziser untersucht wurde.

Allgemein kann dem Modell agorischer offener Systeme eine Vorreiterrolle bei der ganzheitlichen Betrachtung des Problemfeldes elektronischer Dienstemärkte zugeschrieben werden. Koordinationsstrukturen, die sich heute im Internet wie z.T. auch bei Online-Diensten herausbilden, wurden in der Breite aller Transaktionsphasen und verschiedener heute in der Entwicklung befindlicher Systemkomponenten vorweggenommen. Dabei mangelt es dem Modell von Drexler/Miller jedoch an einem Beweis durch praktische Umsetzung. Auf der Modellierungsebene entzieht sich ein derart komplexes System einer formalen Nachprüfbarkeit und kann somit der Kritik, zu spekulativ zu sein, nur wenig entgegenstellen.

Tatsächlich lassen sich aber für den Entwurf eines EMS verschiedene herausgearbeitete Anforderungen und Verfahren übernehmen:

- Die hybride Form der Integration von Softwarekomponenten und Benutzern als „Anwender" bzw. „Besitzer".
- Die einheitliche Integration der Abrechnung von Dienstleistungen im allgemeinen, ohne jedoch eine Einschränkung auf individuelle Währungen oder Abrechnungsdienste vorwegzunehmen (vgl. auch Kapitel 6).

- Die durch die Begriffe „Kompetenz" und „Performance" charakterisierten Merkmale der Konformität und Effizienz treffen genau jene Problematik, die zunächst systemtechnisch im offenen verteilten System gegeben ist (Schnittstellenkonformität und semantische Kohärenz) und darüber hinaus bei der Betrachtung des Systems als Markt (Effizienz der Ressourcenallokation).

Die mit der Abrechnung einhergehende, flexible Herausbildung verschiedener Formen der Wertschöpfung: Entweder können Objekte/Agenten als Subkontraktoren zur Bereitstellung eines Dienstes herangezogen werden, andererseits stehen sie bei der Erlangung von Objektreferenzen oder Bewertung der „Kompetenz" bzw. „Performance" anderer Objekte zur Verfügung. Dieser Anspruch erfordert von der systemtechnischen Umsetzung des EMS ein hohes Maß an Flexibilität, das – wie noch in Kapitel 3 zu untersuchen ist – durch bestehende Verteilungsplattformen nur bedingt unterstützt werden kann.

Arbeiten von Wellman [Well94, Well95] und Doyle [Doyl94], die sich aus der Perspektive der verteilten Künstlichen Intelligenz mit der Gestaltung eines EMS befassen, haben im Rahmen der jeweiligen Projekte WALRAS[9] und RECON (Reasoning ECONomy) eine Implementierung des Preismechanismus für mehrere Güter zum Ziel, für die jeweils Angebots- und Präferenzfunktionen der Marktteilnehmer vorliegen. Verschiedene weitere Ansätze, die vornehmlich aus dem Bereich der verteilten Systeme und der verteilten KI herrühren, sind der Unterstützung ökonomischer Aktivitäten im verteilten System gewidmet [Cox93, WiWC92, TNMH96].

2.3.3 Leistung und Grenzen existierender elektronischer Marktsysteme

Es liegt nahe zu untersuchen, warum zum heutigen Zeitpunkt noch keine agorischen offenen Systeme existieren. Die Argumentation für derartige generische elektronische Märkte fällt schwer, wenn weder ein Beweis für ihre Realisierbarkeit noch eine exemplarische Implementierung geliefert werden kann, wie Miller/Drexler selbst eingestehen. Sie nennen jedoch auch verschiedene Ursachen der Nichtexistenz offener agorischer Systeme:

Die Hauptursache liegt in der (noch) mangelnden Komplexität lokaler Softwaresysteme, da durch die Verwendung zunehmend leistungsfähigerer Software-Entwicklungsumgebungen bisher die „span of control" von Softwareentwicklern mit der Komplexität der Systeme Schritt hielt. Somit wird noch der Koordinationsmechanismus der „elektronischen Hierarchie" gegenüber dem des Marktes favorisiert. Eine Person oder ein Team aus eng koordinierten Personen bleibt somit in der Lage, zunehmend komplexere Systeme zu implementieren. Diese Vorteile haben die Notwendigkeit der Nutzung externer Dienste ohne gegenseitiges Vertrauen und ohne extensive Absprachen reduziert.

---

[9]   Leon Walras (1834-1910) war ein französischer Nationalökonom. Er hat sich in seinen Arbeiten mit der Modellierung des Marktprozesses durch die „unsichtbare Hand eines imaginären Auktionators" beschäftigt [Walr72].

Schließlich war bislang das Fehlen des Preismechanismus als marktgerechtes Anreizsystem ein Grund dafür, daß in existierenden Netzwerken wie dem Internet sich noch kein elektronischer Markt etablieren konnte. Stattdessen verfügt das Internet über eine informelle Anreizstruktur, die die Bereitstellung von Software und Information durch wissenschaftliche Reputation und fachliche Anerkennung unter Softwareentwicklern belohnt. Umgekehrt fallen durch die Nutzung von Internet-Diensten einem universitären Benutzer keine direkt angerechneten Kosten an – der „Markt" ist somit auf beiden Seiten verzerrt – und damit wiederum ein stabiles Ökosystem. Dieses Anreizsystem des „ursprünglichen" Internet bleibt damit konsistent. Bei Einführung eines geeigneten Abrechnungssystems würden jedoch einerseits kommerzielle Angebote von Dienstleistungen zunehmen, und andererseits würden Nutzer durch eine individuelle Kostenzuordnung bewußter in der Auswahl von Angeboten agieren. Zusätzlich entstünde damit auch ein Bedarf und Anreiz für kommerzielle Mehrwertdienste, die durch Selektions-, Strukturierungs- oder Vermittlungsmechanismen die Rolle der „service-providing agents" im AOS-Modell als neue Stufe innerhalb der Wertschöpfungskette einnehmen könnten.

2.4 Elektronische Dienstemärkte

Mit diesem Abschnitt erfolgt gegenüber elektronischen Märkten eine Einschränkung auf kommerziell angebotene und genutzte *Dienste*. Mit dieser inhaltlichen Einschränkung geht jedoch keine konzeptionelle einher, da sich Aktivitäten wie etwa der Zugriff auf Börsensysteme, die interpersonelle Kommunikation oder der Abruf von Dokumenten abbilden lassen auf ein einheitliches Dienstmodell. Zudem entspricht die Anbieter/Nachfrager-Beziehung des konventionellen Marktes in ihrem „Protokoll" der Transaktionsphasen gerade einer Dienstanbieter/Dienstnehmer-Beziehung im systemtechnischen Modell. Aus diesem Grunde erscheint eine Nachbildung solcher ökonomischen Beziehungen realitätsnah. Schließlich bietet ein ausreichend formalisiertes Dienstmodell die Möglichkeit, Diensterbringer in einer Weise zu beschreiben, die eine verbesserte Klassifikation und Vergleichbarkeit erlaubt. Ohne durch die Einschränkung auf ein Dienstmodell die Allgemeingültigkeit zu reduzieren, geht damit eine bessere Spezifizierbarkeit von Programmschnittstellen einher.

Auf den in der Literatur häufig verwendeten Terminus des „offenen Dienstemarktes" wird hier zur Vermeidung einer Tautologie verzichtet, da der Begriff des Marktes bereits verschiedene Aspekte der Offenheit impliziert. Im folgenden wird der Begriff des Dienstes in einem Formalisierungsgrad erläutert, der für ein Dienstemarkt-Modell aus ökonomischer Perspektive ausreichend ist. Die weitere Verfeinerung des Begriffes erfolgt in Teil II des Buches beim Entwurf einer systemtechnischen Infrastruktur.

Das EDM-Modell aus Abschnitt 2.4.5 bietet eine grundsätzliche Strukturierung in die Ebenen der Kommunikation, der Softwareanwendungen und der ökonomischen Beziehungen. Schließlich faßt Abschnitt 2.5 die bisher identifizierten Erfolgsfaktoren für eine EDM-Infrastruktur zusammen. Dabei dienen diese als Anforderungsdefinition für das nachfolgende Architekturmodell wie auch die Implementierung in Teil III.

2.4.1 Dienstmodelle

Der Begriff des Dienstes tritt in verschiedenen Kontexten der Datenkommunikation, der Softwaretechnik, aber auch im Bereich des ökonomischen Leistungstausches auf. An dieser Stelle wird daher eine terminologische Trennung nach den jeweiligen Kontexten vorgenommen.

Dienstmodell nach ISO/OSI

Ein Dienst repräsentiert beim ISO/OSI-Referenzmodell [ISO-OSI84, EfFl86] eine Menge von Funktionen, die einem (Dienst)*nutzer* von einem (Dienst)*erbringer* angeboten werden [ISO-OSI87]. Der Dienst wird über Dienstzugangspunkte (Service Access Point, SAP) zugänglich gemacht. Aus der Perspektive des Benutzers sind alle Qualitätsmerkmale des Dienstes durch die SAP-Schnittstelle definiert. Der Diensterbringer selbst kann aus untergeordneten Dienstinstanzen komponiert sein, die ihrerseits in beliebiger Schachtelung untergeordnete Dienste nutzen (Abb. 10). Im ISO/OSI Referenzmodell treten diese Instanzen immer paarweise auf, so daß sie in Kombination gegenüber ihren Anwendungen selbst einen (höherwertigen) Dienst erbringen. Dieses fundamentale Prinzip ist im Referenzmodell durch die Bildung von Ebenen (Layers) reflektiert. Hierbei sind bei OSI die Ebenen von unten aufwärts numeriert.

Im Falle des OSI-Referenzmodells besitzen Dienste zwei Zugangspunkte, einen für den anfragenden und einen für den antwortenden Benutzer. Prinzipiell sind jedoch (z.B. bei Multicast-Anwendungen) auch Dienste mit mehr als zwei Zugangspunkten denkbar. Im Falle der durch das OSI Referenzmodell charakterisierten Dienste wird im folgenden von *Kommunikationsdiensten* die Rede sein. Kommunikationsdienste verbinden immer zwei oder mehr Dienstnutzer zum Zweck des Nachrichtenaustauschs.

Der Nachrichtenaustausch zwischen zwei Dienstinstanzen basiert auf einem dienstspezifischen *Protokoll*, das die Struktur der ausgetauschten Nachrichten, deren Semantik, die Nutzung untergeordneter Dienstinstanzen sowie den Nachrichtenfluß zwischen den Instanzen festlegt. Jedes OSI-Protokoll definiert diese Aspekte. Zusätzlich umfaßt eine solche Protokolldefinition eine Zustandsübergangstabelle, die formal den *Protokollautomaten* beschreibt, auf dem die Instanz beruht. Das ISO/OSI-Dienstmodell sieht den Austausch asynchroner Nachrichten zwischen Dienstinstanzen als Grundlage der Kommunikation vor. Synchronität stellt einen Sonderfall dar und wird durch dedizierte Dienste wie etwa ROSE (Remote Operation Service Element) erzielt.

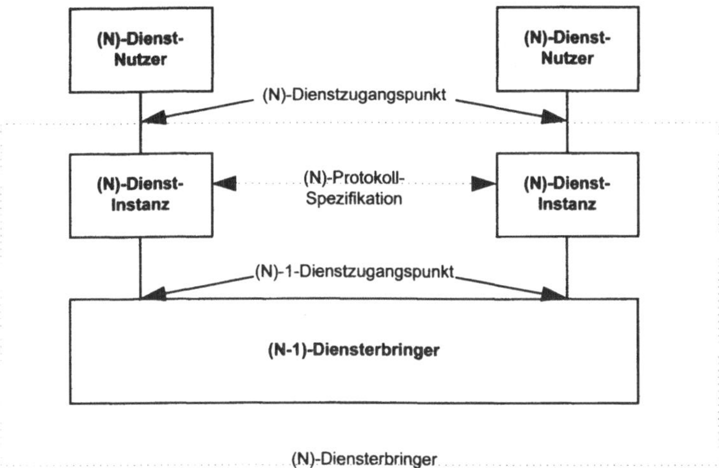

Abb. 10. Dienstmodell nach ISO/OSI

Die im OSI-Referenzmodell definierten Ebenen sehen eine Standardisierung der jeweiligen Protokolle mit dem Ziel der *Interoperabilität* zwischen involvierten Dienstinstanzen vor. Verteilten Anwendungen wird dabei prinzipiell erlaubt, gerade solche Kommunikationsdienste des OSI-Protokollstapels zu nutzen, die den Anforderungen der verteilten Anwendung am besten genügen. *Entscheidungsträger* ist hierbei der Entwickler, der den gewünschten Kommunikationsdienst in Form einer Laufzeitbibliothek auswählt. *Nutzer* des Dienstes ist jedoch das von ihm entwickelte Anwendungsprogramm, das konform zur SAP-Syntax und -Dienstsemantik implementiert wurde.

Bibliotheksdienste

Im Gegensatz zu Kommunikationsdiensten stehen Bibliotheksdienste grundsätzlich nur einem einzelnen Nutzer zur Verfügung. Wenn ein Bibliotheksdienst von mehreren Nutzern gleichzeitig verwendet wird, so nehmen diese weder unterschiedliche Rollen ein noch sind sie sich jeweils ihrer Gegenwart bewußt, d.h., der Bibliotheksdienst spielt nicht die Rolle eines „Mittlers" zwischen diesen Anwendungen. Das Anwendungsprogramm nutzt diesen Dienst über eine Aufrufschnittstelle durch Funktionsaufrufe. Ein Bibliotheksdienst kann statisch als Teil des Programmkodes, als dynamische Bibliothek oder in Form eines entfernten Erbringers genutzt werden. Im letzten Fall tritt der Bibliotheksdienst seinerseits wiederum als Nutzer eines Kommunikationsdienstes in Erscheinung (Abb. 11):

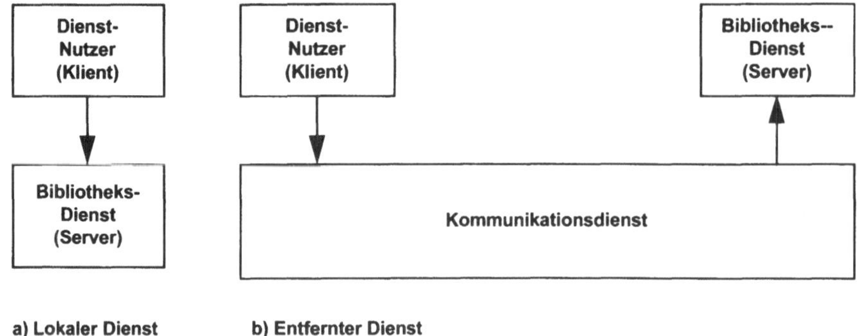

Abb. 11. Lokale und entfernte Bibliotheksdienste

Im Gegensatz zum ISO/OSI-Modell forcieren Bibliotheksdienste eine asymmetrische Beziehung zwischen Nutzer und Erbringer.

Botschaften und Boten

Das bei Tschudin [Tschu93] diskutierte Botenparadigma mißt den Begriffen Dienst, Protokoll und Nachricht eine stark im Kontrast zum Verständnis des ISO/OSI-Modells stehende Bedeutung bei:

Das „klassische" Dienstmodell der Kommunikation in verteilten Systemen basiert auf logisch entfernten Instanzen, die Nachrichten austauschen. Letztere sind durch ein wohldefiniertes Protokoll bezüglich Struktur, Semantik und Fluß standardisiert und damit kaum erweiterbar oder modifizierbar. Diese Architektur hat vor allem den Nachteil, daß die verschiedenen Komponenten der verteilten Anwendung vorinstalliert und -konfiguriert sein müssen, bevor eine Anwendung genutzt werden kann [MMTH95]. Sowohl Dienstnutzer wie auch -erbringer müssen etwa eine Protokollinstanz für den entfernten Datenbankzugriff (RDA – Remote Database Access) implementieren, damit eine sinnvolle Kommunikation stattfinden kann.

Damit bestehen Komponenten verteilter Anwendungen in der Regel aus zwei Ebenen: Eine (untere) zur Durchführung der (protokollspezifischen) Kommunikation mit anderen Komponenten und eine zur Implementation der eigentlichen Anwendung. Die Anforderung an den Programmierer ist jedoch beim klassischen Dienstmodell, gleichzeitig Aufgaben der Datenkommunikation und der Datenverarbeitung wahrzunehmen.

Im Botenparadigma Tschudins wie auch grundsätzlich bei allen Systemen, die dem Modell der *mobilen Agenten* folgen (vgl. Teil II), werden Protokolldateneinheiten durch *Boten* abgelöst, die *als Programme* den Empfänger instruieren, bestimmte Operationen auszuführen. Eine solche Operation könnte z.B. auch das Zurücksenden eines weiteren Boten an den Sender sein. Im Gegensatz zum OSI-Mehrebenenmodell ist bei einer botenorientierten Plattform nur ein *generisches Protokoll* erforderlich, das den Transfer von Boten zwischen Interpretern realisiert (also z.B. ein verbindungsloser Transportdienst wie UDP). Jede weitere Syntax und Semantik wird durch anwendungsspezifische Boten realisiert: Auch höherwertige OSI-Dienste wie z.B. der RDA (Remote Database Access) können auf der Basis des Botenparadigmas als Anwendungen flexibel realisiert werden.

Im Gegensatz zum PDU-Paradigma des OSI-Modells reduziert sich der Normierungsaufwand für Anwendungsdienste auf ein Minimum, d.h. die Umsetzung eines „Dienstes" oberhalb der Botenkommunikation erfordert keinen Einigungsprozeß bei der Entwicklung verteilter Anwendungskomponenten, welches Kommunikationsprotokoll zu nutzen ist. Boten sind somit keine PDUs im Sinne des OSI Referenzmodells mehr, und eine Dienstinstanz reduziert sich in ihrer Funktionalität auf das Primitiv des Botenempfangs. Ein Großteil der Kommunikationssemantik hat sich dabei jenseits der Ebene der durch OSI standardisierbaren Interoperabilitätskonventionen in den Bibliotheksdienst verlagert. Andererseits wird bei jedem involvierten Knoten die Existenz eines Boteninterpreters gefordert.

Dienstmodelle im ökonomischen Kontext

Der Begriff des Dienstes läßt sich bei angemessener Abstraktion auf weitere Bereiche des wirtschaftlichen Lebens anwenden: Als Dienstnehmer tritt der Auftraggeber in Erscheinung, während der Auftragnehmer als Diensterbringer agiert. Beide Parteien gehen dabei einen Tausch von Arbeits-, Sach- oder Dienstleistung gegen die der Zahlung ein. Mit diesem „Dienstzugriff" ist nach §433 BGB der Tatbestand des *Kaufes* erfüllt. Der zugrundeliegende Vertrag läßt sich dabei in zwei Willenserklärungen trennen – das *Angebot* des Verkäufers und die *Annahme* des Käufers. Für die anschließende Phase definiert das Bürgerliche Gesetzbuch die aus dem Kaufvertrag erwachsenen Pflichten auf folgende Weise:

Durch den Kaufvertrag wird der Verkäufer einer Sache verpflichtet,
dem Käufer die Sache zu übergeben und das Eigentum an der Sache zu
verschaffen [...] Der Käufer ist verpflichtet, dem Verkäufer den verein-
barten Kaufpreis zu zahlen und die gekaufte Sache abzunehmen.

§433 BGB, Hauptpflichten des Verkäufers und des Käufers [BGB]

Die Nutzung eines Dienstes im Sinne eines Kaufes läßt sich in folgende „PDUs" zerlegen: Angebot – Annahme – Leistung – Zahlung. Dabei gilt folgende Semantik: Als Reaktion auf ein Angebot wird vom potentiellen Käufer entweder keine Reaktion (implizite Zurückweisung) oder die Annahme des Vertrages erwartet. „Parameter" des Angebotes ist eine Formulierung der aus dem Vertragsschluß resultierenden Leistungsverpflichtungen. Mit der Annahme nimmt der Käufer das Angebot wahr und akzeptiert die dargestellten Verpflichtungen. Nun hängt es vom Vertragsinhalt ab, in der Folge Leistungen ausgetauscht werden.

Einige Modelle, die einem konstruktiven Ansatz zur Beschreibung von Interaktionen zwischen handelnden Instanzen folgen, orientieren sich in der Wahl ihrer Kommunikationsprimitive an einem ähnlichen Protokoll. So verwenden Winograd und Flores in ihrem *Action-Workflow*-Modell die Primitiven *promise* (Angebot), *request* (Anfrage), *accept* (Annahme), *fulfilment* (Leistung) zur rekursiven Zerlegung beliebig komplexer Koordinationsvorgänge [FGHW88, ATI94].

Eine grundlegender Zyklus (*workflow loop*) setzt sich dabei aus vier Phasen zusammen (Abb. 12):

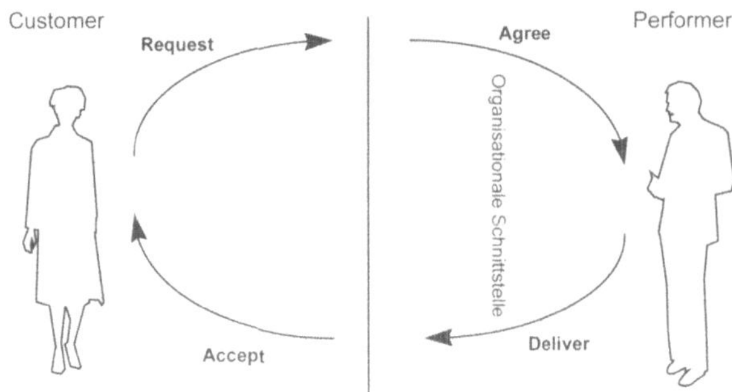

Abb. 12. Die „Workflow Loop" nach Winograd/Flores

Dabei ist dieses Prinzip der Zerlegung nicht auf Marktaktivitäten beschränkt, sondern auch bei der internen Koodination anwendbar. Zu beachten ist bei allen deskriptiven Dienstmodellen, die zur Modellierung von Koordinationsprozessen eingesetzt werden, daß die Unschärfe der dort verwendeten Begriffsbildung nur durch die menschliche Wahrnehmungsfähigkeit ausgeglichen werden kann. Ein softwaregestütztes System, das Dienste anbietet oder nachfragt, ist hingegen nicht ohne hinreichende Standardisierung in der Lage, den Inhalten der vereinbarten Leistungen eine Bedeutung beizumessen. Folglich erlaubt die Formalisierung gewisser Kommunikationsprimitive zwar eine Automatisierung der Handelsprozedur – jedoch nicht die des Handelsgegenstandes.

Eignung der Dienstmodelle zur Strukturierung des EDM-Modells

Aufgrund der Asymmetrie der Anbieter/Nachfrager-Beziehungen im konventionellen wie auch im elektronischen Dienstemarkt bietet sich eine Modellierung der Diensterbringer-Dienstnehmer-Beziehung im Sinne des Bibliotheksdienstes an. Darüber hinaus besteht jedoch die Anforderung der Entwicklungsfähigkeit, der am ehesten das Botenmodell gerecht wurde. Beiden Formen der Dienstnutzung setzten für ihren Datenaustausch jedoch einen zugrundeliegenden Kommunikationsdienst voraus. Die skizzierten ökonomischen Dienstmodelle bestätigen schließlich die Eignung des Bibliotheksdienstes als Grundlage der Anbieter/Nachfrager-Beziehung.

Der elektronische Dienstemarkt kann somit als Komposition aus Kommunikations- und Bibliotheksdiensten aufgefaßt werden. Informationsanbieter nehmen dabei im elektronischen Dienstemarkt die Rolle des Bibliotheksdienstes ein, auch wenn sie vielleicht ihre Dienstleistung nur über eine primitive Funktion exportieren (z.B. das GET-Primitiv beim *Hypertext Transfer-Protocol*, HTTP). Das Marktsystem als Mittler wird hingegen als Kommunikationsdienst mit standardisierter Schnittstelle und Semantik eingesetzt.

2.4.2 Domänenklassifikation für Dienste

Auf dem Dienstemarkt erfolgt eine Handelstransaktion zwischen Teilnehmern potentiell anonym, adhoc und evtl. zwischen böswilligen oder fehlerhaft implementierten Transaktionspartnern. Dies steht im Gegensatz zur intraorganisationalen Kommunikation, bei der angenommen werden kann, daß zwischen Transaktionspartnern ein Vertrauensverhältnis besteht und durch interne Normen die Spezifikation und Leistung eines Dienstes unterstützt wird. Sowohl das ISO/OSI-Modell als auch die Bibliotheks- und Botenmodelle abstrahieren von diesen Eigenschaften bzw. ignorieren sie: Organisationale Aspekte finden keine Berücksichtigung und die semantische Kohärenz zwischen Diensterbringer und Dienstnutzer wird implizit vorausgesetzt. Aus diesem Grund erscheint eine Typologisierung von Kommunikationsmechanismen nach den Organisations-, Vertrauens- und Konformitätsdomänen, die sie überbrücken, sinnvoll:

1. Organisationsdomäne

Die Kommunikation zwischen zwei Anwendungen erfolgt auf dem Dienstemarkt üblicherweise über Organisationsgrenzen hinweg. Damit ergeben sich neue Probleme, die im intraorganisationalen Fall nicht von Bedeutung sind:

- Unternehmensspezifisches Know-how ist für externe Transaktionspartner einsehbar oder kopierbar. Hier bereitet etwa der Botenansatz Probleme, wenn fremde Parteien aufgrund der Ausführung eines Agenten Zugriff auf den Kode des Boten haben und damit gerade auf die intellektuelle Grundlage einer kommerziellen Dienstleistung.
- Zum anderen kann die zentralisierte Koordination von Benutzern und Anwendungssoftware nicht durch das Management erfolgen, da Handelspartner zunächst autonom agieren. Somit ist zunächst nur ein Minimum an gemeinsamen Normen zur Durchführung der Transaktion gewünscht. Falls sich die Wirtschaftssubjekte jedoch auf Schnittstellen, Prozesse und Softwarekomponenten einigen, liegt hier – streng genommen – bereits eine Kooperation vor, d.h. die partielle Aufhebung des Marktmechanismus durch eine gemeinsame Organisationsdomäne.

Entsprechend können die zugrundeliegenden Software- und Kommunikationssysteme unterschieden werden: Interorganisational dominieren häufig Datenaustauschstandards wie EDI [Zbor96] oder STEP [Owen93], während intraorganisational Datenstrukturen und Prozesse nach der freien Entscheidung der Entwickler definiert und umgesetzt werden können. Hier dominieren spezifische Softwaresysteme, die individuelle Anforderungen des Unternehmens erfüllen. Mit wachsender interorganisationaler Integration zweier Unternehmen im Bereich solcher Geschäftsprozesse sinkt somit ihre Autonomie.

Als Folge variierender Kommunikationsbeziehungen mit wechselnden Organisationsdomänen bestehen auf systemtechnischer Ebene Heterogenitätsbarrieren bzgl. der systemtechnischen Infrastruktur (vgl. z.B. [Müll96]). Hier sind unterschiedliche Kommunikationsprotokolle wie etwa IPX, Token Ring und TCP/IP zu überbrücken oder Verteilungsplattformen wie OSF DCE (Distributed Computing Environment), Microsofts DCOM (Distributed Component Object Model) oder OMG CORBA (Common Object Request Broker Architecture).

2. Konformitätsdomäne

Komponenten PDU-orientierter, verteilter Anwendungen teilen eine gemeinsame *Konformitätsdomäne*, d.h., Syntax und Semantik der Anwendungskomponenten sind kohärent, Struktur und Bedeutung ausgetauschter Nachrichten ist beiden Anwendungen bekannt. Dieses Wissen ist durch die jeweiligen Programmierer durch dedizierte Algorithmen so kodiert worden, daß die empfangende Komponente die Nachricht der Sendenden interpretieren und mit einer protokollkonformen Antwort quittieren kann. Das Botenparadigma hingegen bricht diese Konformitätsanforderung teilweise auf, indem vom empfangenden Interpreter nur die Existenz einer gewissen Standardbibliothek erwartet wird (deren Semantik für alle Boten bekannt ist). Eine darüber hinausgehende Konvention bzgl. anwendungsspezifischer Protokolle ist nicht erforderlich, die kommunizierenden Anwendungen gehören somit unterschiedlichen Konformitätsdomänen an.

In der Regel sind verteilte Anwendungen, die einer Konformitätsdomäne angehören, in einem *intra*organisationalen Kontext wie z.B. Unternehmensdatennetzen vorzufinden. Hier ist ein einzelnes Softwareentwicklungsteam mit der Entwicklung aller Anwendungskomponenten betraut, so daß aufgrund der geschlossenen Organisation die Entwicklung verteilter Anwendungen innerhalb einer Konformitätsdomäne begünstigt wird. Anders verhält es sich bei Softwarekomponenten, die für die Adhoc-Nutzung z.B. auf der Basis des WWW interaktiv genutzt werden: Hier kann bei Kommunikationspartnern nicht davon ausgegangen werden, daß anwendungsspezifische PDUs der lokalen Anwendung von der entfernten interpretiert werden können. Statt dessen setzt sich für den *inter*organisationalen Bereich z.B. im Internet zunehmend *Browser* durch, die den *menschlichen Benutzer* beim Adhoc-Zugang zum Diensterbringer unterstützen.

Organisations- und Konformitätsdomänen korrelieren jedoch nicht vollständig: *Standardanwendungen* wie etwa die Internet-Dienste *File Transfer Protocol* (FTP) oder *Wide Area Information Service (WAIS)* erfordern von zugreifenden Klienten und Servern Konformität zum anwendungsspezifischen Protokoll. Hier ist jeweils die client- oder serverseitige Komponente des Standardproduktes zu installieren. Ob dies innerhalb einer oder zwischen zwei Organisationsdomänen erfolgt, ist irrelevant.

3. Vertrauensdomäne

Üblicherweise stellt eine geschlossene Organisation gleichzeitig auch eine *Vertrauensdomäne* dar, innerhalb derer zwischen Kommunikationspartnern keine gegenseitige Arglist angenommen wird. Im interorganisationalen Bereich, insbesondere im Bereich anonymer Handelstransaktionen, kann dieses Vertrauen nicht vorausgesetzt werden. Während sich beide Partner auf Online-Dienste bzgl. deren Verrechnung von Zahlungen durch das Vertrauen in ihre Unparteilichkeit und die neutrale Stellungnahme in Streitfällen verlassen können, besteht diese Möglichkeit beim Internet nicht. Hier existiert kein vertrauenswürdiger Betreiber. Genau in diesem deregulierten Umfeld gedeiht jedoch der Koordinationsmechanismus des Marktes am freiesten. Zudem kann es auch innerhalb von Unternehmen vorkommen, daß eine Abteilung der anderen die korrekte Durchführung oder Unterlassung einer Handlung nachweisen muß (z.B. die geforderte Herstellung einer chemischen Substanz im richtigen Mischungsverhältnis). Wenn nun zwischen dieser produzierenden und einer abnehmenden Abteilung kein Vertrauensverhältnis besteht, so ist auch hier die Einschaltung eines vertrauenswürdigen Dritten erforderlich. Die Unterscheidung nach Vertrauensdomänen ist folglich unabhängig von der Organisationsdomäne und damit auch von der Konformitätsdomäne: Ob die eingesetzte Software z.B. ein Standardprodukt ist (FTP) oder Konformitätsdomänen überschreitet (WWW-Browser), hat keinen Einfluß auf das Vertrauensverhältnis, das zwischen den Handelspartnern besteht – oder auch nicht.

Der Anwendungsbereich elektronischer Dienstmärkte läßt sich aufgrund der zuvor untersuchten Merkmale nach den dargestellten Domänen klassifizieren (Abb. 13):

- *Kommunikation zwischen Organisationsdomänen* (bzw. *Administration*sdomänen): Dies umfaßt jede Form von interorganisationalen Systemen (IOS, vgl. [Zbor96]), unabhängig von eventueller Konformität oder gegenseitigem Vertrauen der Transaktionspartner. Bestellsysteme zwischen Fahrzeugherstellern und Zulieferern dienen als Beispiel für interorganisationale Systeme, die gleichzeitig Vertrauens- und Konformitätsdomänen teilen.
- *Kommunikation zwischen Vertrauensdomänen.* Es wird beispielsweise bei T-Online dem Betreiber (Deutsche Telekom AG) Vertrauen bezüglich der korrekten Abwicklung der Dienstnutzung entgegengebracht. Das Risiko von Mißverständnis und Betrug zwischen Anbieter und Nachfrager wird durch die Vertrauenswürdigkeit des Infrastrukturbetreibers reduziert. Handelstransaktionen sind prinzipiell auf Käufe bis zu DM 9,90 (s. Kapitel 3) beschränkt. Beim Internet existiert jedoch zunächst kein vertrauenswürdiger Dritter.
- *Kommunikation zwischen Konformitätsdomänen*: Die Adaption beider Partner an eine standardisierte Schnittstelle (wie bei EDI-basierten Systemen) würde das Konzept des evolvierenden Dienstemarktes beeinträchtigen. Daher ist die geforderte Entwicklungsfähigkeit von Diensten und Schnittstellen mit dem Einhalten einer Konformitätsdomäne kaum vereinbar.

Neben den dargestellten Kriterien können organisationsübergreifende Systeme zusätzlich nach dem Kriterium der *Anonymität* unterschieden werden: Sind Transaktionspartner einander nicht bekannt oder erfordert die Infrastruktur eine gegenseitige Identifizierung der Partner? Ein System wie T-Online erzwingt zumindest der Infrastruktur gegenüber eine Identifikation beider Partner, während beim WWW ein derart institutionalisierter Betreiber nicht existiert. Darüber hinaus erfolgt auch bei T-Online keine erzwungene gegenseitige Identifizierung der Transaktionspartner. Dienste können somit auch anonym genutzt werden. Dies schließt jedoch nicht aus, daß vertrauenswürdige Dritte optional zu Zwecken der Abrechnung oder Zertifizierung in die Transaktion eingeschlossen werden können. Der Aspekt der Anonymität spannt im Klassifikationsmodell keine neue Dimension auf, da er nur im Quadranten „Organisationsübergreifend ohne Vertrauen" von Bedeutung ist.

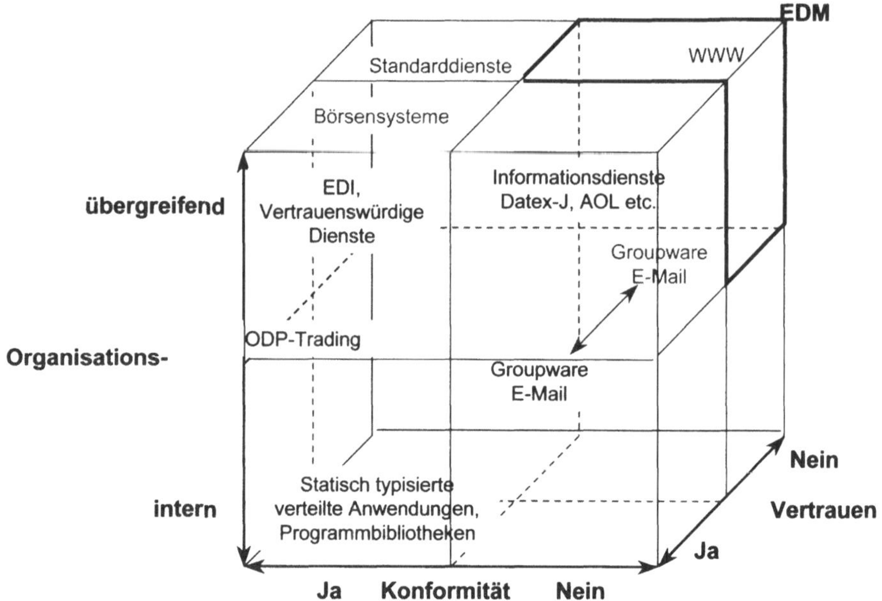

Abb. 13. Klassifikation nach Organisations-, Konformitäts- und Vertrauensdomäne

2.4.3 Klassifizierte und unklassifizierte Dienste

Die Entwicklung verteilter Anwendungen konzentrierte sich bisher entweder auf solche innerhalb von Konformitätsdomänen (Entfernter Datenbankzugriff, Entfernter Prozeduraufruf, EDI) oder auf Systeme, die Konformitätsdomänen überbrücken und dadurch dem menschlichen Nutzer durch Browser oder Terminalprogramme Zugang zu Online-Daten verschaffen oder Kommunikation mit anderen Nutzern ermöglichen (eMail, NetNews, WWW). Begrifflich werden diese Kategorien nun als klassifizierte und unklassifizierte Dienste unterschieden:

1. *Klassifizierter Dienst.* Bei dieser Kategorie verteilter Anwendungen wird vom Nutzer erwartet, daß die Semantik des Dienstes a-priori bekannt ist, daß Dienstschnittstellen mit syntaktisch und semantisch korrekten Parametern versorgt werden. Diese Dienste können somit für den Nutzer wie auch für unabhängige Vermittlungsdienste nach ihrer Funktionalität klassifiziert werden. Klassifizierte Dienste erfordern somit einen *Standard*, der mindestens zwischen einem Anbieter und einem Nachfrager akzeptiert und implementiert ist.

2. *Unklassifizierter Dienst.* Die Definition der Konformitätsdomäne schließt aus, daß gerade bei der domänenübergreifenden Kommunikation vor dem Zugriff Informationen über Schnittstelle und Semantik eines Dienstes bekannt oder gar implementiert sind. Solche Dienste werden daher durch den Begriff *unklassifiziert* gekennzeichnet.

Für beide Dienstkategorien existieren dedizierte Infrastrukturen zur Koordination verteilter Anwendungen. Beide Kategorien weisen spezifische Vor- und Nachteile auf, und beide sind von Bedeutung bei der Modellbildung einer Architektur für elektronische Marktsysteme.

Der Trade-off zwischen klassifizierten und unklassifizierten Diensten

Das Angebot und die Bereitstellung klassifizierter Dienste kann als systemtechnisches Analogon zur internen Koordination eines Unternehmens betrachtet werden. Charakteristische Merkmale, wie die Einschränkung von Autonomie und die Reduktion von Transaktionskosten treffen auch für klassifizierte Dienste zu:

- Eine (Klienten-)Anwendung muß *konfiguriert* werden, d.h., vor der tatsächlichen Dienstnutzung erfolgt eine spezifische Anpassung an die Serverschnittstelle. Die *Kooperation* zwischen Nachfrager und Anbieter legt in ähnlicher Weise Bedingungen und Prozeduren des Gütertausches fest, die in einem vorgelagerten Rahmenvertrag vereinbart wurden.
- Die bei einer Kooperation *eingeschränkte Knotenautonomie* betrifft zum einen die *Exekutionsautonomie*, bei der die Abfolge und das Timing von ausgetauschten Nachrichten mit dem Kooperationspartner festgelegt ist, die Auswahl des Kommunikationspartners (*Kooperationsautonomie*) sowie die *Entwurfsautonomie* der beteiligten Softwareprodukte, die eingeschränkt ist durch die Anpassung an eine spezifische Kommunikationsschnittstelle.

Der Hauptvorteil einer organisationsinternen Koordination liegt in der *Reduzierung von Transaktionskosten*. Dies gilt vor allem auch für klassifizierte Dienste: Diese lassen sich a priori einer Dienstklasse zuordnen, so daß die Auswahl eines Dienstes von individuellen Merkmalen abstrahiert und auf automatisierte Weise durchgeführt werden kann (vgl. die Funktion des Traders im Abschnitt 3.4). (Transaktions-)Kosten der Auswahl und Bewertung eines unklassifizierten Dienstes entfallen somit oder werden erheblich reduziert.

Es ist somit eine Frage der Nutzungsintensität (economies-of-scale), ob die Nutzung eines klassifizierten Dienstes gegenüber einem unklassifizierten vorzuziehen ist. Sobald der Trade-off „Rüstkosten des klassifizierten Dienstes vs. Transaktionskosten des unklassifizierten" bei einer gegebenen Nutzungsintensität deutlich zugunsten einer Variante ausfällt, erscheint diese profitabler.

Gleichzeitig zeichnen sich Online-Informationsdienste jedoch durch die Bereitstellung nicht-formalisierter, sporadisch erscheinender und auch sporadisch genutzter Dienste aus. In dieser Situation ist eine Nutzung sinnvoll, wenn der Trade-off eher zugunsten der unklassifizierten Dienste ausfällt. Ein EMS, das die Dienstnutzung über Grenzen von Konformitätsdomänen hinweg unterstützt, erscheint an dieser Stelle als geeignet. Vor- und Nachteile unklassifizierter Dienste liegen somit genau entgegengesetzt zu denen der klassifizierten.

Die grundlegende Entscheidung beim Entwurf eines *generischen* elektronischen Marktsystems liegt somit nicht in der Unterstützung entweder klassifizierter oder unklassifizierter Dienste, sondern in der ihrer Koexistenz. Dabei liegt das besondere

Anliegen nicht in der Realisierung dieser Koexistenz durch zwei isolierte Infrastrukturen, sondern in einer Integration, die sowohl die interaktive Nutzung klassifizierter als auch eine softwaretechnische Adaption an unklassifizierte Dienste erlaubt. Der Übergang zwischen diesen Nutzungsverfahren sollte in beide Richtungen erlaubt sein und effizient durch das GEMS unterstützt werden: Klassifizierte Dienste könnten dann ihre (standardisierte) Funktionalität erweitern, so daß eine Weiterentwicklung ihres Angebotes erfolgen kann. Unklassifizierte Dienste sollten gleichzeitig jedoch solche Informationen zur Dienstbeschreibung bereitstellen, die es Unabhängigen erlauben, bei Bedarf spezialisierte Klienten zu entwickeln und damit die Nutzung als klassifizierten Dienst zu unterstützen. Es ist hingegen *nicht* Aufgabe des GEMS, eine Klasse der Dienstnutzung zu begünstigen – dies ist im Idealfall allein dem Preismechanismus überlassen.

Anhand eines Beispiels soll nun der Vorteil eines unklassifizierten Dienstes im elektronischen Markt gegenüber seiner – bisher üblichen – klassifizierten Lösung verdeutlicht werden.

2.4.4 Ein Szenario: Transaktionsmonitore als Mehrwertdienste

In verteilten Systemen können mehrere Anwendungssysteme (z.B. Datenbanksysteme) kooperieren, indem sie sich über ein geeignetes Protokoll zur Erhaltung ihrer Konsistenz koordinieren. Zu diesem Zweck werden *Transaktionsmonitore* (auch: TP-Monitore) eingesetzt [GrRe93]. Die Aufgabe des TP-Monitors besteht dabei in der Ausführung eines Transaktionsprogramms. Neben den Funktionsaufrufen zur Reisebuchung bei entfernten Servern zeigt Beispiel 1 Kommandos zur Transaktionssteuerung, d.h. zur Auslösung und Beendigung einer Transaktion.

```
EingabedatenLesen ( Name, ..., Ankunft, Abreise,
                    FlugNr, ...,
                    FahrzeugKategorie, ...,
                    Hotel, ZimmerKategorie,...);
BeginTransaction;
CALL Flugbuchung ( Ankunft, Abreise, FlugNr, ... );
CALL Hotelreservierung ( Hotel, ZimmerKategorie, ... );
CALL Autoreservierung ( FahrzeugKategorie, ... );
CommitTransaction;

Ausgabenachricht(...);
```

Beispiel 1. Ein Transaktionsprogramm zur Reisebuchung

Das Transaktionsprogramm kann klientenseitig als übersetztes Programm oder als interpretiertes Skript vorliegen (vgl. [WäRe91]). Die meisten kommerziell verfügbaren TP-Monitore erlauben jedoch nur die Kooperation übersetzter Anwendungsprogramme (Abb. 14).

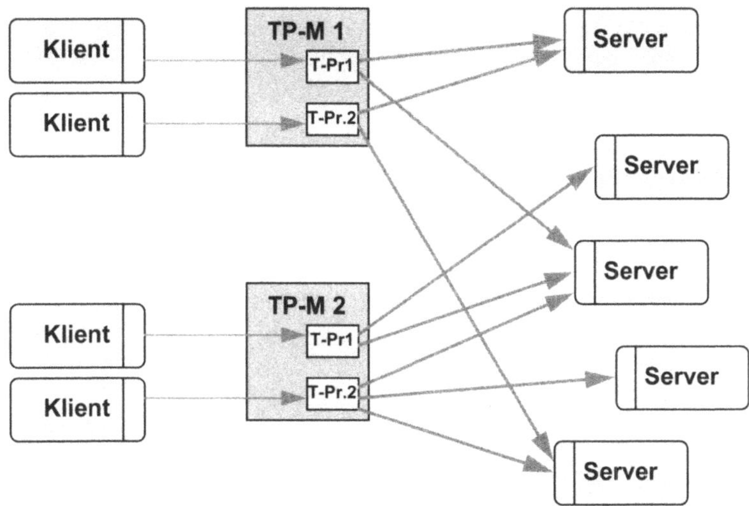

Abb. 14. Der TP-Monitor zur Koordination der Nutzung klassifizierter Dienste

Eine Schachtelung von Transaktionen ist prinzipiell in beliebiger Tiefe möglich [Papp91]. Dabei wird ein übergeordneter Koordinator zur Durchführung einer globalen Transaktion eingesetzt, der über ein Commit-Protokoll die konsistente Ausführung lokaler Transaktionen steuert. Die Standardisierung von Systemschnittstellen zur verteilten Transaktionsverarbeitung erlaubt prinzipiell die Integration heterogener Softwarekomponenten.

In jedem Fall besteht jedoch ein *vor* dem Transaktionsbeginn festgelegtes Anwendungsprotokoll zwischen Klienten und Servern, das ein Verständnis der Serverschnittstellen zum Zeitpunkt der Programmierung, also ebenfalls *vor* dem eigentlichen Dienstzugriff, erfordert: Serveranwendungen realisieren somit klassifizierte Dienste, d.h. Klient und Server bilden eine Konformitätsdomäne. Dieser Sachverhalt besteht unabhängig von der Nutzung des Transaktionsdienstes, der lediglich dem Konsistenzerhalt der auf Klient und mehrere Server verteilten Anwendungsdaten dient.

Wird – wie im Beispiel skizziert – ein derartiges verteiltes Transaktionssystem für den Zugriff auf Schnittstellen externer Unternehmen eingesetzt, geht damit in der Regel wegen der hohen Anpassungskosten von Klient- und Serverschnittstellen eine starke Spezialisierung im Sinne der Kooperation einher. Tatsächlich werden in der Realität Klienten-Softwaresysteme, die für Buchungszwecke eingesetzt werden, vom Anbieter des Reservierungsdienstes übernommen, wie es z.B. beim Reservierungssystem START [ABBK+95] der Fall ist. Die Folge dieser engen Kooperation ist eine erhebliche Einschränkung der ökonomischen Autonomie der am Reservierungssystem beteiligten Unternehmen: Ein Klient, der eine Reisebuchung im Sinne des Beispiel 1 durchführen möchte, hat keine Wahlmöglichkeit, die Buchungsdienste unmittelbar oder alternativ über einen adhoc einbezogenen TP-Monitor zu nutzen.

Aufgrund der statischen Bindung von Transaktionsprogrammen an die Buchungsdienste ist ein erheblicher Aufwand erforderlich zur Bereitstellung von TP-Monitoren als Mehrwertdienste. Soll nämlich ein TP-Monitor als unklassifizierter Dienst genutzt werden, so ist es Aufgabe dieses Dienstes, vor seiner Nutzung das Transaktionsprogramm zu entwickeln und beim TP-Monitor abzulegen. Die Folge wäre eine Einschränkung der nutzbaren Programme auf jene Angebote, die der Betreiber des TP-Monitors anbietet.

Ein weitaus flexiblerer Ansatz würde vom unklassifizierten Dienst lediglich die erforderliche Anpassung an das vom TP-Monitor unterstützte Commit-Protokoll voraussetzen. Darüber hinaus sollte jedoch der Dienst unverändert nutzbar und zu einem beliebigen Zeitpunkt adhoc (also auch während einer begonnenen Transaktion) mit anderen Diensten kombinierbar sein. Nur in einem solchen Szenario würde der TP-Monitor seinen Mehrwehrtdienst tatsächlich auf die Leistung von Transaktionalität beschränken:

Szenario

Das Anwendungsbeispiel sieht wiederum die Dienste Autovermietung, Hotelreservierung und Flugbuchung vor, die sich in Konkurrenz mit weiteren Wettbewerbern befinden und über individuelle, heterogene Schnittstellen bereitgestellt werden. Ein Benutzer ist mittels eines Online-Informationssystems in der Lage, auf diese Dienste zuzugreifen und interaktiv Buchungen durchzuführen. Wenn ein neuer Anbieter erscheint, sollte der Aufwand, diesen Dienst zu nutzen, vernachlässigbar gering sein. Dienstanbieter stellen in diesem Szenario ökonomisch und softwaretechnisch autonome Unternehmen dar, die potentiell für ihre Nutzung Gebühren erheben können. Für Klienten dieser Dienste fallen jedoch – abgesehen von den gebuchten Leistungen und allgemeinen Zugangskosten zum EDM – keine Kosten an.

Abb. 15 zeigt zwei Klienten, die einige unklassifizierte Dienste adhoc ausgewählt haben und diese spontan über den TP-Monitor nutzen. Dabei entschied sich Klient 1, auf einen Dienst unmittelbar – also nicht transaktional gesichert – zuzugreifen. In diesem Szenario können jederzeit neue Dienste entstehen und unmittelbar genutzt werden. Wenn sie auch das vom TP-Monitor geforderte Commit-Protokoll unterstützen, sind sie gleichzeitig transaktional nutzbar. Dabei stehen auch TP-Monitore, die sich durch unterschiedliche Commit-Protokolle, Schnittstellenentwürfe oder Leistungsmerkmale unterscheiden, selbst im Wettbewerb.

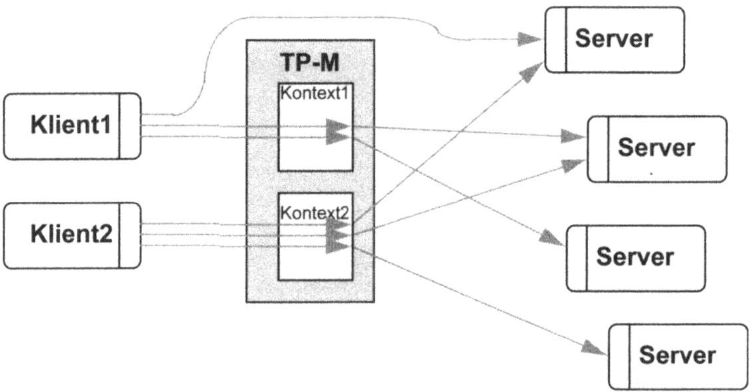

Abb. 15. Transaktionale Nutzung unklassifizierter Diensten im EDM

Wenn es opportun erscheint, können Drittanbieter Dienste etablieren, die in unterschiedlicher Weise die dargestellten Buchungsdienste nutzen. Als Mehrwertdienste bieten sie wiederum für ihre jeweiligen Klienten eine Kombination, Individualisierung oder Aufwertung bestehender Dienste. Der aus Angebot und Nachfrage resultierende Preismechanismus bestimmt die Opportunität, einen Mehrwertdienst anzubieten. Verschiedene Mehrwertdienste sind in diesem Szenario denkbar [MeML94a]:

1. Dienste, die Vorgelagerte nutzen und eigenen Klienten diese Integration verbergen (*mediation by chaining*). Der Klient ruft dabei nur indirekt über die Schnittstelle des Mehrwertdienstes deren Funktionen auf.
2. Dienste, deren Leistung der „Handel" mit Referenzen anderer Dienste ist, z.B. Katalogdienste, „Werbeagenturen", Evaluationsdienste etc. Im Szenario würde ein Evaluationsdienst nützlich sein, der aus einer Menge von Flugangeboten das günstigste auswählt (*mediation by reference*).

Im Szenario wird nun eine Nachfrage nach Transaktionalität im Sinne der in Beispiel 1 illustrierten Buchung angenommen. Die beim Anbieter eines solchen Mehrwertdienstes getroffene Entwurfsentscheidung könnte etwa folgende Kriterien berücksichtigen:

- Seitens der Klienten soll kein spezieller Anpassungsaufwand erforderlich sein (da dieser sich sonst an mit weniger Aufwand nutzbare, konkurrierende TP-Monitore wenden könnte).
- Der TP-Monitor als Mehrwertdienst soll gegenüber dem Klienten zwar die Funktionalität der TX-Schnittstelle implementieren (vgl. dazu z.B. [GrRe93]), allerdings nicht notwendigerweise in standardisierter Form, sondern mit individuellen Erweiterungen.

Gegenüber den zu verwaltenden Buchungsdiensten wird hingegen eine – z.B. XA-konforme – Schnittstelle vorgegeben. In diesem Fall wird die Autonomie vorgelagerter Diensterbringer eingeschränkt. Diese Einschränkung bezieht sich jedoch nur auf das XA-Protokoll. Die Anwendungsschnittstellen der Buchungsdienste können nach wie vor frei von ihren Anbietern gestaltet werden. Die Buchungsdienste werden also bezüglich der Transaktionssteuerung als klassifizierte, bezüglich ihrer Anwendung jedoch als unklassifizierte Dienste genutzt. Somit erhält auch der TP-Monitor erst zur Laufzeit Informationen über die Anwendungsschnittstellen der Server.

Eine Nutzung der drei Buchungsdienste ist nun im Szenario auf flexible Weise möglich: Zu diesem Zweck nimmt der Benutzer zunächst Verbindung mit dem Transaktionsdienst auf. Dieser bietet eine Schnittstelle an für den Start, das Abbrechen oder Commit einer Transaktion. Für die Nutzung der Commit-Funktion wird eine Gebühr gefordert. Darüber hinaus stehen weitere Funktionen eines vorgelagerten Katalogdienstes zur Verfügung. Aus diesem Katalog wählt der Benutzer nun zwei Anbieter aus: einen zur Hotelreservierung und einen für die Flugbuchung. Bevor jedoch Buchungen ausgeführt werden, startet er den TP-Monitor mit dem Befehl *StartTransaction*, so daß der im folgenden Sitzungsverlauf erzielte Effekt bis zum endgültigen *Commit* wieder zurückgesetzt werden kann.

Während der laufenden Transaktion stellt der Benutzer nun fest, daß zusätzlich noch ein Auto gemietet werden soll. Auch dessen Reservierung soll ggf. wieder rückgängig gemacht werden. Folglich wird der betreffende Server aus dem Katalog des TP-Monitors ausgewählt und die Buchung durchgeführt. In ähnlicher Weise wird schließlich noch der Flugbuchungsdienst gewechselt, da mit dem ersten keine Buchung durchgeführt werden konnte.

Am Ende der Sitzung bricht der Benutzer die Transaktion ab, da kein Platz mehr reservierbar war. Es ist nun Aufgabe des TP-Monitors, den Zustand vor dem Transaktionsbeginn permanent zu erhalten.

Dieses Szenario hob exemplarisch die Bedingungen hervor, unter denen Anbieter und Nachfrager auf dem Dienstemarkt Entscheidungen treffen. Diese beziehen sich auf die Funktion des Dienstes, auf seine Schnittstellen, auf die Art und Weise seiner Spezifikation und nicht zuletzt auf die Wahl des Transaktionspartners. Aufgrund der vielfältigen Autonomieforderungen aller beteiligten Parteien soll dieses Szenario als Grundlage für eine experimentelle, EDM-basierte Umsetzung zur transaktionalen Nutzung unklassifizierter Dienste im dritten Teil des Buches dienen. Dabei sollte festgestellt werden können, in welchem Maße diesen Autonomieforderungen gerecht werden könnte.

2.4.5 Modellierung des elektronischen Dienstemarktes

Bisher wurden die ökonomischen Grundlagen der Koordination durch den Markt diskutiert und festgestellt, unter welchen Bedingungen dieser Mechanismus allokationseffizient ist. Die anschließend dargestellten elektronischen Marktsysteme bilden diesen Mechanismus jeweils auf spezifische systemtechnische Umgebungen ab. Mit dem Begriff des EDM erfolgte schließlich eine weitere Eingrenzung des Untersuchungsgegenstandes auf Klienten und Server als Repräsentanten der Marktteilnehmer. Eine Abbildung dieses Ansatzes auf systemtechnische Komponenten steht noch aus und ist Gegenstand des zweiten Teils.

Die volkswirtschaftliche Theorie erarbeitet dazu *deskriptive* Modelle, um das Phänomen des Marktes zu analysieren und sein Verhalten vorherzusagen. Nur anhand eher restriktiver, regulatorischer Eingriffe der Ordnungspolitik kann dieser Koordinationsmechanismus gestaltet werden. Beim Entwurf eines EMS besteht hingegen eine weitaus größere Freiheit, auf das Transaktionsverhalten, das marktwirtschaftliche Anreizsystem und die Allokationsmechanik Einfluß zu nehmen. Ein solches Modell ist *präskriptiver* Natur, da bei Entwurf und Umsetzung eine größere Einflußnahme – evtl. auch unbewußt – ausgeübt werden kann.

Um die erarbeiteten Kenntnisse zusammenzufassen, wird im folgenden ein solches EDM-Modell für generische elektronische Marktsysteme entworfen. Dies soll schließlich zu einem Katalog von Erfolgsfaktoren für EMSe führen, der die grundlegenden ökonomischen Anforderungen an die Architektur eines GEMS im zweiten Teil zusammenfaßt.

1. Der Diensterbringer als Repräsentation des Anbieters in elektronischen Märkten

- Im EDM ist ein Wirtschaftssubjekt, d.h. eine Privatperson oder ein Unternehmen, als Dienst*erbringer* oder Dienst*nehmer* repräsentiert.
- Wirtschaftssubjekte besitzen Entscheidungsautonomie über Semantik, Schnittstelle, Leistung und Preisgestaltung ihres Dienstes. Diensterbringer können individuell ihre Funktion und Schnittstelle bestimmen.
- Dienste werden im Wettbewerb angeboten. Dies gilt auch für unterstützende Dienstleistungen wie etwa den Zahlungsverkehr oder Systemkomponenten des EDM.
- Durch die hohe Anzahl an Dienstanbietern und -nachfragern liegt der mikroökonomische Preismechanismus der Koordination von Angebot und Nachfrage zugrunde.
- Anbieter und Nachfrager *können* sich auf Schnittstellen und Funktionsstandards einigen. Diese Einigung und die Umsetzung des Standards wird durch das EMS nicht beeinträchtigt.
- Die Leistung eines Dienstes kann partiell oder vollständig durch die Nutzung anderer, vorgelagerter Dienste erbracht werden. Die Herausbildung einer solchen Wertschöpfungskette wird nicht durch EMS-induzierte Rüst- oder Transaktionskosten behindert.
- Diensterbringer können Handelstransaktionen anderer Teilnehmer hinsichtlich spezieller Aufgaben unterstützen (z.B. zur Protokollierung von Funktionsaufrufen oder für die Durchführung des Zahlungstransfers).
- Grundsätzlich ist es jedem Diensterbringer überlassen, seine Schnittstelle zu beschreiben und die Beschreibungsmittel zu wählen. Die Standardisierung solcher Beschreibungen ist nicht Gegenstand des zugrundeliegenden GEMS, sondern kann durch Anbietergruppen erfolgen.
- Die Nutzung eines Dienstes erfolgt potentiell anonym. Die Vertrauenswürdigkeit eines Dienstanbieters oder -nachfragers ist nicht gewährleistet. Folglich sollten für einzelne Handelstransaktionen Dienste einbezogen werden, die als neutrale Instanz akzeptiert sind und den Transaktionsverlauf unbestreitbar nachvollziehbar machen.

2. Klienten als Repräsentation des Nachfragers

- Klienten fragen Dienste (bzw. Dienstleistungen) beim Diensterbringer nach und leisten im Gegenzug eine Zahlung an den Server.
- Klienten können reine Softwaresysteme sein oder in Verbindung mit einem Benutzer agieren.
- Klienten, die einen Benutzer zur Dienstnutzung unterstützen, müssen in der Lage sein, auch mit Dienstanbietern in Verbindung zu treten, deren Funktion und Schnittstelle erst zu Beginn der Handelstransaktion bekannt ist.

- Klienten müssen in der Lage sein, erst zu Beginn einer Handelstransaktion Sicherheitsdienste, Funktionen des Geldtransfers oder andere unterstützende Dienste zu involvieren, da evtl. erst dann bekannt ist, welche von diesen einbezogen werden sollen.
- Klienten sind autonom im Sinne der freien Anbieterwahl. Sie erfordern daher vom GEMS Mechanismen zur Schaffung (oder zumindest Annäherung) der vollständigen Preistransparenz. Diese sind nicht notwendigerweise durch das GEMS zu erbringen, sondern können selbst durch dedizierte Anbieter bereitgestellt werden (z.B. Evaluationsdienste, Katalogdienste oder Börsensysteme).

3. Das Generische Elektronische Marktsystem (GEMS)

- Das GEMS ist keinem Betreiber zugeordnet. Es steht als „öffentliches Gut" allen potentiellen Teilnehmern zur Verfügung und ist organisatorisch offen.
- Das GEMS ist plattformunabhängig. Die für eine Handelstransaktion erforderliche Systemsoftware ist portabel.
- Das GEMS ist offen hinsichtlich der Weiterentwicklung von Diensten, von Standards und von Elementen der Infrastruktur (z.B. Sicherheitsmechanismen).
- Das GEMS unterstützt potentiell alle Transaktionsphasen, d.h. wenn dies von den Transaktionspartnern gewünscht und nicht durch den Charakter der Handelstransaktion eingeschränkt ist.
- Grundsätzlich werden durch das GEMS spontane, anonyme Transaktionen unterstützt. Wenn Teilnehmer es erfordern, können diese zusätzliche Maßnahmen ergreifen zur Integration ihrer EMS-Software in lokale Softwareumgebungen.
- Auf die Standardisierung von Schnittstellen, Diensten, Beschreibungsmerkmalen etc. nimmt das GEMS weder Einfluß noch behindert es deren Definition und Umsetzung durch einen zu restriktiven Entwurf.
- Das GEMS steht als Koordinationsinfrastruktur selbst im Wettbewerb mit anderen Software- und Kommunikationsumgebungen. Ein Anwender sollte die Möglichkeit besitzen, zwischen diesen Koordinationsformen zu wählen (z.B. evtl. effizientere betriebsinterne Anwendungssysteme).
- Das GEMS unterstützt die Nutzung sowohl klassifizierter als auch unklassifizierter Dienste. Der Übergang vom ersten zum zweiten (die Etablierung von Diensteigenschaften und -schnittstellen als Standard) wie auch umgekehrt (die adhoc-Nutzung eines standardisierten Dienstes ohne dedizierte Klientensoftware) wird vom GEMS unterstützt.
- Ein Dienst kapselt spezifisches Wissen. Das GEMS sollte eine Form der Bereitstellung unterstützen, welche die zwangsläufige Explikation von Wissen und damit das direkte Kopieren von Programmen und Daten (und letztlich Know-how) vermeidet.

4. Handelstransaktionen

- Handelstransaktionen werden zwischen zwei Transaktionspartnern – Anbieter und Nachfrager – durchgeführt.
- Grundlage der Handelstransaktion ist ein *Vertrag*, auf den sich Anbieter und Nachfrager geeinigt haben. Inhalt und Repräsentation dieses Vertrages ist nicht Gegenstand des GEMS. Der Vertrag ist jedoch als Datenstruktur repräsentiert, die zwischen Anbieter und Nachfrager kommuniziert werden kann.

2.4.6 Das EDM-Modell

Das EDM-Modell definiert drei Ebenen der Interaktion zwischen EDM-Teilnehmern: Die Kommunikations-, Repräsentations- und ökonomische Ebene. Diese unterscheiden sich im Grad der Normierung von Datenstrukturen, in den Rollen der Teilnehmer und in der Bedeutung der ausgetauschten Daten:

Ebene 1: Kommunikationsebene

Die Kommunikationsebene realisiert ein standardisiertes Interprozeß-Kommunikationsmodell, das für alle beteiligten Instanzen eines Dienstemarktes bindend ist. Es ist dabei für die aufsetzenden Ebenen unerheblich, ob Protokolle der Kommunikationsebene Asynchronität zulassen, welche Dienstgütemerkmale sie unterstützen oder welches Fehlermodell ihnen zugrundeliegt. Letztlich dient die Kommunikationsebene lediglich einem symmetrischen Transport von Protokolldateneinheiten zwischen gleichartigen Protokollinstanzen.[10] Aus Gründen der (technischen) Interoperabilität ist eine derartige Standardisierung EDM-spezifischer Protokolle und deren Interpretation zwingend erforderlich.

Ebene 2: Repräsentationsebene

Auf dem Markt durchgeführte Transaktionen erfordern die Kommunikation zwischen Transaktionspartnern. Auch im realen Markt erfolgt diese Kommunikation auf der Basis standardisierter Dokumente, auf die sich die Gesamtheit aller Wirtschaftssubjekte im Laufe von Jahrhunderten einigte (von Rechnungen, Überweisungen, Akkreditiven, Kaufverträgen bis hin zu Dokumenttypen des Elektronischen Datenaustausches, EDI). In ähnlicher Weise sind beim EDM standardisierte Repräsentationen erforderlich, die einen Austausch von ökonomisch bedeutungsvoller Information realisieren. Die Leistung der Repräsentationsebene besteht somit in der Abbildung von (individuellen) Inhalten in (standardisiert) handhabbare Repräsentationen.

Die ausgetauschten Datenstrukturen sind von anwendungsspezifischer Struktur und Semantik. Lediglich ihre Repräsentation ist für das GEMS interpretierbar. Das

---

[10] Diese Kommunikation erfolgt transparent bzgl. heterogener Transfersyntaxen, Netzwerktopologien, Zugriffstechniken, transienter Fehler etc.

auf dieser Ebene asymmetrische Dienstanbieter/Dienstnutzer-Verhältnis weist den Transaktionspartnern dedizierte Rollen zu.

Ebene 3: Ökonomische Ebene

Eine erzwungene Standardisierung im Sinne der Kommunikationsebene würde das GEMS auf den Handel eines homogenen Produktes etwa durch ein Börsensystem reduzieren. Als evolvierendes, selbstorganisierendes System ist die „Ökologie Markt" jedoch auf die konstituierenden Mechanismen der *Variation* und der *Selektion* angewiesen. Variation bedeutet allerdings im Marktkontext „Produktdifferenzierung" bzw. Individualisierung etwa durch Innovation oder auch „Kundenorientierung". Das individuelle Ziel des Anbieters könnte in Absatzsteigerung oder der Gewinnmaximierung liegen und der sozio-ökonomische Gesamteffekt damit in der Anpassung des elektronischen Dienstemarktes an den technischen Fortschritt oder variierende Nachfragepräferenzen. Die dafür erforderliche Flexibilität zur Bereitstellung, Beschreibung und Nutzung von Diensten erfolgt durch die Integration von Vorgängen der ökonomischen Ebene in die Repräsentationsebene.

Die Transaktionspartner werden auf dieser Ebene als Wirtschaftssubjekte aufgefaßt, die ein ökonomisches Ziel verfolgen: den Kauf bzw. Verkauf eines Gutes und damit ihre Nutzen- bzw. Gewinnmaximierung. Ausgetauschte Daten erlangen dabei ebenfalls ökonomische Bedeutung: Dienstbeschreibungen bilden die vertragliche Grundlage einer Leistung, Funktionsaufrufe ihre Erfüllung.

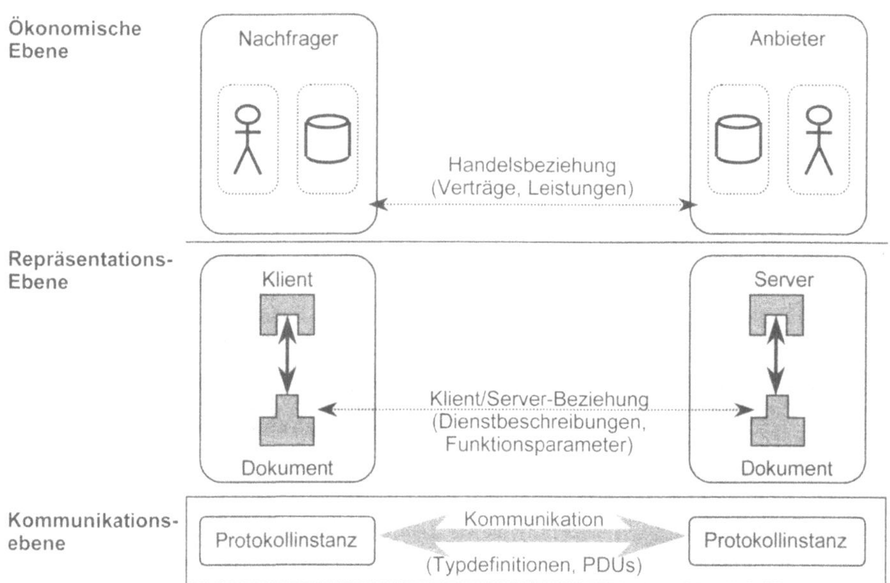

Abb. 16. Das EDM-Modell

Erst auf der *ökonomischen Ebene* erlangen Konzepte wie *Geld*, *Vertrag*, *Leistung* oder auch *Betrug* Bedeutung. Eine Protokollinstanz der *Kommunikationsebene* kann lediglich eine zuverlässige Datenübertragung realisieren. Klienten und Server der *Re-*

präsentationsebene implementieren spezifische Funktionen zur Verarbeitung von Datenobjekten mit ökonomischer Bedeutung (z.B. elektronische Portemonnaies oder Notariatsdienste), sind jedoch nicht „Entscheidungsträger" (engl. auch: *Principals*) bei der Durchführung einer Transaktion. Diese Rolle kommt ausschließlich Instanzen der ökonomischen Ebene zu. Die Handlungsweise dieser Instanzen kann durch die unmittelbare Integration des menschlichen Benutzers erfolgen oder durch die Implementierung von *Policies* (Verfahrensweisen) in Softwaremodulen, die als Anbieter oder Nachfrager agieren. Ausschließlich Instanzen der ökonomischen Ebene *agieren*, d.h., sie besitzen pro-aktive Handlungsbereitschaft und verfolgen ein ökonomisches Ziel. Instanzen der anderen Ebenen *reagieren*, d.h. sie sind ereignisgesteuert und würden eine ökonomisch bedeutungsvolle Handlung nicht ohne ein solches Ereignis durchführen.

Die Kommunikations- und die Repräsentationsebene werden zusammengefaßt zur *EDM-Infrastruktur*, die den gestaltbaren Teil des elektronischen Dienstemarktes ausmacht. Die Trennung in EDM-Infrastruktur und die ökonomische Ebene der Marktteilnehmer ist dabei unabhängig von Phasen der Modellierung, des Entwurfs oder der Implementierung. Folglich wird im zweiten und dritten Teil des Buches Bezug genommen auf die Infrastruktur als Teil des EDM, der in seiner Aufbau- und Ablauforganisation planbar ist.

2.5 Anforderungen an eine GEMS-Architektur

Nachdem die Anforderung an ein generisches elektronisches Marktsystem motiviert, relevante Ansätze untersucht und das EDM-Modell formuliert wurde, besteht der nächste Schritt im Entwurf einer systemtechnisch orientierten Architektur für elektronische Dienstemärkte, wer schließlich als Grundlage zur Implementation eines GEMS verwendet werden kann.

Diese *GEMS-Architektur* stellt die Verbindung zwischen Anforderungen der ökonomischen Ebene und den systemtechnischen Mechanismen der Kommunikationsebene her. Folglich befaßt sich diese Architektur vor allem mit Fragestellungen der Repräsentationsebene im EDM-Modell, d.h. mit der Abbildung ökonomisch bedeutungsvoller Prozeduren, Rollen und Dokumente auf kommunizierende Instanzen einer noch zu bestimmenden Kommunikationsinfrastruktur. Zum Schließen dieser „ökonomischen Lücke" ist zu klären, welche technischen Verfahren der Kommunikation und Kooperation in verteilten Systemen zur Verfügung stehen, und in welchem Maße eine Realisierung des GEMS auf dieser Basis den Anforderungen genügt.

Aus diesem Grunde sind abschließend die wichtigsten Anforderungen als *kritische Erfolgsfaktoren* für eine GEMS-Architektur zusammengefaßt. Im Verlauf des zweiten Teils wird auf diese bei der Beurteilung von Verteilungsplattformen und -mechanismen Bezug genommen:

- Reduzierung der *Transaktionskosten* für Anbieter und Nachfrager: Nur, wenn der *Anteil* der durch das EMS verursachten Transaktionskosten die Entscheidung zur Handelstransaktion nicht signifikant beeinflußt, kann auf der Basis des EDM ein Zustand der vollständigen Konkurrenz angenähert werden. Gleiches gilt für die *absolute Höhe* der Transaktionskosten: Nur, wenn diese Kosten einen Höchstbetrag unterschreiten, können *Mikrokäufe* getätigt werden. Die Herausbildung von Wertschöpfungsketten wird durch niedrige Transaktionskosten ebenfalls begünstigt.

- Reduzierung der *Rüstkosten* für Anbieter und Nachfrager: So wie Transaktionskosten die Entscheidung zum Kauf eines Gutes beeinflussen, spielen Rüstkosten bei der Entscheidung zur Nutzung des EDM selbst und der dort angebotenen Dienste eine Rolle. Subskriptionsgebühren, Kosten für Zugangssoftware, Einarbeitungsaufwand, Schulungen, Implementationsaufwand, der Erwerb öffentlicher Schlüssel sowie seitens des Anbieters das Abführen von Gebühren für Leitseiten oder „Home Pages" können die Entscheidung zur Nutzung des EMS und damit die Entwicklung des Marktes negativ beeinflussen.

- Eine *angemessene Standardisierung*: Das Spektrum potentiell standardisierbarer Funktionen und Dienste eines EMS umfaßt unstrittige Bereiche der Datenkommunikation (Interoperabilität zwingend erforderlich) und der Benutzerschnittstellengestaltung (Individualität zwingend erforderlich) wie auch strittige: Verzeichnis- oder Abrechnungsdienste sowie Anwendungsdienste selbst könnten innerhalb des EMS standardisiert sein. Gleiches gilt für Datenstrukturen, wie Dienstbeschreibungen, Verträge etc. Die Standardisierung beeinflußt dabei die Offenheit des Marktes wie auch die Flexibilität in der Bereitstellung eines Dienstangebotes. Die Extrempositionen dieses Spannungsfeldes stellen wiederum das „Börsensystem" und das „Schwarze Brett" dar.

- Herausbildung von *Wertschöpfungsketten*: Die Dynamik eines EDM kann sich in einer wandelnden Nachfrage nach Diensten niederschlagen. Ein GEMS sollte daher Dienstanbietern die Möglichkeit der Integration extern bezogener Leistungen bieten und auch in diesem Zusammenhang die Rüstkosten der Bereitstellung eines Mehrwertdienstes sowie die Transaktionskosten seiner Nutzung minimieren.

- *Organisationale Offenheit*. Verschiedene Formen der Offenheit wurden diskutiert und für den Entwurf eines GEMS als signifikant bewertet: Technische Offenheit (Interoperabilität, Portabilität), ökonomische Offenheit (Marktoffenheit), Benutzeroffenheit (ungehinderter Zugang) sowie juristische Offenheit (kein gesetzlicher Ausschluß von Benutzergruppen). In der Kombination dieser Merkmale bedeutet dies, daß ein EDM auch „ökonomisch offen" ist bei Fragen der technischen Offenheit, d.h., auch Standards und Systemkomponenten sollten in sinnvollem Maße einem Wettbewerb ausgesetzt sein.

- *Dezentralisierung* kann auf allen Ebenen des EDM-Modells erfolgen: Das Internet (bzw. die Kommunikationsebene) ist dezentralisiert bezüglich Verwaltungs-, Sicherheits- und Konformitätsdomänen. Die Repräsentationsebene ist dezentralisiert aufgrund der Unabhängigkeit von Klienten und Servern als lokale Prozesse und der Freiheit von zentralisierten Standardisierungsprozeduren für Funktionen und Schnittstellen. Auf der ökonomischen Ebene besteht durch den Wettbewerb zwischen Anbietern Unabhängigkeit der Nachfrager und damit die Möglichkeit, Dienstleistungen bei mehr als einem Anbieter (und damit dezentral) zu beziehen.

- *Unterstützung aller Transaktionsphasen.* Mit der Ausnahme tangibler Güter, die einen physischen Transport erfordern, sollten durch das GEMS die Phasen der Information, der Vereinbarung und der Abwicklung unterstützt werden.

Teil II
Die systemtechnische Infrastruktur des EDM

Die Entwicklung verläuft immer vom Primitiven über das Komplizierte zum Einfachen.
Antoine de Saint-Exupéry

Der erste Teil des Buches diente der Motivation des Preismechanismus zur effizienten Koordination von Angebot und Nachfrage nach Diensten. Es wurden zudem Gestaltungsrichtlinien für den Entwurf einer systemunterstützten Marktinfrastruktur erarbeitet. Als Zwischenergebnis lieferte er das EDM-Modell sowie einen Katalog kritischer Erfolgsfaktoren, mit denen das Entwurfsziel für diesen Teil des Buches vorgegeben ist.

Folglich besteht nun die Aufgabe in der Evaluation und Auswahl derjenigen Bausteine und Methoden verteilter Systemumgebungen, die einer technischen Realisierung dieses EDM-Modells dienen. Dabei wird die Forderung nach einer angemessenen Flexibilität des Gesamtsystems auch bei seinen Bestandteilen Einfluß nehmen auf eine angemessene Trennung von standardisierten und individuellen Elementen. Wie bereits im ersten Teil erarbeitet, würde eine zu weitreichende Standardisierung von Protokollen, Datenstrukturen und Funktionen die organisatorische Offenheit (und damit langfristig auch die Koordinationseffizienz) des Gesamtsystems reduzieren. Dieser Gefahr ist genauso vorzubeugen wie einer Standardisierung, die wesentliche, EDM-relevante Aspekte ausspart.

Für jede der drei Ebenen des EDM-Modells stehen alternative Techniken bzw. „Middleware"-Komponenten zur Verfügung.

Kommunikationsebene

Das erste Kapitel dieses Teils ist der Darstellung und Evaluation bestehender Verfahren im Hinblick auf ihre Eignung für den Einsatz in elektronischen Dienstemärkten gewidmet. Konkret werden in diesem Zusammenhang *Kommunikations- und Kooperationsverfahren* untersucht, die sich am Client/Server-Modell orientieren. Diesem Modell kommt als natürliche systemtechnische Entsprechung des ökonomischen Anbieter/Nachfrager-Modells besondere Bedeutung zu. Es wird sich jedoch zeigen, daß sich keiner der systemtechnisch relevanten Ansätze ohne partielle Erweiterung für das EDM-Modell eignet.

Nachdem der Anforderungsdefiniton des ersten Teils die Potentiale und Grenzen dieser systemtechnischen Modelle entgegengestellt wurden, gilt es in Kapitel 4, die nach wie vor bestehende ökonomische Lücke zu schließen, indem die Abbildung der Anforderungen des EDM-Modells auf systemtechnische Kommunikations- und Kooperationsverfahren durchgeführt wird. Zu diesem Zweck wird schließlich die *GEMS-Architektur* eingeführt. Diese sieht zunächst nur die Normierung einiger grundlegender Basiskomponenten, Funktionen und Kommunikationsverfahren vor. Erst die nachfolgenden Kapitel gehen zwei wichtigen Fragen der Dienstbeschreibung und der Unterstützung kommerzieller Handelstransaktionen nach:

Repräsentationsebene

Für die Aufgabe einer flexiblen und erweiterbaren Dienstbeschreibung wird eine Auswahl von Techniken identifiziert, die entweder einen formalisierten, jedoch zu statischen Ansatz der Spezifikation oder einen hinreichend dynamischen, jedoch nicht ausreichend formalisierten Ansatz verfolgen. Damit wird schließlich unter dem Begriff der *Dienstrepräsentation* ein Ansatz motiviert, der die Vorteile formaler Beschreibungen mit denen der informellen vereint. Die durch die Dienstrepräsentation erlangte Flexibilität der Dienstbeschreibung erlaubt eine vertiefende Untersuchung möglicher formaler Konformitätsbeziehungen zwischen Diensten und Dienstbeschreibungen im Kapitel 5. Hierbei finden Fragen der dezentralisierten, inkrementellen Standardisierung von Diensten und der Offenheit gegenüber einer evolvierenden Weiterentwicklung von Komponenten im Rahmen der GEMS-Architektur Berücksichtigung.

Ökonomische Ebene

Auf der ökonomischen Ebene finden Begriffe wie *Kauf, Vertrag, Leistung* oder *Mehrwertdienst* Geltung im Gegensatz zu Begriffen wie *Funktionsaufruf* oder *Dienstrepräsentation* der unteren beiden Ebenen. Entsprechend sind Mechanismen erforderlich, die für Zwecke wie der Bezahlung oder des Vertragsschlusses der ökonomischen Bedeutung dieser Handlungen gerecht werden. Aus diesem Grunde sieht die GEMS-Architektur zur Unterstützung von Handelstransaktionen durch die EDM-Infrastruktur eine flexible Einbeziehung von *Unterstützungsdiensten* vor. Diese werden durch dezentrale, spezialisierte Server zur Abwicklung von Zahlungsvorgängen oder zur Absicherung einer Handelstransaktion gegen böswillige Angriffe erbracht. Auch hier besteht aufgrund der notwendigen Flexibilität die Anforderung an die GEMS-Architektur, Unterstützungsdienste zum Zeitpunkt der Transaktion dynamisch, aber dennoch zuverlässig zu integrieren. In Kapitel 6 werden Anforderungen und Realisierungsalternativen für diesen Bereich diskutiert.

Die Verwendung der Begriffe „EDM-Infrastruktur" und „GEMS-Architektur" erfolgt im Zuge der anschließenden Untersuchungen in folgender Weise: Die *Infrastruktur* faßt genau den Teil des gesamten EDM zusammen, der vorab planbar ist und damit eine für alle Teilnehmer verbindliche Standardisierung von Schnittstellen und Semantiken vorsieht. Dabei ist es unabhängig, ob diese Betrachtung sich auf das EDM-Modell, die GEMS-Architektur oder die COSM-Implementierung im dritten Teil des Buches bezieht. Unter der *Architektur* ist hingegen die Festlegung von Funktionselementen und deren Beziehungen über alle Ebenen hinweg zu verstehen. Auch *Anwendungen* bzw. *Transaktionspartner* sind also Bestandteile der Architektur, da ihnen zumindest gewisse Rollen zugewiesen sind, auch wenn sich ihre tatsächliche Anwendungssemantik der Vorwegnahme durch die Architektur entzieht.

Als Ergebnis dieses Teils steht eine Architektur zur Verfügung, die noch von Fragen der Implementation abstrahiert, jedoch aufgrund der Spezifikation von Komponenten der EDM-Infrastruktur als Implementierungsgrundlage für praktische Realisierungsvorhaben dient. Ein solches Vorhaben ist das COSM-Projekt (Common Open Service Market), das anschließend im dritten Teil präsentiert wird.

3 Kommunikations- und Kooperationsmodelle für offene verteilte Systeme

Im ersten Teil wurden die Begriffe „Client" und „Server" als Teilnehmer am elektronischen Markt aufgefaßt. Aus dieser ökonomischen Betrachtungsperspektive werden somit Aspekte, wie Rollen, organisatorische Differenzierungen und Anbieter/Nachfrager-Beziehungen, wahrgenommen. Auf der systemtechnischen Ebene, deren Untersuchung Gegenstand dieses Kapitels ist, verlagert sich der Betrachtungswinkel in Richtung formalerer Beziehungen zwischen *Objekten*, deren Rollen als Klienten und Server zunächst nicht von ökonomischer Bedeutung sind, sondern als Abstraktion dem Softwareentwickler nutzen. Entsprechend dem ODP-Sichtenmodell wird dabei der *Computational Viewpoint* eingenommen, der sich mit der Identifikation von Kommunikations- und Kooperationsmechanismen befaßt und diese Interaktionsmuster auf verteilte Objekte anwendet.

Dementsprechend werden für das EDM-Modell relevante Varianten des Client/Server-Modells untersucht und im Hinblick auf ihre Eignung als systemtechnische Infrastruktur bewertet. Dabei erfährt der Mobilitäts- und der Migrationsaspekt aufgrund seiner Eignung zur Nutzung unklassifizierter Dienste besondere Berücksichtigung.

Die Untersuchung wird dabei eingegrenzt auf 1:1-Beziehungen zwischen Anbietern und Nachfragern. Dies ist jedoch keine grundsätzliche Einschränkung, da zwischengeschaltete Wertschöpfungsstufen durch mehrere gleichzeitige Kommunikationsverbindungen jeweils die Kooperation mehrerer vor- und nachgelagerter Marktteilnehmer koordinieren können. Für den Entwurf einer GEMS-Architektur bedeutet diese Auslagerung von Komponenten zur Unterstützung der 1:N-Kooperation jedoch eine erhebliche Reduzierung der Komplexität.

Ebenfalls sind Bindungsverfahren zwischen Klienten und Servern von besonderer Bedeutung, da diese z.T. komplexe Unterstützungsmechanismen implizieren, die über konventionelle Mechanismen der Namensauflösung hinausgehen und anwendungsnahe Dienst- und Produktspezifikationen erlauben.

Als Ergebnis dieses Kapitels werden Vor- und Nachteile der untersuchten Client/Server-Modelle im Hinblick auf die Anforderungen des EDM-Modells verglichen. Diese Ergebnisse bilden schließlich die Grundlage für Kapitel 4, das mit der GEMS-Architektur die sinnvolle Adaption der geeigneten Ansätze zur Erfüllung der EDM-Anforderungen zum Ziel hat.

3.1 Dienste und Objekte in verteilten Systemen

Im Gegensatz zu dem im Abschnitt 2.4 vorgeschlagenen EDM-Modell steht bei einer Untersuchung elektronischer Dienstemärkte aus systemtechnischer Perspektive weniger der ökonomische Aspekt kooperierender Wirtschaftssubjekte im Vordergrund, als die Trennung in Ebenen unterschiedlicher Abstraktionsgrade, die einer Modularisierung von Verteilungsmechanismen dienen. Zur Strukturierung der weiteren Untersuchung werden daher vier Ebenen unterschieden:

- Auf der *Internet-Ebene* erfolgt der Zugang zu Kommunikations- und Betriebssystemdiensten, die über entsprechende Programmierschnittstellen nutzbar sind. Diese Dienste werden als „ubiquitous resources" angenommen, also als Systemfunktionen, die auf jedem Knoten im Netzwerk zur Verfügung stehen. Beispiele für solche Dienste sind Thread-, Transport- oder ggf. auch Multimediadienste. Diese Ebene ist für die weitere Untersuchung nur von geringer Bedeutung.

- Die *Interprozeßkommunikation* abstrahiert vom zugrundeliegenden Netzwerk und stellt Mittel zur transparenten, knotenübergreifenden Kommunikation der Objekte bereit. Nutzer dieser Ebene können bereits von der Verteilung der Objekte abstrahieren, d.h. die Aufgabe dieser Ebene besteht in der Unterstützung der Objektbindung, der Fehlertransparenz sowie weiterer Transparenzaspekte, die für diese Abstraktion erforderlich sind. Diese Ebene korrespondiert mit der Kommunikationsebene im EDM-Modell, da die kommunizierenden Instanzen noch nicht Transaktionspartner oder ökonomische Handlungen repräsentieren.

- Auf der *Infrastrukturebene* befinden sich Dienstanbieter, die eine semantisch abgrenzbare Aufgabe im Rahmen der verteilten Anwendung erfüllen. Sie nutzen Mechanismen der Interprozeßkommunikation zum Aufruf entfernter Methoden. Als Beispiele für Infrastrukturdienste seien an dieser Stelle Trader, Notariatsdienste und Dienste für den elektronischen Zahlungsverkehr genannt (vgl. Kapitel 6). Diese Dienste nehmen eine für den EDM relevante Funktion ein. Daher korrespondiert die Infrastrukturebene mit der Repräsentationsebene des EDM-Modells. Dienste der Infrastrukturebene sind im Rahmen des gesamten EDM bzgl. Schnittstelle und Semantik standardisiert.

- Infrastrukturdienste erlauben als isolierte Dienste noch keine sinnvolle Nutzung – sie unterstützen lediglich Dienste der *Anwendungsebene*, die letztlich kommerziell auf dem Dienstemarkt angeboten werden. Nutzer dieser Anwendungsdienste sind sowohl menschliche Anwender (bei unklassifizierten Diensten) wie auch Anwendungsprogramme (bei klassifizierten Diensten). Auf ähnliche Weise kann auch ein Anwendungsdienst tatsächlich durch Benutzer oder Anwendungsprogramme erbracht werden. Auszeichnendes Merkmal der Anwendungsebene ist die prinzipielle Individualisierung von Dienstanbietern. Da das ursprüngliche Ebenenmodell Anwendungsdienste nicht als Wirtschaftssubjekte auffaßt, ist es um diese Eigenschaft zu erweitern. Andererseits sind nicht alle individuellen Anwendungen gleichzeitig auch autonome Wirtschaftssubjekte, so daß ihre eindeutige Zuordnung zur ökonomischen Ebene des EDM-Modells nicht erfolgen kann.

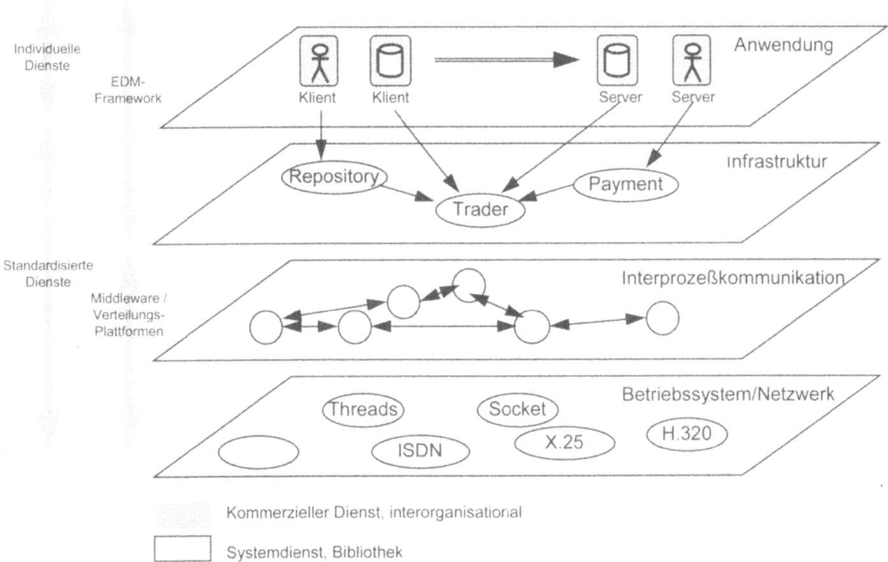

Abb. 17. Das 4-Ebenenmodell für Dienste im EDM

Das für die weitere Untersuchung entscheidende Merkmal dieses Modells ist seine Unterscheidung in die Infrastruktur- und die Anwendungsebene anhand der Standardisierung der betreffenden Dienste. Diese Visualisierung hilft in der folgenden Untersuchung, die Trennlinie zwischen Komponenten der Infrastruktur und der Anwendungsebene zu verdeutlichen und damit unterschiedliche Client/Server-Modelle zu vergleichen. Entsprechend wird das 4-Ebenen-Modell zur Klassifikation und Bewertung der untersuchten Systemumgebungen herangezogen.

Zwei weitere Begriffe sind an dieser Stelle zu präzisieren, die einer Ebenenunterteilung zwischen Anwendungen und der Infrastruktur einerseits und Mechanismen der Interprozeßkommunikation und Betriebssystemdiensten andererseits dienen: *Middleware* und *Framework* [Bern93] (vgl. Abb. 17).

- Komponenten der *Middleware* liefern eine abstrakte, einheitliche Schnittstelle zur Nutzung spezifischer Funktionen wie Datenbankensysteme (*Structured Query Language*, SQL bzw. Programmierschnittstellen wie das *Call Level Interface*, CLI), Benutzerschnittstellen (z.B. *Motif* oder betriebssystemunabhängige Programmierwerkzeuge wie etwa *Starview*) oder Kommunikationsdienste (z.B. RPC-Bibliotheken und -Werkzeuge). Ziel der Middleware ist es, die durch eine Vielzahl von Hardwareplattformen oder Betriebssystemen gegebene Heterogenität zu verbergen und dem Softwareentwickler eine breite Auswahl abstrakter Funktionen und Komponenten zu bieten. Middleware-Umgebungen zur Unterstützung der Kommunikation in verteilten Anwendungen werden daher im folgenden auch *Verteilungsplattformen* genannt. Die Middleware bietet dem Anwendungsprogrammierer ein *Potential* an Funktionen und Komponenten, ohne selbst eine eigenständige Softwareanwendung zu realisieren oder auch nur zu determinieren.

- Komponenten eines *Frameworks* hingegen setzen auf der Middleware auf und konzentrieren dieses Potential auf ein vorab bestimmtes Ziel wie etwa eine Bürokommunikationsumgebung oder eben die Unterstützung eines EDM. Während also die Middleware Potential bereitstellt und damit evtl. auch Alternativen oder Redundanzen schafft, selektiert ein Framework gerade diejenigen Funktionen aus der Breite des Angebotes, mit denen sich dieses Anwendungsziel effizient erreichen läßt.

Folglich geht es in diesem Kapitel zunächst um die Identifikation einer geeigneten Middleware, um anschließend die gegebene Funktionalität auf das Ziel der EDM-Realisierung zu konzentrieren. Bevor in den nachfolgenden Abschnitten dafür geeignete Verarbeitungsmodelle verglichen und bewertet werden, soll zunächst ein für den restlichen Teil des Buches gültiger Dienst- und Objektbegriff weiter präzisiert werden. Zum Zweck der Abstraktion wird dieser Begriff zunächst aus interner und danach aus externer Sicht gebildet. Das interne Objektmodell ist dabei unabhängig von der Ebene, in der ein Dienst angeboten wird. Die externe Sicht betont die Interaktion zwischen Objekten sowie formale Substitutionsbeziehungen zwischen ihnen. Aus der Perspektive des EDM werden sie schließlich gemäß ihrer *Funktion* der Anwendungs- bzw. der Infrastrukturebene im 4-Ebenen-Modell zugeordnet. Im restlichen Teil dieses Kapitels werden dabei die Grundlagen dieser beiden Ebenen beleuchtet.

3.1.1 Dienst- und Objektbegriff

Ein *Dienst* bietet als abgrenzbare Einheit eine Funktionalität, die über eine operationale Schnittstelle anderen Systemkomponenten zur Nutzung angeboten wird. Der Dienst kann auf andere zur Erfüllung des eigenen zurückgreifen. Ein *Diensterbringer* ist dabei ein Prozeß oder eine Bibliothek, die an ihrer Schnittstelle das für den Dienst spezifizierte Verhalten implementiert. Während durch den Dienst Schnittstelle und Verhalten allgemein festgelegt sind, realisiert der Diensterbringer als konkrete Entität diese Eigenschaften. Jeder Dienst besitzt (mindestens) einen Diensttyp. Der Diensttyp kann neben der Schnittstelle weitere semantische Eigenschaften festlegen, wie z.B. Qualitätsmerkmale. Die Definition des Diensttyps wird im Rahmen der Trader-basierten Dienstvermittlung [ISO-ODP95a] weiter vertieft (Abschnitt 3.4.1).

Objekt

In der objektorientierten Sichtweise wird ein Softwaresystem als eine Ansammmlung von Objekten betrachtet. Im allgemeinen wird dabei ein Objekt als ein Konzept, eine Abstraktion oder ein Gegenstand mit klaren Abgrenzungen und einer präzisen Bedeutung definiert. In den meisten objektorientierten Sprachen stellen Objekte eine *Kapselungbarriere* bereit. Ein Objekt enthält private Daten, auf die nur indirekt durch *Methoden* zugegriffen werden kann. Darüber hinaus besitzt ein Objekt eine *definierte Schnittstelle*, über die das Objekt mit seiner Umgebung kommuniziert. Die Tatsache, daß jeder Zugriff auf ein Objekt nur über diese definierte Schnittstelle erfolgt, bildet einen Sicherheitsmechanismus gegen den unkontrollierten Zugriff durch andere Objekte. Die *Kapselung* versichert dem Anwender zusätzlich, daß eine Software in einer modularen Weise entwickelt werden kann und daß eine Änderung der Implementation eines Objekts das restliche System nicht beeinflußt. Der *Objektzustand* ergibt sich aus den aktuellen Attributwerten, die einem definierten Typ angehören bzw. Referenzen auf andere Objekte enthalten. Ein Objekt ist durch sein Verhalten bzw. durch seinen Zustand charakterisiert [ISO-ODP95b].

Ein Objekt wird daher als elementare Einheit verstanden, die den lokalen Zustand sowie ihr Verhalten kapselt. Es kann innerhalb des verteilten Systems eindeutig identifiziert werden und ist in der Lage, durch Methoden- bzw. Operationsaufrufe mit anderen Objekten zu kommunizieren. Operationsaufrufe können den Objektzustand modifizieren. Durch die Bereitstellung einer Schnittstelle implementiert das Objekt einen Dienst und korrespondiert daher mit dem Begriff des Diensterbringers. Prinzipiell kann ein Objekt beliebig viele Schnittstellen besitzen und somit mehrere Dienste erbringen. Jedes Objekt gehört einem *Objekttyp* an, der das an der Schnittstelle beobachtbare, abstrakte Objektverhalten und seinen Zustandsraum definiert – der gegenüber der Spezifikation des Dienstes hier zusätzlich festgelegt wird.

Der einzige Weg für Objekte, sich gegenseitig zu beeinflussen, ist das Versenden von Nachrichten zu anderen Objekten. Eine *Nachricht* ist eine Anfrage an den Empfänger, eine Methode auszuführen, und erst diese Methode kann die privaten Daten des Objektes modifizieren.

Objekttyp

Im allgemeinen beschreibt ein Typ eine Menge von Objekten mit derselben Repräsentation. Er kategorisiert die Objekte bezüglich ihrer Anwendungen und ihres Verhaltens. Ein *abstrakter Objekttyp* ist die Menge von Objekten, die eine gegebene Signatur erfüllen und ein äquivalentes Verhalten bezüglich dieser Signatur aufzeigen. Durch Typen wird eine abstrakte Schnittstelle dieser Objekte definiert. Dabei werden Typen als partielle Beschreibung des Objektverhaltens betrachtet, d.h. als Prädikate, die die Eigenschaften eines Objekts beschreiben.

Programmiersprachen unterstützen zwei unterschiedliche Typbegriffe: *Signaturtypen* und *Klassen*: Ein Signaturtyp bezeichnet die Menge der Objekte, die eine spezifizierte Signatur erfüllen. Dies ist eine syntaktische Klassifikation, die keine Berücksichtigung des Objektverhaltens erzwingt. Eine Klasse ist ein strengerer Typbegriff. Infolgedessen sind alle Objekte einer Klasse vom selben abstrakten Typ, ungeachtet des Äquivalenzbegriffs (vgl. auch Kapitel 5).

Klassen

Um alle Objekte mit gemeinsamen Eigenschaften in einem System beschreiben zu können, werden sie in Klassen gruppiert. Alle Objekte in einer Klasse (die *Instanzen* einer Klasse) besitzen nicht nur dieselben Methoden, sondern auch dieselbe Implementierung. Der Klassenbegriff ist eine unmittelbare Erweiterung des Begriffs des *abstrakten Datentyps*. Eine *Objektklasse* beschreibt eine Gruppe von Objekten mit ähnlichen Eigenschaften (Attributen), gemeinsamem Verhalten (Operationen), gemeinsamen Relationen zu anderen Objekten und einer gemeinsamen Semantik [Wegn87].

Die Individualität der meisten Objekte ergibt sich aus unterschiedlichen Attributwerten und Relationen zu anderen Objekten. Gemeinsame Eigenschaften können auf
Klassenebene und nicht je Instanz definiert werden. Operationen sind entsprechend
einmal je Klasse implementiert, so daß deren Kode für alle Objekte der Klasse zur
Verfügung steht. Eine Klassendefinition beinhaltet mindestens:

- den Namen der Klasse,
- die exportierten Operationen zur Manipulation der Instanzen der Klasse (Schnittstellen),
- die interne Repräsentation (Attribute) und
- die interne Implementation der an der Schnittstelle angebotenen Operationen
  (Methoden).

Objektbasiertes System

Der Klassenbegriff ist somit umfassender als der des Typs, da auch die Implementierung von Methoden und deren Beziehungen entlang von Vererbungshierarchien eingeschlossen ist (siehe unten). Die in Kapitel 2 geforderte Autonomie von (kommerziellen) Diensterbringern steht allerdings gerade dann im Widerspruch zum Klassenkonzept, wenn auf dem Wege der Vererbung die Implementierung gewisser Funktionalität anderer Klassen in eine Objektspezifikation einbezogen wird. Auf diese Weise
wird durch die Klassendefinition eine Beziehung zwischen Super- und Subklassenanbietern erzwungen, die aus Gründen der Autonomie oder des hohen Aufwandes nicht
gewünscht ist (vgl. z.B. die Argumentation für das Objektmodell von *Emerald*
[BHJL+87]). Sinnvoller erscheint daher für die Modellbildung im EDM-Kontext eine
Betrachtung des verteilten Systems als objekt*basiertes* System, das sich bei der Spezifikation des Objektverhaltens eher des Diensttyp- als des Klassenkonzeptes bedient
und auf den Mechanismus der Vererbung verzichtet.

Methoden und Nachrichten

Eine *Operation* ist eine Funktion oder eine Transformation, die auf Objekte angewendet werden kann. Dabei besitzt jede Operation ein Zielobjekt als implizites Argument.
Das Verhalten der Operation hängt von der individuellen Implementierung des Zielobjektes ab.

Eine *Methode* ist die Implementierung einer Operation innerhalb der Klasse.
Wenn eine Operation Methoden für mehrere Klassen besitzt, ist es wichtig, daß alle
Methoden die gleiche *Signatur* aufweisen, d.h. daß die Argumentzahl, die Argumenttypen und der Typ des Ergebniswertes gleich sind.

Operationen werden häufig auch als *Nachrichten* aufgefaßt [GoRo83]: Eine Nachricht hat die Form $<o, m(x_1, ..., x_n)>$, wobei o der Objektbezeichner des Zielobjekts,
m der Name der Methode (Selektor) und $(x_1, ..., x_n)$ die Argumente der Methode sind.
Argumente können dabei als Parameter oder Resultat dienen. Im folgenden werden
ohne Einschränkung der Allgemeinheit nur Operationen als Basismechanismus der
Kommunikation zwischen Objekten angenommen.

Die *operationale Schnittstelle* eines Objekts setzt sich aus der Menge an Operationen zusammen, die durch andere Objekte aufgerufen werden können und die zum

Zwecke der Erbringung eines semantisch charakteristischen Dienstes spezifiziert sind: Ein Buchungsdienst kann damit etwa neben einer Schnittstelle zur Hotelreservierung auch eine Managementschnittstelle besitzen, z.B. zur Abfrage der Zugriffshäufigkeit. Beide Schnittstellen werden in unterschiedlichen semantischen Kontexten genutzt und können unabhängig spezifiziert werden.

Der *Schnittstellentyp* eines Objektes setzt sich aus einer Menge von Operationssignaturen zusammen. Eine Operationssignatur definiert den Namen der Operation sowie Parameter- und Resultattypen in der Form: $m(x_1, ..., x_n): y$. Prinzipiell können auch mehrere Resultate $(y_1, ..., y_n)$, z.B. als Menge oder Liste, geliefert werden.

Jedem Objekttyp ist ein *Protokoll* zugeordnet, das nicht nur die Operationen festlegt, die ein Objekt bedienen kann, sondern auch zulässige Operationsfolgen auf solche beschränkt, welche die Integrität des Objektzustandes nicht verletzen. Weitere Einzelheiten werden im Zusammenhang der Untersuchungen zur Typkonformität im Kapitel 5 vertieft.

Objektverhalten und -zustand

Das *Verhalten* eines Objektes kann definiert werden als die Menge aller potentiellen Ereignisse und die mit der entsprechenden Reaktion verbundenen Zustandsänderungen. Zustand und Verhalten sind somit verwandte Begriffe. Der Zustand charakterisiert die Situation, in der sich ein Objekt zu einem gegebenen Zeitpunkt befindet. Das Verhalten eines Objektes beschreibt alle potentiellen Zustandsänderungen, welche durch Methodenaufrufe bzw. durch objektinterne Aktivitäten ausgelöst werden. Der *Objektzustand* umfaßt die Gesamtheit derjenigen Attributwerte eines Objekts, die für das Objektverhalten relevant sind.

Dienstanforderung und Dienstvermittlung

Nachdem Objekte als strukturell und verhaltensmäßig spezifizierbare Entitäten eingeführt wurden, gilt es nun, Kommunikationsbeziehungen zwischen ihnen zu untersuchen. Hierbei wird aufgrund der Annahme des Operationsaufrufes als Basismechanismus der Kommunikation davon ausgegangen, daß kommunizierende Objekte in einem asymmetrischen Verhältnis stehen, d.h., ein *aufrufendes* kommuniziert mit einem *ausführenden* Objekt. Diese *Rollen* können im Laufe des Objektlebenszyklus wechseln.

Ein *Server* ist ein Objekt, das mindestens eine operationale Schnittstelle besitzt und auf externe Operationsaufrufe reagiert. Für die Modellierung ist irrelevant, ob ein Server als Prozeß oder als Funktionsbibliothek implementiert sein kann oder sich auf dem lokalen oder einem entfernten Rechner befindet. Bezogen auf die abgrenzbare Funktionalität korrespondiert der Begriff des Servers mit dem des Diensterbringers.

Ein *Klient* ist ein Objekt in der Rolle des Aufrufenden von Server-Operationen. Im Verlauf ihrer Kommunikation können Klienten und Server ihre Rollen wechseln, d.h. in einer eingebetteten oder nachfolgenden Kommunikationsbeziehung ruft der Server Operationen beim Klienten auf.

In der Terminologie des ISO/OSI-Referenzmodells charakterisieren die Begriffe *Dienstanforderung* und *Dienstangebot* als Synonyme den Aufruf und die Bereitstellung von Server-Operationen [Rose90]. Als Unterschied in der Modellierung besteht zwar der nachrichtenbasierte Charakter des Referenzmodells, jedoch existieren jeweils korrespondierende Ansätze.[11] Mit dem Begriff des Servers geht daher der des *Diensterbringers* einher und mit dem des Klienten der des *Dienstnutzers*.

Im Bereich von Programmiersprachen koppelt die *Bindung* einen Namen an einen Wert. Abhängig von dem im Sprachentwurf festgelegten Sichtbarkeitsregeln kann dabei der korrespondierende Wert auf unterschiedliche Weise erlangt werden. Offen ist darüber hinaus, ob die Bindung zum Zeitpunkt der Übersetzung, des Programmaufrufes oder beim Zugriff auf das durch den Namen bezeichnete Objekt erfolgt. Im Bereich verteilter Systeme kann ein referenziertes Objekt sich auf einem entfernten Rechnersystem befinden, so daß über die Anwendung von Sichtbarkeitsregeln hinaus eine *Lokalisierung* des referenzierten Objektes erforderlich ist. Das Binden erfordert somit eine Infrastruktur von Systemdiensten, welche die Abbildung von Namen auf Objekte über Rechnergrenzen hinaus realisiert. Zu diesem Zweck werden *Namens-* bzw. *Verzeichnisdienste* einbezogen. Allgemein kann festgehalten werden, daß eine Bindung immer mit der Auflösung von Referenzen über zwei Benennungskontexte einhergeht. Eine Bindung zwischen zwei Objekten führt zu einer Kommunikationsbeziehung von begrenzter Dauer. Sie stellt die Zeitspanne zwischen einer erfolgreichen *Bindung* und der *Bindungauflösung* (*unbinding*) dar.

In einem verteilten System stellt die Bindung zwischen Objekten eine Aufgabe dar, die ihrerseits durch dedizierte Dienste unterstützt werden kann. Diese *Dienstvermittlung* ist somit selbst ein Dienst, der die Abbildung von einer Spezifikation in die Menge der Diensterbringer durchführt.[12] Als „Spezifikation" kann dabei der Objektname dienen oder eine Erweiterung um Lokationsinformation, Kontextinformation oder beliebig verfeinerte Qualitätsmerkmale bzw. Verhaltensbeschreibungen. Je nachdem, wie stark eine solche Dienstspezifikation das Objektverhalten festlegt, kann prinzipiell die Dienstvermittlung weit über die Aufgabe der Namensauflösung hinausgehen. Aufgrund der dynamischen Bindung ist jedoch jeweils eine ausreichende, zur Laufzeit verfügbare und verarbeitbare Repräsentation der Dienstspezifikation erforderlich, damit die Möglichkeit besteht, konforme Schnittstellen von Klient und Server zu vermitteln.

Delegation vs. Vererbung

Durch die Beschränkung der Objektspezifikation auf Struktur und Verhalten ohne Vererbungsbeziehungen bei objektbasierten Systemen bleibt die Frage nach der Implementierung des Objektverhaltens und Mechanismen des „code sharing" offen. Als Extremvariante könnte für jedes Objekt die vollständige Implementierung seiner Funktionalität vorgeschrieben sein – dies führt jedoch zu unnötiger Redundanz und

---

[11] Z.B. schreibt das Anwendungsdienstelement ROSE (Remote Operation Service Element) bei ISO/OSI eine Nachrichtenfolge vor, die sich gerade für den synchronen Aufruf einer entfernten Operation einsetzen läßt. Umgekehrt sehen alle relevanten Implementierungen eines entfernten Prozeduraufrufes auch die Send-Only-Semantik vor, welche gerade dem asynchronen Senden einer Nachricht entspricht [Sun90, Schi93].

[12] Der Begriff *Dienst*vermittlung ist allerdings verwirrend, da nicht ein Dienst – also seinerseits eine abstrakte Spezifikation – Ziel der Vermittlung ist, sondern dessen konkrete Implementierung.

vermeidbarem Ressourcenverbrauch. Außerdem kann nicht von jedem Objektanbieter erwartet werden, daß er in der Lage ist, die gesamte an der Schnittstelle angebotene Funktionalität zu implementieren. Da auf den Mechanismus der Vererbung verzichtet wird, bleibt zur „arbeitsteiligen" Implementation die Möglichkeit der *Delegation*: Hierbei kann ein Objekt gewisse Methoden, die es nicht selbst implementiert, an dafür geeignete Instanzen weiterleiten. Im Prinzip kann Vererbung als Delegation durch statische oder dynamische Bindung aufgefaßt werden, d.h. die Bindung zwischen einem Methodennamen und seiner geerbten Implementation erfolgt zum Zeitpunkt der Programmbindung. Im Bereich objektbasierter Umgebungen wie z.B. Emerald [BHJL+87] bzw. NextStep OS [Next96] erfolgt erst zu einem Konfigurationszeitpunkt bzw. zur Laufzeit die Abbildung einer Methodenreferenz auf das implementierende Objekt. Häufig erlauben Umgebungen, die nach dem Delegationsprinzip entworfen wurden, die dynamische Verwaltung von Delegationslisten, d.h., Methoden können zur Laufzeit des Objektes hinzugefügt oder das implementierende Objekt gewechselt werden (vgl. z.B. verteilte objektbasierte Systeme wie Emerald [RTLB+91], Actors [AgHe85], [Lieb86], aber auch das *Distributed Component Object Model* (DCOM) von Microsoft [Broc93, MeOb94], bzw. das *Distributed System Object Model* (DSOM) von IBM [EdHO96, Lau94]).

Auf diese Weise kann das Prinzip der Wertschöpfungskette realisiert werden, denn auch diese muß zur Laufzeit „konfigurierbar" sein. Unter „Laufzeit" ist hier nicht nur die der Marktinfrastruktur, sondern vor allem die einzelner Anwendungen zu verstehen. Für den Mehrwertanbieter besteht hierbei die Auswahl zwischen alternativen Zulieferern, so daß seine tatsächlich individuell erbrachte Dienstleistung nur einen Teil des erbrachten Dienstes umfaßt.

Beschreibung von Schnittstellen und Diensten

Die Menge der angebotenen Dienste eines Objektes kann beschrieben werden – z.B. durch die Definition seiner Signatur. Während ein Objekt per se über eine Schnittstelle verfügen mag, besteht jedoch erst dann eine Möglichkeit zur Operationalisierung dieser Information, wenn ein Formalismus zur Definition des Schnittstellentyps eines Dienstes existiert. Diese Schnittstellenbeschreibung kann dem Programmierer zur sinnvollen Nutzung einer Bibliothek dienen, aber auch Werkzeugen zur Automatisierung des Entwicklungsprozesses.

Im Gegensatz zum implizit immer gegebenen Schnittstellentyp stellt die Schnittstellendefinition (SD) eine bewußt an weitere Instanzen exportierte Spezifikation dar, die als Angebot zur Nutzung des Objektes aufgefaßt werden kann. Sie impliziert das „Versprechen", das beschriebene Verhalten auch tatsächlich zu erbringen. Umgekehrt werden Schnittstellendefinitionen von Softwarewerkzeugen oder Entwicklern zur Erzeugung konformer Klientenprogramme eingesetzt. Die SD stellt quasi einen auf die Syntax reduzierten „Vertrag" über angebotene Leistungen eines Objektes zur Verfügung.

Als *Dienstbeschreibung* kann somit eine formalisierte Definition mindestens des Schnittstellentyps eines Dienstes, vor allem aber auch semantischer Eigenschaften verstanden werden. Die Dienstbeschreibung spezifiziert somit den *Diensttyp*. Dienstbeschreibungen können neben ihrem Kernbestandteil, der Schnittstellendefinition, weitere Diensteigenschaften umfassen, die bei verschiedenen Verteilungsplattformen (DCE, CORBA, ANSA)[13] mehr oder weniger berücksichtigt sind:

- *Bindungsinformationen* für das Serverobjekt können z.B. durch einen Schnittstellennamen (Interface Name bei CORBA IDL) [OMG93] repräsentiert sein, global eindeutige Schnittstellen-IDs (UUID, universally unique ID bei DCE) [Schi93] oder nur numerische Bezeichner wie beim ONC-RPC [Sun90, Corb91]. Verschiedene Bindungstechniken, welche die Serverauswahl entweder durch den Verzeichnisdienst oder durch das Klientenprogramm beeinflussen, lassen sich z.B. bei DCE spezifizieren.
- *Typdefinitionen,* die für Argumenttypen genutzt, aber davon unabhängig auch für Variable definiert werden können. Im Falle der Attributdefinitionen bei CORBA-Schnittstellendefinitionen werden zusätzlich Informationen über deren Manipulierbarkeit geliefert.
- *Aufrufsemantik.* Informationen über die Aufrufsemantik einzelner Operationen. Berücksichtigung finden z.B. Eigenschaften wie die Freiheit von Seiteneffekten (*Idempotenz*), Nachrichtencharakter (*maybe-Aufruf*) oder das gleichzeitige Ausführen eines Aufrufes bei allen Servern im lokalen Netz (*broadcast*).
- *Ausnahmebehandlung.* CORBA IDL erlaubt es, Ausnahmen (*exceptions*) für Funktionsaufrufe zu definieren, während bei ANSA als Entsprechung *named terminations* spezifiziert werden können.
- *Dienstsemantik.* Weitere semantische Information wie Dienstgütemerkmale oder anhand formaler Beschreibungstechniken spezifiziertes Objektverhalten [Hogr89] beziehen sich streng genommen nicht mehr auf die Dienstschnittstelle, sind jedoch zunehmend Gegenstand der Forschung, wenn Vermittlung, Verwaltung und der Zugriff entfernter Dienste untersucht werden.[14]
- *Textannotationen.* Schließlich kann es sinnvoll sein, eine Dienstbeschreibung um natürlichsprachliche Texte zu ergänzen, um menschlichen Benutzern eine verständlichere Beschreibung des Objektverhaltens oder seiner Einsatzmodalitäten zu liefern, als es bei formalen Beschreibungstechniken der Fall wäre.

Der vorletzte Punkt trägt zur Definition des Diensttyps im Sinne des ODP-Referenzmodells bei [ISO-ODP95a]: Hier ist der Diensttyp definiert durch

1. den *Typbezeichner,*
2. den *Schnittstellentyp,* der sich zusammensetzt aus einem Schnittstellentypbezeichner und einer Menge von Operationstypen. Diese legen wiederum den Namen der Operation sowie ihre Parameter- und Resultattypen fest.

---

[13] Distributed Computing Environment der OSF (Open Software Foundation) [OSF92], Common Object Request Broker der OMG (Object Management Group) [OMG93], Advanced Network System Architecture [APM96]

[14] Hier sei z.B. auf [LiWi94], [Nier95], [MML95e] oder auch [LeCh93] verwiesen.

3. Eine Menge von *Dienstattributtypen*, die als Datentypen Qualitätsmerkmale spezifizieren.

Auf diese Weise wird der Diensttyp so expliziert, daß für Klient und Server sowie evtl. andere Funktionen zur Dienstvermittlung erkennbar ist, ob Konformität zwischen einem angeforderten und einem angebotenen Dienst besteht. Diese Explikation des Diensttyps ist Voraussetzung für die Vermittlung klassifizierter Dienste. Insbesondere ist beim ODP-RM mit dem Diensttyp auch eine definierte *Semantik* des Dienstes festgelegt, so daß letztlich durch die Bezeichner von Schnittstellen- und Diensttypen das Verhalten spezifiziert wird, das sich aus der Schnittstellensyntax nicht ableiten läßt. Auch unklassifizierte Dienste können einen *impliziten Diensttyp* besitzen, der jedoch nicht durch einen Normungsprozeß für andere Kommunikationspartner verbindlich bzw. „verständlich" ist.

Repräsentation der Schnittstellendefinition

Es stellt sich die Frage, welche *Repräsentation* für Schnittstellendefinitionen von verteilten Objekten sinnvoll ist: Prinzipiell können Schnittstellen natürlichsprachlich, graphisch, als Datenstruktur oder anhand einer formalen Beschreibungssprache definiert werden – es hängt vom Kontext ab, in dem die Beschreibungstechnik zum Einsatz kommt. Im Bereich von Online-Diensten ist z.B. die Schnittstelle eines externen Dienstes für den Benutzer nur über seine graphische Repräsentation in der Dialogschnittstelle zugänglich. Verteilungsplattformen wie DCE oder CORBA verwenden formale Sprachen (IDL, *interface definition languages*). Bei CORBA werden mittels des *Interface Repository* (IR) auch Schnittstellendefinitionen als zur Laufzeit interpretierbare Datenstrukturen (first-class objects) bereitgehalten. Eine mögliche Grundlage für die Repräsentation von Schnittstellendefinitionen stellen Verzeichnisdienste nach dem X.500-Standard dar [Rose92]: Hier können nicht nur Schnittstellendefinitionen dynamisch abgelegt und abgefragt, sondern auch der Umfang einer Schnittstellendefinition durch die flexible Erweiterung der X.500-Objekttypen von Verzeichniseinträgen prinzipiell erhöht werden.

In anderen Umgebungen, wie z.B. dem WWW werden Schnittstellendefinitionen eingebettet in Dokumentenbeschreibungssprachen SGML [Gold90] bzw. HTML [DeGi95] oder in Beschreibungssprachen für multimediale Benutzerschnittstellen, wie z.B. MHEG beim Projekt Glass [Hofr96]. Hierbei steht jedoch nicht die Spezifikation einer operationalen Schnittstelle im Vordergrund, sondern die Einbettung von Dokumentenreferenzen in die Layoutdefinition. Daß mit der Abfrage eines Dokumentes auch ein entfernter Prozeduraufruf einer Serveranwendung einhergeht, ist dabei von zweitrangiger Bedeutung.

Aufgrund der hohen Anforderungen an die flexible Verwaltung von Dienst- und Schnittstellenbeschreibungen erscheint somit ihre dynamische Repräsentation vielversprechend als Mechanismus des Informationsaustausches zwischen Anwendungen im EDM.

Bisher wurde ein Dienst- bzw. Objektmodell bezüglich isolierter Instanzen und deren Beziehung in der Rolle von Klient und Server untersucht. An den Prozeß der Bindung und den ihn implementierenden Systemdienst besteht die Anforderung, nach vorgegebenen Entscheidungskriterien einen „passenden" Dienst (bzw. Diensterbringer) zu ermitteln. Diese Anforderung ist trivial bei durch UUIDs spezifizierten Typen (bzw. Server), deren Erfüllung zur Namensauflösung degeneriert. In anderen Fällen, bei denen über die Vermittlung eines spezifizierten Dienst*erbringers* hinaus auch die aller potentiell nutzbaren Instanzen eines Dienst*typs* erwünscht ist, kann es jedoch erforderlich sein, für eine gegebene Schnittstellen- oder Dienstbeschreibung weitere, zur nachgefragten konforme, zu ermitteln. Eine solche Anwendung ist die Nachfrage nach Servern anhand einer Partialspezifikation, die als Suchanfrage einem Vermittlungsmechanismus übergeben wird.

Die folgende Untersuchung von Typbeziehungen zwischen Objekten führt zu einem Typmodell, das als Grundlage für die im weiteren Verlauf erörterten Infrastrukturkomponenten eines EDM zum Einsatz kommt.

3.1.2 Konformitätsbeziehungen zwischen Objekttypen

Im Kontext des EDM werden weder statisch konfigurierte Server in Anspruch genommen noch stehen diese in isolierter Form zur Verfügung: Durch Fortentwicklung und Wettbewerb von Diensten mit inhaltlich vergleichbarem Angebot steht eine Auswahl von Servern bereit, zwischen denen auch formale Substitutionsbeziehungen definiert und anhand von Vermittlungsdiensten operationalisiert werden können. „Auswahl" impliziert, daß eine bestimmte Funktionalität vom Klienten nachgefragt wird. Bei klassifizierten Diensten besteht eine strenge semantische und syntaktische Zuordnung zwischen der *nachgefragten* und der durch den Server implementierten, *angebotenen Schnittstelle.* Vor dem Hintergrund unklassifizierter Dienste ist seitens des Klienten zur Laufzeit keine feste Zuordnung eines zu nutzenden Servers (bzw. des Typs) gegeben. Daher ist schrittweises Navigieren durch Dienstbeschreibungen oder das Ausführen einer Suchanfrage erforderlich, die mit der Definition einer nachgefragten Schnittstelle parametrisiert ist.

Im EDM ist es somit von besonderer Bedeutung, Subtyp- oder Substitutionsbeziehungen zwischen angebotenen Diensterbringern zu erkennen. Potentielle Einsatzbereiche sind in diesem Zusammenhang z.B. [ZaWi95]:

- Die *Suchanfrage (Retrieval)* nach einer Menge von Modulen einer Softwarebibliothek, die einer gegebenen Spezifikation genügen. Dieser Anwendungsbereich ist in der Phase der Softwareentwicklung sinnvoll, wenn es um die Suche geeigneter Bibliotheken geht, aber auch bei der Vermittlung eines Objektes, das vom Klienten nachgefragt wird.
- *Wiederverwendbarkeit (Re-use):* Die Nutzung einer Softwarekomponente für einen spezialisierten Einsatz. Im EDM kann ein Server unabhängig und über mehrere Versionen hinweg weiterentwickelt werden; dabei sollte eine spätere Version immer „abwärtskompatibel" mit den Vorversionen sein.[15]

---

[15] Um Mißverständnissen vorzubeugen: *Abwärtskompatibel* bedeutet „einsetzbar anstelle einer vorherigen Version", *aufwärtskompatibel* entsprechend „einsetzbar anstelle einer Folgeversion".

- *Substituierbarkeit (Ersetzbarkeit bzw. plug-in compatibility)*: Wann kann eine Softwarekomponente durch eine zweite ersetzt werden, ohne daß sich ihr beobachtbares Verhalten ändert? Die Anforderung besteht im EDM, wenn ein Mehrwertdienst z.B. während einer Bindung die Implementation einer Methode wechselt. Für den Klienten sollte dieser Vorgang transparent erfolgen. Vgl. hierzu z.B. [GrGe95, GGLM+95, Tolk93].
- *Subtypisierung*: Wann ist ein Objekttyp Subtyp eines zweiten? Diese Fragestellung betrifft vor allem Entwickler polymorpher Programmiersprachen, deren Übersetzer oder Interpreter einen Subtyptest zum Zeitpunkt der Typüberprüfung durchführen. Im Kontext des EDM ist Subtypkonformität eine notwendige, jedoch nicht hinreichende Anforderung. Zur Veranschaulichung sei auf das Stack-Queue-Beispiel von Zaramski und Wing verwiesen [ZaWi95], bei dem trotz äquivalenten Schnittstellentyps der Objekttypen Stack und Queue unterschiedliches Verhalten erwartet wird. Die Subtypisierung erstreckt sich damit auf syntaktische Aspekte der Substituierbarkeit.
- *Interoperabilität*: Wie kann festgestellt werden, ob zwei Objekte (z.B. als Client und Server) zu einer sinnvollen Kommunikation fähig sind? Der Begriff der Kommunikation schließt hierbei die Unterstützung des gleichen *Protokolls* ein, d.h. neben der konformen Typisierung von Parametern und Resultaten (Subtypisierung) sowie deren Semantik (Substituierbarkeit) ist auch eine definierte Abfolge von Operationsaufrufen bzw. Nachrichten zu unterstützen.

Diese Einsatzbereiche sind für einen EDM von Bedeutung und werden in Kapitel 5 wieder aufgegriffen. Zunächst reicht zur nachfolgenden Bewertung von Client/-Server-Modellen eine Beschränkung auf Aspekte der Subtypisierung aus.

Besteht *Typäquivalenz* zwischen zwei Objekten, wird von beiden eine identische Schnittstelle sowie gleiches beobachtbares Verhalten angenommen. Beschränkt sich diese nur auf den Schnittstellentyp, ist vom schwächeren Begriff der *Signaturäquivalenz* die Rede. Üblicherweise sind äquivalente (im Sinne der Definition aus Abschnitt 3.1.1 somit *klassifizierte*) Dienste im EDM nicht nur unrealistisch, sondern für eine typbasierte Vermittlung auch nicht erforderlich: Dem Nachfrager genügt es, wenn ein Server *mindestens* die geforderten Eigenschaften und Verhaltensmuster besitzt, d.h. ein nachgefragter Dienst *substituierbar* ist durch einen angebotenen. Beschränkt sich diese Substituierbarkeit auf die Schnittstellensyntax von Diensten, stellt der angebotene Dienst einen (Schnittstellen-)Subtyp des nachgefragten dar. Daher ist von *Typ- bzw. Schnittstellenkonformität* die Rede, wenn der angebotene Typ den nachgefragten substituieren kann.

Typkonformität kann zwischen erwarteter und angebotener Schnittstelle und Verhaltensweise festgelegt werden. Innerhalb von Konformitätsdomänen kann vom Entwicklungsteam durch Werkzeuge wie Stub-Generatoren (vgl. Abschnitt 3.3) Typkonformität erreicht werden. Beim EDM mit einem hohen Anteil unklassifizierter Dienste liegt der besondere Anspruch hingegen in der Bereitstellung und Ermittlung möglichst weitreichender Typspezifikationen, die einen automatischen Test auf Substituierbarkeit zur Laufzeit erlauben. An dieser Stelle soll zunächst die Substituierbarkeit von Schnittstellentypen im Hinblick auf ihren Subtyppolymorphismus untersucht werden.

Polymorphismus

Konventionelle Programmiersprachen basieren auf der Idee, daß die Funktionen und Prozeduren, und damit auch ihre Operanden, nur einem einzigen Typ angehören können. Solche Sprachen basieren auf einem *monomorphen Typsystem*, d. h. daß jeder Wert nur genau einen Typ besitzt. Im allgemeinen bezeichnet *Polymorphismus* hingegen die Fähigkeit eines Objekts, in einer Bindung eine andere „Gestalt" bzw. einen anderen Typ als zum Zeitpunkt der Deklaration zu erfüllen. Cardelli und Wegner [CaWe85] unterscheiden dabei zunächst zwischen Adhoc- und universellem Polymorphismus:

Adhoc-Polymorphismus liegt vor, wenn eine Funktion auf unterschiedlich typisierte Argumente angewendet werden kann und sich für jeden Typ spezifisch verhält. Er ist anwendbar auf einer endlichen Menge nicht miteinander in Beziehung stehender Typen. Eine adhoc-polymorphe Funktion besitzt unterschiedlichen Kode für jeden Argumententyp. Es gibt zwei Arten von Adhoc-Polymorphismus: das *Überladen (Overloading)* und die *implizite Typkonversion (Coersion)*.

- Beim *Überladen* werden dieselben Variablennamen zur Bezeichnung unterschiedlicher Funktionen verwendet.

- Die *Typkonversion* ist eine semantische Operation, die ein Argument in einen von einer Funktion erwarteten Typ konvertiert.

Universeller Polymorphismus: Diese Art ist wesentlich kontrollierter als der Adhoc-Polymorphismus. Die Kontrolle wird dadurch erreicht, daß keine individuellen Implementierungen für überladene Methoden verwendet werden, sondern eine einzige Implementierung variiert wird. Es gibt hier wiederum zwei Formen, den *parametrischen Polymorphismus* und den *Inklusionspolymorphismus*:

- *Parametrischer Polymorphismus* liegt vor, wenn eine Funktion einheitlich auf verschiedene Typen anwendbar ist. Solche Funktionen werden auch *generische Funktionen* genannt. In den generischen Funktionen können Typen als Parameter angegeben werden, die erst bei der Konkretisierung der Funktion durch einen aktuellen Typ ersetzt werden müssen.

- Der *Inklusionspolymorphismus* (auch: *Subtyppolymorphismus*) verwendet insgesamt nur eine einzige Implementierung für Methoden, die auf unterschiedliche Typen angewendet werden können. Diese befinden sich hier jedoch in einer Subtyprelation. Eine Methode, die für Objekte eines bestimmten Typs entwickelt wurde, kann man gleichfalls für die Objekte seiner Subtypen verwenden.

Umgesetzt wird das Prinzip des Polymorphismus in zwei Formen – durch Vererbung oder durch Subtypisierung [Port92]. Während bei der Vererbung die Semantik eines Objektes beeinflußt wird, beschränkt sich die Subtypisierung lediglich auf syntaktische Aspekte der Objektschnittstelle:

Polymorphismus durch Vererbung

Vererbung ist ein Mechanismus, der die Bildung neuer Klassen von den bereits vorhandenen Klassen durch Spezifikation der Unterschiede zwischen den neuen und den alten Klassen erlaubt [WeZd88, KhAb90]. Die Subklasse erbt dabei Methoden und Variablen der Superklasse und kann darüber hinaus noch weitere Funktionalität besitzen, über die die Superklasse nicht verfügt. Die Frage der Vererbung ist auf die Objektimplementation bezogen, wobei der Kode einer bestehenden Klasse zur Definition einer neuen Klasse wiederverwendet wird. Diese Definition ist nicht mit der Definition der Subtypisierung zu verwechseln, die durch *Spezialisierung* des Objektverhaltens (insbesondere der Schnittstelle) gekennzeichnet ist. Das Wiederverwenden des Kodes führt nicht automatisch zur Spezialisierung des Verhaltens, da das Hinzufügen neuer Methoden zu einer sorgfältig geplanten Menge von Variablen und Methoden eine Invariante, auf der die alten Methoden basierten, verletzen und somit zu einem veränderten, nicht spezialisierten Verhalten führen kann [Amer90].

Das Hauptproblem der Vererbung ist die Verletzung der Kapselung des Objektes der Subklasse durch die Erweiterung der Superklasse um weitere Verhaltensmerkmale. Aus diesem Grunde schränkt Vererbung die Entwurfsautonomie von Objekten im EDM erstens erheblich ein, und zweitens erfordert der Vererbungsmechanismus höheren Konfigurationsaufwand. Auch bei der Untersuchung im Hinblick auf Polymorphismus erscheint, wie bereits oben untersucht, daher das Prinzip der *Delegation* angemessener.

Polymorphismus durch Subtypisierung

Subtypen bilden eine reflexive, transitive und antisymmetrische Relation auf der Menge aller Typen und bilden eine Halbordnung. [Ecke94] nennt verschiedene Typkalküle, die auf unterschiedliche Weise die Bildung von Subtypen determinieren:

Tabelle 2. Subtypenbildung in Abhängigkeit von Typkalkülen

Typ ist gegeben durch:	*Subtypen sind beschrieben durch:*
Prädikat	Strengere Prädikate
Klassen	Subklassen
Operationsnamen	Höhere Anzahl an Operationen
Schnittstellensyntax	Typkonformitätsregeln
Verhaltensspezifikation	Schwächere Vorbedingungen, strengere Nachbedingungen, verfeinerte endliche Automaten
Formale Semantik	?

Je weitreichender die formale Spezifikation der Semantik eines Typs ist, desto stärker verschärfen sich die theoretischen Probleme einer automatischen Subtypüberprüfung: Die Substituierbarkeit ist durch prädikatenlogische Ausdrücke, durch Subklassendefinitionen, den Vergleich von Operationsnamen oder die Anwendung von Typkonformitätsregeln in den ersten vier Fällen der Tabelle 2 berechenbar. Im Falle der Substituierbarkeit (also unter Einbeziehung der Verhaltensspezifikation) ist eine *auto-*

matische Typprüfung ohne weiteres nicht mehr entscheidbar, z.B. wenn Vor- und Nachbedingungen durch aussagenlogische Ausdrücke spezifiziert sind. America et al. bemerken dazu [AmLi90]:

> *„The behaviour of objects cannot be formalized in all aspects, so the compiler cannot check completely that one type is a subtype of another [...]. To ensure that a subtype really specializes its supertype with respect to its behaviour, a certain discipline is required from the programmer: To the formal description of the available methods and their parameter and result types, an informal description of the behaviour of the elements of the type should be added, and whenever the programmer asserts a subtype relationship between two types, he should check the condition on the associated behaviour description himself.*
> *The designer of a type may want to write a specification that gives more information than signatures only. Ideally such a specification language should at least have the power of first-order predicate logic. However, it is inherently impossible for a compiler to check a subtype relationship if the specification is too powerful."* [16]

Angewendet auf den Entwurf einer EDM-Infrastruktur kann gefolgert werden, daß zwischen unklassifizierten Diensten, auch wenn sie Schnittstelle und Verhalten selbst und in standardisierter Form beschreiben, Subtypbeziehungen und damit die Fähigkeit zur Substituierbarkeit nur eingeschränkt verifiziert werden können. Auch dies ist nur unter verschiedenen, „EDM-inkompatiblen" Einschränkungen, wie z.B. der Nutzung eines standardisierten Spezifikationsverfahrens oder der expliziten Zusicherung der Substituierbarkeit eines benannten Objekttyps durch einen anderen möglich. Damit wird explizit zum Zeitpunkt der Programmierung eines Objektes Bezug genommen auf existierende Supertypen – was es wiederum der Kategorie klassifizierter Dienste zuordnet.

Ausgehend von der Hypothese, daß eine formale Verhaltensspezifikation zwar vorteilhaft und in Szenarien klassifizierter Dienste wünschenswert ist, allerdings im untersuchten Kontext nicht zur erwünschten Präzisierung gereicht, wird an dieser Stelle eine Trennung vorgenommen in Eigenschaften, die grundsätzlich (und somit systemtechnisch) für alle Objekte in standardisierter Form zu explizieren sind und solche, die sich eventuell zum Zwecke einer qualifizierteren Dienstvermittlung eignen. Auf die Spezifikation der letzteren können sich Anwendergruppen einigen, wenn diesen Eigenschaften eine entsprechende Signifikanz beigemessen wird.

Für den Entwurf einer EDM-Infrastruktur hat dies folgende Implikation: Die Möglichkeit, individuelle Spezifikationen in die Dienstbeschreibung zu integrieren, ist Bestandteil der standardisierten Infrastruktur. Ebenso sind gewisse Beschreibungsinformationen, wie z.B. Signaturen zwingend erforderlich, wenn anhand dieser Informationen entfernte Dienste genutzt werden sollen. Auch für diese Information bietet es sich also an, ihre Repräsentation – ähnlich Schnittstellenbeschreibungsspra-

---

[16] [AmLi90], zitiert bei Eckert [Ecke94] im Hinblick auf die Unmöglichkeit einer automatischen Verifikation formal spezifizierter Objekttypen.

chen oder Schemata von Interface-Repositories – zu standardisieren. Zusätzliche Dienstbeschreibungen, die für individuelle Zwecke durch Anwendergruppen genutzt werden (z.B. Verhaltensspezifikationen), sollen auf Basis der flexiblen Repräsentation von „Standard-Dienstbeschreibungen" aufsetzen können.

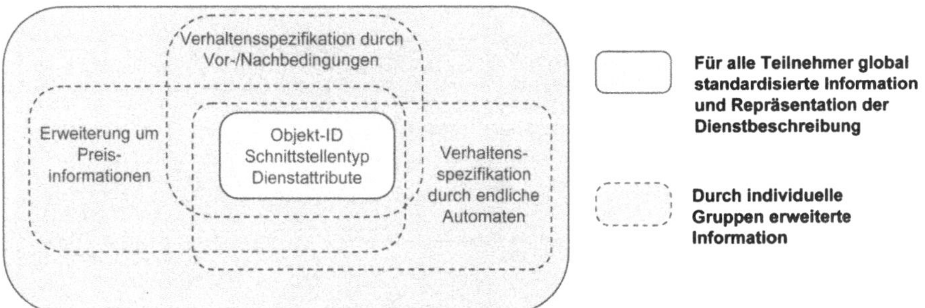

Abb. 18. Die Erweiterungsfähigkeit der Dienstbeschreibung

Für alle EDM-Teilnehmer erforderliche Elemente würden den standardisierten Teil einer Dienstbeschreibung ausmachen, während durch Möglichkeiten der Erweiterung einzelne Teilnehmer oder Gruppen für ihre Zwecke zusätzliche Elemente hinzufügen können. Spezielle Benutzergruppen könnten beispielsweise ihre Dienstbeschreibung um Verhaltensspezifikationen erweitern und diese Information auch für die Dienstvermittlung nutzen (*behavioral subtyping*). Diese Erweiterung sollte jedoch nicht für andere Teilnehmer bindend sein, so daß über den allgemein standardisierten Teil der Dienstbeschreibung hinaus keine Verpflichtung besteht, solche Information für die Dienstvermittlung zu nutzen (vgl. Abb. 18).

Als gemeinsame Grundlage dient daher im folgenden die Subtypenbildung auf der Basis von Signaturen, während in Kapitel 5 potentielle Erweiterungen dieses Typbegriffs um Verhaltensspezifikationen exemplarisch untersucht werden.

Subtypregeln für Schnittstellentypen

Im allgemeinen stellt die Subtypisierung eine Beziehung zwischen Typen her. Das Basisprinzip der Subtypisierung ist die *Substituierbarkeit* [LiWi94, ZaWi95], d.h. wenn s ein *Subtyp* von t ist, dann kann jeder Ausdruck vom Typ s ohne Typfehler in jedem Kontext benutzt werden, der einen Ausdruck des Typs t erwartet. Der Unterschied zwischen dem Subtyp und dem Supertyp spiegelt sich in der erweiterten Spezifikation der Werte wider. Mit anderen Worten ist der Subtyp spezieller als sein Supertyp. Aus Implementationssicht ist eine Datenstruktur spezieller, wenn zu den ursprünglichen Elementen weitere hinzugefügt werden, und aus der Schnittstellensicht ist sie spezieller, wenn zusätzlich zu den ursprünglichen Operationen noch weitere vorhanden sind (vgl. Tabelle 3).

Tabelle 3. Subtypregeln für die Typprüfung

Regel	Klausel
S.1	$$\frac{\alpha = \beta}{\Gamma \vdash}$$
S.2	$$\frac{\Gamma \vdash a \prec b, \Gamma \vdash b \prec c}{\Gamma \vdash a \prec c}$$
S.3	$$\frac{s \prec t \in \Gamma}{\Gamma \vdash s \prec t}$$
S.4	$$\frac{}{\Gamma \vdash \bot \prec \alpha}$$
S.5	$$\frac{}{\Gamma \vdash a \prec \top}$$
S.6	$$\frac{\Gamma \vdash a_2 \prec a_1, \Gamma \vdash b_1 \prec b_2}{\Gamma \vdash a_1 \to b_1 \prec a_2 \to b_2}$$
S.7	$$\frac{\forall i \in \{1,\dots,n\}, \Gamma \vdash a_i \prec b_i}{\Gamma \vdash \langle a_1 : a_1, \dots, a_m : a_m \rangle \prec \langle b_1 : b_1, \dots, b_n : b_n \rangle} \, mit \; n \le m$$
S.8	$$\frac{\forall i \in \{1,\dots,n\}, \Gamma \vdash a_i \prec b_i}{\Gamma \vdash [a_1 : a_1, \dots, a_n : a_n] \prec [b_1 : b_1, \dots, b_m : b_m]} \; mit \; n \le m$$
S.9	$$\frac{\forall i \in \{1,\dots,n\}, \Gamma \vdash a_i \prec b_i}{\Gamma \vdash a_1 \times .. \times a_n \prec b_1 \times .. \times b_n}$$
S.10	$$\frac{\Gamma \cup \{s \prec t\} \vdash a \prec b}{\Gamma \vdash \mu s.a \prec \mu t.b}$$

Die Subtypregeln S.1 – S.10 werden in folgender Weise interpretiert [NaSt95]: S.1 drückt aus, daß zwei äquivalente Typen jeweils auch Subtypen voneinander sind. S.2 zeigt die Transitivität der Subtypregel. Wenn die Subtypbeziehung zweier Typvariablen $s \prec t$ in einem Kontext auftritt, dann ist auch der Ausdruck $s \prec t$ in S.3 wohlgeformt. S.4 und S.5 bestimmen $\top$ bzw. $\bot$ als das oberste bzw. unterste Element der Typhierarchie. S.6 drückt die Beziehungen jeweils zwischen Parameter- und Resultattypen aus, wenn Signaturen im Subtypverhältnis stehen. Dabei müssen Resultattypen in ihrem Subtypverhältnis in gleicher, Parametertypen jedoch in umgekehrter Richtung zu dem der Signaturen stehen. Diese *Kontravarianzregel* für Parametertypen ist von besonderer Bedeutung für die Substituierbarkeit von Schnittstellen (s.u.). S.7 bezieht sich auf die Subtypenbildung bei Records. Dabei kann entweder durch Erweiterung der Elementezahl (m ≥ n) oder durch paarweise Subtypenbildung korrespondierender Elemente (oder der Kombination beider Verfahren) ein Subtyp gebildet werden. S.8 drückt die Subtypregel für Mengentypen aus: Eine Spezialisierung erfolgt hierbei zum einen durch eine Reduzierung der Elementezahl, zum anderen wiederum, wenn elementweise eine Subtypbeziehung besteht. Für Typen kartesischer Produkte bzw. Tupel (S.9) ist ebenfalls eine komponentenweise Subtypbeziehung erforderlich. Um schließlich zu beweisen, daß zwei rekursive Typen im Subtypverhältnis stehen, ist nach S.10 das Registrieren ihrer Subtypbeziehung zur Vermeidung einer rekursiven Auffaltung als neue Prämisse im Kontext erforderlich. Der Beweis der daraus folgenden Subtypbeziehung zwischen α und β führt zu $s \prec t$.

Für die Untersuchung der Schnittstellenkompatibilität sind insbesondere die Regeln S.6 – S.8 von Bedeutung. Hierbei werden Parameter als Record-Elemente (vgl. S.7) und potentielle Resultate (einschließlich Ausnahmen bzw. *named terminations*) als Menge von Typen (S.8) begriffen. Wenn nun der Typbegriff für Objekte auf einem Verbund von Funktionssignaturen als Schnittstellentyp basiert, folgt die Subtypbeziehung zwischen Objekten aus der Substituierbarkeit der Schnittstellen.

Beispiel für die Kontravarianzregel

Ein Klient ruft eine Operation getAccount auf, die eine Kontonummer und den Namen des Inhabers akzeptiert und erwartet dabei einen Server, der eine Instanz des Schnittstellentyps RequestedType ist:

```
interface RequestedType {
      double getAccount( char*, int )
      }
```

Tatsächlich ist der Server jedoch eine Implementierung von SuppliedType, die weniger Argumente erwartet, als der Klient liefert (Kontravarianz, da gilt: $\langle$char*, int$\rangle \prec \langle$char*$\rangle$):

```
interface SuppliedType{
      double getAccount( char* )
      int transfer( char*, char*, double )
      }
```

Zusätzlich verfügt SuppliedType über eine weitere Operation transfer, so daß es auch aufgrund der Operationsliste im Subtypverhältnis zu RequestedType steht. Die folgenden drei Bindungen sind somit gültig:

```
RequestedType tAcc;
SuppliedType  sAcc;
tAcc.getAccount („Merz", 4711);
sAcc.getAccount („Merz");
sAcc.getAccount („Merz", 4711);
```

Die Bindung `tAcc.getAccount("Merz")` ist jedoch nicht zulässig und führt zu einem Typfehler.

Zusammenfassung

In der bisherigen Darstellung wurden Objekte bzw. Diensterbringer lediglich bzgl. ihrer Rolle als Klient oder Server unterschieden. Auf der Typebene wurde der zunächst eingeführte Begriff des Objekttyps erweitert durch Substitutionsbeziehung zwischen Schnittstellen und Objekten. Welche *Konstellationen im EDM* zwischen Anwendungen, die als Klienten und Server agieren, zu erwarten und wie Objekte nach ihren jeweiligen *Rollen* in bezug auf eine Handelstransaktion klassifizierbar sind, bleibt noch zu erläutern. Die Rolle ist dabei unabhängig vom zuvor diskutierten Objekt*typ*. Folglich wird im weiteren untersucht, welche Beziehungen zwischen Objekt*instanzen* im Modell des EDM bestehen können.

3.1.3 Der Dienstbegriff im Kontext des elektronischen Marktes

In der Domänenklassifikation wie auch beim EDM-Modell werden Dienste nicht nur nach Typ und Semantik unterschieden, sondern auch nach ihrer Rolle und ihrer Standardisierung. Die Trennung nach Diensten in Anwendungs-, Infrastruktur- und Systemebene (als Zusammenfassung der Interprozeßkommunikations- und Betriebssystemebene) bietet hierbei eine Achse zur Klassifikation, die Trennung nach Konformitäts-, Organisations- und Vertrauensdomäne eine andere:

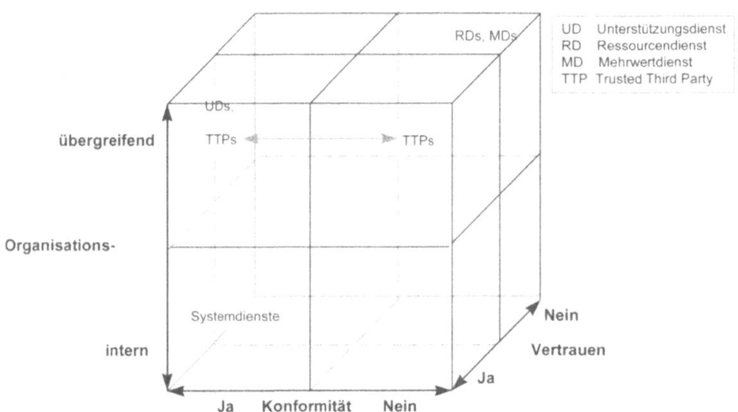

Abb. 19. Dienstklassifikation nach dem Domänenmodell

Dienstklassifikation nach dem Domänen- und dem Ebenenmodell

Im Rahmen des EDM-Modells nehmen kommunizierende Objekte nach wie vor entweder die Rolle des Klienten oder die des Servers ein. Jedoch grenzt die Domänenklassifikation Dienstklassen innerhalb der Dimensionen von Organisations-, Vertrauens- und Konformitätsdomänen voneinander ab (vgl. Abb. 19). Je nach Ausprägung lassen sich daher für den EDM relevante Funktionskomponenten identifizieren:

1. *Anwendungsdienste*, die mit nicht-standardisierter Schnittstelle und Semantik angeboten werden. Diese können unterteilt werden in solche, die Dienste ausschließlich selbst erbringen (*Ressourcendienste*), und solche, die dafür auch als Dienstnehmer auf andere Anwendungsdienste zurückgreifen (*Mehrwertdienste*).
2. Standardisierte Dienste der Infrastruktur, die jedoch autonome Transaktionspartner repräsentieren (*Unterstützungsdienste*).
3. *Systemdienste*, die als standardisierte Systembibliotheken genutzt werden.

Abb. 19 bildet die identifizierten Dienstkategorien in den durch die Domänenklassifikation aufgespannten Raum ab. Die nicht belegten Ausprägungen „Organisationsintern, ohne Vertrauen oder ohne Konformität" können zwar real gegeben sein, stehen jedoch im Kontext des Dienste*marktes* nicht im Vordergrund der Betrachtung und werden daher in der weiteren Untersuchung nicht berücksichtigt.

1. Anwendungsdienste

Ein Anwendungsdienst ist für adhoc-Zugriffe zugänglich, etabliert sich autonom und dynamisch und erbringt seine Leistungen kommerziell, also gegen Bezahlung. Aus diesem Grund wird er in der Regel organisationsübergreifend genutzt. Aufgrund ihrer Autonomie kann nicht vorausgesetzt werden, daß Klienten sich dem (impliziten) Diensttyp des Anwendungsservers entsprechend verhalten, d.h. in semantisch korrekter Weise Operationen aufrufen. Ein Anwendungsdienst muß dieser Situation gerecht werden, indem er auf geeignete Weise auf potentielle Protokollfehler – aufgrund nicht-konformer Typisierung oder fehlerhafter Argumente bzw. Aufruffolgen von Operationen – reagiert. Aufgabe der Infrastruktur ist es, dem Anwendungsdienst das nötige Instrumentarium zur Verfügung zu stellen, damit dieser selbst in der Lage ist, Konformitätsproblemen vorzubeugen oder sie zumindest zu erkennen.

Entlang einer Wertschöpfungskette können Anwendungsdienste miteinander in Verbindung stehen und Teilaufgaben ihres Funktionsumfangs an andere delegieren. In einem gegebenen Kommunikationskontext zerfällt die Gruppe der Anwendungsdienste je nach Rolle in *Ressourcen-*, *Mehrwert-* und *Unterstützungsdienste*:

1.1. Organisationsübergreifend, nicht konform und nicht vertrauenswürdig: Ressourcendienste

Ein Ressourcendienst steht am Anfang einer Wertschöpfungskette und bietet einen originären Dienst an, der im Rahmen des EDM ohne Nutzung weiterer Anwendungsdienste Informationen bzw. Operationen zugänglich macht. Als Beispiel diene etwa eine Fluglinie, die Informationen über Flugverbindungen bereitstellt oder ein Bildarchiv, das gespeicherte Dokumente zur Weiterverarbeitung bereithält.

1.2. Organisationsübergreifend, nicht konform, nicht vertrauenswürdig: Mehrwertdienste

Ein Mehrwertdienst befindet sich in der Mittlerrolle zwischen dem Ressourcendienst und Klienten, die als endgültige Nutzer oder als weitere Mehrwertdienste agieren. Mehrwertdienste veredeln vorgelagerte Anwendungsdienste, indem sie diese kombinieren oder durch eine zusätzliche Qualität, wie z.B. Transaktionalität, ergänzen (*mediation by chaining*). Die Entscheidung der Nutzung von Mehrwertdiensten liegt ausschließlich beim Klienten und kann vor allem auf ökonomischen Erwägungen beruhen.

Mehrwertdienste agieren somit sowohl in der Rolle des Servers als auch in der des Klienten. Neben dem Wertschöpfungsprinzip können Anwendungsdienste auch als *Vermittlungsdienste* explizit den Klienten durch die Herausgabe einer Objektreferenz an Dritte verweisen (*mediation by reference*). Insbesondere wird dieser Mechanismus für Hypertext-Referenzen des WWW genutzt (Abschnitt 3.3.4). Ein Online-Katalog ist z.B. ein Vermittlungsdienst, der Objektreferenzen in strukturierter Weise zugreifenden Klienten zugänglich macht und diese zum Zweck der Bindung an den Klienten zurückliefert.

1.3. Organisationsübergreifend, konform, vertrauenswürdig: Unterstützungsdienste

Unterstützungsdienste sind Anwendungsdienste, die durch die Bereitstellung standardisierter Funktionalität die Kooperation von Klient und Server auf der Anwendungsebene ergänzen. Damit besitzen sie einen *standardisierten Diensttyp* und werden *als klassifizierter Dienst* genutzt. Sowohl der im Abschnitt 3.4 präsentierte Trader [Müll96] als auch die in Kapitel 6 untersuchten Zahlungs- und Zertifizierungsdienste seien als Beispiel für Unterstützungsdienste genannt.

Von Unterstützungsdiensten wird ein hohes Maß an Zuverlässigkeit, Effizienz und Vertrauenswürdigkeit erwartet. Aus diesem Grunde ist es sinnvoll, daß sich Unterstützungsdienste und ihre Nutzer innerhalb einer Vertrauens- und Konformitätsdomäne befinden. Eine weitere Anforderung ist die Standardisierung seines Diensttyps innerhalb der EDM-Infrastruktur, d.h., es besteht seitens des Klienten und des Servers Wissen um die Semantik des Dienstes sowie um seine Schnittstelle und sein Verhalten. Kapitel 6 erläutert anhand der exemplarischen Integration von Abrechnungs- und Notariatsdiensten in die EDM-Infrastruktur, auf welcher Grundlage sich kommunizierende Klienten und Server über die Einbeziehung von Unterstützungsdiensten einigen können. Unterstützungsdienste können sowohl von Klienten als auch von Servern individuell oder koordiniert in Anspruch genommen werden. Die erforderliche Kommunikation mit Unterstützungsdiensten kann für Klient bzw. Server transparent erfolgen, d.h. auf der Anwendungsebene wird diese Nutzung nicht wahrgenommen.

Unterstützungsdienste nehmen somit eine Zwitterstellung zwischen Anwendungsebene und Infrastruktur ein: Sie werden zwar interorganisational als kommerzieller Dienst angeboten, sind jedoch in ihrer Entwurfsautonomie stark eingeschränkt. Ordnungspolitische Maßnahmen (z.B. bei Notariatsdiensten, Abschnitt 6.2) oder erforderliche Konventionen (z.B. die Einigung auf eine einheitliche Schnittstelle von Bankservern aus ökonomischen Gründen) können Ursache dieser Standardisierung sein. Innerhalb des jeweiligen Diensttyps bleibt trotzdem die Möglichkeit zum Wettbewerb zwischen Erbringern von Unterstützungsdiensten erhalten.

Die Unterstützung von Handelstransaktionen ist eine Rolle, neben der Anwendungsobjekte auch als Ressourcensdienst weitere Funktionalität anbieten können, so daß sie als Ressourcen- oder Mehrwertdienst nutzbar sind. Ein Bankdienst könnte als Ressourcendienst z.B. eine *individuelle* Schnittstelle zur Kontenpflege anbieten, während er für den Zahlungstransfer zweier anderer Parteien über eine *standardisierte* Schnittstelle als Unterstützungsdienst involviert wird. Ebenso könnte ein Notariatsdienst die standardisierte Funktion der Protokollierung erbringen und zusätzlich den involvierten Parteien eine individuelle Schnittstelle anbieten zur Einsichtnahme in die „Urkundenrolle".

2. Organisationsintern, konform, vertrauenswürdig: Systemdienste

Anwendungsdienste sind also dem dynamischen, nicht gestaltbaren Teil des Marktes zuzuordnen. *Systemdienste* hingegen können gegenüber diesen aus technischen und organisatorischen Gründen nicht von ökonomisch unabhängigen Server-Betreibern kommerziell angeboten werden. Systemdienste sind Bestandteile der Kommunikationsinfrastruktur, ihre Verfügbarkeit wird von allen Kommunikationsinstanzen als gegeben angenommen. Dienste für den Aufruf entfernter Operationen (RPC, Vgl. Abschnitt 3.2), Sicherheitsdienste (z.B. zur Notarisierung, vgl. Kapitel 6) oder Repository-Dienste zur lokalen Verwaltung von Datenbeständen (vgl. z.B. Abschnitt 4.2) sind exemplarische Systemdienste. Gegenüber Systemdiensten besteht eine besonders hohe Anforderung an Effizienz, Zuverlässigkeit und Konformität. Als Bestandteil der Interprozeßkommunikations- und der Betriebssystemebene im 4-Ebenen-Modell sind Systemdienste in der Regel als Laufzeitbibliothek mit dem Anwendungsprogramm des Klienten oder Servers gebunden (Abb. 20). Aus Gründen der Interoperabilität wird von Systemdiensten ein global kohärentes Verhalten gefordert.

3. Klienten

Die Domänenklassifikation gilt für Klienten in gleicher Weise wie für Server: Auch hier kann eine Abgrenzung erfolgen, je nachdem, ob Konformität, Vertrauen oder ein gemeinsamer organisatorischer Kontext besteht. Von besonderer Bedeutung ist hierbei die Unterscheidung in *generische* und *spezifische Klienten*:

3.1. Zugriff innerhalb einer Konformitätsdomäne: Spezifischer Klient

Ein spezifischer Klient teilt mit dem Server, an den er sich bindet, eine Konformitätsdomäne, d.h. es bestand zum Zeitpunkt der Implementierung des Klienten Wissen über den Diensttyp des (Anwendungs-)Servers, so daß sowohl syntaktisch als auch semantisch Konformität zwischen nachgefragter und angebotener Schnittstelle besteht.

Wie ein spezifischer Klient entwickelt wurde, d.h. ob er vom Betreiber des Servers kopiert, anhand Programmierhandbüchern lokal kodiert oder in direkter Verbindung mit dem Server entwickelt wurde, spielt keine Rolle (vgl. z.B. [MeML96]). Einzig die Tatsache, daß die nachgefragte Schnittstelle zum Übersetzungszeitpunkt festlag, klassifiziert einen Klienten als spezifisch. Ein Klient oder Server als Teilnehmer einer Handelstransaktion verhält sich z.B. gegenüber einem Bankdienst (der oben durch seine Rolle als klassifizierter Unterstützungsdienst charakterisiert wurde) als spezifischer Klient.

3.2. Zugriff über eine Konformitätsdomäne hinaus: Generischer Klient

Im Gegensatz zum spezifischen verfügt ein generischer Klient erst zur Laufzeit über die Schnittstellenbeschreibung des Servers. Auch hier kann diese Schnittstellenbeschreibung auf unterschiedliche Weise repräsentiert sein: als spezifisches, ausführbares Kodefragment, als natürlichsprachliche Beschreibung des Servers oder als formale Dienstbeschreibung.

Aufgabe des generischen Klienten ist die Unterstützung des Benutzers beim Zugriff auf unklassifizierte Server. Durch Hilfstexte, Preisinformationen oder Ein- und Ausblenden von Dialogelementen kann dabei eine dienstspezifische Benutzerführung realisiert werden.

Einordnung in das 4-Ebenen-Modell

In Anlehnung an das 4-Ebenen-Modell lassen sich die untersuchten Dienstekategorien entprechend Abb. 20 zuordnen: Für alle Marktteilnehmer sind auf der Betriebssystemebene Dienste zur persistenten Speicherung von Objekten, zur Interaktion mit dem Benutzer, zur Durchführung sicherheitsrelevanter Funktionen etc. in einheitlicher Form erforderlich. Neben derartigen standardisierten Funktionskomponenten ist ein flexibler Kommunikationsmechanismus zur Realisierung der Kommunikation zwischen Klienten und Servern erforderlich. Die bisher erwähnten Dienstekategorien kommen nicht ausschließlich als EDM-Systemkomponenten zum Einsatz. Hingegen stellen Dienste der Infrastrukturebene eine spezifische Unterstützung von Handelstransaktionen dar, die zwischen Instanzen der Anwendungsebene durchgeführt werden.

Dieser Abschnitt schaffte eine terminologische Grundlage zur einheitlichen Beschreibung der in diesem Teil untersuchten systemtechnischen Aspekte des Dienstemarktes. Die vorgenommene Einordnung beschränkte sich insbesondere auf das Domänen- und das Ebenenmodell. Somit wurde eine Vorstrukturierung der im Abschnitt 3.3 vorgenommenen Analyse von Verteilungsplattformen geschaffen. *Welche* Verteilungsplattformen und welche *Kooperationsmodelle* diesen somit zugrundeliegenden, ist an dieser Stelle noch nicht weiter konkretisiert. Zu deren Bewertung sollen daher – ausgehend von den im Kapitel 2 formulierten Erfolgsfaktoren – Qualitätsmerkmale für Verteilungsplattformen definiert werden, um in der nachfolgenden Untersuchung des Abschnitts 3.3 die Kooperationsmodelle im Hinblick auf ihre Nutzung als EDM-Infrastruktur zu bewerten.

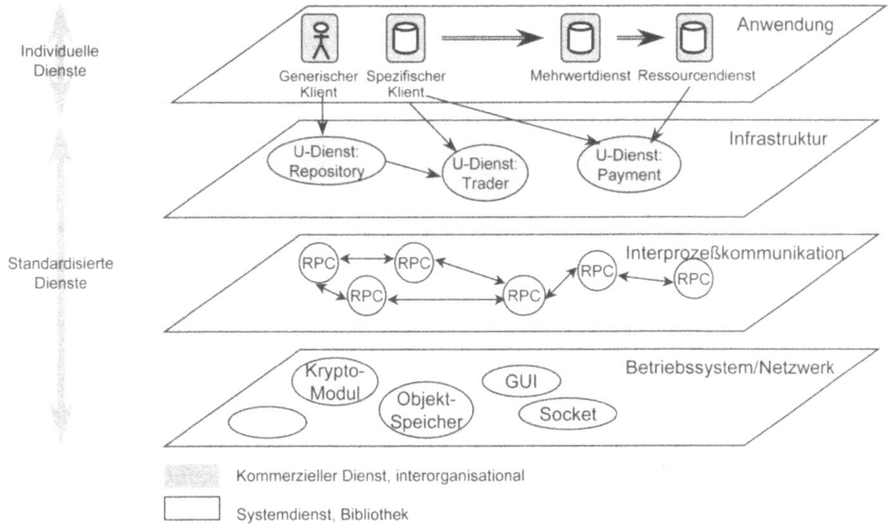

Abb. 20. Dienstklassifikation nach Ebenen

3.2 Anforderungen des EDM-Modells an die systemtechnische Infrastruktur

Im ersten Teil wurde das EDM-Modell durch die Anforderungen des mikroökonomischen Marktmodells motiviert und hinsichtlich seiner Eigenschaften präzisiert. Diese Eigenschaften schlugen sich in den kritischen Erfolgsfaktoren für elektronische Marktsysteme nieder. Betrachtet man dieses nun als Definition eines „EDM-Framework", ist im nächsten Schritt zu untersuchen, welche Middleware-Komponenten bzw. Verteilungsplattformen sich zur Realisierung eignen. Dabei sollte die Untersuchung jedoch zunächst von realen Implementierungen abstrahieren und diesen zugrundeliegende Kommunikationsmodelle identifizieren. Erst wenn diese Modelle sich als „EDM-kompatibel" erweisen, ist es sinnvoll, tatsächliche Implementierungen zu bewerten.

Für die Evaluation dieser Ansätze für Verteilungsplattformen dient daher folgender Kriterienkatalog, der den Vergleich von Kommunikationsmodellen auf eine Liste signifikanter Merkmale fokussiert:

Offenheit

Im Sinne der bereits im Abschnitt 2.2.3 diskutierten Offenheit sollte eine Verteilungsplattform nicht nur offen im Sinne der Interoperabilität und der Portabilität sein, sondern vor allem offen für ihre Weiterentwicklung. In dieser Interpretation gilt ein System nach Tschammer [Tscha93] (S. 33f) als geschlossen, wenn es aufgrund technischer Eigenschaften, fehlender Kommunikationsmittel, geographischer Abgeschlossenheit oder besonderer Schutzmaßnahmen eines administrativen Eingriffes zur Erweiterung bedarf. Solche Systeme erlauben lediglich eine *kontrollierte Fortentwicklung*. Alle relevanten Komponenten der Infrastruktur gehören dabei *einer* Organisation an, die Entwurf, Installation, Betrieb und Fortentwicklung eines solchen *eng gekoppelten* Systems steuert und dadurch für Homogenität, gemeinsames Verständnis und Zusammenhang sorgt. Eng gekoppelte Systeme erstrecken sich somit nicht über Konformitätsdomänen hinweg und kaum über Organisationsgrenzen. Beispiele sind Online-Dienste wie Compuserve, T-Online oder AOL, deren Benutzer – Anbieter wie Nachfrager – gezwungen sind, die technischen „Terms of Trade" der Administration zu akzeptieren.

Eine EDM-Infrastruktur sollte somit eine Schumpetersche Entwicklungsfähigkeit – also die Etablierung neuer Dienste, den Austausch einer Komponente während der Laufzeit oder die Integration zusätzlicher Funktionalität in die EDM-Infrastruktur – nicht durch organisatorische Abgeschlossenheit behindern. Aus dieser Anforderung an die Offenheit leiten sich folgende Eigenschaften der *Skalierbarkeit*, der *dynamischen Bindung*, der *Teilnehmerautonomie* sowie der *Innovationsfähigkeit* des Gesamtsystems ab:

Skalierbarkeit

Die EDM-Infrastruktur muß in der Lage sein, die erforderliche atomistische Struktur des EDM – also eine hinreichend hohe Teilnehmerzahl – zu bewältigen. Anzahl und Nutzungspräferenzen der EDM-Teilnehmer variieren dabei im Laufe der Zeit, so daß sich das System durch eine flexible, dezentrale Rekonfiguration an veränderte Anforderungen anpassen können muß. Dies ist die Grundlage für die Entwicklungsfähigkeit des elektronischen Marktes.

Dynamische Objektbindung

Wenn der Benutzer interaktiv auf Server im Dienstemarkt zugreift, indem entfernte Operationen aufgerufen werden, ist seitens des Klienten eine Softwarekomponente erforderlich, die ihm den Zugang zum entfernten Dienst verschafft. Dabei muß sie einerseits das durch die EDM-Infrastruktur definierte Kommunikationsprotokoll unterstützen, andererseits aber gegenüber dem Benutzer eine anwendungsspezifische Schnittstelle präsentieren. Wenn nun für den Zugriff auf diese Dienste eine Klientensoftware mit statisch typisierter Schnittstelle verwendet wird, ist der Benutzer mit der Installation und Einarbeitung in jeweils individuelle Klientensoftware konfrontiert. Eine elegantere Lösung stellt das dynamische Binden von Softwaremodulen an den Klienten dar, die zur Laufzeit vom Server geladen wurden. Folglich verspricht eine EDM-Infrastruktur, die eine dafür erforderliche dynamische Typisierung erlaubt, eine bessere Eignung für die flexible Dienstnutzung. Da es nun aufgrund der dynamischen Bindung zur Laufzeit zu Typfehlern kommen kann, sollte die Verteilungsplattform Mechanismen vorsehen, die solche Situationen vermeiden oder rechtzeitig erkennen.

Die Wahlfreiheit bezüglich des Kommunikationspartners muß bei niedrigen Transaktions- und Umschaltkosten erhalten bleiben, damit der elektronische Markt der Forderung nach Entwicklungsfähigkeit gerecht werden kann. Diese Eigenschaft setzt unmittelbar die Fähigkeit zur dynamischen Bindung voraus.

Autonomie der Kommunikationspartner

Softwaresysteme können sich in ihrer *Entwurfs-*, *Ausführungs-* und *Kommunikationsautonomie* unterscheiden. Das bedeutet für die Verteilungsplattform, daß Klienten- und Serveranwendungen bezüglich dieser Kriterien keinen Restriktionen unterworfen sein dürfen. Ein Server sollte also zugreifende Klienten ablehnen und mit beliebiger Funktionalität angeboten werden können. Klienten hingegen sollten z.B. nicht a-priori in der Serverwahl eingeschränkt sein. Entsprechend wird zwischen der *Klienten-* und der *Serverautonomie* unterschieden, die eine Systeminfrastruktur ihren Anwendungen erlaubt.

Anwendungssoftware, die als Klient oder Server auf dem elektronischen Markt präsent ist, muß ohne zentrale Konfiguration oder Koordination weiterentwickelt werden können. Andererseits ist dabei die Schnittstellenkonformität zwischen angebotenen und nachgefragten Diensten einzuhalten. Diese sollte auch zur Vermeidung von Typ- oder Protokollfehlern zur Laufzeit durch die beteiligten Instanzen verifizierbar sein. Dabei kommt der Operationalisierung von Dienstbeschreibungen große Bedeutung zu, so daß zur Laufzeit Informationen über Serverschnittstellen vermittelt und genutzt werden können.

Innovation und Entwicklung

Die Innovationsfähigkeit des elektronischen Marktes geht einher mit der Unabhängigkeit von normierenden Mechanismen, die zur Vermittlung von Diensten eine Klassifikation z.B. nach *Diensttypen* erfordern. Ein innovativer Dienst, dessen Typ durch ein existierendes Klassifikationsschema nicht beschreibbar ist, kann auf der Basis solcher Mechanismen nicht vermittelt werden. Ferner bewirkt der normative Charakter der Diensttypklassifikation eine Offenlegung semantischer Eigenschaften des Dienstes, die für Wettbewerber die Entwicklung eigener Server vereinfacht. Wird beispielsweise für Autovermietungsdienste ein Beschreibungsattribut „Fahrzeugtyp" normiert und bietet ein Vermieter ein Modell an, das nicht als Ausprägung dieses Attributes definiert ist, so kann er diese Information weder bei einem Vermittlungsdienst registrieren, noch kann der Nachfrager diesen Attributwert zur Serverspezifikation einsetzen. Erst nachdem sich die Angebotspalette aller Hersteller stabilisiert hat und diese bzgl. einer sinnvollen Spezifikation ihres Diensttyps Einigkeit erlangte, sollte anhand eines diensttypbasierten Mechanismus – z.B. der des Trading – die effiziente Vermittlung vorgenommen werden.

Ein mögliches Maß der Innovationsfähigkeit einer Verteilungsplattform ist somit der individuelle und administrative Aufwand, der für die Implementierung, Bereitstellung und Nutzung eines neuen, unklassifizierten Dienstes erforderlich ist.

Unterstützungsdienste für Handelstransaktionen

Verschiedene Verteilungsplattformen bieten Sicherheitsdienste zur Authentisierung und Autorisierung von Klienten und Servern als festen Bestandteil der Systemumgebung (*Security Service* bei DCE [OSF92, OSF93]) oder als modularen Zusatzdienst (z.B. im Sinne der *Object Services* bei CORBA [OMG94]) an. Innerhalb geschlossener Organisationen reichen diese Dienste in den meisten Fällen aus – auf dem elektronischen Markt besteht jedoch aufgrund der mangelnden Vertrauensbasis ein hohes

Potential für Fehlverhalten oder Böswilligkeit, insbesondere dann, wenn Handelspartner anonym kommunizieren. Hier sind unparteiische Dienste erforderlich, die rechtsverbindliche Aktivitäten wie den elektronischen Geldtransfer in nichtabstreitbarer Form nachweisen, so daß sie im Streitfall als Beweismittel eingesetzt werden können. An dieser Stelle seien vor allem *Zertifizierungs-* bzw. *Notariatsdienste* genannt ([Hors95]) sowie *Zahlungsdienste*, die den Transfer von Zahlungsmitteln regeln [Ja-Wa95]. Im Kontext elektronischer Märkte sind darüber hinaus – ebenfalls vertrauenswürdige – Dienste erforderlich, die gewisse Eigenschaften nicht vertrauenswürdiger Software (z.B. Virenfreiheit) in Form von *Qualitätszertifikaten* zusichern. Diese Sicherheits- und Zahlungsdienste werden in Kapitel 6 diskutiert.

Verteilungstransparenz

Aus der Perspektive des Benutzers wird von einer verteilten Anwendung die Unterstützung von *Verteilungstransparenz* [Lini95] erwartet.[17]

Verteilungstransparenz verbirgt mögliche Unterschiede zwischen der lokalen bzw. verteilten Ausführung eines Programmes.

- Ortstransparenz (*location transparency*) erlaubt den Zugriff auf ein Objekt ohne Wissen des Klienten um dessen Lokation. Diese Transparenz erlaubt die Nutzung eines logischen Namensraumes für Objektreferenzen, unabhängig von physikalischen Adressräumen.
- Die Heterogenitätstransparenz (*heterogeneity transparency*) erlaubt eine Kooperation zwischen Objekten aus unterschiedlichen Rechner-, Betriebssystem- oder Anwendungsumgebungen.
- Zugriffstransparenz (*access transparency*) realisiert einen einheitlichen Zugriffsmechanismus, obwohl tatsächlich heterogene Objekte mit individuellen Repräsentationen auf der Basis unterschiedlicher Kommunikationsmechanismen interagieren (vgl. z.B. Interceptors für Operationsaufrufe zwischen DCE- und CORBA-Domänen [Grif96]).
- Fehlertransparenz (*failure transparency*) verhindert die Beeinflussung des Anwendungsprogrammes durch während einer Sitzung auftretende, transiente Fehlersituationen.
- Migrationstransparenz (*migration transparency*) erlaubt das Verlagern eines Objekts zwischen Rechnerknoten während einer Sitzung. Diese Transparenz wird benötigt, wenn die Infrastruktur z.B. aus Gründen der Lastverteilung oder der Reduzierung von Nachrichtenlaufzeiten eine Objektmigration veranlaßt. Objekte können jedoch auch selbst diese Migration bewirken (vgl. Abschnitt: Mobile Agenten).

---

[17] Der Begriff der Transparenz wird im Kontext verteilter Systeme im Sinne des Nicht-Wahrnehmens von Faktoren verstanden, die eine Client/Server-Kommunikation beeinflussen. Diese Verwendung steht im Gegensatz zum Transparenzbegriff in der Ökonomie, der sich gerade auf diese Wahrnehmung bezieht.

- Persistenztransparenz (*persistency transparency*) abstrahiert für ein Objekt von der Deaktivierung, zwischenzeitliche Speicherung und Reaktivierung anderer Objekte (oder seiner selbst). Eine Deaktivierung kann bei sporadischer Nutzung eines Dienstes zur Durchsatzsteigerung des lokalen Knotens führen und die Programmlaufzeit des Objektes überdauern.
- Replikationstransparenz (*replication transparency*) verbirgt die Aufteilung eines Auftrages an mehrere Objekte gegenüber dem Klienten. Das Ziel der Replikation liegt dabei in der Verbesserung des Durchsatzes und der Zuverlässigkeit.
- Transaktionstransparenz (*transaction transparency*) abstrahiert von der erforderlichen Koordination von Aktivitäten innerhalb einer Konfiguration von Objekten mit dem Ziel, ihre Konsistenz zu erhalten.

Nachdem nun die ökonomische Motivation des ersten Teils und, darauf aufbauend, notwendige Kriterien zur Untersuchung potentieller Verteilungsplattformen erarbeitet wurden, werden Realisierungsansätze verglichen, die sich prinzipiell als systemtechnische Grundlage für EDM-Infrastrukturen eignen. Dabei wird dem Client/Server-Modell als Grundlage der Kooperation aufgrund seiner Kompatibilität mit der Nachfrager/Anbieter-Relation besondere Bedeutung beigemessen. Orthogonal zum nachfolgend untersuchten Kooperationsprinzip „Client/Server" steht die anschließend erläuterte Vermittlung von Diensten, die eine Abbildung zwischen nachgefragten und angebotenen Dienstbeschreibungen realisiert.

3.3 Client/Server-Modelle als Kooperationsgrundlage des EDM

Die grundsätzliche Rollenteilung in Klient und Server wurde bereits aus der Nachfrager-/Anbieterbeziehung motiviert und als geeignete Kooperationsform für Objekte im verteilten System dargestellt [Svob85]. Diese Rollenteilung abstrahiert allerdings weitgehend von der Abbildung solcher Kooperationsbeziehungen auf systemnahe Techniken zur Realisierung von Client/Server-Systemen – also die *Verteilungsplattform*. Aus diesem Grunde werden im folgenden verschiedene Client/Server-Modelle verglichen, die sich hinsichtlich der Objektmobilität, der Migrationsfähigkeit oder des Kommunikationsverhaltens unterscheiden. Zu beachten ist dabei der Grad, in dem die im vorherigen Abschnitt formulierten Anforderungen erfüllt werden. Die Ergebnisse dieser Bewertung werden am Schluß dieses Kapitels verglichen.

Modelle der Kommunikation

Die Fragestellung der *Kommunikation* bezieht sich bei verteilten Systemen auf den Austausch von Nachrichten ohne Bezug auf ein Ziel oder einen Zweck dieser Handlungen. Sie ist die Grundlage der Koordination und Kooperation von Softwarekomponenten in verteilten Anwendungen. Unabhängig von der Kooperationsform können Nachrichten übermittelt werden, die als Dateneinheiten Anwendungsdaten, Programmkode oder sogar auch den Evaluationskontext eines Programmes umfassen. Ferner kann zwischen Protokollinstanzen synchron oder asynchron kommuniziert werden, und auch deren Anzahl kann sich über die im ISO/OSI-Referenzmodell angenommenen zwei Instanzen hinaus erstrecken. Dennoch verhält sich das Client/Server-Modell orthogonal zum Kommunikationsmodell, so daß die in Abb. 22 illustrierten Kommunikationsformen sich prinzipiell als Grundlage zur Realisierung der Client/Server-Kooperation einsetzen lassen. Daher steht zunächst das Client/Server-Modell im Vordergrund, während seine unterschiedlichen Ausprägungen aufgrund des zugrundeliegenden Kommunikationsmodells nachfolgend untersucht werden.

3.3.1 Das Client/Server-Modell als Grundlage der EDM-Infrastruktur

Das Client/Server-Modell stellte eine natürliche, systemtechnische Umsetzung der im ersten Teil geforderten Wertschöpfungsketten dar: Auf jeder Stufe findet eine Auftragsvergabe zwischen einem Nachfrager und einem Anbieter statt. Innerhalb der Kette spielt jedes Wirtschaftssubjekt sowohl die Rolle des Auftraggebers als auch die des Auftragnehmers. Analog impliziert das Client/Server-Modell eine Rollenzuweisung innerhalb einer konkreten Kommunikationssituation. Gemäß der Definition des Servers, der als Diensterbringer über eine Schnittstelle Operationen anbietet und der des Klienten, der als Auftraggeber zur Ausführung dieser Operationen auftritt, ist eine Infrastruktur erforderlich, die eine derartige Kooperation unterstützt.

Ob Klienten oder Server generisch oder spezifisch sind, ob sie migrationsfähig oder mobil sind, ob Operationsaufrufe statisch oder dynamisch typisiert erfolgen oder auf welche Weise die Vermittlung des tatsächlich genutzten Servers durchgeführt wird, verhält sich orthogonal zur prinzipiellen Rollentrennung in *Auftraggeber* und *Auftragnehmer*. Der Vorteil des Client/Server-Modells *im EDM-Kontext* liegt in der höheren Autonomie einzelner Instanzen und der größeren Flexibilität des Gesamtsystems: Klienten können einen geeigneten Server aus einer Menge verfügbarer auswählen (vgl. „Dienstvermittlung" weiter unten), wie es auch Servern prinzipiell gestattet ist, Aufträge abzulehnen. Beim Master/Slave-Modell ist etwa eine Unterordnung zum Konfigurationszeitpunkt erforderlich, mit der eine Autonomieeinschränkung der „Slaves" einhergeht. Einen adäquaten, organisatorischen Kontext für dieses Kooperationsmodell würde die Koordinationsform der Hierarchie bieten.

Client/Server-Kooperation

An dieser Stelle ist eine Präzisierung des Kooperationsbegriffes für seine Anwendung auf die Ebene der systemtechnischen Infrastruktur erforderlich: Kooperation, die durch Auftragsvergabe und -annahme im Client/Server-Modell zustandekommt, dient der Nutzensteigerung beider Partner im Sinne des im ersten Teils skizzierten *Paretokriteriums*. *Nutzen* ist im Kontext der Systeminfrastruktur ein unscharfer Begriff, der für eine konkrete Kooperation als exogenes Datum angenommen wird. Er ist durch ein übergeordnetes Ziel der ökonomischen Ebene gegeben, das sich kooperativ auf effizientere Weise erreichen läßt als durch isolierte Aktivitäten einzelner Partner (vgl. z.B. [Velt93]). Die zu einer Kooperation führende, effiziente gegenseitige Ressourcennutzung schlägt sich im EDM im Austausch finanzieller Leistungen gegen Dienstleistungen nieder. „Client/Server" geht daher über die reine *Koordination* kommunizierender Instanzen hinaus, da die Kooperation zwischen beiden Partnern erwünscht und nicht aus Gründen der Abstimmung von Einzelaktivitäten erforderlich ist, wie z.B. bei der verteilten Transaktionssteuerung [GrRe93]. Systemtechnisch bedeutet also die Kooperation mehrerer Softwarekomponenten das „freiwillige" Einhalten gewisser Regeln und Rollen der Interaktion.

Klienten und Server können systemtechnisch als *Aktivitätsträger* oder *aktive Objekte* aufgefaßt werden: Sie kapseln Programmkode, Daten und einen lokalen Evaluationskontext. Im Gegensatz zum Prozeß können mehrere Aktivitätsträger (als *Threads*) Programmkode und Daten teilen, jedoch nicht einen Kontext. Die Kommunikationspartner sind als Aktivitätsträger in der Lage, Aufträge zu erteilen oder zu empfangen. Partner sind nicht notwendigerweise während der Auftragsdauer an einen Netzwerkknoten gebunden.

Ein *Vertrag* ist im Client/Server-Modell ein vereinbartes Ziel zwischen Auftraggeber und -nehmer und setzt sich aus einem oder mehreren *Aufträgen* zusammen. Diese schlagen sich auf der Ebene der Verteilungsplattform als Operationsaufrufe nieder. Ein Auftrag kann (implizit oder explizit) Unteraufträge bewirken. Ein Vertrag erfordert somit immer einen Auftraggeber, kann jedoch indirekt auch mehr als einen Partner als Auftragnehmer involvieren (z.B. Unterstützungsdienste).

Beispielsweise kann ein Vertrag zwischen einem Reisenden und einem Reisedienst mehrere Buchungsoperationen als Aufträge umfassen. Im „Innenverhältnis" bewirken diese Aufträge wiederum Buchungsaktivitäten entlang vorgelagerter Wertschöpfungsstufen, z.B. dem Hotelreservierungsdienst. Ob für diesen Unterauftrag ein individueller Vertrag geschlossen oder er neben weiteren Buchungen im Rahmen eines übergreifenden Vertrages durchgeführt wird, ist für den Reisenden irrelevant, da sich die in seinem Vertrag definierte Schnittstelle und Leistungsbeschreibung nur auf den Reisedienst beschränkt.

Diese Eingrenzung der Betrachtung auf das Client/Server-Modell erfolgt somit nicht nur aus systemtechnischen Erwägungen, sondern im Hinblick auf die Angemessenheit für den EDM.

Verteilungsebenen

Klienten- und Serverinstanzen bilden konzeptionell eine Einheit – das verteilte Anwendungsprogramm. Dabei wird in der Literatur zwischen folgenden Ebenen der Verteilung unterschieden [Geih95]:

- Bei der *verteilten Präsentation* werden Darstellungsdienste – wie das Zeichnen von Fenstern und graphischen Primitiven – durch einen Präsentationsserver erbracht (vgl. z.B. X-Windows [ScGe87]). Durch die damit verbundenen häufigen Update-Operationen führt diese Form der Verteilung zu einer entsprechend hohen Netzbelastung und somit einer uneffizienten Ressourcennutzung. Andererseits bietet die verteilte Präsentation ein hohes Maß an Heterogenitätstransparenz gegenüber Betriebssystem- und Hardwareumgebungen.

- *Entfernte Präsentation*: Hierbei ist der serverseitige Anwendungskode von Aufgaben der Dialogsteuerung, wie z.B. Ereignisbehandlungen und dem Aufruf von Anwendungsprozeduren, befreit. Als Nachteil erweist sich die Forderung entweder nach einem anwendungsspezifischen Klienten, der die Koordination aufzurufender Funktionen durchführt oder nach einer komplexen Definition von Anwendungszuständen und der damit einhergehenden Präsentationssteuerung. Die zweite

Variante bietet jedoch den Vorteil, daß – wie bei der verteilten Präsentation – ein solcher Klient aufgrund der dynamischen Dialogsteuerung generisch bleibt, d.h. kein dedizierter Anwendungskode auf dem Rechner zu installieren ist.

- *Verteilte Anwendung*: Hier ist Anwendungslogik im engeren Sinne sowohl auf den Klienten als auch den Server verteilt. Beim Programmentwurf kann eine Trennung vorgenommen werden, die spezifischen Richtlinien gerecht wird: Trennung in vertrauenswürdige und -unwürdige Komponenten, Reduzierung der Netzwerklast, Lastbalancierung durch Trennung in leistungsadäquate Module etc. Durch diese sehr anwendungsspezifische dritte Trennlinie in Abb. 21 ist jedoch die Auslieferung eines dedizierten, serverkonformen Klientenmoduls unvermeidbar. Verteilte Anwendungen stellen *Client/Server-Systeme im engeren Sinne* dar. Der Vorteil liegt bei verteilten Anwendungen in der Unterstützung durch Werkzeuge zur Schnittstellendefinition und -generierung (Stub-Generatoren), da der Programmierer auf die Schnittstellen beider Komponenten Einfluß nehmen kann.

- *Entfernte Datenhaltung*: Die Trennung in Anwendung und Datenbankserver ist sicherlich in der wirtschaftlichen Praxis die geläufigste. Die Schnittstelle zwischen Klient und Server stellt dabei eine Sprache zur Datendefinition, -manipulation und -abfrage dar (SQL). Der Datenfernzugriff wird systemtechnisch durch entsprechend standardisierte RDA-Dienste (Remote Database Access) [Papp91, Lame95] und Programmierschnittstellen wie CLI (Call Level Interface) oder ODBC (Open DataBase Connectivity) unterstützt. Ein Server besitzt dabei keinen spezifischen Anwendungskode mehr. Allerdings können anwendungsspezifische Regeln z.B. in Form von *Triggers* bei aktiven Datenbanken abgelegt werden, so daß – ähnlich der dynamischen Dialogsteuerung – ein sinnvoller Teil an Logik ausgelagert werden kann.

- *Verteilte Datenhaltung.* Auch Daten selbst lassen sich auf separate Netzwerkknoten verteilen: Entweder anhand verteilter Datenbanksysteme, die aufgrund globaler Verteilungsschemata eine Trennung auf der Ebene der Relationenverwaltung vornehmen [CePe85] oder anhand untergeordneter Client/Server-Anwendungen, die z.B. eine transparente RDA-basierte Kommunikation zwischen autonomen DBMS-Servern realisieren.

- Schließlich ist der entfernte Dateizugriff bei *verteilten Dateisystemen* die dem Betriebssystem am nächsten gelegene Verteilungsebene. Hierbei nutzen alle Anwendungen einen entfernten Server als Dateiserver. In dieser Ausprägung ist nicht nur ein hohes Maß an Netzwerklast gegeben, vielmehr kann auch die Abstraktion des Anwendungsentwurfes durch die potentiellen Seiteneffekte von Dateioperationen negativ beeinflußt werden.

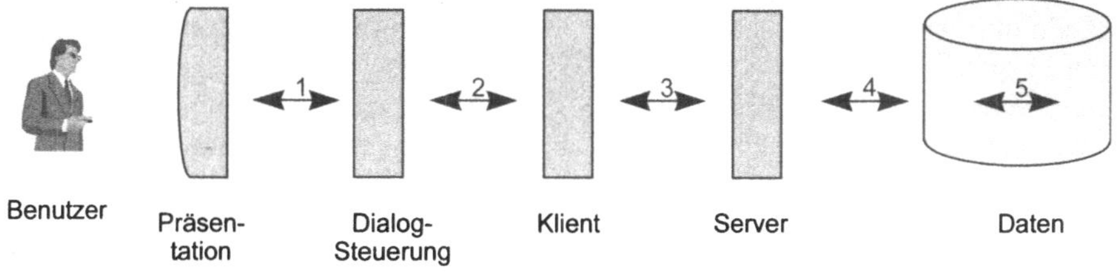

Abb. 21. Client/Server-Verteilungsebenen

In ähnlicher Weise unterscheidet das *Seeheim-Modell* [Pfaf85] zwischen Komponenten der Präsentation, Dialogsteuerung und Anwendung, die auf separaten Netzwerkknoten lokalisiert sein können. Da dieses Modell aus dem Bereich der Benutzerschnittstellenmodellierung herrührt, sind Verteilungsaspekte im Bereich der Anwendung bzw. der Datenspeicherung vernachlässigt.

Offensichtlich ist das Entwurfskontinuum für Verteilungsebenen in nahezu beliebiger Breite nutzbar, so daß auch durch mehrere solcher „Function Splits" drei oder mehr Rechnerknoten involviert sein können (vgl. z.B. die Trennung in *Anwendungs-*, *Datenbank-* und *Präsentations*-Server bei der Softwareumgebung SAP R/3). In der Literatur hat sich zur Klassifikation derartiger Systeme der Begriff der *Ebene* (engl. *tier*) herausgebildet, so daß z.B. zwischen *2-tier-* bzw. *3-tier*-Systemen unterschieden wird.

Mit den Extrementscheidungen für eine verteilte Präsentation oder ein verteiltes Dateisystem geht u.U. eine ineffiziente Ressourcennutzung einher. Weder ist eine X-Windows-Sitzung noch der Einsatz eines Dateiservers bei der interorganisationalen Kommunikation über geographische Entfernungen sinnvoll oder gewünscht. Umgekehrt erweist sich jedoch auch die Verteilung, Installation und der Betrieb dedizierter (klassifizierter) Klienten im EDM-Kontext als suboptimal, zumal über Vertrauensgrenzen hinweg uneingeschränkt ablauffähiger Kode installiert werden müßte. Darüber hinaus ist eine inflationäre Zunahme ungültiger und redundanter Versionen zu erwarten.

Aus diesem Grunde finden sich Client/Server-Systeme im engeren Sinne vornehmlich im *intra*organisationalen Bereich von „Enterprise Networks", die eine gemeinsame Vertrauens-, Administrations- und Konformitätsdomäne bilden: Alle Komponenten werden von einem koordinierten Team entwickelt, so daß (idealerweise!) bei einer Anwendung Verteilungsebenen bzw. „function-splits" nach Effizienzkriterien optimiert werden können. Zu beachten ist ferner, daß hier alle Komponenten innerhalb einer Konformitätsdomäne entwickelt wurden – eine Voraussetzung, die beim EDM nicht gegeben ist. Die jüngere Entwicklung im Bereich von Unternehmensdatennetzen zeigt jedoch auch eine Abkehr fest konfigurierter Client/Server-Systeme und stattdessen unter dem Begriff des *Intranet* eine Zuwendung zu unklassifizierten Internet-Diensten, Werkzeugen und Programmierumgebungen (WWW, NetNews, Java, eMail). Daraus ist zu schließen, daß im interorganisationalen Kontext erst recht eine entsprechend offene Client/Server-Kooperation angemessen ist.

Mag der Einsatz von Client/Server-Systemen im engeren Sinne interorganisational noch sinnvoll sein, kehrt sich der Vorteil der logischen Zentralisierung von Entwurfsentscheidungen in einen Nachteil stark reduzierter Klientenautonomie um: Fremde Software muß übernommen werden, ohne daß unternehmensspezifische Anforderungen berücksichtigt werden. Das Beispiel komplexer Reservierungssysteme mag diesen Sachverhalt illustrieren [ABBK+95]: Über 25.000 Terminals, auf denen eine Klientensoftware im In- und Ausland installiert ist, müssen bezüglich der aktuellen Version gepflegt werden – unter der Berücksichtigung individueller Konfigurationen, Betriebssystemplattformen und Kommunikationsverbindungen. Software-Updates erfolgen üblicherweise außerhalb der Geschäftszeiten. Kommt es dabei aufgrund der Konfiguration zu Problemen, können diese nur durch aufwendige Fernwartungs-Sitzungen behoben werden, da dies nicht vom Bedienungspersonal z.B. in den Reisebüros durchgeführt werden kann. Entsprechend sind in einer umfassenden Konfigurationsdatenbank die Installations- und Versionsdaten zu verwalten. Neben der eingeschränkten Klientenautonomie erweist sich auch dieser Wartungsaufwand für die Seite des Serverbetreibers als erheblicher Mehraufwand.

Sicherlich würde hier eine systemtechnische Middleware wie DCE oder CORBA eine gewisse Distributions- und Kommunikationsunterstützung bieten – das grundsätzliche Problem der mangelhaften Klientenautonomie bleibt jedoch bestehen.

Ausprägungen des Client/Server-Modells

Entsprechend der in Abb. 22 skizzierten Klassifikation, bei der als relevante Ausprägungen der *entfernte Prozeduraufruf* sowie *mobile Server und Klienten* dienen, erfolgt die nachfolgende Unterteilung von Client/Server-Kooperationsformen nach der *Migrationsfähigkeit* der Kommunikationspartner. Ferner wirkt sich die Unterscheidung in *klassifizierte und unklassifizierte Dienste* auf die Ausprägung des Client/Server-Modells aus und schließlich die Art und Weise, wie für einen Klienten die Bindung (bzw. *Dienstvermittlung*) an einen Server durch die Systeminfrastruktur unterstützt wird:

Mobilität und Migrationsfähigkeit
- Das Client/Server-Modell faßt grundsätzlich beide Partner als stationär auf, d.h., weder Klient noch Server sind in der Lage, für eine Sitzung ihren Rechnerknoten zu wechseln. Aus Gründen der Effizienz kann es jedoch sinnvoll sein, *Kollokationen* zwischen Klient und Server durchzuführen. Als Beispiel sind zu hohe Kommunikationskosten z.B. in Mobilfunknetzen zu nennen [Whit94]. Prinzipiell stehen Mechanismen zur Verfügung, um sowohl Klienten als auch Server zwischen Netzwerkknoten zu transferieren [Schi90]. Beim Ansatz von Java werden Programmbibliotheken (als Server) zum Ort der Nutzung (Klienten) übertragen [Flan96]. Die Motivation liegt hierbei in der Reduzierung der Installationskosten und somit der effizienten Softwareverteilung. Üblicherweise ist jedoch die Ressourcenbindung bei Servern höher als bei Klienten (Datenbankserver, Fax-Server, Archivserver etc.), so daß eine *klientenseitige Kollokation* den Nachrichtenverkehr eher steigern würde (vgl. [MeML96]).

- In Abschnitt 3.3.3 wird der Ansatz *mobiler Agenten* als eine solche *serverseitige Kollokation* weiter untersucht. Mobile Agenten erlauben die *Migration* während ihrer Ausführung, d.h. auch ihr Evaluationszustand kann zwischen zwei Knoten transferiert und restauriert werden.

Konformität von nachgefragter und angebotener Schnittstelle
- In der Regel führt die Trennung in klassifizierte vs. unklassifizierte Dienste auch zu unterschiedlichen EDM-Infrastrukturen: Online-Informationsdienste − oder allgemeiner *Benutzerinformationsysteme* − unterstützen den menschlichen Benutzer, der mittels eines generischen Klienten in adhoc-Sitzungen entfernte Operationen mit dynamisch typisierten Parametern aufruft.

- Am anderen Ende der Skala befinden sich *statisch typisierte Infrastrukturen* zwischen Klient- und Serversoftware, die als schnittstellenkonforme Komponenten konfiguriert sind. Aus diesem Grund werden in Abschnitt 3.3.4 Benutzerinformationssysteme als anwenderorientierte Client/Server-Infrastrukturen untersucht.

Bindungsunterstützung von Diensten und Servern
- Mit unterschiedlicher Durchdringung der Dienstsemantik kann die Vermittlung von Diensten bzw. Diensterbringern (Servern) durch Katalogdienste und Trader [Müll96] von der Adressauflösung abstrahieren und für Klienten den Suchaufwand geeigneter Dienste reduzieren. Folglich schlägt sich für das Client/Server-Modell diese Durchdringung als Integration zusätzlicher Komponenten (Trader, Typmanager etc.) nieder. Dieser Aspekt wird beim Vergleich von Dienstvermittlungsverfahren im Abschnitt 3.4 weiter untersucht.

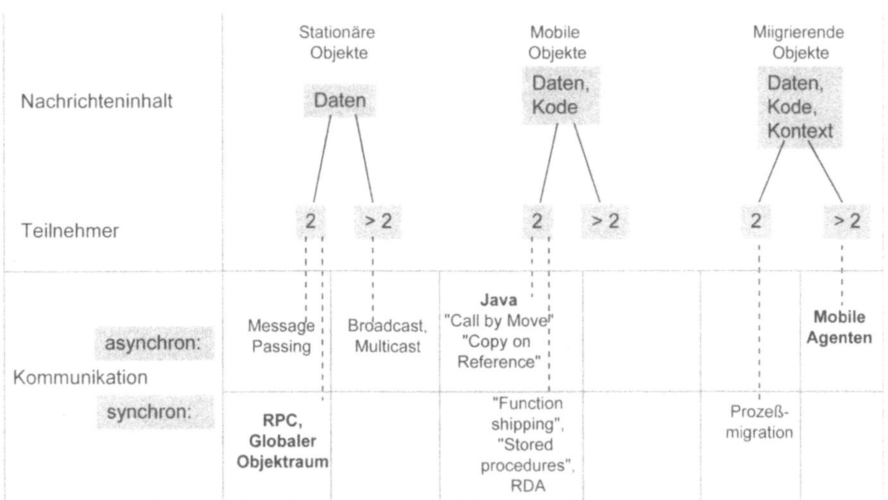

Abb. 22. Klassifikation von Kommunikationsmodellen

Zunächst wird in der nachfolgenden Diskussion der „klassische" Ansatz stationärer Klienten und Server erläutert und auf seine Eignung als systemtechnische Grundlage des GEMS untersucht. Erst im nachfolgenden Abschnitt wird dieses Modell durch die Annahme von Migrationsfähigkeit seitens des Klienten oder des Servers erweitert.

3.3.2 Ortsgebundene Klienten und Server im elektronischen Dienstemarkt

Unter der Annahme, daß Klient und Server stationär während einer Sitzung am jeweiligen Rechnerknoten verweilen, ist zu untersuchen, zwischen welchen der funktionalen Komponenten einer Softwareanwendung prinzipiell eine räumliche Trennung vorgenommen werden kann (vgl. Abb. 21).

Die Forderung nach Klientenautonomie und nach Reduzierung der Netzwerklast resultiert idealerweise in einer Kombination der Vorteile entfernter Präsentation mit denen der verteilten Anwendung. Es ist also zu klären, auf welche Weise Anwendungslogik in nicht unmittelbar als Maschinenkode ausführbarer Form einem generischen Klienten zur Verfügung gestellt werden kann, so daß eine sinnvolle Steuerung von Benutzeraktivitäten möglich wird. Neben einer Spezifikation der operationalen Serverschnittstelle sind daher sicherlich auch Informationen über zulässige Folgen von entfernten Prozeduraufrufen erforderlich, die den Klienten instruieren, welche Operationen in Abhängigkeit vom Anwendungszustand aufrufbar sind. Mit diesem Ansatz ist Raum gegeben für eine Entkopplung von Klienten- und Serverentwicklung: Informationen über eine neue Serverversion würden anhand der Infrastruktur und in Form dedizierter Koordinationsinstruktionen für einen generischen Klienten übermittelt werden. Somit ist ein Qualitätsmerkmal festgelegt, bezüglich dessen die im folgenden diskutierten statisch bzw. dynamisch typisierten Kommunkationsansätze bewertet werden können.

Statisch typisierte Kommunikation am Beispiel des RPC

Der entfernte Prozeduraufruf (*Remote Procedure Call*, RPC) ist einer der am häufigsten implementierten Kommunikationsmechanismen für verteilte Anwendungen. Systemtechnisch eignet er sich vor allem für die Realisierung des Client/Server-Modells, da dessen Asymmetrie aufgrund der Abstraktion des Prozeduraufrufs durch Trennung in aufrufendes und aufgerufenes Modul erreicht wird. Das zugrundeliegende Modell des RPC wurde bereits 1984 von [BiNe84] vorgeschlagen und ist seitdem in Form unterschiedlicher Implementierungen in verschiedene Middleware-Plattformen integriert worden. Gemeinsames Charakteristikum dieser Implementierungen ist die erhebliche Erhöhung der Verteilungstransparenz für den Anwendungsprogrammierer gegenüber dem reinen Nachrichtenaustausch.

Durch die Einbindung eines Präsentationsdienstes werden prozessor-, compileroder betriebssystemspezifische Unterschiede in den lokalen Syntaxen von Parameterwerten überwunden. Die Abstraktion des synchronen Prozeduraufrufes entlastet den Programmierer von der nachrichtenorientierten Entwicklung asynchroner Kommunikationssoftware.

Zusätzliche Werkzeuge unterstützen den Benutzer bei der Kodierung und Serialisierung von Datenwerten für die Parameterübertragung. Diese Stub-Generatoren erzeugen aus einer Definition des Schnittstellentyps eines Servers die Kodefragmente, die für Klient und Server zum Parametertransfer erforderlich sind [Schi92].

Verschiedene Implementierungen des RPC-Modells bilden die Grundlage industrieller Produkte:

- Sun ONC RPC (Open Network Computing) [Sun90],
- DCE (Distributed Computing Environment) [OSF92],
- CORBA (Common Object Request Broker Architecture) [OMG93] und
- ANSA (Advanced Networking Systems Architecture) [APM96]

Alle RPC-basierten Middleware-Plattformen setzen einen Stub-Generator ein, der eine Spezifikation von Schnittstellentypen in Kode umwandelt, der dann syntaktisch korrekte Protokolldateneinheiten generiert (Abb. 23). Gemäß der in Abschnitt 2.4 eingeführten Terminologie teilen alle Klienten und Server, deren Stubs aus der gleichen Schnittstellendefinition generiert wurden, eine Konformitätsdomäne. Mit anderen Worten: Es wurde implizit (durch den Programmierer) ein neuer Anwendungsdienst standardisiert. Im Falle einer intraorganisationalen Kommunikation ist dies opportun, da in beiden Fällen aufgrund der zu erwartenden intensiven Dienstnutzung Transaktionskosten reduziert werden. Im Markt-Szenario ist der adhoc-Benutzer jedoch mit zusätzlichen Installationskosten konfrontiert, wenn eine sporadische Dienstnutzung die Regel bildet.

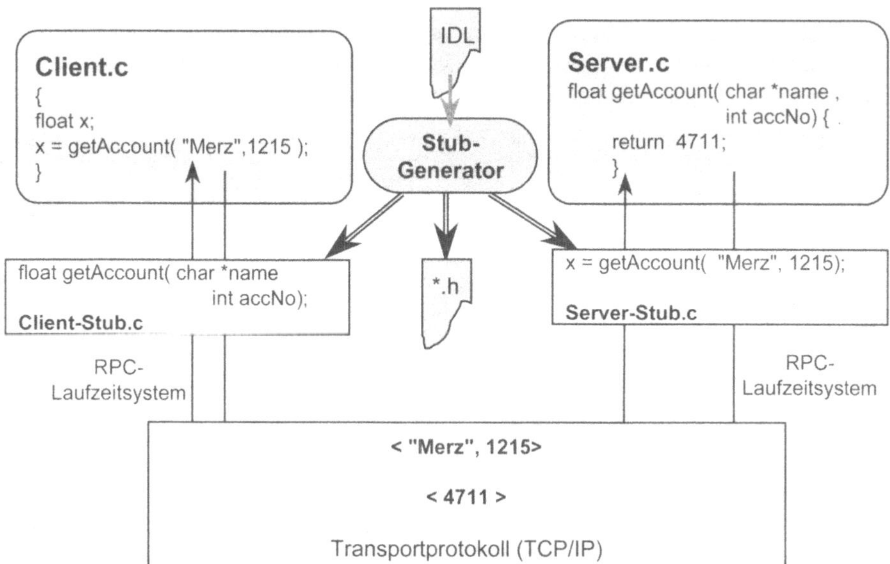

Abb. 23. Die Verwendung von Stubs zur Kommunikationsabstraktion

Verschiedene technische Möglichkeiten stehen zur Verfügung, um diese Installationskosten zu reduzieren: Beispielsweise kann der Server dem Klienten die Schnittstellendefinition ausliefern, damit dieser in der Lage ist, einen lokalen Klienten-Stub zu generieren und dynamisch an die Klientenanwendung zu binden. Der Vorgang kann für den Benutzer und die Anwendung transparent erfolgen, so daß prinzipiell entfernte Prozeduren des Dienstes nutzbar sind. Es ist jedoch keine Unterstützung für den Benutzer oder die Klientenanwendung gegeben, diese Prozeduren auch tatsächlich mit sinnvollen Parametern in sinnvoller Folge aufzurufen. Als einziger Ausweg bleibt, die Semantik dieses Dienstes zu standardisieren, d.h., es ist ein Normungsprozeß bezüglich des *Diensttyps*, also der Schnittstelle und Semantik des Dienstes, erforderlich.

Zusammenfassung und Bewertung

RPC-basierte Ansätze beruhen immer auf einem Client/Server-Modell, bei dem auf Klienten- *und* Serverseite Anwendungslogik erforderlich ist. Sie bieten dem Programmierer hohe Abstraktion bei der Entwicklung verteilter Anwendungen, eignen sich jedoch ohne dedizierte Ergänzungen kaum für das Szenario des Dienstemarktes, bei dem eine unmittelbare Bereitstellung und Nutzung von Diensten als elementarer Erfolgsfaktor identifiziert wurde.

Diese Wertung kann verallgemeinert werden für alle statisch typisierten Kommunikationstechniken: Auch der asynchrone Nachrichtenaustausch kann nur bei semantischer Kohärenz der beteiligten Module sinnvoll durchgeführt werden. In jedem Fall ist ein Protokollentwurf erforderlich, der allen Kommunikationspartnern feste Rollen vorschreibt. Damit ist jedoch die Klienten- und Serverautonomie (vor allem die Entwurfsautonomie) erheblich eingeschränkt. In ähnlicher Weise ist die Entwicklungsfähigkeit des gesamten Softwaresystems eingeschränkt, da in der Regel immer Klient *und* Server Einigung auf eine neue Version erzielen müssen.

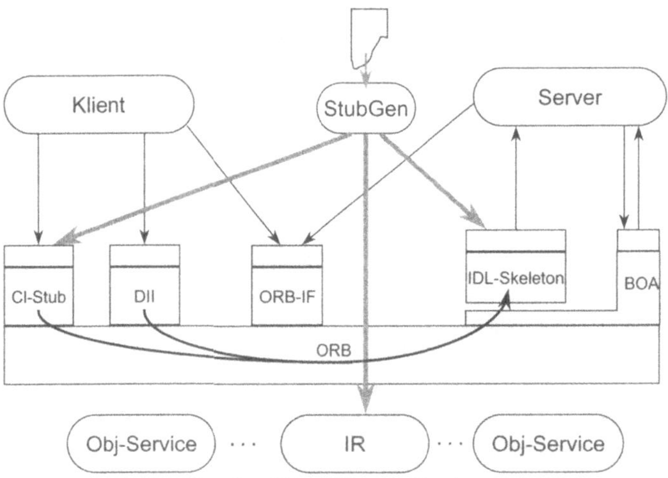

Abb. 24. Schnittstellen des Object Request Brokers

Dynamisch typisierte Kommunikation am Beispiel des CORBA DII

Die Verwendung eines Stub-basierten Ansatzes wurde für den Kontext des EDM aufgrund der statischen Festlegung von Parametertypen und Anwendungskode als ungeeignet verworfen. Wenn eine Klientenanwendung während ihrer Laufzeit Bindungen zu Servern unterschiedlichen Diensttyps eingehen können soll, wäre zunächst die Abkehr vom PDU-Paradigma erforderlich: Typinformationen der zu übertragenden Datenwerte wären als Bestandteil der Nachricht zu kodieren, so daß der Empfänger in die Lage versetzt wird, durch Interpretation Typ und Wert der Parameter zu inferieren. Wenn nun der Klient ferner zur Laufzeit über eine operable Repräsentation der Schnittstelleninformation verfügte, könnte er diese Information zur Erzeugung der vom Server geforderten Parameter nutzen.

Die „Common Object Request Broker Architecture"

Hauptmerkmal der CORBA ist eine Trennung in Systemkomponenten auf der Basis ihrer Schnittstellendefinitionen. Die *Object Management Architecture* (OMA) unterscheidet dabei grundsätzlich zwischen *Object Services*, *Common Facilities*, *Application Objects* sowie dem *Object Request Broker* (ORB) [OMG92]. Zwingend erforderlich für den Zugriff auf ein Objekt ist der ORB, der Schnittstellen zur Adaption von Objekten, für die Ausführung eines Aufrufes sowie für allgemeine Verwaltungsaufgaben vorsieht. *Object Services* sind generische Funktionen, z.B. zur persistenten Speicherung von Objekten, Namensverwaltung, Nebenläufigkeitskontrolle etc., die als Komponente den ORB ergänzen. Von ihnen wird erwartet, daß sie bei jedem ORB im Netzwerk zur Verfügung stehen. *Common Facilities* stellen spezifische Funktionen z.B. zur Währungsumrechnung (funktionsspezifische Cgs) oder zur Verarbeitung medizinischer Daten (branchenspezifische CFs) bereit, die jedoch im Gegensatz zu *Application Objects* noch keine eigenständige Anwendung realisieren.

Auf Objekte aller Kategorien können Klienten durch einen entfernten Methodenaufruf (bzw. RPC, vgl. Abb. 24) zugreifen. Als Kommunikationsdienst ist dabei der ORB involviert, der serverseitig die Registrierung von Objekten anhand des *Object Adapters* erlaubt [OMG93].

Auch bei CORBA erfolgt der entfernte Prozeduraufruf zwischen Klient und Server über Stubs (*Client-Stub* und *Skeleton*), die anhand einer Schnittstellendefinition generiert werden. Der *Basic Object Adapter* (BOA) erlaubt die Registrierung von Objekten, so daß im Falle eines Methodenaufrufs über den BOA ein Objekt der erforderlichen Klasse instanziiert werden kann. Die ORB-Spezifikation sieht jedoch neben schnittstellenspezifischen Stubs eine zweite Möglichkeit des entfernten Prozeduraufrufs vor, das *Dynamic Invocation Interface* (DII) [OMG93]. Hierbei werden Parameterwerte als Teil einer verketteten Liste, der *Named Value List* (NVL), definiert und beim Aufruf als Datenstruktur an den Empfänger übertragen. Zu diesem Zweck bietet der ORB an seiner Schnittstelle Methoden zur Definition eines *Request*-Objektes, das seinerseits die NVL kapselt. Über geeignete Methoden des `Request`-Objektes selbst können nur die erforderlichen Aufrufparameter dynamisch eingefügt werden:

```
CORBA::Request          request(obj_ref);
CORBA::Environment      env;
char                    *document = "diss.doc";
int                     copies = 3;
int

request.setOperation("Print");
request << document;
request << copies;
request.invoke (env);

if (request.isException (env))
  {
  if (env)
     fatal("Unexpected exception (1): ", env);
  else
     fatal("Unexpected exception (1): ", request.getEnvironment());
  }
```

Beispiel 2. Dynamisch typisierter RPC über das CORBA-DII

Das dargestellte Programmbeispiel beruht auf der CORBA-konformen Implementati-on *Orbix* [Iona95] und erlaubt durch Überladen des C++-Operators "<<" die Kon-struktion der NV-Liste als Bestandteil des Request-Objektes *request*.

Das CORBA-DII erlaubt die Übertragung von Parameterwerten aller elementaren Datentypen, die bei CORBA definiert sind (Abb. 25). Strukturierte Typen werden im Programmkode der Klienten- und Serveranwendung definiert, so daß beim Einfügen bzw. Auslesen als Glied der NV-Liste eine korrekte Repräsentation explizit pro-grammiert werden kann.

Die CORBA-Spezifikation sieht eine DII-Schnittstelle nur seitens des Klienten vor, d.h., serverseitig wird – wie auch im statischen Fall – der Prozeduraufruf über Object Adapter und IDL-Skeleton an die Anwendung geleitet. Es kann davon ausge-gangen werden, daß der Parametertransfer sowohl beim Stub-basierten als auch beim DII in gleicher Weise erfolgt, d.h. statisch typisiert. Die Aufgabe des DII reduziert sich dadurch auf eine Konvertierung des Request-Objekts in eine für den Server ge-eignete PDU ohne Typinformation, die das IDL-Skeleton des Servers zu interpretie-ren hätte. Die dynamische Parametertypisierung beschränkt sich somit ausschließlich auf die Klientenseite. Im Ergebnis bedeutet diese Einschränkung, daß seitens des DII-Klienten nur exakt jene Parameter, die vom Server erwartet werden, in der definierten Reihenfolge registriert werden können. Das Potential der Subtypisierung für eine ent-koppelte Weiterentwicklung von Klient und Server kann somit nur eingeschränkt ge-nutzt werden. Ebenfalls stellt die Ordnungsrestriktion bzgl. der Parameterwerte eine unnötige Einschränkung dar, da Parameterwerte beim DII nicht nur über Adressen, sondern auch über ihren symbolischen Namen identifiziert werden können.

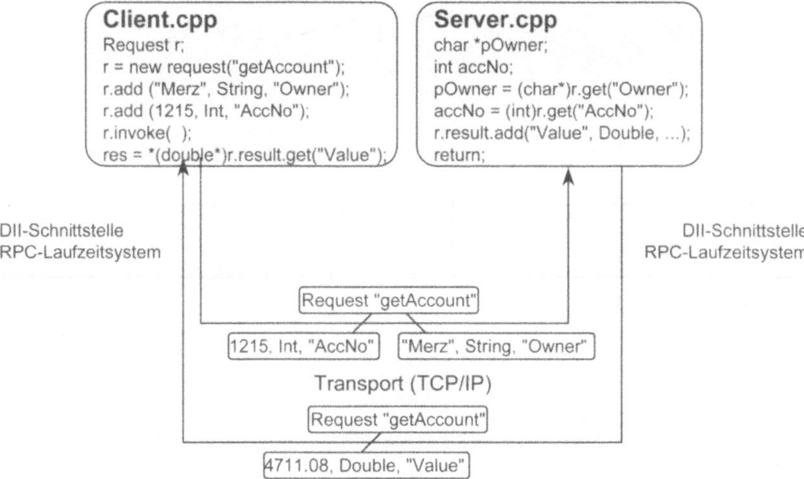

Abb. 25. Das Prinzip des dynamisch typisierten Prozeduraufrufes bei CORBA

Als Ausweg aus der de facto statischen Typisierung des DII verbleibt die Nutzung des
Datentyps Any.

```
main() {
     ...
  {
  CORBA::any a;
  a << "Hello foo";              // Aufruf op1
  obj_ref->op1 (a, ...);
  }
  ...
  {
  CORBA::any a;
  obj_ref->op2 (a, ...);         // Aufruf op2

  if (a._type->equal (TC_structS)) // Prüfen, ob Ergebnis vom
     {                            //  Typ TC_structS
     structS *s = (structS*) a._value;
     cout << "op2: received: " << *s << endl;
     }
  else
     cout << "unexpected value" << endl;
  }
}
```

Beispiel 3. Methodenaufruf mit Parametern vom Typ Any

Objekte des Typs Any erlauben die Speicherung und Übertragung von Typkennungen
mit dem Datenobjekt. Ferner kann durch Methoden wie equal im Beispielprogramm

diese Typkennung mit einer gegebenen verglichen werden. Das nächste Beispiel zeigt einen Teil des Serverprogramms, das als Objekt die Methoden op1 und op2 implementiert:

```
void obj::op1(const CORBA::any&x,  CORBA::Environment&IT_env) {

  if (x._type->kind() == CORBA::tk_string) {
    char *str;
    x >> str;
    cout << "op1, received : " << str << endl;
    delete [] str;
  }
  else
    cout << "unexpected value" << endl;
}

void obj::op2(CORBA::any&x,  CORBA::Environment&IT_env) {
    // Liefert ein Objekt vom Typ structS:
    structS s;
    s.i = 90;
    s.f = 90.8;

    cout << "op2, returning " << s << endl;
    x = CORBA::any (TC_structS, &s);
    break;
}
```

Beispiel 4. Serverseitige Implementierung des Beispiels

Obwohl die Verwendung des Datentyps Any suggeriert, daß beliebige *dynamisch* typisierte Werte zur Laufzeit transferiert werden können, ist dies nicht explizit in der CORBA-Spezifikation festgelegt. Sobald, wie aus den Kodefragmenten zu entnehmen, zur korrekten Übertragung eines strukturierten Wertes bereits zum Übersetzungszeitpunkt Typinformationen bereitgestellt sein müssen (TC_structS im Beispiel), eignet sich auch die Nutzung des Typs Any nicht für eine beliebige dynamische Typisierung. Eine Beschränkung auf jene Datentypen, die im generierten Stub-Kode definiert sind, führt zu keinem Ergebnis, das nennenswert über die Einschränkungen Stub-basierter Systeme hinausgeht. Trotz aller Einschränkungen des CORBA-Ansatzes ist prinzipiell die dynamische Typisierung beliebig strukturierter Parameterwerte denkbar, wenn nämlich die Anwendung selbst die Typkodierung und die Einbettung von Werten dynamischer Typen in die NV-Liste durchführt. Dies ist allerdings auch bei statisch typisierter Kommunikation möglich und stellt somit keinen Vorteil mehr dar.

Durch das DII besteht jedoch bei CORBA grundsätzlich die Fähigkeit des Klienten, Bindungen zu Servern einzugehen, deren Schnittstellentyp zur Zeit seiner Übersetzung nicht bekannt war. Im Gegensatz zum Stub-basierten Ansatz kann jetzt *prinzipiell* ein Server genutzt werden, ohne daß ein dedizierter Klient an den Benutzer auszuliefern wäre. Zu beachten sind hierbei jedoch zwei offene Fragen:

1. Wie gelangt das (Server-unabhängige) Klientenprogramm an die Information, welche Parameter*typen* für die Named Value List zu verwenden sind (die Parametersyntax), und

2. woher bezieht es Informationen über zulässige Parameter*werte* (die Parametersemantik)?

CORBA sieht neben einer herkömmlichen Erzeugung von Stubs auch die Möglichkeit vor, Schnittstellenbeschreibungen in ein *Interface Repository* (IR) einzutragen. Dieses IR ist eine Datenbank, die Schnittstelleninformation persistent speichert und wiederum anderen Anwendungen im Netz eine eigene Schnittstelle anbietet, um auf abgelegte Informationen zuzugreifen. Auf diese Weise kann ein *generischer Klient* Informationen über Serverschnittstellen ermitteln und dabei auch die nötige Typinformation analysieren. Zwar ist das DII damit noch nicht typsicher, aber bei korrekter Programmierung des Klienten und bei Übereinstimmung des IR-Eintrages mit der tatsächlich implementierten Serverschnittstelle kann es zur Laufzeit zu keinem Typfehler kommen.

Die zweite Frage bzgl. der Parametersemantik ist im Rahmen der CORBA nicht zu beantworten: Es ist in der Basisarchitektur noch keine Funktion vorgesehen, die einem Benutzer neben Informationen über die Schnittstellensyntax eines Servers auch Hinweise zu seiner Semantik liefert. Solche Informationen könnten sich in das IR einbetten lassen, wenn sein Datenmodell in angemessener Weise erweiterbar wäre. Da das Schema des IR im Rahmen des CORBA-Standards jedoch unmittelbar mit der IDL-Grammatik korrespondiert und somit ebenfalls statisch ist, besteht ohne Erweiterung der CORBA-Infrastruktur keine Möglichkeit, diese Einbettung durchzuführen.

Zusammenfassung und Bewertung

Ein generisches Klientenprogramm besitzt keine Informationen über das *Aufrufprotokoll* des Servers, also die zulässigen Folgen von Operationsaufrufen. Ferner besteht anhand der CORBA-Schnittstellendefinition zu wenig Information, um für Benutzer eine ansprechende graphische Präsentation des Servers zu generieren.

Darüber hinaus ist es im Hinblick auf die im elektronischen Markt erforderliche Unterstützung des Zahlungsverkehrs wünschenswert, Preis- und andere Produktinformationen des Servers über ein IR an den Benutzer zu übermitteln – auch für diesen Zweck wird im Rahmen der Basisarchitektur von CORBA noch keine Unterstützung geleistet.

Eine Möglichkeit, diese Einschränkung zu vermeiden, bietet im Rahmen der CORBA-Standardisierung der *Externalisation* und *Persistency Object Service* [OMG94], die mit dem Ziel spezifiziert wurden, beliebig strukturierte, persistent gespeicherte Informationen zwischen Objekten auszutauschen. Eine solche Datenstruktur könnte neben der Schnittstellenbeschreibung des IR auch weiterführende Informationen für einen generischen Klienten beinhalten (vgl. Abschnitt 4.2).

Prinzipiell unterstützt das DII (und damit CORBA im allgemeinen) die Realisierung einer EDM-Infrastruktur in besserer Form als statisch typisierte Mechanismen. Allerdings ist hierbei erst ein sehr geringer Teil der noch zu integrierenden Komponenten der Infrastrukturebene, wie z.B. die Unterstützung von Zahlungstransaktionen, verfügbar.

Ein erheblicher Vorteil gegenüber dem weiter unten untersuchten World Wide Web besteht beim CORBA-DII jedoch in der Trennung von Klient und Server in zwei Komponenten mit separatem Anwendungszustand. Bei komplexen Interaktionen mit zustandsbehafteten Servern können somit Daten lokal beim Klienten vorgehalten werden. Die erforderliche Zustandsinformation muß dabei nicht bei jedem entfernten Prozeduraufruf zwischen den Instanzen transferiert werden.

In diesem Abschnitt wurde der Mechanismus des RPC als geeignete Kommunikationsgrundlage der Client/Server-Kooperation motiviert und kritisch gewürdigt. Unabhängig von dieser Fragestellung ist die der Mobilität einzelner Komponenten einer verteilten Client/Server-Anwendung, denn es kann unter bestimmten Umständen vorteilhaft sein, Klient und Server auf einem Knoten zusammenzuführen, um dadurch Kommunikationskosten zu sparen. Im folgenden wird daher die Annahme ortsgebundener Komponenten aufgehoben.

3.3.3 Mobile Klienten und Server

Prinzipiell sind drei Möglichkeiten denkbar, Klient und Server zur Interaktion auf einem Knoten zusammenzuführen:

1. *Kollokation auf dem Rechner des Klienten.* In diesem Fall wird der Server zur Laufzeit vom Klienten geladen und gebunden, so daß Operationsaufrufe unmittelbar im Prozeßkontext des Klienten durchgeführt werden können. Ein prominentes Beispiel dieses Ansatzes ist die von Sun entwickelte Programmiersprache *Java*, die es erlaubt, Objekte im Netz zu referenzieren, zu binden und auf der lokalen abstrakten Maschine auszuführen [Sun95]. Ein solcher Operationsaufruf beim geladenen Objekts (*Applets*) erfolgt transparent bzgl. der dafür erforderlichen Migration.

2. *Kollokation auf dem Rechner des Servers.* Umgekehrt kann das aufrufende Programmodul des Klienten an den Server gesendet werden, um dort lokale Operationsaufrufe durchzuführen. Der Ansatz des *function shipping* bzw. der *stored procedures* im Datenbankbereich fällt in diese Kategorie [Lame95]. Bei *Kollokationen auf den Rechnern mehrerer Server* ist der mobile Klient in der Lage, sequentiell Bindungen zu diesen Servern durchzuführen und dabei den Zustand seiner Programmausführung jeweils am Ankunftsort zu restaurieren.

3. *Kollokation auf einem dritten Rechner.* Verschiedene Ansätze unterstützen auch die Kollokation von Programmodulen auf einem dritten Rechner [Schi90] – zumeist motiviert durch eine verbesserte Lastverteilung im Netz. Die für diesen Ansatz erheblich höhere Konfigurierbarkeit von Anwendungen und Knoten schränkt jedoch gleichzeitig die Autonomie der Partner ein, so daß dieser Ansatz hier nicht weiter verfolgt wird.

Die Kollokation auf dem Rechner des Servers führt zu einer weiteren Trennung des Klientenprogrammes in einen stationären und einen mobilen Teil. Im Extremfall stellt der Benutzer den stationären Teil dar, der den mobilen Klienten initialisiert, somit für eine bestimmte Aufgabe parametrisiert und ihn anschließend als autonom agierenden

Kode im Rechnernetz versendet. Je nach Aufgabenstellung besucht dieses Programm verschiedene Serverinstanzen, um dort lokale Operationen auszuführen. Dieser Ansatz wird im folgenden unter dem Begriff der *mobilen Agenten* weiter verfolgt.

Mobile Agentensysteme als Umsetzung migrationsfähiger Klienten

„Mobile Agenten", „wandernde Agenten" oder „agentenorientierte Programmierung" (*mobile agents, itinerant agents, agent-oriented programming*) stehen für ein Kooperationsmodell, das bereits auf Ansätze von z.B. Tsichritzis et al. zurückzuführen ist [TFGN87]. Eine besondere Eigenschaft mobiler Agenten ist dabei die Fähigkeit, während ihrer Programmausführung im Netzwerk zu migrieren und dabei mit ihrer systemtechnischen Umgebung durch Nachrichtenaustausch oder Operationsaufrufe zu interagieren [Wayn95]. Allgemein wird der Begriff des Agenten in einem weiten Spektrum von Informatikmodellen verwendet: In Anlehnung an [Mage95] lassen sich Agentensysteme nach der *Anzahl* der beteiligten Agenten klassifizieren in *Einzel-* und *Mehragentensysteme* (vgl. Abb. 26). Die ersteren zerfallen wiederum in *lokale* Agenten (local agents) und *Netzwerkagenten* (networked agents), die letzteren in Agenten im Sinne der Verteilten Künstlichen Intelligenz (*intelligent agents*) und in *mobile* Agenten.

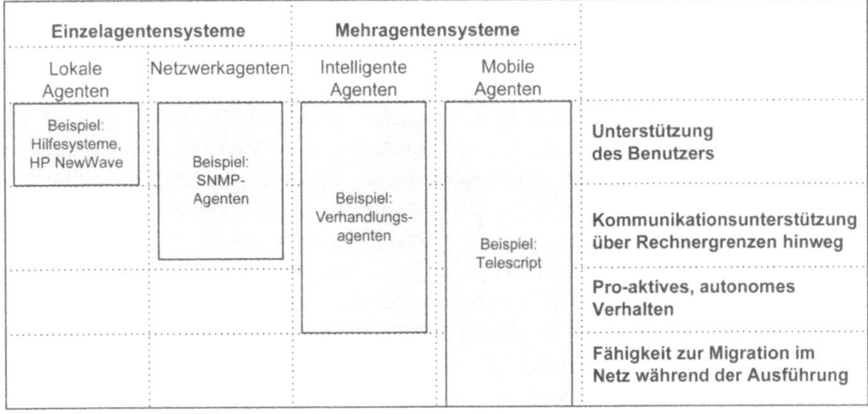

Abb. 26. Klassifikation von Agentensystemen, in Anlehnung an [MaRK96]

Im Hinblick auf die Zielsetzung, eine adäquate EDM-Infrastruktur zu entwerfen, erscheint insbesondere der Ansatz mobiler Agenten als sinnvolle Ergänzung zum Client/Server-Modell, da ein mobiler Agent die Rolle des Mehrwertdienstes in flexibler Weise erfüllen kann. Im weiteren Verlauf stehen daher mobile Agenten im Blickpunkt der Untersuchung. Die anderen Kategorien seien nur kurz skizziert:

Lokale Agenten erfüllen in der Regel eine spezialisierte, unterstützende Funktion für den Benutzer. Als Synonyme werden auch die Begriffe „Intelligenter Assistent" und „Persönlicher Assistent" verwendet. Lokale Agenten können unmittelbar vom Benutzer in einer Makrosprache programmiert oder in konfigurierter Form z.B. als Hilfesystem für Anwendungssoftware bereitgestellt werden. Entscheidendes Merkmal lokaler Agenten ist nach [Mage95] die Fähigkeit, als generisches System Anwendungswissen auf der Basis von Hochsprachen zu erwerben. Diese können Wissensrepräsentationssprachen, Makros oder Skriptsprachen sein. Ein weiteres Merkmal lokaler Agenten ist die Fähigkeit, asynchron und unabhängig vom Auftraggeber zu agieren. Diese Eigenschaft erfordert hohe Autonomie des Agenten sowie die Fähigkeit, flexibel auf nicht durch den Programmierer antizipierbare Umwelteinflüsse zu reagieren.

Netzwerkagenten verfügen zusätzlich über die Fähigkeit, entfernte Ressourcen für die Erfüllung ihrer Aufgabe zu nutzen. Kennzeichnendes Merkmal ist die Kommunikationsfähigkeit mit lokalen und entfernten Ressourcen, Anwendungen oder Benutzern. Dabei verbleiben sie stationär auf einem Rechnerknoten und sind nicht in der Lage, miteinander zu kooperieren. Typische Vertreter sind z.B. der Directory User Agent (DUA) im X.500-System, der einem Benutzer unter Wahrung gewisser Verteilungstransparenz das Navigieren und Abfragen von Informationen des X.500-Verzeichnisses erlaubt [Rose92, Hill92]. Ebenfalls fallen *Suchmaschinen* und *Software Robots* im Internet [EtWe94] sowie *Preisagenten*, die auf die Ermittlung günstiger Preiskonditionen bei Buchungssystemen spezialisiert sind, in diese Kategorie. Ein Netzwerkagent kapselt also anwendungsspezifisches Wissen gegenüber seinem Nutzer ab und realisiert so ein höheres Abstraktionsniveau durch Datenverdichtung oder -konvertierung. Er nimmt grundsätzlich die Funktion eines Mehrwertdienstes ein, auch wenn diese Dienstleistung nicht immer kommerziell erbracht wird, und Netzwerkagenten von ihren Klienten nicht immer über eine operationale Schnittstelle genutzt werden.

Gleiches gilt für die Netzwerk-Management-Protokolle SNMP (Simple Network Management Protocol) und CMIS/CMIP (Common Management Information Service/ Common Management Information Protocol) [HeAb93], die Prozesse zur Konfiguration und Überwachung von Hardwareeinheiten und Anwendungssoftware als *Management-Agenten* einsetzen. Auch diese dienen lediglich der Abstraktion bezüglich spezifischer Steuerungsprotokolle für die Verwaltung von Systemressourcen.

Mehragentensysteme sind gegenüber Netzwerkagenten um die *Kooperationsfähigkeit* zwischen Agenten erweitert. Protokolle zur Kooperation werden durch geeignete Wissensrepräsentations- und -austauschsprachen ausgedrückt (vgl. z.B. KQML [CFFM+92, FFKE94] und KIF [GeFi92]). Je nach Modell kommunizieren Agenten direkt miteinander durch Nachrichtenaustausch (z.B. beim Contract-Net-Ansatz [GeKe94, Sand93]) oder indirekt durch Mechanismen der Blackboard-Kommunikation [EnMo88] oder dedizierter Agentenplattformen, die die Agentenkooperation koordinieren. Agenten sollten dabei auch in der Lage sein, Handelsaktivitäten im Namen ihrer Auftraggeber durchzuführen [Vari96].

Mobile Agenten verfügen schließlich über die zusätzliche Fähigkeit, während der Programmausführung im Netzwerk ihren Standort zu wechseln. Die Realisierung eines solchen Agentensystems erfordert verschiedene Erweiterungen der Agenteninfrastruktur: Ein ausführbarer Agent muß in einem kanonischen Austauschformat repräsentiert sein, damit Migration zwischen heterogenen Rechnerarchitekturen ermöglicht ist; Agenten können prinzipiell Vertrauensdomänen überschreiten, so daß für den Empfänger eines Agenten dessen Vertrauenswürdigkeit verifizierbar sein muß; für den Auftraggeber ist ein Agent, der durch das Netzwerk migriert, nicht mehr erreichbar, so daß ein eventueller Verlust desselben oder ein fehlgeleiteter Auftrag erst nach einem Time-Out oder dessen Rückkehr erkennbar ist. Aufgrund dieser komplexen Anforderungen an die Agenteninfrastruktur sehen verschiedene, weiter unten skizzierte Modelle sogenannte *agent meeting places* (Agenten-Treffpunkte) vor, die das nötige systemtechnische Instrumentarium bereitstellen, um Aspekte der Migration und Kooperation weitgehend aus der individuellen Agentenprogrammierung in die Plattform herauszufaktorisieren. Ein Entwickler ist dann nur noch in die problemorientierte Programmierung von Agentenanwendungen involviert.

Ist der Ausführungskontext eines Agenten Bestandteil der Nachricht, in die der Agent eingebettet ist, schlagen Harrison et al. [HaCK94] alternativ den Begriff *wandernder Agenten* (*itinerant agents*) vor. Über die entfernte Ausführung eines Skripts auf *einem* Knoten hinaus besteht bei wandernden Agenten eine Kapselung von Kode, Daten und Ausführungskontext. Innerhalb der Kategorie der mobilen Agenten lassen sich weitere Merkmale identifizieren:

- *Asynchrone Migration, synchrone Kommunikation*: Agenten können am Treffpunkt *synchron oder asynchron* miteinander kommunizieren. Erfolgt diese Kommunikation synchron nach dem Muster des Prozeduraufrufes, führt dies zur Erweiterung des Client/Server-Modells, bei dem Agenten die Rollen von Auftraggeber und Auftragnehmer übernehmen. Auf welche Weise von dieser Möglichkeit Gebrauch gemacht wird, hängt in erster Linie von der Bandbreite der Kommunikation auf den verschiedenen Verteilungsebenen ab. Ist etwa die Kommunikationsbandbreite in Weitverkehrsnetzen schmalbandig, innerhalb lokaler Netze jedoch breitbandig, besteht die Möglichkeit, den mobilen Agenten zunächst am Knoten des Benutzers zu initialisieren, als Nachricht zum Server zu senden und ihn dann am entfernten Ort eine Folge rechenintensiver Operationen ausführen zu lassen (vgl. Abb. 27). White prägte für diesen Ansatz den Begriff des *remote programming* [Whit94], der jedoch in dem Sinne mißverständlich ist, daß ein Agent oder ein Server nicht entfernt *programmiert*, sondern ein evtl. lokal programmierter Agent entfernt *ausgeführt* wird.

- *Agentenautonomie*: Mobile Agenten sollten aufgrund der für lokale Agenten geltenden Eigenschaften Ausführungs- und Kommunikationsautonomie besitzen. Dennoch werden Ansätze und Agentenmodelle, bei denen keine Einflußnahme auf den „Migrationspfad" oder die Nutzung lokaler Ressourcen durch den Agenten selbst besteht, fälschlicherweise unter dem Begriff mobiler Agenten subsumiert. Als Beispiel sei wiederum die Sprache Java in Verbindung mit einem erweiterten WWW-Browser genannt [Sun95]. Ein Java-Programm verfügt weder über Migrationsautonomie noch über die für wandernde Agenten erforderliche Kapselung des Ausführungskontextes. Auch Verfahren der *Prozeßmigration*, die im Falle homogener Rechner- und Betriebssystemumgebungen zum Einsatz kommen, sind mit verschiedenen Einschränkungen behaftet und werden damit *nicht* der Kategorie der mobilen Agenten zugeordnet: Die Verlagerung von Prozessen ist ihrerseits ein Vorgang, bei dem zwar Kode-, Daten- und Stack-Segmente zusammen mit dem Registerinhalt und dem weiteren Prozeßkontext (Offene Dateien, Kommunikationskanäle, Umgebungsvariablen etc.) zu transferieren sind, jedoch nicht durch den Prozeß selbst, sondern durch eine übergeordnete Administrationsinstanz, folglich auch ohne die erforderliche Exekutionsautonomie des Programmes (vgl. als Beispiele der Prozeßmigration [Jul89] oder [Smit88]).

- *Spezifische Anforderungen an die Sicherheitsinfrastruktur.* Ein Agent oder ein Server kann sich durch geeignete Sicherheitsmaßnahmen gegen potentielle Angriffe böswilliger oder fehlerhafter Agenten absichern. Dies erfolgt in verschiedenen Modellen durch eine Sicherheitsbarriere, die Aufrufe lokaler Systemfunktionen (z.B. zum Löschen von Dateien) verhindert. Falls für einen gegebenen Agenten diese Funktion doch zugänglich sein muß, so sollte sie kontrolliert durch die lokale Laufzeitumgebung freigegeben werden können. Ein anderes Problem beruht im Überschreiten von Organisations- und Vertrauensbarrieren durch einen Agenten: Falls Informationen, die der Agent als Datenobjekte trägt, zu verschlüsseln sind, besteht für die Engine, die Zugriff auf Objekte des Agenten hat (also auch auf den Schlüssel), die Möglichkeit (bei symmetrischer Verschlüsselung), diese Information einzusehen. Auch beim Einsatz asymmetrischer Verfahren (vgl. hierzu auch Kapitel 6) sind Situationen denkbar, bei denen eine nicht vertrauenswürdige Engine einen privaten Schlüssel des Agenten mißbrauchen kann, z.B. für das Senden authentisierter Nachrichten in seinem Namen.

Eine mögliche Vermeidung dieses Problems liegt in der Haltung von Schlüsseln in einer für den Agenten vertrauenswürdigen Domäne. Sie würde jedoch die Kommunikationslast erheblich erhöhen, da zu verschlüsselnde oder zu signierende Informationen im Netz transportiert werden müßten. Dies konterkariert jedoch gerade den Vorteil des Agentenansatzes. Folglich ist eine sinnvolle Aufteilung von Systemfunktionen auf Vertrauens- und Organisationsdomänen ein entscheidendes Entwurfskriterium für agentenbasierte EDM-Infrastrukturen.

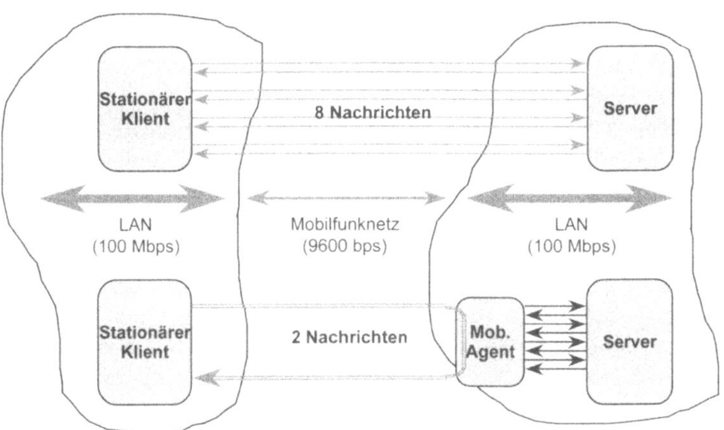

Abb. 27. „Remote Programming"

Weitere Agenteneigenschaften werden z.B. von [WoJe94] als grundlegend vorausgesetzt:

- *Reaktivität*: Agenten nehmen Veränderungen der Umwelt wahr und können darauf reagieren.
- *Kommunikationsfähigkeit*: Agenten sind in der Lage, Informationen mit Partnern (Agenten, Benutzern, Objekten oder der Umwelt) auszutauschen.
- Initiative: Agenten zeigen zielorientiertes, pro-aktives Verhalten und reagieren damit nicht nur auf Ereignisse ihrer Umwelt.
- *„Reasoning"*: Agenten sind auf der Basis aktuellen Wissens und Erfahrungen fähig, auf rationale und nachvollziehbare Weise zu inferieren und zu extrapolieren.
- *Planungsfähigkeit*: Ein Agent kann zur Erreichung eines Ziels unterschiedliche Pläne identifizieren, selektieren und aktualisieren.
- *Lernen und Adaption*: Ein Agent kann Wissen aufgrund vergangener Erfahrungen sammeln und dadurch sein Verhalten in neuen Situationen erfolgreich anpassen.

Unabhängig von diesen Eigenschaften intelligenter Agenten ist die der Mobilität. Daher lassen sich beide Aspekte isoliert behandeln. Im Rahmen dieses Abschnitts steht die Untersuchung mobiler Agenten als systemtechnische Grundlage des EDM im Vordergrund, so daß im besonderen der Mobilitätsaspekt im Hinblick auf die Eignung als systemtechnische Grundlage eines EDM zu untersuchen ist.

Definition: Mobiler Agent

Bestehende Ansätze zur Unterstützung mobiler Agenten, wie z.B. Telescript oder M0 zielen vor allem auf die Verbesserung einer Kommunkationsinfrastruktur ab und weniger auf die mit den genannten Eigenschaften charakterisierte Nachbildung sozialen Verhaltens, wie es häufig bei Mehragentensystemen der Fall ist. Mobile Agenten finden insbesondere dann ihren Einsatz, wenn es die Absicht eines Softwareentwicklers ist, anderen Benutzern für fest umrissene Aufgaben eine effizientere Arbeitsunterstützung bereitzustellen. Sie sind somit als isolierte Programme nicht „intelligent", sondern sind evtl. intelligent programmiert, um eine bestehende Nachfrage zu befriedigen:

> Ein mobiler Agent ist eine *persistente Kapselung von Kode, Daten und Ausführungskontext*. Er ist in der Lage, *während seiner Ausführung autonom und zweckvoll* innerhalb von Rechnernetzen zu *migrieren*, um einen Auftrag auszuführen.

Zu untersuchen ist damit, inwiefern das Modell mobiler Agenten sich als systemtechnische Grundlage eines EDM eignet. Dabei sollte gegenüber dem Client/Server-Modell ein nachweisbarer Vorteil durch die klienten- oder serverseitige Migrationsfähigkeit bestehen. Zur qualitativen Beurteilung dieser Vorteile lassen sich wiederum die im ersten Teil erarbeiteten Erfolgsfaktoren heranziehen – insbesondere stehen hier die Forderungen nach Kostenreduktion, Wertschöpfungsketten, Klienten- und Serverautonomie und Marktoffenheit im Vordergrund:

Mobile Agenten als Interaktionsmodell für den elektronischen Dienstemarkt?

Chess et al. nennen folgende zwei Motivationskategorien [CGHL+95, S.1]:

> *„1. Support for mobile computers or lightweight devices and*
> *2. the emerging need in rapidly evolving networks for an asynchro-*
> *nous method of searching for information or transaction*
> *services. "*

Das erste Argument bezieht sich insbesondere auf mobile Benutzer, die z.B. über Datenfunknetze und einen Einwählknoten mit dem Internet in Verbindung stehen. Hierbei erweist es sich als Vorteil, nur Agenten über diesen schmalbandigen Kanal zu transferieren und den kommunikationsintensiven Aufruf lokaler Operationen am Orte des Servers durchzuführen (vgl. [Whit94]). Hinter der zweiten Argumentation steht die Forderung nach einer Institutionalisierung des lokalen Know-how, ganz im Sinne eines Mehrwertdienstes. Bei dieser Motivation wird davon ausgegangen, daß Dienstnutzer mangels globalen Wissens nicht mehr fähig sind, nützliche Ressourcen im Netzwerk zu lokalisieren und sinnvoll zu nutzen. Infolgedessen ist eine Infrastruktur vorteilhaft, die – ganz im Sinne der EDM-Forderungen – eine emergierende und sich wandelnde Nachfrage schnell und zuverlässig befriedigt. Somit kann weitgehend eine Zielkohärenz zwischen den EDM-Anforderungen und Infrastrukturen für mobile Agenten festgestellt werden.

Oft wird jedoch der Einwand erhoben, daß die Rolle des mobilen Agenten auch durch stationäre Server, die es dem Klienten erlauben, einen Auftrag zu erteilen und das Ergebnis nach einer gewissen Zeit abzuholen, erfüllt werden kann. Auch in diesem Falle würde die Mobilfunk-Verbindung nur für zwei entfernte Prozeduraufrufe bestehen, da jede weitere Kommunikation durch den Mehrwert-Server im Breitbandnetz ausgelöst werden würde. Häufig ist jedoch eine komplexe Initialisierung der Agentensoftware erforderlich, die lokal eine Plausibilitätsprüfung der Parameter erfordert oder evtl. Zugriffe auf lokale Daten. In diesen Fällen ist zwischen dem Benutzer bzw. seiner Systemumgebung und dem Agenten eine breitbandige Kommunikation (wie z.B. die des lokalen Prozeduraufrufes) vorteilhaft.

Es hängt somit sicherlich von der individuellen Anwendung ab, ob eine agentenbasierte Realisierung opportun bzw. kostengünstiger erscheint als eine auf stationären Komponenten basierende. Wenn jedoch die Einbettung einer Agenteninfrastruktur in die des EDM ihrerseits an zu hohen Rüstkosten scheitert, so führt diese Einschränkung auch zu höherer Ineffizienz des Gesamtsystems. Im folgenden werden daher potentielle Anwendungsszenarien skizziert, für die mobile Agenten als Kommunikations- und Koordinationsmechanismus in Frage kommen:

Anwendungsgebiete mobiler Agenten im EDM

Suchanfragen: Einer der häufigsten Einsatzschwerpunkte für mobile Agenten ist die Durchführung von Suchanfragen. Hierbei kann der Benutzer ein Skript erstellen, das für die konkrete Suchanfrage Kontrollstrukturen und Abfragebefehle umfaßt. In der Regel erfolgt die Programmierung des Skripts und seine Parametrisierung für eine konkrete Abfrage unabhängig, so daß der Agent sich für verschiedene Anfragen wiederverwenden läßt. Der Agent kann entweder durch den Auftraggeber erstellt oder von einem Anbieter bezogen werden.

Die *intelligente Mail* erlaubt eine entfernte Skriptausführung oder Installation von Programmodulen, ohne daß ein Ergebnis erwartet wird. Als Resultat der entfernten Ausführung kann jedoch eine Benachrichtigung erfolgen, wenn sich z.B. der Zustand des entfernten Servers geändert hat. [Whit94] führt hierzu das Beispiel der Benachrichtigung des Benutzers im Falle einer Flugplanänderung bei einem Airline-Server an.

Workflow-Management: Die Koordination räumlich und zeitlich verteilter Einzelaktivitäten läßt sich ebenfalls durch mobile Agenten realisieren. Die Kontrollstrukturen des Agentenprogrammes repräsentieren dabei Präzedenzrelationen und Datenabhängigkeiten der involvierten Aktivitäten. Aufgrund der Fähigkeit, Zustandsinformation in Form globaler Variablen mit sich zu führen, kann ein mobiler Agent auch den Abarbeitungszustand eines individuellen Auftrages repräsentieren [MLML96].[18]

Transaktionale Ausführung verteilter Aktivitäten: Ist durch eine geeignete Infrastruktur die Konsistenzerhaltung mobiler Agenten auch im Falle eines Systemausfalls sichergestellt, kann ein Agent die Rolle des Transaktionsmanagers durch Ausführung eines Skripts, ähnlich dem TranScript-Ansatz [WäRe90], übernehmen. Er muß dabei in der Lage sein, auf die Ausführungsergebnisse lokaler Transaktionen zu reagieren. Außerdem ist für nebenläufige Subtransaktionen, die auf separaten Knoten ausgeführt werden, eine Unterstützung unabhängig agierender Agenteninstanzen sinnvoll, damit der Netzwerkverkehr reduziert werden kann – sonst wäre durch die Koordinationsnachrichten eines einzelnen Agenten kein Vorteil gegenüber einem konventionellen Transaktionsprotokoll gegeben.

Preis-Transparenzmechanismen: Unter der Annahme, daß Wettbewerber ihre Produktinformationen auf dem EDM explizieren, können spezialisierte Agenten einen Vergleich durchführen und die Adresse des günstigsten Anbieters liefern. Auch wenn die Anbieter ihre Preisgestaltung in unkoordinierter, heterogener Weise vornehmen, kann der individuelle Agent eine Transformation in ein für den Auftraggeber transparentes, „kanonisches" Format durchführen. Für den Agentenentwickler hängt die Profitabilität dieses Dienstes von seiner Nutzungsintensität ab.

In jedem Beispiel kapselt der mobile Agent Anwendungs- oder Verfahrenswissen, das entweder vom Auftraggeber (*Klientenagent*) oder dem Auftragnehmer bzw. einem Dritten (*Serveragent*) über die Programmierung expliziert wurde (vgl. Abb. 28). Damit sind mobile Agenten auch ohne dedizierte Repräsentationssprachen Träger individuellen Wissens; es ist allerdings im Unterschied zu Ansätzen, die auf Wissensrepräsentationssprachen basieren, nicht ohne weiteres zwischen Agenten austauschbar.

---

[18] Vgl. dazu auch Abschnitt 8.3 in Teil III.

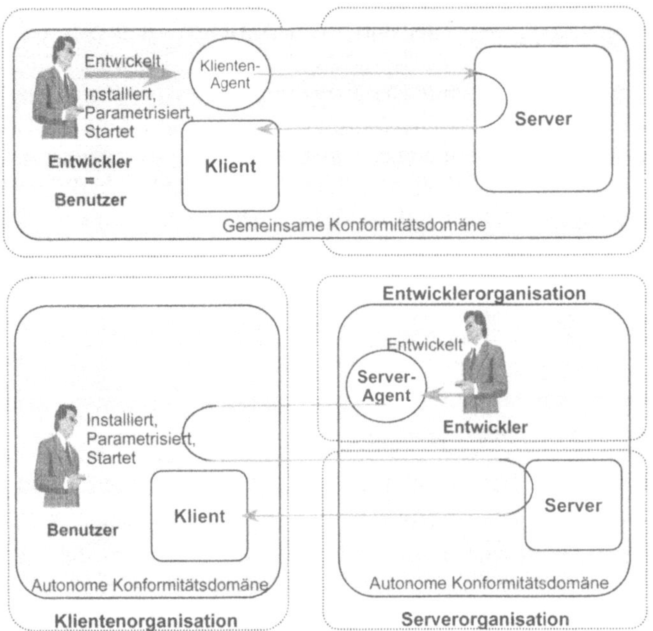

Abb. 28. Klienten- vs. Serveragent

Zwei Grundmuster der Nutzung mobiler Agenten lassen sich identifizieren (Abb. 28): Entweder wird der Agent vom Auftraggeber selbst entwickelt oder als „Fertigprodukt" extern bezogen. Gerade in dieser Generierung von zusätzlichem Nutzen durch die vorherige Bereitstellung seitens einer dritten Partei liegt der Vorteil solcher „Mehrwertagenten". Für den Auftraggeber liegt dabei die Entscheidung zwischen der Option des Kaufes oder der Eigenerstellung. Entscheidend ist dabei die Abwägung der Nutzungs- bzw. Erstellungskosten. Bezüglich der Konformitätsdomänen haben wir es im ersten Fall mit *interner*, im zweiten mit *übergreifender* Kommunikation zu tun (vgl. vor allem [MLML96]). Für den Einsatz als EDM-Mechanismus erscheint daher die zweite Variante angemessener.

Zur Illustration des Ansatzes mobiler Agenten seien im folgenden zwei Entwicklungen dargestellt, erstens der *Boten-Ansatz* von Tschudin und zweitens die Agentenumgebung *Telescript/Magic Cap* von General Magic, Inc. Ergänzend sei schließlich erwähnt, mit welcher Erweiterung auch Java-Umgebungen unter dem Ansatz mobiler Agenten zu subsumieren wären.

1. Das Botenparadigma der Sprache M0

Angesichts des aufwendigen Einigungsprozesses bei der Standardisierung anwendungsspezifischer Protokolle schlägt Tschudin [Tschu93, MMTH95] einen agentenorientierten Ansatz vor, bei dem ein Protokoll im „klassischen" Sinne nur für den *Boten*transport verwendet wird. Jede weitere anwendungsnahe Kommunikation wird durch Boten (als synonym für mobile Agenten) selbst realisiert. Dabei entfällt die Notwendigkeit, spezifische Protokollinstanzen zu programmieren, zu beschaffen und schließlich zu installieren, *bevor* ein Datenaustausch realisiert werden kann. Die botenorientierte Sprache und Plattform M0 dient der Ferninstallation eines Boten. Dieser führt seinerseits lokale Instruktionen aus und kann (ebenfalls als Bote repräsentierte) Daten an den Ausgangspunkt oder an weitere Knoten zurücksenden. Die Sprache M0 mit Stack-orientiertem Ausführungsmodell weist Ähnlichkeit mit Postscript auf und ist aufgrund der Bytecode-Repräsentation von Programmen (Boten) hinsichtlich der Minimierung der Nachrichtenlänge optimiert. Botenplattformen sind über *Kanäle* verbunden und Botenprogramme können dabei in parallelen *Threads* ausgeführt werden (Abb. 29). Boten sind jederzeit in der Lage, durch eine *fork*-Operation einen parallelen Thread zu initiieren. Die Kommunikation und Synchronisation zwischen Boten erfolgt auf jeder Plattform über ein globales Wörterbuch (Dictionary). Der Zugriff auf lokale Daten einer Plattform erfolgt über eine dedizierte Systemschnittstelle.

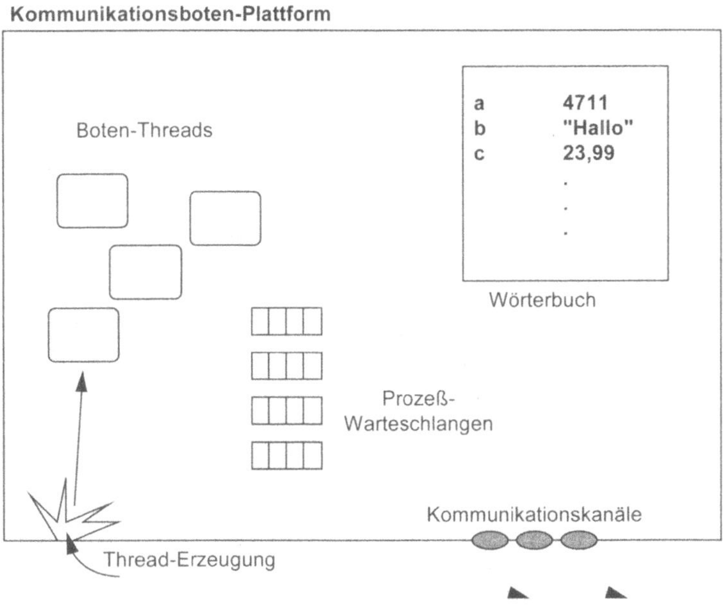

Kommunikationsboten-Plattform

Abb. 29. Botenplattform bei M0

Ein Bote kann während der Programmausführung nicht seine eigene Migration, sondern nur die eines weiteren Boten auslösen. Durch eine geeignete Parametrisierung des letzteren kann der Bote Ergebnisse seiner bisherigen Aktivität weiterleiten und in dieser Form auch Zustandsinformation übermitteln.

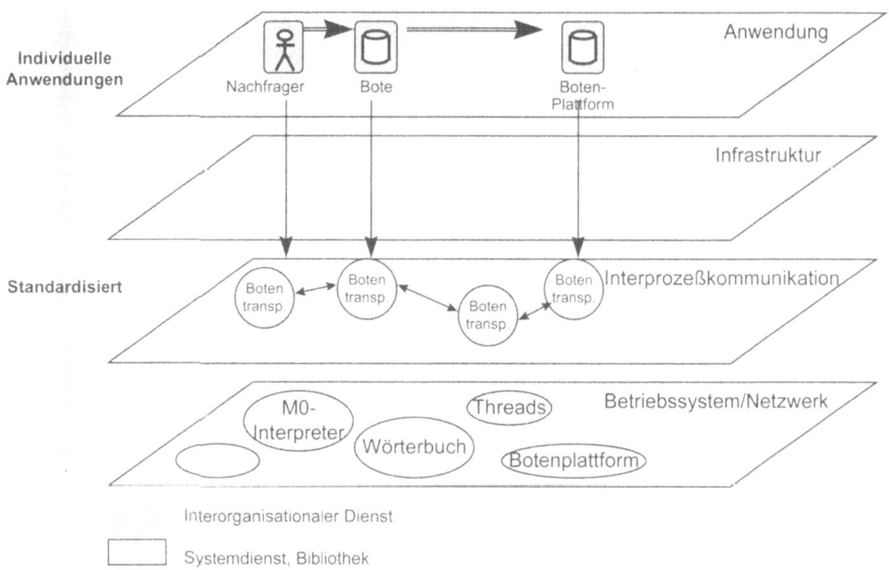

Abb. 30. Ebenenmodell für M0

M0 ist ein vergleichsweise radikaler Ansatz, da oberhalb der Transportschicht homogen das Botenparadigma beim Sprach- und Plattformentwurf vorherrscht, während andere Architekturen mobile Agenten in eine existierende Infrastruktur integrieren. Aufgrund dieses konsequenten Ansatzes besteht die Möglichkeit, flexibel „Ferninstallationen" von Agenten durchzuführen. Die im Zusammenhang mit Java-Browsern erwähnten dynamischen Protokollinstanzen entsprechen gerade diesem Prinzip. Boten, die auf der empfangenden Plattform Operationen ausführen, teilen allerdings eine Konformitätsdomäne mit der dortigen Bibliothek, da sie als spezialisierte Klientenanwendung entwickelt wurden – oder zumindest mit Wissen über lokale Bibliotheksschnittstellen. Mit anderen Worten: es ist Information über den lokalen „Diensttyp" erforderlich, wenn ein Bote Datenbankabfragen oder lokale Prozeduraufrufe bei einer entfernten Plattform durchführen soll. Die ursprünglich geforderte Entkopplung ist somit eingeschränkt.[19] Dennoch erlaubt der Ansatz von M0 die Möglichkeit, anbieterseitig flexible, unabhängige Anwendungen bereitzustellen, zusammen mit den dafür erforderlichen Boten, die Nachfrager im Sinne der Server-Agenten laden können. Abb. 30 zeigt die Freiheit von Infrastrukturkomponenten, wie Verzeichnis- oder Sicherheitsdiensten anderer Modelle. Es ist damit den Anwendern überlassen, die Standardisierung solcher Dienste und ihrer Protokolle bei Bedarf durchzuführen. Eine Notwendigkeit besteht dazu jedoch nicht, da jede Anwendung ihr individuelles Kommunikationsprotokoll durch dedizierte Boten implementieren kann.

---

[19] [HaCK95] weisen auf dieses Problem hin, wenn sie die Notwendigkeit der klienten- und serverseitigen, anwendungsspezifischen Kommunikation mit einem Agenten wiederum als *well-known* bezeichnen.

Die Entwicklung von M0 konzentrierte sich vor allem auf die Integration der Sprach- und Systemplattformen, nicht jedoch auf eine angemessene Sicherheitsarchitektur, die der spezifischen Bedrohung durch „trojanische Pferde" gerecht wird: Im Prinzip kann ein böswilliger Programmierer Wörterbucheinträge modifizieren und somit für einen inkonsistenten Systemzustand sorgen oder durch massives Replizieren von Boten die Rechenleistung einschränken.

2. Magic Cap & Telescript

Magic Cap und Telescript sind Produktentwicklungen von General Magic, einem gemeinsamen Tochterunternehmen von Apple, Sony, AT&T, France Telecom u.a. [Whit94]. Ziel dieser Entwicklung ist eine Infrastruktur für mobile Agenten, die dem Benutzer eine hohe Abstraktion bezüglich der zugrundeliegenden Systemtechnik liefert.

Grundlegende Konzepte sind bei Telescript *Plätze* (*places*) als Agententreffpunkte, Agenten selbst sowie die Fähigkeit, eine Agentenmigration durch einen Befehl der Sprache zu steuern (*go*). Ein Platz ist ein Agententreffpunkt, bei dem mobile und lokale Agenten füreinander Dienste erbringen können. Anhand einer dedizierten Instruktion *meet* kann ein Agent eine Bindungsanforderung an einen eindeutig referenzierten zweiten absetzen. Akzeptiert dieser, können beide interagieren, d.h. gegenseitig Prozeduren aufrufen. Parameter eines solchen Treffens können z.B. Kosteninformationen oder ein maximales Time-out bzgl. der Wartezeit auf einen anderen Agenten sein. Ähnlich M0 ist das Protokoll dieser Interaktion nicht Gegenstand des (standardisierten) Infrastrukturentwurfs, sondern anwendungsspezifisch und somit dem Agentenprogrammierer überlassen. In gleicher Weise fördert dieser Ansatz die Entkopplung spezifischer Anwendungsentwicklungen. Telescript-Programme werden ebenfalls als Bytecode interpretiert, u.a. mit dem Ziel einer besseren Kontrolle über die sichere Programmausführung.

Ferner dienen Sicherheitsmechanismen der Autorisierung und Authentisierung zur Vermeidung bösartigen Verhaltens, da der Urheber eines böswilligen Agenten sich gegenüber dem System identifizieren muß. Agenten erfordern *Capabilities*, wenn an einem Treffpunkt Instruktionen des Systems oder eines anderen Agenten ausgeführt werden sollen. Diese Rechte können die Ausführung individueller Telescript-Befehle einschränken oder auch den Umfang lokaler Ressourcen, wie etwa die Lebensdauer oder den Speicherbedarf des Agenten, festlegen. Lokale Agenten sind somit beispielsweise ihrer Migrationsberechtigung entzogene, mobile Agenten. Eine weitere Ressource von Agenten ist ihr Geldvorrat, den sie bei der Migration mit sich führen, da andere, von ihnen kontaktierte Agenten, möglicherweise für die Inanspruchnahme ihrer Dienste einen Geldbetrag fordern. Ist ein Agent nicht mehr in der Lage, für einen Dienst zu bezahlen, kann er vom lokalen System gelöscht bzw. zurückgesandt werden.

Das Modell von Telescript sieht somit verschiedene Möglichkeiten zur Kontrolle eines Agenten vor: Erstens die Einschränkung von capabilities, zweitens die Begrenzung durch den Geldvorrat und drittens kann die Lebensdauer oder der maximale Speicherbedarf a-priori festgelegt werden.

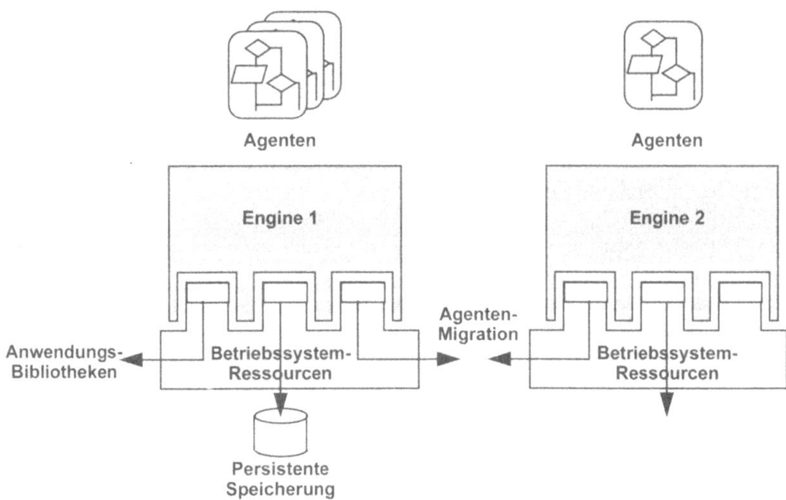

Abb. 31. Agententreffpunkte bei Telescript

Telescript ist eine objektorientierte, dynamisch typisierte, persistente und interpretierte Programmiersprache. Sie umfaßt ein dynamisches Klassenkonzept, das erlaubt, zur Laufzeit Klassen zu definieren, zu inspizieren und in einen Programmablauf einzubinden. Bei einer persistenten Programmiersprache liefert die Laufzeitumgebung bei jeder ausgeführten Instruktion Transparenz bezüglich der Persistenz von Kode und Evaluationskontext. Diese Eigenschaft ist für migrierende Agenten zwingend erforderlich, da sonst keine Informationen über den Zustand der Programmausführung für den empfangenden Knoten bestehen. Interpreter eines Telescript-Programmes und gleichzeitig Schnittstelle zu lokalen Ressourcen der Plattform ist die *Engine* als abstrakte Maschine (vgl. Abb. 31). Sie realisiert die Nutzung lokaler Dienste der Betriebssystemplattform sowie individueller Anwendungen über dedizierte Programmierschnittstellen. Ferner steuert sie die Sicherung von Agenten auf stabilem Speicher. Wenn ein Agent mittels der Instruktion *go* den Treffpunkt wechselt, ist es Aufgabe der Engine, Zustand und Programm zu kapseln, diese in ein Transferformat zu konvertieren und, versehen mit der nötigen Adreßinformation, den Agenten als Nachricht zu versenden. Ähnlich M0, ist dieses Protokoll ein leichtgewichtiger, asynchroner Kommunikationsmechanismus.

Neben den erwähnten Sicherheitsmechanismen kann bei Telescript die Integration von Agenten in die Benutzeroberfläche des Klienten (*Magic Cap*) als Vorteil gewertet werden. Sie ist für den Agenten über eine (im Rahmen der Telescript-Umgebung) standardisierte Programmierschnittstelle nutzbar, so daß ein Agent, wenn er an einen Benutzer gesendet wird, jeweils mit einer dem Agentenprogrammierer wohlbekannten Schnittstelle konfrontiert ist. Agenten und Klientensoftware (Magic Cap) teilen somit eine gemeinsame Konformitätsdomäne, wie auch Agenten und Server. Aus diesem Grund können letztlich Klient (bzw. Benutzer) und Server kooperieren, ohne eine Konformitätsdomäne zu teilen, d.h., der Server wird als unklassifizierter Dienst genutzt (Abb. 32):

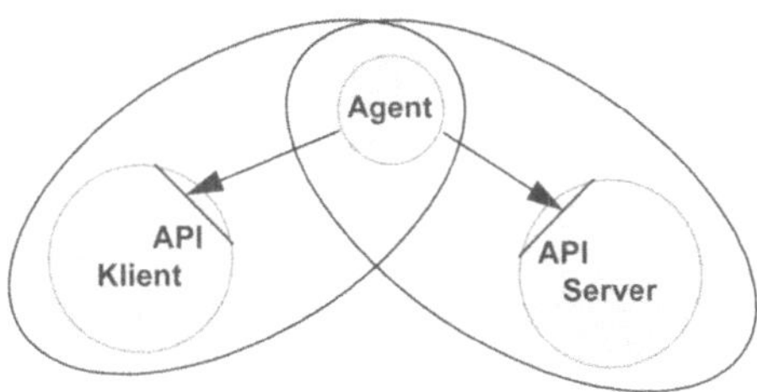

Abb. 32. Konformitätsdomänen zwischen Klient, Agent und Server

Diese Eigenschaft erlaubt es Agenten, dem Benutzer anhand von Präsentationsele-menten wie Dialogboxen, Eingabefeldern, Auswahllisten etc. einen unmittelbaren Zugriff auf Daten des Agenten zu gewähren. Damit ist eine benutzerfreundliche In-itialisierung von Agenten oder Inspektion von Ergebnissen des Agentenprogrammes möglich. Besonders vorteilhaft ist diese starke Integration dadurch, daß sich der Be-nutzer, respektive die Klientensoftware, und der letztlich genutzte Server – z.B. ein entfernter lokaler Agent – in unterschiedlichen Konformitätsdomänen befinden kön-nen. Telescript und Magic Cap unterstützen somit hervorragend das Prinzip der Fern-installation auf der Basis von Serveragenten.

3. Java als Grundlage mobiler Agenten?

Von größerer kommerzieller Relevanz als die beiden ersten Ansätze ist sicherlich die von Sun Microsystems entwickelte Programmiersprache *Java* [Flan96] in Verbindung mit geeigneten Browsern, wie z.B. *HotJava*. Obwohl Java nicht unmittelbar der Klas-se der *mobilen* Agenten zuzurechnen ist (es erfolgt keine Kapselung des Ausfüh-rungszustandes), kommen die mit Java verfügbaren Eigenschaften diesem Prinzip be-reits so nahe, daß in eingeschränkter Form eine Systemunterstützung für mobile Agenten geleistet werden kann.

Der Sprachentwurf von Java ist eng an C++ angelehnt, jedoch unter Vermeidung spezifischer Nachteile:

- Es existiert *kein Zeigerkonzept* und damit keine Möglichkeit für den Programmie-rer, Speicherbereiche unmittelbar zu modifizieren. Dies kommt wiederum einer sicheren Programmausführung zugute. Als Nachteil für den Programmierer kann sich hingegen der Verzicht auf Mehrfachvererbung und das Überladen von Ope-ratoren bei Java erweisen.
- Java ist in stärkerem Maße *objektorientiert*, da jeder Applikationskode als Metho-de einer Klasse implementiert sein *muß*. Dadurch wird die Kapselung von Kode und Daten forciert.
- Die Unterstützung *dynamischer Bindung* erlaubt die Austauschbarkeit von Pro-grammbibliotheken nach dem Übersetzungszeitpunkt eines Anwendungspro-grammes.

- *Ortstransparente Bindung*: Durch URLs als Mechanismus zur rechnerübergreifenden, eindeutigen Identifikation auch von Programmbibliotheken und die Möglichkeit, diese zum Zweck der Bindung über das Netz als sog. „Applet" zu laden, kann ein Anwendungsprogramm genutzt werden, das individuell von einem externen Programmierer zur Verfügung gestellt wurde. Dieser kann seinerseits wiederum Applets anderer Entwickler in seinen Kode integrieren, so daß sowohl die Rüstkosten (Entwicklung und Verteilung von Programmen) als auch die Transaktionskosten (der Aufwand zur Nutzung) zur Bereitstellung und Nutzung von Software gegenüber herkömmlichen Verfahren erheblich reduziert werden.
- *Sichere Ausführung* durch abstrakte Maschinen: Java-Programme werden in eine Zwischenrepräsentation kompiliert, so daß sie nur über die Sicherheitsbarriere der abstrakten Maschine in der Lage sind, auf lokale Ressourcen zuzugreifen. Diese Zugriffe können durch den lokalen Browser gewährt bzw. verhindert werden.
- Durch diese Abstraktion ist Java *heterogenitätstransparent* und damit *portabel*, d.h., unterschiedliche Hardware-, Betriebssystem- oder Benutzerschnittstellenumgebungen nehmen keinen Einfluß auf Programmschnittstellen, die Ausführung von Applets oder die Interaktion mit dem Benutzer.
- *Multithreaded*: Threads als minimales Konzept der parallelen Ausführung von Programmteilen sind ein elementarer Bestandteil der Sprache. Die Nutzung von Threads wird damit für den Programmierer stark vereinfacht.

Für die Entwicklung mobiler Agenten auf der Basis von Java ist eine persistente Verwaltung des Heap sowie des Ausführungskontextes erforderlich. Eine Möglichkeit der Erweiterung besteht in der Manipulation der abstrakten Maschine, so daß für einzelne Threads der Stack sowie dynamisch allokierte Heap-Objekte persistent gespeichert werden können (vgl. dazu auch [Malh96, MoHo96, SaTh96]).

Ein anderer Ansatz besteht in der Beibehaltung herkömmlicher abstrakter Maschinen, verbunden mit der Erweiterung einer Migrations-Bibliothek. Diese unterstützt *Aufsetzpunkte (migration hooks)* für die Migration, welche die Komplexität der Kontextverwaltung auf ein wohldefiniertes Maß reduziert. Will ein Agent den Ort der Ausführung wechseln, so teilt er dieses der Migrationsbibliothek mit. Der Zielknoten der Migration sowie die dort aufzurufende Einstiegsmethode dienen der Migrationsbibliothek zum korrekten Agententransfer. Erst wenn jedoch die Ausführung einen Aufsetzpunkt erreicht hat, wird das Versenden der relevanten Zustandsinformation eingeleitet. Durch die Nutzung einer Persistenzbibliothek können relevante Heap-Objekte zwischen den Knoten transferiert werden. Dieser Ansatz verfolgt eine erheblich gröbere Granularität bzgl. der Migration. Da jedoch häufig festgestellt wird, daß die Agentenmigration weniger den Transfer in Ausführung befindlicher Programme, sondern eher die koordinierte Ausführung lokaler Server-Operationen auf verschiedenen Knoten zum Ziel hat, erscheint dieser Ansatz hinreichend für die Einsatzzwecke der EDM-Szenarios. Tatsächlich zeigt die Implementation in Kapitel 8, daß auch die Nutzung von Petrinetzen als persistente Kontrollflußrepräsentation dieser Aufgabe gerecht werden kann [MeML96].

Architekturell ist somit zwischen der Java-Engine und dem Agentenprogramm eine zusätzliche Schicht als Java-Bibliothek erforderlich, die – entsprechend der Telescript-Engine – die Kommunikation mobiler Agenten zwischen den Knoten realisiert.

Auch wenn dabei die Granularität der Migrationssteuerung nicht der von Telescript entspricht, so bleiben doch die charakterisierenden Eigenschaften der Migrationsautonomie sowie die Kapselung von Kode, Daten und Kontext erhalten.

Java als Programmiersprache bietet keine architekturelle Unterstützung einer sicheren Nutzung entfernter Dienste. Sobald ein Applet prinzipiell über eine RPC- oder nachrichtenbasierte Schnittstelle mit entfernten Prozessen kommunizieren kann, ist auch die Möglichkeit gegeben, unerwünschte Datenübertragungen vorzunehmen oder sogar Finanztransaktionen ohne Einwilligung des Benutzers durchzuführen. Auch wenn gegenüber der lokalen Rechnerumgebung aufgrund der abstrakten Maschine eine Sicherheitsbarriere besteht, gilt dies nicht für die Kommunikation mit entfernten Rechnern.

Folglich besteht trotz der bestehenden Sicherheitsvorkehrungen ein erhebliches Risiko bei der oben skizzierten Nutzung von Java als Grundlage mobiler Agentensysteme und elektronischer Dienstemärkte im allgemeinen. Hier ist die Entwicklung eines EDM-Frameworks erforderlich, das die bestehende Java-Middleware so konsolidiert, daß eine sichere und gleichzeitig flexible Durchführung von Handelstransaktionen unterstützt werden kann.[20]

Schlußfolgerung

Es bleibt festzuhalten, daß der Ansatz mobiler Agenten als Realisierungsgrundlage einer „ökonomischen Middleware" gegenüber dem Basismodell mit stationärem Klienten und Server verschiedene Vorteile bietet:

Eine Entkopplung von Klient und Server ist durch die Rolle mobiler Agenten als *Mittler* gegeben. Die Mittlerrolle übernehmen hierbei „Mehrwertagenten", die von unabhängigen Drittanbietern und evtl. im Wettbewerb angeboten werden. Diese Entkopplung unterstützt eine dezentrale Bereitstellung von Mehrwertdiensten und somit die flexible Bildung von Wertschöpfungsketten. Klient und mittelbar genutzter Server müssen dabei nicht kohärent bzw. konform bzgl. ihrer Schnittstellen programmiert sein. Diese Funktion übernimmt der Agent, der sowohl gegen die Schnittstelle der Klientensoftware als auch die des Servers programmiert wurde.

Im Gegensatz zur Nutzung von Agenten als Mittler, erwarten z.B. Chess et al. [CGHL+95] ferner eine Verkürzung von Wertschöpfungsketten (*Disintermediation*) durch den Einsatz mobiler Agenten: Durch die im Netzwerk realisierbare Markttransparenz ist es Agenten(-Programmierern) möglich, für ihren Auftraggeber Ressourcendienste unmittelbar unter Umgehung vorgelagerter Wertschöpfungsstufen in Anspruch zu nehmen. Beiden Erwartungen gemeinsam ist dabei die Neukombination ökonomischer Ressourcen im Sinne des Schumpeter'schen Entwicklungsprozesses und die damit verbundene individuelle, dezentrale und autonome Ausschöpfung vorhandenen Innovationspotentials. Offensichtlich ist der Ansatz mobiler Agenten damit für sporadische, spontane Kommunikation gut geeignet.

---

[20] Vgl. die aktuelle Entwicklung einer solchen Infrastruktur auf der Basis von Java im EU ACTS Projekt OSM (Open Service Model) an der Universität Hamburg [OSM96].

Das Problem zu geringer Bandbreite und der hohen Kommunikationskosten mobiler Benutzer wird durch eine angemessene Kombination synchroner und asynchroner Kommunikationsverfahren im Agentenmodell befriedigend gelöst. Dies gilt insbesondere für den Fall komplexer Initialisierungen von Agenten.

Als gewichtiger Nachteil des Agentenansatzes ist der hohe architekturelle Aufwand zur Sicherung des Systems gegen böswillige Teilnehmer zu werten. Mobile Agenten erlauben nicht nur die Durchdringung von Organisations- und Vertrauensgrenzen, sondern setzen sie sogar voraus. Folglich ist eine weitreichende Sicherheitsinfrastruktur erforderlich, die eine vertrauliche, zuverlässige und unabstreitbare Kommunikation zwischen Teilnehmern unterstützt.

Die Preisgabe lokalen Know-hows durch das Ausliefern interpretierbaren Kodes sowie mitgeführter Daten ist ein weiterer Nachteil: Ein kommerziell angebotener Agent trägt gerade jene Information mit sich, die gegenüber dem Restsystem für andere Benutzer einen Mehrwert generiert. Ist der Benutzer oder ein anderer Mehrwertanbieter nun in der Lage, den Agenten zu kopieren, verfügt er über die Fähigkeit, seine Dienstleistung in Anspruch zu nehmen, ohne die geforderte Gebühr zu bezahlen. Ein Agentenprogrammierer ist jedoch gezwungen, durch die Migration von Kode und Daten solche Information preiszugeben. Vorteilhaft wäre hier die Auslieferung eines Formulars zur Initialisierung eines Agenten, während der Agentenkode serverseitig – und damit nicht einsehbar – zurückgehalten wird. Aber auch diese Lösung würde den eigentlichen Vorteil des Agentenansatzes, die Reduzierung des Bandbreitenbedarfs, konterkarieren.

Die Eigenschaft der Autonomie gilt nur bedingt für mobile Agenten, da auch stationäre Klienten autonom in der Wahl des Servers sind. Die Ausführung eines gegebenen Auftrags ist letztlich unabhängig von der Mobilitätseigenschaft.

Es ist außerdem zu erwarten, daß das Problem der *semantischen Kohärenz* von Agent und Server zum entscheidenden Faktor für die systemtechnische Grundlage des Agentenansatzes wird: Können Methoden der KI und der Wissensrepräsentation die nötige Präzision für eine verarbeitbare Explikation von *Wünschen* und *Absichten* liefern bei gleichzeitig erforderlicher Entkopplung der kommunizierenden Instanzen bzgl. ihrer Schnittstellen? Oder wird die Entwicklung elektronischer Märkte auf Aktivitäten eigenständiger, menschlicher Wirtschaftssubjekte hinauslaufen, die in einem kontinuierlichen Innovationsprozeß Agenten implementieren, die dann als Mittler fungieren? Diese Frage ist zum einen nicht abschließend, zum anderen auch nicht exklusiv zugunsten eines Ansatzes zu beantworten. Entsprechend der bereits vorgenommenen Abgrenzung gegenüber Ansätzen der verteilten KI wird daher bei der Implementierung im dritten Teil lediglich der Ansatz mobiler Agenten aufgegriffen und weiter verfolgt werden.

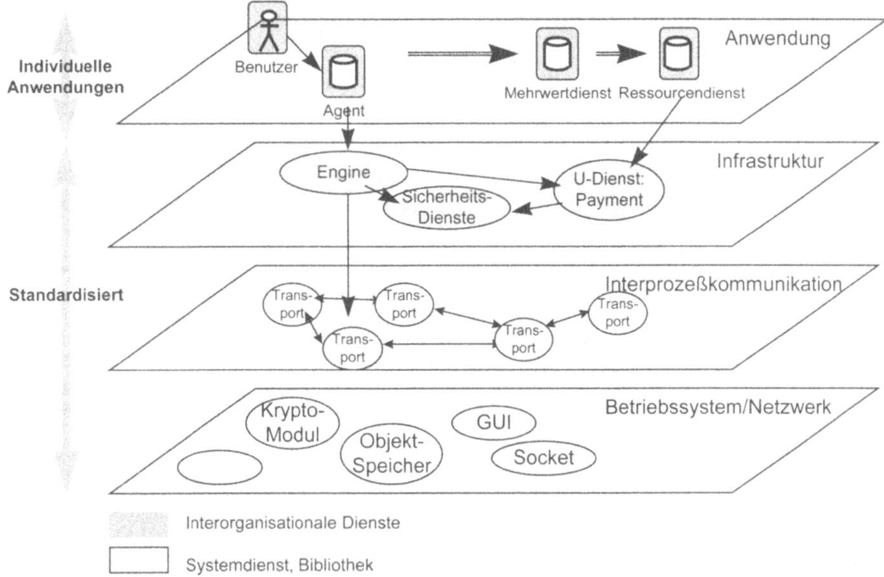

Abb. 33. Ebenenklassifikation beim Agentenmodell

Gemäß der Klassifikation des 4-Ebenenmodells sind Klienten, Server und Agenten
als Objekte der Anwendungsebene zu verstehen, da sie individuelle Funktionen und
Schnittstellen implementieren. Auf der Infrastruktur-Ebene befinden sich jene Komponenten, die allgemeingültig für alle Anwendungen in standardisierter Form nutzbar
sind. Diese sind insbesondere die abstrakte Maschine und die durch sie angebotenen
Schnittstellen, wie auch die von ihr interpretierte Agentensprache. Prinzipiell können
weitere Funktionen wie Verzeichnisdienste, Trader oder Zahlungsmechanismen als
Teil der Engine implementiert und aufgrund ihrer Allgemeingültigkeit als standardisierte Dienste nutzbar sein. Auf welche Weise nun Agenten (bei der Interagenten-
kommunikation) oder Engines (beim Agententransfer) miteinander kommunizieren,
bleibt für die Anwendungsebene grundsätzlich transparent, da diese Dienste nur indirekt über Schnittstellen der Engine bzw. Sprachelemente genutzt werden. Gleiches
gilt auch für Betriebssystem- und Netzwerkressourcen:

Dadurch, daß grundsätzlich nur die Agentensprache und die Engine standardisiert
sind, bleibt großer Freiraum für eine entkoppelte und individuelle Entwicklung kommerziell „handelbarer" Komponenten. Durch die architekturell integrierte Unterstützung von Angebot und Nutzung solcher Komponenten werden deren Bereitstellungs-
und auch Nutzungskosten reduziert. Verbunden mit der organisatorischen Offenheit
eines solchen Systems sind gegenüber stationären Client/Server-Modellen erhebliche
Vorteile im Hinblick auf den Einsatz als EDM-Infrastruktur gegeben.

3.3.4 Benutzerinformationssysteme

Benutzerinformationssysteme (BIS) sind in erster Linie für den menschlichen Benutzer zur Unterstützung der Auswahl und des Zugriffs von Diensten entwickelt worden. Sie erlauben die Einsicht in Text- oder Multimediadokumente sowie zusätzlich auch die Interaktion mit entfernten Diensten. Da der Mensch als Nutzer zu unterstützen ist, verfügen BIS weder über Schnittstellendefinitionen noch über ein Schnittstellenkonzept im Sinne des Objektmodells aus Abschnitt 3.1. Vielmehr sind Dienste durch textuelle Beschreibungen und ggf. einen eindeutigen Namen repräsentiert. Da der Benutzer aufgrund dieser Informationen zu einer sinnvollen Nutzung in der Lage ist, besteht keine Notwendigkeit, einen höheren Formalisierunggrad zu unterstützen.

BIS erlauben die Dienstnutzung über Organisations- und Vertrauensgrenzen hinweg. Auch Konformitätsanforderungen wie in formalisierten Client/Server-Systemen sind nicht gegeben, so daß ein Nutzer, ohne die Dienstschnittstelle (bzw. den Diensttyp) zu kennen, auf einen Server zugreifen kann.

Folglich erlauben BISe sowohl für Anbieter als auch für Nachfrager einen flexiblen Zugang zum System bzw. zu Servern. Ein „Protokoll" für den Dienstzugriff ist in der Regel implizit dadurch gegeben, daß der Server dem Benutzer in entsprechender Folge *Bildschirmmasken* liefert, die ihrerseits verschiedene Resultate und Auswahloptionen zurückliefern. In der Regel besitzen diese Masken im Gegensatz zu mobilen Agenten keinen eigenen Programmkode, so daß für den Benutzer keine Gefahr durch Virenangriffe besteht. Der Nachteil liegt vor allem in der gegenüber den anderen Client/Server-Modellen stark eingeschränkten Gestaltungsmöglichkeit der Benutzerschnittstelle. Normalerweise werden Maskeninformationen als Datenstruktur übertragen und auf dem Bildschirm des Klienten dargestellt. Ein BIS-Klient ist folglich generisch in der Weise, daß kein dienstspezifisches Programm für den Serverzugriff zu installieren ist.

Ein BIS dient als EDM-Infrastruktur, wenn es den Zugriff auf entfernte Dienste mit operationaler Schnittstelle einschließlich ihrer Abrechnung unterstützt. BISe lassen sich differenzieren nach der Existenz einer dritten Partei, die als *Betreiber* der EDM-Infrastruktur agiert. In diesem Fall ist im folgenden von einem *Online-Dienst* die Rede, der in der Regel die Bereitstellung von und den Zugang zu Diensten seinerseits kommerziell realisiert. Ein solcher Betreiber dient als vertrauenswürdige Instanz, die für ihre Nutzer (also Anbieter *und* Nachfrager) Funktionen der Abrechnung und der Verwaltung (z.B. das Anbieterverzeichnis) übernimmt.

Falls diese Funktionen nicht durch eine einzelne Organisation erfüllt werden, ist im folgenden vom *Internet-EDM* die Rede. Hierbei teilt sich eine Vielzahl von „Funktionsbetreibern" den Betrieb der gesamten Infrastruktur: Carrier-Dienste bieten Kommunikationsverbindungen an, eine Kommunikationsinfrastruktur auf Transportebene wird von VAN-Betreibern (Value-Added-Network) wie z.B. dem DFN (Deutsches Forschungsnetz) bereitgestellt. Ferner bieten Banken, Notare und andere Institutionen Unterstützung beim Zahlungsverkehr oder bei der Zertifizierung von Nachrichten. Da grundsätzlich kein zentraler Betreiber diese Funktion erfüllt, wird von letzteren Diensten eine besondere Vertrauenswürdigkeit erwartet, die in nachprüfbarer Form von einer autorisierten Instanz zu beweisen ist.

Architekturen

Nachfolgend werden exemplarisch verschiedene BISe untersucht und insbesondere im Hinblick auf ihre Eignung als EDM-Infrastruktur verglichen. Wichtigster Gesichtspunkt ist dabei wiederum die Lokalisierung der Trennlinie zwischen standardisierten Komponenten der Infrastruktur und nicht normierten der Anwendungsebene. Insbesondere T-Online, America Online und das World-Wide-Web werden als Stellvertreter der Online-Dienste und Internet-EDMs verglichen.

T-Online

T-Online ist der in Deutschland am weitesten verbreitete Online-Dienst. Er wird von der Deutschen Telekom AG betrieben und stellt Online-Dienstleistungen über eine graphisch-interaktive Benutzerschnittstelle zur Verfügung. Im folgenden werden wesentliche Merkmale des BTX als der Vorläufer von T-Online charakterisiert, da das heutige T-Online eher einem Intranet als einem proprietären Online-Dienst entspricht.

Die Netzinfrastruktur besteht zum einen aus einem 220 regionale Knoten umfassenden Datex-P-Netz, zum anderen aus einer Vielzahl externer Rechner, über die Anbieter von Online-Dienstleistungen (z.B. Reisebuchungen, Kontenpflege, Gateways zu anderen BISen) im T-Online-System präsent sind [Schm95, S. 324]. Über das öffentliche Telefonnetz besteht für den Nachfrager eine direkte Einwahlmöglichkeit zu einem der regionalen Knoten. Zum jetzigen Zeitpunkt ist T-Online der einzige Dienst, der die Durchführung von Handelstransaktionen unterstützt.

Das BTX-Angebot besteht aus global eindeutig benannten *Seiten*, die für jeden Anbieter hierarchisch organisiert und durch eine *Leitseite* angeführt werden. Die Navigation erfolgt entweder unmittelbar unter Referenzierung der Seitennummer, durch Wählen einer Folgeseite über vom Anbieter vergebene lokale Nummern oder durch eine Suchanfrage beim zentralen Seitenverzeichnis. Diese anwendungsnahen Dienste werden vom T-Online-Betreiber unmittelbar bereitgestellt. Das mit der Einführung von T-Online eingerichtete *Container-Konzept* erlaubt es Drittanbietern, Referenzen auf Leitseiten zielgruppenspezifisch zu bündeln und somit eine transparentere Organisation themenspezifischer Seiten zu erreichen.

Während bei BTX der zeichenorientierte CEPT-Standard zur Seitenpräsentation und Interaktion mit dem Benutzer verwendet wird, ist T-Online um den sog. *KIT-Standard* [KIT95] im Rahmen seiner Weiterentwicklung über Datex-P ergänzt worden. KIT erlaubte eine verbesserte Gestaltung graphischer Benutzeroberflächen sowie die Einbindung multimedialer Ressourcen. Objekte der Benutzerschnittstelle lassen sich durch gegenseitige Referenzen verknüpfen. Sie können sich dabei in verschiedenen Zuständen befinden, nach Bedarf vom T-Online-Knoten abgerufen werden und aus Gründen der Effizienz lokal auf der Festplatte des Benutzers in einen Objektspeicher ausgelagert werden. KIT-Objekte sind jedoch passiv und damit nicht in der Lage, auf dem Klientenrechner Kode auszuführen. Damit besteht im Gegensatz zum Agentenmodell nicht die Notwendigkeit einer Sicherheitsinfrastruktur, andererseits ist jedoch auch die Klientenfunktionalität entsprechend eingeschränkt. Im Zuge der Weiterentwicklung von T-Online trat KIT allerdings gegenüber der wesentlich flexibleren und verbreiteteren WWW-Technologie in den Hintergrund.

T-Online führt neben der Zugriffskoordination auch die Abrechnung angefallener Gebühren durch, die zusammen mit der Telefonrechnung fakturiert werden. Für einige Zusatzdienste, wie z.B. den Zugang zu externen Rechnern oder zum Internet, fallen i.d.R. zusätzliche Gebühren an. Ein T-Online-Anbieter kann bis zu einem Seitenpreis von DM 9,90 oder durch zeitbezogene Gebühren die Dienstnutzung online abrechnen; für höhere Beträge ist ein konventionelles Zahlungsverfahren (z.B. per Kreditkarte) erforderlich. Vom Betreiber wird als vertrauenswürdiger Unterstützungsdienst eine anbieterunabhängige Protokollierung und Abrechnung erwartet, so daß der Freiraum für Fehlverhalten und Betrug durch Anbieter oder Nutzer weitgehend eingeschränkt ist. Eingeordnet in das 4-Schichten-Modell stellen sich die in T-Online integrierten Dienste wie in Abb. 34 dar.

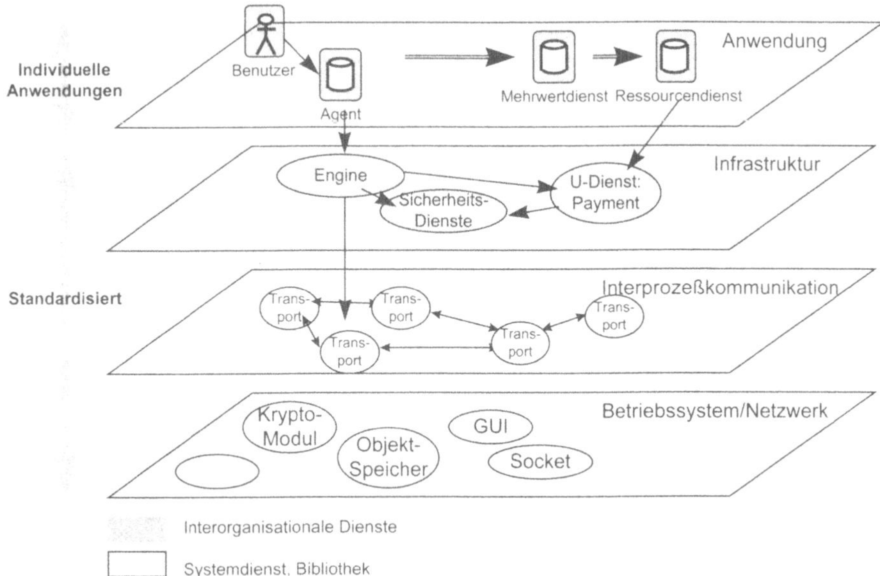

Abb. 34. Ebenenklassifikation bei T-Online

Ein deutlicher Unterschied zu den bisher untersuchten Modellen ist die Lokalisierung von Abrechnungs- und Katalogfunktionen auf der Infrastrukturebene. Diese Dienste sind standardisiert und werden von der Betreiber-Organisation des Online-Dienstes erbracht. Darüber hinaus ist auch die Funktionsweise dieser Dienste festgelegt. Formen der Dienstvermittlung, wie etwa das Trading oder anonyme Zahlungsverfahren, die etwa elektronisches Bargeld verwenden, können ausschließlich durch den Betreiber oder mit dessen Einwilligung integriert werden. Folglich ist bei Online-Diensten nur eine kontrollierte Weiterentwicklung möglich.

AOL

Architekturell unterscheidet sich das von der Bertelsmann AG betriebene America Online (AOL) nicht wesentlich von T-Online: Auch hier können Maskendefinitionen als Datenobjekte von Klienten geladen werden. Neben Masken und Inhalten können jedoch auch Programmodule geladen werden, die dynamisch an den Kode der Klientensoftware gebunden werden und auf diese Weise – ähnlich einem Java-Applet – integriert werden können (z.B. ein WWW-Browser). Diese Module nutzen jedoch gegenüber dem CEPT-Standard lokale Funktionen der Benutzerschnittstellen-API. Ähnlich der KIT-Erweiterung bei T-Online erfolgt damit eine bessere Integration von Bedienelementen in die lokale Umgebung. Da dem Betreiber das Vertrauen entgegengebracht wird, nur sicheren Kode beim Klienten zu installieren, erfolgt keine Sicherung gegen potentielle Angriffe auf diesem Wege. Hier liegt ein wesentlicher Unterschied zu Java vor, denn der installierte Kode ist unmittelbar als Maschinenkode ablauffähig auf dem lokalen Rechner.

Ähnlich T-Online erfolgt die Abrechnung gegenüber Anbietern und Nachfragern unmittelbar durch den Betreiber. Gleiches gilt für Anbieter- oder Nutzerverzeichnisse.

Online-Dienste berechnen Anbietern und Nachfragern zeit-, mengen- und funktionsbezogene Gebühren, d.h., sowohl die Verbindungszeit als auch die angebotenen/zugegriffenen Seiten sowie bestimmte Funktionen können in beliebiger Kombination die Nutzungskosten beeinflussen. Somit schlägt sich der Aufwand, den Online-Dienst zu betreiben, die Funktion des vertrauenswürdigen Dritten zu übernehmen, wie auch der dadurch erzielte Gewinn (besonders in einer monopolistischen Situation), in den Nutzungskosten nieder. Anders verhält es sich jedoch beim Internet-EDM, bei dem ein Teilnehmer zunächst nur die Kosten des Netzzugangs trägt. Jede weitere Funktion bzw. vertrauenswürdige Unterstützung wird dabei separat abgerechnet.

Das World Wide Web als Internet-EDM

Obwohl noch keine Infrastruktur für einen EDM im Internet existiert, lassen sich potentielle Komponenten identifizieren: Ein BIS wie das World Wide Web (WWW) dient dabei als Grundlage des Informationsaustausches. Es kann ergänzt werden um weitere Funktionen zur Bezahlung und Verschlüsselung, für den Aufruf von Anwendungsfunktionen beim Server etc. Jede dieser Funktionen wird individuell vom Anbieter oder Nachfrager installiert. Es existiert jeweils kein standardisierter Diensttyp für solche Unterstützungsdienste, folglich ist der technische Aufwand zur Bereitstellung eines Servers erheblich höher als im Falle einer Integration dieser Funktionen in die EDM-Infrastruktur. Jede Form von Unterstützungsdiensten ist durch den individuellen Anwender auf der Anwendungsebene implementiert.

Das WWW verfügt im Gegensatz zum Online-Dienst über keinen zentralisierten Betreiber von Anwendungsdiensten. Vielmehr werden die Betriebskosten der zugrundeliegenden Netzinfrastruktur (auf der Ebene der Interprozeßkommunikation, vgl. Abb. 35) anteilig und ggf. in hierarchischer Stückelung auf seine Nutzer umgeschlagen. Hat nun ein Anwender Zugang zum Internet, ist damit bereits die Verpflichtung des Infrastruktur-Betreibers erfüllt. Weitere Dienste wie Verzeichnisse, Abrechnung und schließlich Anwendungsdienste unterliegen zunächst keiner zentralisierten Betreiberorganisation. Dadurch besteht für jeden Internet-Nutzer die Möglichkeit, ohne zusätzliche Rüst- oder Transaktionskosten als Nachfrager oder Anbieter aufzutreten – abgesehen von unvermeidbaren Kommunikationsgebühren.

Mehrwertdienste werden daher durch Drittanbieter in eher unkoordinierter Weise angeboten, jedoch bei weitaus geringeren Rüst- bzw. Adaptionskosten als z.B. bei T-Online. Der Hauptnachteil besteht beim WWW sicherlich in der mangelhaften Absicherung von Handelstransaktionen, da kein einheitliches und allgemein vertrauenswürdiges Abrechnungsverfahren existiert. Statt dessen sind zur Absicherung Netzwerke von Bewertungs-, Notariats-, Versicherungs- und Zertifizierungsdiensten denkbar [LaMN94], die sicherlich erst in ebenfalls wohlkoordinierter Weise einen effizienten Ersatz für den vertrauenswürdigen Zentralbetreiber liefern (vgl. Kapitel 6). Folglich bleibt die Infrastrukturebene im 4-Ebenenmodell der Abb. 35 leer.

Die Entwicklung des WWW als Benutzerinformationssystem hat jedoch gezeigt, daß der trade-off *Sicherheit und Einheitlichkeit* vs. *Flexibilität und Kostensenkung* von einer Vielzahl der Benutzer zugunsten der letzteren Option entschieden wurde.

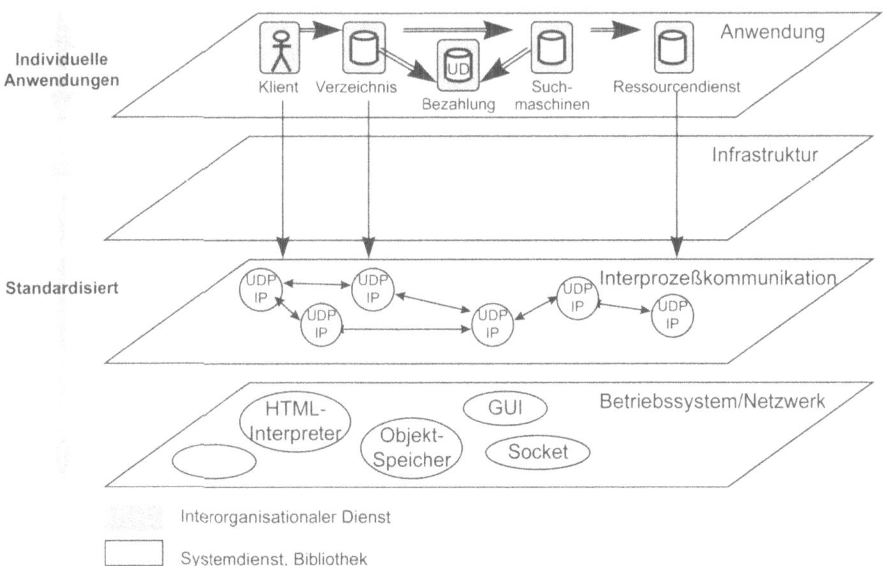

Abb. 35. Ebenenklassifikation bei der Verwendung des Internet als als EDM-Infrastruktur

Wesentliches Erfolgsmerkmal des WWW ist damit sicherlich seine „schlanke" Architektur: Die Kommunikation zwischen Nachfragern und Anbietern wird einzig auf der Basis eines in seiner üblichen Nutzung trivial einfachen Protokolls abgewickelt. Eine global eindeutige Ressourcenreferenz (*Uniform Resource Locator*, URL), die gegebenenfalls noch mit anwendungsrelevanter Information parametrisiert werden kann, wird in ungesicherter, verbindungsloser Form an einen Anbieter übermittelt. Dieser liefert in gleicher Weise einen Text beliebiger Länge zurück. Dieses *Hypertext-Transfer-Protocol* (HTTP) erfordert weder zustandsbehaftete Protokollinstanzen, noch eine Transformation zwischen lokalen Syntaxen, noch die Konfiguration und Einbeziehung dritter Dienste. Anbieter können in autonomer und unkoordinierter Weise ihr lokales Angebot bereitstellen. Die Organisation dieses Angebots durch Mehrwertdienste wie Suchmaschinen oder Übersichtsdokumente ist eine Option, jedoch nicht WWW-immanent erforderlich.

Der Erfolg des WWW ist in der Kombination mit dem zweiten spezifischen Standard, der *Hypertext Markup Language* (HTML, [DeGi95]) begründet: Ein nachfragerseitig empfangenes Dokument führt Informationen zur Präsentation und Gestaltung seiner Komponenten mit sich. Diese Information ist in Form von Formatierungsanweisungen der HTML in das Dokument eingestreut. Syntax und Semantik dieser Anweisungen sind Teil der Standardisierung, so daß Browser zur Visualisierung auf austauschbare Weise eingesetzt werden können.

Ein HTML-Dokument besteht aus *Tags* (Marken), die in den Text integriert sind und seine Präsentation steuern. Hierbei ist festzuhalten, daß zunächst die *Syntax* dieser Marken standardisiert ist und erst in zweiter Linie deren Semantik. Gerade diese freie Interpretation einer normierten Syntax ist Ziel des HTML zugrundeliegenden SGML-Standards (Standard Generalized Markup Language, [Gold90]). Andere Dokumentenstandards, wie etwa ODA/ODIF (Open Document Architecture/ Open Document Interchange Format, [Rose91]), definieren neben der Syntax der Dokumentenrepräsentation auch die Semantik der Beschreibungselemente. Die Folge ist, daß bei letzteren eine Markierung „Title" immer als Dokumententitel interpretiert werden *muß*. Bei SGML *kann* ein Interpreter dieser Markierung auch eine prinzipiell beliebige Bedeutung beimessen. Diese Standardisierung auf der Syntaxebene hat weitreichende Folgen: Ein beliebiger HTML-Interpreter ist in der Lage, Marken, deren Bedeutung nicht bekannt ist, zu interpretieren, ohne dabei jedoch die bezeichnete Formatierungsregel anzuwenden. Ist ein Interpreter z.B. nicht in der Lage, den Markentyp <ADDRESS> zu verarbeiten, ignoriert er ihn. Gleiches gilt für die korrespondierende Ende-Markierung </ADDRESS>:

```
<HEAD>
  <TITLE>Elektronische Märkte im Internet </TITLE>
</HEAD>
<BODY>
        <H1>Elektronische Märkte im Internet <IMG SRC=
             "http://vsys-www.informatik.uni-hamburg/personal/merz2.gif"
             ALIGN=middle>
        </H1>
  <ADDRESS>
   <A HREF="/personal/merz.html">Michael Merz</A> <BR>
   Universität Hamburg <BR>
   Fachbereich Informatik <BR>
   Vogt-Koelln-Str. 30 <BR>
   22527 Hamburg <P>
  </ADDRESS>
</BODY>
```

Beispiel 5. Ein HTML-Dokument

Auf diese Weise sind Interpreter sowohl *aufwärts-* als auch *abwärtskompatibel,* da einerseits HTML-Browser einer früheren Version die Markierung <ADDRESS> ignorieren und andererseits Browser einer späteren Version HTML-Dokumente früherer Versionen verarbeiten können. Somit ist Raum gegeben für eine inkrementell fortschreitende Standardisierung, bei der verschiedene Nutzergruppen prinzipiell ihren spezifischen Standard weiterentwickeln können.

Letztlich ist die Integrationsfähigkeit zwischen entfernten Hypertextdokumenten durch im HTML-Dokument definierbare Referenzen ein ausschlaggebender Faktor für die Verbreitungs- und Vernetzungsdynamik von Ressourcen im Internet. Wenn auch dadurch noch kein Markt im Sinne der mikroökonomischen Theorie, sondern nur auf anderen Anreizsystemen beruhend, zustande kommt, so stellt doch das WWW auf der Makroebene ein evolutionäres, selbstorganisierendes System dar, das Potential zur „Schumpeter'schen Entwicklung" auf der Mikroebene erkennt und nutzt, so daß es als Ganzes auf weitaus flexiblere Weise reagieren kann als z.B. ein Online-Dienst.

Die Kombination aus geringen Rüst- und Transaktionskosten, einem primitiven Kommunikationsprotokoll, der Vernetzbarkeit von Ressourcen sowie einem semantisch reichhaltigen, inkrementell erweiterbaren Dokumentenstandard schafft die systemtechnische Grundlage für diese Fähigkeit zur Selbstorganisation.

Eine gewichtige Einschränkung bleibt jedoch beim WWW die „ökonomische Lücke" auf der Infrastrukturebene bei der Integration kooperierender *Klienten und Server*. Diese kommunizieren anhand entfernter Prozeduraufrufe und müssen, wenn sie als Nutzer- bzw. Anbieter im WWW präsent sein sollen, verschiedene Nachteile in Kauf nehmen:

1. *Repräsentationswechsel beim Parametertransfer:* Das HTTP realisiert das Senden einer parametrisierten Dokumentenreferenz bzw. den Rücktransfer des HTML-Dokuments. Für den tatsächlich stattfindenden Funktionsaufruf beim Server ist daher eine Konvertierung lokaler Wertrepräsentationen von Resultaten in die weniger adäquate des HTML-Dokumentes erforderlich. Die letztere erweist sich als besonders redundant, wenn lediglich eine Information geliefert wird, die auch in einem aktuell präsentierten Dokument aktualisiert werden könnte. Statt dessen wird ein Folgedokument abgerufen, das sich u.U. nur in diesem Wert unterscheidet, ansonsten aber konstant und damit redundant bleibt. Dies führt ferner zum

2. *„Stapel-Effekt" beim Klienten*: Das Folgedokument ersetzt nicht das vorausgegangene, sondern wird zusätzlich dargestellt. Will der Benutzer nach einem längeren Dialog zum ursprünglichen Dokument zurückkehren, sind sukzessive alle nachfolgenden in umgekehrter Reihenfolge zu entfernen.

3. *Zustandslosigkeit des Klienten*: Ein zustandsbehafteter Dialog zwischen Klient und Server kann systemtechnisch nicht durch die Klientensoftware (den Browser) reflektiert werden. Statt dessen ist der relevante Dialogkontext bei jedem Nachrichtenaustausch zwischen Klient und Server zu transferieren. Dieser Umstand beeinträchtigt weniger die Netzkapazität, jedoch erheblich die Programmierung einer WWW-basierten Serveranwendung. Neuere Ergänzungen zum HTML-Standard erlauben zwar die Ablage von Zustandsinformation in einem Wörterbuch seitens des Klienten („Cookies"), dennoch ist die Integration dieser Information in eine Klientenanwendung und ihre Handhabung sehr begrenzt und umständlich.

Zusammenfassung: BISe als Systeminfrastruktur für EDMe?

Sicherlich sind existierende BISe am ehesten als „ökonomische Middleware" eines EDM geeignet, wenn auf der Klientenseite der Mensch involviert ist. Jedoch bergen sie als Systeme zur Nutzung unklassifizierter Dienste Adaptionsprobleme für Anwendungen, die auf der Basis operationaler Schnittstellen eine Kooperationen von Klienten- und Serverprogrammen zum Ziel haben. Die Unterschiede bzgl. Tarifierungsverfahren und Entwicklungsflexibilität erweisen sich als zu gering, um bezüglich dieser grundsätzlichen Problematik eine Subklassifikation vorzunehmen. Modellbedingte Faktoren, wie die starke Benutzerorientierung und der damit verbundene schwache Formalisierungsgrad bei der Spezifikation von Ressourcen lassen eine Integration von Client/Server-Anwendungen nur bei höheren Rüst- und Transaktionskosten sinnvoll erscheinen.

In der Regel erlauben BISe nur ansatzweise die Entstehung von Wertschöpfungsketten. Das Container-Konzept bei T-Online und Suchmaschinen im WWW bilden hierbei Ausnahmen. Die im Beispiel aus Abschnitt 2.4 untersuchte vertikale Integration von Diensten innerhalb des EDM ist bisher jedoch bei keinem BIS erfolgt und zumeist nur bei prohibitiven Kosten realisierbar. Dabei handelt es sich häufig nur um Vermittlungsdienste, die zur Lieferung von Objektreferenzen genutzt werden und nicht als Mehrwertdienste, die für die Erbringung ihrer Funktion auf vorgelagerte Ressourcendienste zurückgreifen. Dieses durch Wertschöpfungsketten gegebene Potential an Transparenz und Personalisierung bleibt somit unausgeschöpft und der Preismechanismus des Dienstemarktes uneffizient.

Unabhängig von der Ausprägung des bisher diskutierten Client/Server-Modells (klassifiziert vs. unklassifiziert, mobil vs. stationär) ist neben dem bisher behandelten *Zugriff* auf einen Dienst dessen vorherige *Vermittlung* von besonderer Bedeutung. Dabei ist sicherzustellen, daß dieser Dienst den in der jeweiligen Systemumgebung gültigen Spezifikationskriterien genügt. Diese können wiederum stark voneinander abweichen: Während bei klassifizierten Diensten Diensttypen, deren Subtypbeziehungen und weitere, erbringerspezifische Auswahlkriterien für eine typkonforme Vermittlung genutzt werden können, beschränkt diese sich bei unklassifizierten Diensten auf unscharfe, jedoch für den Menschen verständliche Klassifikationsmerkmale. Entsprechend dieser Unterscheidung ist in der jeweiligen Umgebung ein geeignetes Vermittlungsgsverfahren erforderlich.

Die allgemeine Zielsetzung der EDM-Infrastruktur, offen zu sein für eine Fortentwicklung des GEMS, schlägt sich bei der Untersuchung von Vermittlungsverfahren nieder in der Art und Weise, wie diese integriert werden können. Auch hier bietet sich grundsätzlich die Möglichkeit, die Dienstvermittlung auf der Infrastruktur- oder auf der Anwendungsebene zu verankern. Um Schlüsse für den Entwurf einer EDM-Infrastruktur abzuleiten, sollen zunächst geeignete Vermittlungsverfahren untersucht und bewertet werden.

3.4   Verfahren der Dienstvermittlung

Die unübersichtliche Vielfalt an Diensttypen und -erbringern im EDM erfordert Mechanismen zur effizienten Vermittlung eines nachgefragten Dienstes, der eine gegebene Anforderung am besten erfüllt [WoTs90, SpPM94]. Existierende Verfahren lassen sich unterscheiden nach der Repräsentation von Diensten und nach dem Vermittlungsparadigma: Die *Repräsentation eines Dienstes* ist die für eine EDM-Infrastruktur verarbeitbare Information, die mit dem Ziel der Bindung von Servern, Vermittlern und Klienten genutzt wird. Je nach Infrastruktur kann diese Information stark variieren:

1. *Objektreferenz als Dienstrepräsentation.* Namensdienste erlauben die Abbildung von Symbolen einer höheren Abstraktionsebene auf die einer niedrigeren mit dem Ziel der Benutzerfreundlichkeit bei der Adressierung von Ressourcen. Ein Beispiel ist die Abbildung von symbolischen IP-Knotennamen auf Rechneradressen. Transparenz besteht dabei bzgl. des Ortes (z.B. bei den Namensdiensten DNS und NIS [Ster93]). Inhalt der Einträge von Namensdiensten sind in der Regel nur einfache Adreßinformationen. Bei Systemen, deren Dienstvermittlung lediglich auf Namensdiensten beruht, ist ein Server nur durch seinen Namen im verteilten System repräsentiert. Der *Portmapper* des ONC-RPC von Sun ist ein Beispiel für diese Variante [Sun90].

2. *Verzeichniseintrag als Dienstrepräsentation.* Verzeichnisdienste erlauben den Aufbau einer an anwendungsnahe Kriterien angelehnten, hierarchischen Organisation von Namenseinträgen, wie z.B. bei X.500 [Rose92]. Beispiele hierfür sind die Aufbauorganisation im Unternehmen, die geographische Unterteilung von Organisation etc. Einträge sind in der Regel komplexe Informationsstrukturen, die z.B. bei X.500 in eine Vererbungshierarchie eingebettet sein können. Konkret lassen sich anhand dieser Einträge beliebig strukturierte Informationen zur Verfügung stellen, so daß X.500 im Prinzip als Repräsentationsmechanismus für Schnittstellen- oder Diensttypbeschreibungen eingesetzt werden kann (vgl. z.B. [Müll96]).

3. *Diensttypbasierte Repräsentation:* Attributierte Verzeichnisdienste erlauben nicht nur (wie prinzipiell auch Verzeichnisdienste) die Repräsentation von Dienstbeschreibungen, sondern auch die Einbeziehung ausgezeichneter Dienstgütekriterien (Dienstattribute), die als Bestandteil des ODP-Diensttyps in den Prozeß der Dienstvermittlung einbezogen werden (vgl. Abschnitt 3.4.1). Diese Dienstattribute charakterisieren semantische Merkmale eines konkreten Diensterbringers. Die Infrastruktur bietet damit die Möglichkeit, anwendungsspezifische Attribute zu normieren und auf semantisch höherer Ebene den Vermittlungsprozeß zu automatisieren. Folglich erstreckt sich auch die Dienstrepräsentation auf semantische Aspekte.

4. *Diensttyp- und Policy-basierte Repräsentation.* Wenn die Repräsentation eines Dienstes auch Attributinformation für die Dienstauswahl oder das Propagieren eines Dienstangebotes an andere Trader einschließt, so ist auch die Vermittlungs-Policy (bzw. -regel) Teil der Repräsentation. *Trading im engeren Sinne* erlaubt gemäß dem ODP-Standard gerade diese Verwendung von Policies: diese Regeln steuern, auf welche Weise ein geeigneter Diensterbringer aus der Menge potentiell zu vermittelnder selektiert wird.

Dem Detaillierungsgrad einer Dienstrepräsentation entsprechend steigt die Notwendigkeit, Mechanismen der Dienstvermittlung auf der Ebene der EDM-Infrastruktur zu standardisieren. Diese höhere Automatisierbarkeit setzt jedoch auch auf der Anwendungsebene eine Normierung von Dienstschnittstelle und -semantik voraus – vermittelbar sind dann nur noch klassifizierte Dienste. Hier besteht jedoch gerade der Nachteil entwicklungshemmender Anpassungskosten, die *vor* der Dienstbereitstellung und -nutzung in Kauf zu nehmen sind.

Eine Dienstrepräsentation besteht ihrerseits aus zwei Ebenen – der Wert- und der Repräsentationsebene. Auf der Wertebene befindet sich Beschreibungsinformation, die Eigenschaften eines Dienstes charakterisiert, während die konkrete Syntax ihrer Datenstruktur die Repräsentation dieser Information festlegt. Bei CORBA korrespondiert die Dienstrepräsentation z.B. mit dem Eintrag einer Schnittstellendefinition in das Interface-Repository. Dabei sind Repräsentation (das Repository-Schema als Objektspeicher) und Schnittstelle für alle Anwendungen – also auf der Infrastrukturebene – standardisiert, während der Inhalt – also die eigentliche Schnittstellendefinition – anwendungsspezifisch ist und damit keine Normierung von Diensttypen erfordert. Daher ist bei CORBA nur die Repräsentationsebene von Dienstrepräsentationen standardisiert. Tabelle 4 gibt einen Überblick über die Standardisierungsanforderungen der im folgenden untersuchten Vermittlungsverfahren:

Tabelle 4. Standardisierungsanforderungen von Vermittlungsverfahren

	ODP-Trading	*Wissensbasiertes Trading*	*Browsing, Namensdienste*	*CORBA-IR*
Standard auf Repräsentationsebene	Syntaxen von Diensttypdefinition und Dienstangebot, Policies	Schema der Konzeptgraphen	Syntax von Objektreferenzen	IR-Schema
Standard auf Wertebene	Diensttypen, Dienstattribute	–	–	–

Unter Berücksichtigung dieser Repräsentationsformen sind nun verschiedene Verfahren denkbar, anhand derer die Funktion der Vermittlung erbracht werden kann. Das *Vermittlungsverfahren* determiniert dabei den grundlegenden informationstechnischen Ansatz zur Dienstvermittlung. Es geht mit dem Grad an Explikation bzw. Formalisierung des Diensttyps einher.

- Die diensttypbasierte Vermittlung entspricht dem *Trading* im engeren Sinne: A priori explizierte Diensttypen sind zwingend erforderlich, um eine typgerechte Zuordnung durch den Vermittlungsmechanismus vorzunehmen. Vor einer Traderbasierten Vermittlung eines klassifizierten Dienstes ist seitens des Servers, des Klienten und des Traders Konformität bzgl. des Diensttyps erforderlich.
- Dienstvermittlung auf der Basis von *Wissensrepräsentationen*: Falls eine Dienstrepräsentation Informationen bereithält, die Softwarekomponenten mit einer hinreichenden Fähigkeit zur Mustererkennung bei der Auswahlentscheidung unter-

stützt, ist prinzipiell eine Vermittlung ohne ex-ante-Standardisierung von Diensttypen möglich. Beim Ansatz von Puder et al. [PuBu96] inferiert der Trader z.B. Diensttypinformation auf der Basis von Verfahren der Mustererkennung. In der Realität sind diese Verfahren zumeist jedoch auf eine Unterstützungsfunktion für Benutzer bei der Dienstauswahl beschränkt und werden daher von den Autoren auch als *Meta-Trading* im Sinne eines reinen Typ-Matching ohne Diensterbringer-Vermittlung bezeichnet.

- *Vermittlung ohne Diensttypen durch Browsing:* Ist kein explizierter Diensttyp definiert, stehen evtl. weniger formalisierte Informationen zur Verfügung, die zwar nicht den Prozeß der Vermittlung automatisieren, zumindest jedoch den menschlichen Benutzer bei der Suche nach einem Diensterbringer unterstützen. Es ist dabei nicht ausgeschlossen, daß für den Dienst im Laufe einer nachfolgenden Normierung Diensttypinformation mit dem Ziel einer automatisierten Vermittlung bereitgestellt wird, jedoch ist dies keine zwingende Bedingung. Seitenverzeichnisse bei Benutzerinformationsdiensten sowie Suchmaschinen im WWW sind diesem Vermittlungsverfahren zuzuordnen.

Nur wenn semantische Kohärenz zwischen nachgefragten und angebotenen Diensten und deren Repräsentation besteht und diese formal und vor dem Zeitpunkt der Vermittlung in der EDM-Infrastruktur verankert werden kann, besteht die Möglichkeit einer typsicheren Vermittlung. Da in dieser Variante von allen Diensterbringern, die dem gleichen Diensttyp angehören oder zu ihm in einer Subtypbeziehung stehen, auch das gleiche Objektverhalten erwartet wird, kann sich der Vermittlungsprozeß auf die Auswertung von Dienstattributen konzentrieren. Genau dieser Ansatz wird beim Vermittlungsverfahren des ODP-Trading verfolgt:

3.4.1 Dienstvermittlung durch Trading

Im Zuge der Standardisierungsbemühung des ODP (Open Distributed Processing) [ISO-ODP95b] wurde der Diensttypbegriff stärker formalisiert und faßt folgende Aspekte zusammen:

1. einen global eindeutigen *Typnamen,*
2. den *Schnittstellentyp* des Dienstes sowie
3. eine Menge von *Dienstattributen.*

Die Dienstattribute sind ihrerseits Name/Wert-Tupel, deren Typ im Rahmen der Diensttypdefinition spezifiziert ist. Dienstattribute können statisch oder dynamisch sein, je nachdem, ob sie als Bestandteil des Dienstangebotes beim Trader vorliegen oder ihr aktueller Wert zum Zeitpunkt der Dienstauswahl vom Server abgefragt wird. Statische Attribute können somit nur durch ein erneutes Exportieren des Dienstangebotes an den Trader modifiziert werden.

Der Normierungsaufwand für Typdefinitionen erstreckt sich damit auch auf die zusätzliche Explikation von Qualitätsmerkmalen des Dienstes [Jone94, ChRa91]. Der besondere Nutzen des Trading-Ansatzes liegt gerade in dieser Operationalisierung semantischer Diensteigenschaften: Über die Möglichkeiten zur namens- oder signaturbasierten Dienstvermittlung der in Abschnitt 3.3.2 dargestellten Middleware-Plattformen erlaubt das *Trading* eine prinzipiell beliebige Selbstklassifikation von Diensterbringern. Eine Formalisierung der Diensttypdefinition erfolgt in der Regel auf der Basis erweiterter IDLs (vgl. z.B. [MeLa94, Grif95, LeCh93, Cash93]).

Als Beispiel sei ein Druckdienst angeführt, dessen Diensttyp neben dem Typbezeichner PrintService_t und der Signatur noch weitere Attributtypen umfaßt, z.B.

„PaperSize: enum { A4, A5, Legal, US_Letter }",
„PagesPerMinute: Int" oder
„QueueLength: Int".

QueueLength ist im Beispiel ein dynamisches Attribut, das erst zur Laufzeit ausgewertet werden kann. Server (in der Rolle des *Exporteurs*) stellen entsprechende Attribut*werte* beim *Dienstangebot* zur Verfügung, während Klienten (in der Rolle des *Importeurs*) diese nachfragen. Die Aufgabe des Traders liegt in der Zusammenführung passender Angebote und Nachfragen – dem *Matching*.

Typmanagement

Die Verwaltung von Diensttypdefinitionen und die Bereitstellung von Matching-Funktionen kann als abgrenzbare Funktion von der des Traders getrennt werden, so daß der resultierende *Typmanager* [InBR94, ChMü96] als eigenständiger Dienst auch anderen Komponenten – wie z.B. einem Browser – zur Verfügung steht. Die Menge der registrierten Typdefinitionen wird gemäß einer Subtyphierarchie verwaltet. Damit besteht die Möglichkeit, für einen nachgefragten Diensttyp auch seine Subtypen zu ermitteln. Diese Subtyphierarchie wurde bei bestehenden Traderarchitekturen unterschiedlich implementiert: Beim ANSA-Trader [APM91] werden lediglich Typnamen explizit in eine hierarchische Datenstruktur eingefügt. Das Wissen um deren Subtypbeziehung muß beim Administrator vorliegen.

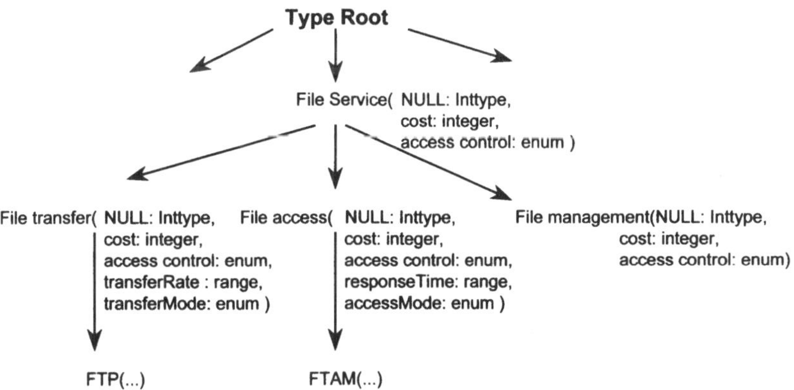

Abb. 36. Diensttyphierarchie für Dienste zur Dateiübertragung

Trader-Architekturen, die *strukturäquivalente* Typdefinitionen verwalten, können hingegen aus der Repräsentation der Typeinträge deren Subtypverhältnis inferieren. In dieser Variante wird beim Administrator weniger Verständnis und damit Administrationsaufwand vorausgesetzt, da eine zumindest syntaktisch konforme Diensttypvermittlung automatisch durchgeführt werden kann. Abb. 36 illustriert am Beispiel der Dienste NFS (Network File System) und FTAM (File Transfer and Access Management) eine solche Diensttyphierarchie [InBR94]:

Die Funktion des Traders

Der Trader setzt das Klassifikationsprinzip des Diensttyps systemtechnisch für die Vermittlung von Diensten um. Zu diesem Zweck bietet er Schnittstellen an für den Dienstnutzer (Importeur), den Server (Exporteur) und den Trader-Administrator. Bevor für eine Anfrage des Importeurs eine erfolgreiche Dienstvermittlung durchgeführt werden kann, ist zunächst der Diensttyp des Servers zu registrieren. Über die Verwaltungsschnittstelle des Traders können zu diesem Zweck Daten-, Schnittstellen- und Diensttypdefinitionen eingefügt oder gelöscht werden. Typdefinitionen sind somit Objekte erster Klasse, die zur Laufzeit vom Trader oder seinen Nutzern erzeugt und intern durch den Typmanager verwaltet werden können.

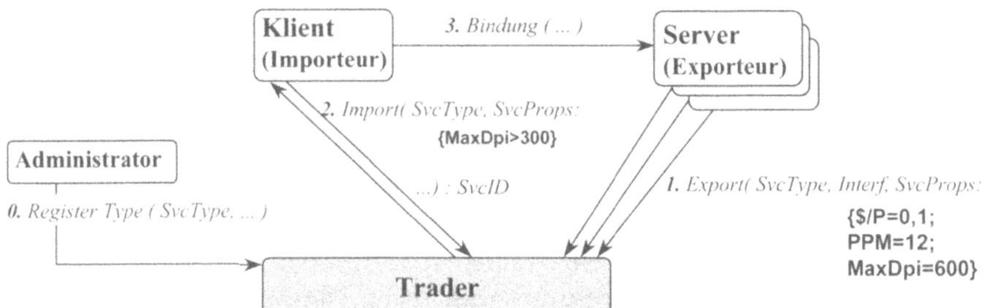

Abb. 37. Der Trader und seine Nutzer

Nachdem auf der Typebene alle erforderlichen Informationen registriert wurden (Schritt 0 in Abb. 37), können auf der Instanzebene bei der *Dienstangebotsverwaltung* die Dienstangebote konkreter Server an den Trader exportiert werden (Schritt 1). Hierbei erhält der Trader den Diensttypnamen sowie Ausprägungen verschiedener Dienstattribute und weitere (Bindungs-) Informationen über die exportierenden Server. Ein ausgezeichnetes Attribut ist hierbei der *Kontext*, der den Ablageort des Dienstangebots in einem Verzeichnisbaum festlegt. Zu diesem Zweck kann z.B. der X.500-Dienst (vgl. [Rose92] bzw. [MeML95b] hinsichtlich der Implementierung auf der Basis des DCE *Cell Directory Service*) extern vom Trader genutzt werden. Der exemplarische Druckdienst könnte über die Exportschnittstelle etwa folgendes Dienstangebot zur Verfügung stellen:

```
ServiceType: PrintService_t
    ( PaperSize: A4;
      PagesPerMinute: 12;
```

```
        QueueLength: 5;
        Context: „/Germany/Hamburg/3rdFloor/Room007/HPLJ4" )
InterfaceReference = <Interface-UUID>
```

Erst jetzt sind für einen importierenden Klienten die Voraussetzungen zur Dienstvermittlung erfüllt. Über die Importschnittstelle wird dem Trader dabei der Diensttyp des gewünschten Servers zusammen mit Attributausprägungen sowie weiteren Hinweisen bzgl. des Vermittlungsverfahrens und eventuellen Optimierungszielen übergeben (Schritt 2). Im Beispiel des Druckdienstes könnte folgende Dienstanforderung erfolgen:

```
ServiceType: PrintService_t
        ( PaperSize: A4;
          PagesPerMinute: >4;
          Context: „/Germany/Hamburg/3rdFloor"
        )
InterfaceReference = <Interface-UUID>
```

Zusätzlich zu den Daten des Dienstangebots können Optimierungsziele, wie z.B. PagesPerMinute:>4, spezifiziert werden, die dem Trader eine Bewertung der verwalteten Dienstangebote erlauben. Weitere Informationen der Dienstanforderung können sich u.a. auf die Suchstrategie des Traders beziehen, z.B. ob ein zufälliges Dienstangebot ausgewählt werden soll, das am längsten nicht genutzte oder etwa das erste innerhalb einer vereinbarten Ordnung. Hat der Importeur die Bindungsinformation eines oder mehrerer Server erlangt, erfolgt schließlich im 3. Schritt die Bindung an einen Server.

Der Prozeß des Trading

Wie bereits dargestellt, erfordert der Prozeß des Trading eine Registrierung des Diensttyps beim Typmanager und mindestens eines dazu konformen Dienstangebotes, bevor eine Dienstvermittlung über die Importschnittstelle durchgeführt werden kann. Da ein Trader sowohl Diensttypdefinitionen als auch deren Instanzen, die Dienstangebote, verwaltet, wird üblicherweise bei der Dienstauswahl eine gestaffelte Auswertung der Anfrage ausgeführt [Kova92]:

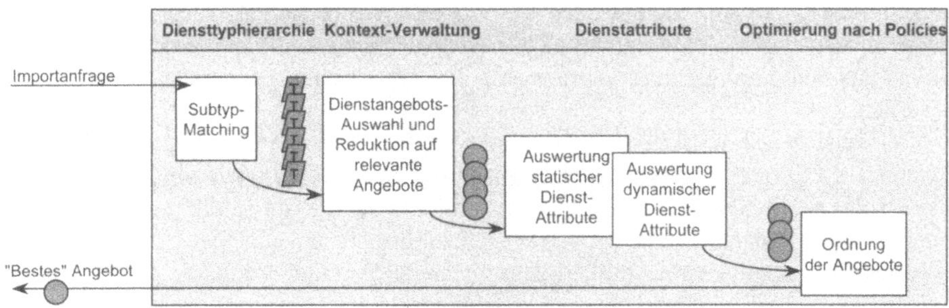

Abb. 38. Auswertungssequenz bei der Dienstvermittlung durch den Trader

Zunächst werden über das Diensttypmanagement alle Diensttypen ermittelt, die gemäß einem gegebenen Subtypkalkül konform zum nachgefragten Typ sind. Beim Ansatz von TRADE [Müll96] zerfällt das Type-Matching weiter in einen Konformitätstest bzgl. des angebotenen und nachgefragten Schnittstellentyps sowie der Dienstattributtypen, die in einer eigenen Hierarchie verwaltet werden.

Für diese Diensttypen werden auf der Ebene der Dienstangebotsverwaltung im zweiten Schritt jene Dienstangebote ermittelt, die bezüglich der Ausprägung ihrer Dienstattribute konform zu den nachgefragten sind. Aus Gründen der Effizienz erfolgt dieser Schritt seinerseits zweistufig, da zunächst alle statischen Attribute ausgewertet werden und nachfolgend auch dynamische. Dieses Vorgehen sortiert bereits alle Angebote aus, die bzgl. der statischen Attribute nicht konform sind.

Nach diesem Selektionsprozeß können mehr als ein Dienstangebot zur Verfügung stehen. Es hängt nun von der gewählten Policy des Traders ab, ob z.B. das erste, ein zufällig ausgewähltes oder ein nach gegebenen Optimierungskriterien (z.B. minimaler Preis) als das „beste" ermittelte Angebot dem Importeur geliefert wird. Policies werden allgemein als Standard definiert und durch den Trader verwaltet. Dem Importeur bleibt hingegen die Wahl einer für den Vermittlungsprozeß sinnvollen Policy, wie z.B. die Optimierung nach einem Dienstattributwert (minimaler Preis).

Die Registrierung von Diensttypdefinitionen erfolgt über eine Administrationsschnittstelle, während für Importeur und Exporteur ebenfalls spezielle Schnittstellen vorgesehen sind. Im Zusammenhang der Betrachtung im EDM-Kontext ist die Kooperation (*Interworking*) zwischen Tradern von besonderem Interesse, da hier der bei der Vermittlung von klassifizierten Diensten erforderliche Konfigurationsaufwand besonders hervortritt (vgl. z.B. [BeRa91, VoBB95, Müll96]). Insbesondere ist eine Abbildung von Diensttypen zwischen heterogenen Traderdomänen erforderlich, die entweder eine globale Standardisierung oder eine individuelle Transformation von Typnamen zwischen kooperierenden Tradern erfordert.

In einem solchen Interworking-Szenario befinden sich kooperierende Trader in unterschiedlichen Organisationsdomänen. Soll sich nun zu Zwecken der Dienstvermittlung das Diensttypmanagement über diese Grenzen hinweg erstrecken, ist eine Standardisierung der operationalen Interworking-Schnittstelle, der Benennung von Typen sowie der Policies als Auswahlkriterien für die Einbeziehung weiterer Trader oder Typmanager erforderlich [TsWW92]. Sinnvoll erscheint dabei die Unterstützung einer kanonischen Repräsentation für Typnamen und Policies. Dieser Ansatz impliziert jedoch, daß ein Trader – oder ein entsprechendes Gateway – die Fähigkeit zur Abbildung zwischen kanonischer und lokaler Repräsentation besitzt. Zu diesem Zweck muß jedoch eine explizite, d.h. vom Trader-Administrator im Einklang mit allen anderen durchgeführte, Normierung des kanonischen Typnamens vorgenommen werden.

Offensichtlich müssen kooperierende Trader eine Konformitätsdomäne bilden, wenn diese Interoperabilität interorganisational aufrecht erhalten werden soll. Angesichts des EDM-Szenario, bei dem eine unüberschaubare (d.h. nicht mehr zentral *Typ*verwaltbare) Anzahl unklassifizierter Diensterbringer angeboten wird, erscheint der Vermittlungsmechanismus des Trading im Sinne des ODP-Standards als nicht ausreichend. Nur wenn sich zunächst unklassifizierte Dienste im Laufe der Zeit (und ihrer „Reifung") als akzeptiert und nicht mehr veränderlich erwiesen haben, erscheint die Explikation ihres Diensttyps a posteriori sinnvoll.

Wird eine automatisierte Dienstvermittlung *ohne* Normierung von Diensttypen gefordert, so ist eine Unterstützung der Dienstvermittlung jenseits des für klassifizierte
Dienste vorgesehenen ODP-Trading erforderlich. Im folgenden werden daher Verfahren erläutert, die auch im Falle unklassifizierter Dienste eine Diensttyp- bzw.
-erbringerauswahl unterstützen. Der Benutzer ist dabei in jeweils unterschiedlichem
Maße involviert.

3.4.2 Wissensbasierte Dienstvermittlung

Ausgehend von der Annahme eines evolvierenden Dienstemarktes wird bei der *wissensbasierten Dienstvermittlung* keine Normierung der Diensttypinformation angestrebt, sondern die KI-Technik der *Konzeptgraphen* [Sowa84], die im Rahmen des
ANSI TC X3T2 standardisiert wurde, zur Repräsentation von Typinformationen eingesetzt [PuGM95]. Für die involvierten Instanzen des Importeurs, Exporteurs und
Traders wird eine Standardisierung von Diensttypen nicht vorausgesetzt (von Puder et
al. *Open-World-Ansatz* genannt). Allerdings versucht dieser Ansatz, eine interaktive,
navigierende Dienstsuche durch den Benutzer ebenfalls zu vermeiden, indem durch
die inkrementelle Erweiterung einer Wissensbasis für Diensttypen der Vermittlungsprozeß zunehmend präzisiert und automatisiert wird.

Repräsentation von Diensttypen durch Konzeptgraphen

Der Konzeptgraph als Repräsentation für Diensttypinformation ist ein gerichteter, bipartiter Graph, der aus *Konzept-* und *Relationsknoten* besteht. Je zwei Konzepte sind
durch eine Relation verbunden. Ein Konzept stellt einen Begriff dar, der sich auf einen abstrakten oder konkreten Gegenstand bezieht. [PuGM95, PMGG95] beschreiben
anhand von Konzeptgraphen die Begriffe, die im Rahmen von Diensttypdefinitionen
signifikant sind und verbinden sie durch Relationen, die Abstraktionsmechanismen
für Beziehungen innerhalb von Diensttypdefinitionen reflektieren. Konzepte sind dabei in eckigen, Relationen in runden Klammern im Beispiel dargestellt:

```
[PRINTER] -> (IS-A) -> [HARDWARE-DEVICE],
        -> (CONNECTED-TO)->[COMPUTER],
        -> (VISUALIZES)     ->[INFORMATION]->(CAN-BE)    ->[TEXTUAL],
                                                          -> [GRAPHICAL].,
        -> (PRINTS-ON)      -> [PAPER],
                            -> [SLIDES]
...
```

Beispiel 6. Konzeptgraph

Für den Bereich des Trading ist eine Einschränkung der Wissensbasis auf Trading-
relevante Informationen aus Gründen der Effizienz und der Präzision sinnvoll. Puder
et al. definieren daher eine kanonische Repräsentation für Diensttypdefinitionen, die
aus Konzeptknoten wie SERVICE-TYPE, PROPERTY-TYPE, SIGNATURE etc. sowie Relationsknoten wie CONSISTS-OF, IN-PARAMETER etc. besteht.
[SERVICE-TYPE:{„PrintService"}] -

```
    -> (CONSISTS-OF) -> [INTERFACE-TYPE:{„PrinterServiceInterface"}],
    -> (CONSISTS-OF) -> [PROPERTY-TYPE:{„PrinterQoS"}].

[INTERFACE-TYPE:{„PrinterServiceInterface"}] -
    -> (CONSISTS-OF) -> [SIGNATURE:{„SubmitJob,KillJob"}].

[SIGNATURE:{„SubmitJob"}] -
    -> (IN-PARAMETER) -
            -> [STRING]:{„Data"}],
            -> [INTEGER]:{„NumberOfCopies"}].,
    -> (OUT-PARAMETER) -
            -> [INTEGER]:{„JobNumber"}]...
```

Beispiel 7. Dienstangebot als Konzeptgraph

Für die durch Konzeptgraphen repräsentierten Dienstangebote kann, ähnlich einer Typhierarchie, eine Teilordnung definiert werden, die anhand von Restriktionsoperationen für jeweils zwei Konzepte den minimalen Subtyp findet. Anhand eines Ähnlichkeitsmaßes kann nun bewertet werden, wie groß die semantische Überlappung zwischen dem nachgefragten (T_n) und angebotenen Typ (T_a) ist. Im Idealfall gilt $T_a = T_n$ und damit $T_n = T_s$ (T_s ist der gefundene gemeinsame Subtyp). Wird vom Importeur ein identischer Konzeptgraph an den Trader übermittelt, ist eine vollständige Überdeckung gegeben, und das registrierte Angebot wird mit der höchsten Stufe des Ähnlichkeitsmaßes bewertet. Realistisch sind jedoch Importanfragen, bei denen Konzepte und Relationen stark von den registrierten Angeboten abweichen können.

Mit jedem Type-Matching, bei dem eine intuitive Spezifikation des Importeurs zur erfolgreichen Lieferung eines Diensttypes führt, wächst die Wissensbasis des Traders und damit auch die Wahrscheinlichkeit, daß eine spätere Nachfrage zum „richtigen" Typ führt. Aufgrund dieser vagen Diensttypspezifikation ist der Mechanismus des wissensbasierten Trading von einer a-priori-Standardisierung befreit. Erforderlich ist jedoch in jedem Fall die kontinuierliche Erweiterung der Wissensbasis über die Bewertung von Matching-Ergebnissen durch den menschlichen Benutzer. Ergibt sich eine neue „Sicht" auf einen Diensttyp, z.B. bei der Importanfrage [SOMETHING:*]->(COSTS-PER-PAGE)->[„USD10"], die auch für das Konzept [PRINTER] gilt, so ist für einen Lernprozeß das Hinzufügen dieser zusätzlichen Klausel erforderlich.

Zusammenfassung

Die wissensbasierte Dienstvermittlung eignet sich zunächst für das Matching von Angebot und Nachfrage klassifizierter Dienste, da bei diesen eine kanonische Diensttypspezifikation und -repräsentation auf der Basis von Konzeptgraphen realisierbar ist. Darüber hinaus wird der Benutzer bei der Diensttypauswahl in der Weise unterstützt, daß er sich eines vagen Ähnlichkeitsmaßes zur Bestimmung der „Nähe" zweier Typdefinitionen im Diensttypgraph bedienen kann. Somit besteht die Möglichkeit, in einem iterativen Prozeß Dienstangebote zu finden und zu bewerten.

Nachdem schließlich die Referenz auf einen Dienst erlangt wurde, besteht jedoch noch keine Möglichkeit des Zugriffs, da eine spezifische lokale Klientensoftware für den Aufruf entfernter Operationen fehlt. Diese kann entweder nur im weiteren Verlauf vom Server geladen werden (etwa als Java-Klasse), oder es handelt sich um ein Benutzerinformationssystem. In beiden Fällen ist jedoch die operationale Schnittstelle des Servers bei der Auswahl für die Dienstrepräsentation prinzipiell *nicht* von Bedeutung. Folglich ist damit auch die Verwendung von Schnittstellentypen für Importanfragen in Frage zu stellen.

Vorteilhaft ist hingegen die Reduktion der Standardisierungsanforderung an die Dienstrepräsentation auf ihre Repräsentationsebene, d.h., die *Ausprägung* eines Konzeptgraphen ist beliebig, während seine *Repräsentation* aus Gründen der Interoperabilität für Trader, Importeur und Exporteur normiert sein muß (vgl. Tabelle 4). Dadurch ist Freiraum gegeben zur individuellen Ausgestaltung und Erweiterung einer Dienstrepräsentation.

Mit dem wissensbasierten Trading ist eine a-priori-Standardisierung von Diensttypen nicht mehr erforderlich. Da jedoch für ein erfolgreiches Matching immer noch gewisse Dienstspezifikationen erforderlich sind, soll im folgenden die Standardisierungsanforderung für Dienstrepräsentationen weiter auf die Syntax von Objektreferenzen reduziert werden. Damit sind Server nur noch als String (Beschreibungstexte in Verbindung mit Leitseiten bei T-Online und URLs beim WWW) repräsentiert. Für die Infrastruktur ist keine darüber hinausgehende Normierung erforderlich, folglich wird die Dienstvermittlung vollständig durch das Blättern in Verzeichnissen und Katalogen auf der Anwendungsebene durchgeführt:

3.4.3 Dienstvermittlung durch Browser und Kataloge

Bei Online-Informationsdiensten wird in der Regel weder Diensttypinformation vom Erbringer bereitgestellt, noch ist sie für den Nutzer oder Vermittler für einen Bindungsvorgang operationalisierbar. Ein interaktiver Such- oder Navigationsvorgang auf der Basis informeller Beschreibungen ist hier der übliche Weg des Dienstzugriffs. Die bereits erwähnten Benutzerinformationsdienste WWW, T-Online etc. beruhen auf diesem Verfahren. „Dienstrepräsentationen" bestehen bei Online-Informationsdiensten in der Regel nur aus einer Server- oder Objektreferenz (z.B. URLs im WWW), so daß auf der Ebene der Infrastruktur lediglich ein Namensdienst zur Realisierung der Dienstvermittlung erforderlich ist.[21] Diese Information kann zusätzlich durch für den Benutzer verständliche Beschreibungsinformation so annotiert sein, daß eine sinnvolle Dienstnutzung gewährleistet ist. Üblicherweise ist jedoch diese Annotation von der Dienstrepräsentation entkoppelt, so daß sie auch von Dritten erbracht werden kann: eine Sammlung von Referenzen zu einem Themengebiet (z.B. „elektronische Märkte") wird nach individuellen Gesichtspunkten organisiert und steht somit als „Verzeichnis"-Dienst zur Verfügung. Grundlage der Dienstvermittlung ist dabei eine gemeinsame natürliche Sprache (Englisch) sowie eine Infrastruktur, die den Austausch von Objektreferenzen realisiert. Über diesen „gemeinsamen Nenner" hinaus besteht keine Notwendigkeit zur weiteren Formalisierung. Natürlich kann die „Unschärfe" dieser Spezifikation auch zu Fehlinterpretationen und Syntaxfehlern füh-

---

[21] Tatsächlich gilt dies sogar nur für die Ebene der Interprozeßkommunikation im 4-Ebenenmodell.

ren. Dieses Risiko nimmt der Nutzer jedoch z.B. beim WWW oder anderen Informationsdiensten bewußt in Kauf, da durch eine Fehlentscheidung kein schwerwiegender Nachteil droht.

Diese extreme Verschiebung der Trennlinie zwischen Infrastruktur und Anwendung zugunsten der Anwendung bedeutet beim WWW, daß die Funktion der Dienstvermittlung durch Anwendungsserver auf individuelle Weise und im Wettbewerb erbracht wird.[22] Präzision, Konsistenz und Layout von Katalogdiensten werden, neben auch für Trader gültigen Kriterien wie Umfang oder Aktualität, zum entscheidenden Faktor für die Nutzung durch den Nachfrager.

Zusammenfassung zur Dienstvermittlung

Browsing und Trading stellen als Mechanismen der Dienstvermittlung entsprechend der zu vermittelnden Dienste komplementäre Ansätze dar. Daher ist eine Integration von Browsern und Tradern zur Dienstvermittlung möglich und sinnvoll, wenn es Ziel des Benutzers ist, mit dem Browser *eine* exemplarische Dienstbeschreibung zu identifizieren und daraufhin mit Hilfe des Traders zu dieser nachgefragten *mehrere* angebotene und nach dem jeweiligen Subtypkalkül kompatible zu finden. Genau dieses Szenario wird in Kapitel 5 wieder aufgegriffen und bezüglich verschiedener Subtypkalküle sowie deren Integration näher untersucht.

---

[22] Allerdings kann sich die Dienstvermittlung aufgrund der reduzierten Dienstrepräsentation (URL) auch bis auf das Matching von Zeichenketten bzw. Volltexten reduzieren.

3.5 Bewertung der untersuchten Modelle und Schlußfolgerung für den EDM-Entwurf

Tabelle 5. Zusammenfassende Bewertung potentieller EDM-Infrastrukturen

Modell	Vorteile	Nachteile
statisch typisierte Kommunikation, CORBA Stubs	Typsicher, effizient, Wertschöpfungsketten realisierbar	Statisch typisiert, IDLs definieren nur den Schnittstellentyp
Dynamisch typisierte Kommunikation (DII)	Flexible Typisierung, C/S-Entkopplung und unklassifizierte Dienste, Online-IR	Schnittstellendefinition eingeschränkt, statisches IR-Schema
Trader-basierter Dienstzugriff	Hohe Verteilungstransparenz; effiziente, automatisierte Dienstvermittlung, weitreichende Spezifikation durch Dienstattribute ⇔ Vorteile eines Börsensystems	Hoher Standardisierungs- und Konfigurationssaufwand auf der Wertebene; a-priori-Standardisierung von Diensttypen; statische Typisierung ⇔ Nachteile eines Börsensystems
Online-Dienste (T-Online, AOL)	Betreiberorganisation als vertrauenswürdiger Dritter zur Abrechnung, Integration des Benutzers	Hohe Rüstkosten für Dienstanbieter, nur kontrollierte Weiterentwicklung, hohe Rüst- und Transaktionskosten Dienstnutzung
Internet-Benutzer-informations-systeme (WWW)	Minimale Konventionen auf der Repräsentationsebene (HTTP, HTML), keine zentralisierte Konfiguration, Integration des Benutzers	Inadäquates Kommunikationsparadigma bei Anwendungsdiensten mit operationaler Schnittstelle
Mobile Server (Java)	Integration des Benutzers, flexibel durch Ferninstallation	„Trojanische Pferde", Preisgabe von Kode und Know-how, keine Migrationsautonomie bei Applets
Mobile Klienten (Mobile Agenten, Telescript)	Flexibel dank Ferninstallation, Potential für Wertschöpfungsketten	Problem „Trojanischer Pferde", Preisgabe von Kode und Know-how

Tabelle 5 hebt abschließend die Vor- und Nachteile der untersuchten Ansätze hervor. Die gewählte Reihenfolge entspricht hierbei etwa der Eignung als EDM-Infrastruktur. Ob tatsächlich die Migrationsfähigkeit mobiler Agenten als Vorteil gegenüber der Mobilität von Java zu werten ist, kann an dieser Stelle nicht abschließend entschieden werden – in bestimmten Situationen, wie z.B. im Bereich schmalbandiger Mobilkommunikation, ist dieser Ansatz sicherlich angemessener.

Im Hinblick auf die in Abschnitt 2.5 identifizierten Erfolgsfaktoren einer EDM-Infrastruktur kann anhand der aufgezeigten Eigenschaften eine qualitative Bewertung dieser Modelle vorgenommen werden:

- Reduzierung der *Transaktionskosten* für Anbieter und Nachfrager
  Der Aufwand für die Dienstauswahl und -nutzung ist bei Plattformen für klassifizierte Dienste grundsätzlich niedriger als bei unklassifizierten, da Benutzer bzw. Klient und Server durch geeignete Vermittlungsdienste und Transparenzmechanismen nicht mit der Selektion des Partners involviert sind. RPC-basierte Kommunikationsumgebungen bieten zudem eine bessere Ausstattung mit Werkzeugen zur Entwicklung von Client/Server-Anwendungen. Auch Online-Dienste verursachen durch die zentralisierte Integration z.B. von Abrechnungsdiensten geringere Transaktionskosten als etwa Internet-basierte Systeme (Mobile Agenten, Java und das WWW).

- Reduzierung der *Rüstkosten* für Anbieter und Nachfrager
  Rüstkosten fallen einmalig durch die Bereitstellung des Zugangs zum EDM an sowie der zur Durchführung von Handelstransaktionen erforderlichen Hilfsmittel. Dies betrifft z.B. die Installation eines Klienten für einen klassifizierten Dienst. Bei der Dienstvermittlung durch Trading fällt auch der Aufwand der Diensttypstandardisierung in diesen Bereich. Aufgrund des hohen Installationskomforts sind Nutzer von Online-Diensten und Internet-BISen mit den geringsten Rüstkosten konfrontiert. Aber auch die Bereitstellung eines mobilen Agenten bzw. eines Java-Applets erscheint im Vergleich zu klassifizierten Diensten als moderater Aufwand. Von diesen Systemumgebungen ist auch der Aufwand zur Einbeziehung von Zahlungsdiensten oder vertrauenswürdigen Dritten abhängig.

- Unterstützung einer angemessenen Standardisierung
  Den jeweiligen Ebenenmodellen ist zu entnehmen, in welchem Maße Dienste in die Infrastruktur- bzw. in die Anwendungsebene verlagert sind. Während das WWW mit einer leeren Infrastrukturebene das eine Extrem markiert, liegt das andere beim Trader, der nicht nur eine standardisierte Benennung von Diensten voraussetzt, sondern auch eine Normierung von Dienstattributen. Beide Varianten wurden aufgrund dieser Eigenschaften als nur bedingt geeignet für ein *generisches* elektronisches Marktsystem charakterisiert. Auch mobile Agenten oder Java-basierte Anwendungen verfügen über keine durch eine EDM-Infrastruktur nutzbare Dienstbeschreibung. Beim CORBA Interface Repository ist diese gegeben, allerdings eingeschränkt auf ein statisches Schema. DCE erlaubt lediglich die Verwaltung und Klassifikation von Diensten durch bewußte Eintragung von Dienstreferenzen im Verzeichnisdienst. Offensichtlich ist im Bereich der Dienstrepräsentation ein Ansatz zu wählen, der einerseits eine nicht-standardisierte Selbstbeschreibung und damit die unabhängige Bereitstellung eines Servers erlaubt. Andererseits sollte die Dienstrepräsentation jedoch auch Benutzergruppen die Möglichkeit bieten, Bestandteile der Dienstbeschreibung *nach Bedarf* zu standardisieren. Diese inhaltlichen Aspekte sind jedoch nicht mehr Entwurfsziel einer EDM-Infrastruktur. Die *Repräsentation der Dienstbeschreibung* sollte hingegen global, d.h. auf Infrastrukturebene normiert sein.

- *Offenheit*
  Neben den grundsätzlichen Anforderungen an Offenheit (Interoperabilität, Portabilität, Benutzer- und juristische Offenheit) besteht insbesondere die nach ökonomischer Offenheit im Sinne einer generischen Unterstützung zur Bereitstellung neuer Diensttypen. Die flexible Erweiterbarkeit der Dienstbeschreibung ist eine

weitere Form der Offenheit. Hierbei zeichnen sich z.B. Konzeptgraphen als flexible und individuell erweiterbare Dienstrepräsentation aus – im Gegensatz zu statischen Repräsentationsschemata wie die des CORBA-IR. Als mögliche Umgehung dieser Restriktion besitzt die CORBA-Architektur durch die Erweiterung um zusätzliche Object Services zur persistenten Verwaltung von Dienstrepräsentationen einen Mechanismus, die Einschränkungen des IR aufzubrechen. Grundsätzlich sind auch alle Formen von Benutzerinformationssystemen ökonomisch offen, bei denen ein innovativer Dienst ohne Konfigurationsaufwand bereitgestellt werden kann (WWW).

- Herausbildung von *Wertschöpfungsketten*
  Als Folge der ökonomischen Offenheit in Verbindung mit niedrigen Transaktions- und Rüstkosten können Wertschöpfungsketten entstehen. Häufig liegen jedoch diese Kosten so hoch, daß sich die Investition zur Bereitstellung eines Mehrwertdienstes nicht rentiert: Insbesondere bei BISen ist durch die Überwindung von Heterogenitätsgrenzen zwischen Dienstanbietern mit erhöhtem Kostenaufwand zu rechnen. Z.B. nutzen keine Reiseanbieter, die über T-Online oder das WWW vertreten sind, andere Ressourcendienste, die selbst in diesen Systemen präsent sind. Der häufige Repräsentationswechsel von Parameterwerten läßt ein BIS ungeeignet erscheinen im Vergleich etwa zu CORBA, das einen einheitlichen, transparenten Kommunikationsmechanismus unterstützt.

- *Dezentralisierung* bezüglich Organisations-, Sicherheits- und Konformitätsdomänen
  Grundsätzlich bieten alle Ansätze Möglichkeiten der organisationsübergreifenden Kommunikation. Java, mobile Agenten und BISe erlauben Handelstransaktionen über Konformitätsgrenzen hinweg, während hingegen nur wenige Ansätze eine Sicherheitsarchitektur vorsehen, die den Anforderungen des EDM an Vertraulichkeit und Verbindlichkeit gerecht wird.

- Unterstützung aller Transaktionsphasen
  Verteilungsplattformen wie CORBA oder DCE wurden primär zur Unterstützung von Verteilungstransparenz innerhalb von Konformitätsdomänen geschaffen und weniger als EDM-Infrastruktur. Daher besteht bei ihnen die Notwendigkeit, z.B. Unterstützungsdienste für den Zahlungsverkehr zusätzlich zu integrieren, während Online-Dienste als kommerzielle Produkte die Partnerwahl, den Vertragsschluß und zumindest die Abwicklung der Zahlung in integrierter Form unterstützen. Würden Trading-Verfahren um die Möglichkeit der unmittelbaren Bezahlung ergänzt, könnten sie sogar als Börsensystem die Koordination von Dienstangeboten und -nachfragen übernehmen.

Eine EDM-Infrastruktur, die bei niedrigen Transaktions- und Rüstkosten gleichzeitig offen ist für eine Fortentwicklung des Marktes und in flexibler Form alle Transaktionsphasen unterstützt, läßt sich jedoch nicht unmittelbar durch eine der untersuchten Plattformen realisieren. Folglich ist das nächste Kapitel dem Entwurf einer Architektur mit besonderer Berücksichtigung dieser Gesichtspunkte gewidmet.

Anforderungen an die Evolutionsfähigkeit von EDM und Dienstrepräsentation

Als eines der entscheidenden Kriterien für eine effiziente Marktdynamik wurde die Existenz Schumpeterscher Unternehmer identifiziert. Bei einem solchen Unternehmer als Serverbetreiber kann aufgrund der dezentralisierten Informationsstruktur des Dienstemarktes weder *globales Wissen* um die Gesamtzusammenhänge der externen Koordination noch die Möglichkeit einer *Einflußnahme* im Sinne globaler Standards bestehen. Darüber hinaus wurde bereits argumentiert, daß Standardisierung nur bis zu einem gewissen Grad der Anwendungsnähe sinnvoll ist. Andererseits steigert eine Standardisierung die Koordinationseffizienz, d.h., langfristig ist sie sinnvoll, während sie kurzfristig in einer innovativen Phase evtl. zu ineffizienter Koordination führen kann.

Im Rahmen des Evolutionsmodells wird diese Standardisierungsfrage auf Aspekte der Repräsentation eines Dienstes im EDM eingeschränkt. Hier besteht einerseits die Anforderung nach einheitlichen Konventionen zur Automatisierung der Dienstvermittlung und -nutzung, andererseits die Notwendigkeit, ergänzende Informationen zur Verfügung zu stellen, für deren Interpretation eine Erweiterung von Komponenten der Infrastruktur erforderlich ist. Als Beispiel seien wiederum Kosteninformationen angeführt. Hier bestehen grundsätzlich zwei Optionen: Entweder wird die Information über geeignete Visualisierungsmechanismen dem Benutzer zugänglich gemacht, so daß dieser über die Nutzung eines Dienstes entscheiden kann, oder es sind Dienstrepräsentationen zu erweitern. Die erste Variante entspricht einem BIS, bei dem jegliche Dienstbeschreibung textuell über die Benutzerschnittstelle erfolgt. Nur in der zweiten Variante besteht jedoch die gewünschte Verarbeitbarkeit.

Eine mit dem mikroökonomischen Modell kompatible Argumentation würde auch im Bereich der (hier auf Anwendungsebene vorgenommenen) Standardisierung Wettbewerb fordern, d.h., daß einzelne Serveranbieter oder Gruppen sich mit Klientenentwicklern auf die Repräsentation von Informationsbestandteilen in der Dienstrepräsentation lokal und evtl. in Konkurrenz zu anderen einigen. Zum Beispiel würden Hotelbetriebe in einer Skiregion sicherlich für ihre Dienstrepräsentation andere Beschreibungsattribute wählen („Anzahl der Skilifte") als solche im mediterranen Raum („Nähe zum Strand"). Folglich besteht hier Potential zur schnelleren Einigung auf geographisch lokale oder branchenspezifische Standards. Eine Vereinheitlichung auf globaler Ebene kann wiederum durch Mehrwertdienste, die von individuellen Merkmalen lokaler Anbieter abstrahieren, geleistet werden.

Die Evolutionsfähigkeit der EDM-Infrastruktur schlägt sich dabei (neben der Herausbildung innovativer Dienste auf der Anwendungsebene) in Form von generischen Mechanismen zur Repräsentation, Übertragung und Darstellung von Spezifikationsinformation bei Servern und Klienten nieder. Folglich kommt den systemtechnischen Mechanismen zur Handhabung von Dienstrepräsentationen besondere Bedeutung zu, wie auch einem gegenüber der unabhängigen Weiterentwicklung von Klienten und Servern offenen Kommunikationsmechanismus:

- *Dienstrepräsentations-Verwaltung* (Kapitel 4): Fragestellungen zur Datenmodellierung, von Dienstrepräsentationen, zu ihrer Portabilität sowie zur Repräsentation von Dienstbeschreibungen sind Gegenstand dieses Kapitels.

- *Schnittstellenkonformität in evolvierenden Dienstemärkten* (Kapitel 5) ist als Folge der dynamischen Typisierung sowie der autonomen Entwicklungsfähigkeit von Schnittstellen und Diensten ein zentraler Untersuchungsgegenstand. Diese Fragestellung läßt sich zurückführen auf Untersuchungen erweiterter Typkalküle in verteilten objektorientierten Systemen.

- Da es sich beim EDM um ein dezentral organisiertes Gebilde ohne zentralen Betreiber handelt, bestehen im Gegensatz zum Online-Dienst besondere Anforderungen bzgl. der Abrechnung und Absicherung erbrachter (Dienst-)Leistungen. Diesem Problem der *Integration von Unterstützungsdiensten* in die EDM-Infrastruktur ist das Kapitel 6 gewidmet.

Einige der untersuchten Modelle ordnen die Konformitätsebene des EDM-Modells aus Abschnitt 2.4.5 strikt der Systeminfrastruktur zu, andere der Anwendungsebene. Diese Entwurfsentscheidung beeinflußt die resultierende Marktarchitektur und kann nicht „zur Laufzeit" korrigiert werden. Sinnvoller im Hinblick auf die Kriterien Effizienz, Autonomie, Akzeptanz, Flexibilität und Operabilität von Dienstbeschreibungen wäre es, eine generische Marktarchitektur zu entwerfen, die gleichzeitig Mittel zur kontinuierlichen Spezialisierung bereitstellt. Kontinuierlich bedeutet in diesem Zusammenhang eine dezentralisierte, autonome Erweiterbarkeit einzelner Systemkomponenten im Gegensatz zur diskontinuierlichen, für alle Teilnehmer verbindlichen Versionsbildung. Die im folgenden Kapitel dargestellte GEMS-Architektur wurde mit diesem Ziel entworfen.

4 Eine Architektur für generische elektronische Marktsysteme

Im ersten Teil wurde das EDM-Modell aus der Erkenntnis des Marktes als geeignetem, effizientem Koordinationsmechanismus für Dienstangebot und -nachfrage abgeleitet und somit das Entwurfsziel für die Realisierung eines elektronischen Marktsystems vorgegeben. Kapitel 3 identifizierte relevante Kommunikations- und Kooperationsmodelle auf der Basis des Client/Server-Ansatzes, die jeweils einigen dieser Anforderungen genügen. Ihre Vor- und Nachteile wurden schließlich zusammengefaßt und dienen nun als Ausgangspunkt der nächsten Phase: dem Entwurf eines generischen elektronischen Marktsystems (GEMS). Dieses faßt die erforderlichen Komponenten der Middleware zu einem gemeinsamen Rahmenwerk zusammen, so daß darauf aufbauend ein GEMS prototypisch implementiert werden kann (Teil III).

Die Vielzahl funktionaler Komponenten des GEMS sowie ihrer wechselseitigen Beziehungen erfordert eine einheitliche Architektur, die grundlegende Strukturen und Prozeduren der Dienstvermittlung und -nutzung im EDM festlegt. Für diesen Entwurfsprozeß wird der *Engineering Viewpoint* des ODP-Sichtenmodells eingenommen, der insbesondere die Modularisierung eines komplexen Entwurfsgegenstandes in dedizierte Dienste und Komponenten hervorhebt. Folglich sollte am Ende dieses Kapitels eine Architektur zur Verfügung stehen, die dem Programmierer Richtlinien zur Implementation solcher Komponenten und Prozeduren eines GEMS bereitstellt.

4.1 Die GEMS-Architektur

Die im folgenden präsentierte Architektur dient als Realisierungsplan eines GEMS. Sie beruht auf dem Client/Server-Kooperationsmodell und schließt insbesondere den menschlichen Benutzer als Bestandteil des Klienten bzw. des Servers ein. Diese GEMS-Architektur definiert die notwendige Basisfunktionalität und erlaubt individuellen Nutzern oder Nutzergruppen eine dezentrale, autonome Verfeinerung. Dabei liegt das Ziel in einer minimalen Standardisierung, die gleichzeitig Raum läßt für eine individuelle, schrittweise Erweiterung durch Anwendergruppen. Dies bedeutet, daß – wie bei einem BIS – Dienste zunächst nicht notwendigerweise standardisiert bereitgestellt und genutzt werden müssen. Weiterhin soll jedoch im Anschluß die Möglichkeit bestehen, bei geringen Rüstkosten spezifische Klienten für diese Dienste zu entwikkeln. Ziel der GEMS-Architektur ist die weitgehende Aufhebung der bei den untersuchten Plattformen festgestellten Unvereinbarkeit zwischen denen, die eher klassifizierte Dienste unterstützen und jenen für unklassifizierte. Läßt sich auf diese Weise die „ökonomische Lücke" dieser Plattformen schließen, ist eine bessere Integrations-

und Nutzungsmöglichkeit für Dienste auch in Form von Wertschöpfungsketten zu erwarten.

Folgende Funktionen wurden bisher als grundlegende Elemente eines Dienstemarktes identifiziert und sind durch die GEMS-Architektur in geeigneter Form zu berücksichtigen:

- *Dienstbeschreibung (Abschnitt 4.1.1)*
  Die Dienstbeschreibung umfaßt für Benutzer verständliche oder für Softwarekomponenten interpretierbare Spezifikationen. Die GEMS-Architektur sieht für diese Funktion die *Dienstrepräsentation* vor, die auf flexible Weise als „Behälter" für Beschreibungsinformationen eingesetzt werden kann.

- *Dienstnutzung (Abschnitt 4.1.2)*
  Für die Dienstnutzung werden sowohl generische als auch spezifische Klienten angenommen. Dabei wird erwartet, daß auch ein generischer Klient klassifizierte Dienste nutzen kann. Da ein generischer Klient (naturgemäß) vom genutzten Dienst unabhängig ist, wird er bei der GEMS-Architektur der Infrastruktur zugerechnet.

- *Dienstvermittlung (Abschnitt 4.1.3)*
  Die Dienstvermittlung dient der Bereitstellung von Objektreferenzen geeigneter Server an nachfragende Klienten. Diese Funktion wird gemäß der GEMS-Architektur an Anwendungsdienste ausgelagert, die somit nicht Bestandteil der Infrastruktur sind. Damit wird auch die Vermittlungsfunktion der kommerziellen Sphäre zugeordnet und im Wettbewerb erbracht.

- *Unterstützungsdienste (Abschnitt 4.1.4)*
  Von Unterstützungsdiensten wird gemäß der Definition im vorherigen Kapitel angenommen, daß sie einerseits im Wettbewerb angeboten werden, andererseits jedoch über allgemein standardisierte Protokolle – und damit transparent – genutzt werden können.

Abb. 39 veranschaulicht diese Zuordnung funktionaler Komponenten jeweils zur Anwendungs- bzw. Infrastrukturebene: Im Sinne des CORBA-Objektmodells werden Server auf allen Ebenen als Objekte mit mindestens einer Schnittstelle aufgefaßt. Ein Operationsaufruf erfolgt bei Anwendungsdiensten auf der Basis einer dynamisch typisierten Kommunikation, so daß keine statischen Stubs auf der Klientenseite zu generieren sind. Grundlage der Kommunikation ist ein dynamisch typisierter RPC-Mechanismus (der *GEMS-RPC*, s. Abschnitt 4.1.2), der sich am CORBA-DII orientiert.

Im Hinblick auf die oben genannten Funktionen wird die GEMS-Architektur im weiteren Verlauf dieses Kapitels dargestellt.

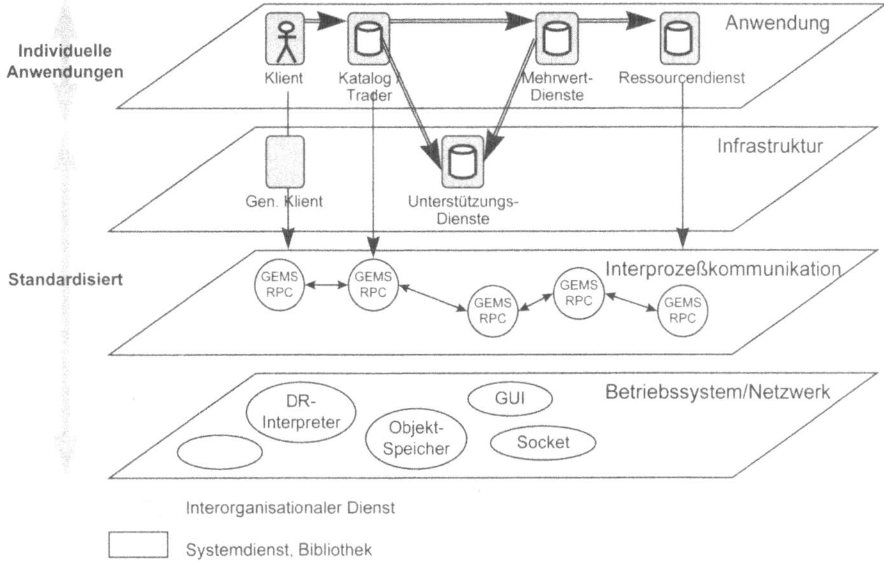

Abb. 39. Ebenenklassifikation für Dienste bei der GEMS-Architektur

4.1.1 Dienstrepräsentation

In Abschnitt 3.1 wurde eine Dienstrepräsentation als die durch die Systeminfrastruktur verarbeitbare Information über Server definiert. Im Verarbeitungsmodell der GEMS-Architektur liegt das Ziel der Dienstrepräsentation darin, Anbietern ein mächtigeres Mittel zur Spezifikation der Schnittstelle und Semantik ihres Servers zur Verfügung zu stellen.

Es wurde bereits in Kapitel 3 hervorgehoben, daß eine Standardisierung auf Repräsentationsebene für die flexible Entwicklung innovativer Dienste vorteilhaft ist. Nur ein als notwendig anerkannter, minimaler Anteil der Dienstbeschreibung sollte global für alle EDM-Teilnehmer auch auf der Inhaltsebene standardisiert sein. Die Integration zusätzlicher Information sowie deren Standardisierung ist Aufgabe von Anwendergruppen.

Die Dienstrepräsentation entspricht in ihrer Funktion der des CORBA-Schnittstellen-Repository (CORBA-IR), d.h., sie steht zur Laufzeit als Objekt zur Verfügung, das von GEMS-Klienten genutzt wird, um Informationen über den zu nutzenden GEMS-Server zu erlangen. Ein wesentlicher Unterschied zum CORBA-IR besteht jedoch in der dynamischen Erweiterbarkeit des DR-Schemas: Während das CORBA-IR als Standarddienst mit einer definierten Schnittstelle zum Abfragen genau der Datenstrukturen, die qua Standard auch für die IDL-Grammatik festgelegt sind, entworfen wurde, ist die Dienstrepräsentation ein generischer Ablageort für zunächst beliebig typisierte Datenobjekte. DRs umfassen sowohl *Beschreibungsinformation* als Datenobjekte als auch deren *Typdefinition* sowie *Typkennungen* auf der Metatypebene. Der Nutzen dieser Erweiterung liegt in der Möglichkeit, auch nicht standardisierte

Beschreibungsinformationen typgerecht interpretieren zu können. Die Schichtenorganisation der DR wird in Abschnitt 4.2 weiter vertieft.

Sichten des generischen Klienten auf die DR

Wie bereits aus der Unterscheidung zwischen Engines und Browsern deutlich wurde, können Anwendungsinstanzen individuelle *Sichten* auf Dienstrepräsentationen besitzen. Folglich kann eine Dienstrepräsentation gemäß der GEMS-Architektur, beispielsweise GUI- *und* Kontrollflußdefinitionen, nur eine dieser Optionen oder auch keine unterstützen – diese Entscheidung, welche Information bereitgestellt werden soll, liegt autonom beim Serveranbieter. Natürlich ist zwischen Klienten und Servern die Einigung auf ein standardisiertes Beschreibungsformat erforderlich. Allerdings kann ein solcher Standard auch inkrementell und funktionsspezifisch entwickelt sowie nachträglich in existierenden Dienstrepräsentationen berücksichtigt werden. Als Beispiel sei auf die in Kapitel 3 diskutierte Anforderungsspezifikation verwiesen, die als zusätzliche DR-Einbettung unabhängig von der EDM-Infrastruktur standardisiert werden. Im folgenden soll der allgemeine Begriff der Dienstrepräsentation auf den in der GEMS-Architektur verwendeten weiter eingeschränkt wird.

Die Portabilität von Dienstrepräsentationen

Beim Zugriff auf Datenobjekte der DR ist Heterogenitätstransparenz erforderlich, um eine konsistente Interpretation zu garantieren. Üblicherweise bestehen folgende Möglichkeiten, abweichende konkrete Syntaxen von Datenwerten auf unterschiedlichen Rechnerarchitekturen zu überwinden:

- *Kanonische Transfersyntax.* Dieses Prinzip wird z.B. durch die beim Sun-RPC [Sun90] verwendete XDR-Bibliothek (eXternal Data Representation) unterstützt. Eine Dienstrepräsentation ist dabei als komplexe Datenstruktur zu serialisieren, im Transferformat zu versenden und schließlich beim Empfänger wieder in die lokale Syntax zu konvertieren. Objektspeichersysteme verwenden diese Technik für den Ex- und Import von Daten. Auch im Rahmen der CORBA-Architektur sind Object Services für das Externalisieren des Objektzustandes vorgesehen (CORBA Externalization Object Service [OMG94]).
- *Punkt-zu-Punkt-Konvertierung:* Hierbei konvertiert entweder der Sender oder der Empfänger die Datenrepräsentation unmittelbar zwischen den jeweiligen Darstellungsformaten, ohne daß ein kanonisches Format definiert ist. Der DCE-RPC [OSF92] unterstützt beispielsweise dieses Verfahren („*receiver makes it right*").
- *Konvertierung beim Datenzugriff:* Die Dienstrepräsentation liegt auch dann im kanonischen Format vor, nachdem sie vom Anwendungsprogramm in den Hauptspeicher geladen wurde. Erst beim Zugriff auf einzelne Datenobjekte wird eine Konvertierung vorgenommen. Ein Speicherobjekt ist damit unmodifiziert zwischen heterogenen Rechnerarchitekturen austauschbar.

Dienstrepräsentationen können schließlich auch als IDL-Skript zwischen EDM-Teilnehmern ausgetauscht werden. Hierbei ist jedoch die Einbettung beliebig komplexer Zustandsvariablen in den Skriptkode neuartig gegenüber deklarativen Schnittstellenbeschreibungen herkömmlicher Architekturen wie z.B. DCE oder CORBA. Zwar erlauben Entwicklungen wie z.B. MHEG [Hofr96] die Übertragung von Objektdefinitionen einschließlich ihrer Instanzen in Form einer Skript-Repräsentation, jedoch ist damit immer auch ein höherer Interpretationsaufwand für den empfangenden Teilnehmer verbunden. Die Dienstrepräsentation im EDM-Modell ist daher eher vergleichbar mit der Bytecode-Repräsentation von Java, die ohne vorherige Übersetzung von der abstrakten Maschine unmittelbar ausgeführt werden kann und aufgrund ihrer standardisierten Repräsentation keiner Konvertierung bedarf. Eine Konvertierung sollte damit erst beim Datenzugriff und transparent durch die DR-Verwaltung erfolgen.

4.1.2 Dienstnutzung

Die Interaktion zwischen Klienten und Servern erfolgt innerhalb von *Sitzungen*. Für den Aufbau einer Sitzung ist eine Dienstrepräsentation des Servers erforderlich, die dessen Bindungsinformation enthält sowie weitere Informationen, die für das Zustandekommen einer Sitzung relevant sind. Insbesondere eine Anforderungsspezifikation zur Integration von Unterstützungsdiensten ist mit der des Klienten abzustimmen, damit zwischen beiden eine Sitzung etabliert werden kann, die auf für beide Parteien kompatible Unterstützungsdienste zurückgreift. Dieser Abstimmungsprozeß ist in Kapitel 6 ausführlich erläutert.

Generische Klienten sind zunächst dienstunspezifisch und erlangen erst zur Laufzeit die erforderliche Dienstbeschreibung für den Aufruf entfernter Prozeduren des betreffenden Servers. Anhand dieser Information kann der generische Klient lokal mit Hilfe eines *dynamischen Stubs* Parameter und Resultate verarbeiten. Das Medium für den Transport der Dienstbeschreibung ist die Dienstrepräsentation. Neben der Aufgabe, Schnittstellenbeschreibungen zu transportieren, ist sie gleichzeitig Träger von Zustandsinformationen, d.h. Datenobjekten, die seitens des generischen Klienten während des gesamten Sitzungsverlaufs Gültigkeit besitzen und den Sitzungszustand kapseln. Wie bei der Untersuchung des CORBA-DII aufgezeigt, ist eine Beschränkung auf *Schnittstellentyp*definitionen zu restriktiv. Der Klient benötigt zusätzliche Daten der *Diensttyp*definition, um semantisch korrekte Prozeduraufrufe durchzuführen. Hierbei lieferte die bisherige Untersuchung zwei Varianten des generischen Klienten: *Browser* bei Benutzerinformationsdiensten und *Engines* bei ausführbarem Kode. Entsprechend werden in der GEMS-Architektur folgende zwei Anwendungsvarianten generischer Klienten unterschieden:

1. *Generische Klienten mit Benutzerunterstützung (Browser)* erlauben dem menschlichen Benutzer einen interaktiven Zugang zum entfernten Dienst. Zu diesem Zweck ist über die Schnittstellentypdefinition hinaus weitere Information erforderlich, anhand derer der generische Klient für den Benutzer eine graphische Schnittstelle nutzen kann, die auf komfortable Weise erlaubt, interaktiv Parameter- und Resultatwerte zu modifizieren und den Aufruf entfernter Prozeduren zu bewirken. Die benötigte *GUI-Definition* muß zu diesem Zweck ebenfalls anhand der Dienstrepräsentation vom Server bereitgestellt werden. Der Benutzer nimmt gegenüber dem generischen Klienten die Rolle einer Steuerinstanz ein, wobei –

ähnlich dem WWW-Browser – die Dienstbeschreibung hinreichend präzise sein muß, damit eine korrekte Parameterwahl und Aufrufsequenz eingehalten werden kann. Im Gegensatz zum WWW-Browser kann jedoch die Benutzerschnittstelle aufgrund der Schnittstellenbeschreibung des Servers korrekt typisierte Eingabeelemente erzeugen. Daher ist der Transfer von Zustandsinformation und Schnittstellenbeschreibungen je Aufruf aufgrund der Kapselung des Sitzungszustands beim generischen Klienten nicht mehr erforderlich (im Gegensatz etwa zum WWW, bei dem Zustandsinformationen z.B. anhand von „Cookies" bei jedem Aufruf transferiert werden müssen).

2. *Generische Klienten mit Interpreter (Engines)* benötigen im Gegensatz zur GUI-Definition neben der Schnittstellentypdefinition des Servers eine Kontrollflußdefinition – etwa vergleichbar mit einem Agentenprogramm. Im Zuge der Ausführung solcher zu Agenten erweiterten Dienstrepräsentationen können Operationsaufrufe auf dem spezifizierten Server ausgeführt werden.

Der GEMS-RPC

Ein GEMS erfordert einen Kommunikationsmechanismus, der die Definition beliebig typisierter Parameterwerte zur Laufzeit erlaubt, da prinzipiell mit Servern kommuniziert wird, deren Diensttyp zum Übersetzungszeitpunkt nicht definiert ist.

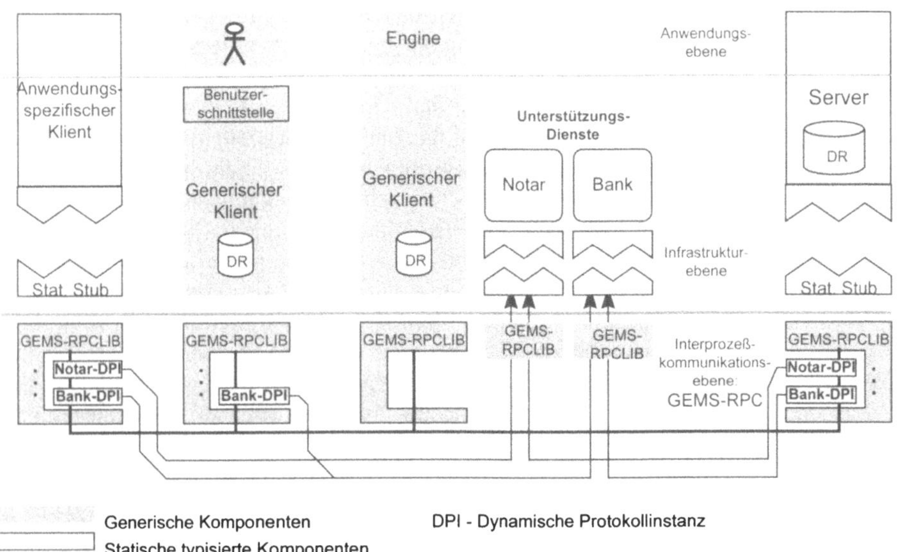

Abb. 40. Nutzung des GEMS-RPC zur Client/Server-Kommunikation

Unterschieden wird bei der GEMS-Architektur die generische Ebene der EDM-Infrastruktur sowie die anwendungsspezifische Ebene der Client/Server-Anwendung. Die Infrastrukturebene schreibt ein *generisches Protokoll* fest für den Transfer von Datenstrukturen mittels des GEMS-RPC. Ähnlich dem HTTP beim WWW mißt eine

Protokollinstanz des GEMS-RPC den transportierten Daten keine Bedeutung bei; es realisiert lediglich den Transfer von Parameter- und Resultatlisten. Gegenstand der Standardisierung sind somit weder anwendungsspezifische PDUs noch deren Semantik. Die Serverschnittstelle reduziert sich damit auf eine einzige Funktion, die synchron vom Klienten aufgerufen wird (ähnlich der GET-Funktion beim HTTP). Die Protokollinstanz des GEMS-RPC ist bei Klient und Server somit zustandslos (untere Ebene im GEMS-Architekturmodell, Abb. 40).

Auf der Anwendungsebene können hingegen zustandsbehaftete Protokolle existieren, die von den jeweiligen Klient- und Serveranwendungen einzuhalten sind. Je nachdem, welcher Art der Klient ist, kann die Einhaltung dieses Protokolls durch spezifische Klientenlogik, durch den Benutzer oder durch zusätzliche Laufzeitinformationen erfolgen. Für den Transport dieser Information, die bei einem unklassifizierten Dienst zunächst nur dem individuellen Server zur Verfügung steht, wird wiederum die Dienstrepräsentation genutzt.

Die Verteilungsebene beim GEMS-RPC

Die Trennung in Klient- und Serverkomponenten erfolgt in der GEMS-Architektur auf der Anwendungsebene, d.h. zwischen anwendungsspezifischen Klienten- und Serverkomponenten (Abb. 41). Wird ein generischer Klient (GK) eingesetzt, wird er erst durch die Dienstrepräsentation für einen Server spezialisiert. Folglich besteht die Aufgabe des GK nicht nur in der Präsentation von Information, sondern auch in der Dialogsteuerung und diensttypkonformen Datenkommunikation. Stellt die Dienstrepräsentation beispielsweise Informationen über den Serverzustand zur Verfügung, so kann der GK durch Ausblenden von Dialogelementen (Buttons) Operationsfolgen einschränken. Durch diese Verteilung auf der Anwendungsebene kann häufig die Kommunikationslast – dem RPC entsprechend – auf ein Minimum eingeschränkt werden.

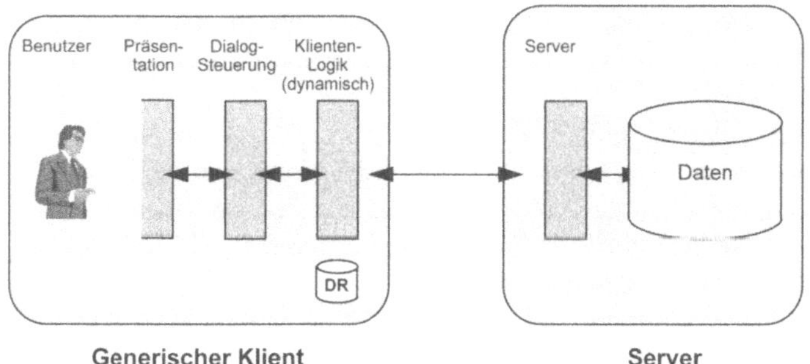

Abb. 41. Funktionstrennung zwischen Klient und Server bei der GEMS-Architektur

Eine Verschiebung dieser Trennlinie in Richtung Server würde hingegen den Spezifikationsaufwand durch die DR für den Klienten erhöhen, das zu zwei unerwünschten Folgen führt:[23] Erstens wäre diese Serverspezifikation für den Benutzer nicht mehr interpretierbar, und auch ein automatisiertes Matching zwischen Diensttypdefinitionen nicht mehr durchführbar, wenn z.B. die Semantik des Servers anhand formaler Beschreibungssprachen spezifiziert werden würde; zweitens wurde argumentiert, daß die Herausgabe von Kode verschiedene Nachteile birgt (vgl. die Preisgabe von Knowhow oder die Gefahr Trojanischer Pferde bei Java und Telescript), so daß eine Reduzierung auf eine handhabbare Datenstruktur zur Dienstbeschreibung sinnvoll ist.

Eine entgegengesetzte Verschiebung in Richtung Benutzerschnittstelle würde wiederum die Abstraktion des GK reduzieren, indem (ähnlich einem X-Server oder WWW-Browser) auf die GEMS-spezifische, einheitliche Semantik von Dialogelementen und Operationsaufrufen verzichtet werden müßte. Ferner würde sich die Kommunikationslast erheblich erhöhen, da neben Operationsaufrufen beim Server auch eine Vielzahl von Ereignissen der Benutzerschnittstelle seitens des Servers zu bearbeiten wäre.

Die Serverschnittstelle stellt somit als Trennungslinie zum Klienten eine Verteilungsebene dar, die zum einen dem Server genügend Gestaltungsautonomie beim Schnittstellenentwurf läßt und ihm gleichzeitig die Möglichkeit bietet, dem Klienten ein Höchstmaß an Beschreibungsinformation zu liefern.

Stubs im GEMS

Server können ohne Einschränkung der Generik über einen Stub verfügen, denn dieser befindet sich trivialerweise innerhalb der Konformitätsdomäne des Servers. Als Input des erforderlichen Stub-Generators dient wiederum die Dienstrepräsentation (Abb. 42). Die Aufgabe des Stubs liegt in der Datentransformation zwischen der Transfersyntax des GEMS-RPC und der lokalen des Servers. Die TLV-Kodierung des GEMS-RPC wird, soweit möglich, konvertiert in die der Bibliotheksschnittstelle des Servers. Anhand der Typinformation von Parametern kann durch den Server zum Aufrufzeitpunkt mangelnde Konformität zwischen aktuellen Parametern und der Serverschnittstelle festgestellt werden.

Für einen *spezifischen* Klienten kann ebenfalls ein Stub erzeugt werden. Die dadurch erzielbare Abstraktion im Programmiermodell entspricht etwa der des Sun-RPC [Sun90]. D.h., es ist für den Programmierer eine Abstraktion von der Nachrichtensemantik gegeben, jedoch keine bezüglich der Verteilungstransparenz, da die Lokalisierung des Servers explizit durch die Anwendung erfolgt.

Ein Server kann modifiziert werden, solange er typ- und verhaltenskonform gegenüber der Vorversion bleibt. Über deren Dienstrepräsentationen bzw. Klienten-Stubs läßt sich der Server transparent weiterverwenden. Besteht jedoch keine Kompatibilität zur DR einer Vorversion mehr, sollte dies durch den Server erkannt und dem Klienten signalisiert werden. Wenn also die DR des Klienten und die Serverschnittstelle inkompatibel sind, kann dies der Server durch dynamische Typüberprüfung im Server-Stub erkennen. Wie der Server darauf semantisch reagiert, ist wieder-

---

[23] Gleiches gilt für das Laden lauffähiger Klientenmodule (wie z.B. bei Java).

um seiner individuellen Implementierung überlassen und somit nicht durch das GEMS spezifiziert.

Nachdem zunächst Architekturelemente des GEMS skizziert wurden, wird im folgenden das Ablaufmodell für die Dienstnutzung erläutert und schließlich die Gesamtarchitektur bzgl. ihrer Entwicklungsfähigkeit untersucht.

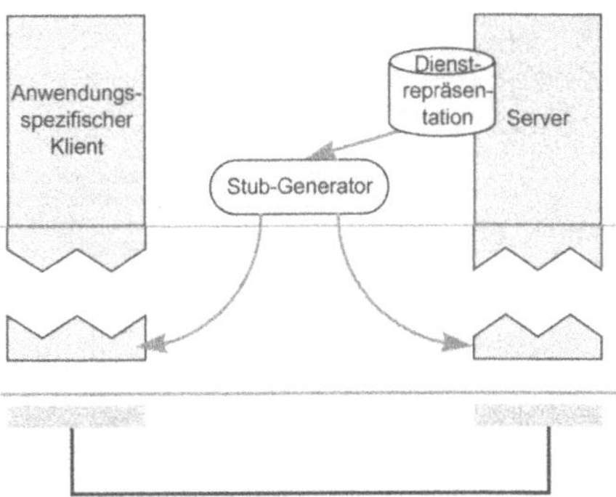

Abb. 42. Verwendung der Dienstrepräsentation für spezifische Klienten

Durchführung von Handelstransaktionen

Die Darstellung des Ablaufmodells bezieht sich auf Interaktionen zwischen generischen Klienten und Servern, da im Falle spezifischer Klienten kein Unterschied zu statisch typisierten RPC-Diensten besteht.

Interaktionen zwischen Klienten und Servern finden beim GEMS innerhalb von *Sitzungen* statt. Eine Sitzung beginnt mit der *Bindung* des Klienten an den Server und endet mit deren *Auflösung*. Während dieser Sitzung erfolgt eine Sequenz entfernter Operationsaufrufe. Als Teil des Bindungsprozesses erlangt der generische Klient eine Dienstrepräsentation des Servers, die für die nachfolgenden Prozeduraufrufe bis zur Bindungsauflösung lokal zur Verfügung steht. Die Dienstrepräsentation kapselt Informationen über den Typ des genutzten Dienstes, aber auch diensttypspezifische Daten, die zur Kommunikation mit der konkreten Serverinstanz erforderlich sind (z.B. Buchungsdaten, Auswahllisten).

4.1.3 Dienstvermittlung

Die Dienstrepräsentation wird an dem Ort des Servers definiert, an dem das Wissen um seine Schnittstelle und Semantik dem Programmierer vorliegt. Von dort aus kann sie als Instrument für den Serverzugriff an weitere Teilnehmer des Dienstemarktes übertragen werden. Diese Teilnehmer sind nicht notwendigerweise nur generische Klienten, sondern auch andere Vermittlungs- und Mehrwertdienste, die ein lokales Verzeichnis von Dienstrepräsentationen verwalten (vgl. z.B. den Katalogdienst in Abb. 44). Ihren Nutzern bieten diese Dienste wiederum Schnittstellen zur Abfrage und Inspektion der abgelegten Dienstrepräsentationen an.

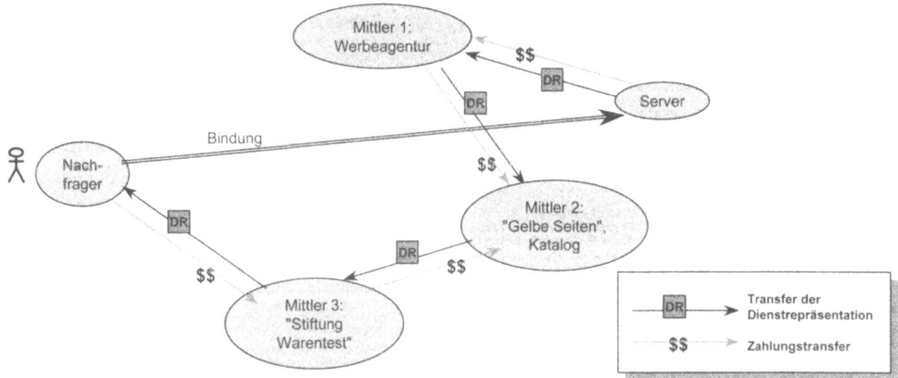

Abb. 43. Ein Szenario zur Distribution von Dienstrepräsentationen im EDM

In Abb. 43 ist exemplarisch der Distributionsweg für Dienstrepräsentationen skizziert. Jeder Vermittlungsdienst ist über eine operationale Schnittstelle nutzbar; dabei kann der Aufruf einer Operation mit Kosten behaftet sein. Eine Dienstrepräsentation wird hier als Angebot zur Dienstnutzung über mehrere Distributions- und Evaluationsserver verteilt. Einige dieser Server bieten einen neutralen Verzeichnisdienst an („Gelbe Seiten"), andere fördern die Distribution der DR („Werbeagentur") und wiederum andere bewerten z.B. die Qualität angebotener Dienste („Stiftung Warentest").[24] Derartige Vermittler sind als individuelle Anwendungsdienste nicht Bestandteil der Systeminfrastruktur, sondern bieten ihre Dienste vielmehr kommerziell an.

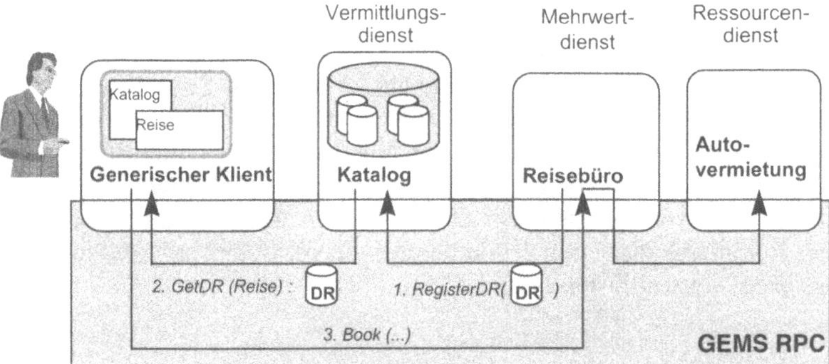

Abb. 44. Interaktionen zwischen generischem Klienten, Vermittlungsdienst und Server

Da eine Dienstrepräsentation den Server einschließlich seiner Knotenadresse eindeutig beschreibt, kann sie als *First-Class-Datenobjekt* (ähnlich URLs im WWW) verwendet und im Netz kommuniziert werden. Ein Teilnehmer, der über eine Dienstrepräsentation verfügt, besitzt damit auch die Referenz auf den betreffenden Server.

---

[24] Zahlreiche praktische Erfahrungen konnten zu diesem Thema bereits im WWW gesammelt werden, vgl. z.B. [Cohe94].

Während einer Sitzung kann ein Server seinerseits als (spezifischer) Klient auf andere zugreifen, so daß eine Kette der Dienstnutzung entsteht. Kommunikationen zwischen diesen Servern erfolgen transparent für Benutzer bzw. generische Klienten. Dennoch kann z.B. der in Abb. 44 skizzierte Klient wählen, ob er auf den Autovermietungsdienst indirekt über den Mehrwertdienst („Reisebüro") oder unmittelbar zugreift. Es liegt in der lokalen Entscheidung des Klienten, Komfort und höhere Kosten gegen die evtl. günstigere unmittelbare Nutzung abzuwägen.

Die Interaktion zwischen generischen Klienten und Servern

Ein generischer Klient dient als Mittler zwischen Benutzer und Server. Zu diesem Zweck bildet er Ereignisse der Benutzerschnittstelle auf entfernte Prozeduraufrufe beim Server ab. Die dazu erforderliche Steuerung ist durch die DR beschrieben.

Während der GEMS-RPC *auf der Kommunikationsebene* einen dynamisch typisierten Prozeduraufruf zwischen zustandslosen Klienten- und Serverinstanzen realisiert, befinden sich auf der Anwendungsebene Protokollinstanzen, die im Zuge einer Sitzung ihren internen Zustand wechseln können und somit einen (Objekt-)*Lebenszyklus* durchlaufen. Um beispielsweise einen Datenbankdienst zu nutzen, ist zunächst eine Operation Öffnen erforderlich; erst dann kann ein Select aufgerufen werden, gefolgt von mehreren Fetch-Operationen. Schließlich wird mit Close die Datenbank geschlossen. Für die Nutzung einer solchen Anwendung ist das Laden einer Protokollinstanz erforderlich, die nicht nur korrekt typisierte Prozeduraufrufe durchführt, sondern auch den Sitzungszustand für den generischen Klienten kapselt. Ähnlich einem M0-Boten [MMTH95] stellt die Dienstrepräsentation eine dynamische Protokollinstanz dar, die zum Bindungszeitpunkt vom Server oder einer dritten Instanz zum generischen Klienten geladen wird.

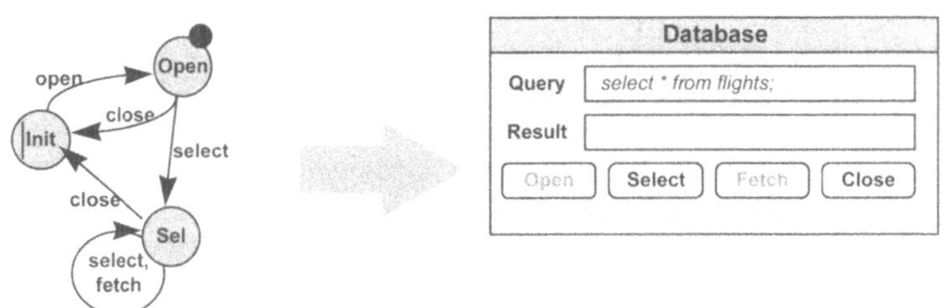

Abb. 45. Ein zustandsbehafteter Dialog

Ist nun die Beschreibung der Benutzerschnittstelle ein standardisierter Bestandteil der DR, der durch Prädikate die Aktivierung von Dialogelementen steuert, so kann der Server während eines Prozeduraufrufes Einfluß nehmen auf die zulässigen Folgeoperationen, indem er Zustandsvariablen der Dienstrepräsentation entsprechend aktualisiert. Jedes Datenobjekt der Dienstrepräsentation (einschließlich Typdefinitionen) ist ein Objekt erster Klasse, das auch während der Bindungszeit erzeugt oder aktualisiert werden kann. Folglich kann der Server jederzeit Einfluß nehmen auf den Zustand der DR.

Als Beispiel illustriert Abb. 45 einen zustandsbehafteten Dialog, der durch ein Zustands-Transitions-Diagramm beschrieben wird. Der Automat befindet sich im Ausgangszustand Init. Entsprechend ist in der rechts dargestellten Dialogbox des generischen Klienten nur die in diesem Zustand aufrufbare Funktion Open aktiviert.

4.1.4 Unterstützungsdienste

Die GEMS-Architektur ist auf der *Anwendungsebene* auf die Erfüllung der kritischen Erfolgsfaktoren aus Abschnitt 2.5 ausgerichtet. Für Anwendungen wurden daher Mechanismen zur autonomen Fortentwicklung von Diensten und Dienstbeschreibungen aufgezeigt. Diese Autonomie kann durch die Transaktionspartner freiwillig eingeschränkt werden. Bezüglich der *Infrastruktur* steht jedoch die weitgehende Absicherung der Handelstransaktionen gegen fehlerhafte oder böswillig manipulierte Komponenten im Vordergrund. Erst zweitrangig werden Ziele wie Wettbewerb, Autonomie und Entwicklungsfähigkeit unterstützt.

Unterstützungsdienste sind nach der Definition aus Abschnitt 3.1.3 Komponenten der GEMS-Architektur, die für individuelle Handelstransaktionen durch die Transaktionspartner *optional* selektiert werden können, um deren Anforderungen nach Authentizität, Vertraulichkeit, Nachweisbarkeit, Zahlungstransfer etc. zu erfüllen. Sie werden von einer unabhängigen, organisationsexternen Partei erbracht (vgl. Kapitel 6 und 7). Abb. 40 zeigt die Konfiguration exemplarischer Unterstützungsdienste, die Klient und Server gleichzeitig nutzen. Sie besitzen ferner einen standardisierten Diensttyp, so daß ein Transaktionspartner bei der Benennung eines Unterstützungsdienstes (bzw. dessen Diensttyps) davon ausgehen kann, daß die erwartete Funktion tatsächlich bereitgestellt wird. Innerhalb dieser Restriktion der Standardisierung können Unterstützungsdienste jedoch auch im Wettbewerb kommerziell erbracht werden – so wie sich in der Realität etwa auch Banken im Wettbewerb befinden.

Der architekturelle Anspruch besteht bei der Integration von Unterstützungsdiensten in der Harmonisierung gegenläufiger Anforderungen seitens ihrer Nutzer und Anbieter: Während Anbieter von Unterstützungsdiensten bestrebt sind, sich im Wettbewerb durch die Entwicklung individueller Funktionen und Protokolle durchzusetzen, liegt das Interesse der Nutzer in einer vereinheitlichten Sicht auf alle Dienste, die prinzipiell einer gleichen Kategorie (z.B. Zahlungs- oder Notariatsdienste) angehören. Da die Aufgabe von Unterstützungsdiensten in der Abwicklung untergeordneter Transaktionen – wie z.B. der Übermittlung von Zahlungsmitteln oder der notariellen Beurkundung eines Dokumentes – liegt, wird davon ausgegangen, daß von beiden Transaktionspartnern diesen Diensten ein hohes Maß an Vertrauen entgegengebracht wird. Aufgrund dieses dienstimmanenten Risikopotentials gewährt der Entwurf der GEMS-Architektur den Klientenanforderungen – im Gegensatz zur Anwendungsebene – Vorrang und fordert die Standardisierung von Unterstützungsdiensten.

Da Unterstützungsdienste aufgrund ihres Charakters als klassifizierter Dienst seitens beider Transaktionspartner eine spezifische Klientenkomponente erfordern, ist die Installation eines entsprechenden Softwaremoduls bei der Klienten- bzw. Serveranwendung des jeweiligen Partners erforderlich (vgl. die dynamischen Protokollinstanzen in Abb. 40). Ein solches Softwaremodul könnte prinzipiell als separater Prozeß, als dynamisch gebundene Bibliothek (z.B. als Java-Applet) oder zum Entwicklungszeitpunkt der Klienten- oder Serverkomponenten statisch gebunden sein. Während die letzte Variante aufgrund ihrer mangelnden Flexibilität den generellen Anforderungen des EDM nach Entwicklungsfähigkeit nicht gerecht wird, bergen die beiden ersten die Gefahr, daß diese Module unerwartetes Verhalten zeigen. Voraussetzung für diesen Teil der GEMS-Architektur ist somit ein Verfahren, daß nur die dynamische Installation zertifizierter Module erlaubt.

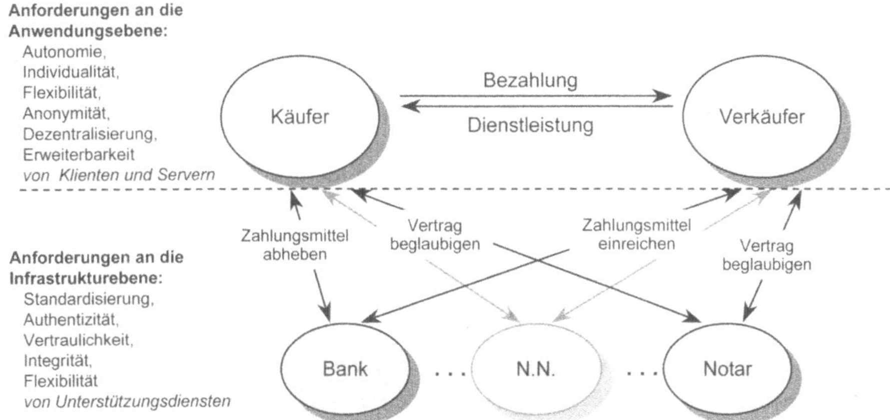

Abb. 46. Schema der Integration von Unterstützungsdiensten

Ist ein solcher Standard (etwa für Zahlungsverfahren mit elektronischem Bargeld) einmal festgelegt, so ist er bindend für alle Erbringer von Unterstützungsdiensten dieser Kategorie. Davon unabhängig ist jedoch das Verfahren, *wie* dieser Standard zustandekommt: hier sollten wiederum die Erfolgskriterien für eine EDM-Infrastruktur zur Geltung kommen, indem der Standardisierungsprozeß sowie die Integration entsprechender Unterstützungsdienste dezentral, zur Laufzeit und autonom durch Teilnehmergruppen erfolgen kann. So sollte beispielsweise die Bereitstellung eines neuartigen Unterstützungsdienstes („N.N." in Abb. 46) zur Laufzeit und ohne Neukonfiguration in die bestehende EDM-Infrastruktur erfolgen.

Kategorien von Unterstützungsdiensten

Da Handelstransaktionen auf dem EDM anonym und von sich nicht immer vertrauenden Parteien durchgeführt werden, besteht eine besondere Anforderung zur Absicherung der Transaktion gegen potentielle Angriffe.

Sicherheitsdienste

Teil 2 des ISO/OSI-Referenzmodells [ISO-SEC89] gibt einen Rahmen für die Standardisierung von Sicherheitsarchitekturen in offenen verteilten Systemen vor. Hierbei steht die prinzipielle Differenzierung nach Sicherheitsdiensten im Vordergrund, wobei folgende sechs Dienste in diesem Zusammenhang genannt werden:

- Die *Authentikation* (authentication) liefert einen Echtheitsbeweis für die Identität entweder von Kommunikationspartnern (peer entity authentication) oder von empfangenen Nachrichten (data origin authentication).

- Durch Dienste der *Zugriffskontrolle* (access control) kann die Autorisierung einer Instanz zur Ausübung einer Aktivität gesteuert werden.
- Die Gewährleistung der *Vertraulichkeit* (data confidentiality) schützt vor unautorisiertem Bekanntwerden von Daten gegenüber Dritten. In diese Kategorie fällt ebenfalls die Geheimhaltung des Nachrichtenflusses zum Schutz vor Verkehrsflußanalysen. Entsprechend sind Dienste zur Datenverschlüsselung erforderlich.
- Die Gewährleistung der Datenunversehrtheit bzw. *Datenintegrität* (data integrity) schützt vor unautorisierter Veränderung (engl. *tampering*). Dienste zur Erzeugung elektronischer Signaturen erlauben die nachträgliche Verifikation der Unversehrtheit eines Dokumentes durch den Empfänger.
- Die Gewährleistung der *Unabstreitbarkeit* bzw. der Nachweisbarkeit (non-repudiation). Ein Nachrichtenversand oder -empfang wird für die jeweils andere Partei mit einem Beweis (Zertifikat) ausgestattet. Zertifizierungsdienste werden hier zur Erzeugung dieser Beweise eingesetzt, in die der Dokumenteninhalt und evtl. ein Zeitstempel, der Name der Zertifizierungsinstanz, ein Gültigkeitszeitraum etc. eingehen (vgl. z.B. [FoMü95]).
- *Beweissicherung* und *Protokollierung* (Audit) schaffen die Möglichkeit, auch Nachrichteninhalte durch Zertifikate beweisfähig zu machen. Die Ablage von Zertifikaten eines vertrauenswürdigen Dritten (des Notars) sowie die Ablage des Originaldokumentes (oder zumindest einer kryptographischen Prüfsumme) erlauben im Streitfall eine nachträgliche Beweisaufnahme. Immer dann, wenn gegenüber dem Transaktionspartner oder Dritten das Stattfinden (oder auch Nichtstattfinden) einer Aktivität zu beweisen ist, sichert die Einschaltung eines vertrauenswürdigen Unterstützungsdienstes mit dem Ziel der nicht-abstreitbaren Bestätigung dieser Aktivität dem Kommunikationspartner ein anerkanntes Beweismittel zu. Auch organisationsintern kann dieses Beweismittel von betrieblichen Funktionseinheiten als Nachweis für den Streitfall genutzt werden.

Für die Anforderungen des EDM-Modells sind diese Dienste in geeigneter Form umzusetzen: So ist über die der Vertraulichkeit hinaus auch die Forderung nach der Anonymität zu befriedigen, d.h., nicht nur gegenüber Dritten, sondern ggf. auch gegenüber dem Transaktionspartner ist die Identität einzelner Transaktionsparteien zu verdecken. Neben der Datenintegrität ist auch eine „ökonomische Integrität" zu berücksichtigen: Zum Beispiel darf sich etwa die im Umlauf befindliche Menge an Zahlungsmitteln nicht verändern. Auch die Kohärenz vertraglich spezifizierter und tatsächlich erbrachter Leistungen stellt eine Integritätsanforderung des EDM dar.

Realisiert werden Sicherheitsdienste letztlich durch eine Vielzahl von Sicherheits*mechanismen*, die in jeweils geeigneter Kombination zum Einsatz kommen (vgl. z.B. [Muft92]). Allgemein wird jedoch das ISO-Modell als unzulänglich für realitätsnahe Anwendungsbereiche wie etwa elektronische Dienstemärkte erachtet (vgl. etwa [Rann89]). Die oben genannten Aspekte der Beurkundung elektronischer Verträge, Anonymität oder böswilliges Duplizieren von Zahlungsmitteln werden mangels Realitätsnähe nicht oder auf zu abstraktem Niveau erfaßt.

Sicherheitsdienste lassen sich separat oder in integrierter Form als Unterstützungsdienst für eine Handelstransaktion einbinden. Hierbei ist zu beachten, das für individuelle Handelstransaktionen jeweils unterschiedliche Konfigurationen von Sicherheitsdiensten – und allgemein Unterstützungsdiensten – erforderlich sein können.

Zahlungsdienste

Da Handelstransaktionen ferner einen Gütertausch darstellen, bei dem eine Dienstleistung gegen Zahlungsmittel getauscht wird, ist der Geldtransfer dabei eine sensible Funktion, die eine besondere Absicherung gegen Mißbrauch erfordert. Aus diesem Grunde eignen sich insbesondere Verfahren des sicheren Zahlungsverkehrs für die exemplarische Untersuchung von Unterstützungsdiensten.

Da angenommen werden kann, daß kein einzelnes der z.Zt. bestehenden Zahlungsverfahren in der Lage ist, alle potentiellen Anforderungen abzudecken, erscheint eine Abstraktion gegenüber Schnittstellen individueller Abrechnungsdienste sinnvoll. Diese Abstraktion sollte in standardisierter Weise als Unterstützungsdienst zur Verfügung stehen. Dabei besteht die Anforderung, ein geeignetes Abstraktionsniveau zu ermitteln, bei dem ein Höchstmaß an Gemeinsamkeiten aller Zahlungsprotokolle durch die Schnittstelle des Unterstützungsdienstes erfaßt wird, ohne die Vielfalt der Implementierung zu beeinträchtigen.

Um die mögliche Heterogenität bei einigen Verfahren zu illustrieren, werden in Kapitel 6 die im Anhang angeführten exemplarischen Online-Zahlungsverfahren verglichen, die sich bezüglich Anonymität, Vertraulichkeit oder Protokoll zum Teil erheblich unterscheiden.

Weitere Unterstützungsdienste

Denkbar sind weitere Mechanismen, die aufgrund gesetzlicher Regelungen oder nach Vereinbarung der Transaktionspartner als Unterstützungsdienste in Anspruch genommen werden könnten:

Die interne oder externe Buchführung könnte als Unterstützungsdienst in die Handelstransaktion integriert werden, so daß eine unmittelbare zeitliche Nähe zwischen Transaktion und Buchung erreicht werden würde. Durch die Flexibilität der Integration eines solchen Dienstes könnten auch kleinere Unternehmen, die Aufgaben der Buchhaltung an Steuerberater auslagern, durch diese Integration Zeit und Kosten sparen. Auch für das Finanzamt besteht ein Interesse, in dieser Form über die Höhe der aus Handelsaktivitäten resultierenden Mehrwertsteuer informiert zu sein.

Desweiteren könnte die Autorisierung, mit einem Server in Verbindung zu treten, durch einen Dienst realisiert werden, der aufgrund der Benutzerrolle anhand lokaler Information die Zugangsberechtigung zum gewählten Transaktionspartner gewähren kann. Prinzipiell können auch mehrere Parteien in diesen Prozeß involviert sein, wie z.B. bei [StDB95] beschrieben.

Die Qualitätszusicherung (*quality assertion, rating*) ist eine weitere Funktion, die im EDM-Kontext von vertrauenswürdigen Unterstützungsdiensten erbracht werden könnte. Hierbei werden kommerzielle Dienste nach Qualitätskriterien wie Zuverlässigkeit, Virenfreiheit oder auch Benutzerfreundlichkeit evaluiert und nach einem standardisierten Ranking-Schema bewertet. Die Nutzung dieser Dienste sollte etwa für den generischen Klienten so konfigurierbar sein, daß nur bei Unterschreiten eines Qualitätsmaßes dem Benutzer eine Warnung angezeigt wird.

Grundsätzlich kann festgehalten werden, daß Unterstützungsdienste in wechselnder Konfiguration auftreten, daß beliebig viele von ihnen mit hohen Sicherheitsanforderungen gleichzeitig genutzt werden können, in der Regel aber nur jeweils einer der
genannten Kategorien erforderlich ist. Die letzten Beispiele zeigten, daß auch für individuelle Zwecke einzelner EDM-Teilnehmer die Integration eigener Dienste als UD
sinnvoll sein kann.

Wie zu erkennen ist, stellen EDM-Teilnehmer hohe Erwartungen an die GEMS-
Architektur hinsichtlich einer geeigneten Kombination der in Abb. 46 aufgezeigten
Sicherheitsanforderungen. Da grundsätzlich verschiedene Alternativen zur Integration
der genannten Dienste bestehen, wird diese Frage in Kapitel 6 ausführlicher erörtert.

4.1.5 Evolutionsschema zur inkrementellen Standardisierung von Diensten

Im Rahmen der GEMS-Architektur erfolgt eine Festlegung von Grundkomponenten
der DR, die von der Software aller EDM-Teilnehmer verarbeitet werden können.
Schnittstellendefinitionen und ein einheitliches Schema zur Benennung von Servern
sind Beispiele für diese Standards auf Infrastrukturebene.

Jede weitere Festlegung ist jedoch den Anwendern der EDM-Infrastruktur überlassen. Dabei sollen diese ohne zentrale Konfiguration oder Normierung (wie z.B. bei
EDI-Standardisierungsprozeduren üblich) neue Dienste anbieten und auch die dafür
erforderlichen Datentypen definieren können. Hierbei wird davon ausgegangen, daß
bei einer hinreichenden Senkung der „Rüstkosten der Standardisierung" ein effizien-
teres Verfahren unterstützt werden kann als bei der zentralen Variante des EDI.

Das in Abb. 47 skizzierte Beispiel beschreibt die sukzessive Herausbildung von
Teilstandards, die auf bestehenden Standards aufsetzen und von immer spezialisierte-
ren Gruppen festgelegt werden [MeML95a]. Gremien der Tourismusindustrie können
sich etwa noch auf einen Datentyp „Reisedienstleistung" einigen, der allgemeine Bu-
chungsinformationen umfaßt wie „Preis", „AnfangsDatum", „EndeDatum", „Beschreibung" etc.. Weiter spezialisierte Veranstalter (etwa in den Bereichen „Winter-
sport" oder „Whale Watching") könnten sich darüber hinaus im entsprechenden Kreis
auf weitere Spezialisierungen einigen, wie etwa die Art der beobachtbaren Wale.

Auch branchenunabhängige, funktionsspezifische Standards bilden sich auf diese
Weise unabhängig und „nach Bedarf" heraus. In Abschnitt 8.4 ist exemplarisch dargestellt, wie ein TP-Monitor als Mehrwert-Dienstleister einen entsprechenden Standard zur Definition von Transaktionseigenschaften prägen kann.

Standards unterliegen somit bei der GEMS-Architektur ebenfalls dem Wettbe-
werbsprinzip, so daß prinzipiell das Auftreten von Redundanzen zu erwarten ist. Ist
dies der Fall, so sollte die marktgerechte Reaktion entweder in der langfristigen
Überwindung dieser Redundanz bestehen oder in der Herausbildung von Mehrwertdiensten, die gegenüber ihren Nachfragern Transparenz bzgl. dieser Heterogenität
schaffen. Beispielsweise ist ein internationales Hotelreservierungssystem denkbar,
das seinen Kunden eine Abstraktion gegenüber lokalen Beschreibungsstandards
schafft.

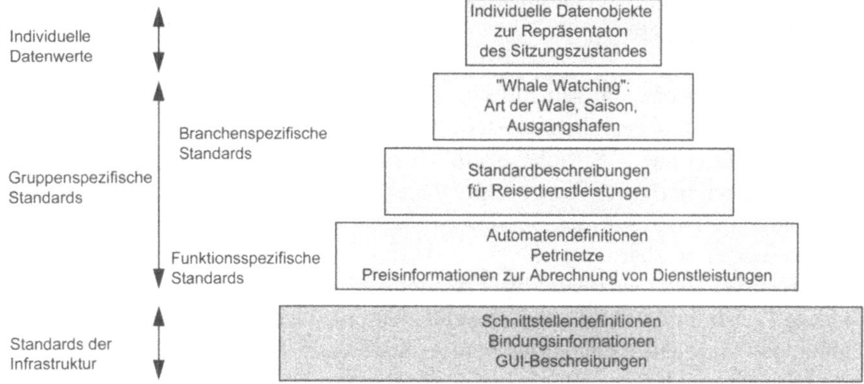

Abb. 47. Herausbildung von Standards für Beschreibungsobjekte der Dienstrepräsentation

Standardisierte und individuelle Elemente der GEMS-Architektur

Alle Erweiterungen von Funktionen, Beschreibungen und Datenstrukturen, die entsprechend Abb. 47 nicht als Bestandteil der Infrastruktur global festgelegt wurden, werden im folgenden als *gruppenspezifische Standards* bezeichnet. Auf der Infrastrukturebene der GEMS-Architektur sind folgende Aspekte standardisiert:

1. Die *Parameterrepräsentation und -typisierung* beim GEMS-RPC. Wie bei allen Infrastrukturen wird vom Kommunikationsmechanismus Heterogenitätstransparenz gefordert. Daher ist die Festlegung einer Transfersyntax für RPC-Parameter und -Resultate notwendig.

2. Auf der *Repräsentationsebene* ist die DR standardisiert. Der Beschreibungs*umfang* der Dienstrepräsentation ist nicht durch ein statisches Repository-Schema eingegrenzt und kann prinzipiell durch Serveranbieter beliebig erweitert werden. Grundlegende Beschreibungskomponenten wie die Definition von Schnittstellentypen zählen jedoch ebenfalls zum standardisierten Kern der möglichen Komponenten gemäß Abb. 47. Diese umfassen:

- *Schnittstellentypdefinitionen*: Komponenten zur Beschreibung von Funktionssignaturen sowie Aufruf- und Parameterübergabemodi.
- *Bindungsinformationen*: diese Serverreferenzen erlauben es dem generischen Klienten, Sitzungen mit dem Server zu etablieren.
- *Beschreibung der Benutzerschnittstelle*: Diese setzt sich aus Datenfeldern, Dialogboxen und Buttons zusammen, die jeweils mit einem Datenobjekt oder einer Operationsdefinition der Dienstrepräsentation korrespondieren.
- *Spezifikationen erforderlicher Unterstützungsdienste*: Diese Informationen werden vom Server an den generischen Klienten ausgeliefert, so daß dieser überprüfen kann, ob er und der Server „kompatible" Unterstützungsdienste anfordern (mit diesem Prozeß befaßt sich Kapitel 6 detailliert).

Für die folgenden Merkmale ist hingegen *keine Standardisierung* auf der Ebene der Infrastruktur erforderlich:

- *Dienstgütemerkmale*, die semantische Eigenschaften eines Servers beschreiben, können zwar von diesem bereitgestellt werden; sie werden jedoch nur verarbeitet, wenn ein Mittler oder GK diese sowohl als Beschreibungselemente (auf der Typebene) wie auch bezüglich ihrer Ausprägung (Wertebene) interpretieren kann. D.h., nur wenn der Diensttyp des Servers expliziert wurde, sind diese Informationen z.B. für Trader nutzbar.
- *Spezifikation der Dienstsemantik*: Erweiterte Merkmale, wie Kontrollflußdefinitionen, Preisinformationen oder anwendungsspezifische Datenstrukturen können individuell einer DR hinzugefügt werden, ohne vorab normiert zu sein. Der explizite Diensttyp ist bei den für einen GK nutzbaren unklassifizierten Diensten nicht verfügbar und damit ebenfalls nicht standardisiert.
- *Dienstvermittlung*: Weder Vermittlungsdienste für klassifizierte noch für unklassifizierte Dienste werden durch die GEMS-Architektur hinsichtlich Schnittstelle oder Funktion vorgeschrieben. Diese Funktion kann durch Anwendungsdienste übernommen werden.
- *Abrechnung*: Der Transfer von Zahlungsmitteln zwischen Klient und Server kann nur unter Einbeziehung eines Unterstützungsdienstes erfolgen, da das GEMS nicht von einer einzelnen Organisation betrieben wird, die diese Aufgaben ausüben könnte. Folglich besteht auch hier zunächst Freiraum für die Integration unterschiedlicher Zahlungsverfahren durch individuelle Benutzergruppen.

4.1.6 Einordnung anhand der Client/Server-Modelle

Im vorherigen Kapitel wurden verschiedene Verfahren der Dienstnutzung untersucht, die in hohem Maße Einfluß auf die Erfolgsfaktoren einer EDM-Infrastruktur nehmen. An dieser Stelle soll nun die GEMS-Architektur daraufhin untersucht werden, welche Merkmale der Infrastrukturebene standardisiert und welche Eigenschaften der jeweiligen Kooperationsmodelle adaptiert bzw. vermieden wurden. Aus diesem Grunde wird sie im folgenden mit jedem Modell individuell verglichen, um die spezifischen Vor- und Nachteile hervorzuheben.

- Vergleich mit der *statisch typisierten Kommunikation*
  Als Vorteil des statischen RPC wurde der hohe Durchsatz im Vergleich zu dynamischen Verfahren angeführt. Wenn der GEMS-RPC Grundlage der Kommunikation ist, wird sein Durchsatz geringer sein, da durch die TLV-Kodierung höherer Aufwand für die Serialisierung von Parametern erforderlich ist. Angesichts der gegenwärtigen Rechner- und Datenübertragungsleistung stellt dieser Aspekt keine Einschränkung dar. Der Vorteil des abstrakten Programmiermodells beim Stubbasierten RPC gilt auch für den GEMS-RPC, da auch hier bei Bedarf die Möglichkeit besteht – aufsetzend auf das DII – Stubs einzusetzen. Auch der Vorteil der vereinfachten Integration von Servern als Mehrwertdienst von Umgebungen, die statisch typisierte RPCs unterstützen, bleibt damit erhalten. Zusätzlich kann an-

hand der DR und der TLV-Kodierung eine Typüberprüfung zur Laufzeit durchgeführt werden.

- Vergleich mit der *dynamisch typisierten Kommunikation*
Der GEMS-RPC entspricht weitgehend dem Ansatz der dynamisch typisierten
Kommunikation. Zusätzlich sieht die GEMS-Architektur Mechanismen zur Vermeidung und Erkennung von Typfehlern vor, die z.B. beim CORBA-DII nicht gegeben sind. Während dort das Schema des Schnittstellen-Repository statisch ist,
und somit Dienstbeschreibungen nur in eingeschränkter Form erweitert werden
können, ist die DR – als Gegenstück zur CORBA-Schnittstellenbeschreibung – bei
der GEMS-Architektur beliebig erweiterbar. Damit ist beim GEMS eine erweiterte
Unterstützung des Benutzers durch die DR möglich.

- Vergleich mit dem *ODP-Trading*
Die Vorteile des Trading – hohe Verteilungstransparenz und Automatisierung der
Dienstvermittlung – sind durch die GEMS-Infrastruktur nicht gegeben. Gleiches
gilt auch für die Nachteile, insbesondere den hohen Aufwand zur Standardisierung
von Diensttypen. Die GEMS-Architektur ist jedoch offen für die Erweiterung in
Richtung einer automatisierten Dienstvermittlung, da eine Integration der erforderlichen Komponenten und Informationen unterstützt wird. Ein Trader könnte
somit als Anwendungsserver agieren und Im- und Exportschnittstellen anbieten.
Wenn sich ferner Klienten, Server und Trader als Benutzergruppe auf eine Repräsentation für Diensttypen innerhalb der DR einigen, kann die Funktion des Traders als Erweiterung der Infrastruktur integriert werden.

- Vergleich mit *Benutzerinformationssystemen*
Durch die Integration des Benutzers über den GK ist ein ähnliches Maß an Interaktion realisierbar wie bei BISen. Durch die Reduktion standardisierter Komponenten auf die Kommunikationsebene und die DR – ähnlich HTTP und HTML
beim WWW – ist durch die Unabhängigkeit von einer zentralen Konfiguration
Freiraum zur Weiterentwicklung des Systems gegeben. Dies gilt für die Versions-
konformität in gleichem Maße wie bei HTML: Entsprechend den Markentypen
bei HTML ist bei DRs ausschließlich die Repräsentationsebene standardisiert. Das
Fehlen des vertrauenswürdigen Betreibers eines Online-Dienstes ist zunächst ein
Nachteil. Beim Entwurf der GEMS-Architektur ersetzt jedoch die dynamische
Konfiguration von Unterstützungsdiensten das Fehlen der *einen* vertrauenswürdi-
gen Partei durch ein Netz aus Unterstützungsdiensten, so daß die ursprünglichen
Sicherheitsanforderungen auf andere Weise erfüllt werden.

- Vergleich mit *Java*
Bei der Integration von Unterstützungsdiensten, deren Schnittstelle standardisiert
ist und die als vertrauenswürdige Server implementiert wurden, ist beim GEMS
das Laden ausführbaren Kodes sinnvoll und vorgesehen. Auf der *Anwendungsebene* ist diese Möglichkeit zunächst auf „passive" Dienstrepräsentationen, die
den Serverzugriff unterstützen, eingeschränkt. Als Erweiterung der *Infrastruktur*
kann jedoch prinzipiell spezifischer Klientenkode als dynamische Protokollinstanz
(einem „Applet" entsprechend) vom jeweiligen Erbringer eines Unterstützungsdienstes geladen werden. Im Gegensatz zu Java-Umgebungen erfolgt dies jedoch
nicht zwangsläufig, sondern nur, wenn sich Klienten und Server auf die Einbeziehung eines Unterstützungsdienstes einigen. In diesem Fall müßten der generische
Klient und der Server diese eingebetteten Module dynamisch binden und ausfüh-

ren. Es ist ferner eine Entscheidung beider Transaktionspartner, *auf welche* Unterstützungsdienste (und damit dynamische Protokollinstanzen) sie sich einigen. Diese Fragestellung wird in Kapitel 6 ausführlicher behandelt).

- Vergleich mit *mobilen Agenten*
  Die Unterstützung mobiler Agenten ist kein unmittelbares Ziel der GEMS-Architektur. Jedoch besteht auch hier die *Erweiterungsmöglichkeit* durch Anwender. Die Dienstrepräsentation als persistentes, migrationsfähiges Datenobjekt könnte z.B. für die Repräsentation von Programmkode und dessen Ausführungszustand erweitert werden und damit als Grundlage für mobile Agenten dienen. In diesem Fall handelt es sich bei den zusätzlich erforderlichen Beschreibungskomponenten der Dienstrepräsentation um einen gruppenspezifischen Standard. Diese Möglichkeit wurde im COSM-Projekt prototypisch realisiert (vgl. Abschnitt 8.2).

Aufgrund seiner Generik bietet die GEMS-Architektur Freiraum zur flexiblen Erweiterung in Richtung der genannten Client/Server-Modelle. Grundlage dieser Flexibilität ist die dynamische Typisierung der Kommunikation und der Dienstbeschreibung. Die GEMS-Architektur versucht dabei, vorteilhafte Eigenschaften der jeweiligen Modelle soweit zu integrieren, daß keine Einschränkungen gegenüber den Vorteilen der anderen Ansätze in Kauf zu nehmen sind. Einschränkungen gegenüber einzelnen Modellen, wie z.B. gegenüber mobilen Agenten, sollten dabei mit weniger Aufwand zu überbrücken sein als die Implementierung dieser Technik durch andere Mittel. Die Ergebnisse des im dritten Teil dargestellten COSM-Projekts dienen gerade dieser Argumentation und weisen sie durch eine prototypische Implementierung nach.

Damit besteht der Effekt der GEMS-Architektur in der einleitend geforderten, gemeinsamen Senkung von Kosten der Bereitstellung und Nutzung sowohl auf der Ebene der Infrastruktur als auch der einzelnen Anwendung. Dadurch, daß die GEMS-Architektur auf der Ebene der EDM-Infrastruktur eine generische Plattform bietet, anhand derer unterschiedliche EDM-relevante Systemumgebungen entwickelt werden können, werden Redundanzen vermieden, die in Abb. 2 für die Varianten des „Schwarzen Brettes" und des „Börsensystems" skizziert wurden.

4.2 Funktion und Eigenschaften der Dienstrepräsentation

Die DR stellt gegenüber den zuvor untersuchten, sprachbasierten Ansätzen zur Schnittstellendefinition eine neue Herangehensweise dar, die aus den unterschiedlichen Anforderungen an eine dynamische Verwaltung von Beschreibungsinformationen resultiert. Sie wurde in Abschnitt 4.1 als Träger der Dienstbeschreibung eingeführt. Während dabei die *Funktion* der Dienstrepräsentation im Vordergrund stand, soll nun eine Schichtenorganisation festgelegt werden, anhand derer die Merkmale möglicher DR-Implementierungen und ihrer Verwaltung definiert werden.

4.2.1 Die Dienstrepräsentation als mobiler Objektspeicher

Als Kernelement der GEMS-Architektur ist die DR von allgemeiner Bedeutung für jede Form der Nutzung unklassifizierter Dienste. Sie dient als Vehikel für die Spezifikation und den Transport individueller und standardisierter Datenstrukturen zwischen EDM-Teilnehmern. Erweiterungen der Basisinfrastruktur durch Anwender finden ihren Niederschlag in Inhalt und Nutzungsweise der DR. Die durch unterschiedliche Konformitätsdomänen gegebene Entkopplung beteiligter Anwendungen stellt gegenüber den bekannten Stub- oder Repository-orientierten Ansätzen der Schnittstellendefinition weitaus höhere Anforderungen. Denn obwohl Einzelkomponenten, wie Klienten, Server und Dienstrepräsentationen, sich beständig fortentwickeln können, muß eine typsichere Interaktion zwischen diesen weiterhin garantiert sein. Eine solche Fortentwicklung kann insbesondere sein:

- die Subtypisierung der Serverschnittstelle,
- die Erweiterung des DR-Schemas um zusätzliche Beschreibungskomponenten sowie
- die Weiterentwicklung generischer Klienten, die zusätzliche Beschreibungskomponenten der DR erwarten.

Ein statisches Datenschema des CORBA-IR oder eine statische Grammatik, wie z.B. bei der CORBA IDL, kann diesen Anforderungen nur bedingt gerecht werden. Die im folgenden vorgeschlagene Lösung der DR basiert im wesentlichen auf ihrer autonomen, anwendungspezifischen Schemaerweiterung. Diese Erweiterung darf jedoch keinen Einfluß auf die bestehende Schnittstelle und Struktur der DR haben. Die Dienstrepräsentationen und ihre Verwaltung sind somit Gegenstand einer Datenbankverwaltung.

Anforderungen an die Dienstrepräsentation

Durch seine Dynamik bringt der EDM inkrementell und unkoordiniert Teilstandards hervor und erfordert eine angemessene Generik in der Verwaltung der daraus resultierenden Information. Das Beispiel der evolvierenden Standardisierung aus Abb. 47 illustriert die fortschreitende Integration zusätzlicher Datenobjekte in die Dienstrepräsentation durch eine anbieterspezifische Ausgestaltung der Beschreibungsinformation. Diese Information ist jedoch nur dann zugänglich, wenn eine Konvention bzgl. der Repräsentation solcher Datenobjekte besteht. Aus diesem Grunde besteht seitens der Anwendungen, wie etwa einem DR-Repository, die Anforderung nach einem standardisierten DR-Schema.

Bei der Entwicklung offener verteilter Anwendungen, wie z.B. im EDM, ist es für Systemkomponenten erforderlich, Typinformationen zu inferieren, um damit z.B. eine typgerechte Visualisierung von Datenwerten zu bewirken (etwa mit einen Schema-Browser). Hierbei sind Datentypen und -werte gleichermaßen durch die DR zu kapseln, zur Laufzeit hinzuzufügen sowie zu interpretieren.

Typobjekte sind Datenobjekte erster Klasse, die einen konkreten Typ definieren. Aus dieser Typinformation muß ein Interpreter auf die jeweiligen Instanzen schließen können. Umgekehrt sollten Datenobjekte *automorph* sein, d.h., sie führen zur Laufzeit

Typinformation mit sich, die jederzeit vom ausgeführten Programm (Generischer Klient, Browser) interpretiert werden kann. Typobjekte werden inkrementell über Typkonstruktoren aus elementaren bzw. bereits konstruierten Typen erzeugt. Eine Typinspektion ebenfalls inkrementell, indem entsprechend der Typkonstruktoren komplexe Typen in skalare zerlegt werden. Hinsichtlich ihrer Spezialisierung auf die Semantik von Datenobjekten der DR werden *generische* und *spezifische Anwendungen* unterschieden:

- Generische Anwendungen sind ausschließlich in der Lage, Typobjekte der DR zu interpretieren. Anhand dieser Information können sie zwar Datenobjekte syntaktisch interpretieren, ihnen jedoch keine Bedeutung beimessen. DR-Repositories oder DR-Browser sind generische Anwendungen, die Datenobjekte der DR ihren Typen entsprechend speichern oder visualisieren. Ihr Vorteil besteht in der Möglichkeit, beliebig erweiterte DRs zu verarbeiten.
- Spezifische Anwendungen interpretieren hingegen auch Datenobjekte. Sie messen diesen Bedeutung bei. Diese Semantik umfaßt die *Datentypen* der Objekte, deren *Benennung*, die *Bedeutung* ihrer Werte sowie auch die *Reaktion bei Nichtexistenz* der jeweiligen Datenobjekte. Spezifische Anwendungen sind somit auf Erweiterungen der DR fokussiert. Beispiele sind die im dritten Teil diskutierten *Engines* für mobile Agenten, die auf die Interpretation eines eingebetteten Petrinetzes spezialisiert sind. Der GK ist z.B. in der Lage, Benutzerschnittstellenbeschreibungen zu interpretieren und aufgrund dieser Information Fenster zur Interaktion mit dem Server zu generieren. Im Falle der Nichtexistenz dieser Information könnte der GK auf die Schnittstellentypdefinition der DR zurückgreifen und aus dieser Information ein Formular zur Bearbeitung von Parameter- und Resultatwerten sowie zur Ausführung der Operation generieren. Erwartet die Anwendung Datenobjekte eines Typs PriceTag, die für einzelne Operationen den Preis des Aufrufes bezeichnen, und sind diese nicht definiert, könnte z.B. die Semantik dieser Nichtexistenz als „kostenloser Dienst" definiert sein.

Gewisse Eigenschaften objektorientierter Datenbanken oder von Objektspeichersystemen werden bei der Anwendung als Dienstrepräsentation *nicht* benötigt:

- *Nebenläufigkeitskontrolle und Transaktionalität*: Dienstrepräsentationen dienen der Dienstbeschreibung und der Kapselung von sitzungsspezifischer Information, auf die keine konkurrierenden Zugriffe erfolgen. Falls im Dienstemarkt eine Nebenläufigkeitskontrolle erforderlich ist oder eine transaktionale Nutzung von Ressourcen erfolgen soll, so ist dies als Teil der Server-Anwendung zu implementieren – etwa als Mehrwertdienst – wie in Kapitel 8 exemplarisch untersucht. Auf die DR wird jedoch nur jeweils ein einzelner Prozeß zugreifen.
- *Anfrage-, Manipulations- oder Definitionssprachen*: Dienstrepräsentationen kapseln Schema- und Instanzinformationen, die potentiell unter Verwendung einer (standardisierten) Anfragesprache dem Benutzer oder Anwendungsprogramm zugänglich gemacht werden kann. Dieser Aspekt der Datenverwaltung kann ebenfalls durch individuelle Mehrwertdienste, z.B. online-Kataloge für Dienstreprä-

sentationen, erbracht werden. Der GK nutzt die DR beispielsweise navigierend, so daß hier keine Notwendigkeit für eine Anfrageverarbeitung besteht.

Erweiterbarkeit von Daten- und Typobjekten der Dienstrepräsentation

Stub-basierte Ansätze definieren eine anwendungsspezifische Schnittstellenkonvention für Klienten und Server. Sie erlauben Anbietern jedoch nicht, *zur Laufzeit* Diensttypinformationen zu explizieren. Wenn auch zur Laufzeit interpretierbar, so erlaubt das CORBA-IR ebenfalls aufgrund seines statischen Schemas nicht die Einbettung weiterer Beschreibungsinformationen. Aus diesem Grund führten verschiedene Untersuchungen zu Spracherweiterungen der CORBA-IDL sowie einem erweiterten, jedoch wiederum statischen Repository-Schema [LeCh93, ZhSA93, NaKa93]. Diese Einschränkung der Entwurfsautonomie für Dienstrepräsentationen schränkt Anbietern den Freiraum zur selbständigen Weiterentwicklung von Dienstrepräsentationen ein. Dadurch können sich neue Teilstandards für DR-Komponenten damit nicht mehr inkrementell, dezentral und bedarfsgerecht entwickeln, sondern erfordern eine neue Versionsauflage der gesamten EDM-Infrastruktur.

Das DR-Modell legt nicht fest, in welcher Form Dienstrepräsentationen zu erstellen sind. Neben der Möglichkeit, graphisch-interaktiv eine Datendefinition durchzuführen, können auch Schnittstellenbeschreibungssprachen eingesetzt werden. Diese erlauben zwar die Definition von Typ- und Datenobjekten und somit die Beschreibung beliebiger Datenstrukturen, jedoch ist nur dann ein höherer Komfort für den Programmierer gegeben, wenn durch Mechanismen der Grammatikerweiterung neu eingeführte Datenkonstrukte der DR anhand entsprechender Sprachkonstruktionen definierbar sind. Die Benutzerschnittstellendefinition würde dann etwa folgendermaßen aussehen können:

```
Dialog ( „Database Access", 10, 10, 200, 200, visible )
    {
    Edit ( „Enter Query", 10, 10, 100, 10 );
    Button ( „Open", 10, 30, 40, 10 );
    ...
    };
```

Beispiel 8. Spezifische Erweiterung der IDL-Grammatik zur Definition von Dialogboxen

Ohne diese Erweiterung wäre hingegen eine Konstruktion etwa der folgenden Art erforderlich:

```
typedef struct Control {
        String      Text;
        int         x,y, width, height;
        DataValue   *pData;
        Predicate   *pActive;
        } Control;
```

```
typedef struct ListOfControls {
            ListOfControls *pNext;
            Control    *pControl;
            } ListOfControls;
typedef struct DialogBox {
            String      DlgID;
            int         x,y, width, height;
            ListOfControls *pControls;
            bool        visible;
            } DialogBox;
Control     *pCB = { „Open", 10, 10, 100, 10, pData, pActive);
Control     *pCE = { „Enter Query", 10, 30, 40, 10, pData2, pActive2);
...
ListOfControls *pLOC= { pCE, pCB, ... };
DialogBox   *pDlg= { „Database Access", 10, 10, 200, 200, visible );
```

Beispiel 9. Dialogbox-Definition ohne Grammatikerweiterung

Für die Interoperabilität von Dienstrepräsentationen ist es jedoch nicht erforderlich, IDLs zu standardisieren, wenn die DR als standardisierte Repräsentation eines Parsebaumes aufgefaßt wird, der als Resultat von Parsern beliebiger IDL-Spracherweiterungen geliefert werden kann. Grundsätzlich kann zur Definition einer DR also eine beliebige IDL verwendet werden. Dabei sind zwei Ansätze denkbar:

1. Die IDL erlaubt nur Typdefinitionen und Variablendeklarationen (Beispiel 9): Hier korrespondieren Typdefinitionen der Sprachebene mit Typobjekten der DR und Variablendeklarationen mit Datenobjekten. Dieser Ansatz liefert nur eine minimale Abstraktion, da etwa logische Ausdrücke unmittelbar als verkettete Datenstrukturen zu definieren wären. Hochsprachliche Konstrukte der strukturierten Programmierung stehen nicht zur Verfügung.
2. Die IDL besitzt höherwertige Sprachkonstrukte, um z.B. Benutzerschnittstellen oder Kontrollflüsse definieren zu können (Beispiel 8). Üblicherweise sind jedoch IDL-Grammatiken nicht dynamisch erweiterbar, so daß ein entsprechender Parser anhand einer verfeinerten Grammatikdefinition neu zu generieren wäre. ASN.1 [Gora92] gilt hierbei aufgrund grammatikmodifizierender Makros als Ausnahme, ist jedoch auch vom Anwendungsprogrammierer schwer erlernbar und stellt damit ein Hindernis bei der schnellen Bereitstellung von Diensten auf dem EDM dar. Weitere Spracharchitekturen wie z.B. Tycoon [Schr93] oder das Meta Object Protocol [KiRB91] erlauben ebenfalls eine dynamische Grammatikerweiterung. Sie erfordern jedoch einen ähnlich hohen Lern- und Integrationsaufwand.

Da Informationen der DR nicht nur deklarativen Charakter besitzen, sondern auch Zustandsvariable und Typobjekte umfassen, soll im folgenden ein Parsebaum um diese Komponenten erweitert werden. Dabei wird zunächst eine einfache Schnittstellendefinition in CORBA-IDL gewählt:

```
// IDL-Definition eines zweidimensionalen Arrays:

interface grid {
        readonly attribute short height;        // Höhe des Arrays
        readonly attribute short width;         // Breite des Arrays
                                                // IDL operations
        void set(in short n, in short m, in long value);
        long get(in short n, in short m);
};
```

Beispiel 10. CORBA-IDL Definition „Grid"

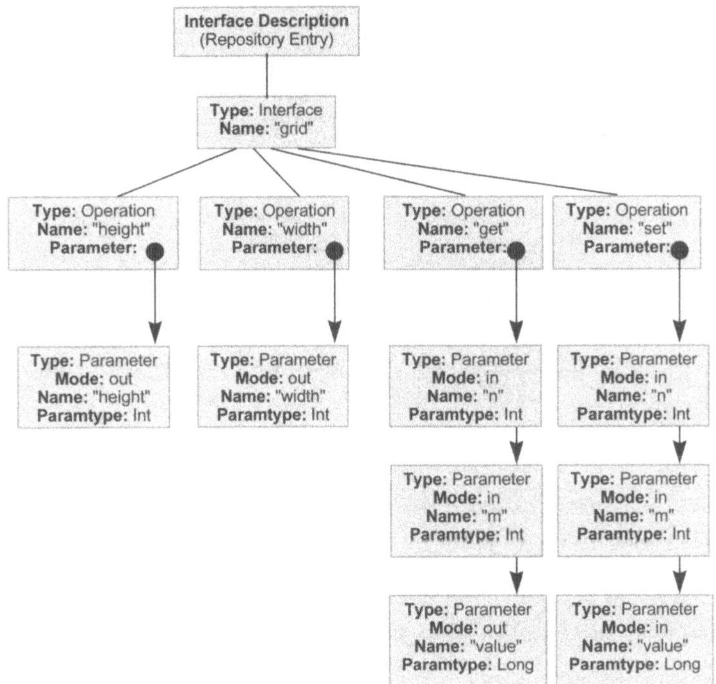

Abb. 48. Abstrakter Syntaxbaum des IDL-Skripts

Als Datenstruktur sieht der Baum etwa gemäß Abb. 48 aus. Dieser Baum ist attributiert mit Typinformationen der Operationsparameter. Um generischen Anwendungen die Grundlage zur Interpretation von Schnittstellenbeschreibungen zu gewähren, werden Typinformationen als eigene Datenobjekte extrahiert. Ferner werden Beschreibungsobjekte erweitert um eine Wertreferenz, die auf den tatsächlichen Datenwert innerhalb der Dienstrepräsentation verweisen (Abb. 49).

Dieses Beispiel ist aus Gründen der Übersichtlichkeit verkürzt auf die Repräsentation der Beschreibung zweier Operationen zur Abfrage der Serverattribute height und width. Eine generische Anwendung, z.B. ein Browser, ist jetzt in der Lage, auf der Schemaebene Typobjekte (von Int, Operation, Parameter und Interface) zu interpretieren und Beschreibungsobjekte korrekt darzustellen. Spezifische Anwendungen interpretieren darüber hinaus auch die Beschreibungsobjekte. So nutzt etwa der generische Klient die Operations- und Parameterdefinitionen des Beispiels zur dynamischen Erzeugung von DII-Parametern.

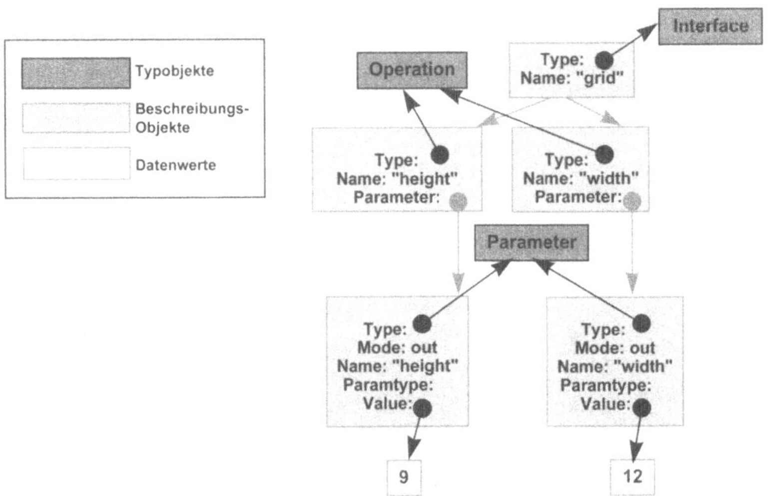

Abb. 49. Beschreibungsobjekte einer Dienstrepräsentation

Mit einheitlichen Navigationsfunktionen sind Anwendungen in der Lage, über die Menge der Typ- und Datenobjekte zu iterieren. Es hängt dabei vom Interpretationsmodus ab, ob Objekte als Datenstrukturen oder Typdefinitionen verstanden werden. Die Repräsentation einer DR als Objektspeicher bietet somit die Möglichkeit der Reflexion, da als Parameter oder Resultat eines entfernten Prozeduraufrufes beliebige Datenobjekte, also

- Zustandsvariablen
- Kontrollstrukturen (z.B. Petrinetze zur Steuerung mobiler Agenten, vgl. Abschnitt 8.2) oder auch
- Datentypen

verwendet werden können. Insbesondere durch die Modifikation von Kontrollstrukturen kann eine Ablaufdefinition durch die DR selbst zur eigenen Ausführungszeit beeinflußt werden.

Die dynamische Schemaerweiterung bei Dienstrepräsentationen

Da Anbieter individuell oder in Gruppen ihre Dienstrepräsentationen beliebig und voneinander unabhängig erweitern, muß sichergestellt sein, daß Konformität zwischen Interpretern und Dienstrepräsentationen besteht. Diese Konformität bezieht sich auf das vom Interpreter erwartete und von der DR implementierte Schema der Datenobjekte. Hierbei sind verschiedene Situationen denkbar, die eintreten können, wenn das erwartete und das angebotene Schema voneinander abweichen können:

1. Beide Schemata sind identisch; angebotene und nachgefragte Objekttypen sind äquivalent (Variante I in Abb. 50).
2. Das nachgefragte Schema ist umfangreicher als das angebotene. Der Interpreter erwartet somit Informationen, die von der DR nicht bereitgestellt werden. Im Falle einer dynamischen Typisierung würde diese Situation zu einem Laufzeit-Typfehler führen (Variante II in Abb. 50). Durch die Festlegung einer Standardannahme bei Nichtexistenz des Datenobjekts besteht für den Interpreter die Möglichkeit, auf diese Situation in definierter Form zu reagieren.
3. Das angebotene Schema ist umfangreicher als das nachgefragte. Hierbei nimmt der Interpreter durch seine eingeschränkte Sicht nur einen Teil der gelieferten Informationen wahr (Variante III).
4. Schließlich können nachgefragtes und angebotenes Schema derart voneinander abweichen, daß nur jeweils eine Teilmenge der Datentypen korrespondiert (Variante IV).

Zu einem Typkonflikt würde folglich der zweite und der vierte Fall führen. Da jedoch Typdefinitionen der DR ihrerseits Objekte erster Klasse sind, kann ein DR-Interpreter ihre Existenz und Konformität überprüfen. Besteht nun für eine erwartete Typdefinition keine konforme Entsprechung in der DR, hängt es von der Implementation des Interpreters ab, wie auf diese Situation reagiert wird. Ein mögliches Verfahren ist die Annahme von voreingestellten Werten für die erwarteten Datenobjekte. Diese Semantik muß daher als Bestandteil der Standardisierung von Typobjekten festgelegt sein.

Die Annahme von Voreinstellungen führt dazu, daß Interpreter und Dienstrepräsentationen in voneinander unabhängigen Versionen vorliegen können. Insbesondere bedeutet dies, daß unabhängige Anwendergruppen sich auf die Semantik und Repräsentation jeweils spezifischer DR-Objekte einigen können, ohne eine zentrale Administration zu erfordern. Einzig erforderlich ist für diese Dezentralisierung ein Namensschema, das die global eindeutige Benennung von Typobjekten erlaubt. Zu diesem Zweck können beispielsweise UUIDs [Schi93] verwendet werden oder eindeutige Namen nach dem X.500-bzw. DNS-Schema [Rose92].

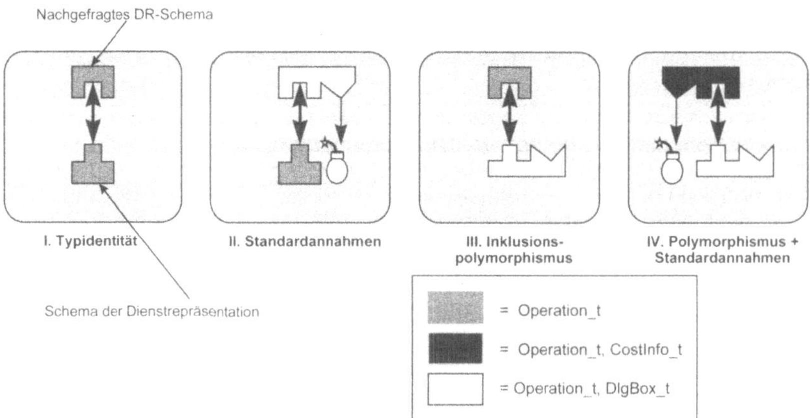

Abb. 50. Schemakonformität bei Dienstrepräsentationen

Zustandskapselung

Als Container von Beschreibungsobjekten kapselt die DR trivialerweise einen Gesamtzustand, der aus den Objektzuständen ableitbar ist. Darüber hinaus können Datenobjekte eingebettet sein, die nicht der Schnittstellenbeschreibung dienen, sondern Variablen repräsentieren, die z.B. ein generischer Klient als Parameterwert nutzt und die der Anwender interaktiv über die Benutzerschnittstelle manipulieren kann. Wie auch andere Objekte der DR können diese Zustandsvariablen als Folge von RPCs aktualisiert werden, so daß dadurch eine Aktualisierung des Gesamtzustandes möglich ist. Während also Beschreibungsobjekte einen Dienst*typ* spezifizieren, repräsentieren diese Variablen den Sitzungszustand, also somit den Zustand eines Dienst*erbringers*. So ist z.B. die Methode height Gegenstand der Schnittstellenbeschreibung (und somit der Diensttypdefinition), während der Datenwert height („9" in Abb. 49) den Zustand des aktuell genutzten Servers charakterisiert.

Die Dienstrepräsentation nimmt somit als Diensttyp- und Diensterbringerdefinition eine Zwitterfunktion ein. Gleichzeitig ist zur Laufzeit auch die Repräsentation dieser Definitionen interpretierbar, so daß auf drei Ebenen Typ-Instanz-Beziehungen festgestellt werden können. Aus diesem Grunde erscheint eine Einordnung der DR als generisches Repository im Sinne des IRDS-Standards (Information Resource Dictionary Standard) [ISO-IRDS90] sinnvoll. Diese Strukturierung dient ferner dem Ziel, eine geeignete Trennlinie zwischen standardisierten und individuellen Komponenten der DR zu identifizieren.

4.2.2 Schichtenorganisation der Dienstrepräsentation

Offensichtlich fallen DR-Typkennungen für skalare Datentypen und Typkonstruktoren sowie deren Semantik in den Bereich der standardisierten Infrastruktur. Damit wird eine einheitliche Struktur und Interpretation von Typobjekten für alle Anwendungen unterstützt. Die *Repräsentation* von Typ- und Datenobjekten ist somit Gegenstand der Standardisierung und Teil der Infrastruktur, während tatsächliche *Typobjekte* und deren *Instanzen* im Rahmen dieser Struktur anwendungsspezifisch bleiben. Diese Unterteilung erfordert jedoch eine weitere Untersuchung:

Welche Typobjekte sind wiederum verbindlich für alle Teilnehmer definiert und welche nur innerhalb von Anwendergruppen vereinbart? Schnittstellendefinitionen sind beispielsweise für einen typkonformen Aufruf entfernter Operationen zwingend notwendig, so daß sie standardisierter Bestandteil der DR sein sollten. Für nichtexistierende Schnittstelleninformationen kann im Rahmen der EDM-Umgebung auch keine sinnvolle Voreinstellung definiert werden.

Als Beispiel für einen „vereinbarten Standard" können hingegen Objekte zur GUI-Definition oder Kosteninformation angeführt werden. Die Repräsentation dieser Informationen muß für alle Gruppenmitglieder verbindlich definiert sein, so daß eine Anwendung wie der generische Klient, der auf die Verarbeitung dieser Information spezialisiert ist, nicht zu einem Interpretationsfehler führt. Es lassen sich somit mehrere Beschreibungsebenen der DR identifizieren und mit unterschiedlicher „Reichweite" standardisieren:

1. *Typdefinitionsebene.* Hier sind grundlegende Metatypinformationen wie z.B. Typkennungen, Methoden der Typinferenz und -inspektion oder zur Navigation zwischen Datenobjekten der DR festgelegt. Funktionen dieser Metatypebene werden verwendet, um konkrete Typobjekte zu definieren. Anwendungssoftware ist in der Lage, auf dieser Grundlage Instanzobjekte syntaktisch zu interpretieren und zu verarbeiten. Neben der Definition von Typobjekten sollten auch Beziehungstypen spezifiziert werden können. Damit schließt die Standardisierung auf dieser Ebene z.B. *Kardinalitätskennungen* für Beziehungstypen ein (1:1, 1:N, N:M). Bestandteile der Typdefinitionsebene sind im Rahmen des gesamten EDM standardisiert.

2. *Typebene.* Auf dieser Ebene werden *Typobjekte* definiert. Ein generischer Klient ist z.B. implementiert mit dem Ziel, diese Typdefinitionen nicht nur syntaktisch, sondern auch semantisch zu interpretieren. Spezifische Anwendungen erfordern einen typspezifischen Interpreter, so daß mit einem Gruppenstandard auch eine spezifische Erweiterung der Anwendungssoftware einhergeht. Aufgabe der Anwendungssoftware ist auch die angemessene Behandlung der Nichtexistenz erwarteter Datenobjekte. Eine Operationssignatur wird auf dieser Ebene beispielsweise durch Beschreibungen von Operations- und Parameterdaten definieren. Die Information, daß jedoch zwischen den Datentypen Operation und Parameter eine 1:N-Beziehung besteht, ist aus den Typdefinitionen nicht unmittelbar zu extrahieren. Sie wird daher explizit durch einen entsprechenden Beziehungstyp (etwa Operation-Parameter) definiert. Dieser wird wiederum im Gruppenstandard festgelegt.

3. *Instanzebene.* Diese Ebene umfaßt alle Datenobjekte, die Beschreibungsinformationen enthalten. Diese können jedoch sowohl Informationen beinhalten, die für mehrere Server, für einen speziellen oder auch nur für die individuelle Sitzung gültig sind. Folglich ist eine Unterteilung der Datenobjekte der Instanzebene in Diensttyp- und Diensterbringerdefinitionen sowie (Sitzungs-)Zustandsvariablen erforderlich:

- 3.1 Ebene der *Diensttypdefinitionen*: Die *Inhalte* der in Gruppenstandards definierten Datenobjekte sind für dafür nicht spezialisierte Anwendungen wiederum syntaktisch, jedoch nicht semantisch, verarbeitbar: Eine Beschreibung der entfernten Prozedur Print eines Servers erlaubt es dem Klienten, eine typkonforme Parameterliste zu konstruieren; die weitere Semantik des „Druckens" entzieht sich ihm jedoch. Hier tritt beim generischen Klienten der Benutzer ein, um anhand für ihn interpretierbarer Beschreibungen seinen Wünschen gerechte Operationen in sinnvoller Reihenfolge aufzurufen. Im Falle des dienstspezifischen Klienten ist die Bewertung z.B. der Kosteninformation hingegen durch den Anwendungskode realisiert. Auch standardisierte statische Attributtypen zur Spezifikation von Diensttypen, wie die Geschwindigkeit von Druckservern oder Antwortzeiten eines Buchungsdienstes, können auf der Instanzebene individuell interpretiert werden.

- *3.2 Diensterbringerdefinitionen*: Auf dieser Ebene werden Charakteristika individueller Server beschrieben. Eine Dienstrepräsentation ist unmittelbar einem Server zugeordnet. Informationen dieser Ebene sind daher *diensterbringerspezifisch*. So können z.B. erbringerspezifische Definitionen Dienstattribute wie <A4|A3>, 600DPI oder 'DEM 0,05/Page' umfassen.

- *3.3 Zustandsvariablen*: Der individuelle Zustand einer DR ist sitzungsspezifisch und unterscheidet sie von anderen Instanzen, obwohl ihr Initialzustand beim Laden vom Server identisch gewesen sein mag. So ist etwa die abgefragte Warteschlangenlänge eines Printservers eine Beschreibungsinformation, die seinen aktuellen Zustand charakterisiert. Dynamische Attributtypen sind somit Zustandsvariable. Gleiches gilt für ein Dokument, das als Datenobjekt in die DR integriert ist und innerhalb der aktuellen Sitzung als Parameterwert an den Server übermittelt wird. Resultate von Prozeduraufrufen beim Server, über die Benutzerschnittstelle manipulierte Datenobjekte der DR oder durch den GK selbst aktualisierte Werte sind spezifisch für die Sitzung und somit ebenfalls Zustandsvariablen.

Tabelle 6 stellt für diese vier Ebenen exemplarische Anwendungen und Beispiele gegenüber:

Tabelle 6. Ebenen eines generischen DR-Repository

Ebene	Standardisierungs-reichweite im GEMS	Typische Anwen-dungen / Anwender als Interpreter	Beispiele
Typ-definitions-ebene	Global, für alle EDM-Anwendungen bindend	Repository-Speicher, DR-Browser, DR-Editor	Typkennungen (TC_Int, TC_Rec), Kardinalitätskennungen (1:1, 1:N, N:M)
Typebene	Z.T. global (z.B. Schnittstellen-definitionen), z.T. gruppenspezifisch (Preisinformationen)	Generischer Klient	Schnittstellendefinition, Kosteninformation, GUI-Definition, Kontrollstrukturen mobiler Agenten
Instanzebene: Diensttypde-finitionen	Bestimmt den Diensttyp, nicht durch die EDM-Infrastruktur standar-disiert	Trader, diensttyp-spezifische An-wendung (Print-Klient)	Diensttyp: „Printserver", Operation: „Print", Dienstattributtypen: „Seiten pro Min."
Instanzebene: Dienst-erbringer-definitionen	Individuell für Dien-sterbringer	Benutzer, spezifische Anwendung	Diensterbringer: „Bitmap GmbH", „12 Seiten / Min.", ...
Instanzebene: Zustands-variable	Individuell je Sitzung	Benutzer, spezifische Anwendung	Resultate von Operati-onsaufrufen, Warte-schlangenlänge: 12 Jobs

Der Vorteil einer solchen Modellierung im Sinne der Tabelle 6 liegt in der klaren Zuordnung von Standardisierungsreichweiten, die in der zweiten Spalte aufgeführt sind: Das Typdefinitionsschema ist für alle Anwendungen im EDM bindend, tatsächliche Typobjekte jedoch nur zum Teil. Diensttypen sind bereits durch individuelle Anbieter oder Anbietergruppen frei definierbar und erfordern somit keine weitere Standardisierung auf der Ebene der EDM-Infrastruktur. Gleiches gilt damit auch für individuelle Diensterbringer.

4.2.3 Die Dienstrepräsentation als generisches Repository

Verwandte Ansätze zur Schachtelung von Typ-Instanz-Beziehungen finden sich bei der Standardisierung *generischer Repositories*, die als Ablageort frei strukturierter Datenobjekte dienen. Üblicherweise verfügt ein Repository über Schnittstellen zur Manipulation des Datenbankschemas, das wiederum durch die Definition von Meta-Objekten beeinflußt werden kann. Das CORBA Meta-Object Common Facility [OMG-MOCF96] sowie das Repository Common Facility [OMG-RCF96] dienen in dieser Form der Ablage von Typdefinitionen zusammen mit den Datenobjekten. Das gleiche Ziel verfolgt die Standardisierung des IRDS (Information Resources Dictionary Systems), das ähnlich dem DR-Repository nicht nur die Schemaebene einer Datenbankanwendung, sondern auch deren Definition und Definitionsschema festlegt [ISO-IRDS90]. Aus diesem Grunde ist eine Einordnung in die Terminologie des IRDS-Standards hilfreich [Völk95].

Einordnung der DR-Architektur in das IRDS-Modell

Die ISO und das ANSI (American National Standards Institute) verabschiedeten mit geringen Unterschieden unter der gleichen Bezeichnung den Standard des *Information Resource Dictionary Standard* (IRDS) [ISO-IRDS90]. Grundsätzlich zielt der Standard darauf ab, die Informationsressourcen im betrieblichen Wertschöpfungsprozeß auf der Basis einer logisch zentralisierten Datenbasis zu verwalten und zu dokumentieren. Das IRDS stellt eine Erweiterung des aus Datenbanksystemen bekannten *Data Dictionary* dar [HaLe93]. Im Data Dictionary werden Informationen über das Datenbankschema verwaltet. Der IRDS-Standard liefert nun eine Architektur zur Definition Datenmodell-unabhängiger Schemata, die sowohl durch einen weiteren Standard als auch vom Anwender selbst festgelegt werden kann.

Abb. 51 zeigt die Schichtenarchitektur des ISO-IRDS. Zwei angrenzende Schichten werden dabei als Paare aus jeweils einer Typ- und Wertebene aufgefaßt. Die Ebene der Typen wird als Schema der jeweiligen Wertebene bezeichnet. Im einzelnen werden folgende Ebenen unterschieden:

1. Die *IRD-Definitionsschemaebene* (IRD Definition Schema Level) legt die Objekttypen fest, deren Daten in der IRD-Definitionsebene verwaltet werden. Diese Ebene ist die einzige, deren Inhalt nicht modifiziert werden kann und die damit bei Repository-Anwendungen statisch implementiert ist.

2. In der IRD-Definitionsebene (IRD-Definition Level) werden IRD-Definitionen verwaltet, die durch ein eigenes IRD-Definitionsschema beschrieben werden. Jede IRD-Definition besteht aus einem oder mehreren IRD-Schemata. Neben diesen IRD-Schemata, die Werte der IRD-Ebene beschreiben, werden hier archivierte und in Entwicklung befindliche Definitionen abgelegt. Darüber hinaus werden Informationen zur Unterstützung weiterer Funktionen (Namensdienste, Versionskontrolle etc.) gespeichert.

3. Die IRD-Ebene (IRD Level) entspricht dem Data Dictionary einer Datenbank. Auf dieser Ebene werden Anwendungsschemata sowie Informationen für Analyse, Entwurf und Steuerung von Anwendungen gespeichert.

4. Die Anwendungsebene (Application Level) enthält die Daten, die Entitäten der „realen Welt" repräsentieren. Diese Daten stehen dem Benutzer eines Informationssystems zur Verfügung. Anwendungsprogramme orientieren sich beim Zugriff auf Datenobjekte dieser Ebene an den auf der IRD-Ebene definierten Typen.

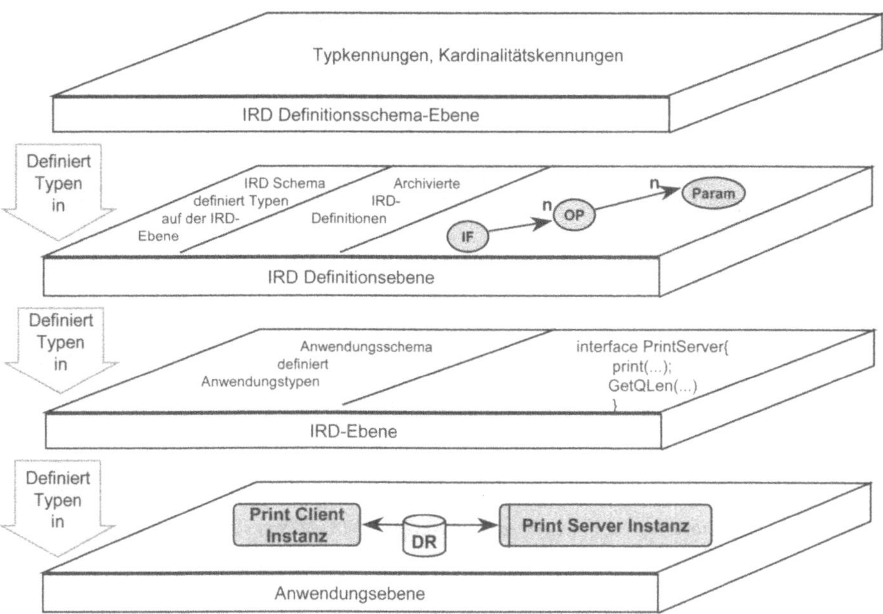

Abb. 51. Schichtenarchitektur des IRDS-Standards

Von besonderer Relevanz für die DR-Architektur ist die IRDS-*Service Architecture*
[ISO-IRDS93], die die Spezifikation von Diensten und Schnittstellen standardisiert.
In diesem Zusammenhang orientiert sich insbesondere die Definition von *Metadata-
Services* stark an der *Meta-Object Common Facility* der OMG [OMG-MOCF96]. Die
Aufgabe der Metadata-Services besteht in der Bereitstellung von Informationen über
die Schnittstellen aktiver Objekte, die durch das Repository verwaltet werden. Dabei
wird der Umfang dieser Schnittstelleninformation variabel gehalten. Der DR-
Architektur entsprechend ist also lediglich die Typdefinitionsebene standardisiert
(z.B. Typkennungen), während die Definition von Beschreibungsinformation dem individuellen Repository-Betreiber überlassen bleibt. Auch unter Datenbankbetreibern
kann es damit durch einen Einigungsprozeß zur Normierung von Objekttypen kommen, so daß spezifische Werkzeuge (z.B. Browser) erweitert werden können, um diese Information zu verarbeiten. Auch bei Metadata-Services werden Dienstbeschreibungen somit als Laufzeitobjekte verarbeitet. Die Abbildungen von Ebenen des DR-
Repository auf die IRDS-Architektur erfolgt entsprechend Abb. 52.

Objekte der Instanzebene haben bzgl. eines Servers sowohl den deskriptiven Charakter der Dictionary-Ebene als auch repräsentierenden Charakter der Anwendungsebene. Diensttyp- und Diensterbringerdefinitionen beschreiben Schnittstellen, Preise
oder Benutzerschnittstellen, die für eine individuelle Anwendung dieses Dienstes
konstant bleiben. Zustandsvariable hingegen können sich – den Daten der IRDS-
Anwendungsebene entsprechend – *während* der Dienst- bzw. Datenbanknutzung ändern.

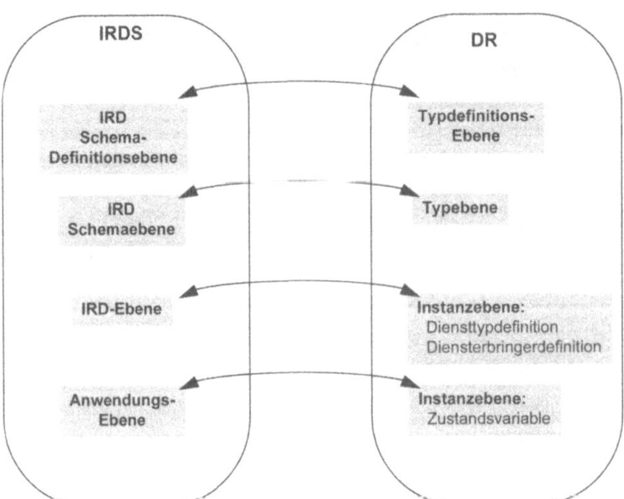

Abb. 52. Korrespondierende Ebenen beim DR-Repository und dem IRDS-Modell

Ein Standardschema für Dienstrepräsentationen

Nachdem zuvor die DR-Architektur genauer untersucht wurde, schließt dieses Kapitel mit der Festlegung eines minimalen DR-Schemas zur Dienstbeschreibung als Standard auf der Infrastrukturebene des GEMS entsprechend Abschnitt 4.1.5 ab. Es wird für diese Schemadefinition angenommen, daß ein generischer Klient eingesetzt wird, um den Benutzer beim Dienstzugriff zu unterstützen.

- Zu diesem Zweck ist eine *Schnittstellentypdefinition des Servers* erforderlich, damit der GK korrekt typisierte Prozeduraufrufe durchführen können.
- Ferner ist zur Interaktion mit dem Benutzer eine *Definition von Benutzerschnitt-stellenelementen* notwendig, so daß Parameter- und Resultatwerte eines Prozeduraufrufes editiert werden können.
- Schließlich sind *Zustandsvariablen* erforderlich, die durch Benutzeraktivitäten oder Prozeduraufrufe modifiziert werden und somit den Sitzungszustand eines generischen Klienten repräsentieren.

Abb. 53 zeigt das Schema dieses Basismodells auf. Anhand der definierten Relationstypen ist ein Interpreter in der Lage, assoziierte Beschreibungselemente zu ermitteln und im Zusammenhang darzustellen. So ist dieser Schemadefinition zu entnehmen, daß eine Operationsbeschreibung mit einer Menge von Parameterbeschreibungen assoziiert ist. Umgekehrt kann jedoch auch eine Parameterbeschreibung mit mehreren Operationsbeschreibungen assoziiert sein. Gleiches gilt für den Beziehungstyp DialogBox↔Widget, bei dem eine Menge von Benutzerschnittstellenelementen jeweils mit einer Menge von Dialogbox-Beschreibungen kombiniert sein können.

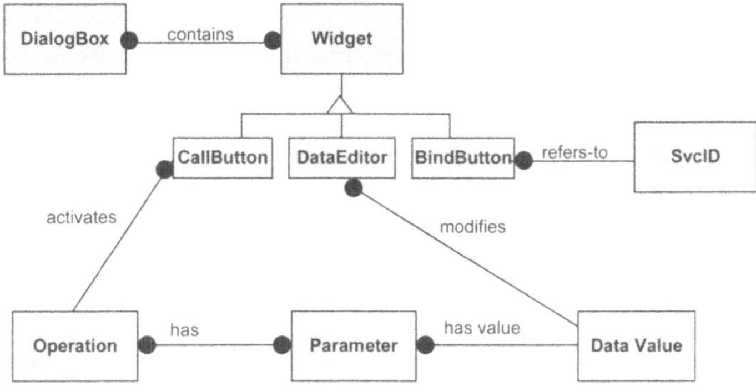

Abb. 53. Basismodell der Typebene

Während Abb. 53 einen horizontalen Ausschnitt der DR auf der Typebene in der Notation der Object Modeling Technique OMT nach Rumbaugh liefert [RBPE+90], zeigt schließlich Abb. 54 vertikal sowohl Typdefinitionen als auch Beschreibungsinstanzen für Operationen und Parameter eines Flugbuchungsservers. Auf der Typebene sind die Operations- und Parameterdefinitionen der Abb. 54 in verfeinerter Form dargestellt, während auf der Instanzebene der tatsächliche Diensttyp zusammen mit seinen Zustandsvariablen festgelegt wird. Die Variable SetOfFlights dient dabei beispielsweise als Resultatwert der Operation ListFlights.

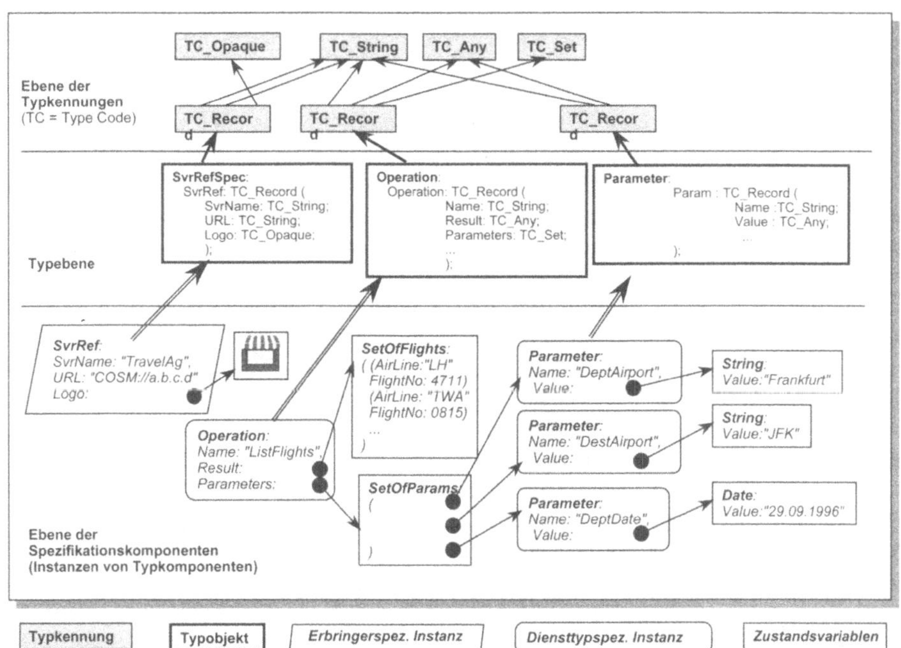

Abb. 54. DR-Komponenten der Instanz-, Typ- und Typdefinitionsebene

Generische Anwendungen, wie z.B. ein DR-Repository, können nur anhand von Konventionen auf der Infrastrukturebene (also Typkennungen und Relationstypen) DRs interpretieren. Sie sind somit zwar in der Lage, den Benutzer beim Navigieren durch eine DR zu unterstützen oder eine typgerechte Ablage von Beschreibungsobjekten in der Repository-Datenbank durchzuführen. spezifische Anwendungen, wie z.B. der Generische Klient, interpretieren Beschreibungsobjekte nicht nur syntaktisch, sondern verarbeiten auch ihre Datenwerte: So werden etwa Parameterdefinitionen zur Konstruktion von Parameterlisten herangezogen und Benutzerschnittstellen anhand der Dialogboxdefinition generiert. Letztlich ist es jedoch der Benutzer, der den Datenobjekten der Instanzebene Bedeutung beimessen kann: Die Werte "Frankfurt", "JFK", und "29.09.96" werden von generischen Klienten lediglich syntaktisch interpretiert.

4.3 Zusammenfassung

Es wurde eine Architektur für generische elektronische Marktsysteme (GEMS) entworfen, die auf flexible und einheitliche Weise die Bindung generischer und spezifischer Klienten an entfernte Server in einem offenen EDM unterstützt. Gleichzeitig bietet sie EDM-Teilnehmern die Möglichkeit, die Spezifikation von Schnittstelle und Funktionalität eines angebotenen bzw. nachgefragten Dienstes mit frei wählbarem Detaillierungsgrad zu beschreiben bzw. zu interpretieren.

Es wurde ferner die Trennlinie zwischen globalen Standards im EDM – also für alle Teilnehmer normierten Funktionen der Infrastruktur – und anwenderspezifischen Standards, die sich nachträglich etablieren können, aufgezeigt. Eine besondere Rolle spielt die *Dienstrepräsentation* sowohl bei der Interaktion als auch bei der Beschreibung von Servern. Ihre Aufgabe liegt in der Kapselung jener Informationen, die ein EDM-Anbieter seinen Nutzern für den Dienstzugriff zur Verfügung stellt. Sie dient damit gleichzeitig als „Vertragsangebot", das nicht nur die Schnittstelle des Dienstes, sondern – soweit möglich – auch seine Semantik dem Nutzer in wählbarem Detaillierungsgrad verständlich macht. Auf welche Weise dies erfolgt, bleibt jedoch der jeweiligen Umsetzung als *gruppenspezifischer Standard* überlassen. Besteht etwa Konsens bzgl. einer natürlichsprachlichen „Bedienungsanleitung", so verfügen Benutzer über eine verständliche, jedoch nicht ausführbare Spezifikation. Umgekehrt verhält es sich bei der Einbettung von Elementen einer formalen Verhaltensspezifikation, die durch geeignete Erweiterungen den generischen Klienten steuern, sich jedoch häufig dem Verständnis des Benutzers entziehen.

An dieser Stelle soll daher keine spezielle Spezifikationstechnik festgelegt werden, vielmehr ist es sinnvoll, auch in diesem Bereich einen Wettbewerb zu fördern. Voraussetzung für einen solchen Wettbewerb ist jedoch wiederum eine geeignete, offene Infrastruktur, die „Anbietern" die Unabhängigkeit gewährt, neuartige Beschreibungstechniken und -komponenten bereitzustellen. Auch hier spielen somit ökonomische Rahmenbedingungen bei der Bereitstellung und der Nutzung von Spezifikationskomponenten eine wichtige Rolle. Der Stand des GEMS-Architekturentwurfs umfaßt damit bisher folgende Aspekte:

- Es wurde ein *minimaler Kern* an *funktionalen Komponenten* einer EDM-Infrastruktur definiert, der zur flexiblen Dienstnutzung im EDM erforderlich ist.
- Es wurde mit der *Dienstrepräsentation* als Träger von Beschreibungs- und Zustandsinformation die Forderung nach einer generischen Repräsentation zur Dienstbeschreibung erfüllt.
- Es wurde ferner eine *einheitliche Vorgehensweise* festgelegt, die es Anwendern erlaubt, in definierter Form neue Beschreibungselemente in die Dienstrepräsentation zu integrieren und damit nicht nur die Funktionalität von Anwendungen unabhängig zu erweitern, sondern auch erweiterte Beschreibungen unabhängig zu standardisieren.

Die GEMS-Architektur wurde als Kristallisationspunkt zur weiteren Ausgestaltung eingeführt. Im folgenden ist nun nachzuweisen, in welchem Maße diese Architektur offen ist hinsichtlich folgender Kriterien (vgl. die „kritischen Erfolgsfaktoren" aus Abschnitt 2.5):

- Die dynamische Erweiterung um zusätzliche Mechanismen der Dienstbeschreibung und -vermittlung mit dem Ziel, verschiedene *Techniken der Schnittstellen- und Verhaltensspezifikation* als Komponente in die DR zu integrieren. Das folgende Kapitel untersucht diese Verfahren sowie die damit einhergehenden Erweiterungen des DR-Schemas.
- Die dynamische Erweiterung ihrer Infrastrukturkomponenten, insbesondere durch die bereits diskutierte *einheitliche Integration von Unterstützungsdiensten*. Diese Frage wird in Kapitel 6 erörtert.
- Die *dynamische Erweiterung von Anbieter/Nachfrager-Beziehungen durch Wertschöpfungsketten*. Da es sich hierbei bereits um konkrete Realisierungen von Anwendungen handelt, werden sie in Kapitel 8 exemplarisch dargestellt.

5 Flexible Dienstvermittlung mit erweiterten Konformitätsprädikaten

Die Erweiterung der Dienstbeschreibung um mächtigere Spezifikationstechniken als z.B. ODP-Diensttypen würde die Präzision und damit auch die Effizienz der Dienstvermittlung erhöhen, so daß im Idealfall auch einem spezifischen Klienten auf automatisierte Weise ein konformes Dienstangebot vermittelt werden kann, das nicht die vorherige Standardisierung von Diensttypen voraussetzt. Diese Erweiterung würde die Transaktionskosten der Dienstvermittlung weiter reduzieren und damit auch die Attraktivität der GEMS-Architektur erhöhen.

Zum Entwurfszeitpunkt der GEMS-Architektur ist jedoch nicht antizipierbar, welche Teilnehmergruppen welche Kombinationen von Spezifikationstechniken zur Dienstbeschreibung einsetzen werden. Es würde folglich die Autonomie der Teilnehmer einschränken, wenn die Bereitstellung bestimmter Kriterien zur Konformitätsprüfung vorgeschrieben wäre oder wenn – umgekehrt – die potentielle Nutzung von Verfahren, die sich für bestimmte Anwendungsbereiche als sinnvoll erweisen, durch eine zu restriktive Architektur ausgeschlossen wäre. Aus diesem Grunde wurde im vorherigen Kapitel besonderer Wert auf die *Generik* der Dienstrepräsentation gelegt. Andererseits ist zu erwarten, daß ein realistisches Dienstemarkt-Szenario sicherlich nicht zu einer chaotischen Entwicklung beliebiger Beschreibungsmechanismen führt, sondern zu einer inkrementellen Entwicklung von Standards für Schnittstellen- und Diensttypdefinitionen.

In Kapitel 4 wurde die Architektur der Dienstrepräsentation dargestellt, die eine Weiterentwicklung von Spezifikationen zuläßt. In diesem Kapitel wird nun untersucht, welche Diensteigenschaften grundsätzlich spezifiziert werden können und in welchem Rahmen eine automatisierte Vermittlung von Dienstangeboten realisierbar ist. Zu untersuchen ist daher, in welchem Maße der erforderliche Konformitätstest automatisch *durchführbar* und wann er evtl. nicht mehr *sinnvoll* ist, da die notwendige Normierung von Spezifikationen der geforderten Teilnehmerautonomie zuwiderläuft. Es gilt also, anhand exemplarischer, aber repräsentativer Spezifikationsverfahren für Dienstschnittstelle und -semantik verschiedenartige Konformitätsbeziehungen zwischen Dienstrepräsentationen nach typtheoretischen Gesichtspunkten zu untersuchen. Das Ziel dieser Untersuchung liegt in den folgenden Nachweisen:

1. Es läßt sich eine typsichere Überprüfung von angebotenen und nachgefragten Schnittstellen zum Zeitpunkt der Dienstvermittlung realisieren (im Sinne der Interoperabilität auf Spezifikationsebene nach [WWRT91]).
2. Eine dynamische Erweiterbarkeit von Beschreibungskomponenten der Dienstrepräsentation ist unter Einhaltung typtheoretischer Konformitätsbedingungen möglich, so daß im Rahmen ihrer Entscheidbarkeit auch erweiterte Subtypkalküle für

den Konformitätstest (das *Matching*) von Dienstspezifikationen herangezogen werden können.

3. Eine unabhängige Weiterentwicklung von nachgefragten und angebotenen Schnittstellen ist aufgrund der Standardannahmen bei den jeweiligen Spezifikationstechniken durchführbar. Hierbei geht ein DR-Interpreter bei Nichtexistenz einer erwarteten Beschreibungskomponente von einem definierten Verhalten aus (etwa von einem zustandslosen Server bei Nichtexistenz einer Automatendefinition). Damit wird dem Fall vorgebeugt, daß eine von spezifischen Anwendungen erwartete Komponente nicht Bestandteil einer gegebenen DR ist (vgl. Abschnitt 4.2).

4. Eine Erweiterung des Typbegriffs auf das Objektverhalten ist nicht nur prinzipiell beschreibbar, sondern in Grenzen auch operationalisierbar (wie in der Literatur dargestellt, z.B. [Nier93a, ZaWi95]). Da im Zusammenhang mit der Dienstspezifikation zur Laufzeit – d.h. zum Zeitpunkt der Dienstvermittlung – zu entscheiden ist, ob zwei Dienstbeschreibungen konform sind, können sich die weiteren Ausführungen nur auf eine Beschreibungsform beschränken, die Struktur- und Verhaltenskonformität aus der *intensionalen* Dienstbeschreibung selbst inferiert und nicht aus der *extensionalen* Menge aller Verhaltensausprägungen oder aufgrund bewußt von Administratoren definierter Typrelationen.

Auch wenn in diesem Kapitel der „Wettbewerb von Spezifikationsverfahren" nicht vorweggenommen werden kann, so ist zumindest dessen Voraussetzung – die Fähigkeit zur Variation und Auswahl erfolgreicher Spezifikationsverfahren – anhand in der Literatur diskutierter, exemplarischer Verfahren nachzuweisen. Dieser Nachweis erfolgt nun exemplarisch anhand der Ansätze von Liskov, Zaremski und Wing [LiWi94, ZaWi95], Nierstrasz [Nier93a], America [Amer87, Amer90] und anderer Beiträge aus dem Bereich der Typtheorie und der objektorientierten Verhaltensspezifikation.

5.1 Einleitung

Zaremski/Wing [ZaWi95] nennen verschiedene Anwendungen des Signatur- und Spezifikations-Matching (vgl. auch Abschnitt 3.1.2): *Retrieval, Wiederverwendbarkeit, Substitution, Subtypisierung, Interoperabilität.* Da der Aspekt der Wiederverwendbarkeit in der Entwurfsphase für den Softwareentwickler von Bedeutung ist, wird im folgenden vor allem auf die Anwendungsbereiche Retrieval, Substitution und Interoperabilität eingegangen. Hierbei wird eine *typsichere* Substitution angenommen, die auch den Aspekt der Subtypisierung einschließt. Besondere Bedeutung kommt der Konformitätsprüfung zweier Dienstrepräsentationen zu, die für Retrieval-Anwendungen erforderlich ist. Als Szenario ist ein Browser denkbar, mit dem der Benutzer zunächst eine Dienstrepräsentation selektiert, um diese anschließend als Anfrage für die Ermittlung *ähnlicher* – nicht notwendigerweise typkonformer – angebotener Dienstrepräsentationen zu wählen. Idealerweise sollte der zugrundeliegende *Matching-Mechanismus* dabei beliebig steuerbar sein hinsichtlich der zu berücksichtigenden

Konformitätsprädikate. Der Benutzer sollte dann zwischen relativ unscharfen Mechanismen, wie dem Matching von Dienstattributen oder Thesauruseinträgen, oder relativ strengen wählen können, wie z.B. den unten beschriebenen regulären Typen. Daher wird in diesem Kapitel der Interoperabilitätsaspekt beim Matching von Spezifikationen einbezogen, bei dem über die rein syntaktische Signaturkonformität hinaus auch das erwartete bzw. angebotene *Protokoll* eines Servers in die Konformitätsdefinition berücksichtigt wird. Auch hier bezieht sich die Untersuchung auf die Spezifikation von Diensten (bzw. deren Repräsentation) und nicht auf die Dienste selbst.

Konformität von Dienstrepräsentationen

Als Argumente sind für die Durchführung des *Matching* eine nachgefragte und evtl. mehrere angebotene Dienstrepräsentationen erforderlich. Das Ähnlichkeitsmaß sollte hierbei wählbar sein, so daß z.B. in einem Fall auf Typidentität geprüft wird und in einem anderen auf Äquivalenz nur einiger Operationsnamen. Im ersten Fall könnte ein spezifischer Klient eine Schnittstelle erfordern, die (dienst-)typkonform zur nachgefragten sein muß (*Substitution*), und im zweiten ein Benutzer allgemein nach Diensten suchen, die u.a. etwa eine Funktion BOOKCAR enthalten (*Retrieval*). In jedem Fall sind unterschiedliche Anforderungen an den Matching-Algorithmus zu stellen: Während im ersten Beispiel Konformität auf der Basis der in Kapitel 3 eingeführten Kontravarianz für Parameter und Kovarianz für Resultattypen nachgewiesen werden muß, besteht im zweiten Fall die Möglichkeit, lediglich Namensäquivalenz einiger Operationen als Match-Kriterium zu verwenden.

Bei der folgenden Untersuchung von Matching-Verfahren im Szenario des EDM ist jedoch die Heterogenität von klientenseitig erwarteten und serverseitig angebotenen Schnittstellentypen aus separaten Konformitätsdomänen zu beachten. Im Gegensatz zum Trading kann hier nicht vorausgesetzt werden, daß ex ante für Konformität und Kohärenz gesorgt ist. Vielmehr ist es Zufall, wenn Namen, Typen und Semantik dieser Dienste übereinstimmen. Es würde auch dem Ansatz des generischen Klienten widersprechen, wenn sein Benutzer anhand formaler Techniken einen nachgefragten Schnittstellentyp spezifizieren und somit wesentliche Teile der Serversemantik im Vorwege wissen müßte. Er würde sich dabei bereits innerhalb der Konformitätsdomäne des Servers befinden.

Als starke Restriktion führt diese mangelnde semantische Kohärenz angebotener und nachgefragter Diensttypen im EDM-Szenario zu einer *intensionalen Beschreibung* von Diensten. Denn nur aus den Dienstrepräsentationen selbst kann eine Vermittlungskomponente Informationen über das nachgefragte oder angebotene Dienstverhalten ableiten. Es existiert weder eine normative Instanz, die aufgrund zusätzlichen Wissens Konformität zwischen Diensten festlegt oder bestätigt, noch besteht die Möglichkeit, deren Extension – also z.B. alle denkbaren Ausführungsfolgen – zu ermitteln und anhand von Mengenoperationen auf Konformitätsbeziehungen zwischen diesen zu schließen [Nico87]. Kurz gefaßt, ist jeder Dienstrepräsentation – ob als Angebot oder Nachfrage – eine individuelle Konformitätsdomäne zugeordnet. Ein Matching-Algorithmus kann sich somit nur auf sehr generische Konformitätsprädikate stützen. Sinnvoll erscheint daher eine Kopplung von „manuellen" Browsing-Techniken mit „automatisierbaren" Matching-Verfahren (vgl. zum Beispiel den *Affinity-Browser* von Pintado [Pint90]).

Das Nachzügler-Szenario

Auf dem Dienstemarkt ist eine Entwicklung denkbar (vor allem im Sinne der Schumpeterschen Entwicklung), bei der ein innovativer Anbieter eine Dienstrepräsentation für seinen Server öffentlich bereitstellt. Im Anschluß werden nun Nachzügler diesen Dienst zu kopieren oder erweitern suchen und zu diesem Zweck eigene DRs bereitstellen, die im Interesse der eigenen Nutzbarkeit gegenüber dem erfolgreichen – und daher häufig nachgefragten – Vorreiter weitgehend schnittstellen- und verhaltenskonform sind. Benutzern wie auch spezifischen Klienten bietet sich nun die Möglichkeit, diese weiteren DRs „automatisch" zu ermitteln, ohne jemals mit einem der Nachzügler eine Konformitätsdomäne geteilt zu haben.

Die Aufgabe der Dienstrepräsentation selbst liegt nicht unmittelbar in der Spezifikation eines Dienstes, sondern in der Bereitstellung eines Datenspeichers, in den beliebige Informationen eingestellt werden können. Dies bedeutet grundsätzlich, daß zur Spezifikation von Diensten beliebige Techniken verwendet werden können:

- *Natürlichsprachliche Annotationen und Stichwörter* lassen sich als Textkomponente integrieren. Die Matching-Funktion beschränkt sich dabei nur auf Ähnlichkeitsvergleiche von Zeichenketten. Dieses Niveau der „Konformitätsprüfung" ist Stand der Technik der im Internet eingesetzten Suchmaschinen.
- *Standardisierte Thesauri oder Konzeptgraphen* verschärfen das Matching durch standardisierte linguistische Bedeutungen der Einträge bzw. Konzepte.
- *Schnittstellendefinitionen und Diensttypen* nach ODP wurden bereits als Grundbestandteil identifiziert.
- *Verhaltensspezifikationen* lassen sich bis zu einem gewissen Grad auf der Basis von DR-Komponenten integrieren. So werden im weiteren Verlauf automaten-, prädikaten- bzw. invariantenbasierte Verhaltensspezifikationen beschrieben.
- Prinzipiell lassen sich auch *formale Beschreibungstechniken* als Textkomponente oder Syntaxbaum in die DR integrieren (z.B. Estelle-Spezifikationen). Hier ist allerdings das Subtyp-Matching in der Regel unentscheidbar.

Für den Entwurf der EDM-Infrastruktur ist noch keine Entscheidung bzgl. der Spezifikationstechnik zu fällen. Mit Rücksicht auf den generischen Klienten bzw. DR-Repositories sind jedoch bei der Wahl der Technik auch Einflußfaktoren wie *Verständlichkeit für den Benutzer* und *Operationalisierbarkeit für das automatische Matching* einzubeziehen. Sicherlich bereiten dabei anspruchsvolle formale Beschreibungstechniken wie LOTOS, SDL, Estelle [Hogr89] oder Z [Spiv89] dem unbedarften Anwender Verständnisprobleme, wie auch die Äquivalenz zweier Spezifikationen nicht mehr durch automatische Beweisverfahren entscheidbar ist. Vorteilhaft ist dabei jedoch sicherlich die höhere Präzision bei der Verhaltensspezifikation.

Hilfstexte sind andererseits zwar für den Benutzer verständlich, können jedoch keine Grundlage des Matching darstellen. Auch hier liegt das Optimum des gegebenen trade-off sicherlich in einer *semiformalen Spezifikation*, die eine weitgehende Formalisierung von Signatur- und Verhaltensbeschreibung anstrebt, dabei jedoch sowohl im Rahmen des Verständlichen als auch des Entscheidbaren bleibt. Letztlich befinden sich auch hier verschiedene Techniken und Repäsentationen prinzipiell im Wettbewerb miteinander.

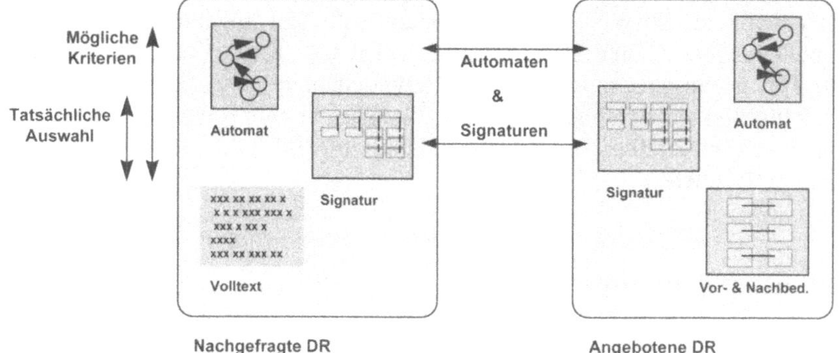

Abb. 55. Spezifikationskomponenten angebotener und nachgefragter Dienstrepräsentationen

In den folgenden Abschnitten werden daher

- Schnittstellentypen,
- Verhaltensspezifikationen auf der Basis von Vor- und Nachbedingungen,
- Automatendefinitionen,
- Dienstattributtypen und
- standardisierte Thesauri

in dieser Reihenfolge als Bestandteile eines generischen Matching-Prädikates exemplarisch dargestellt. Gegebenenfalls werden die Einschränkungen dieses Prädikates im Hinblick auf die EDM-Anforderungen aufgezeigt und, falls sinnvoll, ist auf der Typdefinitionsebene eine Integration der jeweiligen Spezifikationskomponente in die Dienstrepräsentation dargestellt. Diese Komponenten sollten in unabhängiger Form integriert werden können, so daß zum einen der Benutzer den Matching-Algorithmus selektiv steuern und zum anderen dieser selbst aufgrund der Existenz von Spezifikationskomponenten eine sinnvolle Kombination wählen kann. Die Abb. 55 verdeutlicht diese Situation.

Ein generischer Matching-Dienst sollte dabei auf der Typdefinitionsebene der DR jene Beschreibunginformation identifizieren, welche die Schnittmenge der Typobjekte beider DRs bildet (in der Abbildung sind dies die Automaten- und die Schnittstellendefinition). Weiterhin sind Steuerparameter des Nachfragers zu berücksichtigen, um relevante Beschreibungsinformation zu selektieren und jedes einzelne Prädikat weiter zu spezifizieren (hier die Schnittstellendefinition).

$$
\begin{aligned}
\text{Match}\,(\,C,\,C'\,) = {}&\text{match}_{ift}\,(C_{ift},\,C'_{ift}) && \wedge && \text{(Schnittstellentyp)} \\
&\text{match}_{spec}\,(C_{spec},\,C'_{spec}) && \wedge && \text{(Vor-/Nachbedingungen)} \\
&\text{match}_{auto}\,(C_{auto},\,C'_{auto}) && \wedge && \text{(Reguläre Typen)} \\
&\text{match}_{attr}\,(C_{attr},\,C'_{attr}) && \wedge && \text{(Dienstattribute)} \\
&\text{match}_{thes}\,(C_{key},\,C'_{key}) && && \text{(Thesauruseinträge)}
\end{aligned}
$$

mit $C = {<}C_{ift},\,C_{spec},\,C_{auto},\,C_{attr},\,C_{key}{>}$

und $C' = {<}C'_{ift},\,C'_{spec},\,C'_{auto},\,C'_{attr},\,C'_{key}{>}.$

In Anlehnung an [ZaWi95] werden nachgefragte und angebotene Dienste als Softwarekomponenten C und C' modelliert, wobei C_{ift} , C_{spec}, C_{auto}, C_{attr} und C_{key} durch die DR gekapselte Beschreibungsinformationen der jeweiligen Module bezeichnen. Aufgrund der Erweiterbarkeit des DR-Schemas sind prinzipiell auch weitere Informationen integrierbar – an dieser Stelle erfolgt jedoch eine Beschränkung auf die genannten Beispiele.

5.2 Schnittstellenkonformität

Die Untersuchung der Schnittstellenkonformität zerfällt in die Konformitätsprüfung einzelner Funktionssignaturen und deren Erweiterung für Mengen von Funktionen – also Schnittstellentypen.

5.2.1 Funktions-Matching

Funktions-Matching ist die Prüfung, welche Funktionen einer Bibliothek nach unterschiedlichen formalen Kriterien zu einer vorgegebenen Signatur konform sind. Eine Bibliothek kann z.B. ein Online-Katalog sein, über den Entwickler Informationen über verfügbare Dienste im EDM anhand ihrer Schnittstelle ermitteln können. Zaremski und Wing [ZaWi95], deren Formalismus hier weitgehend übernommen wurde, geben folgende Definition:

Funktions-Match (Anfrage-Signatur,
      Match-Prädikat,
      Komponentenbibliothek) → (Menge von Komponenten):

Funktions-Match (a, M, C) = { c ∈ C : M(c,a)}.

Sind also ein Match-Prädikat M, eine Komponentenbibliothek C und eine Anfrage *a* gegeben, liefert der Funktions-Match als Ergebnis eine Menge von Funktionen, die dieses Prädikat erfüllen. Der Funktions-Match eignet sich für Aufgaben des Retrievals, bei dem mehrere Dienstrepräsentationen erwartet werden.

Gilt es jedoch, Aussagen über zwei gegebene Funktionssignaturen zu machen, kann die Aufgabe des Matching eingeschränkt werden auf den generischen Funktions-Match:

Generischer Funktions-Match:
M: (Bibliothekstyp, Anfragetyp) → Boolean
$M (\tau_b, \tau_a) = \exists\ T_b, T_a : T_b(\tau_b)\ R\ T_a(\tau_a)$,

bei dem die freie Variable R eine Relation zwischen Typen ist (z.B. *Äquivalenz* (⇔) oder *Subtyp* (≺)). T_a bzw. T_b sind Transformationen, die auf Bibliotheks- oder Anfragetypen angewendet werden können. τ_a und τ_b sind Typen, zwischen denen Äquivalenz besteht, wenn sie lexikalisch identische Typvariablen besitzen, gleiche elementare Datentypen sind oder durch identische Typkonstruktoren definiert wurden, deren Parameter paarweise gleichen Typs sind.

Interessant ist für den Einsatz im EDM die Steuerbarkeit des Funktions-Match durch den Relations-Parameter R und die Transformationsfunktionen, die eine anwendungsspezifische Konfiguration erlauben. Als Transformation könnte hierbei die Umbenennung von Parameter- oder Operationsnamen oder ihre Sortierung nach einem Ordnungskriterium (*renaming* und *reorder function*) dienen. Üblicherweise genügt es für in Frage kommende Matching-Aufgaben, nur bei einem der Typparameter diese Transformation vorzunehmen, so daß im anderen Fall trivialerweise die Identität als Abbildung eingesetzt werden kann.

Aus dem generischen Funktions-Match lassen sich spezifische Operatoren ableiten, die sich vom strengen Prädikat des exakten Match bis zu schwächeren, wie dem Subtyp- oder dem Supertyp-Match, erstrecken:

- Beim *exakten Match* bezeichnen τ_b und τ_a identische Typen modulo ihrer Umbenennung. $=_T$ bezeichnet die Äquivalenz zwischen zwei gegebenen Typen:

$$M_E (\tau_b, \tau_a) = \exists \text{ eine Folge von Umbenennungen } F : F(\tau_b) =_T Ta(\tau_a)$$

Dies bedeutet, daß ME nur dann gilt, wenn der angebotene und der nachgefragte Typ äquivalent sind. Eine Funktionssignatur müßte also in der Anfrage vollständig spezifiziert sein. Für Aufgaben des Retrieval oder der Ersetzbarkeit reichen jedoch auch schwächere Prädikate, wie im folgenden dargestellt:

- Der *Subtyp-Match* bezieht auch jene Funktionen der Bibliothek mit ein, deren Signatur ein Subtyp der nachgefragten ist:

$$M_{Sub} (\tau_b, \tau_a) = \tau_b \prec \tau_a$$

Eine Funktion, die nach diesem Prädikat als konform gilt, ist in der Lage, syntaktisch die nachgefragte zu ersetzen. Der Kontravarianzregel zufolge erwartet sie eine geringere Anzahl an Parametern und liefert eine größere Anzahl an Resultatwerten.

- Obwohl wegen der Kovarianz der Parameter nicht typsicher, kann dennoch (z.B. für Retrieval-Zwecke) auch die Umkehrung des Subtyp-Match, der *Supertyp-Match,* verwendet werden, der Funktionen aus der Bibliothek auswählt, deren Signaturen Supertypen der nachgefragten sind. Wird z.B. eine Funktion

$$((\text{int, int}) \to \text{bool}) \to ((\text{int list}) \to \text{int list})$$

nachgefragt, die etwa eine Liste von Integers sortieren könnte und als Parameter ein Vergleichsprädikat benötigt, so würde z.B. die Funktion

$$((T, T) \to \text{bool}) \to ((T \text{ list}) \to T \text{ list}),^{25}$$

---

[25] T ist der oberste Typ „Top" innerhalb einer Subtyphierarchie.

die gemäß der Kovarianzregel einen Supertyp darstellt, geliefert werden können. Diese Funktion kann schließlich für die Sortierung von Integers spezialisiert werden:

$$M_{Super}\,(\tau_b,\,\tau_a\,) = \tau_b \succ \tau_a$$

Da Subtypbeziehungen reflexiv sind, impliziert ein exakter Match immer auch M_{Super} bzw. M_{Sub}.

Nutzungsmöglichkeiten für das DR-Repository

In Kapitel 4 wurde die Repräsentation von Signaturen im Objektspeicher diskutiert. Dabei ist zu beachten, daß diese Informationen von Servern aus einer dem Repository fremden Konformitätsdomäne bereitgestellt wurden, d.h., weder das Repository noch der anfragende Klient besitzt die nötige Information über die Semantik einzelner Operationen, damit die Transformationsfunktion T bereitgestellt werden kann. Diese Funktion würde z.B. einen Match der Signaturen

Drucke (Dokument : String) : Integer und
Print (Document : String) : Integer

durch die Abbildung Drucke → Print und Dokument → Document realisieren können. Diese Information *kann* vom Betreiber des Servers, des Klienten oder des Repository bereitgestellt, sollte jedoch nicht vorausgesetzt werden. Somit ist zu erwarten, daß als Umbenennungsfunktion realisticherweise (und trivialerweise) die Namensäquivalenz verwendet werden muß. Natürlich bedeutet dies eine erhebliche Einschränkung der vermittelbaren Dienste. Der trade-off liegt auch hier zwischen Autonomie der Dienstbereitstellung und Effizienz der Vermittlung, wie bereits am Beispiel des Traders aufgezeigt.

Die Sortierung der Parameter kann bei Namensäquivalenz als Transformation automatisiert werden, so daß die Konformität der Signaturen

BookCar (From, To : Date): Integer und
BookCar (To, From : Date): Integer

durch einen Match ermittelt werden kann. Hier bietet die Dienstrepräsentation ausreichende Möglichkeiten zur namensbasierten Identifikation von Datenwerten.

Das Problem einer Abbildung von Namen ist in ähnlicher Form auch bei kooperierenden Typmanagern (Interworking Type Managers) gegeben. Hier wird jedoch davon ausgegangen, daß wenigstens einer der Typmanager in der Lage ist, die Abbildung vom nachgefragten zum angebotenen Typ (bzw. dessen Namen) durchzuführen [InBR94].

5.2.2 Konformitätsprüfung von Schnittstellentypen

Auch bei der Konformitätsprüfung ganzer Mengen von Funktionssignaturen – also Schnittstellentypen – können verschiedene Präzisionsgrade gewählt werden, um Einfluß auf die Größe bzw. Qualität der Resultatmenge und die Ähnlichkeit zur nachgefragten Schnittstelle zu nehmen. Dabei sollen Σ_a und Σ_b den angefragten Schnittstellentyp und den der Bibliothek bezeichnen. Die Objekttypen Σ_a und Σ_b zerfallen jeweils in Typdefinitionen und Funktionssignaturen $\langle \Sigma_{at}, \Sigma_{af} \rangle$ und $\langle \Sigma_{bt}, \Sigma_{bf} \rangle$. Für das Matching ist jedoch lediglich ein Vergleich der exportierten Signaturen notwendig, da Typdefinitionen durch das Objekt gekapselt sind.

- Ein exakter Schnittstellen-Match ist definiert als:

  $SM_E (\Sigma_a, \Sigma_b)$ ist eine bijektive Abbildung $U_F : \Sigma_{af} \rightarrow \Sigma_{bf}$ mit

  $$\forall\, \tau_a \in \Sigma_{af} : match_E(U_F (\tau_a), \tau_a)$$

  Auch dieses Prädikat erscheint – wie der exakte Funktions-Match – für Retrieval- und Dienstvermittlungsanwendungen als zu restriktiv, da es alle Schnittstellen ausschließt, die eine abweichende Anzahl an Funktionen besitzen und bei weniger strikten Bedingungen als konform akzeptiert werden könnten.

- Analog zum Funktions-Match können diese Abschwächungen im Sinne des Supertyp- und des Subtyp-Matches durchgeführt werden:

  $SM_{Sub} (\Sigma_a, \Sigma_b)$ ist eine injektive Abbildung $U_F : \Sigma_{af} \rightarrow \Sigma_{bf}$ mit

  $$\forall\, \tau_a \in \Sigma_{af} : match_E(U_F (\tau_a), \tau_a)$$

  Bei diesem *Subtyp-Match* für Softwarekomponenten gilt: $|\Sigma_a| \leq |\Sigma_b|$ bzw. $\Sigma_a \subseteq \Sigma_b$.

- Der *Supertyp-Komponenten-Match* ist gerade umgekehrt definiert:

  $$SM_{Super} (\Sigma_a, \Sigma_b) = SM_{Sub} (\Sigma_b, \Sigma_a)$$

Der Subtyp-Match eignet sich für spezifische Klienten, die eine typkonforme Schnittstelle nachfragen, während der Supertyp-Match sich im Bereich des Retrievals eignet, anhand einer umfangreichen Anfrage (Interface$_A$) Schnittstellentypen zu erhalten, die nur einem Supertyp der Anfrage entsprechen (Interface$_B$):

```
InterfaceA {
      void Print ( Document );
      void Drucke ( Dokument );
      void PutItOnPaper( Document );
      void AugenZuUndDruck( Dokument );
};
```

$$\Longrightarrow$$

```
InterfaceB {
      Int Drucke ( Dokument );
};
```

Für Schnittstellen können in gleicher Weise wie für Signaturen Transformationsfunktionen eingesetzt werden, um den Konformitätsbegriff weiter zu fassen. Es gelten dabei auch die gleichen Einschränkungen bezüglich der Umbenennungsfunktion.

Einbettung in die Dienstrepräsentation

Die Einbettung in die Dienstrepräsentation ist bereits dadurch gegeben, daß die in Kapitel 4 dargestellten Operations- und Parameterbeschreibungen als Komponente einer jeden Dienstrepräsentation gefordert wurden. Aufgrund der globalen Standardisierung dieser DR-Typobjekte ist für ein Schnittstellen-Matching keine weitere Normierung erforderlich.

Anspruchsvoller ist die nun folgende Verhaltensspezifikation, die die Einführung zusätzlicher Beschreibungsobjekte sowie die Normierung ihrer Typen erfordert.

5.3   Verhaltenskompatibilität

Im vorherigen Abschnitt wurde die prinzipielle Ersetzbarkeit nachgefragter Schnittstellen durch angebotene im Sinne des Subtyppolymorphismus gezeigt. Die Typüberprüfung für eine solche Substituierbarkeit ist Aufgabe des Übersetzers bei Programmiersprachen, die polymorphe Typsysteme unterstützen. Es läßt sich nachweisen, daß dabei weder die Typinferenz noch die Unifikation Probleme bereiten, wenn angemessene Transformationsfunktionen vorausgesetzt werden können.

Nun gilt es in diesem Abschnitt, den Konformitätstest von Schnittstellentypen auf die Verhaltensspezifikation zu erweitern. Der Nutzen einer solchen Erweiterung liegt vor allem in der sichereren Bestimmung alternativer, konformer Dienstangebote, da aufgrund der höheren Ausdrucksfähigkeit der Verhaltensspezifikation die Wahrscheinlichkeit reduziert wird, daß zufälligerweise gleich typisierte Schnittstellen mit unterschiedlicher Semantik als Suchergebnis im Retrieval-Szenario geliefert werden. Im Kontext des EDM kann eine erweiterte Verhaltensspezifikation zusätzlich die Steuerbarkeit generischer Klienten verbessern: Berücksichtigen diese z.B. die weiter unten dargestellte automatenbasierte Spezifikation des Dienstes, sind generische Klienten zusätzlich in der Lage, bei jedem Serverzustand nur die zulässigen Folgeoperationen dem Benutzer zugänglich zu machen.

Hauptziel dieses Buches ist es, eine geeignete EDM-*Infrastruktur* zu entwerfen und nicht, formale Spezifikationstechniken erschöpfend zu untersuchen. Deren Einsatz soll jedoch bei Bedarf durch Anwendergruppen und dann durch Einbettung in die Dienstrepräsentation ermöglicht werden. Aus diesem Grunde erfolgt nun eine exemplarische Untersuchung, wie eine solche Einbettung prinzipiell vorgenommen werden kann. Das entscheidende Kriterium für die Auswahl der folgenden Verfahren liegt somit nicht in einer möglichst weitreichenden Spezifizierbarkeit. Vielmehr ist es von Interesse, mit welchen Matching-Problemen die Dienstverwaltung und -vermittlung domänenübergreifender Spezifikationen im EDM-Szenario konfrontiert ist. Dies wird anhand folgender Techniken gezeigt:

- Vor- und Nachbedingungen (pre- und postconditions) nach Liskov und Wing [LiWi94],

- automatenbasierte Verhaltensspezifikation nach Harel [HLNP+90], Rumbaugh et al. [RBPE+90], Ebert und Engels [EbEn94] und Nierstrasz [Nier93a] sowie
- attributierte Dienstbeschreibungen im Sinne des Trading [ISO-ODP95a].

Vorbemerkung

Im Sinne von [ZaWi95] kann das Schnittstellen-Matching um die Spezifikation des Objektverhaltens zum *Komponenten-Matching* erweitert werden:

Für jede Komponente C sei eine Spezifikation des Schnittstellentyps C_{ift} und des dynamischen Verhaltens C_{spec} gegeben. Für zwei Komponenten $C = <C_{ift}, C_{spec}>$ und $C' = <C'_{ift}, C'_{spec}>$ ist der generische Komponenten-Match definiert als:

$$\text{Match: (Komponente, Komponente)} \rightarrow \text{Bool}$$

$$\text{Match (C, C')} = \quad \text{match}_{ift} (C_{ift}, C'_{ift})$$
$$\wedge \ \text{match}_{spec} (C_{spec}, C'_{spec})$$

Das im vorherigen Abschnitt diskutierte Schnittstellen-Matching match_{ift} kann somit frei kombiniert werden mit dem der Spezifikation durch Vor- und Nachbedingungen.

5.3.1 Funktions-Matching mit Vor- und Nachbedingungen

Der Match von Vor- und Nachbedingungen stellt eine Verfeinerung des Komponenten-Match dar, indem match_{spec} durch Relationen zwischen Vor- und Nachbedingungen jeweils des Super- und Subtyps instanziiert wird.

Generischer Match für Vor- und Nachbedingungen von Funktionen F_a und F_b

$$\text{Match (} F_a, F_b \text{)} = (F_{aPRE} \ R_1 \ F_{bPRE}) \ R_2 \ (F_{aPOST} \ R_3 \ F_{bPOST})$$

Wieder wird angenommen, daß ein Match durchgeführt wird zwischen einer nachgefragten Komponente C_a und einer Bibliothekskomponente C_b. Für dieses Prädikat können je nach geforderter Relationen R_1, R_2 und R_3 durch sinnvolle Restriktion (z.B. $\Leftrightarrow$, $\Leftarrow$ bzw. $\Rightarrow$) ersetzt werden. Die strengste Form stellt hierbei wieder der exakte Match dar, bei dem die Äquivalenz jeweils der Vor- *und* Nachbedingungen gefordert wird:

- Exakter Match für Vor- und Nachbedingungen:

$$\text{Match}_{EVN} (F_a, F_b) = (F_{aPRE} \Leftrightarrow F_{bPRE}) \wedge (F_{aPOST} \Leftrightarrow F_{bPOST})$$

Dieses Prädikat ist für die meisten Anwendungen im Bereich des Retrievals und der Substitution zu streng und daher in dieser Form nicht erforderlich, da zumeist *mindestens* eine Erfüllung der geforderten Eigenschaften erwartet wird.

- Ähnlich der Subtypregeln für Funktionssignaturen kann es ohne Einschränkung der Typsicherheit abgeschwächt werden zum *Subtyp-Match für Vor- und Nachbedingungen*:

$$\text{Match}_{SVN} (F_a, F_b) = (F_{aPRE} \Rightarrow F_{bPRE}) \wedge (F_{bPOST} \Rightarrow F_{aPOST})$$

Hierbei ist eine angebotene Funktion F_b, deren Vorbedingung schwächer und deren Nachbedingung restriktiver ist als die der Anfrage F_a, kompatibel bezüglich des $Match_{SVN}$. Folgendes Beispiel verdeutlich diesen Sachverhalt:

Nachgefragte Spezifikation:

> bookCar$_a$(..., [in] numDays : Int, [out] price : double),
>   *requires* numDays < 10,
>   *ensures* price < 500,--

Angebotene Spezifikation:

> bookCar$_b$(..., [in] numDays : Int, [out] price : double),
>   *requires* numDays < 20,
>   *ensures* price < 200,--

Verschiedene weitere Lockerungen dieser Match-Bedingungen sind denkbar, bei denen z.B. eine Beschränkung nur auf Vor- oder Nachbedingungen erfolgt:

$$Match_{SPRE} (F_a, F_b) = (F_{aPRE} \Rightarrow F_{bPRE})$$

bzw.

$$Match_{SPOST} (F_a, F_b) = (F_{bPOST} \Rightarrow F_{aPOST})$$

$Match_{PRE}$ wird weiter unten wieder aufgegriffen, wenn im Falle erweiterter endlicher Automaten Transitionen um Bedingungen erweitert werden, die auch als Vorbedingung der assoziierten Operation aufgefaßt werden können.

5.3.2 Matching von Schnittstellentypen mit Vor- und Nachbedingungen

Die bisher untersuchten Match-Regeln zum Nachweis von Verhaltenskompatibilität beziehen sich auf einzelne Operationen eines Objekts. Es ist jedoch zu erwarten, daß der Benutzer eine komplette Spezifikation als Anfrage verwenden wird, wie bereits beim Schnittstellentyp-Matching dargestellt. In ähnlicher Form kann daher auch der Match von Vor- und Nachbedingungen auf Objektschnittstellen erweitert werden:

- Analog ist auch hier der *exakte Match* für Spezifikationen denkbar:

  $$SM_{EVN} (C_a, C_b, M) = \exists \text{ eine bijektive Abbildung } U_F : F_{af} \rightarrow F_{bf}, \text{ so daß gilt:}$$
  $$\forall F_a \in C_{af} : match_{EVN}(U_F (F_a), F_a)$$

  Nur wenn bei beiden Schnittstellen der Komponenten C_a und C_b die gleiche Anzahl an Funktionen existiert und diese sich paarweise bezüglich einer gegebenen Match-Relation als äquivalent erweisen, kann ein exakter Match für Spezifikationen erfolgreich durchgeführt werden. Wiederum bildet U_F von der Spezifikation der nachgefragten auf die der angebotenen Funktionssignatur der Bibliothek ab.

- Analog zum Schnittstellen-Match kann auch das Prädikat $match_E$ gelockert werden, indem seitens der Bibliothek mehr Funktionen zugelassen werden als durch die Anfrage gefordert (*Subtyp-Match* für Spezifikationen):

SM_{SubVN} (C_a, C_b, M) = $\exists$ eine injektive Abbildung $U_F : F_{af} \to F_{bf}$, so daß gilt:
$\forall F_a \in C_{af}$: $match_{SVN}$($U_F (F_a)$, F_a)

Auch beim Spezifikations-Match ist das vom Schnittstellen-Match bekannte Problem gegeben, daß Operations- und Variablennamen der Spezifikationen zweier Objekte unterschiedlich gewählt werden können, so daß eine Transformation zur Umbenennung von Namen und Sortierung von Operationen erforderlich ist. Im geschlossenen System einer Konformitätsdomäne bereitet dies keine Probleme, da der Administrator über die für eine solche Abbildung nötige Information verfügt. Beim EDM gilt auch für das Matching auf Spezifikationsebene die restriktive Einschränkung der Identität als Transformation. Hier muß wiederum auf das Nachzügler-Szenario verwiesen werden.

Im vorherigen Abschnitt wurde festgestellt, daß zur Einbettung von Signaturdefinitionen in die Dienstrepräsentation noch keine Erweiterung erforderlich ist. Vor- und Nachbedingungen betreffend, ist jedoch deren Einbettung als Beschreibungsobjekte notwendig. Sie lassen sich im Datenmodell der DR derart als Annotation an Operationsbeschreibungen der DR anfügen, daß das erweiterte Dienstrepräsentationsschema gegenüber der Basisvariante aus Kapitel 4 abwärtskompatibel bleibt (Abb. 56).

Prädikate sind in beliebiger Anzahl definiert auf Zustandsvariablen der Dienstrepräsentation (ausgedrückt durch <Datenwert> in Abb. 56). Hierbei kann ein Prädikat entweder als Vor- oder Nachbedingung für beliebig viele Operationen eingesetzt sein. Mit jeder Operation sind maximal zwei Prädikate assoziiert. Eine Dienstbeschreibung, wie z.B. die eines Autovermietungsdienstes, würde damit nicht mehr nur eine deklarative Definition des Schnittstellentyps umfassen, sondern darüber hinaus auch Zustandsvariable, die durch die DR persistent gekapselt sind. Faßt man diese Werte als Zustand auf, der sich über mehrere Dialogschritte hinweg ändert und mit dem Zustand des eigentlichen Server korrespondiert, so kann man von einem *abstrakten Zustand* sprechen, den der Entwickler des Servers für externe Beobachter (z.B. den generischen Klienten) expliziert hat. Prädikate der Dienstrepräsentation sind auf der Wertemenge dieses Zustandes definiert.

Neben dieser Explikation des abstrakten Zustandes kann auch eine Weiterentwicklung des betreffenden Dienstes über mehrere Versionen hinweg eine Einhaltung dieser Spezifikation aufrechterhalten, indem er neben versionsspezifischen Erweiterungen von Schnittstelle und Semantik die Abbildung von Elementen seiner Spezifikation auf die der Ausgangsversion realisiert. Wie bereits angedeutet, besteht die höchste Operationalisierbarkeit, wenn die Namen von Zustandsvariablen der Ausgangsversion beibehalten werden.

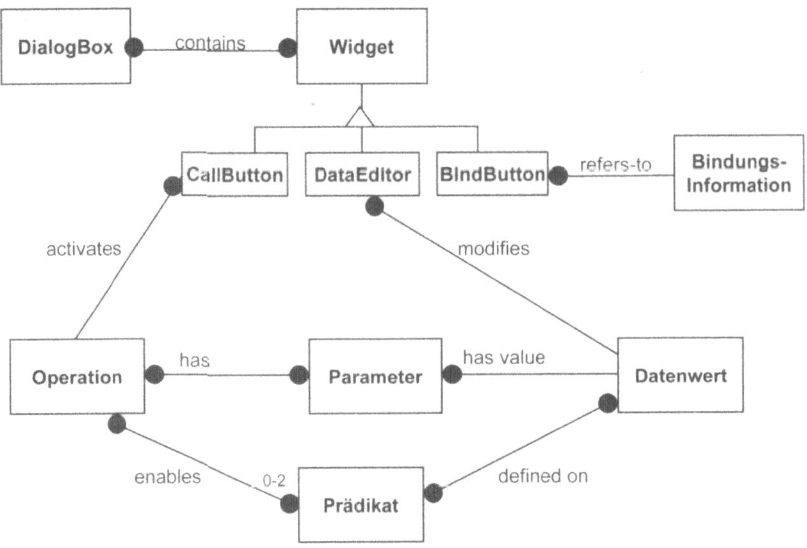

Abb. 56. Basisschema der Dienstrepräsentation, erweitert um Prädikatenrepräsentation

Beispiel zum Nachzügler-Szenario

Die skizzierte Situation ergibt sich, wenn ein innovativer Dienstanbieter von Nachzüglern kopiert wird: Die Nachzügler werden versuchen, die Spezifikation des „Originals" weitgehend für ihren eigenen Dienst zu verfeinern, so daß ein Nachfrager, der das Original sucht, bei geeignetem Match-Prädikat auch Dienstrepräsentationen der „Konkurrenten" als Resultat der Anfrage erhält.

Die Ausgangsvariante der Dienstspezifikation erlaubt das Selektieren eines Fahrzeugs unter Angabe des Mietzeitraumes und des Fahrzeugtyps. Die Zustandsvariable carSelected ist beim Laden der DR mit False initialisiert. Die Funktionen select und book besitzen jeweils Vor- und Nachbedingungen, die die Ausführbarkeit steuern. Bei dieser Dienstspezifikation kann ein Nutzer nur im Wechsel die beiden Operationen aufrufen, beginnend mit select.

```
interface schumpeter-car-rental {
        attribute Bool carSelected = False;
        Bool init ( [in] String custID);
        Bool available ( [in] Date from, [in] Date to, [in] CarModels model);
        SelectionID select([in] Date from, [in] Date to, [in] CarModels model)
                requires        carSelected == False
                ensures         carSelected == True;
        Bool book( [in] String creditCardNumber, [in] SelectionID id )
                requires        carSelected == True
                ensures         carSelected == False;
};
```

Beispiel 11. Der „Vorreiter-Dienst"

Der Nachzügler-Anbieter erweitert die Spezifikation seiner Schnittstelle so, daß sie konform zu der des Vorreiters ist:

```
interface me-too-car-rental {
        attribute Bool carSelected = False;
        attribute Int numSelected = 0;
        Bool init ( [in] String custID);
        Bool available ([in] Date from, [in] Date to, [in] CarModels model);
        SelectionID select ([in] Date from, [in] Date to, [in] CarModels model,
                        [out] numSelected : Int )
                requires        carSelected == False OR numSelected < 10
                ensures         carSelected == True;
        Bool book( [in] String creditCardNumber, [in] SelectionID id )
                requires        carSelected == True
                ensures         carSelected == False;
        reset () ensures        carSelected == False AND numSelected = 0;
};
```

Beispiel 12. Der „Nachzügler-Dienst"

Verschiedene bereits diskutierte Verfahren der Subtypisierung wurden hierbei angewendet:

1. Der Diensttyp **schumpeter-car-rental** wird um die Variable `numSelect` sowie die Funktion **reset()** erweitert.
2. Die Funktion `select` liefert neben dem anonymen Funktionswert einen weiteren vom Typ **Int**. Diese Erweiterung der Resultatmenge ist typkonform zu der des Supertyps.
3. Die Vorbedingung der Funktion *select (carSelected == False OR numSelected < 10)* ist schwächer als die des Supertyps *(carSelected == False)*.

Insgesamt kann aufgrund der bisher gegebenen Subtypregeln formal nachgewiesen werden, daß Konformität zwischen den dargestellten Dienstspezifikationen besteht.

5.3.3 Verhaltensspezifikation von Objekten und deren Subtypbeziehung

Im folgenden wird das Verhalten eines Objekts anhand eines Formalismus aus [Amer90] beschrieben. In diesem Formalismus basiert die Subtypisierung nur auf dem extern beobachtbaren Verhalten eines Objekts. Dies beinhaltet nicht nur die Signaturen des Objekts, sondern auch Informationen über sein Verhalten.

Der Objekttyp wird häufig nur durch seinen Schnittstellentyp spezifiziert. Der Anbieter eines Dienstes ist jedoch daran interessiert, eine detailliertere Spezifikation seines Verhaltens als die durch die Signatur ausgedrückte zu liefern. Hierzu ist es notwendig zu wissen, unter welchen Bedingungen eine Nachricht an ein Objekt gesendet werden kann und was die möglichen Ergebniswerte sind. In diesem Abschnitt wird daher ein Formalismus untersucht, der diese detaillierte Spezifikation ausdrückt.

Im Anschluß ist dann zu prüfen, ob die für diesen Formalismus erforderlichen Voraussetzungen „kompatibel" sind mit denen des Dienstemarktes.

In der Notation aus [Amer90] besteht die Spezifikation eines Typs σ aus einer *Domäne* Σ, die die Menge der *möglichen abstrakten Zustände* der Objekte vom Typ σ repräsentiert, und einer Menge der *Methodenspezifikation* von der Form $\{P\}m(\overline{p})\{Q\}$, wobei die *Vorbedingung* $P = P(s,p)$ den Zustand des Objekts *vor* der Ausführung der Methode und die *Nachbedingung* $Q = Q(s,s_0,\overline{p},r)$ den Zustand *nach* der Ausführung der Methode beschreiben (s steht für den aktuellen Zustand, s_0 für den Zustand vor der Ausführung, $\overline{p}$ für den Methodenparameter und r für das Ergebnis). Die Bedeutung einer solchen Methodenspezifikation ist, daß jedes Objekt vom Typ σ eine Methode m besitzt, die in einem Zustand ausgeführt werden kann, in dem die Vorbedingung P gilt und nach deren Ausführung die Nachbedingung Q gelten wird.

Nun stellt sich die Frage, unter welchen Bedingungen die Objekte einer gegebenen Klasse C einem Typ σ zugeordnet werden können und in welchem Fall behauptet werden kann, daß die Klasse C den Typ σ implementiert.

Es ist eine *Repräsentationsfunktion* f: $C \rightarrow \Sigma$ erforderlich, wobei C die Menge der *möglichen Zustände* von Objekten der Klasse C ist (das ist die Menge der möglichen Werte der Variablen $\overline{V}$ eines solchen Objekts) und Σ die Menge der *abstrakten Zustände,* verbunden mit dem Typ σ, darstellt. Diese abstrakten Zustände eines Objekts bilden eine Instanz, die das Objekt zu einem speziellen Zeitpunkt während seiner Gültigkeit repräsentiert. Die Repräsentationsfunktion f ordnet die Werte $\overline{V}$ der Variablen eines Objekts der Klasse C einem Element s der Domäne Σ zu, die in der Spezifikation des Typs σ verwendet wird. Weiterhin ist eine *Repräsentationsinvariante I* als logischer Ausdruck erforderlich, der auf den Variablen der Klasse C definiert ist. Diese Invariante beschreibt die Menge der zulässigen Werte dieser Variablen (bzw. beschreibt sie die möglichen konkreten Zustände eines Objekts dieser Klasse.)

Damit eine Klasse C einen Typ σ implementiert, müssen die folgenden Bedingungen gelten:

1. Die Invariante I gilt zu Beginn, d.h. nach der Erzeugung und Initialisierung eines neuen Objekts.
2. Jede Methode m einer Klasse C sollte $\{I\}m(\overline{p})\{I\}$ erfüllen.
3. Für jede Methodenspezifikation $\{P\}m(\overline{p})\{Q\}$, die in der Spezifikation σ auftritt, sollte die Klasse C eine Methode m mit den Parametern $\overline{p}$ besitzen. Diese Methode sollte die folgende Bedingung erfüllen $\{P\,f \wedge I\}m(\overline{p})\{Q\,f \wedge I\}$.

$P\,f$ steht für die Formel P, bei der jedes Eintreten eines abstrakten Zustandes s durch eine Funktion f angewandt auf die Variablen ersetzt wird:

$$P\,f = P\,[\,f(\overline{V})\,/\,s, f(\overline{V}_0)\,/\,s_0\,].$$

Das Verfahren oben zeigt, wie man Spezifikationen zur Definition eines Typs schreibt. Diese Methode kann angewandt werden, um zu verifizieren, daß eine Klasse einen Typ implementiert.

Um zu zeigen, daß $\sigma \prec \tau$, fordert man, daß es für jede Methodenspezifikation $\{P\}m(\overline{p})\{Q\}$ in der Spezifikation von τ eine Methodenspezifikation $\{P'\}m(\overline{p})\{Q'\}$ in der Spezifikation von σ gibt, so daß gilt: $P \Rightarrow P'$ und $Q' \Rightarrow Q$. Unter diesen Umständen kann jeder Objekttyp σ dann eingesetzt werden, wenn der Typ τ erwartet wird.

Im allgemeinen wird angenommen, daß der Typ τ eine andere mathematische Domäne T als die Domäne Σ, angewendet in der Spezifikation von σ, besitzt.

Um zu zeigen, daß ein Typ σ ein Subtyp des Typs τ ist, definiert man eine *Transfer-Funktion* $\phi : \Sigma {\to} T$, die die mathematische Menge Σ von σ auf die Menge T verbunden mit τ abbildet. Es wird nun gefordert, daß es für jede Methodenspezifikation $\{P\}m(\overline{p})\{Q\}$ in der Spezifikation von τ eine Methodenspezifikation $\{P'\}m(\overline{p})\{Q'\}$ in der Spezifikation von σ gibt, so daß

   1. $P\ \phi \to P'$

   2. $Q' \to Q\ \phi$.

$P\ \phi$ kann von P durch Ersetzung der abstrakten Zustände von τ durch ϕ angewendet auf die abstrakten Zustände von σ erhalten werden.

Wenn also eine Klasse C einen Typ σ implementiert und σ ein Subtyp von τ ist, dann implementiert C auch τ. Der Beweis dieses Satzes findet sich bei [Amer90]. Nun kann eine allgemeine Definition für die Vereinigung der Kontra- und Kovarianz der Parametertyp- und Ergebnistypregeln (damit $\sigma \prec \tau$ gilt) gegeben werden:

- Die Parameteranzahl der Methode m soll in σ und τ gleich sein.
- Für jeden Parameter pi von m ist π_i^τ sein Typ in τ's Spezifikation und π_i^σ sein Typ in σ's Spezifikation. Es gilt dann $\pi_i^\tau \prec \pi_i^\sigma$.
- Wenn eine Methode m in τ's Spezifikation ein Ergebnis vom Typ $\rho\tau$ liefert, dann soll sie das Ergebnis ρ^σ in der Spezifikation von σ liefern mit $\rho^\sigma \prec \rho^\tau$.
- Es wird vorausgesetzt, daß die Methodenspezifikation in τ die Form
$$\{P(t,p_1^\tau,...,p_n^\tau)\}m(p_1^\tau,...,p_n^\tau)\{Q(t,t_0,p_1^\tau,...,p_n^\tau,\tau^\tau)\}$$ und die von σ die Form
$$\{P'(s,p_1^\sigma,...,p_n^\sigma)\}m(p_1^\sigma,...,p_n^\sigma)\{Q'(s,s_0,p_1^\sigma,...,p_n^\sigma,\tau^\sigma)\}$$ besitzen.

Es werden noch die folgenden Implikationen gefordert (damit $\sigma \prec \tau$ gilt):

   1. $P(\phi(s),p_1^\tau,...,p_n^\tau) \to P'(s,\psi_1(p_1^\tau),...,\psi_\kappa(p_n^\tau))$.

   2. $Q'(s,s_0,\psi_1(p_1^\tau),...,\psi_\kappa(p_n^\tau),\tau^\sigma) \to$

$$Q(\phi(s),\phi(s_0),p_1^\tau,...,p_n^\tau,\chi(\tau^\sigma)).$$

$\phi : \Sigma {\to} T$ ist dabei die Transferfunktion, die die abstrakten Zustände von σ in die Zustände von τ abbildet, $\Psi_i : \Pi_i^\tau \to \Pi_i^\sigma$ übersetzt die abstrakten Zustände vom Typ π_i^τ in abstrakte Zustände von π_i^σ und $\chi : R^\sigma \to R^\tau$ sorgt für die Übersetzung der korrespondierenden Zustände.

Der durch diesen Formalismus gebildete Rahmen, kann benutzt werden, um solche Aspekte des Objektverhaltens auszudrücken, die in der Signatur des Objekts nicht erfaßt sind.

Bewertung

Grundsätzlich bietet die Definition abstrakter Zustände und einer Transferfunktion zwischen diesen eine Möglichkeit, bereits beim Entwurf der Objektpopulation eine geeignete Verhaltensspezifikation zu schaffen, die einerseits im Gegensatz zur Spezifikation des Schnittstellentyps die Objektsemantik berücksichtigt und andererseits im Gegensatz zu formalen Beschreibungssprachen die Komplexität der Verhaltensspezifikation reduziert.

Für die Anwendung im Rahmen des EDM-Kontextes ist die Definition beliebiger abstrakter Zustände und dafür erforderlicher Repräsentations- und Transferfunktionen jedoch fraglich: Während im vorherigen Abschnitt das Vorreiter-Nachzügler-Szenario noch plausibel für die Motivation einer trivialen Umbenennungsfunktion erscheinen mag, so ist für einen sinnvollen Einsatz des hier dargestellten Verfahrens erheblich mehr Standardisierungsaufwand erforderlich. Außerdem müßte für jede Objektspezifikation eine dedizierte Abbildung zwischen abstrakten Zuständen des betreffenden Objekts und aller anderen bei der Matching-Komponenten registriert sein. Nur dann könnten nämlich Klient und Server nachgefragte und angebotene Spezifikationen so repräsentieren, daß deren Konformität für ein entsprechendes Match-Prädikat entscheidbar wird. Ansonsten ist wiederum nur über die explizite Zuordnung konformer Objekttypen durch den Administrator eine Dienstvermittlung realisierbar. Eine solche Beschränkung der Autonomie könnte nur innerhalb fest umrissener Teilnehmergruppen sinnvoll sein.

Eine abgeschwächte „Standardierung" abstrakter Zustände stellt hingegen die Definition von *Hauptzuständen* dar, die durch Operationsaufrufe verändert werden können. Eine normierte Repräsentation für diese zu definieren, ist ein weitaus praktikablerer Ansatz, bei dem es jedem Anbieter eines Objektes überlassen ist, wie er sein Verhalten implementiert, wenn nur eine einheitliche Automatenrepräsentation unterstützt wird.

5.3.4 Automatenbasiertes Matching

Als Erweiterung des bisherigen Subtypbegriffes liegt es nahe, ein Schnittstellenprotokoll zu definieren, das in Abhängigkeit vom Objektzustand die Menge der zulässigen Funktionsaufrufe einschränkt. Auf diese Weise können für Objekte *Lebenszyklen* definiert werden, bei denen sie nach ihrer Instanziierung in definierter Weise Zustände durchlaufen und schließlich in einem Endzustand terminieren. Neben dem Objektzustand existiert dabei eine Menge ausgezeichneter Hauptzustände, die ein Objekt aufgrund von Funktionsaufrufen wechselt. Verschiedene Spezifikationsverfahren verwenden daher endliche Automaten [CoGH92, HoUl90] zur Spezifikation der Hauptzustände eines Objektes.

Auch diese Information kann nun als unabhängiges Matching-Kriterium hinzugezogen werden, so daß ein geeigneter Algorithmus unter bestimmten Umständen folgenden Match durchführen kann:

Match: (Komponente, Komponente) $\rightarrow$ Bool

$$\text{Match}\,(\,C,\,C'\,) \quad = \quad \text{match}_{\text{ift}}\,(C_{\text{ift}},\,C'_{\text{ift}}) \,\wedge$$
$$\text{match}_{\text{spec}}\,(C_{\text{spec}},\,C'_{\text{spec}}) \,\wedge$$
$$match_{auto}\,(C_{auto},\,C'_{auto})$$

Gegenüber dem Schnittstellen-Match wird das Prädikat erweitert um den Automaten-Match $\text{match}_{\text{auto}}$. Hierbei ist zu verifizieren, daß alle Aufruffolgen, die ein nachgefragtes Objekt erfordert, auch für das angebotene zulässig sind. Umgekehrt sollten alle im nachgefragten Objekt nicht zulässigen Folgen auch beim angebotenen nicht ausführbar sein. Der automatenbasierte Match erfordert somit ein Verfahren zur Abbildung von Zuständen und Transitionen zwischen den Spezifikationen, die eine Ersetzbarkeit des einen Transitionssystems durch ein anderes anzeigt, wenn diese Möglichkeit besteht.

Grundsätzlich kann das Objektverhalten über automatenorientierte Verfahren hinaus auch deklarativ durch geeignete Vor- und Nachbedingungen modelliert werden. Trivialerweise erfolgt dies durch Benennung des Ausgangszustandes einer Transition als Vorbedingung. Verschiedene Ansätze, vor allem aus dem Bereich der Spezifikationssprachen, verfolgen diese Technik [Saak93], [SSE87] oder implizit auch die bereits in [LiWi94] diskutierten Spezifikationstechniken. Mit dem Ziel einer besseren Verständlichkeit setzen sich jedoch vor allem solche Verfahren durch, die – integriert in objektorientierte Entwurfswerkzeuge – eine graphische Visualisierung des Automatenmodells zulassen. Hierbei sind insbesondere Harel's *State Charts* [Hare87] und deren Derivate [HLNP+90], [CHB92], [CaCL93] bzw. verwandte Ansätze [Syst91], [GCWE93] zu nennen.

Insbesondere im Bereich objektorientierter Entwurfsmethoden wurden State Charts aufgegriffen, so z.B. im *Dynamischen Modell* der OMT (Object Modeling Technique) nach Rumbaugh [RBPE+90]. Die Spezifikation anhand von Objektlebenszyklen beschreibt das Objektverhalten im Rahmen einer langfristigen Evolution über mehrere isolierte Aufrufe hinweg. Ein Objektzustand ist somit durch seine Entwicklungsgeschichte seit der Instanziierung determiniert. State Charts liefern einen graphischen Formalismus, der es als Transitionssystem erlaubt, benannte Zustände und Transitionen zwischen diesen zu definieren. Eine Erweiterung stellt die Spezifikation sogenannter *Superzustände* (Superstates) dar, die zur Strukturierung komplexer Netze nützlich sind. Wenn S ein Zustand mit zwei Subzuständen S_1 und S_2 ist, kann einer der folgenden Fälle spezifiziert werden: Entweder befindet sich das System alternativ in einem der beiden Zustände oder in beiden gleichzeitig, wenn eine Transition zu S führt und sich das System in diesem Zustand befindet. Harel bezeichnet dies als orthogonale Dekomposition [Hare87]. Solche Dekompositionsmechanismen sind nicht nur elegant für die Spezifikation hierarchischer Transitionssysteme, sondern auch für das Matching zweier um Zustandsdefinitionen erweiterte Dienstbeschreibungen, wie weiter unten ausgeführt.

Ferner erlauben State Charts die Beschriftung von Transitionen in der Form $\alpha[C]/\beta$, wobei α das Ereignis beschreibt, das eine Transition auslöst, C eine Bedingung, unter der ein Zustandswechsel erfolgen kann und β eine Aktion definiert, die beim Schalten der Transition ausgeführt wird. Auch diese Erweiterung wird, wie unten gezeigt, Berücksichtigung finden bei der Erweiterung von Dienstrepräsentationen. Um jedoch das Verständnis für die Integration automatenbasierter Techniken in die objektorientierte Spezifikation zu vertiefen, werden im folgenden Beispiele aus der Literatur untersucht, die mit unterschiedlichen Zielen und Ansätzen diese Integration vornehmen. Dabei stehen die *regulären Typen* von Nierstrasz [Nier93a] sowie der von Ebert/Engels [EbEn94] und Saake et al. [SHJE+94] verwendete *Graphenhomomorphismus* im Vordergrund. Schließlich wird das Problem des isolierten $match_{auto}(C_{auto}, C'_{auto})$ bzw. im Zusammenhang des Komponenten-Match bei der Integration in die Dienstrepräsentation untersucht.

Das Objektverhalten

Die statische Struktur eines Objekts ist durch seine Attribute definiert. Das Objekt führt Operationen (Methoden) aus und exportiert diese als Dienst an andere Objekte (Klienten), die diese Dienste durch Methodenaufrufe benutzen. Die Einschränkung bezüglich der Ausführungsreihenfolge der Methoden eines Objekts kann graphisch durch ein *Zustandstransitionsdiagramm* beschrieben werden.

Die Attributwerte und deren Verknüpfungen, die ein Objekt besitzt, konstituieren seinen *Zustand*. Dieser Objektzustand kann durch Methodenaufrufe modifiziert werden. Die Reaktion auf ein solches *Ereignis* hängt vom Objektzustand ab und kann eine Zustandsveränderung oder das Senden einer Nachricht an den ursprünglichen Sender oder an ein drittes Objekt beinhalten.

Ein Zustand spezifiziert die möglichen Reaktionen des Objekts auf eintretende Ereignisse. Die Reaktion auf ein Ereignis, das ein Objekt empfangen hat, kann in Abhängigkeit von den genauen Werten seiner Attribute quantitativ variieren. Qualitativ, d.h. bzgl. der Menge an aufrufbaren Methoden, ist die Reaktion für alle Werte innerhalb des gleichen Zustands die gleiche, während sie für Werte in unterschiedlichen Zuständen verschieden sein kann.

Das Objektverhalten ist die Menge aller Methodenfolgen, die ein Objekt ausführen kann. Es wird durch einen nichtdeterministischen endlichen ε-Automaten, der graphisch als ein Zustandstransitionsdiagramm repräsentiert wird, wie folgt beschrieben:

$$STD = (Q, \Sigma_m, \delta, q_0, F) \text{ , bestehend aus}$$

- einer endlichen Menge Q von *Zuständen*,
- einem *Eingabealphabet* Σ_m von *Methodennamen*,
- einer *Transitionrelation* $\delta \subseteq (Q \times (\Sigma_m \cup \{\varepsilon\})) \times Q$,
- einem *Initialzustand* $q_0 \in Q$ und
- einer Teilmenge $F \subseteq Q$ von *Endzuständen*.

Während seiner Lebensdauer durchläuft ein Objekt, seinen Methodenaufrufen entsprechend, eine Folge von Zuständen, wobei das Objekt während eines Zustandswechsels seinen Wert ändert. Ein Zustand hängt von den vergangenen Ereignisfolgen ab, die auf das Objekt eintrafen.

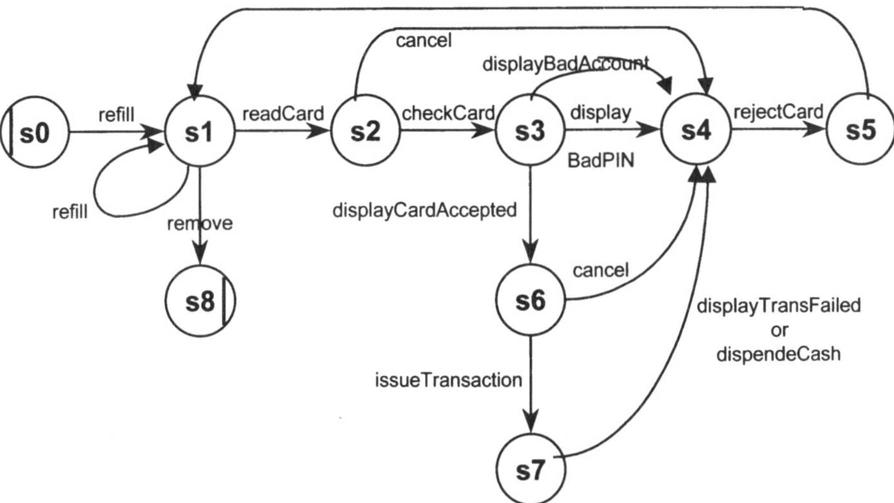

Abb. 57. Das dynamische Verhalten eines Geldautomaten

Die Repräsentation des dynamischen Objektverhaltens mit Hilfe eines endlichen Automaten soll anhand des Beispiels eines vereinfachten Geldautomaten verdeutlicht werden [EbEn94] [RBPE+90] (der Anschaulichkeit halber wird hier auf einige Zustände, Operationen und Interaktionen verzichtet): Das Objekt ATM (Automatic Teller Machine) in Abb. 57 besitzt eine Menge von Zuständen und ein Eingabealphabet, das aus seinen Methodennamen besteht. Das Objekt besitzt einen Initialzustand s0, in dem es sich befindet, wenn es erzeugt wird. In jedem Zustand sind ein oder mehrere Methodenaufrufe möglich, die das Objekt in einen Folgezustand überführen. Befindet sich das Objekt in einem der Zustände, sind die Interaktionen mit anderen Objekten nicht ausgeschlossen; beispielsweise liest der Bankautomat aus Abb. 57 im Zustand s2 eine Chipkarte und sendet seinerseites eine Anfrage an die Bank, um die Gültigkeit der Karte und des Paßworts zu überprüfen. Andererseits kann das Objekt mit dem Klienten kommunizieren, um das Paßwort oder den abzuhebenden Betrag zu erfragen. Um von einem Zustand in einen anderen zu gelangen, müssen eine Reihe von Vor- und Nachbedingungen erfüllt sein, die implizit definiert sind. Ist das Objekt in den Zustand s8 eingetreten, wird es gelöscht, und der geforderte Dienst ist entweder erfolgreich erbracht oder aufgrund bestimmter Umstände abgebrochen worden.

Erweiterung von Klassen- um Automatendefinitionen

In der objektorientierten Umgebung besteht ein System aus einer Menge von Klassenbeschreibungen, die die möglichen statischen Werte, Methoden und das dynamische Verhalten der Objekte bezeichnen. Hierbei werden Objekte mit ähnlichen Eigenschaften zu einer Klasse gruppiert. Die Objekte sind dann Instanzen dieser Klasse. Gemäß der OMT [RBPE90] werden die Wertemengen nach den Eigenschaften, die für das Objektverhalten entscheidend sind, zu einem Zustand gruppiert. Daher wird eine Funktion σ benutzt, die jedem Zustand von Q eine Wertemenge zuordnet. Eine Klasse wird nun in dieser Darstellungsform wie folgt beschrieben:

$C = (\Sigma_A, \text{domain}, \Sigma_m, \text{STD}, \sigma)$, bestehend aus

- einer Menge Σ_A von *Attributnamen*,
- einer Domänenfunktion *domain* : $\Sigma_A \to \mathbb{P}U$,
- einer Menge Σ_m von *Methodennamen*,
- einem *Zustandsdiagramm* $\text{STD} = (Q, \Sigma_m, \delta, q_0, F)$ und
- einer *Wertfunktion* $\sigma : Q \to \mathbb{P}\text{ values}_{domain}$.

Die Funktion domain : $\Sigma_A \to \mathbb{P}U$ bildet die Attributnamen auf die Menge der erlaubten Werte ab, wobei U die Menge aller zulässigen Datenwerte ist.
$\text{values}_{domain} := \{ f : \Sigma_A \to U \mid (\forall a \in \Sigma_A : f(a) \in \text{domain}(a)) \}$ bezeichnet die Wertemenge eines Objekts. Das Verhalten der Klasse wird durch die Methodennamen und das Zustandsdiagramm beschrieben. In einem Objektmodell ist die Menge der Klassen in einer Klassenhierarchie geordnet. In diesem Fall wird die Substituierbarkeit einer Klasse C' durch eine andere Klasse C dann erreicht, wenn die Klasse C eine *Spezialisierung* der Klasse C' ist. Hierzu müssen die folgenden Bedingungen erfüllt sein ($c \prec c'$):

$C = (\Sigma_A, \text{domain}, \Sigma_m, \text{STD}, \sigma)$,
$C' = (\Sigma_{A'}, \text{domain'}, \Sigma_{m'}, \text{STD'}, \sigma')$ mit:

1. $\Sigma_{A'} \subseteq \Sigma_A$ (die Menge der Attributnamen der Klasse C' ist eine Untermenge der Attributnamen der Klasse C)

2. $\forall a \in \Sigma_{A'} : \text{domain}(a) \subseteq \text{domain'}(a)$. (für alle Attribute aus $\Sigma_{A'}$ ist die Wertemenge der korrespondierenden Attribute in Σ_A in der von $\Sigma_{A'}$ eingeschlossen)

3. $\Sigma_{M'} \subseteq \Sigma_M$, (die Subklasse C besitzt eine größere Anzahl von Methoden als die Klasse C')

4. STD' ist ein *homomorphes Bild* von STD, d.h., es gibt eine Funktion $h : Q \to Q'$, so daß gilt:

4.1. $\forall q, \bar{q} \in Q ; m \in \Sigma_M \cup \{\varepsilon\} : ((q,m),\bar{q}) \in \delta$

$\Rightarrow (m \in \Sigma_{M'} \wedge (((h(q),m), h(\bar{q})) \in \delta')) \vee$

$(m \notin \Sigma_{M'} \wedge (((h(q),\varepsilon), h(\bar{q})) \in \delta' \vee$

$$h(q) = h(\overline{q})\,)$$

4.2. $h(q_o) = q_o'$ und

4.3. $\forall\, q : F \bullet h(q) \in F'$ und

4.4. $\forall\, q : Q \bullet \{f : \sigma(q) \bullet \Sigma_A' \lrcorner\, f\} \subseteq \sigma'(h(q))$

($\lrcorner$ schränkt die Domäne von f auf die Elemente von Σ_A' ein).

STD' ist ein homomorphes Bild von STD, d.h., für jeden Zustand in Q existiert ein korrespondierender Zustand in Q'. Wenn also eine Methode m in der Klasse C eine Transition auslöst (Zeile 4.1), gibt es

- entweder eine entsprechende Transitionsrelation in der Klasse C'
- oder diese Methode führt zu einer Transition ε in C'
- oder Ausgangs- und Folgezustand von m aus C werden auf denselben Zustand h(q) in C' abgebildet.

Die Definition besagt, daß die *Spezialisierung* einer Klasse mehr Attribute und Operationen besitzen kann als die Basisklasse und daß für jede Aktion in der spezialisierten Klasse eine entsprechende Aktion oder eine stille Aktion in der Basisklasse vorhanden ist. Ist nun die Klasse C eine Erweiterung der Klasse C' und gehört das Objekt o der Klasse C an, dann folgert man aus der obigen Definition, daß das Objekt auch eine Instanz der Klasse C' (allgemeiner: aller Superklassen von C) ist.

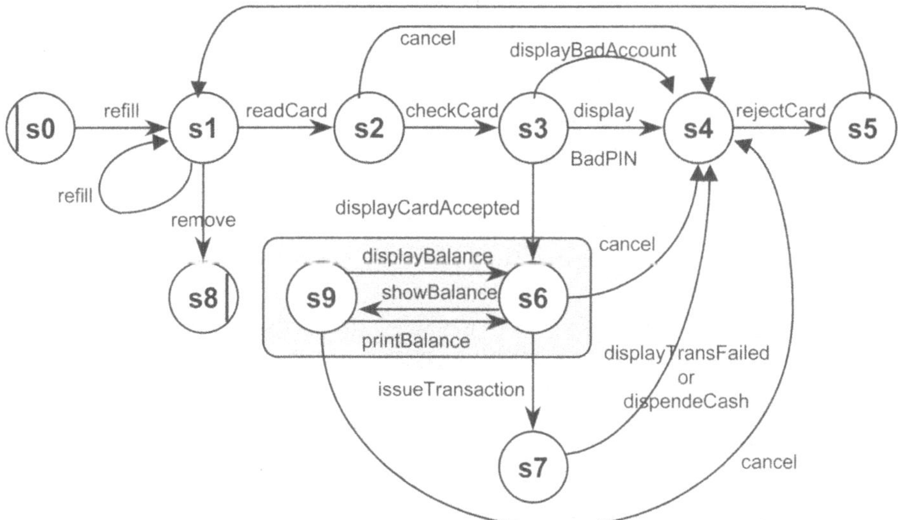

Abb. 58. Verhalten eines verfeinerten Automatenmodells

Abb. 58 stellt den erweiterten Automaten ATM2 dar, dessen Zustände s9 und s6 auf s6 in der Superklasse abgebildet werden. Die Transition (s9, cancel, s4), deren Ausgangszustand s9 in der Superklasse nicht existiert, kann auf die Transition (s6, cancel, s4) abgebildet werden. Schließlich lassen sich für die Transitionen zwischen s9 und s6 nach Klausel 4.1 diese Zustände auf den gemeinsamen Zustand s6 abbilden, so daß h(s6) = h(s9).

Die Objektsituation

Zu einem gegebenen Zeitpunkt befindet sich ein Objekt in einer definierten *Situation os*, d.h., es nimmt einen konkreten Zustand q ein und besitzt einen konkreten Wert f. Im Laufe der Zeit erhält das Objekt einige Methodenaufrufe, die den Objektzustand und -wert ändern. Diese führen also das Objekt in eine neue Situation os*.

Wenn C eine Klasse ist, dann besteht die *Objektsituation* os = (q,f) bezüglich der Klasse C aus

- einem Zustand $q \in Q$ und
- einem Wert $f \in \sigma(q)$.

Die Art und Weise, in der sich der Wert eines Objekts ändert, hängt von dem Wert f, den das Objekt o hat, und von dem Zustand q, in dem sich das Objekt o befindet, ab.

Eine Situation os=(q,f) wird genau dann in eine neue Situation os* = (q*,f*) in Bezug auf eine Klasse C überführt, wenn

$$ q = q^* \vee \exists\, m : \Sigma_M \cup \{\varepsilon\} \bullet ((q,m), q^*) \in \delta . $$

Wenn nun os = (q,f) eine Situation von o ist im Hinblick auf C, dann existiert eine *abgeleitete Situation* os* = $(h(q), \Sigma_A' \lrcorner f^*)$ von o im Hinblick auf C'. Bei [EbEn94] wird dieser Sachverhalt als eine *C'-Sicht* auf os bezeichnet. Es wird formal nachgewiesen, daß unter der Bedingung des Homomorphismus bei jeder Superklasse von C eine abgeleitete Situation existiert und ferner, daß, wenn ein Objekt von einer Situation in eine andere gemäß seiner Klassendefinition wechselt, diese Transition kompatibel ist mit allen korrespondierenden in den Superklassen. Dies bedeutet für das Beispiel ATM aus Abb. 57, daß das dynamische Verhalten der erweiterten Klasse ATM2 aus Abb. 58 mit dem der Superklasse kompatibel ist.

Sichten auf Objektklassen

Von Klienten kann angenommen werden, daß sie im Szenario der Substituierbarkeit nur das eingeschränkte Verhalten einer Superklasse erwarten, d.h., ihre Erwartung bezüglich des Objektverhaltens beschränkt sich auf eine eingeschränkte Menge von Methoden, Attributen und somit auch Transitionen. Vom Geldautomaten aus Abb. 58 kann angenommen werden, daß ein Kunde, der nicht Kontoinhaber bei der Bank ist, auch nicht diese erweiterte Sicht der Subklasse C einnimmt.

Zur formalen Definition von Sichten kann von einer Variante C' als Superklasse von C ausgegangen werden, die von C abstrahiert. Der einfachste Fall einer Sicht liegt vor, wenn C' weniger Attribute und Methoden besitzt als C und sein Verhalten von C abgeleitet werden kann durch eine Projektion auf das eingeschränkte Alphabet von C':

- $\Sigma_A' \subseteq \Sigma_A$,

- domain$'$ = (Σ_A' ⌐ domain)$_,$
- $\Sigma_M' \subseteq \Sigma_M$,
- STD' ist eine Projektion von STD auf Σ_A' und
- $\forall$ q : Q • σ'(q) = Σ_A' ⌐ σ(q).

Die Projektion STD' = π_{Σ_M} (STD) = (Q, Σ'_m, δ', q_0, F) des Automaten (Q, Σ_m, δ, q_0, F) auf ein Subalphabet ist definiert durch

$$\delta' = \{q,q^* : Q; \ m : (\Sigma M \cup \varepsilon) \mid ((q,m),q^*) \in \delta \bullet \text{wenn } m \in \Sigma_M', \text{ dann } ((q,m),q^*),$$
$$\text{sonst } ((q,\varepsilon),q^*).$$

Durch Einsetzung der Identitätsfunktion kann leicht nachvollzogen werden, daß π_{Σ_M} (STD) ein homomorphes Bild von STD ist.

Dieser von Ebert und Engels übernommene Formalismus der Verhaltensvererbung ist bei verschiedenen, ähnlich orientierten Spezifikationstechniken nicht vorgesehen. Die Spezifikationssprache T_{ROLL} [SHJE+94] erlaubt zwar die Definition von Objekt-Lebenszyklen anhand von Zustands/Transitions-Definitionen sowie die von Beziehungen zwischen Klienten- und Serverobjekten. Dabei werden jedoch in einer expliziten *Relationship*-Klausel Aufrufereignisse des Klienten abgebildet auf Methoden der spezifizierten Klasse. Eine Abbildung des Objektverhaltens im Sinne der durch den Graphenhomomorphismus gegebenen *Sicht* ist jedoch nicht vorgesehen.

Wie bereits erwähnt, sind Transitionen bei Statecharts (α[C]/β) mit einer Bedingung C behaftet, die im Modell von Ebert und Engels nicht berücksichtigt wird. Saake et al. [SHJW+94] beschreiben anhand von *Lebenszyklusdiagrammen* (als Synonym für „erweiterte endliche Automaten") Objektzustände und deren Transitionen. Zusätzlich sind Transitionen im Sinne der Statecharts mit Bedingungen beschriftet.

Für zwei Statecharts STD' und STD soll eine Substituierbarkeit von STD' durch STD geprüft werden. Hierbei lassen sich durch Entfaltungsoperationen diese Transitionssysteme in die korrespondierende Menge aller *Traces* überführen, d.h. der Menge aller von einem gegebenen Zustand aus zulässigen Ausführungsfolgen. Wenn eine Einbettung des Trace-Graphen der Superklasse in den der Subklasse im Sinne des diskutierten Homomorphismus exisitiert, ist das Kriterium der strukturellen Ersetzbarkeit gegeben, d.h. traces(STD') $\subseteq$ STD. Nach Zusammenfassung von Zuständen in STD, die durch in STD' nicht enthaltende Transitionen verbunden sind, und Eliminieren der nicht in STD' existierenden Transitionen, besteht eine STD'-Sicht auf STD. Die Abbildung korrespondierender Zustände und Transitionen erlaubt schließlich einen paarweisen Vergleich der Bedingungen im Sinne der bereits dargestellten Match$_{Pre}$, d.h. den Test, ob Bedingungen von STD restriktiver sind als die von STD'.

Zusammenfassung zur automatenbasierten Spezifikation

Bisher wurde nachgewiesen, daß eine Substituierbarkeit nachgefragter, um Automatendefinitionen erweiterter Diensttypen durch angebotene prinzipiell möglich ist. Ob dieses Match$_{Auto}$ ebenfalls automatisierbar ist, kann im EDM-Kontext noch nicht positiv beantwortet werden, denn die für den Homomorphismus erforderliche explizite Information der korrekten Abbildung steht nicht notwendigerweise zur Verfügung. Diese kann entweder nur von einer Instanz, der die Semantik des angebotenen Dienstes bekannt ist, bereitgestellt oder durch eine Konvention ermöglicht werden, die es dem Match-Algorithmus erlaubt, eine solche Abbildung zu inferieren. Es wurde oben bereits im Zusammenhang des Funktions-Matching die Identitätsfunktion erwähnt, die es unter den Bedingungen $\Sigma_A' \subseteq \Sigma_A$ und $\Sigma_M' \subseteq \Sigma_M$ erlaubt, zu jedem $a \in \Sigma_A$ und $m \in \Sigma_M$ das korrespondierende $a' \in \Sigma_A'$ und $m' \in \Sigma_M'$ zu finden. Im EDM-Kontext kann man sich nur darauf zurückziehen.

Darüber hinaus ist für den EDM zu erwarten, daß sich Server und Objekte im allgemeinen nicht-deterministisch verhalten, da sie z.B. ihrerseits mit weiteren Objekten kommunizieren, deren Funktionsergebnis nicht immer antizipierbar ist. Folglich erscheint ein auf Traces aufsetzender Vergleich als unzureichende Kompatibilitätsrelation für die hier gegebene Aufgabe des Matching. Nierstrasz führt zu diesem Zweck die Prädikate der *Anfrageersetzbarkeit* und der *Fehleräquivalenz* ein, um anhand dieser strikteren Relationen zuverlässigere Aussagen zur Substituierbarkeit von um Automatendefinitionen erweiterte Objekttypen zu erlangen [Nier93a]. Wie sich dieses für ein Match$_{Auto}$ von Dienstrepräsentationen operationalisieren läßt, kann anhand der im folgenden dargestellten Verfahren veranschaulicht werden.

5.3.5 Reguläre Typen als automatenbasierte Verhaltensspezifikation

Die meisten Arbeiten im Rahmen der Typtheorie für objektorientierte Programmierung basieren auf dem typisierten Lambda-Kalkül. Aus dieser Sicht wird ein Objekt als ein Liste von Funktionen, zusammen mit einem verborgenen Repräsentationstyp, betrachtet [CaWe85]. Diese Sichtweise läßt die Tatsache außer Acht, daß Objekte der realen Welt ihren Zustand ändern können. Um dies zu berücksichtigen, wird das Objekt als ein *Prozeß* und nicht als eine Funktion betrachtet [NiPa90, NiPa91]. Mit dem Begriff "Prozeß" wird eine abstrakte Maschine (ein endlicher Automat) bezeichnet, die mittels Nachrichtenaustausch über definierte Kanäle mit anderen Prozessen kommuniziert, wie z.B. bei Milners CCS (Calculus of Communicating Systems) beschrieben [Miln89]. Dieser Prozeß modelliert das Verhalten des Objekts, wobei der momentane Zustand des Prozesses dem aktuellen Objektverhalten entspricht.

Um die Zustandsänderung der Objekte in einem verteilten System modellieren zu können, wird einerseits der *Schnittstellentyp*[26] eines Objekts durch Typausdrücke in

---

[26] Nierstrasz bezeichnet diese als *service types* in [Nier95]. Da jedoch der Begriff des Diensttyps im Zusammenhang des ODP-Referenzmodells bereits belegt ist und der *service type* bei Nierstasz sich auf die operationale Schnittstelle bezieht, wird im folgenden mit dem Ziel einer konsistenten Terminologie „Schnittstellentyp" verwendet.

Form von Anfrage- und Antwortnachrichten charakterisiert. Andererseits wird die *Verfügbarkeit* der Methoden durch *reguläre Typen* [Nier93a] charakterisiert, die ausdrücken, in welchen abstrakten Zuständen Methoden verfügbar sind und wann Transitionen zwischen den Zuständen erfolgen. Methoden repräsentieren Absprachen oder Zusagen über den Nachrichtenaustausch eines Objektes, d.h., ein Objekt akzeptiert bestimmte Anfragetypen über einen Kanal und sendet eine Antwort zurück. Wenn eine Methode des Objektes aufgerufen wird, kann sich der Objektzustand ändern.

Betrachtet wird hier auch wie in den früheren Kapiteln das Client/Server-Modell, d.h., ein Objekt (Klient) sendet seine Anfrage (Methodenaufruf) an ein anderes Objekt (Server), um eine oder mehrere seiner Methoden auszuführen. Bietet der Server die geforderten Methoden an und sind diese konform zu den angeforderten (im Sinne der Subtypkompatibilität), werden sie seitens des Servers ausgeführt und ihr Ergebnis an den Klienten zurückgeleitet. Objekte werden als kommunizierende Prozesse[27] repräsentiert, die ihren Zustand aufgrund der Kommunikation mit anderen Prozessen ändern können.

Im folgenden wird auf den Begriff der *Substituierbarkeit* näher eingegangen. Weiterhin werden Schnittstellentypen als ein Mittel zur Charakterisierung von Anfrage- und Antworttypen der Objekte vorgestellt. Anschließend wird der Begriff der *Anfrageersetzbarkeit* für ein Transitionssystem definiert und gezeigt, wie reguläre Typen zur Beschreibung von aktiven Objekten angewendet werden können. In diesem Zusammenhang bedeutet *Typsicherheit*, daß ein Klient nicht aufgrund eines Protokollfehlers blockiert wird, sondern höchstens durch die Nichtverfügbarkeit eines Servers. Die Ersetzbarkeit des Supertyps durch einen Subtyp führt also nicht dazu, daß eine Anfrage des Klienten von dem Server in seinem aktuellen Zustand nicht verarbeitet werden kann.

Jede Anfrage besteht aus einer Nachricht, die eine Anzahl von Argumenten und eine Antwortadresse enthält. Ein Objekt akzeptiert die Anfragen, die an ihn über seine Anfragekanäle adressiert sind. Ist das Objekt in der Lage, die geforderte Methode auszuführen, wird unmittelbar eine Antwortnachricht an den Klienten gesendet. Anderenfalls kann diese Anfrage an andere Objekte, über ihre Anfragekanäle, weitergeleitet werden. Wenn ein Objekt eine Anfrage akzeptiert, garantiert es, eine wohltypisierte Antwort an den Klienten zurückzusenden. Auf die zustandsbedingte Verfügbarkeit von Methoden wird in Abschnitt 5.3.5 näher eingegangen.

Schnittstellentypen nach Nierstrasz

Wie bereits erwähnt, werden Objekte bei Nierstrasz als kommunizierende Prozesse im Sinne des Prozeßkalküls von CCS [Miln89] betrachtet, die Methoden anbieten. Es wird angenommen, daß alle entfernten Methodenaufrufe eine der folgenden Formen haben:

---

[27] Bei [NP90b] als *Agenten* bezeichet. Gemäß der Definition in Abschnitt 3.3.3 können diese als Netzwerkagenten klassifiziert werden.

Empfangene Nachricht: <Anfrage, OID, Selektor, Inhalt, Antwortadresse>
Resultierende Nachricht: <Antwortadresse, Antwort>.

Anfrage- und Antworttypen sind nun durch Schnittstellentypen zu spezifizieren, die die folgende Syntax besitzen:

$$S::= \top \mid \bot \mid M(V) \rightarrow V \mid S^{\wedge}S.$$
$$V::= \top \mid \bot \mid (V,...) \mid ...$$

M bezeichnet den Anfragenamen (*Methodennamen*); V ist der Typ der Argumenten- und Ergebniswerte (*value*), und $^{\wedge}$ ist der Schnittmengenoperator (x:S1^S2 ist gleichbedeutend mit x:S1 *und* x:S2), also <S1^S2>=<S1>∩<S2>. Durch einen Ausdruck der Form m(A)→R wird die Methode eines Objekts *x* bezeichnet, wobei *m* der Methodenname, *A* der Argumententyp und *R* der Ergebnistyp ist. $\top$ und $\bot$ entsprechen dabei dem obersten bzw. untersten Element der Typhierarchie, bzgl. dessen alle weiteren Sub- bzw. Supertypen sind (auch: *Top* bzw. *Bottom*). Für Schnittstellentypen gelten neben den bereits in Kapitel 3 vorgestellten Subtypregeln (insbesondere die Kovarianz- und Kontravarianzregeln) zusätzlich die folgenden Regeln, die in bezug auf den Schnittmengenoperator definiert werden:

- S1^S2 ≺ S1 und S1^S2 ≺ S2
- S ≺ S1 und S ≺ S2 ⇒ S ≺ S1^S2
- S1 ≺ S2 ⇒ (S1^S2)=S1
- m(A1) → R1^m(A2) → R2 ≺ m(A1^A2) → (R1^R2)
- m(A) → (R1^R2) =m(A)→R1^m(A) → R2

Anfrageersetzbarkeit

Schnittstellentypen sagen aus, welche Anfragetypen von einem Objekt akzeptiert werden und auf welche Weise ihre Antwortwerte typisiert sind. Sie sagen jedoch nichts darüber aus, *in welchem Zustand* einzelne Methoden verfügbar sind. Die Folge der von einem Objekt bedienbaren Anfragen ist daher durch das *Protokoll* des Objekts definiert. Ein Objekt, das *konform* zu dem Protokoll eines anderen Objekts ist, kann dieses auch ohne unerwünschte Konsequenzen ersetzen. Übereinstimmend mit dem Objektmodell kann ein Objekt die Anfragen akzeptieren und (weiter-)leiten sowie die Antworten empfangen und absenden. Da das Verhalten der Objekte gekapselt ist, muß der Klient über das Akzeptieren der Anfragen und das Absenden der Antworten informiert sein. Um die Zustandsänderung eines Objekts und sein Protokoll auf geeignete Weise repräsentieren zu können, wird das Objekt auch bei Nierstrasz als ein *Transitionssystem* modelliert, bei dem jeder Zustand einen stabilen Zustand des Objekts repräsentiert. Der Empfang einer Anfrage (Methodenaufruf) überführt das Objekt in einen neuen stabilen Zustand.

Von besonderem Interesse ist dabei die Möglichkeit, dieses Transitionssystem als Komponente der Dienstrepräsentation zu integrieren. Sie würde dann als Spezifikation des abstrakten Objektzustandes dienen, die über die bisher untersuchten Verfahren hinaus auch Protokollkonformität berücksichtigt.

Empfängt ein Objekt im Zustand x eine Anfrage r und wird diese Anfrage von dem Objekt akzeptiert, so geht das Objekt in einen anderen stabilen Zustand x' über, anders ausgedrückt:

$$x \xrightarrow{\ r\ } x'$$

Wie bereits im vorherigen Abschnitt gesehen, bezeichnet die Situation eines Objekts $os=(q,f)$ seinen aktuellen Zustand. Der Empfang einer Anfrage überführt die Situation os in eine andere Situation $os^*=(q^*,f^*)$. Entsprechend der obigen Definition kann man dann schreiben:

$$os \xrightarrow{\ m\ } os^* \text{, mit } m \in \Sigma_M .$$

Klienten sind nun typischerweise daran interessiert, eine Folge von Anfragen abzusenden. Eine Folge r1,r2,... von Anfragen wird durch s (sequence) dargestellt. Akzeptiert ein Objekt im Zustand x eine Folge s von Anfragen, so wird das Objekt in einen neuen Zustand x' überführt:

$$x \overset{s}{\Rightarrow} x'$$

Ein wichtiger Teil des Protokolls eines Objekts ist die Menge der Anfragefolgen, die ein Objekt akzeptieren kann. Diese Menge wird durch die Menge der *Traces* des Transitionssystems repräsentiert:

$$\text{traces(x)} \equiv \{ s \mid \exists\, x',\ x \overset{s}{\Rightarrow} x' \}.$$

Demnach kann ein Objekt, das sich im Zustand x befindet, eine beliebige Anfragefolge s akzeptieren. Jede dieser Anfragefolgen verursacht beim Objekt einen Wechsel in den neuen Zustand x'.

Die Motivation für reguläre Typen war in diesem Abschnitt die Suche nach einer geeigneten Kompatibilitätsrelation, mit deren Hilfe ein Server durch einen anderen Server ersetzt werden kann. Soll ein Objekt im Zustand y durch ein anderes Objekt im Zustand x *ersetzbar* sein, muß die folgende Regel gelten:

$$\text{traces(y)} \subseteq \text{traces(x)}.$$

Diese Regel drückt aus, daß das Objekt im Zustand x dieselbe Anfragefolge wie das Objekt im Zustand y akzeptieren muß, wenn das Objekt y durch das Objekt x substituiert wird. Darüber hinaus kann das Objekt x noch weitere zusätzliche Anfragefolgen akzeptieren, die in den Traces des Objekts y nicht vorkommen. Diese zusätzlichen Anfragefolgen sind für den Klienten nicht von Bedeutung, da der Klient des Objekts y sie nicht erwartet.

Die Folgerung aus der Definition der Traces ist jedoch nicht ausreichend, um die Anfrageersetzbarkeit zu garantieren. Angenommen, y geht nach einer Folge von Anfragen s in den Zustand y' über. x ist hingegen in der Lage, entweder in den Zustand x' oder x" überzugehen. Weiterhin wird angenommen, daß der Zustand x' vom Zustand y' ununterscheidbar ist und eine Anfrage r zu akzeptieren erlaubt. Da sich aber der Zustand x" von y' unterscheiden kann, wird diese Anfrage r von x" abgelehnt.

Traces sagen aus, *welche* Anfragefolgen angenommen werden, jedoch nicht, ob sie *semantisch akzeptabel* sind. Daher führt Nierstrasz den Begriff *Failure* (Fehlschlag) ein. Zuvor muß dafür jedoch der Begriff *Initial* eines Objekts definiert werden:

$$init(x) \equiv \{ \ r \mid \exists x', \ x \xrightarrow{\ r\ } x' \ \}$$

Die *Initials* init(x) ist die Menge der Transitionen, die das Objekt von einem Initialzustand in einen anderen stabilen Zustand überführt. Befindet sich ein Objekt in einem Zustand x, von dem aus keine Transitionen mehr möglich sind, so ist init(x)=∅.

$$failures(x) \equiv \{ \ (s,R) \mid \exists x', \ x \overset{s}{\Rightarrow} x' , \ R \ \text{ist endlich}, \ R \cap init(x') = \emptyset \ \}$$

Der *Failure* bedeutet, daß das Objekt x die Transitionsfolge s ausführen kann und dabei einen Zustand x' erreicht, von dem aus keine weiteren Transitionen möglich sind. Wenn (s,R) ein Failure von x ist, dann verweigert x alle Anfragen in der Menge R nach der Annahme der Folge s.

Es soll nun gezeigt werden, wann die Beziehung x ≺ y gilt. Ist (s,R) ein Failure von x und s eine Anfragefolge in der Menge der traces(y), dann wird ein Klient nur dann befriedigt sein, wenn er erwartet, daß (s,R) ein Failure von y ist. Um zu gewährleisten, daß die in x existierende Aktionsfolge s auch eine Aktionsfolge in y ist, definiert man den *relativen Failure* von x. Der relative Failure eines Objekts im Zustand x in Bezug auf ein Objekt im Zustand y ist:

$$failures_y(x) \equiv \{ \ (s,R) \in failures(x) \mid s \in traces(y) \ \}.$$

Nun wird die Definition der Anfrageersetzbarkeit verfeinert: Ein Objekt im Zustand y ist *anfrageersetzbar* durch ein Objekt im Zustand x, wenn:

    i)   traces(y) ⊆ traces(x) und

    ii) failures_y (x) ⊆ failures(y).

Nach dieser Definition werden alle Anfragefolgen, die von y unterstützt werden, auch von x akzeptiert (x akzeptiert darüber hinaus noch weitere Anfragen, die allerdings in diesem Kontext keine Rolle spielen) und alle Anfragen, die von x nach Annahme von diesen Folgen abgelehnt werden, werden auch bei y abgelehnt. Einerseits würde x zusätzliche Folgen von Anfragen akzeptieren, die der Klient nicht erwartet und aus diesem Grund nicht verwendet, und andererseits kann x einen Teil des Nichtdeterminismus in y dadurch eliminieren, daß es eine geringere Anzahl von möglichen Transitionen zwischen den Zuständen erstellt.

Anwendung der Anfrageersetzbarkeit im EDM

Die Definition der Anfrageersetzbarkeit kann in verteilten Umgebungen angewendet werden, um die *Protokoll-Konformität* zweier Objekte zu prüfen. Das Protokoll eines Objekts beinhaltet die Menge der Methoden, die das Objekt zur Verfügung stellt. Anhand der Anfragefolgen, die ein Objekt bedienen kann, kann festgestellt werden, ob das Protokoll eines Objekts zu dem eines anderen konform ist oder nicht. Besteht Protokoll-Konformität zwischen zwei Objekten, kann ein Objekt durch ein anderes Objekt substituiert werden.

Die Anfrageersetzbarkeit kann nur zur Feststellung der Protokollkonformität angewendet werden, wenn das Protokoll der Objekte in einer geeigneten Form beschrieben wird. Hierzu werden Objekte als *reguläre Prozesse* beschrieben. Sie sind Prozesse mit einer endlichen Anzahl von Zuständen oder Verhaltensmustern. Ein regulärer Prozeß ist im wesentlichen *ein endlicher Automat,* bei dem die Transitionen durch Kommunikation mit anderen Prozessen stattfinden. Die Spezifikation eines solchen Prozesses wird als *regulärer Typ* bezeichnet, da sie zur Beschreibung der Objektprotokolle angewendet wird. Durch Einschränkung auf Protokolle mit endlicher Anzahl von Zuständen wird die Anfrageersetzbarkeit durch einen einfachen Algorithmus entscheidbar. Obwohl nicht alle Protokolle mit einer endlichen Anzahl von Zuständen beschrieben werden können, kann eine Approximation der unendlichen Zustandsprotokolle durch nicht-deterministische reguläre Prozesse erreicht werden. Diese Approximation kann dann zur Kontrolle der Anfrageersetzbarkeit angewendet werden.

Mit einem Objekt wird eine Anzahl von abstrakten Zuständen verbunden, die, den möglichen bedienbaren Anfragen entsprechend, den Zustand des Objekts repräsentieren. Von einem abstrakten Zustand des Objekts aus können eine oder mehrere Anfragen zulässig sein, die den Zustand des Objekts unterschiedlich modifizieren. Ist man in der Lage, mit jedem möglichen Zustand des Objekts die Menge der möglichen Anfragen zu verbinden, so besteht ein Mittel, um das Protokoll eines Objekts in geeigneter Weise zu beschreiben. Da die Menge der angebotenen Methoden eines Objekts endlich ist, kann man anhand der abstrakten Zustände alle erlaubten Kombinationen der Anfragen darstellen. Dadurch wird die Verfügbarkeit von Methoden eines deterministischen Prozesses (Objekts) durch Mittel des Nichtdeterminismus ausgedrückt.

Den regulären Typ spezifiziert Nierstrasz durch das Paar (x_1, E), bestehend aus dem Initialzustand x_1 und einer endlichen Menge von Gleichungen

$$E = \{x = t, \ldots\},$$

wobei t ein regulärer Typausdruck der Form

$$t ::= r.x \mid t + t \text{ ist.}$$

r stellt hier den *Anfragenamen* und x den *Zustandsnamen* dar [Nier93a]. Angenommen, es existiert ein Objekt vom Typ NDStack (Nichtdeterministischer Stack) mit zwei Zuständen s_0 und s_1. Das Objekt besitzt einen Initialzustand s_0. Ausgehend von diesem Zustand kann das Objekt eine `put`-Anfrage akzeptieren. Dabei wird das Objekt in den Zustand s_1 überführt, in dem es die Möglichkeit besitzt, eine `put`- oder eine `get`- Anfrage zu akzeptieren. Ein `get` kann auch in den Zustand s_0 zurückführen. Das Objekt NDStack kann durch einen endlichen Automaten definiert werden, der wie folgt aussieht:

NDStack = (s_0) --put--> (s_1) <--get-- , put, get

Das Objekt NDStack kann man mit Hilfe von regulären Typen wie folgt beschreiben:

$$\text{NDStack} = (s_0, \{ s_0 = \text{put}.s_1, \ s_1 = \text{put}.s_1 + \text{get}.s_1 + \text{get}.s_0 \})$$

Ein anderes Objekt *Var* besteht aus zwei Zuständen und erlaubt zunächt nur eine Initialisierung mit PUT, danach jedoch in beliebiger Folge die Schreib- und Leseoperationen PUT und GET:

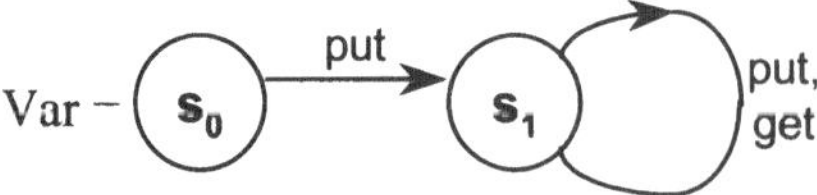

mit dem regulären Typ Var = (s_0, {s_0 = put.s_1, s_1=put.s_1+get.s_1}). Der Grund für die Verwendung regulärer Typen im Gegensatz zu intuitiv angemessenen regulären Ausdrücken liegt darin, daß letztere Mengen von Zeichenketten definieren, jedoch nicht reguläre Prozesse. Sie können zwar Aussagen machen über *traces*(x), jedoch nicht über *failures*(x). Die Beispiele Var und NDStack lassen sich unter der Annahme, daß jeder Zustand auch ein Endzustand ist, durch folgenden regulären Ausdruck beschreiben, der eine gemeinsame Sicht auf beide Objekte darstellt:

$$\epsilon + \text{put.}(\text{put} \mid \text{get})^*$$

Dieser Ausdruck enthält jedoch keine Information darüber, daß nach akzeptiertem put.get NDStack ein get *verweigern* könnte, während diese Anfrage für Var niemals problematisch ist. Anhand dieser Berücksichtigung der ausdrucksstärkeren *failures* definiert [Nier93a] einen Formalismus für die Subtypisierung regulärer Typen:

Subtypisierung regulärer Typen

Die Anfrageersetzbarkeit kann nun auf die regulären Typen angewendet werden, um die Subtypbeziehung zwischen den Protokollen zu zeigen, die durch die regulären Typen beschrieben worden sind.

Die Tatsache, daß reguläre Typen eine endliche Anzahl an Zuständen besitzen, bedeutet, daß ein einfacher Algorithmus zur Überprüfung der Subtypbeziehung existiert, der von jenem zum Test auf Äquivalenz zweier endlicher Automaten [Ah-HU74] abgeleitet ist. Um diesen Algorithmus ableiten zu können, muß zunächst eine Variante für Mehrfachzustände der Anfrageersetzbarkeit entwickelt werden, indem *init*() und → für Zustandsmengen erweitert werden:

$$init(X) \equiv \{\, r \mid \exists x \in X, x', x \xrightarrow{\ r\ } x' \,\}.$$

$$X \xrightarrow{\ r\ } X' \text{ genau dann, wenn } X' = \{x' \mid \exists x \in X, x \xrightarrow{\ r\ } x'\}.$$

Die Menge *init*(X) ist die Menge aller Anfragen, die eine Zustandsänderung des Objekts von einem der Zustände x∈ X in einen neuen Zustand x' hervorruft. Zu bemerken ist, daß→ für eine Menge von Zuständen eine Funktion ist, nicht aber eine Relation. Durch das Expandieren einzelner Zustände in eine Menge der erreichbaren Zustände (Potenzautomat) kann ein nichtdeterministisches Transitionssystem in ein deterministisches umgewandelt werden.

Eine Menge von Objektzuständen X ist *anfrageersetzbar für eine Menge von Zuständen* Y. Dieses Prädikat X ≺≺ Y gilt, wenn:

1. init(Y) ⊆ init(X)

2. $\forall x \in X, \exists y \in Y, \text{init}(y) \subseteq \text{init}(x)$

3. $\forall r \in \text{init}(Y)$, if $X \xrightarrow{\ r\ } X'$ und $Y \xrightarrow{\ r\ } Y'$, dann $X' \preceq\!\!\preceq Y'$.

Die erste Bedingung garantiert, daß alle Transitionen, die von einigen Zuständen von Y möglich sind, es auch von einigen Zuständen von X sind. Die zweite Bedingung besagt, daß jeder in einigen Zuständen von X mögliche Failure durch einen Failure von dem entsprechenden Zustand in Y dargestellt werden kann. Die dritte Bedingung definiert rekursiv die Anfrageersetzbarkeit auch für alle Mengen von Folgezuständen, die durch r erreicht werden.

Mit Hilfe der obigen Definition kann der folgende Satz bewiesen werden [Nier93a]:

$$\{x\} \preceq\!\!\preceq \{y\} \Leftrightarrow x \prec y.$$

Wenn die Mengen der erreichbaren Zustände endlich sind, d.h., wenn x und y reguläre Typen sind, stellt der obige Satz eine einfache Prozedur zur Verfügung, mit der durch Generierung aller Mengen der erreichbaren Zustände von $\{x\}$ und $\{y\}$ durch Transitionen in traces(y) kontrolliert werden kann, ob $x \prec y$ gilt. Da der Zustandsraum endlich ist, muß die Menge der erreichbaren Zustände auch endlich sein, und der Vergleich muß in einer endlichen Zeit terminieren.

Ein Algorithmus zur Konformitätsprüfung regulärer Typen

Es wurde gezeigt, wie das Protokoll eines Objekts mit Hilfe von regulären Typen beschrieben werden kann. Das Protokoll eines Objekts besteht aus einer Menge von definierten Zuständen und den Methoden, die von diesen Zuständen aus ausführbar sind, bzw. den Anfragen, die von diesen Zuständen aus bedient werden können. Liegen nun die Protokolle zweier Objekte x und y vor, von denen man vermutet, daß eine Subtypbeziehung zwischen den beiden Objekten bestehen könnte, also $x \prec y$, kann man dies mit Hilfe eines einfachen Algorithmus feststellen.

Bei diesem Algorithmus wird von einer Liste der Form (X,Y,R) ausgegangen, wobei X und Y die Mengen der Zustände von x und y sind, die von einer gemeinsamen Menge der *traces*(s) von y erreichbar sind, und R ist die Menge der möglichen Transitionen von Y. Im ersten Schritt des Algorithmus wird festgestellt, ob die Initialmenge von y eine Untermenge der Initialmenge von x ist. Diese Bedingung garantiert, daß alle von dem Initialzustand von y ausgehenden Transitionen (d.h. alle von y bedienbaren Anfragen) auch von x aus möglich sind. Ausgehend von dem Zustand $\{y\}$ und $\{x\}$ und der Menge *init*(y) wird eine Transition gesucht, die in beiden Objekten vorkommt. Daraufhin wird der Folgezustand beider Objekte nach dieser Transition bestimmt, und die beiden Folgezustände werden in eine Liste eingetragen. Aus der Menge der möglichen Anfragen, die von diesem neuen Zustand des Objekts y aus bedient werden können, wird eine Anfrage ausgesucht und festgestellt, ob diese Anfrage (Transition) auch von dem neuen Folgezustand von x möglich wäre. Wenn ja, dann wird wieder der nächste Folgezustand generiert und in die Liste eingetragen. Diese Prozedur wird so lange wiederholt, bis die Menge der möglichen Transitionen des Objekts y leer ist. Der Algorithmus lautet wie folgt:

1. Bestimme, ob *init*(y) $\subseteq$ *init*(x) gilt, sonst *Abbruch*.

2. ({x},{y}, *init*(y)) wird der Liste hinzugefügt.

3. Wenn möglich, wird ein Element (X,Y,R) aus der Liste ausgewählt, wobei R nicht leer ist, sonst *fortsetzen* (X und Y sind die Mengen der Zustände von x und y, und R ist die Menge der möglichen Transitionen (Anfragen) von Y, die der Algorithmus abarbeitet).

4. Ein r in R wird ausgewählt, und (X,Y,R) wird durch (X,Y,R\\{r}) in der Liste ersetzt.

5. Die X' und Y' werden berechnet, wobei X -r->X' und Y -r->Y'.

6. Wenn (X',Y',R') bereits für einige R' in der Liste vorhanden sind, dann gehe zu Schritt 3, sonst *fortsetzen*.

7. Wenn init(Y') $\subseteq$ init(X'), dann *fortsetzen*, sonst *Abbruch*.

8. Wenn für jedes $x_i \in$ X' ein $y_i \in$ Y' existiert, so daß init(y_i) $\subseteq$ init(x_i), dann *fortsetzen*, sonst *Abbruch*.

9. (X',Y', init(Y')) wird zu der Liste hinzugefügt und zu Schritt 3 gegangen.

Zusammenfassung

Eine Einbettung der Automatenspezifikation in die Dienstrepräsentation kann durch Typobjekte beschrieben werden, die Zustände und Transitionen definieren (vgl. Abb. 59). Gleichzeitig legen Beziehungsdefinitionen die Beziehungstypen zwischen Zustands- und Transitionsbeschreibungen fest. Hierbei ist eine Transition jeweils mit einem Eingangs- und einem Ausgangszustand assoziiert und verweist auf eine Operation, die mit dem Zustandswechsel ausgeführt wird. Gleichzeitig können die vorab definierten Prädikatsdefinitionen als Vorbedingungen interpretiert werden. Dieses Schema erlaubt eine Repräsentation der oben untersuchten Syntax zur Definition regulärer Typen. Entsprechend kann der dort angeführte Algorithmus zur Verifikation der Anfrageersetzbarkeit verwendet werden, um das Prädikat match$_{auto}$ zu implementieren.

Die Idee der Subtypisierung regulärer Typen besteht darin, daß ein erweiterter Typ nur dann als Subtyp eines zweiten betrachtet werden kann, wenn das zusätzliche Verhalten immer in Termen des Verhaltens ausgedrückt wird, das beim Supertyp gegeben ist. Insbesondere, wenn das Verhalten des Subtyps x korrekt das des Supertyps y zeigt, so daß traces(y)$\subseteq$traces(x) und failures$_y$ (x)$\subseteq$failures(y), dann ist y anfrageersetzbar durch den Subtyp x. Man kann dann sicher sein, daß das Subtypverhalten mit der durch den Supertyp auferlegten Restriktion konsistent ist.

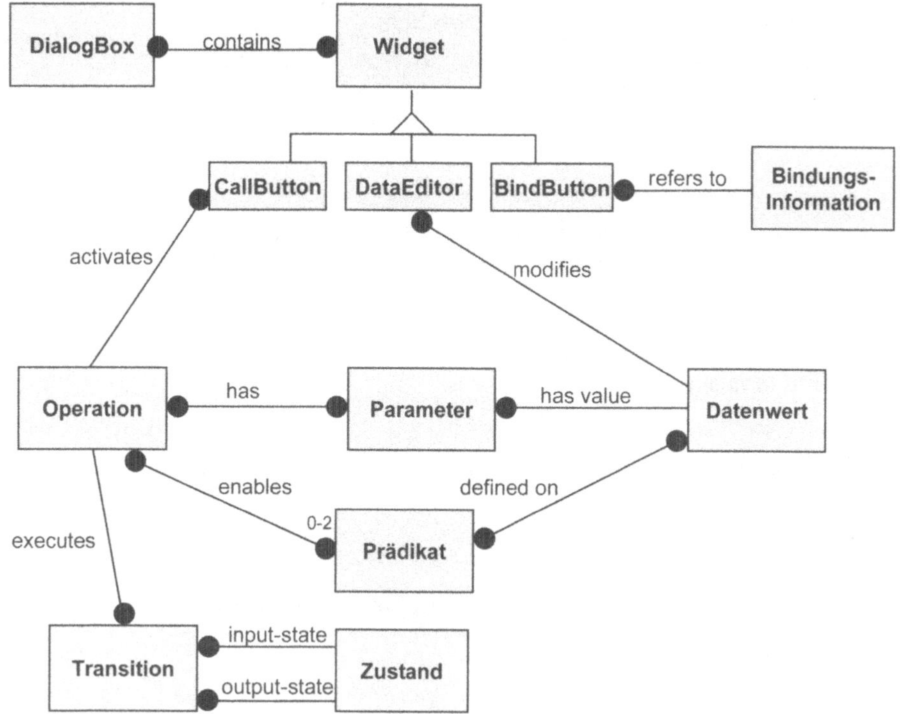

Abb. 59. Erweitertes DR-Schema mit Automatenrepräsentation

Neben den bisher ausführlich behandelten Ansätzen zur Verhaltensspezifikation sollen nun weitere Spezifikationsaspekte erwähnt werden, die prinzipiell in ähnlicher Form in die Dienstrepräsentation Eingang finden können. Als solche sind zu nennen:

1. das attributbasierte Matching und
2. das Matching auf der Basis standardisierter Thesauri.

5.4 Attributbasiertes Matching

Bereits in Kapitel 3 wurde das *Trading* als Dienstvermittlungstechnik dargestellt, bei der der Diensttypbegriff auf *Dienstattribute* erweitert wurde, um anhand dieser Information für Objekttypen und -instanzen eine anwendungsnahe Beschreibungstechnik zu liefern.

Für die Aufgabe des Typ-Matching *kann* unter den in Kapitel 3 genannten Voraussetzungen auch eine attributbasierte Spezifikationstechnik integriert werden, wenn die erforderliche Standardisierung der Diensttypen gegeben ist. Das bisher konstruierte Match-Prädikat kann somit um ein zusätzliches – match$_{attr}$ – erweitert werden, das unabhängig von den bisherigen selektierbar ist:

Match: Komponente, Komponente $\rightarrow$ Bool

$C = <C_{ift}, C_{spec}, C_{auto}, C_{attr}>$, $C' = <C'_{ift}, C'_{spec}, C'_{auto}, C'_{attr}>$

$$\begin{aligned}
\text{Match}(C, C') = \quad &match_{ift}(C_{ift}, C'_{ift}) &\wedge \\
&match_{spec}(C_{spec}, C'_{spec}) &\wedge \\
&match_{auto}(C_{auto}, C'_{auto}) &\wedge \\
&\mathit{match_{attr}(C_{attr}, C'_{attr})}
\end{aligned}$$

Für das attributbasierte Matching sind spezifische Parameter vorstellbar, anhand derer sich das Prädikat $match_{attr}$ präziser steuern lassen kann. So kann etwa eine Einschränkung des Matching auf statische Dienstattribute erfolgen, da eine selektive Auswahl dieser Attribute die Kommunikation mit Dienstanbietern zur Erlangung aktueller Attributwerte vermeidet.

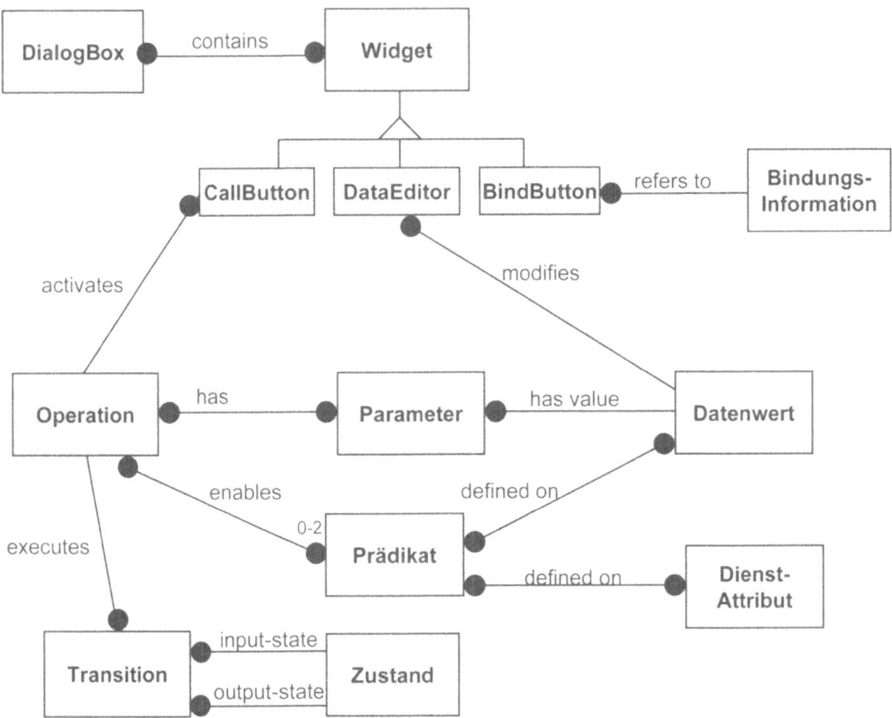

Abb. 60. Erweitertes DR-Schema mit Dienstattributrepräsentation

In Abb. 60 ist die Erweiterung der Dienstrepräsentation um Dienstattribute skizziert. Prinzipiell ließen sich Dienstattribute auch als Datenwerte der Instanzebene einbetten, die ebenfalls über Namens-, Typ- und Wertinformationen verfügen. Die Repräsentation als ausgezeichnetes Typobjekt im DR-Schema ist jedoch sinnvoll, da Dienstattribute auf diese Weise für den Interpreter identifizierbar sind. Somit lassen sich Dienstattribute auf folgende Weise integrieren:

```
typedef struct {
        TypeID        TID;
        String        name;
        Any           value;
        Ref           predicate;
        } ServiceAttribute;
```

Die Typkennung TID entspricht gerade den global standardisierten Typkennungen des Typdefinitionsschemas. Attributnamen stellen die Grundlage zur Ermittlung korrespondierender Attribute in der angebotenen und nachgefragten DR dar. Der Attributwert kann beliebigen Typs sein und falls Auswahlkriterien (z.B. „Minimaler Preis") Bestandteil der Attributspezifikation sind, ist eine Einbeziehung von Prädikatdefinitionen sinnvoll. Zusammen mit der Einigung auf die Dienstattributrepräsentation wird dabei auch die Interpretationsregel für Prädikate festgelegt.

5.5 Linguistisches Matching

Neben den bisher untersuchten formalen Verfahren der Konformitätsprüfung erscheint die Einbeziehung eines Thesaurus als Klassifikationsrahmen für Begriffe sinnvoll, da hier eine standardisierte Onthologie zur begrifflichen Abgrenzung zur Verfügung gestellt werden kann. Ein Thesaurus dient dabei als Bindeglied zwischen einer in natürlicher Sprache formulierten Anfrage und einem abstrakten Klassifikationssystem, das ein spezielles Sachgebiet terminologisch strukturiert.

Angebotene und nachgefragte Dienste werden spezifiziert durch die Einordnung einer Menge von Beschreibungsmerkmalen in einen gegebenen Ordnungsrahmen. Dieser Rahmen kann hierarchisch oder als Netz gegeben sein, so daß das Matching eines Begriffes anhand eines Ähnlichkeitsmaßes zu definieren ist, das folgende Parameter umfassen könnte:

- semantische Entfernung entlang einer Begriffshierarchie,
- semantische Entfernung entlang von Synonymbeziehungen,
- Qualität des Matching durch den Vergleich von Begriffen als Zeichenketten,
- relative Anzahl der „Treffer" in bezug auf die Gesamtanzahl vorgegebener Schlagworte.

Da Thesauri nur einen schwachen Formalisierungsgrad bei der Spezifikation der Dienstsemantik unterstützen, können sie lediglich als Kataloge zur Ermittlung geeigneter Server durch den Benutzer dienen. Als Ergänzung zu den zuvor untersuchten Spezifikationsverfahren lassen sie sich jedoch in die DR einbetten, so daß das Match-Prädikat schließlich erweitert wird zu:

$$\text{Match}\ (\ C,\ C'\ ) = \quad \begin{aligned} &\text{match}_{\text{ift}}\ (C_{\text{ift}},\ C'_{\text{ift}}) \quad &\wedge \\ &\text{match}_{\text{spec}}\ (C_{\text{spec}},\ C'_{\text{spec}}) \quad &\wedge \\ &\text{match}_{\text{auto}}\ (C_{\text{auto}},\ C'_{\text{auto}}) \quad &\wedge \\ &\text{match}_{\text{attr}}\ (C_{\text{attr}},\ C'_{\text{attr}}) \quad &\wedge \\ &match_{thes}\ (C_{thes},\ C'_{thes}) \end{aligned}$$

Hierbei erfolgt die Komponentenspezifikation etwa in der folgenden Weise:

Registrierung der angebotenen Komponente unter den Einträgen:

C'_{thes} = {„Dienst/Kommerzielle/Buchung/Fahrzeug",
          „Deutschland/Hamburg/Stellingen" }

Nachgefragte Schlagworte:

C_{thes} = {„Buchungsdienste AND Auto AND Deutschland/Hamburg"}

für einen Thesaurus mit der Organisation aus Abbildung 61.

Die angebotene Dienstrepräsentation wird in der allgemeinen Begriffshierarchie eines Sachgebietsthesaurus eingetragen unter der Kategorie Dienst/Kommerzielle/Buchung/Fahrzeug sowie im geographischen Thesaurus unter Deutschland/Hamburg/Stellingen. Nachgefragt werden jedoch Begriffe wie Buchungsdienst und Auto, die nicht unmittelbar auf die Kategorie des Angebotes verweisen: während Fahrzeug unter Buchung subsumiert wird, gilt dies gerade nicht für die Beziehung Fahrzeug ↔ Auto. Aufgrund einer Synonymtabelle kann jedoch zumindest eine Abbildung Auto→PKW durchgeführt werden, so daß eine begriffliche Nähe über PKW→Fahrzeug ermittelt werden kann. Bei diesem Beispiel besteht jedoch die Gefahr, daß aufgrund dieser Subsumtionsabbildung auch Vermietungsdienste, die unter LKW oder Fahrrad registriert wurden, über Dienst/Kommerzielle/Buchung/Fahrzeug ermittelt werden.

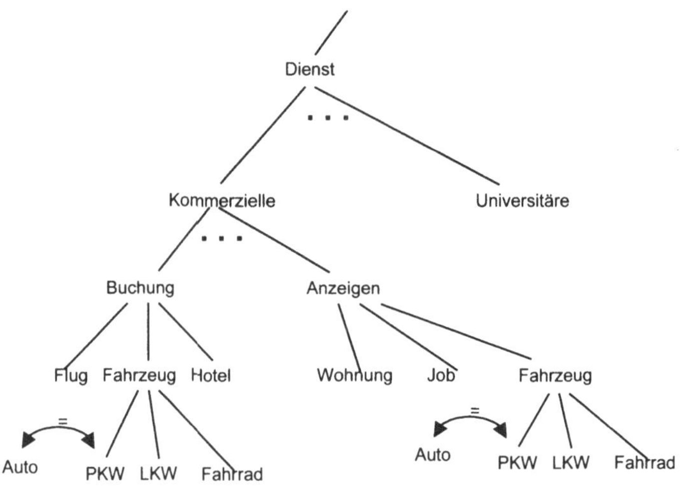

Abb. 61. Sachgebietsthesaurus als Grundlage des linguistischen Matching

Auch unter Anzeigen befindet sich eine Kategorie Fahrzeug, so daß zumindest für das Suchkriterium Auto eventuelle Einträge geliefert werden können. In der Wertung wird jedoch ein Angebot unter Dienst/Kommerzielle/Anzeigen/Fahrzeug bzgl. der Nachfrage eine niedrigere Rangordnung einnehmen, da aufgrund des String-Vergleichs zwischen Buchungsdienst und Buchung die Einträge unter Dienst/Kommerzielle/-Buchung höher bewertet werden. Auf ähnliche Weise läßt sich die Kategorie Deutschland/Hamburg/Stellingen ermitteln. Aufgrund der Konjunktion werden schließlich alle Fahrzeugvermietungsdienste in Hamburg-Stellingen als Schnittmenge der jeweiligen Eintragungen geliefert. Die möglichen Matching-Prädikate lassen sich bei diesem Beispiel identifizieren:

- *String-Matching*: Buchung ist ein Teilstring von Buchungsdienst. Da die begriffliche Spezialisierung der Thesaurushierarchie mit der Ordnung der Zeichen im String einhergeht, ist eine Übereinstimmung der nachgefragten Kategorie mit einem Teilstring am Ende der angebotenen höher zu bewerten als am Beginn (Dienst/Kommerzielle/*Buchung*/Fahrzeug).
- Die *Synonym-Abbildung* kann transitiv erfolgen. Hierbei verhält sich die Anzahl der Abbildungen umgekehrt proportional zur begrifflichen Nähe.
- Die *Subsumtionsabbildung* (etwa: PKW→Fahrzeug) kann für Navigationszwecke sinnvoll sein, wenn für einen zu spezifischen nachgefragten Dienst kein Angebot besteht.
- Auch die *inverse Subsumtionsabbildung* (z.B. Fahrzeug→PKW) führt zu korrekten Ergebnissen, da der angebotene Begriff (Deutschland/Hamburg/Stellingen) unter dem nachgefragten (Deutschland/Hamburg) subsumiert ist.

Es hängt letztlich von der Gewichtung der skizzierten Prädikate ab, in welcher Rangordnung Suchergebnisse geliefert werden.

Ähnlich der Trennung von Dienstangebotsverwaltung und Typmanagement beim Trader kann die Klassifikation nach Sachgebieten des Thesaurus orthogonal zu den zuvor untersuchten formalen Matching-Kriterien erfolgen. Auf diese Weise lassen sich Dienste neben ihrer Schnittstellen- und Verhaltensspezifikation zusätzlich nach ihrer Anwendungsdomäne unterscheiden. Zu beachten ist hier jedoch die Anforderung an die EDM-Teilnehmer, zuvor die Struktur des Thesaurus zumindest für die Registrierung von Dienstangeboten zu standardisieren.

Die Einbettung in die DR als zusätzliche Beschreibungsinformation kann die Registrierungsinformation eines Dienstangebotes als Liste von Strings repräsentiert werden. Auch hier sollte ein ausgezeichnetes und standardisiertes Typobjekt gewählt werden, das für geeignete Interpreter die Präsenz dieser Beschreibungsinformation kennzeichnet.

5.6 Zusammenfassung

Aufgrund der flexiblen Einbettbarkeit ganz unterschiedlicher Informationen zur Dienstbeschreibung in die DR (vgl. Kapitel 4) wurde in diesem Kapitel deutlich, daß die Funktion der Dienstvermittlung in die Anwendungsebene ausgelagert werden kann und somit nicht mehr Bestandteil der EDM-Infrastruktur sein muß. Daraus ergibt sich der Vorteil, daß durch EDM-Teilnehmer und nicht bei der Implementierung der Infrastruktur eine Weiterentwicklung sowohl von Beschreibungsstandards als auch von Vermittlungstechniken erfolgen kann. Im Gegensatz zur *kontrollierten Weiterentwicklung*, die eine zentrale Steuerung erfordert, erlaubt die GEMS-Architektur damit auch bzgl. der Dienstbeschreibung eine autonome, dezentrale Entscheidung für und Realisierung von Spezifikationstechniken.

Entsprechend wurde in diesem Kapitel nicht nur aufgezeigt, *daß,* sondern auch *auf welche Weise,* die EDM-Infrastruktur fortentwickelt werden kann, wenn Anwendern die Möglichkeit zur beliebigen individuellen Erweiterung von Dienstspezifikationen gewährt wird. Letztlich bleibt es daher dem „Markt für Spezifikationstechniken" entsprechend Abb. 62 überlassen, *welche* Ansätze sich letztlich als erfolgreich erweisen. Exemplarisch wurden verschiedene Spezifikationstechniken für Dienste erörtert, die in ihrer Kombination ein flexibles und steuerbares Typ-Matching erlauben. Im realistischen Marktszenario des EDM ist dabei ein Wettbewerb von alternativen Vermittlungstechniken denkbar, die jeweils auf den hier skizzierten oder weiteren Matching-Verfahren basieren. Auch hier hängt es damit bewußt von der autonomen Entscheidung eines Dienstanbieters ab, mit welchem vorgelagerten Anbieter er kooperieren will, um somit eine zusätzliche Wertschöpfungsstufe zu etablieren.

Die untersuchten Matching-Verfahren setzen dabei unterschiedliche Grade an Standardisierung von Typen und Namen voraus; so impliziert etwa das „Vorreiter-Nachzügler"-Modell eine Anlehnung der Nachzügler-Dienste an die Namenskonvention des Vorreiters. In ähnlicher Weise kann ein Matching regulärer Typen nur durchgeführt werden, wenn Namensäquivalenz bei Zuständen der zu vergleichenden Automatenspezifikationen besteht. Ohne diese Konvention wäre nur durch die explizite Definition von Äquivalenz- oder Subtypbeziehungen ein Matching möglich – dies setzt jedoch wiederum eine zentrale Administration voraus, die gerade im EDM-Modell eine erhebliche Verzögerung bei der Bereitstellung und Nutzung von Diensten bedeutet.

Dennoch erscheint das Vorreiter-Nachzügler-Modell als einem EDM plausibel, da hier lediglich Nachzügler eine Konformitätsdomäne mit dem Vorreiter teilen, während generische Klienten in jedem Fall eine Verbindung zu diesen Servern auch ohne Information ihrer Dienstsemantik aufbauen können: Benutzer wählen dazu anhand von Katalogen einen geeigneten Dienst (den Vorreiter) aus und verwenden dessen DR als Suchanfrage für mögliche konforme – und evtl. „bessere" – Alternativen. Die Abb. 62 zeigt dazu eine Wertschöpfungskette, bei der ein Trader durch einen Katalogdienst zur Ermittlung konformer Dienstangebote eingesetzt wird.

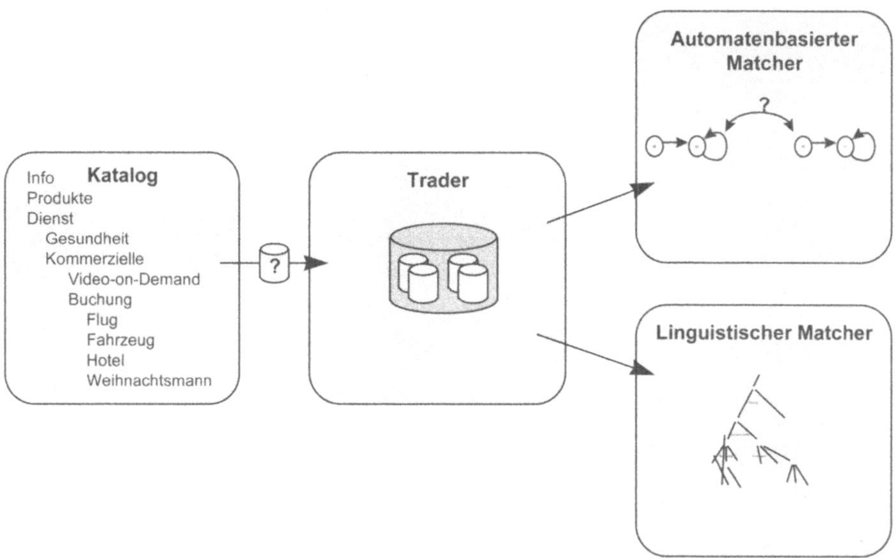

Abb. 62. Die Kooperation von Vermittlungsdiensten im EDM

Hierbei realisiert der Katalogserver eine Mittlerfunktion zwischen Benutzer (über seine eigene DR, die an den generischen Klienten ausgeliefert wurde) und Trader. Im- und Exportanfragen werden anhand von DRs durchgeführt. Die Registrierung der Dienstangebote erfolgt hinsichtlich der Diensttypen bei den jeweils vom Trader genutzten Typmanagern, die sich auf ein Matching-Verfahren spezialisieren. Jeder dieser Server extrahiert dabei die für ihn relevante Information aus der DR und liefert dem Trader den Typnamen, unter dem die Registrierung durchgeführt wurde. Bei einer Importanfrage werden zunächst Diensttypen ermittelt, die gemäß dem gewählten Subtypkalkül konform zum nachgefragten sind. Anschließend ermittelt der Trader, welche der abgelegten Dienstangebote den jeweils ermittelten Typen angehören. Prinzipiell können dabei alle beteiligten Server als unabhängige, kommerzielle Diensterbringer agieren.

In diesem Kapitel wurde die Erweiterbarkeit der EDM-Infrastruktur im Hinblick auf *Dienstrepräsentationen* und ihre Verarbeitung durch Vermittlungsdienste illustriert. Als letzter Bestandteil der GEMS-Architektur verbleibt ein flexibles Verfahren zur Spezifikation, Integration und Nutzung von Unterstützungsdiensten. Auch in diesem Bereich besteht die Anforderung nach autonomer Erweiterbarkeit durch Anwendergruppen. Das folgende Kapitel behandelt diese Fragestellung anhand der exemplarischen Notariats- und Zahlungsdienste.

6 Erweiterung der EDM-Infrastruktur durch Unterstützungsdienste

Unterstützungsdienste wurden im Abschnitt 3.1.3 definiert und in Kapitel 4 als Kernbestandteil der GEMS-Architektur eingeführt. Sie können als vertrauenswürdige Dritte mit standardisierter Schnittstelle und Semantik beim Sitzungsaufbau für eine individuelle Handelstransaktion von beiden Parteien integriert und im Sitzungsverlauf genutzt werden. Die wesentliche Aufgabe dieser Unterstützungsdienste besteht in der gegenseitigen Absicherung sich nicht vertrauender, anonym agierender Transaktionspartner. Als vertrauenswürdige Dienste repräsentieren sie daher jeweils eine unabhängige Partei, unter deren gemeinsamer Einbeziehung die Transaktionspartner zwar nach wie vor anonym handeln, jedoch im Falle einer Regelverletzung diese Anonymität aufheben lassen bzw. einen Beweis für die Verletzung erbringen können. Gegenüber solchen Unterstützungsdiensten bestehen daher erheblich höhere Anforderungen hinsichtlich der Vertraulichkeit, Beweisbarkeit und Zuverlässigkeit.

Die Integration derartiger Unterstützungsdienste in der GEMS-Architektur erfordert zusätzliche Spezifikationsinformation, die in der Bindungsphase zwischen Klient und Server auszutauschen ist. Anhand dieser Information können sich beide Parteien gegenseitig über den Bedarf bzw. die Möglichkeiten zur Einbindung von Unterstützungsdiensten in Kenntnis setzen. Durch eine geeignete Beschreibungstechnik können Klient und Server ermitteln, ob eine und welche gemeinsame Grundlage zur Integration von Unterstützungsdiensten gegeben ist. Hier bietet sich wiederum die Dienstrepräsentation als generischer Informationsträger an.

Dieses Kapitel konzentriert sich auf Mechanismen und Konventionen zur Spezifikation, Integration und Nutzung von Unterstützungsdiensten. Dabei ist ein *einheitliches Verfahren* gefordert, das allen als Unterstützungsdienst in Frage kommenden Diensten die Möglichkeit bietet, sowohl für den Klienten als auch den Server die notwendige Funktion dynamisch einzurichten, so daß die Transaktionspartner selbst von Detailfragen dieser Integration entlastet sind.

Als besonders praxisrelevante Beispiele wurden für dieses Kapitel zwei Kategorien von Unterstützungsdiensten ausgewählt: *Zahlungs-* und *Notariatsdienste*. Hierbei ist weniger ihre Funktion im Hinblick auf die Transaktion, sondern vielmehr die Variantenvielfalt dieser Funktion in Form heterogener Protokolle der jeweiligen Dienste von Bedeutung. Am Beginn einer Sitzung werden typischerweise Unterstützungsdienste aus einer Vielzahl von Alternativen ausgewählt und mit heterogenen Protokollen ad hoc eingebunden (vgl. Abb. 63). Dabei darf der Benutzer oder die entsprechende Softwarekomponente keinen zusätzlichen Aufwand in die jeweilige Adaption investieren. Es ist somit noch offen, auf welche Weise ein *generischer* Mechanismus zur flexiblen Einbindung derartiger Dienste in die GEMS-Architektur integriert werden kann (vgl. [Merz96]).

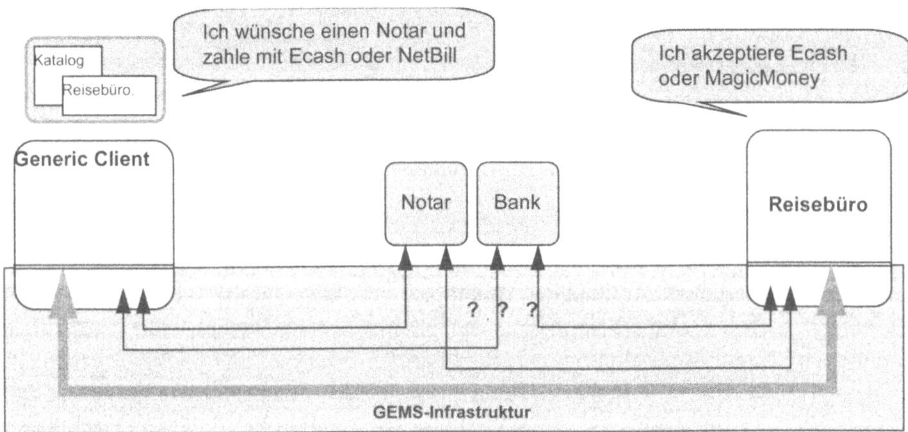

Abb. 63. Die Konfiguration von Unterstützungsdiensten

Aus diesem Grunde folgt zunächst ein Überblick der möglichen Varianten von Zahlungs- und Notarisierungsprotokollen, um vor diesem Hintergrund Ansätze zur Integration in die GEMS-Architektur aufzuzeigen und zu evaluieren. Anschließend wird anhand exemplarischer Unterstützungsdienste demonstriert, wie flexibel diese Integration erfolgen kann und auf welche Weise generische Komponenten der Infrastruktur überprüfen können, ob von beiden Parteien geforderte Dienste zueinander kompatibel sind. *Kompatibel* bedeutet hier, daß sich Klient und Server auf eine gemeinsam genutzte Menge an Diensten bzw. Diensterbringern einigen können.

Die Auswahl der Notariats- und Zahlungsdienste hat also im wesentlichen exemplarischen Charakter: Um Probleme der Spezifikation und Integration von Unterstützungsdiensten aufzuzeigen, sind mindestens zwei Klassen von Unterstützungsdiensten erforderlich, die in beliebiger Kombination konfliktfrei zu spezifizieren, zu integrieren und zu nutzen sind. Andere Unterstützungsdienste – wie etwa Sicherheitsdienste – sind für eine realistische Umsetzung der GEMS-Architektur zwar zwingend erforderlich, jedoch liefern sie im Hinblick auf die hier zu erörternden Integrationsverfahren keine grundsätzlich neuen Erkenntnisse, die nicht auch aus den oben genannten gewonnen werden könnten. Eine erschöpfende Untersuchung aller in Abschnitt 4.1.4 genannten Sicherheitsdienste, die prinzipiell durch Unterstützungsdienste erbracht werden können, ist also *nicht* Gegenstand der folgenden Abschnitte. Insbesondere wird davon ausgegangen, daß auf der Kommunikationsebene Sicherheitsdienste zur Verfügung stehen, die zum Zweck der Autorisierung, Authentisierung, Zertifizierung etc. in ähnlicher Weise integrierbar sind wie die exemplarisch untersuchten Zahlungs- und Notariatsdienste.[28]

---

[28] Dazu sei hier auf [Muft92] als allgemeine Einführung verwiesen. [ReSc95] befassen sich mit der sicheren Kommunikation im WWW auf der Basis von SHTTP (Secure Hypertext Transfer Protocol). In [HiEl95] wird der *Secure Socket Layer* dargestellt und [Lenn91] befassen sich mit Sicherheitsanforderungen und -mechanismen im Bereich von EDI-Anwendungen.

→

6.1 Unterstützungsdienste für den elektronischen Zahlungstransfer

Im folgenden soll untersucht werden, in welchen Bereichen Gemeinsamkeiten und Unterschiede zwischen ausgewählten elektronischen Zahlungsverfahren bestehen, die sich z.Zt. im Internet in Entwicklung befinden. Um eine geeignete Auswahl zu treffen, wird daher zunächst der fachliche Hintergrund skizziert, anhand dessen sich eine Einordnung von Verfahren durchführen läßt. Im Anschluß werden kurz die identifizierten Protokolle und Dienste, die den jeweiligen Verfahren zugrunde liegen miteinander verglichen. Anhand dieser Informationen können dann – zusammen mit den im folgenden Abschnitt dargestellten Notariatsdiensten – Rückschlüsse darauf gezogen werden, in welcher Form Unterstützungsdienste voneinander unabhängig, zur Laufzeit und ohne zusätzlichen Konfigurationsaufwand in die beteiligten Softwarekomponenten (generischer Klient und Server) integriert werden können.

Konventionelle Zahlungsverfahren

Im EDM stehen kommerzielle Dienste in der Regel nicht kostenlos zur Verfügung. Die deshalb erforderliche Abwicklung des *elektronischen Zahlungsverkehrs* wirft eine Reihe neuartiger Probleme auf:

- Auf welche Weise können Formen des realen Zahlungsverkehrs auf einen äquivalenten Mechanismus im verteilten System abgebildet werden?
- Welche Fehler- und Bedrohungspotentiale existieren beim elektronischen Zahlungsverkehr?
- Im EDM ist mit Gebühren für Dienstleistungen in Höhe von „Pfennigbeträgen" zu rechnen (*Micropurchases*). Wie müssen Dienste gestaltet sein, damit die Kosten des Zahlungstransfers selbst nicht ihre eigene Benutzung konterkarieren?
- Welche Wahlfreiheit soll Anwendungen bezüglich des Zahlungsverfahrens gewährt werden, und welche Mechanismen sollten als normierter Bestandteil der EDM-Infrastruktur vorgesehen sein?

Analysiert man Zahlungsverfahren der realen Welt, so wird zunächst unterschieden in *bargeld-* und *kredit-* bzw. *guthabenbasierte* Verfahren. Bei einem Barkauf erfolgen beide mit dem Kauf verbundenen Leistungen zeitgleich: Die Ware wird ausgehändigt, *während* die Bezahlung erfolgt. Die beiden anderen Verfahren erlauben eine zeitliche Trennung zwischen der Belastung des Kontos und der Auslieferung: Ein kreditbasiertes Verfahren erlaubt dem Käufer, die Leistung *vor* der effektiven Bezahlung in Anspruch zu nehmen, während es sich bei guthabenbasierten Verfahren umgekehrt verhält. Gängige Kreditkartensysteme sowie Telefonkarten oder die bei Mailboxen üblichen Abbuchungsverfahren von Guthabenkonten seien exemplarisch angeführt.

[Drag96], [Jure95] und [Hors95] behandeln neben Notariatsdiensten auch verschiedene andere Sicherheitsmechanismen, die für den Bereich des EDM relevant sind.

Weiter wird unterschieden nach dem Grad der *Anonymität* und *Vertraulichkeit* bei Handelstransaktionen. Die Anonymität betrifft die gegenseitige Bekanntgabe der Identitäten ebenso wie gegenüber Dritten, während Vertraulichkeit die Bekanntgabe beliebiger Informationen nur gegenüber Dritten vermeidet (Banken, Kreditkartenunternehmen etc.):

- Ein *Barkauf* erfolgt potentiell anonym und vertraulich: Weder Käufer noch Verkäufer müssen sich notwendigerweise gegenseitig identifizieren; außerdem kann der Kauf unter Abwesenheit Dritter durchgeführt werden. Der Barkauf wird anhand fest quantisierter Geldrepräsentationen, deren Echtheit von beiden jederzeit nachgewiesen werden kann, vollzogen.
- Ein Kauf *per Scheck* oder *Kreditkarte* identifiziert den Käufer gegenüber dem Verkäufer, und mehrere Banken können in die Transaktion involviert sein – Anonymität und Vertraulichkeit sind prinzipiell eingeschränkt. Vorteilhaft ist die Flexibilität der Geldrepräsentation: Das „Stückelungsproblem" entfällt, und der Scheck erlangt erst zum Zeitpunkt der Zahlung Gültigkeit durch die individuelle Scheckkartennummer und Unterschrift des Ausstellers. Gleiches gilt für den Kauf per Kreditkarte.
- Sowohl beim Barkauf wie auch beim Kauf per Scheck wird Dritten kein Einblick in den Inhalt der Handelstransaktion gewährt, *POS-Systeme* (Point-Of-Sale) hingegen erlauben die direkte Abbuchung vom Bankkonto des Kunden in Verbindung mit einem Buchungsprotokoll bzgl. der erworbenen Produkte. Hierbei besteht weder Anonymität noch Vertraulichkeit: Der Verkäufer kann Transaktionsinformationen mit solchen der Warenwirtschaft koppeln und ein individuelles Käuferprofil erstellen.

6.1.1 Anforderungen an elektronisches Bargeld

Verfahren des elektronischen Zahlungsverkehrs, die sich in den EDM integrieren lassen und sich nicht des Transfers von Kreditkartennummern „out-of-band", d.h. außerhalb der EDM-Infrastruktur, bedienen, benötigen zunächst einmal eine *elektronische Geldrepräsentation*. Alle Charakteristika realer Zahlungsmittel – wie z.B. Münzen – müssen dabei erhalten bleiben (vgl. z.B. [Chaum92], [MeNe93]):

- Eine Münze dient als *Tauschmittel*, d.h., sie besitzt einen standardisierten, invarianten Wert, der für jede Partei einsehbar ist. Die elektronische Währung erfordert somit einen definierten Wechselkurs gegenüber „realen" Währungen, so daß sie jederzeit *eingelöst* bzw. ihr Wert ermittelt werden kann. Repräsentiert als Binärwert, muß ein elektronisches Münzsurrogat in heterogenen Rechnernetzen auch mit unterschiedlichen lokalen Datenrepräsentationen *transferierbar* und *interpretierbar* sein. Grundsätzlich besteht eine elektronische Münze aus dem Münzwert, einer Seriennummer und dem Namen des Bankservers, der die Münze prägte. Diese Informationen sind signiert mit dem privaten Schlüssel des Bankservers, so daß andere Instanzen diese Informationen einsehen, jedoch nicht fälschen können. Je nach Implementation können weitere Informationen der Münze anhaften.[29]

- Die elektronische Münze muß *fälschungssicher* sein, sie darf nur von autorisierter Stelle „geprägt" werden. Dies ist eine besonders anspruchsvolle Forderung, da Münzen als bloße Datenstrukturen beliebig vervielfältigt werden können. Üblicherweise werden Online-Bankdienste in den Zahlungsverkehr zum Zweck des Prägens und der Verifikation involviert. Verschiedene Ansätze versuchen, dieses Problem des *double-spending* durch Logging oder stochastische Verfahren zu vermeiden: In [ChFN90] präsentiert D. Chaum ein Verfahren, das erst beim zweiten Einsatz einer Münze die Anonymität des Käufers aufhebt, beim ersten jedoch seine Anonymität aufrechterhält. Ein anderes Verfahren, Münzfälschungen aufzudecken, ist die Einrichtung eines anonymen Kontos bei der prägenden Bank. Nachdem Münzen vom Kunden abgehoben wurden, sind sie zunächst auf dieses Konto einzuzahlen, damit die Bank eine mögliche Fälschung erkennen kann (vgl. z.B. [CaPS95]).

- Die Münze dient der *Wertaufbewahrung*, d.h. bei verzögerter Einlösung verfällt ihr Wert nicht (im Widerspruch dazu steht das Verfallsdatum bei NetCash). Idealerweise ist sie als *dauerhaftes Datenobjekt* repräsentiert, jedoch nicht vor versehentlichem Löschen gefeit. Verschiedene Untersuchungen versuchen, dem Problem versehentlichen Löschens zu begegnen [PfWa95].

- Die elektronische Münze ist *anonym*, ihr haftet weder die Identität des Transaktionspartners noch ein „Protokoll" der mit ihr durchgeführten Tauschakte an. [ChFN90] führen ein Verfahren für *blinde Signaturen* ein, mit dessen Hilfe der Käufer gegenüber der Bank anonymisiert wird. Hierbei erfolgt das Abheben von Münzen in einem zweistufigen Prozeß: Zunächst erzeugt der Kunde einen „Münzrohling", der mit einem zufälligen Identifikator versehen ist. Dieser Rohling wird an die Bank übertragen, die anschließend ein Zertifikat hinzufügt, das den gewünschten Münzwert ausweist und das Konto des Kunden belastet. Durch kryptographische Methoden wird der Münzrohling vor dem Senden an die Bank in eine Form transformiert, die Rückschlüsse der Bank auf die Identität des Kunden verhindern, diesem jedoch erlaubt, das Zertifikat der Münze nach dem Empfang von der Bank und einer Rücktransformation zu ermitteln.

Die Systeminfrastruktur für elektronische Zahlungssysteme muß ebenfalls verschiedenen Anforderungen genügen:

- *Skalierbarkeit*: Eine zentralisierte Instanz als Bankserver würde bereits bei einer geringen Teilnehmerzahl das Gesamtsystem durch reduzierte Antwortzeiten oder unangemessen hohe Kosten einschränken. Angemessener erscheint hier z.B. die von Medvinsky/Neuman [MeNe93] vorgeschlagene Stufung in „Zentralbank" und „Geschäftsbanken". Hierbei werden Geschäftsbank-Server als vertrauenswürdige Dienste angesehen, deren Berechtigung zur Münzprägung jedoch jederzeit auf-

---

[29] NetCash [MeNe93] sieht z.B. ein Verfallsdatum für Münzen vor.

grund ihrer Zertifizierung durch den Notenbankdienst nachgewiesen werden kann. Ein derartiges Verfahren erlaubt eine gesicherte Skalierung des elektronischen Zahlungssystems.

- *Effizienz*: Trotz aller Komplexität von Protokollen und Sicherheitsdiensten dürfen die Kosten der Abrechnung selbst nicht zu hohen Einfluß auf die Transaktionskosten nehmen. Im Bereich „hoher" Beträge mögen Kosten der Kreditkartennutzung[30] angemessen sein, aber ist das System noch sinnvoll einsetzbar, wenn z.B. bei Verzeichnisdiensten der Kaufpreis in der Größenordnung von „Pfennigbeträgen" liegt? Für das Zahlungsverfahren auf der Basis des NetBill-Protokolls erwarten seine Entwickler Transaktionskosten in Höhe von USD 0,01 bei Kaufpreisen von USD 0,10 [CoST95].

- *Integration in das EMS:* Für Käufer und Verkäufer darf der Abschluß einer Handelstransaktion nicht durch umständliche Zahlungsmodalitäten behindert werden. Das gesamte Zahlungsverfahren muß dabei *transparent* für den Benutzer sein, indem jederzeit Einsicht in den aktuellen Münzvorrat und dessen Wert genommen werden kann und die Schnittstelle zum Bankdienst einheitlich und ergonomisch und nur auf Wunsch automatisierbar ist. Wünschenswert ist hierbei eine vereinheitlichende Benutzerschnittstelle, die es Benutzern erlaubt, zwischen verschiedenen Verfahren des EZV zu wählen – unter Abstraktion von deren individuellen Ausprägungen.

- *Transaktionalität*: Der Transfer einer Münze kann im Fehlerfall zu ihrem Verlust oder ihrer Duplikation führen. Erforderlich ist hierbei also ein transaktional gesichertes Protokoll, das die Eigenschaften technischer Transaktionen – Atomarität, Konsistenz, Isolation und Dauerhaftigkeit (ACID) – zusichert. Da im Bereich des Münztransfers ohnehin die Forderung nach Transaktionalität besteht, erscheint es sinnvoll, die gesamte Handelstransaktion hinsichtlich der ACID-Anforderungen abzusichern, wie z.B. bei [Balf95] vorgeschlagen. An dieser Stelle verschmelzen die beiden Transaktionsbegriffe übrigens genau dort wieder, wo sie sich ursprünglich trennten: in der EDV-basierten „Buchung" von Tauschakten.

- *Protokollierung* von Transaktionen: Zur Vermeidung der Mehrfachnutzung von Münzen ist es erforderlich, Datenbanken zur Speicherung historischer Transaktionsdaten einzurichten. Dies gilt mindestens für alle geprägten, aber noch nicht eingelösten Münzen [MeNe93] und im ungünstigsten Fall für alle geprägten.

- Das Geldwäschegesetz erfordert einen unaufgeforderten *Bericht* der Bank, wenn eine Bargeldtransaktion (Abheben oder Einzahlen) einen gegebenen Betrag übersteigt. Hier wird per Gesetz eine durch die Bank gewahrte Anonymität aufgehoben. In gleicher Weise sollte auch der Online-Zahlungsverkehr diesen Umstand berücksichtigen.

Angesichts der in ihrer Kombination sehr restriktiven Anforderungen an elektronische Münzen und Abrechnungssysteme im allgemeinen erscheint eine Realisierung des elektronischen Zahlungsverkehrs auf der Infrastrukturebene als angemessen. Zum ei-

---

[30] in Höhe von 2-5% des Kaufpreises zzgl. eines Festbetrages von 0,27 USD

nen ist das eingesetzte Verfahren unabhängig vom Inhalt beliebiger Handelstransaktionen, so daß es zu keinen Restriktionen hinsichtlich der Vielfalt der gehandelten Produkte führt. Zum anderen besteht aufgrund reduzierter Transaktionskosten und standardisierter Schnittstellen die Möglichkeit, effizienter den Zahlungsverkehr abzuwickeln.

Obwohl Anwender verschiedene Softwareprodukte für den Zugang zum EDM nutzen können, erscheint jedoch die Aufgabe des Zahlungsverkehrs als so sensibel, daß dieser Mechanismus global in konsistenter und kohärenter Weise zur Verfügung gestellt werden sollte. Dies schließt natürlich nicht aus, daß elektronische Marktplattformen im Wettbewerb zueinander stehen, so daß u.U. die Wahl des Zahlungsverfahrens einen Einfluß auf den Erfolg des Gesamtsystems haben kann.

Ein weiterer, nicht zu unterschätzender Gesichtspunkt des elektronischen Zahlungsverkehrs ist die durch elektronische Währungen prinzipiell mögliche Erosion des staatlichen Geldmonopols: Während nur „konventionellen" Notenbanken das Recht zusteht, Geld in Umlauf zu bringen und damit ein zentrales Regulativ für dessen Umlaufmenge existiert, kann auf einem offenen elektronischen Markt auch der Umlauf von Währungen dereguliert und privatisiert werden.[31]

Die getroffene Auswahl an Zahlungsverfahren soll als repräsentative Grundlage dienen, um ermessen zu können, welche Heterogenität beim Entwurf einer EM-Infrastruktur bzgl. der Einbindung unterschiedlicher Abrechnungsverfahren prinzipiell zu berücksichtigen ist.

6.1.2 Klassifikation von Verfahren des elektronischen Zahlungsverkehrs

* Online- vs. Offline-Systeme. Eine Zahlung erfolgt *offline*, wenn über Käufer und Verkäufer hinaus keine weitere Instanz (etwa die Bank) zum Zeitpunkt der Zahlung involviert ist. Üblicherweise basieren offline-Systeme auf vertrauenswürdigen SmartCards (bzw. „Cashcards"), die mit Hilfe eines eigenen Mikroprozessors elektronische Münzen verwalten, signieren und im Falle des Kaufes an das Empfängersystem übertragen. Da dem EDM-Modell jedoch der *online*-Zugang zu entfernten Diensten zugrunde liegt, sieht der nachfolgende Vergleich von der Untersuchung der offline-Verfahren ab.

---

[31] In seinem Buch „Denationalisation of Money" beschreibt der Nationalökonom Friedrich Hayek die Auswirkungen einer solchen Einführung im Wettbewerb befindlicher Währungen [Haye77]. Unternehmen wie Softwarefirmen oder Telekommunikationsgesellschaften würden in diesem Szenario eine eigene Privatwährung anbieten können, die wie andere handelbare Güter aufgrund des Preismechanismus sowie seiner Qualität im Preis (bzw. *Wechselkurs*) den Marktkräften ausgesetzt wäre. Für den Entwurf einer EDM-Infrastruktur ist dabei die Existenz verschiedener Währungen zu berücksichtigen, so daß Mechanismen bereitstehen, um Handelstransaktion durchzuführen, die Währungsräume übergreifen. Insbesondere bedeutet dies, daß eine EDM-Infrastruktur die Auswahl verschiedener Währungen und Zahlungsverfahren, die u.U. kurzfristig in Umlauf gebracht werden, flexibel unterstützen sollte.

- Anonymität. Üblicherweise wird *Anonymität* zwischen Transaktionspartnern gefordert, wenn diese nicht durch den Charakter der Transaktion aufgehoben werden muß (z.B. bei einer Reisebuchung). Sie kann durch verschiedene Verfahren erreicht werden:
  1. Anonymität durch pseudonym geführte Konten (siehe z.B. First Virtual).
  2. Unverkettbarkeit durch vertrauenswürdigen Wechsler (siehe z.B. NetCash).
  3. Anonymität durch blind geleistete Unterschriften (siehe z.B. Ecash).
- Zeitpunkt der Kontenbelastung. *Debit/Credit/Pay-now*: Ein Zahlungsdienst ist kreditorientiert (credit), wenn dem Kunden vom elektronischen Konto abgebuchte Beträge nachträglich in Rechnung gestellt werden. Bei guthabenorientierten Systemen erfolgt eine Einzahlung auf das elektronische Konto im Vorwege. Bei „Pay-now" erfolgt die digitale Zahlung zeitgleich mit der Belastung des Kundenkontos.
- Vertrauliche vs. ungesicherte Verfahren. Einige Zahlungsverfahren verzichten auf die Verschlüsselung von Nachrichten, so daß keine Vertraulichkeit gewährleistet werden kann. Andererseits sehen einige von ihnen Sicherheitsmaßnahmen vor, die das Erschleichen von Information einschränken (siehe das unten angeführte Beispiel des FirstVirtual-Verfahrens).
- Transaktionskosten. Dieses Kriterium ist für die praktische Nutzung von Zahlungsverfahren von grundlegender Bedeutung, da letztlich im EDM-Modell auch diese selbst im Wettbewerb bereitgestellt werden. Allerdings fehlt jedoch aufgrund noch mangelnder Erfahrung in der Nutzung dieser Verfahren die nötige empirische Grundlage, aus der Schlüsse über die tatsächlichen Kosten der jeweiligen Verfahren abgeleitet werden könnten.

6.1.3 Beispiele anonymer Verfahren

Im folgenden wird ein Überblick über alternative Protokolle und Algorithmen von Online-Zahlungsverfahren gegeben, die prinzipiell als Infrastrukturen zur Realisierung elektronischer Wertrepräsentationen dienen (vgl. z.B. auch [Tang96]). Im Anhang werden dazu folgende Systeme ausführlich erläutert (Tabelle 7):

Tabelle 7. Überblick zu den im Anhang diskutierten elektronischen Zahlungsverfahren

Verfahren	*Anonym*	*Zeitpunkt der Belastung*	*Vertraulich*
Ecash	Ja, blind geleistete Unterschriften	Barzahlung, sofort	Ja
NetCash	Ja, durch anonyme Wechsler	Barzahlung, sofort	Ja
FirstVirtual	Ja, durch Pseudonyme	Kreditkartenbasiert, später	Nein
NetBill	Nein	Kontenbasiert, sofort/später	Ja
NetCheque	Nein	Kontenbasiert, sofort/später	Ja

Diese heterogenen Ansätze stellen eine repräsentative Grundlage dar, um eine gemeinsame, generische Schnittstelle zu dynamischen Protokollinstanzen abzuleiten, über die Klienten (als Käufer) und Server (als Verkäufer) im EDM mit Bankservern kommunizieren. Aus dem Vergleich der Systeme lassen sich folgende Schlüsse ziehen:

- Ecash
  Ecash läßt sich ohne Aufwand in eine EM-Infrastruktur integrieren, da elektronische Portemonnaies sowohl für Käufer als auch Verkäufer in gleicher Form als externer Prozeß genutzt werden können. Ausgelöst wird dabei der Zahlungsvorgang seitens des Verkäufers durch die Aufforderung an das elektronische Portemonnaie des Käufers. Dieses ist durch einen vom Käufer unabhängigen Prozeß realisiert, so daß die Schnittstelle zwischen der EDM-Infrastruktur und der Ecash-Umgebung nur beim Verkäufer zu realisieren ist.

- NetCash
  Aufgrund der Programmierschnittstellen seitens der Klienten- und der Serveranwendung besteht eine unmittelbare Integrationsfähigkeit von NetCash-Komponenten als dynamische Bibliotheken. Die Anwendungen müssen dabei zum Konfigurationszeitpunkt über den Namen ihrer Bankserver und bei der Bezahlung den Betrag verfügen. Alle weiteren Informationen lassen sich in eine NetCash-spezifische dynamische Protokollinstanz seitens des Klienten und des Servers auslagern, mit der die Anwendungen verbunden sind.

- FirstVirtual
  Der Nachrichtenverkehr erfolgt bei FV auf der Basis ausgetauschter eMails. Eine dynamische Protokollinstanz, die FV-Bezahlungen durchführt, stellt somit eine Schnittstelle zwischen der jeweiligen Klienten- oder Serveranwendung und der eMail-Kommunikation mit der FV-Bank dar. Während die Nachrichten zur Durchführung des Kaufes nicht notwendigerweise eMail-basiert sind, so ist dies spätestens bei der anschließenden Kommunikation zur Bezahlung mit dem Bankserver der Fall.

- NetCheque
  NetCheque sieht Bibliotheken vor, die über ihre Programmierschnittstelle in den Server integriert werden. Beim eigentlichen Zahlungsprotokoll kann daher der Scheck zusammen mit den Parametern des GEMS-RPCs an den Server übertragen werden. Über eine Bibliotheksfunktion deposit_cheque ruft dieser den Bankserver des Verkäufers auf. Hierbei wird der Scheck zzgl. eines vom Verkäufer generierten Authentikators übergeben. Der Authentikator sichert der Bank zu, daß der Scheck vom Inhaber des Kontos eingereicht wurde, auf das der Betrag einzuzahlen ist. Als Resultat wird der Erfolg der Transaktion angezeigt. Während dieses Zahlungsvorgangs ist kein Verbindungsaufbau mit dem Käufer erforderlich. Das Ergebnis der Scheckeinreichung kann anschließend dem Klienten über die Resultatliste des GEMS-RPC zurückgeliefert werden.

- NetBill
  Auch bei NetBill können zur Informationsabfrage sowie zur Zahlung vorgesehene Nachrichten in den GEMS-RPC eingebettet werden, der ohnehin der Kommuni-

kation zwischen Käufer und Verkäufer zugrunde liegt. Bei dieser Lösung wird von einer NetBill-spezifischen Komponente des Klienten die Zahlungsfunktion des Servers aufgerufen. Seitens des Verkäufers wird dieser Aufruf wiederum von einer NetBill-spezifischen „Gegenstelle" ausgeführt, indem sie die Verbindung mit dem Bankserver aufbaut.

In dem durch Variation der Merkmale *Anonymität* und *Vertraulichkeit* aufgespannten Raum nehmen die dargestellten Verfahren unterschiedliche Positionen ein. Welches Verfahren sich für einen elektronischen Markt am besten eignet, hängt von der Art der Kauftransaktion ab – ebenso wie bei konventionellen Verfahren auch Bargeld, Schecks, Kreditkarten, Wertmarken oder POS-Kundenkarten in komplementärer Form koexistieren. Es steht dabei jedoch kein integriertes Abrechnungsverfahren zur Verfügung, das beliebige Merkmalskombinationen zuläßt. Folglich kann auch für GEMS-Architektur die Entscheidung, welches Verfahren zum Zwecke des Zahlungsverkehrs zu integrieren ist, von großer Bedeutung für ihre eigene Wettbewerbsfähigkeit sein und ist somit, wie eingangs erwähnt, ein kritischer Erfolgsfaktor.

Für Entwickler spezieller Zahlungsprotokolle ist es somit ein erheblicher Vorteil, wenn die GEMS-Architektur prinzipiell eine dynamische Einbindung der damit verbundenen Komponenten zuläßt. In diesem Fall bleibt die Infrastruktur offen für die Weiterentwicklung der Protokolle und erlaubt ihren Nutzern die Wahl eines angemessenen Verfahrens für jede individuelle Handelstransaktion mit minimalem Aufwand.

Die ausgewählten Zahlungsprotokolle liefern einen Ausschnitt aus der Vielfalt möglicher Protokollvarianten. In Abb. 64 ist zu erkennen, daß sich bei jedem Protokoll der eigentliche Informationsfluß zwischen Klient und Server nur auf einen Teil des Gesamtprotokolls erstreckt. Die Verbindung zum Bankserver wird in der Regel vom Server aufgebaut, d.h., der Klient ist in den eigentlichen Zahlungsprozeß nur indirekt involviert. Beim abgeleiteten, generischen Protokoll beschränkt sich der Informationsfluß etwa auf die Nachrichten 1 und 4, während der Zahlungsfluß zusätzlich die Nachrichten 2, 2.1, 2.2 und 3 einschließt.

In keinem der Fälle ist dabei der Zahlungsdienst als Mittler (zwischen Klient und Server) integriert, d.h., er wird nur unilateral (und in der Regel vom Verkäufer) in Anspruch genommen. Bei einigen Protokollen wendet sich der Zahlungsdienst zur Abholung spezifischer Daten (Münzen, Bestätigungen) zusätzlich an den Käufer. Ferner ist zu erkennen, daß die Kommunikation immer synchron erfolgt, d.h., prinzipiell können die Nachrichten des Zahlungsprotokolls als Parameter und Resultate z.B. des GEMS-RPC transportiert werden.

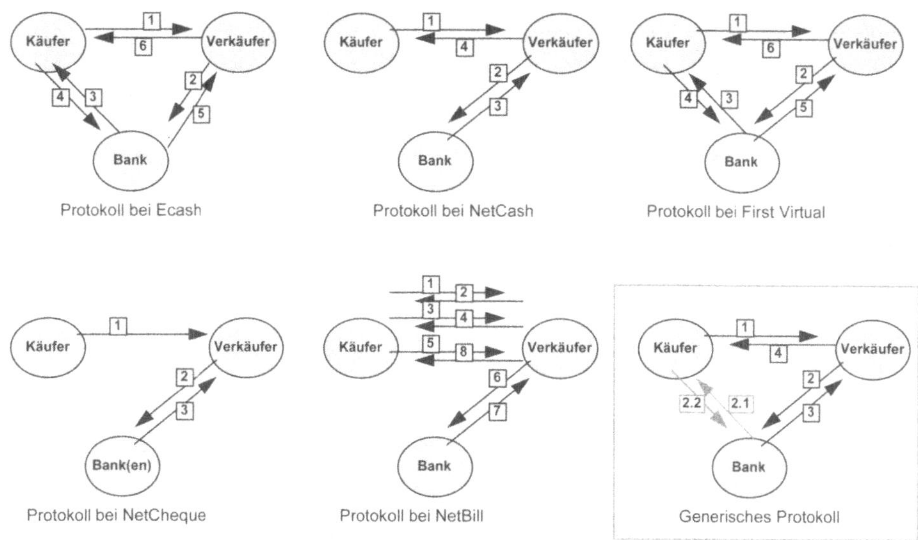

Abb. 64. Protokollvarianten zur elektronischen Bezahlung

Gegenstand dieses Kapitels ist nicht nur die Integration alternativer Protokolle von Zahlungsdiensten, sondern generell die Integration verschiedener *Klassen von Unterstützungsdiensten*. Daher werden im folgenden Notariatsdienste als zweite Variante untersucht. Mit der Information über die individuelle Protokollgestaltung dieser zwei UD-Klassen steht im Anschluß eine hinreichend heterogene Vielfalt an Protokollen und Anforderungen zur Verfügung, so daß verschiedene Ansätze zur Integration dieser Unterstützungsdienste hinsichtlich ihrer einheitlichen Integration verglichen und bewertet werden können.

6.2 Unterstützungsdienste zur notariellen Beurkundung

Ein Notariatsdienst dient als elektronische Entsprechung des konventionellen Notars dazu, Interaktionen zwischen Klienten und Servern derart zu registrieren, daß sie von allen beteiligten Seiten als verbindlich und unabstreitbar akzeptiert werden und damit auch zu einem beliebigen späteren Zeitpunkt noch nachvollziehbar sind (vgl. z.B. [Drag96, BeJu95]). Gewisse Rechtsgeschäfte erfordern die Einbeziehung eines Notars, während es bei anderen den Vertragsparteien überlassen bleibt, einen Vertragsschluß beurkunden zu lassen.

Die Rolle des konventionellen Notars bei Rechtsgeschäften

Während nach US-amerikanischem Recht bzw. dem Uniform Commercial Code (UCC) von einem bestimmten Geschäftswert an ein Vertrag schriftlich abgefaßt oder unterschrieben sein muß, sieht das deutsche Recht nur in wenigen Fällen die Schriftform (§126 BGB), notarielle Beurkundung (§128 BGB) oder öffentliche Beglaubigung der Unterschrift vor. Solche Vorschriften finden sich etwa im Vereinsrecht, im

Minderjährigenrecht, im Grundstückkaufrecht, bei der Schuldübernahme, beim Miet- und Pachtrecht oder bei kaufmännischen Orderpapieren. Die bislang im UN/ EDIFACT-System standardisierten Nachrichten, die Gegenstand von Willenserklärungen sein können, liegen sämtlich außerhalb dieser Bereiche [Kili85]. Soweit die Buchführungs- und Rechnungsvorschriften betroffen sind, läßt das Handelsgesetzbuch elektronische Dokumente zu. Die schnelle Ausweitung des elektronischen Datenaustausches wird aber künftig mit Sicherheit auch die Bereiche interorganisationaler Kommunikation erfassen, in denen eine Verkörperung der Willenserklärung in einer schriftlichen Urkunde mit einer eigenhändigen Unterschrift verlangt wird. Diese Voraussetzung, die auf dem Modell der papiergebundenen Kommunikation und Beweisführung beruht, können elektronische Dokumente nicht erfüllen, weil sonst der wirtschaftliche Zweck elektronischer Datenkommunikation entfiele. Der mit der Formvorschrift der schriftlichen Urkunde verfolgte Zweck wird meist mit der Warn-, Beweis- oder Beratungsfunktion beschrieben [Hamm93]. Die Funktionen der Formvorschriften – außer der Beratungsfunktion, die im Verhältnis zwischen Kaufleuten jedoch keine Rolle spielt – können nach [Kili93] auch *funktional äquivalent* durch zertifizierte und kontrollierte Verschlüsselungsverfahren technisch garantiert werden. Dies gilt auch für elektronische Unterschriftensurrogate.

Ein weiteres Problem beim elektronischen Notar ist der rechtliche Beweiswert elektronischer Dokumente [Goeb94]. Zur Zeit scheint es bis zum Tätigwerden des Gesetzgebers oder bis zur Klärung durch Gerichtsentscheidungen erforderlich, die noch strittige Rechtslage durch vertragliche Rahmenvereinbarungen – z.B. im Falle von EDI mit den Partnern – zu klären und verfahrensmäßige Bedingungen für die Verbindlichkeit einzelner Willenserklärungen zu schaffen [ScZb93, Schn94]. Rahmenverträge widersprechen jedoch der spontanen Durchführung von Handelstransaktionen, die auf dem EDM primär vorzufinden ist. In der Forschung erfolgt daher eine besondere Fokussierung auf solche Rechtsgeschäfte, die eher spontanen, informellen Charakter besitzen:

> *„It seems to us that it would be wrong to assume that EDI will continue to be used only in closed user communities between existing trading partners. Indeed, we can already see technological, liberalisation and international trade reasons why the use of EDI should extend to a larger and less clearly identified user community over the coming decade. "*
>
> *[BaGM91]: "Trusted Third Parties and Similar Services", S. 3.*

Eine Untersuchung der konventionellen Notariatstätigkeit in verschiedenen EU-Mitgliedsstaaten führte zu dem Ergebnis, daß als wichtigste Notartätigkeiten die Authentisierung, die Zertifizierung und die Dokumentenarchivierung gelten [BaGM91].

- *Authentisierung*: Der Notar vergewissert sich in jedem Fall, daß die involvierten Parteien diejenigen sind, für die sie sich ausgeben.
- *Zertifizierung*: Der Notar vermerkt das Datum und die Zeit, zu der ihm ein Dokument überreicht wurde. Nachdem der Notar den Inhalt eines Dokumentes überprüft hat, wird er es eigenhändig unterschreiben und eventuell mit seinem Siegel versehen. Falls notwendig, wird er die Eintragung wichtiger Teile des Dokumentes in öffentliche Bücher vornehmen.

- *Archivierung*: Der Notar muß chronologisch und numerisch geordnete Verzeichnisse anlegen, die neben Datums- und Zeitangaben auch die Art des Dokumentes sowie die involvierten Parteien enthalten. Er muß die Originale der Dokumente an einem sicheren Ort und für eine bestimmte Zeit aufbewahren. Dafür ist er persönlich verantwortlich. Der Notar erstellt Kopien nur für die Parteien, die ein berechtigtes Interesse daran haben. Die Vertrauenspflicht läßt nicht zu, daß Kopien für Dritte erstellt werden, die kein unmittelbares Interesse aufweisen können.

Die Gesetzgebung und Branchenregeln, die sich auf die Notartätigkeit beziehen, haben zum Ziel, die Zuverlässigkeit der o.a. Dienste zu gewährleisten. Der Notar ist eine vertrauenswürdige Instanz, weil er unabhängig und unparteiisch ist. Vom Notar beglaubigte Urkunden werden als authentisch und überprüft anerkannt und vermitteln Sicherheit und Zuverlässigkeit. Sie besitzen einen hohen Beweiswert vor Gericht.

6.2.1 Zur Rolle eines Notariatsdienstes als Unterstützungsdienst im EDM

Ein Notariatsdienst dient als elektronische Entsprechung des konventionellen Notars dazu, Verträge und die daraus folgenden Interaktionen zwischen Klienten und Servern derart zu protokollieren, daß sie von allen beteiligten Seiten als verbindlich und unabstreitbar akzeptiert werden. Aufgrund ihrer anonymen Kommunikation, ist bei Transaktionspartnern im EDM besonderer Bedarf gegeben für eine elektronische Entsprechung des konventionellen Notars. Dabei liegen seine Aufgaben in der Authentisierung von Vertragsparteien, der Dokumentenarchivierung sowie der Lieferung eines unabstreitbaren Nachweises der Existenz und möglicherweise auch des Inhalts ausgetauschter Nachrichten zwischen Sender und Empfänger. Im Rahmen von Standardisierungsbemühungen der ISO definieren [ISO-NR95, ISO-NR94a-c] Entwürfe für ein Modell der Nichtabstreitbarkeit (*non-repudiation*).

Die dabei verwendeten Beweismittel werden als „Token" gemeinsam mit den Anwendungsdaten gespeichert bzw. als Dateneinheiten des Nichtabstreitbarkeitsprotokolls an einen Empfänger übermittelt. Das Referenzmodell bezieht sich dabei auf Nachrichten, die von einem Sender über einen Kommunikationsdienst an den Empfänger übermittelt werden. Hierbei wird die vom Sender transferierte Nachricht um einen unabstreitbaren Nachweis des Ursprungs (*non-repudiation of origin*, NRO) ergänzt (vgl. Abb. 65). Als Nachweis der Entgegennahme durch das Kommunikationssystem sowie der Übertragung (bzw. der Einstellung der Nachricht in einen Datenspeicher innerhalb der Empfängerorganisation) erzeugt das Übermittlungssystem einen *non-repudiation of submission*-Token (NRS) bzw. einen *non-repudiation of transport*-Token (NRT). Schließlich kann der Empfänger als Nachweis des Erhalts einen *non-repudiation of delivery*-Token (NRD) an den Empfänger zurücksenden. Der Notariatsdienst kann hierbei als vertrauenswürdiger Dritter agieren, der die Erzeugung und Speicherung der Token übernimmt.

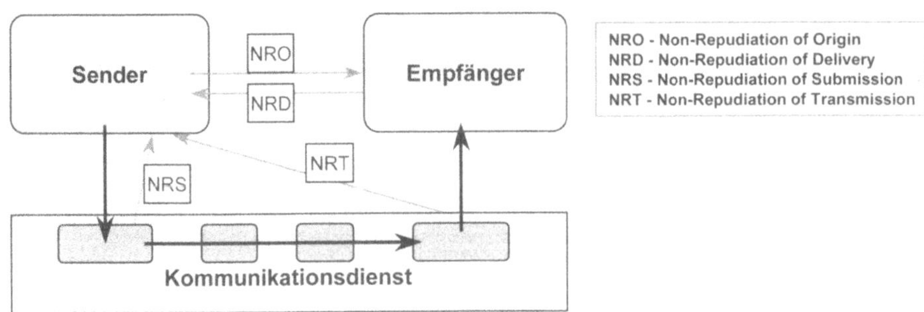

Abb. 65. ISO-Modell zur Nichtabstreitbarkeit

Es obliegt der Sicherheitspolitik kommunizierender Partner, in welcher Konfiguration der Dienst zur Nichtabstreitbarkeit genutzt wird. Hierbei können symmetrische oder asymmetrische Verschlüsselungsverfahren eingesetzt werden oder nur eine Auswahl dieser Dienste. Der bisherige Normenentwurf erlaubt es der einzelnen Anwendung, selektiv diese Dienste in Anspruch zu nehmen. Die vier NR-Dienste erlauben in einem Szenario gegenseitigen Mißtrauens von Sender, Empfänger und Betreiber der Kommunikationsinfrastruktur jeder einzelnen Partei den Nachweis der Durchführung eigener oder fremder Handlungen. Die Verwendung jedes einzelnen dieser Dienste kann Aushandlungsgegenstand während des Aufbaus einer Kommunikationsverbindung sein.

Die Einbeziehung des Notariatsdienstes als externen Server ist damit im Gegensatz zum lokal bindbaren Softwaremodul aus verschiedenen Gründen erforderlich:

1. Die anwendungsspezifische Sicherheitspolitik kann verlangen, daß die Beweismittel von einer organisationsexternen TTP bereitgestellt und verwaltet werden.
2. Beim Einsatz kryptographischer Verfahren kann es erforderlich sein, daß ein privater Schlüssel der TTP keinem anderen beteiligten Partner bekannt sein darf. Somit kann die TTP nicht Bestandteil der lokalen Administrationsdomäne eines Transaktionspartners sein.
3. Das rechtliche Umfeld kann die Unparteilichkeit der TTP fordern.
4. Anonymität zwischen Klient und Server kann nur aufrechterhalten werden, wenn die für Nichtabstreitbarkeit geforderte Authentisierung gegenüber einer neutralen TTP erfolgt.

Die Rolle des Notariatsdienstes als TTP ist somit durch die *Bereitstellung, Übertragung und Speicherung* von Beweismitteln definiert. Einige Modelle verstehen den Notariatsdienst auch als *vertrauenswürdigen Mittler,* der gleichzeitig eine Kommunikationsverbindung zwischen Sender und Empfänger realisiert (vgl. z.B. [Herd95], [Balf95] oder [BeJu95]).

Aus der Betrachtung der konventionellen Notariatstätigkeit kann die Schlußfolgerung gezogen werden, daß nicht jede denkbare Transaktion die Einbeziehung eines Notariatsdienstes notwendig machen würde. Auch hier spielt der Trade-off zwischen Rüstkosten, Transaktionskosten und den Gesamtkosten der Dienstnutzung eine Rolle bei der Entscheidung über Vertragsmodalitäten. Mikrokäufe würden sicherlich durch zu hohe Transaktionskosten der Notarisierung belastet, während bei hinreichend hohem Kaufpreis diese Einbeziehung sinnvoll erscheint.

Die Notarisierung von Vertragsinhalten

Notariatsdienste können in ihrer heutigen Implementierung Aktivitäten auf Nachrichtenebene beweisen, d.h. wann welche Nachricht zwischen welchen Instanzen kommuniziert wurde. Auch Nachrichteninhalte können dabei anhand von Hash-Funktionen verglichen werden, ohne daß die Daten im vollen Umfang protokolliert werden müssen. Die Grenzen der Notariatsdienste sind jedoch erreicht, wenn diesem Inhalt eine ökonomisch relevante Bedeutung beigemessen werden soll. Denkbar sind hier beispielsweise Vertragsdokumente, oder Dokumententeile wie Preisinformationen und Produktbeschreibungen, die gesondert im Klartext protokollierbar sind. Im Streitfall bestünde für die involvierten Parteien über den qualitativen Vergleich von Prüfsummen hinaus die Möglichkeit besteht, die eventuelle Differenz aus zugesicherter und erbrachter Leistung zu quantifizieren. Zu diesem Zweck ist jedoch eine für Komponenten der EDM-Infrastruktur verarbeitbare Vertragsrepräsentation erforderlich.

In der aktuellen Entwicklung von Zertifizierungsdiensten wird in der Regel mittels einer Hash-Funktion der Inhalt eines archivierten Dokuments anhand des Originals zu einem späteren Zeitpunkt nachprüfbar und bestimmten Kommunikationspartnern zurechenbar. Die Notariatsfunktion beschränkt sich hierbei jedoch lediglich auf die Kommunikationsebene im EDM-Modell (vgl. z.B. [Nehl95, Waid96]). Beim WWW ist ebenfalls keine formalisierte Vertragsrepräsentation vorgesehen so wie es auch allgemein den in Kapitel 3 untersuchten Client/Server-Umgebungen an einer grundsätzlichen Erweiterung zur Repräsentation ökonomisch relevanter Information mangelt.

Bei der GEMS-Architektur steht hingegen die Dienstrepräsentation sowohl als zertifizierbare wie auch protokollierbare Datenstruktur grundsätzlich zur Verfügung. Sie definiert zwar nicht die Semantik aufrufbarer Operationen, enthält jedoch in beliebig spezifischer – natürlichsprachlicher oder formalisierter – Form eine Beschreibung des Dienstes (und auch seiner semantischen Eigenschaften). Die Untersuchung von Möglichkeiten der Vertragsformalisierung und -standardisierung wird hier jedoch nicht weiter untersucht.

Den Kommunikationspartnern sollte dabei die Wahl gelassen werden, die Notarisierung einer individuellen Handelstransaktion in Form optionaler, kombinierbarer Dienste zu wählen. Somit kann ein wählbarer Grad an Autonomie und Vertraulichkeit der Client/Server-Kommunikation erreicht werden, den die Transaktionspartner freiwillig und einvernehmlich einschränken können. Bei den im folgenden diskutierten Protokollen wurde daher Wert auf eine skalierbare Einbindung des Notars gelegt.

6.2.2 Exemplarische Notarisierungsprotokolle

Ein Notariatsdienst wird optional und jeweils für die Dauer einer Sitzung genutzt. Hierbei soll für die involvierten Transaktionspartner Wahlfreiheit bzgl. der zu beurkundenden Informationen bestehen. Dabei läßt sich der Notar im Kontext des EDM zur Authentisierung der Vertragsparteien, zur Hinterlegung der Dienstrepräsentation und – in der maximalen Nutzungsweise – zur Erzeugung von NR-Tokens für kommunizierte Nachrichten und Operationsaufrufe einsetzen:

1. Stufe: Authentisierung

   In der *ersten Stufe* verifiziert der Notariatsdienst lediglich die Identitäten der involvierten Partner. Diese Information wird vom Notar auf vertrauliche Weise protokolliert. Die Kommunikationspartner können nach wie vor gegenseitig anonym bleiben. Nur im Falle des Rechtsstreits wird die vertrauliche Information autorisierten Parteien (z.B. für Ermittlungszwecke) zugänglich gemacht.

2. Stufe: Hinterlegung der Dienstrepräsentation

   In der zweiten Stufe wird die Dienstrepräsentation als Repräsentation des Vertrages ebenfalls protokolliert. Hierbei sind zwei Varianten vorgesehen: *Verifikation mittels Hash-Funktion* oder *Komplettspeicherung*. Im ersten Fall ist zum späteren Zeitpunkt des Rechtsstreits eine DR im „Originalzustand" erforderlich, auf deren Grundlage unter Anwendung der Hash-Funktion eine Verifikation durchgeführt werden kann. Im zweiten kann der Inhalt der DR unmittelbar aus der Log-Datei des Notars eingesehen werden.

3. Stufe: Protokollierung der Kommunikation

   Mit der dritten Stufe wird von den Parteien die Protokollierung aller Prozeduraufrufe gefordert. Auch hier besteht die Wahl zwischen Hash-Funktion und Komplettspeicherung. Im letzteren Fall ist allerdings aus Gründen begrenzter Bandbreiten- und Speicherressourcen die Anwendung einer Hash-Funktion zumindest auf Bulk-Daten (Graphiken, Multimedia-Daten) angezeigt.

In den Stufen 1 und 2 wird der Notar lediglich bei der Bindung zwischen Klient und Server involviert, in der dritten bei jedem Funktionsaufruf. Falls der Notar involviert ist, werden dann jeweils vom Sender und Empfänger einer Nachricht die transferierten Daten übermittelt, d.h., jedem GEMS-RPC sind 4 Notaraufrufe untergeordnet. Dennoch kann davon ausgegangen werden, daß dieses erhöhte Nachrichtenaufkommen dabei angesichts des zumeist hohen Transaktionswertes in Kauf genommen wird.

Die an dieser Stelle diskutierten Notarisierungsprotokolle sind mangels geeigneter Produkte oder Standards im Rahmen von Forschungsaktivitäten des Verfassers definiert worden (vgl. auch [Drag95, MeML94c]). Den Protokollen liegt für den Sitzungsaufbau ein asymmetrisches Verschlüsselungsverfahren für die erstmalige Kommunikation mit dem Notar zugrunde, das es erlaubt, Nachrichten nicht nur vertraulich, sondern auch authentisiert mit dem Notar auszutauschen. Anschließend können jedoch während der Sitzung symmetrische Sitzungsschlüssel verwendet werden, deren Handhabung erheblich einfacher ist und die die Anonymität zwischen Klient und Server aufrechterhalten. Da jedoch in der Phase der Schlüsselverteilung (bzw. beim Zugriff auf den öffentlichen Schlüssel eines Partners) falsche öffentliche Schlüssel böswillig in Umlauf gebracht werden können, ist es sinnvoll, beim Austausch das Zertifikat einer vertrauenswürdigen Zertifizierungsautorität mitzuliefern.

Notarisierungsprotokolle für die Stufen 1 und 2 mit vorab bekanntem Notar

1. Im ersten Schritt erzeugt der Klient eine global eindeutige Sitzungs-ID (im folgenden UUID genannt) und sendet diese, seinen öffentlichen Schlüssel und ein Zertifikat dafür an den Notar, verschlüsselt mit dessen öffentlichen Schlüssel N_{pk}. Es wird davon ausgegangen, daß zuvor der N_{pk} unverfälscht zum Klienten gelangt ist.

$$C \rightarrow N_{pk} (C_{pk}, Cert., UUID) \rightarrow N$$

2. Der Notar erzeugt einen symmetrischen Sitzungsschlüssel (*Session Key*) *SK* für die nachfolgende Kommunikation und speichert ihn zusammen mit der UUID sowie weiteren Daten über den Klienten in der Urkundenrolle.[32] Der *SK* ist nur für die Kommunikationspartner Klient-Notar-Server gültig und wird mit dem öffentlichen Schlüssel des Klienten C_{pk} verschlüsselt an diesen zurückgesendet:

$$N \rightarrow C_{pk}(SK) \rightarrow C$$

3. Der Klient ruft die Bindungsoperation des Servers im Klartext auf. Dabei wird die UUID der Parameterliste des GEMS-RPC angefügt. Später, wenn der Server den *SK* erhalten hat und die weitere Kommunikation mit diesem verschlüsselt erfolgt, wird auch die Vertraulichkeit der Kommunikation gewährleistet sein. Die Parameterliste hat folgende Form:

$$C \rightarrow (<Bindungsparameter>, UUID) \rightarrow S$$

Es ist zu beachten, daß dem Klienten die Identität des Server nicht bekannt ist. Prinzipiell besteht hier die Gefahr eines böswilligen Dritten, der sich in die Kommunikation einschaltet und als Server agiert. Da sich dieser Dritte jedoch im folgenden gegenüber dem Notar authentisieren muß, kann der Sachverhalt im Betrugsfall anschließend aufgedeckt werden.

4. Jetzt muß sich der Server gegenüber dem Notar als Vertragspartner authentisieren. Er sendet seinen öffentlichen Schlüssel und die UUID in verschlüsselter Form an den Notar:

$$S \rightarrow N_{pk} (S_{pk}, Cert., UUID, DR) \rightarrow N$$

Auch die DR (oder in einer anderen Variante ihre kryptographische Prüfsumme) wird an *N* übermittelt, so daß dort bereits serverseitige Version vorliegt.

5. Der Notar überprüft, ob die UUID der zuvor vom Klienten eingereichten entspricht und sendet dem Server den *SK*, verschlüsselt mit S_{pk}:

$$N \rightarrow S_{pk} (SK) \rightarrow S$$

---

[32] Prinzipiell könnte auch ein asymmetrisches Paar erzeugt werden, von dem jeweils ein Schlüssel zum Klienten bzw. zum Server gesendet wird. Da ein symmetrischer Sitzungsschlüssel jedoch nur für die Dauer der Sitzung verwendet wird und weniger Rechenaufwand erfordert, wird diese Variante bevorzugt.

6. Damit ist der *SK* auf vertrauliche Weise zu Klient und Server gelangt. Die weitere Kommunikation erfolgt mit *SK* verschlüsselt. Bis zu diesem Zeitpunkt realisiert das Protokoll die Authentisierung des Klienten und des Servers gegenüber dem Notar sowie die Schlüsselverteilung. Damit sind die ersten zwei Anforderungen des Notariatsdienstes erfüllt (Authentisierung und Vertraulichkeit), und Klient und Server bleiben anonym. Eine Verschlüsselung mit *SK* erfolgt bereits für das Resultat des Bindungsaufrufes, die Dienstrepräsentation:

$$S \rightarrow SK(DR) \rightarrow C$$

7. Nach dem Empfang entschlüsselt der Klient die Nachricht, so daß der Anwendung (etwa der generische Klient) die DR im Klartext zur Interpretation zur Verfügung steht. Zuvor wird sie jedoch noch dem Notar zur Verifikation der Integrität übermittelt:

$$C \rightarrow SK(DR) \rightarrow N$$

Stimmen beide Versionen der DR (bzw. die kryptographischen Prüfsummen) überein, ist sichergestellt, daß Klient und Server unter den gleichen Annahmen bzgl. der DR eine Handelstransaktion durchführen. Damit auch die restlichen Anforderungen erfüllbar sind (Datenintegrität, Zeitstempel und Protokollierung), werden bei den nachfolgenden Aufrufen von Notariatsfunktionen der Name der aufzurufenden Operation sowie die aktuelle Parameterliste von Klient und Server vor und nach dem Aufruf übermittelt.

Notarisierungsprotokoll der Stufen 1 und 2 mit Notarvorschlag des Servers

Bei dem oben illustrierten Protokoll wird willkürlich davon ausgegangen, daß erstens der Klient die UUID generiert und zweitens für Klient und Server die Instanz des Notars a priori bekannt ist. Dies erscheint unrealistisch, denn üblicherweise schlägt eine Partei den Notar vor und die andere willigt ein. Diese Protokollvariante ist mit geringfügigen Modifikationen realisierbar. Dabei kann auch die Erzeugung der UUID durch den Notar erfolgen:

1. C ruft die Bindungsoperation des S unmittelbar auf und übergibt die Bindungsparameter im Klartext:

$$C \rightarrow (\ \text{<Bindungsparameter>}\ ) \rightarrow S$$

2. S authentisiert sich gegenüber N und liefert seinen öffentlichen Schlüssel, ein Zertifikat dafür sowie die DR ab:

$$S \rightarrow N_{pk}\ (S_{pk}, \text{Cert.},\ DR\ ) \rightarrow N$$

3. und erlangt verschlüsselt von diesem den *SK* und die von N generierte UUID:

$$N \rightarrow S_{pk}\ (SK, UUID) \rightarrow S$$

4. An C wird eine Nachricht zurückgesendet, die neben der mit *SK* verschlüsselten DR den Notar benennt:

$$S \rightarrow (\ SK(DR),\ Notar\ ) \rightarrow C$$

5. Schließlich authentisiert sich C gegenüber N (wenn er der Auswahl des N zustimmt), liefert das mit N_{pk} verschlüsselte Zertifikat

$$C \rightarrow N_{pk}\ (C_{pk},\ Cert.,\ DR\ ) \rightarrow N$$

6. und erhält den SK sowie die UUID:

$$N \rightarrow C_{pk}\ (SK,\ UUID) \rightarrow C$$

Jetzt kann der Notar bestätigen, daß beide Partner die gleiche DR verwenden, beide haben sich beim Notar authentisiert und die UUID sowie der *SK* wurden verschlüsselt an beide verteilt. Durch die Verwendung von N_{pk} können sich auch Klient und Server der Authentizität des Notars gewiß sein. Insgesamt reichen 6 Nachrichten bei diesem Protokoll zur Hinterlegung der DR, das dem Server die Wahl des Notars überläßt. Dennoch handeln beide Parteien anonym.

Im folgenden wird die Fortsetzung der bisherigen Protokolle im Rahmen der dritten Stufe (zur Protokollierung von Operationsaufrufen) skizziert:

Notarisierungsstufe 3: Protokollierung der Operationsaufrufe

Das in den weiteren Ausführungen beschriebene Protokoll bezieht sich nur auf einen einzelnen Operationsaufruf des Klienten beim Server:

1. C sendet die UUID und den Namen der aufzurufenden Funktion mit den entsprechenden Parametern an den Notar. Dieser sichert sie auf stabilem Speicher unter der UUID und mit einem Zeitstempel:

$$C \rightarrow SK(\ UUID,\ OpName,\ P1,\ P2,\ ...\ ) \rightarrow N$$

2. Der Notar protokolliert die Daten und sendet C eine Bestätigung T_{NRO} (als NRO-Token). Diese enthält eine kryptographische Prüfsumme der Parameter, so daß im Schritt 4 deren Unversehrtheit verifiziert werden kann. Zusätzlich wird T_{NRO} vom Notar gespeichert.

3. Der Klient ruft die betreffende Operation des Servers auf. Die Parameter sind dabei mit SK verschlüsselt:

$$C \rightarrow SK\ (UUID,\ T_{NRO},\ OpName,\ P1,\ P2,\ ...) \rightarrow S$$

4. Der Server sendet UUID, Name und Parameter der aufzurufenden Operation dem N, um verifizieren zu lassen, daß die erhaltenen Parameter identisch mit denen sind, die C dem Notar vorgelegt hat:

$$S \rightarrow SK(\ UUID,\ T_{NRO},\ OpName,\ P1,\ P2,\ ...\ ) \rightarrow N$$

5. N sendet eine entsprechende Bestätigung an S (als NRD-Token). Die Unversehrtheit der Daten kann über T_{NRO} verifiziert werden.

6. S führt die Operation aus und legt N das Resultat gemäß Schritt 1 vor. Dieses wird unter der UUID gespeichert:

$$S \rightarrow SK(\ UUID, OpName, R1, R2, \ldots\ ) \rightarrow N$$

7. N liefert eine entsprechende Nachricht an S zurück (als NRO-Token für das Resultat).

8. S sendet das Ergebnis der Operation zusammen mit dem T_{NRO} verschlüsselt an C:

$$S \rightarrow SK\ (UUID, T_{NRO}, OpName, R1, R2, \ldots) \rightarrow C$$

9. C legt seinerseits das Ergebnis dem N entsprechend Schritt 4 vor. Dieser prüft analog zur Parameterübergabe anhand des T_{NRO} auf Identität der Resultate mit der Version des Servers.

10. N sendet eine entsprechende Nachricht an C (als NRD-Token für das Resultat).

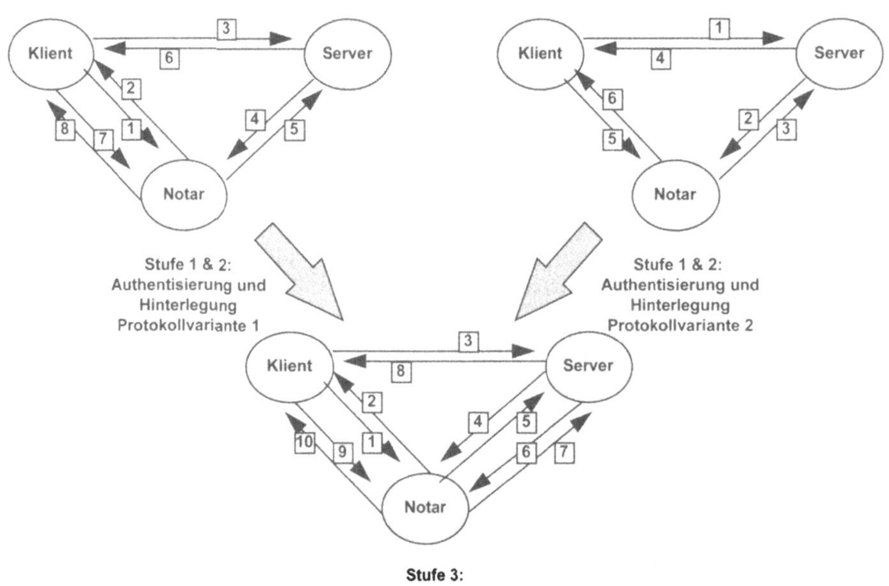

Abb. 66. Protokollvarianten zur Notarisierung

Damit sind die Anforderungen der Datenintegrität und Datenspeicherung erfüllt. Für beide Parteien ist unter Vorlage der UUID *auf der Kommunikationsebene* des EDM-Modells nachweisbar, *daß* eine Nachricht überhaupt gesendet wurde, und *auf der Repräsentationsebene, welche* Daten diese Nachricht enthielt. Eine für die zivilrechtliche Beweisaufnahme erforderliche Nichtabstreitbarkeit ist somit gewährleistet.

Gleichzeitig bleiben wegen der nicht erforderlichen gegenseitigen Authentisierung die Identitäten der beiden Parteien gegenseitig verborgen. Welche Bedeutung der Nachrichteninhalt hinsichtlich dieser Beweisaufnahme hat, betrifft *die ökonomische Ebene* des EDM-Modells. Die Interpretation dieser Information hängt jedoch vom Benutzer bzw. einer Standardisierung dieser Inhalte ab und entzieht sich damit der EDM-Infrastruktur. Die Abb. 66 illustriert abschließend den Kommunikationsverlauf der diskutierten Protokollvarianten.

Ähnlich den aus dem Vergleich der Zahlungsprotokolle gewonnenen Erkenntnissen kann aus dem Vergleich in Abb. 66 abgeleitet werden, daß der Notar immer vor oder nach dem eigentlichen Transfer von Anwendungsdaten genutzt wird. Auch hier ist die Rolle als Mittler, der auch für den Transfer von Anwendungsdaten eingesetzt wird, nicht erforderlich. Im Gegensatz zu verschiedenen Zahlungsprotokollen spielt der Notar ausschließlich die Rolle des Servers, da er nie selbst einen der Transaktionspartner aufruft.

6.3 Integration von Unterstützungsdiensten in die GEMS-Architektur

Nachdem sowohl für Zahlungs- als auch Notariatsdienste die jeweiligen Bedeutungen für den EDM motiviert und Ausprägungen ihrer Protokolle diskutiert wurden, ist die Frage zu erörtern, *wie* eine flexible Integration dieser Dienste in die GEMS-Architektur erfolgen kann und *warum* ihre Einbeziehung in der Rolle des Unterstützungsdienstes als sinnvollste Alternative identifiziert wurde. Anschließend sind Details dieser Integration hinsichtlich

- der Kommunikation,
- der Spezifikation notwendiger Unterstützungsdienste und der Bestimmung geeigneter Diensterbringer sowie
- der Auswirkungen auf die GEMS-Architektur bzgl. der global zu standardisierenden Schnittstellen und Datenstrukturen zu untersuchen.

6.3.1 Alternativen zur Integration

Bevor Unterstützungsdienste als geeignete Form zur Integration vertrauenswürdiger Dritter in den folgenden Abschnitten vertieft untersucht werden, ist nachzuweisen, warum diese Integrationsalternative sich am besten eignet.

In der Definition aus Abschnitt 3.1.3 wurden nach der Domänenklassifikation folgende Diensteklassen identifiziert: *Mehrwertdienste* (auf der Anwendungsebene, auch *Inline-Integration* genannt), *Systemdienste* (als lokale Bibliotheken) und *Unterstützungsdienste* (auf der Infrastrukturebene, auch *Online-Integration* genannt). Es sollen daher zunächst Mehrwert- und Systemdienste hinsichtlich ihrer Eignung untersucht werden. Dabei reicht es bereits aus, nachzuweisen, daß exemplarische vertrauenswürdige Dritte (TTPs) – wie z.B. Notariats- oder Zertifizierungsdienste – nicht als System- oder Mehrwertdienste genutzt werden können, da damit auch ein generischer Mechanismus zur Integration auf dieser Basis untragbar wäre.

Alternative 1: Einbeziehung von TTPs als Mehrwertdienste

Eine einfache Form, Notariats- und Zahlungsdienste in die Client/Server-Kommunikation zu integrieren, besteht in ihrer Bereitstellung als Mehrwertdienste (bzw. Mittler, vgl. Abb. 67a), ähnlich dem in Kapitel 8 präsentierten TP-Monitor. Eine Bindung an den Server kann in dieser Variante nur direkt über den Mehrwertdienst erfolgen. Im Gegensatz zur nachrichtenbasierten Semantik des ISO/OSI-Modells könnte eine RPC-orientierte Semantik festgelegt werden, die eine Leistung und den damit verbundenen Nachrichtenzugang als vollzogen protokolliert, wenn das RPC-Resultat des Servers innerhalb gegebener Timeout-Schranken geliefert wird. Dieses impliziert den Beweis der Entgegennahme und der Zustellung von serverseitigen Nachrichten.

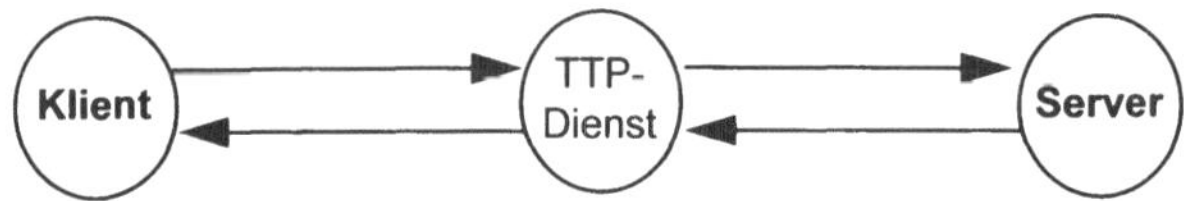

a) Ein Mehrwertdienst

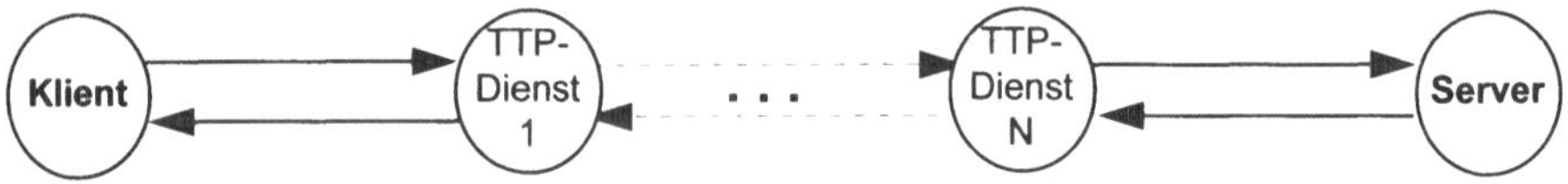

b) N Mehrwertdienste

Abb. 67. Vertrauenswürdige Dritte als Mehrwertdienste

Der Vorteil besteht in dieser Variante darin, daß je Prozeduraufruf nur zwei zusätzliche Nachrichten anfallen, also nur relativ geringe Verzögerungen zu erwarten sind. Ferner besteht aufgrund der Kanalisierung aller Aufrufe für den Mehrwertdienst eine einfache Möglichkeit, Nachrichten zu protokollieren und somit den unabstreitbaren Nachweis ihrer Existenz und ihres Inhalts zu erbringen.

Allerdings ist bei der Einbeziehung mehrerer Mehrwertdienste ein erheblich höherer Konfigurationsaufwand erforderlich: Die Kommunikation zwischen Klient und Server kann nur über eine Kette von Mehrwertdiensten erfolgen, so daß für die Nutzung eines Dienstes TTP_n die Konfiguration aller zuvor genutzten Dienste TTP_{n-1} bis TTP_1 notwendig ist (Abb. 67b). Unter der Annahme, daß neben den bisher untersuchten, vertrauenswürdigen Diensten auch weitere – etwa der unternehmenseigenen Buchführung – einbezogen werden können, erscheint dieser Aufwand als sehr hoch für Dienste, deren Nutzung nur bei geringen Rüst- und Transaktionskosten keine Behinderung von EDM-Aktivitäten darstellt. In der Literatur diskutierte Ansätze bieten hier noch keine Lösung, da diese sich zumeist nur mit einzelnen TTP-Klassen befassen.

Bei ihrer Integration würden alle TTPs als „Tunnel" für alle Nachrichten, die zwischen Klient und Server ausgetauscht werden, fungieren. Dabei ist anzunehmen, daß nicht jede Information für die einzelnen TTPs erforderlich ist. Die Protokollschemata der vorherigen Abschnitte zeigen, daß die Kommunikation mit der TTP unabhängig von der eigentlichen Transaktion erfolgt. Die Einbeziehung der TTPs als Mehrwertdienste erfordert zur Verarbeitung der erforderlichen Parameter spezifische Logik bei Klient und Server (z.B. zur Erzeugung und Speicherung von Schlüsseln). Schließlich kann für einen Notar als TTP die Entgegennahme des RPC-Resultats durch den Klienten nicht ohne zusätzliches Protokoll nachgewiesen werden, so daß zumindest hier eine Erweiterung des zugrundeliegenden RPC-Protokolls erforderlich ist.

Es kann folglich festgehalten werden, daß die Einbindung vertrauenswürdiger Dienste als Mehrwertdienst nur mit sehr hohem Konfigurationsaufwand und einem konzeptionellen Bruch bei der Behandlung von Mehrwertdiensten als vertrauenswürdige einhergeht.

Alternative 2: Einbeziehung von TTPs als Systemdienste

Eine Realisierung vertrauenswürdiger Dienste als Systemdienste (d.h. ausschließlich als lokale Programmodule) kann sich nur auf „private" Funktionen zur Signatur- oder Schlüsselgenerierung beschränken, jedoch nicht auf die Kernfunktionen, die – wie bereits oben diskutiert – von *beiden* Parteien als vertrauenswürdig und somit *neutral* erwartet werden. Auch wenn eine systemtechnische Entkopplung von Klient oder Server einerseits und Systemdienst andererseits durch dynamische Bibliotheken gegeben ist, können sie sich nicht außerhalb der Organisationsdomäne beider Partner befinden.

Alternative 3: Einbeziehung von TTPs als Unterstützungsdienste

Unterstützungsdienste werden definitionsgemäß von einer organisatorisch ausgelagerten Partei mit standardisiertem Diensttyp angeboten, im Falle der vertrauenswürdigen Dienste also *innerhalb* von Vertrauens- und Konformitätsdomänen, jedoch *außerhalb* der Organisationsdomäne. Der Diensttyp eines Unterstützungsdienstes ist dabei zwar normiert, jedoch können sich aufgrund der Vielfalt dieser Dienste (siehe die vorherigen Abschnitte) beliebig viele, evtl. redundante „Standards" etablieren.

Bei dieser Integrationsform wird davon ausgegangen, daß der Unterstützungsdienst über ein Stellvertretermodul (*Proxy* bzw. *dynamische Protokollinstanz*, DPI) mit der jeweiligen Klient- oder Serveranwendung verbunden ist. Dies räumt dem UD ein, daß er mit der DPI anhand eines nicht-standardisierten Protokolls kommunizieren kann. Die DPI hat hingegen die Aufgabe, Aufrufe beim UD in Abhängigkeit von Aktivitäten der Anwendung auszuführen.

Die Integration einer DPI stellt zunächst ein gewisses Sicherheitsrisiko dar, da sie als ausführbarer Kode unmittelbar mit dem der Anwendung gebunden wird. Allerdings ist erstens davon auszugehen, daß vertrauenswürdige Parteien auch vertrauenswürdigen DPI-Kode ausliefern. Zweitens wird auf der Ebene der EDM-Infrastruktur einer *sicheren* Durchführung von Transaktionen Vorrang gewährt gegenüber der Entwicklungsfähigkeit von Diensten und Märkten auf der Anwendungsebene; damit sollten auf der Ebene der EDM-Infrastruktur Mechanismen eingesetzt werden, die ausschließlich das Binden *verifizierter* und *zertifizierter* DPIs zulassen. Für die Einrichtung eines neuen Protokolls (bzw. Diensttyps) für TTPs bedeutet dies, daß zunächst die entsprechenden DPIs zur Zertifizierung ihrer Funktion bei entsprechend spezialisierten Instanzen zur Software-Evaluation eingereicht werden müssen.

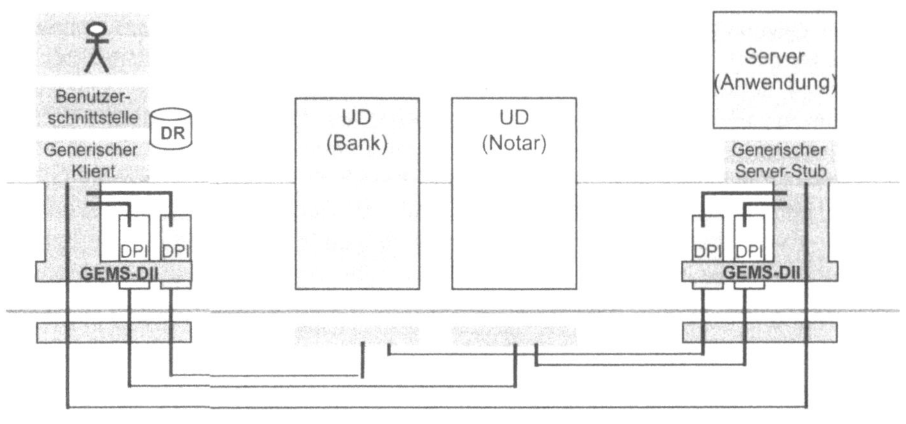

Abb. 68. Die Integration vertrauenswürdiger Dritter als Unterstützungsdienste

Die Schnittstellen zwischen Unterstützungsdiensten und Klienten bzw. Servern sollten von komplexen, protokollspezifischen Eigenschaften individueller Dienste abstrahieren. Diese Integrationsvariante wirft also das Problem auf, wie diese Forderung nach Generik mit der Standardisierung der Unterstützungsdienste in Einklang zu bringen ist. In Abb. 68 ist dazu die Erweiterung des GEMS-RPCs um *Dynamische Protokollinstanzen* (DPIs) skizziert, die für individuelle Sitzungen integriert werden können. Hierbei muß es möglich sein, angeforderte Unterstützungsdienste zu spezifizieren, auf ihre Verträglichkeit mit den angeforderten Unterstützungsdiensten des Transaktionspartners zu prüfen und schließlich die benötigten DPIs zu laden. Dafür erforderliche Diensteigenschaften (z.B. Kosteninformationen), können als Komponenten der Dienstrepräsentation vom Server als Resultat des Bindungsaufrufes bereitgestellt werden.

Nachdem damit Unterstützungsdienste als geeignete Variante zur Integration vertrauenswürdiger Dritter identifiziert wurden, ist nun zu untersuchen, welche Auswirkungen diese auf die Kommunikation von Klient und Server hat, ob die erforderliche Einbettung zusätzlicher Informationen in die Parameterlisten des GEMS-RPC typverträglich ist mit den angebotenen und nachgefragten Schnittstellen und auf welche Weise schließlich die Spezifikation und das „Matching" der jeweils geforderten UDs durchgeführt werden können.

6.3.2 Kommunikation mit Unterstützungsdiensten und ihre Typverträglichkeit

In manchen Fällen ist es notwendig, zwischen Klient und Server Daten auszutauschen, die ausschließlich für die integrierten Unterstützungsdienste gebraucht werden. Dies können z.B. Schlüssel sein oder elektronische Münzen. Damit besteht die Anforderung, das Klient und Server neben den eigentlichen „Nutzdaten" – den Parametern der Anwendungsebene – zusätzliche Informationen austauschen müssen. Dieser Austausch sollte im Idealfall so aus der eigentlichen Anwendung (d.h. Klient und Server) ausgelagert werden, daß diese dafür nicht modifiziert werden braucht. Hierbei nehmen die dynamischen Protokollinstanzen eine Filterfunktion wahr, indem sie den Parameterlisten weitere Elemente hinzufügen und auf diese Weise die erforderliche Kommunikation mit der DPI beim Transaktionspartner durchführen. Aus Gründen der Generik muß dabei angenommen werden, daß bei jedem der genutzten Unterstützungsdienste in einer Sitzung prinzipiell *vor* und *nach* dem entfernten Prozeduraufruf beim Server eine Kommunikation mit den betreffenden Unterstützungsdiensten stattfinden kann. Beide Transaktionspartner treten bei dieser Interaktion mit Unterstützungsdiensten jeweils in der Rolle des Klienten auf (Abb. 69).

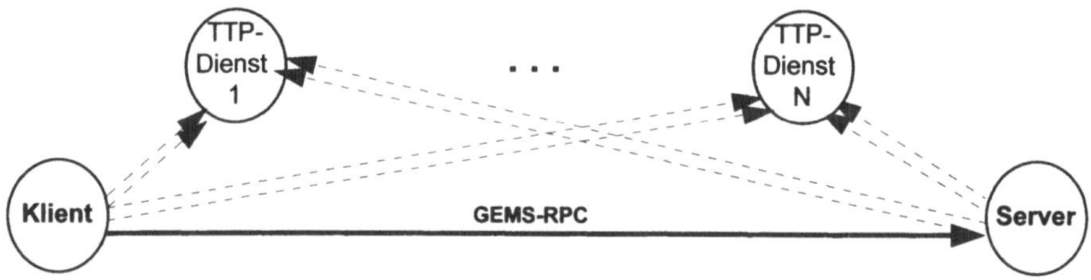

Abb. 69. Interaktion zwischen Klient, Server und Unterstützungsdiensten

Das maximale Nachrichtenaufkommen, das mit einem GEMS-RPC verbunden ist, errechnet sich also wie folgt:

- 2 Nachrichten für den RPC zwischen Klient und Server
- 8 potentielle Nachrichten für die Kommunikation mit UDs. Zwei Nachrichten werden hierbei je Partner und UD vor und nach dem RPC versendet. Weiterer UD-spezifischer Nachrichtenverkehr, wie z.B. ein Clearing-Protokoll zwischen verschiedenen Bankservern, ist hierbei nicht berücksichtigt.

Ein entfernter Operationsaufruf bewirkt bei der Einbindung von N Unterstützungsdiensten somit den Austausch von *maximal 2 + N x 8* Nachrichten. Der Nachteil dieser zunächst ineffizient hoch erscheinenden Anzahl wird durch folgende Aspekte relativiert:

1. Der tatsächliche Nachrichtenverkehr ist realistischerweise auf eine Anzahl $\ll 8$ beschränkt: Die Nutzung des Zahlungsprotokolls z.B. von NetBill erfordert neben dem RPC zwischen Klient und Server nur noch zwei weitere Nachrichten zwischen Server und Bank. Der für NetBill spezifische Datenaustausch zwischen Kli-

ent und Server kann über den unten dargestellten Mechanismus in den Parameterstrom des RPC eingebettet werden.

2. Die Nutzung von Unterstützungsdiensten erfolgt nicht ohne Grund: Wird z.B. ein Notariatsdienst involviert, kann von den Kommunikationspartnern die Bereitschaft erwartet werden, diesen Mehraufwand der Kommunikation zu tragen, da die Kosten des Anwendungsdienstes entsprechend hoch sind.

Konformität der um Protokollinstanzen erweiterten Kommunikationspartner

Bei statisch typisierten Kommunikationssystemen führt die Erweiterung von Parameterlisten zu Typkonflikten, da aktuelle Parameter nicht zur Laufzeit auf formale abgebildet werden können. Der GEMS-RPC erlaubt hingegen aufgrund seiner dynamischen Typisierung eine beliebige Erweiterung der verwendeten *Named-Value*-Listen. Obwohl bereits intuitiv die Erweiterung dieser Listen unproblematisch erscheint, soll dies im folgenden noch über die Konformität der jeweils angebotenen und nachgefragten Signaturen nachgewiesen werden.

Die im Zusammenhang der GEMS-Architektur diskutierte Verarbeitung dynamischer Parameterlisten erfolgt durch ein entsprechend Abb. 70 erweitertes Kommunikationssystem, das seitens des Klienten und des Servers aufgrund der aktuellen UD-Konfiguration den Parametertransfer beeinflußt. Der Kommunikationsfluß kann für eine individuelle Sitzung erweitert werden um UD-spezifische Kommunikationsmodule (dynamische Protokollinstanzen), die die Interaktion mit Unterstützungsdiensten durchführen (PI*Bank*, PI*Notar*). Auf der Klientenseite können Protokollinstanzen jederzeit der Parameterliste weitere Elemente (PNo_1—PNo_x, PBa_1—PBa_n) hinzufügen, um auf diesem Wege mit der Partnerprotokollinstanz beim Server bzw. Klienten zu kommunizieren. Aufgrund des in Abschnitt 3.1.2 diskutierten Subtyppolymorphismus für Funktionssignaturen besteht durch diese Maßnahmen keine Einschränkung der Konformität zwischen angebotener und nachgefragter Schnittstelle:

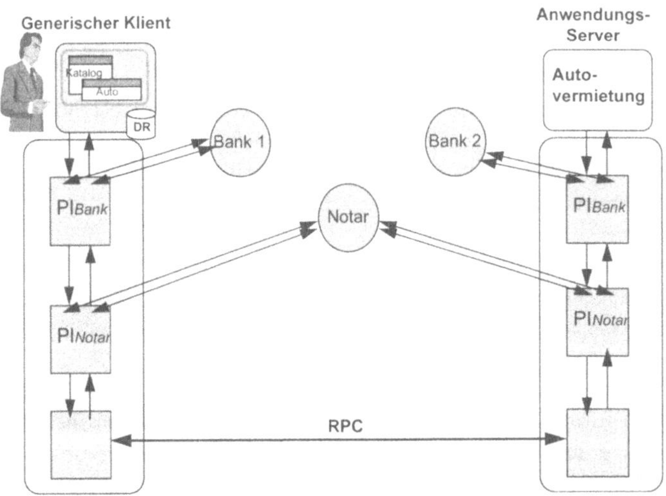

Abb. 70. Protokollinstanzen als Systemdienste der Kommunikationspartner

Gelieferte Parameter- und erwartete Resultatliste als Signatur des Klienten stehen beim Zugangspunkt des Kommunikationsmoduls als nachgefragte Signatur im Subtypverhältnis zur angebotenen des Servers. Das heißt, die in der Dienstrepräsentation beim generischen Klienten spezifizierte Signatur (Sig_{Nach}) ist konform zur tatsächlich implementierten des Servers (Sig_{Ang}):

Angebotener Schnittstellentyp (Sig_{Ang}) $\prec$ Nachgefragter Schnittstellentyp (Sig_{Nach})

$$\text{foo} \{ P_{Ang1}, \ldots P_{Angn} \} : \{ R_{Ang1}, \ldots R_{Angm} \} \prec$$
$$\text{foo} \{ P_{Nach1}, \ldots P_{Nachn+j} \} : \{ R_{Nach1}, \ldots R_{Nachm-i} \} \text{ mit i,j} >= 0$$

Beim tatsächlichen Parametertransfer wurde die Liste um zusätzliche Parameter der Bank- und Notarprotokollinstanzen $\{P_{Ba1}, \ldots P_{Bak}\ P_{No1} \ldots P_{Nox}\}$ erweitert, was zu einem Supertyp des nachgefragten Schnittstellentyps führt und somit kompatibel mit dem angebotenen ist:

$$Sig_{Ang} \prec Sig_{Nach} \prec \textit{Erweiterter nachgefragter Schnittstellentyp } (Sig_{Nach+})$$
$$Sig_{Nach} \prec \text{foo} \{ P_{Nach1}, \ldots P_{Nachn+j}, P_{Ba1}, \ldots P_{Bak}\ P_{No1} \ldots P_{Nox}\} : \{R_{Nach1}, \ldots R_{Nachm-i}\}$$

In gleicher Weise können Protokollinstanzen der Server Resultatwerte an ihre Partnerinstanzen auf der Klientenseite liefern, indem der Resultatliste auf dem rückläufigen Weg weitere Resultatelemente hinzugefügt werden. Eine Verlängerung der Resultatliste liefert einen Subtyp des ursprünglich angebotenen Schnittstellentyps:

$$Sig_{Ang+} \prec Sig_{Ang} \prec Sig_{Nach}$$
$$\text{foo} \{ P_{Ang1}, \ldots P_{Angn} \} : \{ R_{Ang1}, \ldots R_{Angm}, R_{Ba1} \ldots R_{Bak}\ R_{No1} \ldots R_{Nol} \} \prec Sig_{Ang}$$

Letztlich gilt bei der Kombination beider Erweiterungen aufgrund der Transitivität der Subtyprelation (Abb. 71):

$$Sig_{Ang+} \prec Sig_{Nach+}$$

Da der Kommunikationsdienst Elemente der Parameterliste nicht nach ihrer Herkunft unterscheidet, kann diese durch zusätzliche Protokollinstanzen zur Laufzeit beliebig erweitert werden. Diese (erwartete) Liste, die eine empfangene Anwendungskomponente verarbeitet, bleibt jedoch aus der Perspektive der Anwendung unverändert, da Parameterwerte beim Empfänger über ihren symbolischen Namen adressiert werden. Folgendes Beispiel, bei dem eine Buchungsfunktion aufgerufen wird, erläutert diesen Sachverhalt:

Nachgefragter Schnittstellentyp:

$$\text{book} \{ \text{date} : \text{Date, Amount} : \text{Float, x} : \text{Int} \} : \{ \text{ack} : \text{Bool} \}$$

Angebotener Schnittstellentyp:

$$\text{book} \{ \text{date} : \text{Date, Amount} : \text{Float} \} : \{ \text{ack} : \text{Bool, ts} : \text{TStamp} \}$$

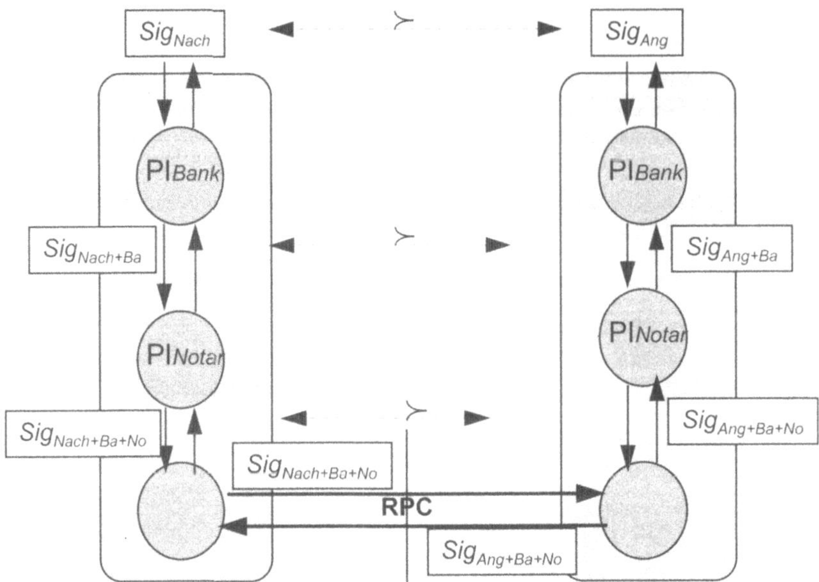

Abb. 71. Subtypkonformität zwischen angebotenen und nachgefragten Signaturen

Aufgrund der Integration von Unterstützungsdiensten seitens des aufrufenden Klienten kann nun die Serveranwendung tatsächlich jedoch mit folgender, erweiterter Parameterliste konfrontiert sein:

{ date:Date, Amount:Float, x:Int, *coin:ElectronicCoin, sk:Key* }

und umgekehrt die Klientenanwendung mit dem Resultat:

{ ack : Bool, ts : TStamp, *sk : Key, paymentAck : Bool* }

Nachdem festgestellt wurde, daß zusätzliche UD-spezifische Steuerdaten in Parameter- und Resultatlisten eingebettet werden können, bleibt noch offen, wie diese Einbettung strukturell erfolgen kann. Dabei könnte trivialerweise von einer linearen Parameterliste ausgegangen werden, in die alle beteiligten Instanzen (Sender und DPIs) ihre Werte eintragen. Dabei ist seitens der DPIs jedoch zu beachten, daß eindeutige Namen verwendet werden. Um jedoch die Ablage der Steuerparameter mit dem Ziel eines effizienten Zugriffs und der Vermeidung von UUIDs als Namen zu strukturieren, wird im folgenden eine hierarchische Organisation von Parameterlisten vorgeschlagen, die als globaler Standard in die GEMS-Architektur eingeht.

6.3.3 Einbettung von Steuerinformation in die Parameterliste

Wenn zwei korrespondierende Protokollinstanzen, die beim Klienten bzw. beim Server installiert wurden, untereinander Daten austauschen, sind diese in den Parameterfluß des GEMS-RPC so einzulagern, daß erstens die empfangende Protokollinstanz diese Daten eindeutig zuordnen kann und zweitens andere Instanzen nicht Gefahr laufen, fälschlicherweise auf nicht an sie adressierte Parameter zuzugreifen.

Durch die symbolische Adressierung von Parametern kann eine NV-Liste, die auf der Anwendungsebene erzeugt wurde, beim Transfer zur Serveranwendung beliebig erweitert werden. Die originären Anwendungsparameter des GK werden daher im folgenden als *Nutzdaten* in Abgrenzung zu *Steuerinformationen* einzelner Protokollinstanzen bezeichnet. Hierbei wird jedoch im Gegensatz zum ISO/OSI-Referenzmodell weder eine Ordnung dieser Protokollklassen vorausgesetzt (d.h., Bank- und Notariats-PIs können in beliebiger Reihenfolge bei der Anwendung registriert werden), noch wird von einer Schichtung ausgegangen in dem Sinne, daß die Einbettung von Protokolldateneinheiten höherer Schichten durch „untere" Protokollinstanzen erfolgt. Eine solche Festlegung würde die Klienten- und Serverautonomie in zu hohem Maße einschränken durch die Unterstützung eines Standards für PDU-Syntaxen.

Für die GEMS-Architektur wurde daher eine Reduzierung der Standardisierung auf das verwendete Namensschema angestrebt (vgl. hierzu auch [MeTL96]). Dabei werden folgende Klassifikationsebenen unterschieden:

1. Durch *UD-Klassen* werden funktionale Einsatzbereiche voneinander abgegrenzt. So bilden Zahlungsdienste, Notariatsdienste oder etwa lokale Schnittstellen zum Buchungssystem jeweils Klassen von Unterstützungsdiensten.
2. Ein *UD-Protokoll* stellt ein spezifisches Verfahren zur Realisierung der UD-Funktion einer gegebenen UD-Klasse dar. Die in Abschnitt 6.1.3 illustrierten Zahlungsprotokolle (Ecash, NetCash etc.) dienen alternativ dem gleichen Zweck des Zahlungstransfers, jedoch implementieren sie diese Funktion auf unterschiedliche Weise. UDs, die das gleiche Protokoll unterstützen, implementieren somit den gleichen *Diensttyp* (z.B. das Zahlungsprotokoll „Ecash").
3. Eine *UD-Instanz* ist schließlich der individuelle *Server*, der durch eine Objektreferenz identifiziert werden kann und evtl. neben anderen Servern ein UD-Protokoll implementiert (z.B. der Ecash-Server „http://www.digicash.com" des Unternehmens *DigiCash* in Amsterdam).

Die Einbettung von Steuerinformationen der DPIs lehnt sich an diesem Schema an. Zur eindeutigen Abgrenzung von Steuer- und Nutzdaten sind daher folgende Parameter zu normieren und von den kommunizierenden GEMS-RPC-Instanzen bei Klienten und Servern zu erzeugen:

- Die *Sitzungskennung* korrespondiert mit der UUID, die dem Notariatsdienst zur Identifikation sitzungsspezifischer Parameter dient.
- Die *Aufrufnummer* identifiziert RPCs eindeutig innerhalb von Sitzungen.
- Die *Statuskennung* signalisiert eine Fehlermeldung, die bei Steuerparametern der jeweiligen UD-Klassen und -Protokolle weiter erläutert wird.
- Eine *UD-Steuerdatenkennung* ist die Wurzel eines Teilbaumes, der sich auf der nächsten Ebene aus einer Liste von Klassenkennungen zusammensetzt.
- Schließlich repräsentieren die *Nutzdaten* die eigentlich zwischen Klient und Server zu transportierende Information.

Die UD-Steuerdatenkennung verweist auf eine Liste klassenspezifischer Steuerinformationen, die korrespondierende Protokollinstanzen bei Klient und Server miteinander austauschen. Da auch auf der Ebene der UD-Protokolle unterschiedliche Steuerdaten ausgetauscht werden, ist eine weitere Hierarchieebene erforderlich. In Abb. 72 wird diese Konstruktion am Beispiel des Notariatsdienstes erläutert:

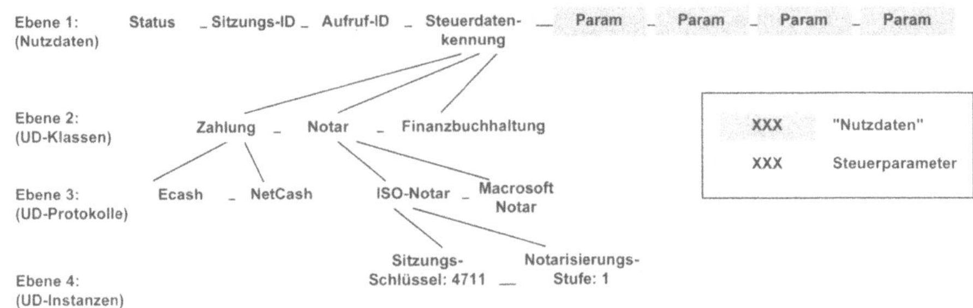

Abb. 72. Hierarchie der Steuerparameter für Unterstützungsdienste

Neben den durch *Param* gekennzeichneten Nutzparametern sind hier u.a. die UD-Klassen *Financial Accounting*, *Payment* und *Notary* durch Steuerparameter vertreten. Exemplarisch werden für die Klasse *Notary* und das Protokoll *ISO Notar* als Parameter der Sitzungsschlüssel sowie die Spezifikation der Notarisierungsstufe (z.B. „Nur Identifikation, Stufe 1") verwendet. Durch diese hierarchische Repräsentation wird die Standardisierung von Namen und deren Semantik ähnlich der globalen ISO-Registrierungshierarchie dezentralisiert. Wenn Teilnehmergruppen des EDM sich auf ein neues Zahlungsverfahren einigen, erfordert dies lediglich die Verwendung eines eindeutigen Bezeichners für das UD-Protokoll. Durch ein geeignetes „Branding" anhand einer Protokoll-UUID kann dabei die globale Eindeutigkeit dieser Namen garantiert werden.

Offen ist bis jetzt, wie Anforderungen von Klienten und Servern bzgl. der Unterstützungsdienste in Einklang gebracht werden können. Für diesen Zweck wird ein Abstimmungsmechanismus zur Bestimmung gemeinsamer UDs verwendet, die von Klient und Server angefordert werden.

6.3.4 Aushandeln von Unterstützungsdiensten

Üblicherweise kann nicht davon ausgegangen werden, daß Klient und Server z.B. über die gleichen Bankverbindungen verfügen. Dies liegt weniger an einer technischen Restriktion, aufgrund derer die erforderlichen Softwarekomponenten zur Integration der UDs nicht zur Verfügung stünden, vielmehr ist es eine Frage der Nachfrager- und Anbieterautonomie, daß Klient- und Serveranwender realistischerweise ihre Geschäfte über unterschiedliche Bankverbindungen abwickeln.

Folglich ist von beiden Parteien eine genauere Spezifikation ihres jeweiligen UD-Bedarfs erforderlich. Diese Anforderung kann – ähnlich dem oben dargestellten Baum der Steuerparameter – in hierarchischer Weise spezifiziert werden: Wird eine

UD-Klasse gefordert (z.B. „Payment"), ist ein entsprechender Eintrag erforderlich. Geht man davon aus, daß die Integration eines Notars keiner organisatorischen Einschränkung unterliegt, so genügt die Nennung der UD-Klasse „Notar". Zu beachten ist allerdings, daß mindestens eine der beiden Parteien dessen Server benennen muß, damit beide mit dem gleichen Notar in Verbindung treten. Bei Zahlungsdiensten hingegen kann es sein, daß einige UD-Protokolle der „Hausbanken" beider Parteien heterogen sind, so daß näher zu spezifizieren ist, welches gemeinsame Protokoll für den Zahlungstransfer eingesetzt werden kann. Dies führt beispielsweise zu folgender Struktur der klientenseitigen Spezifikation:

```
UD-Klasse: Notar
∧ UD-Klasse: Payment(    UD-Protokoll:Ecash (        Bank:„DeuBank",
                                                     Addr: „mint.db.de")

                    ∨   UD-Protokoll:NetBill(        Bank:„CommBank",
                                                     Addr: „mint.cb.de")
        );
```

Der Server könnte hingegen eine abweichende Beschreibung liefern:

```
UD-Klasse: Notar (      UD-Protokoll: ISO-Notar(    Name:"Voscherau",
                                                    Addr: "hv.hh.de") )

∧ UD-Klasse: Payment(   UD-Protokoll: NetCash ( Name:„DatenBank",
                                                    Addr: „mint.dab.de")

                    ∨   UD-Protokoll:NetBill(       Name:„CommBank",
                                                    Addr: „mint.cb.de")
        );
```

Diese Notation wurde mit dem Ziel der Verständlichkeit für den Benutzer gewählt. Für ein formalisiertes Matching ist jedoch noch die Konvertierung in eine entsprechende Syntax notwendig. Die jeweils gewünschte UD-Konfiguration wird in konjunktiver Normalform ausgedrückt (Konjunktionen auf UD-Klassenebene, Disjunktionen auf UD-Protokollebene). Ähnlich dem Trading ist für das Matching dieser Spezifikationen ein Unifikationsmechanismus erforderlich, der für beide Anforderungen einen gemeinsamen Teilbaum identifiziert. Als Repräsentationsgrundlage bieten sich beispielsweise die Dienstrepräsentation oder auch die bei [PuBu96] diskutierten *Konzeptgraphen* an, die gerade der Anforderung einer dezentralisierten, inkrementellen Standardisierung auf elegante Weise gerecht werden.

Nachdem ein standardisiertes Klassifikationsschema für UD-Anforderungen festgelegt wurde, ist für die Erweiterung der Dienstrepräsentation um die korrespondierenden Beschreibungsobjekte eine geeignete Matching-Semantik festzulegen (vgl. z.B. [MeTL96]. Die folgende Wahl von Verfahrensweisen ist dabei willkürlich und illustriert den Einigungsprozeß, der bei einem gruppenspezifischen Standard erforderlich ist für die Festlegung der Semantik von DR-Objekten sowie von Standardannahmen bzgl. nicht vorhandener Objekte:

1. Wie ist eine einseitige Anforderung zu behandeln (eine Partei fordert die Einbeziehung eines Notars „Voscherau", während die andere diese UD-Klasse nicht fordert)?
2. Wie können unterschiedliche Spezifikationsebenen der beiden Parteien aufgelöst werden (Die eine fordert eine Notarinstanz – und damit auch ein spezielles UD-Protokoll – während die andere nur die Klasse „Notar" benennt)?
3. Wie können unvereinbare Anforderungen erkannt und aufgelöst werden (z.B. die Forderung nach unterschiedlichen Notarinstanzen)?
4. Und wie kann schließlich der entgegengesetzte Fall – beide Parteien spezifizieren lediglich nur die UD-Klasse – aufgelöst werden?

Für die ersten beiden Fälle erscheint es sinnvoll, im Rahmen der Standardisierung ein Verhalten zu fordern, daß die schwächer spezifizierende Partei die Vorgaben der stärker spezifizierenden übernimmt. Darüber hinaus könnte die Auswahl solcher Verfahrensweisen sogar noch dem Benutzer über eine Konfigurationsschnittstelle zugänglich gemacht werden.

Der dritte Fall könnte zu einem Abbruch des Sitzungsaufbaus führen. Optional könnten die Parteien jedoch ihre Anforderungen neu arrangieren, so daß dann ein neuer Sitzungsaufbau erfolgreich verlaufen kann. Der letzte Fall könnte zur Einbeziehung eines Standard-Notars führen, der der Matching-Funktion bekannt ist.

Der resultierende Teilbaum würde damit etwa folgende Gestalt haben:

```
UD-Klasse:
      Notar(UD-Protokoll:ISO-Notar(Name:"Voscherau","hv.hh.de")));
UD-Klasse:
      Payment(UD-Protokoll:NetBill(Bank:„CommBank","mint.cb.de"));
```

Der gemeinsame Bankserver „CommBank" ist dabei implizit gegeben und benötigt daher keine weitere Spezifikation.

Basierend auf diesem Modell zur dynamischen Erweiterung der Infrastruktur um Unterstützungsdienste soll im Rahmen dieses Buches an anderer Stelle (in Abschnitt 7.3) exemplarisch die Integration solcher Dienste illustriert werden. Der hier vorgenommene Entwurf liefert noch keine konkreten Vorschriften zur Implementierung von Protokollen und zur Definition bzw. Interpretation von Unterstützungsanforderungen.

6.4 Zusammenfassung

In diesem Kapitel wurden mögliche Verfahren zur dynamischen Integration heterogener Unterstützungsdienste im Rahmen der GEMS-Architektur untersucht. Zur Verdeutlichung der potentiellen Heterogenität dieser Dienste und ihrer Protokolle wurden exemplarische Klassen von Unterstützungsdiensten – Notariats- und Zahlungsdienste – hinsichtlich ihrer unterschiedlichen Protokollausprägungen untersucht. Das Ziel bestand dabei darin, die GEMS-Architektur so zu erweitern, daß sie freie Kombinationen dieser Dienste bei der Nutzung durch beide Partner einer Handelstransaktion erlaubt. Notare und Banken dienten dabei als Vertreter unabhängiger UD-Klassen zur Diskussion möglicher Integrationsverfahren.

Es zeigte sich, daß bei der GEMS-Architektur auf der *Infrastrukturebene* die anfangs diskutierten Sicherheitsanforderungen im Vordergrund stehen, während *für die Anwendungsebene* die Entwicklungsfähigkeit als wichtigste Prämisse gilt. Damit ergibt sich, daß das flexible Laden von Protokollinstanzen als Binärkode und die damit erreichte Integration von Unterstützungsdiensten eine Sicherheitsinfrastruktur erfordert, die daraus resultierenden Angriffsmöglichkeiten vorbeugt. Insbesondere sind dafür die Authentisierung und Zertifizierung von Softwarekomponenten erforderlich.

Neben der *sicheren* Integration von Unterstützungsdiensten als erstrangiges Entwurfsziel, besteht jedoch auch hinsichtlich der Unterstützungsdienste die Forderung nach *Entwicklungsfähigkeit* im EDM. Dies erfordert die unabhängige Bereitstellung und Integration neuartiger UD-Klassen und -Protokolle. Hier bietet der Mechanismus dynamischer Protokollinstanzen ein elegantes Verfahren, um anhand abstrakter Anforderungsspezifikationen Komponenten der Infrastruktur so zu steuern, daß für Klienten und Server sowohl Schnittstellenkonformität bzgl. der Kommunikation als auch Kompatibilität bzgl. der jeweils geforderten UDs sichergestellt ist.

Abschließend ist es interessant festzustellen, daß sich auch auf dem „Markt" für Java-Komponenten eine Entwicklung abzeichnet, die – ähnlich dem Ansatz der dynamischen Protokollinstanzen – eine Integration von *Kassetten* („cassets" im Rahmen des „Java Electronic Commerce Framework") als Kommunikationsmodule (d.h. als Applets) zur Laufzeit erlaubt [Sun-JECF96]. Bei dieser Entwicklung werden Fragen der Authentisierung und Zertifizierung „dynamischer Protokollinstanzen" berücksichtigt, so daß die Kombination der GEMS-Architektur mit solchen Softwarebibliotheken zu einer fruchtbaren Verschmelzung der Programmiersprache Java und der GEMS-Architektur führen könnte.

Zusammenfassung zum zweiten Teil

Die in diesem Teil entworfene Architektur für ein generisches elektronisches Marktsystem hat die folgenden Eigenschaften und stellt damit den Ausgangspunkt für weitere, anwendungsspezifische Entwicklungen dar:

- Die GEMS-Architektur definiert einen Kern von Standards für Dienstbeschreibungen. Dank der flexiblen *Erweiterbarkeit der Dienstrepräsentation* können diese dezentral und bei Bedarf erweitert werden (Kapitel 4).
- Sie legt mit dem dynamisch typisierten RPC ein grundsätzliches Verfahren der *Dienstnutzung* fest, das – wiederum bei Bedarf und dezentral – erweitert werden kann (Kapitel 4).
- Sie fördert die Bereitstellung zusätzlich geforderter Funktionalität durch unabhängige, kommerziell angebotene *Mehrwertdienste*.
- Sie erlaubt die unabhängige, *inkrementelle Bereitstellung weiterer Spezifikationsobjekte* als Bestandteil der Dienstrepräsention. Damit können auch Konformitätsprädikate, die auf Dienstbeschreibungen definiert sind, nach Bedarf durch EDM-Teilnehmer verfeinert und weiterentwickelt werden (Kapitel 5).

- Die GEMS-Architektur definiert ein generisches Verfahren zur *Integration von Unterstützungsdiensten* (Kapitel 6). Auch hier besteht die Möglichkeit, ohne Eingriff in die Infrastruktur – jedoch unter Berücksichtigung der erforderlichen Sicherheitsanforderungen – das Gesamtsystem durch neuartige Unterstützungsdienste zu erweitern.

Ausgehend von diesen Eigenschaften ist die GEMS-Architektur in der Lage, die Bereitstellung und Nutzung sowohl unklassifizierter als auch klassifizierter Dienste zu unterstützen: Ersteren stehen Mechanismen wie die Dienstrepräsentation bereit, die eine individuelle Dienstspezifikation erlauben sowie die Steuerung des generischen Klienten. Gleichzeitig bietet sich jedoch auch für letztere die Möglichkeit, anhand von Dienstrepräsentationen Stubs zu generieren und die eingebetteten Dienstbeschreibungen für Vermittlungsfunktionen wie den Trader einzusetzen. Hierbei ist festzuhalten, daß damit die Unterstützung klassifizierter und unklassifizierter Dienste *in integrierter Form* erfolgt, d.h., die gleichen Beschreibungs- und Kommunikationsmechanismen werden für beide verwendet. Ferner besteht eine „Migrationsmöglichkeit" zwischen beiden Varianten:

- *Nutzung von klassifizierten Diensten durch generische Klienten:* Ein Dienst gilt als klassifiziert, wenn ein Kontext existiert, innerhalb dessen seine Schnittstelle und Semantik standardisiert ist. Dies gilt z.B. für Dienste, die durch einen Trader vermittelt werden sollen: Hier müssen Dienstnehmer, Trader und Diensterbringer über eine einheitliche Interpretation von Dienstbeschreibungen verfügen. Da die Dienstrepräsentation Träger einer solchen Beschreibung ist, kann sie darüber hinaus erweitert werden um jene Informationen, die für den generischen Klienten notwendig sind, ohne dabei die Nutzbarkeit als klassifizierter Dienst einzuschränken.
- *Nutzung unklassifizierter Dienste durch spezifische Klienten:* Umgekehrt kann der Anbieter eines unklassifizierten Dienstes sich mit anderen Anbietern und Nachfragern auf die Standardisierung von Beschreibungen und der Dienstsemantik einigen. Dieses Verfahren kann z.B. die Folge des in Kapitel 5 illustrierten Vorreiter-Nachzügler-Szenarios sein. Wenn sich dort nämlich im Verlauf der Entwicklung zwischen dem Vorreiter-Dienst und seinen Nachzüglern eine einheitliche Schnittstelle und Semantik herausgebildet hat, ist für die Nutzung als klassifizierter Dienst lediglich die Explikation (d.h. Standardisierung) des Diensttyps erforderlich. Diese besteht wiederum in der Festlegung des Diensttyps, so daß anschließend eine Vermittlung durch den Trader durchführbar ist.

Als Ergebnis dieses Teils steht nun eine Architektur zur Verfügung, die zwar von Fragen der Implementation abstrahiert, jedoch aufgrund der Festlegung funktionaler Komponenten und deren Wechselbeziehungen auch als Implementierungsgrundlage für praktische Realisierungsvorhaben dienen kann. Ein solches Vorhaben ist das COSM-Projekt (Common Open Service Market), dessen Ergebnisse in Teil III zur Darstellung konkreter Implementationsaspekte dienen. Dabei wird der exemplarische Charakter der COSM-Implementierung insbesondere bei den im Kapitel 8 diskutierten EDM-Anwendungen deutlich: Dort werden die oben erwähnten Entwicklungsmerkmale eines GEMS – Erweiterbarkeit durch Komponenten der Dienstrepräsentation – sowie durch Mehrwert- und Unterstützungsdienste – besonders berücksichtigt. Mit jedem dieser Beispiele der COSM-Prototypimplementierung geht daher auch ein Standard für Beschreibungsinformationen einher, auf die sich Gruppen von Marktteilnehmern vorab geeinigt haben müssen.

Teil III
Realisierung einer EDM-Infrastruktur

*Wenn Du Deine Leute ein Schiff bauen lassen willst, dann trage ihnen
nicht auf, Holz zu sammeln, sondern lehre sie die Sehnsucht
nach der Weite des Meeres.*   Antoine de Saint-Exupéry

Im zweiten Teil dieses Buches wurde die GEMS-Architektur entworfen, die grundlegende Mechanismen für eine flexible Dienstvermittlung und -nutzung in einem EDM vorsieht. Die damit spezifizierten Elemente der Infrastruktur stellen einen Ausgangspunkt für die inkrementelle Entwicklung zusätzlicher Dienste und Dienstbeschreibungen auf der Anwendungsebene dar. *Welche* dieser Dienste und Beschreibungen sich auf dieser Grundlage konkret entwickeln können, wird jedoch beim Entwurf der gemeinsamen Infrastruktur bewußt noch nicht vorweggenommen.

In diesem Teil des Buches wird nun eine Implementierung der GEMS-Architektur beschrieben, die einen Nachweis ihrer Realisierbarkeit liefern soll. Diese Implementierung bildet den systemunabhängigen Entwurf der GEMS-Architektur auf eine bzgl. Hardware, Betriebssystem und Entwicklungswerkzeugen konkrete Umgebung ab. Der bisherigen Trennung des EDM in die Ebenen der Infrastruktur und der Anwendung entsprechend, erfolgte auch die Implementierung in zwei Phasen:

1. Die erste hat die Bereitstellung der *EDM-Infrastruktur* zum Ziel und wird im Kapitel 7 dargestellt. Diese Infrastruktur dient ihren Nutzern als Kommunikations- und Kooperationsgrundlage zur Dienstauswahl und -nutzung sowie zur Einbindung von Unterstützungsdiensten.
2. In der zweiten Phase (Kapitel 8) werden exemplarisch drei repräsentative Anwendungsbereiche der EDM-Infrastruktur als *Mehrwertdienste* ausgewählt. Dabei werden zwei Ziele verfolgt: Erstens soll die inkrementelle Weiterentwicklung von Diensten und Beschreibungsinformationen aufgezeigt werden (anhand von Erweiterungen in Richtung mobiler Agenten, der Workflow-Management-Unterstützung und von TP-Monitoren). Zweitens werden Möglichkeiten für die Bereitstellung dieser Dienste in einem kommerziellen Umfeld dargestellt.

Den Zusammenhang dieser Implementierungsbeispiele bildet das Projekt *COSM* (Common Open Service Market), in dem die im folgenden dargestellten Komponenten entwickelt wurden.

7 Implementierung der EDM-Infrastruktur

Aufgabe des zweiten Teils des Buches war, mit dem Entwurf der GEMS-Architektur für den elektronischen Dienstemarkt den „architekturellen Möglichkeitsraum" auf wenige sinnvolle Optionen zu reduzieren. Für die folgende Implementierung steht daher dieses Modell als Ergebnis einer Vielzahl von Standardisierungs- und Entwurfsentscheidungen fest. Offen bleibt jedoch noch die Frage, *wie* diese Umsetzung sinnvollerweise erfolgen soll. Dieses „Wie" spiegelt dabei schließlich den „Technical Viewpoint" des einleitend skizzierten ODP-Sichtenmodells wider: Welche Bausteine einer unterliegenden Kommunikationsinfrastruktur sollten zweckmäßigerweise vorausgesetzt werden, welche sind durch eigene Entwicklungen zu ergänzen und welche Schnittstellen sind zwischen diesen herzustellen, um eine zur GEMS-Architektur konforme Implementierung zu erlangen?

7.1 Einleitung

So wenig wie der Koordinationsmechanismus des realen Marktes, der aus einer Vielzahl nicht meßbarer, lokaler Aktivitäten erwächst, in seinem Inhalt und seiner Entwicklung als Ergebnis eines Entwurfsprozesses vorweggenommen werden kann – genauso wenig kann ein elektronischer Dienstemarkt als Ergebnis aus einem einzelnen Gesamtentwurf hervorgehen. Der „Entwurf" muß sich daher auf einen kleinsten gemeinsamen Nenner jener vielfältigen Anforderungen beschränken, die potentielle Marktteilnehmer stellen könnten.

Der Entwurf eines EDM bezieht sich zum einen auf die Infrastruktur, also jene Funktionalität, bezüglich derer alle Anwendungen eine Konformitätsdomäne teilen, und zum anderen auf den „Meta-Entwurf" von EDM-Anwendungen: hier steht die Fragestellung im Vordergrund, wie für aufsetzende Komponenten und Anwendungen der Standardisierungs- und Bereitstellungsprozeß selbst unterstützt werden kann.

Daß Systemfunktionen der Infrastruktur und solche der Anwendungsebene eng miteinander verzahnt sein können[33], haben die Untersuchung zur GEMS-Architektur ergeben. Daraus lassen sich sehr sensible Anforderungen speziell an die Generik von Systemkomponenten ableiten: Auf der Infrastrukturebene verlorene Freiheitsgrade sind nur mit „teurem" Kompensationsaufwand auf der Anwendungsebene zurückzu-

---

[33] Vgl. etwa die Dienstrepräsentation als Schnittstellendefinition mit Erweiterungen zur Benutzerschnittstellendefinition.

gewinnen.[34] Jedoch führt auch eine zu allgemeine Generik ebenfalls zur suboptimalen Gesamtleistung aufgrund von Kosten, die genau dort anfallen, wo eine effizientere, spezifische Komponente ohne Einschränkung der Allgemeinheit die generischere ersetzen könnte. Dies gilt beispielsweise für die Erörterung in Abschnitt 7.2.2 über den Einsatz eines Objektspeichersystems zur Implementierung der Dienstrepräsentation.

Es kann also nicht Aufgabe des Infrastruktur-Entwurfs sein, einen „Gesamtplan" des EDM zu erstellen, der über seine Infrastruktur hinaus auch Komponenten der Anwendungsebene sowie deren Schnittstellen gegenüber der Infrastruktur umfaßt. Einigt sich jedoch eine Anwendergruppe auf die Repräsentation etwa mobiler Agenten als Bestandteil der Dienstrepräsentation, so ist dies bereits deren autonome Entscheidung, die weder zum Entwurfszeitpunkt der EDM-Infrastruktur vorweggenommen werden konnte, noch Aufgabe eines zentralen Administrators ist, der als Koordinierungsstelle etwa zur Typstandardisierung involviert werden müßte. Somit ist schließlich festzuhalten, daß auch für die Ebene der Implementierung einer EDM-Infrastruktur folgendes gilt: Es ist nicht nur zu erwarten, daß kein Gesamtentwurf existiert, sondern sogar Voraussctzung für eine Schumpetersche Entwicklung. Wichtiger ist vielmehr die Entscheidung, welche Komponenten, Funktionen, Typen und Repräsentationen als Bestandteil der Infrastruktur aufzufassen sind und wie diese durch Anwender flexibel erweitert werden können. Die Flexibilität eines solchen Ansatzes läßt sich somit nur exemplarisch nachweisen, indem *repräsentative Anwendungen* auf der Basis der COSM-Infrastruktur entwickelt werden.

7.2   Systemdienste der COSM-Infrastruktur

Ziel der Infrastruktur beim COSM-Projekt ist es, unter Berücksichtigung der im ersten Teil erarbeiteten Erfolgsfaktoren den gemeinsamen Kern der geforderten Mechanismen systemtechnisch zu realisieren und um repräsentative Anwendungen, die seine Flexibilität nachweisen, zu erweitern. Durch die Reduktion auf einen minimalen Kern soll zunächst einem maximalen Anwendungsfeld die Möglichkeit gegeben werden, diese Infrastruktur für individuelle Handelstransaktionen zu nutzen. Gleichzeitig besteht jedoch auch die Anforderung der *inkrementellen Standardisierung*, d.h. einer autonomen, evolutionären und gruppenspezifischen Normierung von Schnittstellen, Semantiken und Protokollen.[35] Exemplarisch sei hier die Entwicklung dynamischer Transaktionsmonitore angeführt (vgl. Abschnitt 8.4), die zunächst individuell implementiert und bereitgestellt, *bei Bedarf* jedoch auch standardisiert werden können.

---

[34] Vgl. etwa die infrastrukturbedingten Probleme bei der Herausbildung von Wertschöpfungsketten im WWW (Abschnitt 3.4.3).

[35] An dieser Stelle sei ein weiterer Aphorismus von Antoine de Saint-Exupéry zitiert: „Ein guter Entwurf ist dann erreicht, nicht wenn ihm nichts mehr hinzugefügt, sondern wenn ihm nichts mehr abgezogen werden kann." Als Ergänzung sei allerdings angemerkt, daß sich dieser Entwurf immer auf ein definiertes Ziel beziehen muß, sonst bestünde das Ziel in einer Generik um ihrer selbst willen – mit aller ihr anhaftender Ineffizienz.

Diese Herangehensweise entspricht jener der CORBA-Architektur, die sich – ausgehend vom ORB – zunächst auf ein Minimum an zwingend erforderlichen Schnittstellen beschränkt und darüber hinaus in Form von *Object Services, Common Facilities* und *Application Services* offen ist für eine inkrementelle Weiterentwicklung. Als Zielsetzung besteht bei CORBA jedoch erst mittelbar die Unterstützung elektronischer Dienstemärkte – vielmehr gilt dort das Hauptanliegen einer weitaus allgemeineren, konzeptionell einheitlichen Integration von Diensten (bzw. Objekten) in eine komponentenorientierte Gesamtanwendung. Ein weiterer wesentlicher Unterschied liegt im Adressaten der CORBA- bzw. der GEMS-Architektur: Während erstere dem Programmierer eine Systematik zur Bereitstellung und Nutzung von Klassen und Objekten bietet, wendet sich letztere an den Anwender, der zur „Laufzeit" des EDM Dienste anbietet oder nachfragt.

Wird nun die Zielsetzung einer Architektur enger gefaßt, so lassen sich zwar unterliegende Verteilungsplattformen, wie z.B. CORBA, für diesen Zweck nutzen, jedoch werden nicht notwendigerweise alle Komponenten sinnvoll und effizient eingesetzt. Ein CORBA Interface Repository, das durch sein statisches Schema keine Erweiterung auf der Typebene zuläßt, wird daher auch nicht für die in Teil II erläuterten DR-Erweiterungen eingesetzt werden können.

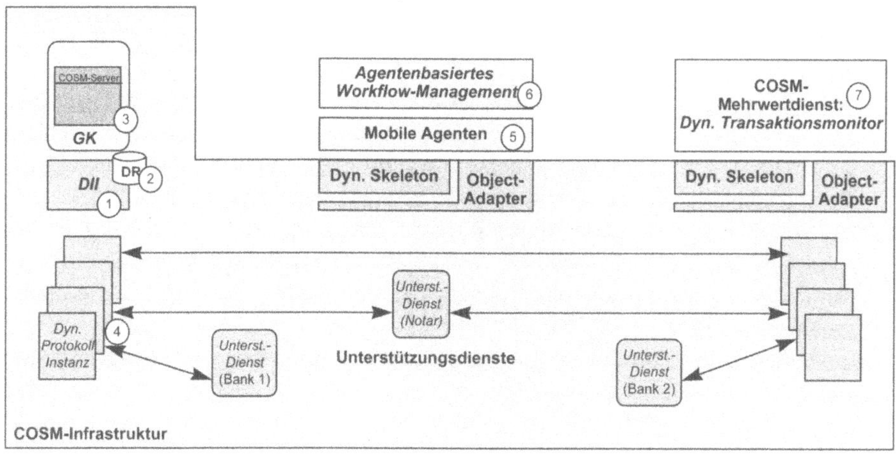

Abb. 73. Softwarekomponenten im COSM-Projekt

Die Implementierung der GEMS-Architektur erfolgt somit im Spannungsfeld zwischen spezifischen, systemtechnischen Anforderungen des EDM und der generischen Funktionalität, die eine Middleware-Architektur wie CORBA oder DCE bietet. Bei diesem Vorgehen ist bei jeder Komponente der EDM-Infrastruktur die Integration relevanter und verfügbarer Standardkomponenten abzuwägen gegen häufig effizientere oder angemessenere Eigenentwicklungen. Letztere werden als Grundbausteine zur COSM einer EDM-Infrastruktur in diesem Kapitel dargestellt (Abb. 73):

1. Der *GEMS-RPC* und seine dynamische Aufrufschnittstelle, das *DII* (Abschnitt 7.2.1), als generische Funktion der Kommunikationsebene [Goos94]. Dieser Me-

chanismus liegt allen Anwendungen – generischen Klienten wie auch COSM-Servern – zugrunde.

2. Die *Dienstrepräsentation* als grundlegendes Beschreibungsinstrument für Dienst-schnittstelle und -semantik sowie als Träger von Zustandsinformation (Abschnitt 7.2.2). Auch die DR ist ein Kernbestandteil der EDM-Infrastruktur, der für Zwek-ke des Datenaustausches und der Datenspeicherung von nahezu allen EDM-Anwendungen eingesetzt wird. Der *Dienstrepräsentations-Manager* [Lutz94] dient dabei als Basiskomponente für Definition, Zugriff und Verwaltung von DR-Beschreibungsobjekten.

3. Der *generische Klient* (Abschnitt 7.2.3). wird als dienstunabhängiges Zugangs-werkzeug zu entfernten Servern (und damit ebenfalls als Infrastrukturkomponen-te) von Benutzern eingesetzt [Merz92, MeLa93a].

4. Die Integration von *Unterstützungsdiensten* und die konkrete Implementierung ei-nes *Notariatsprotokolls* (Abschnitt 7.3) als eine repräsentative Funktion zur Un-terstützung von Handelstransaktionen [Drag95]. Gleiches gilt für die Integration von Ecash als Zahlungsprotokoll [Gree96].

Für die im nachfolgenden Kapitel diskutierten EDM-Anwendungen kann damit diese infrastrukturelle Basis vorausgesetzt werden. Diese Entwicklung ist im folgenden Ka-pitel beschrieben und konzentriert sich auf *Mehrwertdienste*:

5. Eine Erweiterung der EDM-Infrastruktur zur Bereitstellung und Nutzung *mobiler Agenten* [Libe95, Koch96]. Hierbei wird der Erweiterung der Dienstrepräsentation um zusätzliche Beschreibungsobjekte sowie der Bereitstellung von Mehrwertdien-sten zur Nutzung der Agenten besondere Beachtung geschenkt [MeML95c].

6. Die Benutzerkoordination durch Dienstrepräsentationen mit dem Ziel des Workflow-Managements [Mare96, MLML96]. Exemplarisch wird dabei die Im-plementierung der Agentenplattform zur Definition und Steuerung von Geschäfts-prozessen erweitert.

7. Ein dynamischer Transaktionsmonitor [Kord95]. Dieser Mehrwertdienst zeigt auf, wie funktionsspezifische Erweiterungen bestehender Anwendungen durch einen kommerziellen Mehrwertdienst erbracht werden können. Zudem wird demon-striert, wie die Mächtigkeit der Infrastruktur hinsichtlich der Verwaltung dyna-misch typisierter Datenobjekte in der DR und beim DII sinnvoll umgesetzt werden kann.

Ressourcendienste, die ihrerseits diesen Mehrwertdiensten vorgelagert sind, werden nicht weiter erörtert, da sie sowohl konzeptionell als auch im Rahmen der Implemen-tierung (Ticketservices, Reiseagenturen, Flugreservierungssysteme) nur relativ einfa-che Buchungsoperationen anbieten.

Das COSM-Projekt

Das COSM-Projekt wird seit 1993 an der Universität Hamburg [MeLa93a, MeLa93b] durchgeführt und hat die exemplarische Umsetzung von Infrastrukturkomponenten eines GEMS zum Ziel. Es wurde durch eine Vielzahl von Studienprojekten unterstützt, die u.a. die Implementation der genannten Systemkomponenten zum Ziel hatten.

Tatsächlich entfiel dabei nur ein geringer Teil des gesamten Entwicklungsaufwandes auf die Infrastruktur (Dienstrepräsentation, GEMS-RPC, generischer Klient und Unterstützungsdienste). Alle anderen Komponenten konnten unabhängig als eigenständige Anwendungen realisiert werden, ohne daß ein substantieller Eingriff in die Infrastruktur erforderlich war. Der Koordinationsaufwand zwischen den Projektteilnehmern spiegelt den Charakter der jeweils entwickelten Komponente wider: Infrastrukturkomponenten (DII und DR) erforderten jeweils einen relativ hohen Spezifikationsaufwand (Schnittstellen, Typsystem etc.), damit gegenüber EDM-Anwendungen die erforderliche Integrationsfähigkeit gewährleistet werden kann. Alle aufsetzenden Komponenten (generischer Klient, mobile Agenten) wurden jedoch nur sehr abstrakt bezüglich ihrer Funktionalität mit den Entwicklern vereinbart, ohne den Entwurf bis zur Definition exakter Schnittstellen verfeinern zu müssen. Die Motivation für diese Vorgehensweise bestand in der Simulation der Situation eines Dienstanbieters, der *nicht für einen Auftraggeber* ein gegenüber der Spezifikation validierbares Softwaresystem liefert, *sondern vielmehr selbständig* ein Produkt entwickelt, das potentiellen Nachfragern zur Verwendung bereitgestellt werden soll.

Sicherlich ist dieses Vorgehen keine vollständige Simulation eines Dienst*emarktes*; es charakterisiert jedoch die dort gegebene, erhöhte Autonomie bei der Bereitstellung eines neuen Angebotes. Zunächst war daher die planvolle Entwicklung einer Infrastruktur, die eine unabhängige (und ungeplante) Erweiterung durch zusätzliche Teilnehmer fördern sollte, Gegenstand des COSM-Projekts. Erst im zeitlichen Verlauf entstanden somit auch Anwendungsdienste.

7.2.1 Realisierung des GEMS-RPC

Das DII und der dynamisch typisierte RPC (GEMS-RPC) dienen als Grundlage der Kommunikation zwischen Klient- und Serveranwendungen bei COSM [Goos94]. Als Bestandteil der COSM-Infrastruktur muß diese Funktion den Entwurfsrichtlinien der Gesamtarchitektur gerecht werden, d.h. insbesondere den folgenden Anforderungen:

- *Einfache Handhabung.* Sowohl für Anwendungsprogrammierer als auch für Entwickler von COSM-Werkzeugen ist die Abstraktion des Programmiermodells gegenüber der Kommunikationssemantik wie auch der Parameterrepräsentation zu maximieren. Die Verwaltung dynamisch allokierter Datenstrukturen, die interne Repräsentation von Parametertypen und -werten sowie die Integration weiterer Kommunikationskomponenten sollten dem Anwendungsprogrammierer weitgehend verborgen bleiben.
- *Erweiterbarkeit.* Das DII der COSM-Umgebung ist gegenüber dem der CORBA-Spezifikation [OMG93] definierten DII bezüglich folgender Aspekte erweiterbar: Erstens besteht aus der GEMS-Architektur die Anforderung, dynamische Protokollinstanzen flexibel zu integrieren. Zweitens ist für die Transfersyntax eine TLV-Darstellung (Type/Length/Value) erforderlich, damit Mehrwertdienste, wie etwa der in Abschnitt 8.4 dargestellte dynamische Transaktionsmonitor, Parame-

terwerte in korrekter Form interpretieren können und damit eine Wertschöpfungskette erweitert werden kann. Drittens kann seitens eines Anwendungsprogramms die Anforderung bestehen, neue Parametertypen, z.B. für Graphikformate, einzuführen. Jegliche anwendungsspezifische Erweiterung erfolgt als „Add-on" ohne Modifikation bestehender Komponenten des RPC-Dienstes, so daß kein Eingriff in die bestehende Infrastruktur erforderlich ist.

- *Portabilität.* Als Kommunikationsdienst nutzt der GEMS-RPC seinerseits eine Vielzahl potentieller Kommunikationsmechanismen, um den eigentlichen Parametertransfer zu realisieren. Hierbei werden z.B. RPC-Dienste von Verteilungsplattformen wie DCE [Schi93] oder CORBA [OMG93] eingesetzt. Eine unmittelbare Umsetzung des Parameter- und Resultattransfers wurde bei COSM auch unmittelbar auf der Transportebene durch die Nutzung der Socket-Schnittstelle realisiert. Letztlich wurde für die einheitliche Unterstützung einer gemeinsamen Transfersyntax wie auch einer allgemein verfügbaren Programmierschnittstelle der ONC-RPC von Sun [Sun90] bevorzugt.

- *Einfache Integration von Serveranwendungen.* Bei der serverseitigen Softwareanwendung besteht die Anforderung, mit reduziertem Programmier- und Integrationsaufwand die Nutzbarkeit durch generische Klienten zu realisieren. In dieser Anforderung schlägt sich der im ersten Teil erarbeitete Erfolgsfaktor der reduzierten Rüstkosten nieder. Weiter unten wird diese Integration anhand eines Beispiels illustriert.

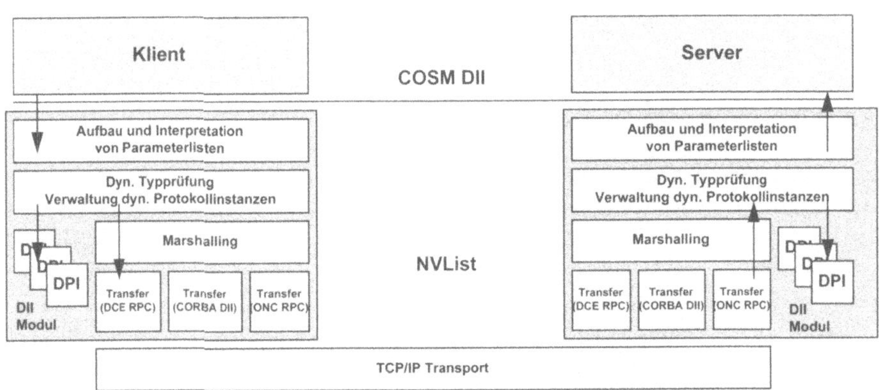

Abb. 74. Der GEMS-RPC-Dienst

Modularisierung

Die Implementierung des GEMS-RPC läßt sich unterteilen in Komponenten zur Verwaltung von Parameterlisten, zur Serialisierung und Deserialisierung von Parametern, zur Unterstützung dynamischer Protokollinstanzen sowie für den eigentlichen entfernten Prozeduraufruf. Seitens des Servers ist ferner die Integration mit der Anwendungssoftware erforderlich. Abb. 74 zeigt die Architektur des GEMS-RPC im Zusammenhang seiner Module.

Für den Programmierer eines Anwendungsprogramms ist nur die Schnittstelle des
GEMS-RPC sichtbar: Sie stellt Methoden zur Listenkonstruktion und -inspektion, zur
Serverbindung sowie zur Ausführung eines entfernten Prozeduraufrufes bereit. Für
die Listenkonstruktion sind die in Tabelle 8 verzeichneten elementaren Datentypen
und Typkonstruktoren einsetzbar, die sich in der Transfersyntax als Typkennung niederschlagen und im Anwendungsprogramm jeweils die Parametertypen identifizieren.

Tabelle 8. Klassen und Typkonstruktoren von Parameterwerten im COSM-DII

Klasse	*Typkennung*	*Korrespondierender C++-Datentyp*
Integer	TC_INT	int
Character	TC_CHAR	char
Dbl	TC_DOUBLE	double
String	TC_STRING	char* (NULL-terminiert)
Boolean	TC_BOOL	int
ValueList	TC_VL	-
NVList	TC_NVL	-
Array	TC_ARR	*Typ*[]
Sequence	TC_SEQ	-
Set	TC_SET	-
Record	TC_REC	struct
Opaque	TC_OPQ	-
Image	TC_IMG	-
AsciiFile	TC_ASC	-
ServiceRef	TC_SERVICE	-

Elementare Datentypen (Integer, Character, Dbl, String und Boolean) lassen sich mit
Typkonstruktoren (ValueList, Array, Sequence, Set, Record) zu komplexen Datentypen aggregieren. Die Sondertypen NVList, Opaque, Image, AsciiFile und ServiceRef
erlauben die Integration von *Bulk-Typen* und Objektreferenzen in die Parameterliste.
Diese Datentypen stellen eine Spezialisierung hinsichtlich des Einsatzes für die EDM-
Infrastruktur dar. An dieser Stelle seien daher folgende Datentypen genauer untersucht:[36]

- *AsciiFile*: Diese DII-Parameterklasse erlaubt die Einbeziehung einer lokalen Datei
  des sendenden Rechners in die Parameterliste. Der Konstruktor der Klasse Ascii-
  File wird mit dem Namen der korrespondierenden Datei parametrisiert. Beim tatsächlichen Parametertransfer wird der Inhalt dieser Datei an die GEMS-RPC-

---

[36] Eine detaillierte Darstellung aller DII-Typen findet sich bei [Goos94].

Protokollinstanz des Empfängers übertragen. Auf diese Weise lassen sich beliebige Dateitransfers an den Zielrechner durchführen.

- *ServiceRef*: Diese Parameterklasse ist vom Typ String abgeleitet und besitzt die besondere Semantik, daß Instanzen von ServiceRef als Referenzen in der URL-Syntax interpretiert werden. Konkret wird ein COSM-Server damit in der Form

cosm://<adresse.im.internet>:<selektor>/<lokaler/eind. Bezeichner>

identifiziert. Diese Unterscheidung vom Typ *String* erlaubt eine gesonderte Interpretation durch Anwendungen wie etwa Repositories oder generische Klienten.
- *NVList*: In Anlehnung an das CORBA-DII sind Parameter als Elemente einer *Named Value List* repräsentiert, die den Zugriff auf einzelne Parameterwerte durch eine Iterator-Schnittstelle realisiert. Zusätzlich besteht beim GEMS-RPC jedoch die Möglichkeit, Elemente über ihren symbolischen Namen zu adressieren. Da sich eine *NVList* selbst als Parameter verwenden läßt, ist die Definition von Baumstrukturen möglich.

Klassenhierarchie

Die zuvor dargestellten Parameterklassen lassen sich in eine Vererbungshierarchie einordnen, wie Abb. 75 illustriert:

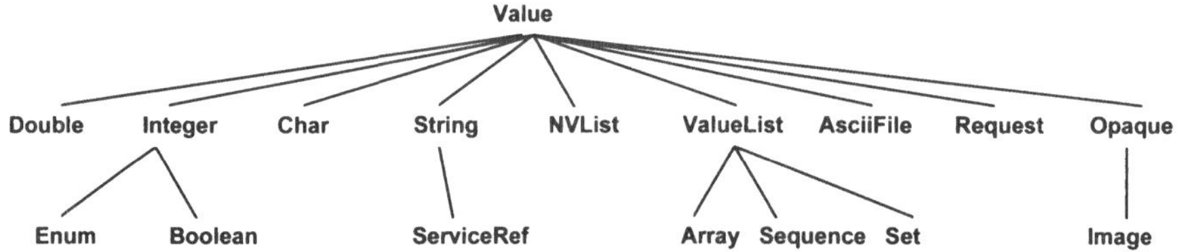

Abb. 75. Vererbungshierarchie von DII-Parameterklassen

Die abstrakte Basisklasse *Value* umfaßt verschiedene virtuelle Methoden, die erst in den abgeleiteten Klassen implementiert sind. Dieser Ansatz erlaubt eine generische Behandlung aller DII-Parameter als Instanz von *Value*. Von der Klasse *ValueList* werden wiederum alle Klassen abgeleitet, die Typkonstruktoren repräsentieren und somit Listen untergeordneter Parameterwerte (als Unterbäume) verwalten. Folglich sind hier Iteratoren für den Zugriff auf Listenelemente definiert, die in den abgeleiteten Klassen implementiert werden.

Programmierschnittstelle des Klienten

Eine Bindung zum Server erfolgt durch die Erzeugung eines Request-Objektes, das mit der Bindungsinformation vom Typ SvcID, dem Namen der aufzurufenden Operation sowie der dynamischen NV-Liste parametrisiert ist. Im Beispiel 13 besteht diese aus einem Parameter vom Typ Integer sowie einer Menge mit zwei Elementen des Typs String. Die Methode invoke bewirkt die entfernte Ausführung der Operation TestFunction. Das Resultat dieses Aufrufes liegt wiederum als dynamische Werteliste vor, die von der Klientenanwendung interpretiert werden kann.

```
NVList      *pNVList;
SVCID       SvcID;                    // Bindungsinformation
Request     *pRequest;
STATUS      status;
Value       *pResult;
Set         *pSet;


SvcID.nRpc = RPC_SUN;                 // Nutzung des Sun/ONC RPC
SvcID.Prog = 0x02000001;             // RPC-ProgNr. Registrieren
SvcID.Vers = 4711;                    // RPC-Versionsnummer
SvcID.Host = „dbis24.informatik.uni-hamburg.de";


pNVList = new NVList();               // Erzeugen der Parameterliste
pNVList->add_item(„1. Argument", new Integer(7) );
pSet = new Set();                     // Neuen Set-Parameter anlegen
pSet->add_item(new Str(„Halli");      // Elemente einfügen
pSet->add_item(new Str(„Hallo");
pNVList->add_item(„2. Argument", pSet );


pRequest = new Request( &SvcID, „TestFunction", pNVList);
                                      // Erzeugen des Request-Objekts
status = pRequest->invoke(&pResult);  // Entfernter Prozeduraufruf
...                                   // Auswerten der Statusvariable
cout << pResult;                      // Ausgabe des Ergebnisses
```

Beispiel 13. Klientenprogramm zur Nutzung des DII

Programmierschnittstelle des Servers

Um auch auf der Seite des Servers eine Verarbeitung der dynamischen Parameterliste zu ermöglichen, ist zur Programmlaufzeit eine Methode mit konformer Signatur und Semantik unter dem Namen TestFunction zu registrieren. Dies erfolgt bei einem Modul der Klasse SStub, das die Verteilung von Prozeduraufrufen an die jeweils benannte Methode durchführt. Von allen Methoden wird zunächst eine identische Schnittstellensyntax erwartet:

```
Value *Function( NVList *);
```

Syntaktisch sind somit alle von Klienten nachgefragten und von Servern angebotenen Methoden identisch, da sie als Parameter- und Resultattyp NV-Listen verwenden. Ein Typtest erfolgt erst bei der Interpretation der Parameterliste. Dieser Typtest kann nur dann durchgeführt werden, wenn beide Instanzen über Schnittstellendefinitionen verfügen, gegen die Typen der tatsächlichen Parameter validiert werden können. Dieser Prozeß läßt sich automatisieren, wenn davon ausgegangen wird, daß über die Dienstrepräsentation die erforderliche Information beiden Instanzen zur Verfügung steht. Folglich können Typfehler bereits durch die DII-Bibliothek des Servers abgefangen und eine Ausnahmebehandlung durch eine entsprechende Fehlermeldung an den Klienten durchgeführt werden.

Der Entwickler des Servers verwendet die Parameterliste als Eingabe- und die Resultatliste als Ausgabedaten. Hierbei wird der Subtyppolymorphismus bezüglich beider Listen genutzt:

- Durch die symbolische Benennung der empfangenen *Parameter* kann ein Klient beliebige weitere in die Liste einfügen, ohne daß dies seitens des Servers zu einem Typfehler führt. Da die NV-Liste eine symbolische Adressierung ihrer Elemente erlaubt, steht die erweiterte Liste somit im Subtypverhältnis zur erwarteten. Damit wird die Kontravarianzbedingung erfüllt, bei der dieses Verhältnis gerade umgekehrt zu dem der Signaturen ist.
- Entsprechend besteht beim *Resultat* die Möglichkeit, einen Subtyp des Typs Value zu verwenden (z.B. NVList im Beispiel). Der Resultatwert bleibt typkonform zum vom Klienten erwarteten und kann durch die Annotation einer Typkennung seitens des Klienten interpretiert werden:

```
NVList      *pNVList;                      // Zeiger auf Parameterliste
SVCID       SvcID;                         // Bindungsinformation
STATUS      status;
Set    *pSet;
Sstub  *pSStub;                            // Dispatcher für Operationsaufrufe
main() {
  pSStub = new SStub();                    // Erzeugen eines dyn. Server-Stubs
  pSStub->RegisterFunc(„TestFunction", TestFunction);
                                           // Registrierung der Server-Funktion
                                           // unter dem Namen 'TestFunction'
  SvcID = ...                              // Bindungsinformation
  pServer = new Server( &SvcID, pSStub);
  status = pServer.Run();                  // Starten und warten auf RPCs
}


Value* TestFunction(NVList *params) {
      NVList *pResult = new NVList();
      pSet = (Set*)params->get_value(„2. Argument");
      cout << (char*)pSet->get_value(first);
      cout << (char*)pSet->get_value(next);
      pResult->add_item(„Ergebnis", new Integer(4711) );
      return pResult;
}
```

Beispiel 14. Programm zur serverseitigen Nutzung des DII

Eine zentrale Komponente des serverseitigen RPC-Moduls ist der dynamische Stub (Sstub), über den zum Zeitpunkt der Initialisierung symbolische Operationsnamen an ihre Funktionsadressen gebunden werden (RegisterFunc). Bevor jedoch Parameter an die Funktion (hier TestFunction) übergeben werden, kann anhand der Schnittstellendefinition der DR eine dynamische Typprüfung erfolgen. Dies sichert dem Server-programmierer Subtypkonformität der erhaltenen Parameter zu.

Ein weiteres Merkmal des GEMS-RPC ist die dynamische Integration von Proto-kollinstanzen, die die Kommunikation mit Unterstützungsdiensten abwickeln (vgl. Abschnitt 6.3). Zu diesem Zweck wird die Methode Invoke des Klienten so überladen, daß vor und nach dem tatsächlichen Parametertransfer an den Server die NVList weiteren Modulen zur Verfügung gestellt wird, die ggf. Manipulationen an der Liste vornehmen oder mit UDs kommunizieren. Zu berücksichtigen sind dabei Fragen der Kombinierbarkeit von Protokollinstanzen, ihrer Konformität auf Klienten- und Serverseite sowie ihre Konfiguration für einen individuellen Sitzungskontext.

Da diese Integration der Protokollinstanzen eng mit ihrer spezifischen Implementation einhergeht, folgt erst in Abschnitt 7.3 eine beide Aspekte umfassende Beschreibung.

7.2.2 Die Verwaltung von Dienstrepräsentationen

Die Ebenenarchitektur der Dienstrepräsentation wurde bereits in Abschnitt 4.2 eingeführt. An dieser Stelle steht die Organisation jener Softwarekomponente im Vordergrund, die für COSM-Anwendungen den Zugriff auf die DR realisiert.

Anforderungen

Folgende Anforderungen werden gegenüber dem *Dienstrepräsentations-Management* (DRM) im Rahmen ihrer Anwendung in der COSM-Umgebung gestellt:

- *Persistenz*: Die DR umfaßt neben einer statischen Schnittstellen- und Dienstbeschreibung vor allem auch Anwendungsdaten (Zustandsvariable) des generischen Klienten, die im Laufe einer Sitzung durch den Benutzer oder als Resultat eines RPC modifiziert werden können. Als Kapselung dieser Klientendaten repräsentiert die DR somit dessen Sitzungszustand und kann ihn durch Auslagerung in eine Datei oder Transfer an einen anderen Rechner zur weiteren Verwendung aufrecht erhalten.
- *Objektspeicherfähigkeit*: Gegenüber Objektspeichersystemen (wie etwa OBST [ACSS+93], ObjectStore [OD96]) oder einem OODBMS (z.B. O2 [BaDK92] oder GemStone [SoAl95]) ist beim DRM keine Anfrageschnittstelle und -verarbeitung notwendig, da Zugriffe auf Speicherobjekte in navigierender Form erfolgen bzw. nur selten Kollektionen von Speicherobjekten in solcher Kardinalität vorliegen, daß eine inhaltsadressierte Anfrage effizienter wäre. Wünschenswert ist zudem ein adressunabhängiger, transparenter Zugriff auf Datenobjekte. Das Problem liegt hierbei in der wechselnden Abbildung von Objektidentitäten (*Handles*) auf Hauptspeicheradressen. Bei der Referenzierung eines Datenobjektes muß somit implizit eine Ermittlung der tatsächlichen Hauptspeicheradresse durchgeführt werden. Dieses *Pointer swizzling* sollte vom DRM transparent unterstützt werden. Da seitens des Klienten insbesondere Benutzer involviert sind, erfolgen DR-Zugriffe mit

niedriger Frequenz, so daß eine Leistungsmaximierung beim DRM-Entwurf nur von zweitrangiger Bedeutung ist.

- *Heterogenitätstransparenz*: Datenobjekte der DR werden an der DRM-Schnittstelle in der lokalen Syntax des Rechnerknotens übergeben. Aufgrund ihrer unterschiedlichen Darstellung bei heterogenen Prozessorarchitekturen ist eine Konvertierung erforderlich. Diese kann durch individuelle Konvertierung in die Zielrepräsentation (z.B. „receiver makes it right" bei Konvertierung durch den Empfänger) oder durch Unterstützung einer kanonischen Syntax erreicht werden. Die DRM-Schnittstelle sollte gegenüber der maschinenunabhängigen Repräsentation Transparenz bieten.

- *Freispeicherverwaltung*: Die im Laufe einer Sitzung veränderliche Anzahl an Datenobjekten einer DR erfordert eine geeignete Speicherverwaltung für dynamisch alloziierte Objekte innerhalb der DR. Da deren Freispeicherverwaltung nicht durch das Laufzeitsystem der Programmiersprache C++ unterstützt wird, ist sie ebenfalls Aufgabe der DRM-Komponente.

- *Minimale Objektspeichergröße*: Damit eine DR ihrerseits als Datenobjekt zwischen Partnern im EDM ausgetauscht werden kann, beeinflußt ihr Speicherbedarf die Übertragungsdauer beim Transfer z.B. zwischen Server und Klient. Aufgrund ihrer Indexstrukturen und einer an der lokalen Segmentierung des Sekundärspeichers orientierten Speicherauslegung erfordern Objektspeichersysteme üblicherweise einen Bedarf in Größenordnungen mehrerer hundert Kilobyte. Für die im Rahmen des COSM-Projektes entwickelten Anwendungen besteht jedoch die Anforderung, innerhalb tolerabler zeitlicher Grenzen eine DR zu übermitteln, so daß als Obergrenze einer komprimierten DR von 5 KB ausgegangen wurde.

Da keines der evaluierten bzw. verfügbaren Objektspeichersysteme allen Anforderungen gerecht werden konnte, stellte das DRM neben dem GEMS-RPC eine zweite Komponente dar, für die eine Eigenentwicklung erforderlich war.

Organisation des Dienstrepräsentations-Managers

Das DRM steht für alle COSM-Anwendungen über eine einheitliche Schnittstelle zur Verfügung, anhand derer

- Typobjekte erzeugt, interpretiert und gelöscht,
- Datenobjekte definiert, zugegriffen und gelöscht,
- von Datenobjekten zu Typen bzw. umgekehrt inferiert und
- zwischen Datenobjekten navigiert werden können.
- Schließlich bietet die DRM-Schnittstelle die Möglichkeit, DRs zu speichern bzw. zwischen Rechnerknoten zu transferieren.

Diese DRM-Funktionen lassen sich zu Modulen zusammenfassen, so daß Abhängigkeiten, die zwischen ihnen bestehen, in Form einer Schichtenarchitektur verdeutlicht werden können. Im folgenden wird die DRM-Architektur und ihre Implementierung kurz erläutert. Der im Rahmen von COSM implementierte DRM [Lutz94] setzt sich aus verschiedenen Modulen zusammen, die entsprechend der Schichtenarchitektur aus Abb. 76 organisiert sind:

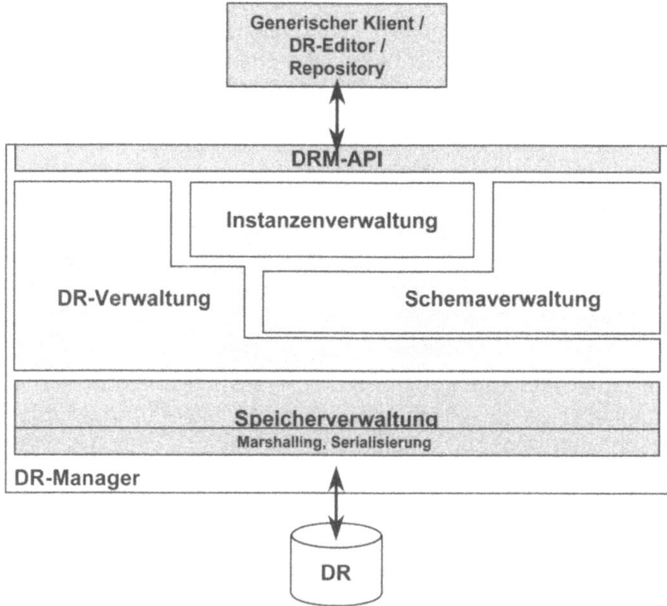

Abb. 76. Architektur zur Speicherverwaltung der Dienstrepräsentation

Speicherverwaltung

Allen Modulen liegt die *Speicherverwaltung* zugrunde, die generisch die Allokation und Freigabe von Speicherbereichen durchführt. Hierbei wird die gesamte DR im Hauptspeicher als zusammenhängender Allokationsbereich der Betriebssystem-Speicherverwaltung organisiert. Dies bietet einerseits den Vorteil, daß eine DR unmittelbar als zusammenhängendes Speicherobjekt persistent gesichert oder zwischen Rechnerknoten transferiert werden kann. Andererseits wird auf diese Weise die Syntaxkonvertierung in eine höhere Systemebene (die DR-Zugriffsverwaltung) verlagert. Zur Identifikation eines DR-Objektes werden *Handles* verwendet, deren Werte mit dem Datenobjekt unabhängig von der Allokation der DR im Hauptspeicher während seiner gesamten Lebensdauer assoziiert sind. Auch durch die DR-interne Speicherverwaltung kann es zu Verlagerungen innerhalb des DR-Speicherbereiches kommen, die durch die indirekte Adressierung anhand von Handles transparent bleiben.

Auf der Ebene der Speicherverwaltung werden nur zwei Objekttypen unterschieden: Binärobjekte (BOBs) und BAGs zur Speicherung mehrerer gleichstrukturierter Objekte. Während BOBs in ihrer Größe konstant sind und vollständig der Anwendung die Interpretation ihres Inhaltes überlassen, erlauben BAGs die Verwaltung (Einfügen, Löschen, Ändern, Iteration) einer Liste gleichartiger Elemente. Diese generischen Funktionen werden bei Aufgaben der Typdefinition und Datenmanipulation auf der Schema- und Instanzebene der DR zum Einsatz kommen.

Die Syntaxkonvertierung zwischen der DR und der lokalen Repräsentation erfolgt anhand sog. *Surrogatklassen*, die als abgeleitete Klassen elementarer Datentypen durch Überladen von Zuweisungs- und Zugriffsoperationen das kanonische Format der DR unterstützen (vgl. Tabelle 9 und Beispiel 15 weiter unten).

Während die Speicherverwaltung auf diese Weise eine einheitliche Handhabung uninterpretierter Datenobjekte erlaubt, obliegt deren Interpretation den Modulen der *Schema-* und der *Instanzenverwaltung*:

DR-Verwaltung

Funktionen zur Speicherung und zum Laden von DRs sind Bestandteil der DR-Verwaltung. Gleiches gilt für die Transformation zwischen Handles und Hauptspeicheradressen von Objekten. Zu beachten ist dabei, daß für jeden Zugriff auf DR-Objekte eine Transformation durchgeführt wird, da zwischenzeitlich durch die DR-Speicherverwaltung eine Relokation des Objektes erfolgt sein kann. Schließlich stellt die DR-Verwaltung dem Anwendungsprogrammierer eine Schnittstelle zur Verfügung, um zwischen DR-Objekten zu navigieren: dies gilt insbesondere für das Iterieren durch Listen (etwa Parameterlisten) sowie Funktionen für das Erzeugen, Löschen und Modifizieren von Objekten.

Schemaverwaltung

Die Schemaverwaltung realisiert die Definition von Typobjekten, d.h. zur Laufzeit und als zur Laufzeit inspizierbare Objekte, deren Inhalte sich aus Typnamen und -kennungen für Objektinstanzen zusammensetzen. Auch Typkonstruktoren werden durch Typobjekte repräsentiert. Letztlich ist mit einem Typobjekt der *Extent* – also die Gesamtheit aller ihm zugeordneten Instanzobjekte – assoziiert, so daß auf diesen durch eine generische Iteratorfunktion zugegriffen werden kann. Ein Typobjekt wird ebenfalls durch ein Handle identifiziert und kann im Falle aggregierter Typen aus bereits definierten Typobjekten konstruiert werden. Über deren Inspektion hinaus erlaubt die DR-Zugriffsverwaltung eine Iteration über alle in der DR registrierten Typobjekte. Auf diese Weise kann ein Browser als generische Anwendung zunächst Typinformationen interpretieren und im zweiten Schritt Instanzobjekte typgerecht visualisieren.

Im Rahmen der Schemaverwaltung sind die in Tabelle 9 aufgeführten Kennungen für elementare Datentypen und Typkonstruktoren definiert. Zum großen Teil sind diese Kennungen identisch mit den in der Darstellung des DII erwähnten. Der Typ *Handle* ist dort nicht erforderlich; ebenso läßt sich der Konstruktor für Aufzählungstypen (*Enum*) für Zwecke des Datentransfers auf *Integer* abbilden.

Tabelle 9. Klassen, Datentypen und Surrogatklassen der Dienstrepräsentation

Klasse	*Typkennung*	*C++-Datentyp*	*Surrogatklassen in C++*
Integer	TC_INT	int	iint, ilong
Charakter	TC_CHAR	char	ichar, iuchar
Dbl	TC_DOUBLE	double	idouble
Str	TC_STR	char* (NULL-terminiert)	-
Boolean	TC_BOOL	int	ibool
Array	TC_ARR	*Typ*[]	-
Sequence	TC_SEQ	-	-
Set	TC_SET	-	-
Record	TC_REC	struct	-
Handle	TC_HDL	int	ihandle
Enum	TC_ENUM	int	iint
Opaque	TC_OPQ	-	
Image	TC_IMG	-	
ServiceRef	TC_SERVICE	-	

Instanzenverwaltung

Die Instanzenverwaltung erlaubt die Erzeugung von Objekten unter Referenzierung eines Typobjektes. Anhand dieser Typinformation kann die Schema- und daraufhin die Speicherverwaltung die nötige Information über die Größe des zu alloziierenden Speicherobjektes ableiten. Zu diesem Zeitpunkt ist das Datenobjekt jedoch noch nicht initialisiert. Dies erfolgt zunächst durch Ermittlung der tatsächlichen Hauptspeicheradresse des Objektes und einer nachfolgenden Zuweisung.

Im Rahmen dieser Zuweisung (und auch des späteren Lesezugriffs) erfolgt nun die Konvertierung zwischen der lokalen und der DR-Syntax: Wird etwa ein Wert des Typs *Integer* an ein Objekt der DR zugewiesen, wandelt eine durch den DRM überladene Zuweisungsoperation („=" in C++) die lokale Repräsentation in die kanonische der Dienstrepräsentation um. Umgekehrt ist der Dereferenzierungsoperator („->" bei C++) so überladen, daß bei jedem Zugriff eine Konvertierung in die lokale Syntax realisiert werden kann.

Um eine derartige Konvertierung „ad hoc" durchführen zu können, sind *Surrogatklassen* (vgl. Tabelle 9) notwendig, die für das Anwendungsprogramm eine implizite Konvertierung realisieren. Surrogatklassen finden ihren Einsatz bei der Definition von *Zugriffsklassen* (z.B. DRObj im Beispiel 15), über die auf Objekte der DR operiert wird. Erfolgt eine Zuweisung an ein DR-Objekt, ist zunächst die Variablendeklaration anhand der Zugriffsklasse erforderlich:

```
class DRObj {
        iint    Age;                            // Surrogatklasse für „int"
        idouble Salary;                         // Surrogatklasse für „double"
        ichar   Name[30];                       // Surrogatklasse für „char"
};
DRObj *pDRObj;
        pDRObj->Age =  4711;                    // Transparente Zuweisung
                                                // Transparenter Zugriff
        printf( "And the winner is number: \n", pDRObj->Age );
```

Beispiel 15. Verwendung von Surrogatklassen

Mit diesem Mechanismus lassen sich alle Objekttypen, die in der DR definiert werden
können, als C++-Klassen auf der Sprachebene definieren. Falls für eine Anwendung
Transparenz bezüglich der Persistenz dieser Datentypen gefordert wird, besteht die
Möglichkeit, durch zusätzlichen *Stub-Kode* von der Syntaxtransformation und Ob-
jektidentifikation vollständig zu abstrahieren. Für Anwendungen im Rahmen der
COSM-Implementierung ist jedoch die Anforderung der dynamischen Erweiterbarkeit und Interpretation von Dienstrepräsentationen von größerer Bedeutung; daher
wurde ein Stub-basierter Ansatz nicht weiter verfolgt.

Beziehungen und Beziehungstypen

Um generischen Anwendungen weiterführende Informationen über die Semantik der
Typen und Objekte einer DR zu liefern, werden Typobjekte um *Beziehungstypen* ergänzt, so daß damit Informationen über Beziehungen *zwischen Instanzobjekten* inferiert werden können. Ist etwa *eine* Operationsdefinition *mit einer Menge* von Parameterdefinitionen assoziiert, so sollte diese Information als Ergänzung der Typdefinition – also der DR-Typobjekte – expliziert werden können. Zur Auswahl stehen dafür
die *Kardinalitätskennungen* 1:1, 1:N, 0:N bzw. N:M, mit denen festgelegt werden
kann, auf welche Weise ein Datenobjekt des betreffenden Typs mit Datenobjekten eines zweiten in Beziehung steht. Beziehungstypen werden dabei zusammen mit Typobjekten und Beziehungen mit Instanzobjekten gespeichert.

Ein Browser bzw. ein Repository kann nun den Benutzer bei der Navigation durch
Datenobjekte der DR unterstützen, indem Funktionen zur Darstellung aller Objekte,
mit denen das aktuelle über einen gegebenen Beziehungstyp in Verbindung steht, bereitgestellt werden können. Auf diese Weise kann eine solche generische Anwendung
etwa bei der Interpretation einer DR nicht nur die Definition neuer Typen erkennen,
sondern auch bei der Datenspeicherung Objektbeziehungen berücksichtigen. Somit
besteht die Möglichkeit, z.B. Parameterdefinitionen zu einer gegebenen Operation in
einer Browser-Schnittstelle aufzulisten, ohne daß die Semantik dieser Beziehungen
einem Repository bekannt ist.

Implementation des Dienstrepräsentations-Managers

Die Implementation des DRM[37] wird aus Gründen der Übersichtlichkeit an dieser Stelle nur anhand ausgewählter Methoden der DRM-Schnittstelle skizziert. Entsprechend der Trennung in Module zur Schema- und Instanzverwaltung werden zunächst Methoden zur Schemadefinition dargestellt:

DR-Schema-Schnittstelle

Anhand der DR-Schema-Schnittstelle kann der Anwendungsprogrammierer Typdefinitionen und -inspektionen durchführen:

```
Handle AddType( TypeCode tc, const char name[] );
```

fügt eine neue Typdefinition in die DR ein.

```
Handle AddIntType( const char name[] );
```

erlaubt die Definition eines Datentyps, der auf dem Typ Integer basiert. Auf ähnliche Weise lassen sich auch Definitionen für andere elementare Typen sowie Typkonstruktoren durchführen (AddStringType, AddEnumType, AddRecordType etc.).

```
void AddRecordElement( Handle hRecType, const char name[],
                       Handle hElemType );
```

fügt in eine zuvor mit AddRECORD definierte Typkomponente (hRecType) einen Elementtyp hElemType mit dem Namen name ein.

```
void AddEnumElement( Handle hEnumType, const char name[] );
```

fügt in einen zuvor definierten Aufzählungstyp hEnumType eine zusätzliche Wertausprägung name ein.

```
void DelCompType( Handle hType );
```

löscht das Typobjekt sowie alle ihm zugeordneten Instanzobjekte und Relationen.

Schnittstelle zur Typinspektion

```
TypeCode GetTypeCode( Handle hType );
```

liefert die Typkennung des Typobjektes hType.

```
void EnumCompTypes( bool (*func)(Handle, void*), void *ptr);
```

---

[37] im Rahmen von [Lutz94] auch als *Context Controller* bezeichnet.

iteriert über alle Typobjekte der DR. Für alle Iteratoren gelten folgende Konventionen: die vom Anwendungsprogrammierer implementierte Funktion *func()* liefert den Wert *False*, wenn die Iteration abgebrochen werden soll, ansonsten *True*.

```
void EnumCompTypeInst(   Handle hType,
                         bool (*func)(Handle, void*),
                         void *ptr);
```

iteriert über alle Instanzobjekte des Typs hType. Für jede Instanz wird die Funktion func() aufgerufen. Dabei ist der erste Parameter das Handle der jeweiligen Instanz und der zweite ein Zeiger auf einen Datenwert, den der Programmierer beim Aufruf von EnumCompTypeInst mit ptr übergeben hat.

```
void EnumRecordElements( Handle hRecType, bool (*func)(Handle, void*),
                         void *ptr);
```

iteriert über alle Elemente des durch hRecType bezeichneten Typobjektes, das selbst die Typkennung TC_RECORD besitzt. Auf diese Weise können konstruierte Datentypen zur Laufzeit inspiziert werden.

Schnittstelle zur Relationendefinition

```
Handle AddRelationType( Handle hFromType, const char name[],
                        Handle hToType, RelTypeCode rtc);
```

definiert einen Relationstyp zwischen zwei Typobjekten hFromType und hToType. Anhand dieser Definition kann bei der Inspektion einer Instanz inferiert werden, mit welchen anderen sie in bezug auf einen gegebenen Relationstyp <rtc> assoziiert ist.

Schnittstelle der Instanzenverwaltung

Die Schnittstelle zur Objektdefinition und -manipulation

```
Handle AddComp( Handle hType );
```

fügt eine neues Datenobjekt in die DR ein. Sein Speicherplatz wird anhand des Typobjektes hType berechnet.

```
void DelComp( Handle hComp );
```

löscht ein Datenobjekt.

Schnittstelle zur Objektinspektion

```
void EnumComps(bool (*func)(Handle, void*), void *ptr);
```

iteriert global über alle in der DR definierten Instanzobjekte.

EnumRelations(Handle hInst, ulong num, bool (*func)(Handle,void*),void *ptr);

iteriert über alle Datenobjekte, mit denen das gegebene hInst bezüglich des Beziehungstyps num assoziiert ist.

Handle GetCompType(Handle hInst);

liefert das Typobjekt der Instanz hInst.

TCode GetCompTypeCode(Handle hInst);

liefert die Typkennung der Instanz hInst.

Beispiel

Folgendes Beispiel veranschaulicht anhand eines kurzen Programmauszugs, wie die Schemadefinition für Objekte zur Schnittstellenbeschreibung und für das Graphiklayout erfolgt. Exemplarisch werden dabei einige der in Abb. 77 illustrierten Typ- und Instanzobjekte erfaßt.

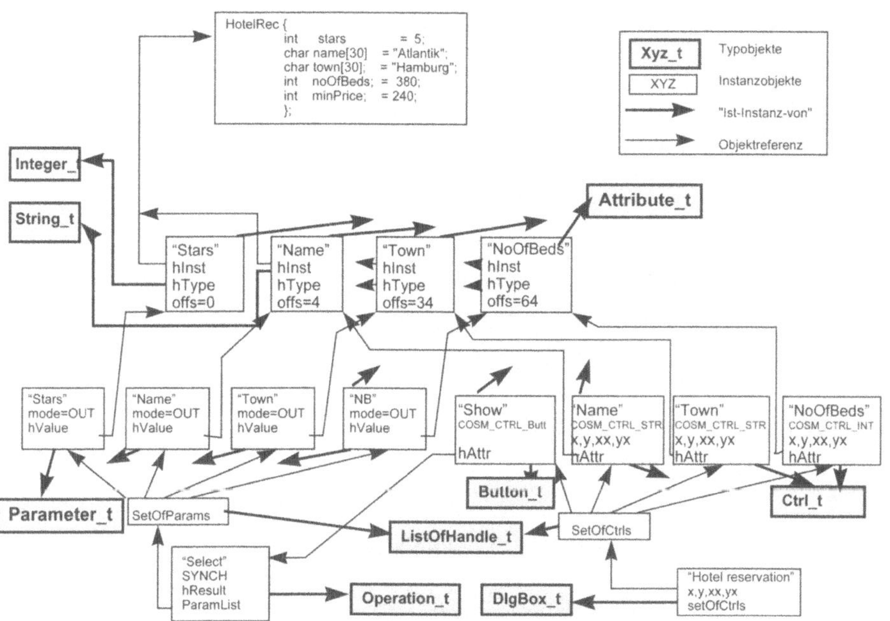

Abb. 77. Aufbau einer Dienstrepräsentation mit Typ- und Instanzobjekten

Hierbei handelt es sich um einen Ausschnitt der Typ- und Datenobjekte einer DR, die die operationale Schnittstelle eines Servers sowie die Benutzerschnittstelle beschreiben. Insbesondere geht es dabei um die Operation Select, die durch ein Objekt von Typ Operation_t beschrieben wird. Als ein Anwendungsdatenobjekt dient HotelRec, das sowohl für Parameterdefinitionen wie auch für Dialogbox-Elemente die jeweiligen Werte speichert. Eine zusätzliche Ebene – Datenobjekte vom Typ Attribute – kapseln den Zugriff auf Werte von HotelRec.

Die Operation Select besitzt verschiedene Ausgabeparameter (Stars, Name, Town und NB), deren Werte als Resultate eines RPC über die Attributobjekte an das Hotel-Rec-Objekt zugewiesen werden. Dem Benutzer wird der Zugriff auf diese Werte durch die Elemente vom Typ Ctrl_t ermöglicht. Schließlich stellt der Aufruf-Button Show die Verbindung zwischen Elementen der Benutzerschnittstelle und der Schnittstellendefinition des Servers her: Das Betätigen dieses Buttons bewirkt die Ausführung der Operation, deren Beschreibung unter hAttr beim Button-Objekt eingetragen ist.

Nachfolgend sind Teile dieser DR-Konstruktion in Beispiel 16 wiedergegeben. Dabei wird zunächst eine neue Instanz des DRM erzeugt (Zeile 5) und verschiedene Datentypen definiert. Insbesondere die Typen Parameter_t und Operation_t sind für die Definition von Parameter- und Operationsbeschreibungen erforderlich. Auf der Instanzebene werden jeweils eine Parameter- und eine Operationsdefinition beschrieben und über die Liste hSetParams verbunden. Somit kann ein Anwendungsprogramm durch Iteration über Elemente der durch hSetParams bezeichneten Liste auf alle Parameterdefinitionen zugreifen. Schließlich wird die DR auf stabilen Speicher gesichert (49-51). In entgegengesetzter Form kann sie zu einem späteren Zeitpunkt oder an anderem Ort mit „infile >> drm" wieder eingelesen werden.

```
 0   #include <cmm.h>              // cmm = „Context Memory Manager"
 1   #include <cosmtyps.h>         // Allgemeine Typkennungen
 2   // are defined here

 3   void main(int argc, char **argv)
 4   {
 5   DRM drm;                       // Der DR-Manager
 6   HANDLE hInteger_t  = drm.AddIntType( "Int_t" );
 7   HANDLE hString_t   = drm.AddStringType( "String_t", 30 );
 8   HANDLE hBool_t     = drm.AddBooleanType( "Boolean_t");
 9   HANDLE hHandle_t   = drm.AddHandleType( "Handle_t");
10
11   typedef struct _ParamAccess {   // Definition des Zugriffstyps
12              ichar        name[30];
13              iint         mode;
14              iHandle      value;
15              } ParamAccess, *pParamAccess;
16   ...
17   hParameter_t = drm.AddRecordType( "Parameter_t" );
18   drm.AddRecordElement( hParameter_t, "name", hString_t );
19   drm.AddRecordElement( hParameter_t, "mode", hInteger_t );
20   drm.AddRecordElement( hParameter_t, "value", hHandle_t );

21   hSetHdl_t = drm.AddSetType( "SetOfHandle_t", hHandle_t );
22   HANDLE hSetParams = drm.AddComp( hSetHdl_t );
```

```
23  // definition of the COSM-specific OPERATION type
24  hOperation_t = drm.AddRecordType( "Operation_t" );
25  drm.AddRecordElement( hOperaion_t, "name", hString_t );
26  drm.AddRecordElement( hOperation_t, "mode", hInteger_t );
27  drm.AddRecordElement( hOperation_t, "timeOut", hInteger_t );
28  drm.AddRecordElement( hOperation_t, "result", hHandle_t );
29  drm.AddRecordElement( hOperation_t, "paramList", hSetHdl_t );

30  //Erzeugen und Initialisieren eines Objekts von Typ hParamType
31  HANDLE hParam = drm.AddComp( hParameter_t );
32  ParamAccess *pParam = (ParamAccess*)drm[hParam];
33  strcpy( ((char*)pParam->name), "ToBeReversed");
34  pParam->mode = PARAM_MODE_IN;
35  pParam->value = hAttr1;               // Referenz auf ein Attributobjekt
36  drm.SetAddElement( hSetParams, (void*)&hParam );

37  HANDLE hOpReverseString = drm.AddComp( hOperation_t );
38  OpAccess *pOp = (OpAccess*)drm[hOpReverseString];
39  strcpy( ((char*)aOp->name), "ReverseString");
40  aOp->mode = CALL_SYNCH;
41  aOp->timeOut=30;                      // in Sekunden
42  aOp->paramList = hSetParams1;
43  aOp->result = hAttr2;                 // Referenz auf ein Attributobjekt
44
45  //define a relation type for operations <-> parameters
46  drm.AddRelationType( hOperation_t,"op_to_param",hParameter_t,RT_1_N);
47
48  // finally, create the SR file and write the whole stuff into it
49  fstream outfile( "test.dr", ios::out );
50  outfile << drm;
51  outfile.close();
52  }
```

Beispiel 16. C++-Programm zur Erzeugung einer Dienstrepräsentation

Das Programmbeispiel beginnt mit der Definition des DR-Schemas (Zeilen 6—29).
Hierbei werden elementare und aggregierte Datentypen definiert. Die Typen Para-
meter_t und Operation_t legen die Struktur von Parameter- und Operationsdefinition
innerhalb der DR fest. Unter Verwendung dieser Typen können nachfolgend Instanzen hParam und hOpReverseString erzeugt (31 und 37) und initialisiert (32—36 und
38—44) werden. Die tatsächlichen Datenwerte, die vom generischen Klienten im
Falle eines Prozeduraufrufes verwendet werden, befinden sich in den durch hAttr1 und
hAttr2 referenzierten Objekten.

Ausblick

Die skizzierte Schnittstelle für das DR-Management liefert zwar eine gewisse Hetero-
genitäts- und Persistenztransparenz, erreicht jedoch noch nicht die gewünschte Abstraktion z.B. zur Erstellung einer verhaltensbezogenen Dienstbeschreibung im Sinne

der in Abschnitt 5.3 untersuchten Spezifikationen. Um eine für den Benutzer komfortable Umgebung zu erlangen, sind daher Werkzeuge sinnvoll, die eine sprach- bzw. IDL-basierte oder graphisch-interaktive Definition von DR-Typen und Objekten unterstützen. Eine solche Erweiterungsmöglichkeit bietet z.B. ein interaktiver DR-Editor, der den Benutzer bei der Erstellung einer Dienstrepräsentation unmittelbar unterstützt.

Bezüglich der Interpretation einer DR steht einem Benutzer der generische Klient zur Verfügung, der sowohl ihre Handhabung als auch die Interaktion mit dem Server, von dem sie übertragen wurde, unterstützt:

7.2.3 Der generische Klient

Der generische Klient (GK) dient als Bindeglied zwischen Benutzer und Server. Er bildet Ereignisse der Benutzerschnittstelle auf Kommunikationsaktivitäten ab und wird durch Informationen der DR gesteuert. Ein GK kann mehrere Sitzungen mit unterschiedlichen Servern gleichzeitig verwalten. Je Sitzung besteht ein Sitzungskontext, der durch den jeweiligen Zustand der DR repräsentiert ist. Eine neue Sitzung kommt durch die erfolgreiche Bindung an einen Server zustande. Dabei wird von diesem (oder von einem Vermittlungsdienst) eine DR geladen und interpretiert. Wenn der Server durch die DR Anforderungen zur Integration von Unterstützungsdiensten mitteilt, ist es Aufgabe des GK, ein Matching durchzuführen, so daß eine für beide erforderliche Menge an Unterstützungsdiensten durch dynamische Protokollinstanzen genutzt werden kann. Falls dieser Prozeß scheitert, wird auch der Sitzungsaufbau abgebrochen. Im positiven Fall generiert der GK schließlich eine Benutzerschnittstelle aus der Spezifikation der DR. Nun kann der Benutzer in einem neuen Sitzungsfenster mit dem Server kommunizieren. Im folgenden werden die für Bindung und Kommunikation erforderlichen Komponenten kurz erläutert.

Der generische Klient agiert im Rahmen der EDM-Infrastruktur *formal* als spezifische Anwendung, da er als Softwarekomponente in der Lage ist, DR-Objekte bestimmter Typen zu interpretieren. Tatsächlich sind diese Komponenten jedoch gerade jene, die als Bestandteile der DR auf Infrastrukturebene standardisiert sind – also die Schnittstellendefinition, Bindungsinformationen, die Beschreibung der Benutzerschnittstelle sowie die Anforderungsdefinition für Unterstützungsdienste. Damit ist der GK der Infrastruktur zurechenbar. Anhand der DR-Objekte, die Aspekte der Benutzerschnittstelle (Dialogfenster, Bedienelemente etc.) beschreiben, stellt der GK die Verbindung zwischen DR, Benutzer und dem entfernten Server her. Intern zerfällt der GK in drei Hauptkomponenten (Abb. 78):

- Der *Aufruf-Manager* (AM) führt entfernte Prozeduraufrufe durch. Er wird seinerseits durch Ereignisse der Benutzerschnittstelle (etwa das Betätigen von „Aufruf-Buttons") aktiviert. Ein solches Ereignis korreliert mit einem Methodennamen des Servers, so daß der AM anhand der DR in der Lage ist, entsprechende Operations- und Parameterdefinitionen aus den DR-Objekten zu lesen und auf dieser Grundlage NV-Listen zusammenzustellen. Nach der Ausführung werden Resultate analog den spezifizierten DR-Objekten wieder zugewiesen.

- Der *Presentation-Manager* (PM) steuert die unmittelbare Interaktion mit dem Benutzer. Dies erfolgt über eine portable GUI-Bibliothek, die plattformunabhängig eine einheitliche Programmierschnittstelle bietet.[38] Graphische Ein- und Ausgaben sowie die Darstellung von Interaktionselementen und Fenstern werden über den PM realisiert.
- Schließlich verbindet der *Dialog-Manager* (DM) die Benutzerinteraktion mit der RPC-Kommunikation. Die Erzeugung neuer Sitzungen, die eine Serverbindung, das Laden der DR und die Generierung der Dialogschnittstelle umfassen, werden ebenfalls vom DM durchgeführt. Gleichzeitig können mehrere Sitzungen aktiv sein, so daß ein Wechsel zwischen ihnen vom DM zu steuern ist. Schließlich ist es Aufgabe des DM, Sitzungen zu speichern, um ggf. die damit verbundene DR an andere EDM-Partner zu transferieren.

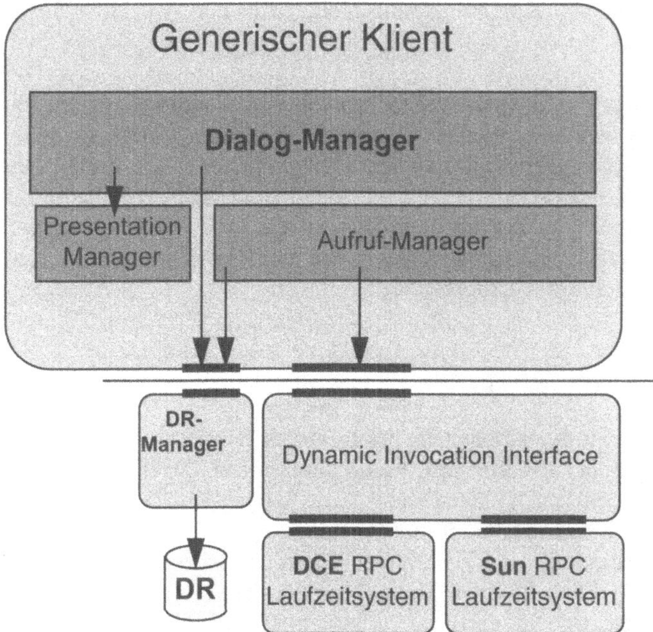

Abb. 78. Architektur des generischen Klienten

Bisher wurden Komponenten der COSM-Infrastruktur präsentiert, die gemeinsam *als Systemdienste* die notwendige Grundlage für den Zugang zu unklassifizierten Diensten bilden. Wie im zweiten Teil argumentiert, sind zur Unterstützung von Handelstransaktionen im EDM Dienste erforderlich, die einerseits als COSM-Anwendungen agieren, da sie auf der Basis der oben erläuterten Kommunikationsmechanismen nutzbar sind, andererseits jedoch ebenfalls der Infrastruktur zuzurechnen sind, da sie

---

[38] Im konkreten Fall von COSM wurde das Produkt *StarView* des Unternehmens *StarDivision* eingesetzt.

mit normierter Schnittstelle und Semantik von Klient und Server genutzt werden. Die bereits in Kapitel 6 illustrierten Beispiele für Unterstützungsdienste – Bank und Notar – werden daher im folgenden hinsichtlich ihrer Implementierung erläutert.

7.3 Unterstützungsdienste bei COSM

Bei Unterstützungsdiensten besteht die Anforderung, ihre individuelle Kombination für Client/Server-Sitzungen zum Sitzungsbeginn, d.h. zur Laufzeit, zu konfigurieren (vgl. Kapitel 6). Bei der Integration dieser Dienste wurden folgende Problemfelder identifiziert:

1. das Aushandeln geeigneter UDs verschiedener Diensteklassen und
2. eine flexible Integration von Kommunikationsmodulen in den Aufrufmechanismus des GEMS-RPCs.

Die Typverträglichkeit einer durch *dynamische Protokollinstanzen* erweiterbaren Parameter- und Resultatliste wurde bereits in Abschnitt 6.3 nachgewiesen. An dieser Stelle wird im Rahmen der gegebenen Implementierungen gezeigt, wie die Umsetzung dieses Prinzips im Kontext der COSM-Implementierung erfolgt. Anhand von Notariats- und Zahlungsdiensten, die im Rahmen des COSM-Projektes integriert wurden [Drag96, Gree96], läßt sich nachvollziehen, wie die COSM-Implementierung allgemeine Protokollanforderungen berücksichtigt.

7.3.1 Notariatsdienste

An dieser Stelle wird zunächst die Schnittstelle des Notariatsdienstes erläutert und anschließend die Realisierung der dynamischen Protokollinstanzen, die die Kommunikation zwischen dem generischen Klienten (bzw. dem Server) und dem Notariatsdienst durchführt. Hierbei konzentriert sich die Betrachtung auf die dritte Stufe der Notarisierung zur Protokollierung der Client/Server-Kommunikation. Dabei setzt der Notariatsdienst selbst den GEMS-RPC zur Kommunikation ein. Aufgrund der dynamischen Parameterrepräsentation ist die Protokollierungsschnittstelle des Notars so trivial wie im allgemeinen die eines Servers in COSM:

- `Value* ClntCallPre(NVList* list)` wird vom Klienten *vor* dem Senden der Parameter aufgerufen. Anhand der übermittelten Sitzungs-ID und der Aufruf-ID wird für den durchzuführenden Aufruf ein Eintrag im Notar-Log (der „Urkundenrolle") und die Erzeugung eines NRO-Tokens für die Parameter vorgenommen (non-repudiation of origin).
- `Value* SvrCallPre(NVList* list)` wird nach dem Empfang der Parameter durch den Server aufgerufen, um diese an den Notar zu übermitteln. Anhand der Werte der Funktion ClntCallPre kann der Notar die Parameterliste verifizieren im Falle einer Abweichung und entsprechend mit einem Fehlerkode reagie-

ren. Der Notar erzeugt nun für die abgelieferten Parameter ein NRD-Token (non-repudiation of delivery).

- `Value* SvrCallPost(NVList* list)` wird vom Server vor dem Senden des Resultats aufgerufen, um es an den Notar zu übermitteln. Auch diese Daten werden in jedem Fall im Notar-Log eingetragen (zzgl. eines NRO-Token).

- `Value* ClntCallPost(NVList* list)` übermittelt das vom Server empfangene Resultat zur Verifikation. Führt diese Verifikation zu einem positiven Ergebnis, protokolliert der Notar dieses und übermittelt dem Klienten eine Bestätigung (als NRD-Token). Falls im Ausnahmefall gesendete und empfangene Werte nicht übereinstimmen, speichert der Notar die Liste zur späteren Verwendung und meldet den Fehler dem Klienten.

Neben dieser Protokollierungsschnittstelle besitzen Notare weitere Schnittstellen für den nachträglichen Zugriff auf die abgelegten Daten. Über diese Schnittstellen ist der Notar jedoch nicht in der Rolle des Unterstützungsdienstes, sondern als regulärer Ressourcendienst nutzbar, so daß dieser Zugriff auch mittels des generischen Klienten erfolgen kann. Die erforderlichen Sicherheitsmechanismen der Autorisierung und Authentisierung realisiert jeder Notar hier auf individuelle Weise.

Implementierung der dynamischen Protokollinstanzen zur Notarisierung

Als Verfeinerung des dynamischen Aufrufmechanismus des GEMS-RPC wird nun die Erweiterung der bereits in Abschnitt 7.2.1 eingeführten Request-Klasse erläutert. Die aus der Spezifikation des CORBA-DII [OMG93] entlehnte Request-Klasse wurde zur Realisierung der Kommunikation mit Unterstützungsdiensten im Rahmen des COSM-Projektes durch eine Subklasse spezialisiert. Der Konstruktor der bereits diskutierten Basisklasse (Request::Request) erlaubt dem Klienten die Initialisierung des Request-Objekts mit der Serveradresse, dem Operationsnamen und der NVList:

```
Request* Request::Request(SVCID *SvcID, char *OpID, NVList *pnvl)
```

Nachfolgend wird die entfernte Operation OpID beim Server SvcID aufgerufen mit Request::Invoke. Dabei wird sich das Resultat an der Adresse befinden, die der Referenzparameter result liefert:

```
STATUS Request::Invoke( Value **result )
```

In der Basisklasse von Request erfolgt unmittelbar die Konvertierung in die Transfersyntax sowie die Serialisierung der Parameterwerte.

Die zur Kommunikation mit Unterstützungsdiensten erweiterte Subklasse RequestStub erlaubt das für den Sitzungsaufbau erforderliche dynamische Einfügen von *Filterobjekten*, die als Klienten der Unterstützungsdienste (d.h. als dynamische Protokollinstanzen bei Klienten und Servern) agieren:

```
class RequestStub : public Request {
private:
        ProtoInst *pFirstPI;
public:
        RequestStub( SVCID *svcID, char *OpID, NVList *pnvl )
                                        : Request( svcID, OpID, pnvl )
                { pFirstID = NULL; };
        void InsertPI( ProtoInst *pPI );
        STATUS Invoke( NVList *pnvl, Value **result );
};
```

Beispiel 17. Die Klasse RequestStub

Mit der Methode RequestStub::InsertPI kann durch mehrfaches Aufrufen eine Kaskade von dynamischen Protokollinstanzen (DPI) als Filterobjekte innerhalb des RequestStub-Objekts erzeugt werden. Wird nun zur Ausführung des RPC die Methode RequestStub::Invoke aufgerufen, wird zunächst überprüft, ob eine Protokollinstanz registriert ist. Falls nicht, erfolgt entsprechend der Basisklasse Request der Parametertransfer zum Server, d.h., es wird unmittelbar die Request-Methode der Basisklasse verwendet. Im anderen Fall werden die Invoke-Methoden der registrierten DPI aufgerufen.

Diese DPI sind im allgemeinen Klienten der Unterstützungsdienste und hinsichtlich ihrer Schnittstelle zur Klient- bzw. Serveranwendung (zum Request-Objekt) konform. Sie lassen sich bezüglich Schnittstelle und Verhalten gegenüber der Anwendung als gemeinsame Basisklasse aller Protokollinstanzen realisieren:

```
class ProtoInst {
protected:
        ProtoInst   *pNextPI;
        RequestStub *pRequestStub;
public:
        ProtoInst( RequestStub *pRS );
        virtual void Invoke( NVList *pnvl, Value **result ) = 0;
};
```

Beispiel 18. Die Klasse ProtoInst

Intern realisiert jedoch jede Protokollinstanz eine unterschiedliche, UD-spezifische Implementierung der Invoke-Methode. Schematisch könnte die Methode Invoke einer von ProtoInst abgeleiteten Klasse etwa folgenden Programmkode besitzen:

```
class AnyPIStub : public ProtoInst {
...
  AnyPIStub::Invoke ( NVList *pnvl, Value *presult )
  {
        RingBell(4711);     // Verarbeitung vor dem RPC
        ...
```

```
            if (pNextPI)          // nächsten PIStub aufrufen
                pNextPI->Invoke( *pnvl, *presult );
            else                  // der eigentliche RPC
                pRequestStub->Invoke( *pnvl, *presult );
            ...
            RingBell(4712);       // Verarbeitung nach dem RPC
            return presult;
    };
};
```

Beispiel 19. Das Schema der Methode Invoke bei dynamischen Protokollinstanzen

Die Klassen **RequestStub** und **ProtoInst** sind allgemein als Basisklassen für die Entwicklung spezifischer Protokollinstanzen notwendig. Tatsächlich unterscheiden sich individuelle Protokollinstanzen lediglich in der Implementierung der angedeuteten Kommunikation und Verarbeitung *vor* und *nach* dem RPC:

```
class Clnt_NotarSvcClnt : public ProtoInst {
private:
        SVCID          *NotarID;
        Value          *pNotarRes;
        Request        *pNotarReq;
        SessionKey     sk;
        ...
public:
        ...
        void Invoke( NVList *pnvl, Value **presult ) {
            // Erstelle eine NVList mit: UUID, OpName, pnvl
            // Erzeuge Bindungsinformation SVCID für den 1. Notar-Aufruf
            // Erzeuge ein Request-Objekt zur Kommunikation mit dem Notar
            pNotarReq = new request( SvcID, „ClntCallPre", pnvl );
            // Aufruf von ClntCallPre beim Notar:
            pNotarReq->invoke( &pNotarRes );
            // Verarbeite Ergebnisse
            delete pNotarReq;
            if (pNextPI)          // nächsten PIStub aufrufen:
                pNextPI->Invoke( pnvl, &presult );
            else                  // RPC beim Server:
                pRequestStub->Invoke( pnvl, &presult );
            ...
            // Erstelle eine NVList mit: UUID, OpName, presult
            // Erzeuge Bindungsinformation SVCID für den 2. Notar-Aufruf

            // Erzeuge ein Request-Objekt zur Kommunikation mit dem Notar
            pNotarReq = new request( SvcID, „ClntCallPost", presult );
            // Aufruf von ClntCallPost beim Notar zur Protokollierung
            pNotarReq->invoke( &pNotarRes );
            // Verarbeite Ergebnisse
```

```
        delete pNotarReq;
        return presult;
  };
};
```

Beispiel 20. Die dynamische Protokollinstanz des Notariatsdienstes

Die Methode Invoke in Beispiel 20 realisiert die vollständige Kommunikation mit dem Notar durch die Aufrufe ClntCallPre und ClntCallPost. Eventuelle Fehlersituationen werden der Anwendung über eine Statusmeldung als Element der NVList angezeigt. Prinzipiell sind die serverseitigen Klassen zur Abwicklung der Kommunikation mit dem Notar analog implementiert; sie werden an dieser Stelle jedoch nicht weiter dargestellt.

7.3.2 Zahlungsdienste

Abb. 79 skizziert den Ablauf einer Dienstanfrage des generischen Klienten an einen COSM-Server unter Nutzung des Unterstützungsdienstes *Ecash* als Zahlungsprotokoll. Der COSM-Server bietet in diesem Beispiel den Dienst „Fahrplanauskunft" an. Der Benutzer des generischen Klienten fragt eine Bahnverbindung zwischen Hamburg und München mit der gewünschten Abfahrtzeit von 8:00 Uhr an. Die Auskunft ist kostenpflichtig, der Preis beträgt DEM 0,30. Der COSM-Server wie auch der Benutzer des generischen Klienten verfügen über ein eigenes elektronisches Portemonnaie, das von einer dedizierten Softwarekomponente (dem *elektronischen Portemonnaie*) verwaltet wird. Der generische Klient gestaltet anhand der Dienstrepräsentation des COSM-Servers die graphische Benutzeroberfläche und liest die Aufrufparameter der angebotenen Operationen und deren Preise als zusätzliche Attribute (als „Preisschild"). Ruft der Benutzer des generischen Klienten eine Operation des COSM-Servers auf, so wird eine NVList mit den Aufrufparametern der Operation sowie eine Instanz der Klasse Request und RequestStub erzeugt. Da der generische Klient und der COSM-Server die Einschaltung der Protokollinstanz *Zahlung* vereinbart haben und diese während der laufenden Transaktion bereits installiert ist, wird das „Preisschild" der aufgerufenen Operation in die NVList als protokollspezifischer Steuerparameter der eingesetzten Protokollinstanz eingefügt.

Ist der RequestStub abgearbeitet und sind somit alle DPIs auf Klientenseite erfolgreich ausgeführt worden, so werden die korrespondierenden Protokollinstanzen des Server-RequestStub aufgerufen. Dabei kontaktiert die Ecash-Protokollinstanz über ihr elektronisches Portemonnaie mit den zahlungsrelevanten Informationen „Preis" und „Zahlungsanlaß" das Portemonnaie des generischen Klienten und führt bei diesem eine Zahlungsanfrage durch. Sind die elektronischen Münzen vom Benutzer freigegeben und an den Server übertragen worden, so werden sie dem Bankserver zur Verifikation übermittelt. Der Server führt schließlich den Aufruf der Fahrplaninformation durch und übermittelt das Ergebnis der Anfrage an den GK mittels des GEMS-RPC zurück.

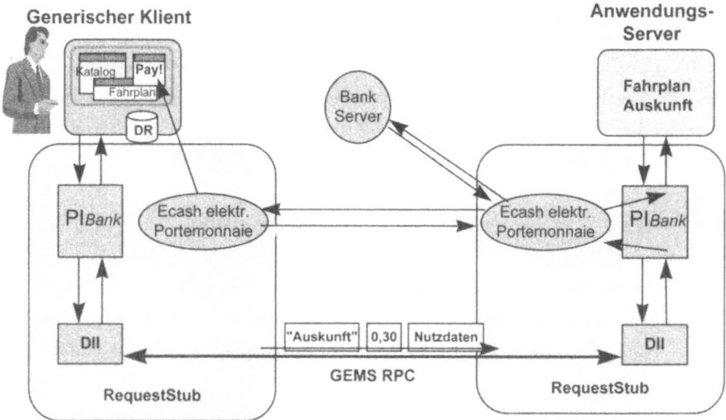

Abb. 79. Integration von Ecash als Unterstützungsdienst

Die Repräsentation der Anforderungsdefinition für Unterstützungsdienste

Im Rahmen der Prototypimplementierung von COSM wurde die Definition erforderlicher Unterstützungsdienste durch Einbettung in die Dienstrepräsentation realisiert.
Dabei wurde das dreistufige Schema der UD-Klassen, -Protokolle und -Instanzen
übernommen. Die entsprechende Definition der Typobjekte ist im folgenden Beispiel
beschrieben:

```
hSetSSClassesType =drm.AddSetType("SetOfSServiceClasses_t",hHandleType);
hSetSSProtocolType =drm.AddSetType("SetOfSServiceProtos_t",hHandleType);
hSetSSInstType = drm.AddSetType( "SetOfSServiceInst_t", hHandleType );

hSSClassType = drm.AddRecordType( "SuppServiceClass_t" );
drm.AddRecordElement( hSSClassType, "name", hStringType );
drm.AddRecordElement( hSSClassType, "protocols", hSetSSClassesType );

hSSProtocolType = drm.AddRecordType( "SuppServicesProto_t" );
drm.AddRecordElement( hSSProtocolType, "name", hStringType );
drm.AddRecordElement( hSSProtocolType, "instances", hSetSSProtocolType);

hSSInstType = drm.AddRecordType( "SuppServicesInst_t" );
drm.AddRecordElement( hSSProtoType, "name", hStringType );
drm.AddRecordElement( hSSProtoType, "internet-addr", hStringType );
```

Beispiel 21. Anforderungsdefinition für Unterstützungsdienste

Diese Hierarchie erlaubt eine einfache Integration von Matching-Information für das
Aushandeln von UDs. Dabei wird die konjunktive Normalform implizit angenommen.

7.4 Zusammenfassung zur Infrastruktur

Die in diesem Kapitel skizzierten Implementierungen gewähren Einblick in Lösungsmöglichkeiten für zwei Problemfelder, die bereits im ersten Teil des Buches als kritische Erfolgsfaktoren einer EDM-Infrastruktur identifiziert wurden:

1. Die Abwägung zwischen globaler und lokaler Standardisierung: Bei allen Infrastrukturkomponenten stellt sich beim Programmentwurf immer wieder die Frage, welche Funktion, welche Namenskonvention, welche Schnittstelle durch die aktuelle Implementationsentscheidung für alle EDM-Teilnehmer bindend wird und die dem Anwender die Gestaltungsautonomie einräumt, die für ein evolvierendes System wie den EDM erforderlich ist.
2. Die Abbildung dieser Entwicklungsfähigkeit auf eine formalisierte Plattform, wie sie eine in C++ entwickelte Softwareumgebung darstellt.

Da sich die COSM-Implementierung konsequent an der zuvor entworfenen GEMS-Architektur orientiert, wurde bei den vorherigen Abschnitten deutlich, in welchen Bereichen eine Erweiterung und in welchen eine Einschränkung der zugrundeliegenden Middleware-Komponenten erforderlich ist. Das nach CORBA spezifizierte DII reichte beispielsweise nicht aus, um dynamisch integrierte Protokollinstanzen zu konfigurieren. Es mußte vielmehr in verschiedenen Punkten erweitert werden. Umgekehrt wurde bewußt die Funktionalität von Objektspeichersystemen bei der Implementierung des DRM reduziert, da im Rahmen der COSM-Implementierung verschiedene Eigenschaften nicht nur überflüssig sind, sondern sogar ein Nachteil sein könnten.

Bisher wurde die COSM-Infrastruktur als „Kristallisationspunkt" für die weitere Softwareentwicklung dargestellt. Die Ausführungen im folgenden Kapitel befassen sich nun mit der möglichen Erweiterung dieses Kerns um COSM-Anwendungen. Aus Implementationssicht erfordern sie keine Modifikation der Infrastruktur, d.h., sie erweitern diese lediglich durch zusätzliche Beschreibungsinformationen in der Dienstrepräsentation und die Bereitstellung neuartiger Mehrwertdienste.

8 Mehrwertdienste bei COSM

Nachdem im vorherigen Kapitel die EDM-Infrastruktur von COSM erläutert wurde, ist damit die Darstellung des „planbaren" Teils eines EDM abgeschlossen. Jede weitere Entwicklung erfolgt von nun an nicht mehr aufgrund allgemeingültiger Zielsetzungen, die für alle Marktteilnehmer gemeinsam eine effiziente Vermittlung, Nutzung und Standardisierung von Diensten anstrebt. Vielmehr verlagert sich jetzt die Entwicklungstätigkeit hin zu den Teilnehmern und ihren speziellen Anwendungserfordernissen. Dabei verlagert sich ebenfalls die Entscheidung, einen Dienst zu entwikkeln oder bereitzustellen hin zur dezentralen, individuellen Motivation der Marktteilnehmer. Diese ist bei Anbietern letztlich gesteuert durch die individuelle Erwartung einer potentiellen Nachfrage ihres Dienstes.

Eine ökonomische Motivation der Dienstnutzung ist sowohl für Anbieter als auch für Nachfrager der Beweggrund zur Teilnahme am Dienstemarkt. In diesem Licht sind auch die im folgenden diskutierten Beispiele für Mehrwertdienste zu verstehen: Unter der Annahme, daß bereits Ressourcendienste existieren (z.B. Reisebuchungsdienste), stehen hier die Fragen im Vordergrund, *welche* zusätzlichen Dienstleistungen erbracht werden sollten und *wie* dies erfolgen kann.

8.1 Einleitung

Die in diesem Kapitel dargestellten speziellen Anwendungsszenarien sollen verdeutlichen, in welche Richtung Erweiterungen der COSM-Infrastruktur durchgeführt werden können. Es wurden die Schwerpunkte *Mobile Agenten*, *Interorganisationales Workflow-Management* und *Dynamischer Transaktionsmonitor* ausgewählt, um anhand dieser ganz unterschiedlichen Anwendungsbereiche die Offenheit der COSM-Infrastruktur zu demonstrieren. Diese Offenheit führt in allen Bereichen zur Bildung zusätzlicher Wertschöpfungsstufen sowie zu Gruppenstandards durch EDM-Teilnehmer. Folglich wurden bei allen Beispielen jeweils zwei Ansatzpunkte der Weiterentwicklung genutzt:

1. Die Erweiterung der Dienstrepräsentation zur verfeinerten Dienstspezifikation von sowie
2. die Erweiterung der Wertschöpfungskette durch Bereitstellung eines Mehrwertdienstes.

Dies führt schließlich zu dem in Tabelle 10 dargestellten Schema.

Tabelle 10. COSM-Anwendungen und ihre Erweiterungen von DR und Wertschöpfungskette

	Mobile Agenten	*Workflow-Management*	*Dyn. Transaktions-monitor*
Erweiterung der Dienst-repräsentation	Einbettung von Kontrollfluß-definitionen in Form von Petrinetzen	Einbettung von Rollendefinitionen zusätzlich zur Erweiterung für mobile Agenten	Einbettung von Informationen über den transaktionalen Charakter von Serveroperationen
Erweiterung der Wertschöp-fungskette	Bereitstellung von Agentenservern, die die Initialisierung und Versendung eines mobilen Agenten erlauben	Zusätzliche Bereitstellung eines Koordinationsservers als Vermittlungsdienst	Bereitstellung eines Transaktionsmonitors als interorganisatorisch nutzbarer Mehrwertdienst

Eine Umgebung für *mobile Agenten* wird im ersten Beispiel eingesetzt, um Drittanbietern die Möglichkeit zu geben, in Form von Serveragenten (vgl. Abschnitt 3.3.3) eine Dienstleistung bereitzustellen, die eine koordinierte Nutzung entfernter Server auf einfache Weise dem Benutzer zugänglich macht. Als Beispiel wird die [Whit94] entlehnte Buchung von Theatertickets in Kombination mit einer Blumenbestellung illustriert. Hierbei tritt der mobile Agent gegenüber diesen Ressourcendiensten als spezifischer Klient auf. Gegenüber dem Benutzer verhält er sich jedoch als Dienstrepräsentation und kann als solche auch über den generischen Klienten manipuliert werden.

Das Beispiel aus dem Bereich des *Workflow-Managements* setzt seinerseits auf diese Erweiterung der Dienstrepräsentation auf und ergänzt sie um zusätzlich erforderliche Merkmale wie etwa die Spezifikation von Rollen für Workflow-Teilnehmer. Auch in diesem Szenario wird ein dedizierter Mehrwertdienst – der Koordinationsserver – eingesetzt, um bestehende Anwendungsdienste einer Vielzahl von – auch unternehmensexternen – Klienten zugänglich zu machen.

Schließlich wird die Implementierung eines *TP-Monitors* skizziert, der aufgrund der Flexibilität der EDM-Infrastruktur die Auswahl von transaktional nutzbaren Servern noch zur Laufzeit der Transaktion selbst erlaubt. Auch dieser Dienst kann durch Klienten optional als Mehrwertdienst in Anspruch genommen werden.

Das Ziel dieses Kapitels besteht darin, anhand dieser Beispiele aufzuzeigen, mit welchem Aufwand eine Erweiterung der Infrastruktur durchführbar ist und wie dabei exemplarisch ein gruppenspezifischer Standard im Rahmen der COSM-Umgebung geschaffen werden kann.

8.2 COSM-Agenten

Bereits in Abschnitt 3.3.3 wurde argumentiert, unter welchen Umständen der Einsatz mobiler Agenten im Kontext des EDM sinnvoll erscheint. Als wesentliche Gründe wurden dabei hervorgehoben:

- der geringe Aufwand bei der Bereitstellung eines MA als zusätzliche Wertschöpfungsstufe,
- die Kostenreduktion durch Unterstützung asynchroner Kommunikation im Falle hoher Kommunikationskosten und
- die höhere Abstraktion des Programmiermodells gegenüber Aspekten der Persistenz und der Migration.

Aus diesem Grunde erscheinen MAs als Bereitstellungsform von Mehrwertdiensten auch im Zusammenhang mit der COSM-Architektur als konzeptionell sinnvoll. Daß auch eine technische Integration der zur Unterstützung mobiler Agenten erforderlichen Systeminfrastruktur sinnvoll durchführbar ist, soll mit der diesem Abschnitt zugrunde liegenden Implementierung nachgewiesen werden. Dabei ist das Ergebnis eines solchen Teilprojektes in unterschiedlicher Weise zu interpretieren:

- *Qualität des Agentenmodells und seiner Umsetzung.* Hierbei stehen prinzipiell Infrastruktur-unabhängige Merkmale, wie Abstraktion, Erweiterbarkeit, Unterstützung von Nebenläufigkeit im Vordergrund.
- *Qualität der EDM-Infrastruktur.* Dieses Kriterium berührt den eigentlichen Kern der GEMS-Architektur. Wenn hier die nötige Generik gegeben ist, sollte auch ihre Erweiterung in Richtung mobiler Agenten mit begrenztem Aufwand realisierbar sein.

Nachfolgend wird daher zunächst der Ansatz der COSM-Agenten präsentiert und im Anschluß hinsichtlich des zweiten Kriteriums bewertet.

8.2.1 Verarbeitungsmodell der COSM-Agenten

Üblicherweise besteht ein MA-System aus

- abstrakten Maschinen (*Engines*), die Agentenprogramme ausführen,
- lokalen Anwendungen (auch *lokale Agenten* genannt), die am Ort der Engine als spezifischer Dienst nutzbar sind und
- den Agenten selbst als Träger des Agentenprogramms. Auch wenn die von einem Agenten genutzte Anwendung sich nicht am Ort der Engine befindet, so liegt zumindest ihre Schnittstelle dort vor. Die Kommunikation zwischen Engine und Anwendung ist dann nicht mehr unmittelbarer Gegenstand des Agentenmodells.

Agenten zeichnen sich durch besondere Anforderungen an Verteilungstransparenz (insbesondere Heterogenitätstransparenz) und Persistenz aus (vgl. Abschnitt 3.3.3 und

[LaSa95]). Sie kapseln Programmkode, Daten und den Ausführungszustand des Programms. Gerade die Dienstrepräsentation dient nun bei COSM als Vehikel einer derartigen Datenablage – allerdings bisher nur auf Daten beschränkt. Programmkode und Ausführungszustand sind noch in einer angemessenen Form in die DR zu integrieren. Hier bestehen unterschiedliche Möglichkeiten der Koderepräsentation:

1. Durch die Engine unmittelbar ausführbarer *Bytekode* wird als Objekt ausgezeichneter, neu zu integrierender Typen in die DR eingebettet. Eine mögliche Entwicklung in diese Richtung besteht in der Integration von Java-Klassen in die DR. Hierbei ist zu beachten, daß ein solches Java-Applet eine abgeschlossene Funktion darstellt, damit nicht für das Laden und Binden dieses Kodes oder weiterer Module bei der Empfänger-Engine zusätzliche Kommunikationsverbindungen aufgebaut werden müssen. Dies würde die effiziente Bandbreitennutzung des mobilen Agenten konterkarieren. Entsprechend der Argumentation in Abschnitt 3.3.3 wurde die unmittelbare, lokale Ausführbarkeit von Agenten(byte)kode dann als nachteilig identifiziert, wenn zusätzliche Maßnahmen zur Sicherung des lokalen Rechners gegen Mißbrauch erforderlich sind, bzw. wenn durch die Herausgabe ausführbaren Kodes Know-how des Anbieters an den Nutzer kostenlos weitergegeben werden würde.
2. Die Einbettung beschränkt sich nur auf die *Kontrollflußdefinition* und schließt eine unmittelbare Repräsentation von Programmkode aus. Dieser wird ausschließlich durch lokale Server, die indirekt über die Engine nutzbar sind, implementiert.

Prinzipiell sind beide Varianten durch geeignete Einbettungen realisierbar; in beiden Fällen würden der Dienstrepräsentation neue Typobjekte mit einer gewissen Anzahl an Instanzobjekten als Kontrollflußdefinition hinzugefügt werden.

Aus den genannten Gründen wurde die zweite Option implementiert. Hierbei beschränkt sich das „Agentenprogramm" auf eine Kontrollflußdefinition, die auf für das Agentensystem spezifische Kontrollstrukturen und die Spezifikation aufzurufender Bibliotheksoperationen beschränkt ist. Schleifen, Fallentscheidungen und Sequenzen solcher Operationsaufrufe sowie Kommandos zur Migration sind damit im Agenten verankert. Die *Implementierung von Operationen* ist jedoch ausgelagert in bereits existierende COSM-Server. Die Rolle eines Agenten ist bei COSM somit die Bereitstellung einer koordinierten Ausführung von Operationen bei einer Menge von Servern und mit einer abstrahierenden Schnittstelle für den Benutzer. Ein Agent liefert damit keinen zusätzlichen, er koordiniert lediglich existierenden Programmkode. Falls für die Erfüllung einer Agentenaufgabe spezifische Funktionalität erforderlich sein sollte, so kann diese durch einen dedizierten Server als Dienst erbracht werden. Diese Rolle des Agenten entspricht dabei prinzipiell dem in Abschnitt 3.1.3 diskutierten Mehrwertdienst, der existierende kombiniert, anpaßt oder veredelt. Ein mobiler Agent koordiniert dabei Operationsaufrufe bei COSM-Servern, entsprechend der in Abb. 80 aufgezeigten Kontrollflußdefinition [MeML96].

Nachdem in diesem Zusammenhang eine Verteilung des Programmkodes auf Agent und Server sinnvoll erscheint, bleibt zu untersuchen, welche Repräsentationsform für die Kontrollflußdefinition des Agenten geeignet ist. Zu beachten ist dabei nicht nur eine effiziente Interpretierbarkeit, sondern auch eine angemessene Spezifikationstechnik: Mobile Agenten sollten in der Lage sein, untergeordnete Agenten als nebenläufige Prozesse abzuspalten und nach einer gewissen Zeit deren lokale Ergebnisse zu einem Gesamtresultat zu synchronisieren. Daher besteht auf der Ebene der Agentenspezifikation die Anforderung, Nebenläufigkeit möglichst abstrakt definieren zu können. Neben Techniken der parallelen Programmiersprachen [Rupp93] lassen sich insbesondere auch Petrinetze [Jens92, Reis92] dann einsetzen, wenn die Spezifikation hinreichend von der konkreten Operationsimplementierung abstrahieren kann. Neben einer benutzerfreundlichen, graphischen Repräsentation verfügen Petrinetze ferner über ein umfangreiches formales Modell, so daß sich z.B. Eigenschaften der Lebendigkeit und Fairneß nachweisen lassen, was gerade für die Modellierung nebenläufiger Agenten vorteilhaft ist [JeVa87, Valk87].

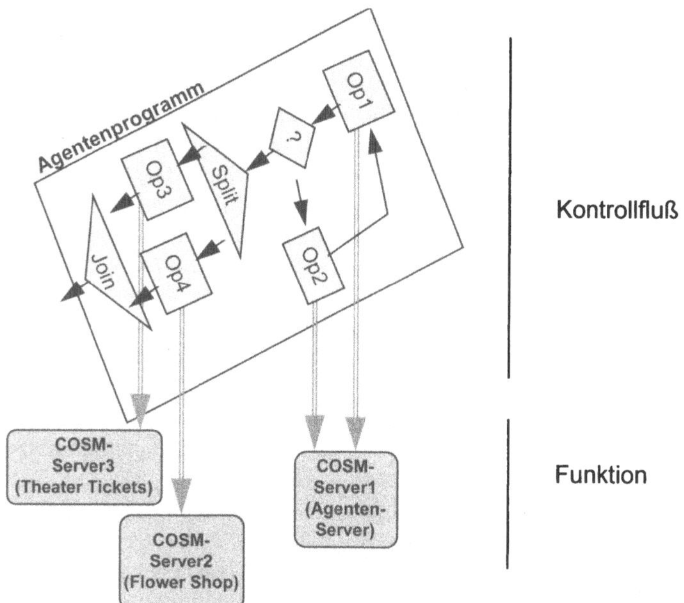

Abb. 80. Trennung in Kontrollfluß und Serverfunktionalität bei COSM-Agenten

Auch aus diesem Grunde wurde der Erarbeitung eines „agentenkompatiblen" Netzmodells Vorrang vor der „Bytecode-Variante" gegeben. Dies schließt jedoch nicht die Möglichkeit aus, Systeme, die auf einer Bytecode-Repräsentation basieren (wie z.B. Telescript [Whit94] oder „migrierende Threads" [Math96]), durch geeignete DR-Einbettung zu integrieren.[39]

Bei der folgenden Darstellung werden zwei Abstraktionsebenen bei der Modellierung eines MA unterschieden: Das *Netzmodell* legt das Agentenprogramm ohne Berücksichtigung der konkreten Netzumgebung fest. Durch den Agenten genutzte Operationen werden ortstransparent als Dienste spezifiziert, deren tatsächliche Erbringer

---

[39] Tatsächlich ist diese Integration Forschungsgegenstand beim COSM-Nachfolgeprojekt OSM (Open Service Model), vgl. dazu auch die in Kapitel 9 diskutierten Perspektiven.

erst zum Zeitpunkt der *Netzausführung* dynamisch gebunden werden. Somit läßt sich ein Agentenprogramm zur Laufzeit für individuelle Zwecke initialisieren und etwa auch mit unterschiedlichen Netzadressen von zu konsultierenden Diensten ausstatten.

8.2.2 Ein Netzmodell zur Kontrollflußdefinition

Grundsätzlich basiert das Netzmodell für COSM-Agenten aus einem Prädikaten/Transitionsnetz mit erweiterter Transitionssemantik. Es ist ein bipartiter Graph mit einer Menge *Stellen* P (places), einer Menge *Transitionen* T sowie einer *Flußrelation* als Teilmenge von (P x T) $\cup$ (T x P). Stellen können maximal eine Marke enthalten. Die Markierung aller Stellen repräsentiert den *Netzzustand*, der vom *Gesamtzustand* der Dienstrepräsentation unterschieden wird und die Werte aller in der DR abgelegten Datenobjekte umfaßt.

Einer Transition sind jeweils ein Prädikat und eine Operationsbeschreibung der DR zugeordnet. Das Prädikat ist als boolescher Ausdruck auf dem Gesamtzustand definiert, so daß auch Zustandsinformationen der DR einbezogen werden können. Sind alle Eingangsstellen einer Transition markiert (d.h. jeweils mit einer Marke versehen), alle Ausgangsstellen frei und liefert ihr Prädikat *True*, gilt die Transition als aktiviert und kann schalten. Mit diesem Schalten geht die Ausführung der spezifizierten Operation durch die Engine einher, so daß jede Transition eine Operation im Netzmodell repräsentiert – und damit einen entfernten Prozeduraufruf bei einem Server. Die Wahl des Servers ist nicht Gegenstand dieser Modellierungsebene, sondern erfolgt für jede Agenteninstanz individuell zum Zeitpunkt ihrer Initialisierung. Da mit dem Schalten einer Transition die Ausführung einer Operation beim Server verbunden ist, kann mit [JeVa87] auch von einem *Netzprogramm* gesprochen werden.

Somit kann eine Integration der Petrinetz-Repräsentation in die DR analog zu den in Abschnitt 5.3 diskutierten Erweiterungen realisiert werden (vgl. Abb. 81).

Kontrollstrukturen sequentieller Programmiersprachen lassen sich durch Sequenzen, Schleifen und um Prädikate erweiterte Transitionen abbilden (vgl. dazu auch [Libe95]), während nebenläufige Handlungen trivialerweise durch Transitionen modelliert werden können, die eine Eingangs- und mehrere Ausgangsstellen besitzen. Entsprechend lassen sich diese *Handlungsstränge* (als Sequenzen nebenläufig schaltbarer Transitionen) synchronisieren, indem ihnen eine gemeinsame Transition nachgeschaltet wird, die erst aktiviert ist, wenn alle Eingangsstellen markiert sind, d.h. die nebenläufigen Aktivitäten beendet wurden. Prinzipiell besteht nach der bisherigen Definition die Freiheit, Eingangs- und Ausgangsstellen in beliebiger Zahl zu kombinieren.

Eine Engine, die ein derartiges Netz ausführt, wird nach einer geeigneten Präferenz aktivierte Transitionen auswählen, schalten und dabei einen RPC beim ihr zugeordneten Server durchführen. Dieser kann auch unmittelbarer Bestandteil der Engine sein – etwa als dynamisch gebundene Programmbibliothek. Bezüglich des tatsächlich genutzten Servers besteht jedoch auf der Ebene des Netzmodells Transparenz. Die aufzurufende Funktion ist entweder

- als lokale Bibliothek der Engine statisch oder dynamisch gebunden (vgl. etwa [Koch96]) oder

- sie kann durch einen COSM-Server, an den die Engine Aufrufe umleitet, erbracht werden oder darüber hinaus auch
- durch Funktionen der Dienstvermittlung (Trader) erst zum Ausführungszeitpunkt ermittelt werden.

Stehen der Engine mehrere schaltbare Transitionen eines Netzes konfliktfrei (d.h. ohne daß das Schalten einer Transition eine der anderen deaktiviert) zur Verfügung, können diese nebenläufig oder in der durch die Engine bestimmten Ausführungsfolge geschaltet werden.

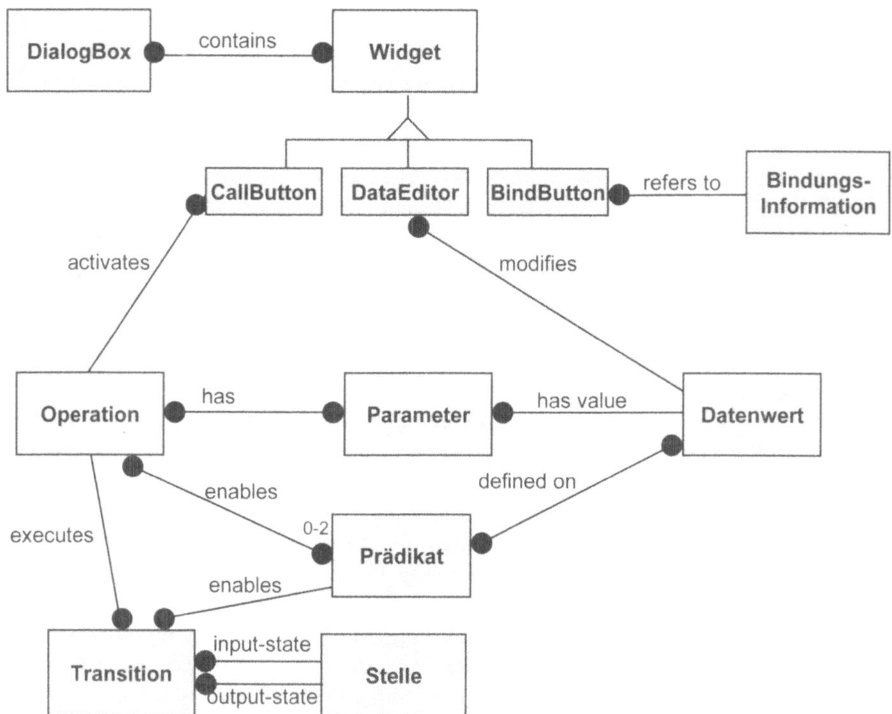

Abb. 81. Integration des Netzmodells in die Dienstrepräsentation

Aus der Verwendung von Petrinetzen zur Steuerung mobiler Agenten geht nicht präzise hervor, auf welche Weise die im Netzmodell spezifizierbare Nebenläufigkeit abgebildet werden kann auf das verteilte System aus Agenten (sowie Engines und Servern), die grundsätzlich selbst nebenläufig ausgeführt werden können. Ist dabei jedem Agenten ein eigenes Netz zugeordnet, lassen sich drei Möglichkeiten der Abbildung zwischen der Netzebene und der Agentenimplementierung identifizieren:

- *Interagenten-Nebenläufigkeit*: Entweder agieren mehrere Agenten bei der Erfüllung einer Aufgabe untereinander nebenläufig, jedoch intern jeweils sequentiell oder

- *Intraagenten-Nebenläufigkeit*: Ein einzelner Agent führt nebenläufige Handlungsstränge des Agentenprogramms durch gleichzeitige Operationsaufrufe bei mehreren Servern aus oder
- eine Kombination der ersten beiden Fälle.

Unter der Annahme, daß ein mobiler Agent genau dann sinnvoll einsetzbar ist, wenn räumlich verteilte Ressourcen (Server) zu nutzen sind, läßt sich kein signifikanter Vorteil der zweiten Ausprägung identifizieren, wenn ferner angenommen werden kann, daß das Senden eines Agenten den gleichen Kommunikationsaufwand verursacht wie der entfernte Aufruf einer Serverprozedur (vgl. die Argumentation des „Remote Programming" bei [Whit94]). Somit wird auch die dritte Ausprägung hinfällig, d.h., Nebenläufigkeit bei der Bearbeitung eines Auftrages kann am sinnvollsten durch *Interagenten-Nebenläufigkeit* implementiert werden, wenn grundsätzlich das Modell mobiler Agenten bevorzugt wird.

Bei diesem Ansatz ist auch eine sinnvolle Abbildung zwischen der Modellierungs- und der Implementierungsebene zu finden: Die *netzimmanente Nebenläufigkeit* der Modellebene ist abzubilden auf solche zwischen Agenten, also auch *zwischen Netzen* zum Zeitpunkt ihrer Ausführung.

Um eine bessere Handhabung dieser Situation durch die Engine beim Ausführen eines Netzes zu unterstützen, wurde das Netzmodell in folgender Weise erweitert: Zwei ausgezeichnete Transitionstypen – *Split-* und *Join*-Transitionen – können mehrere Ausgangs- bzw. Eingangsstellen besitzen. Ist eine Split-Transition zu schalten, werden nicht alle nachfolgenden Stellen der aktuellen Netzinstanz markiert, sondern vielmehr eine *Menge von Netzinstanzen* erzeugt, deren Kardinalität mindestens der Anzahl der Ausgangsstellen entspricht. Bei jeder dieser Instanzen wird jeweils nur eine Ausgangskante markiert (vgl. Abb. 82). Diese Implementierung der Netzausführung führt letztlich zur sequentiellen Ausführung eines jeden Agenten, während sich auf der Modellebene hingegen die Nebenläufigkeit definieren und testen läßt.

Bei realistischen Anwendungen kann eine Vielzahl von Servern mit identischer Schnittstelle und Semantik durch das Agentenprogramm genutzt werden. Eine Datenbankanfrage mit identischem Anfrage- und Ergebnistyp müßte dann jedoch im Netz je Server individuell spezifiziert werden. Es erscheint daher sinnvoll, die Split-Transition mit einer Liste von Netzadressen zu parametrisieren, damit eine definierte Verzweigung für mehrere Agenten mit individuellen „Reisezielen" instanziiert werden kann. Ohne Einschränkung der Allgemeinheit kann daher die Kardinalität von Split- und Join-Transitionen aus pragmatischen Gründen auf zwei Zweige – einen *Hauptzweig* und einen *Seitenzweig* – reduziert werden.

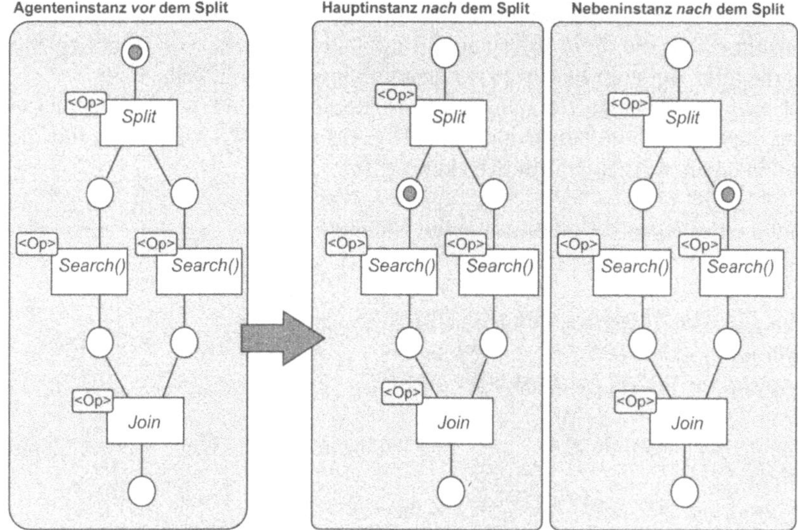

Abb. 82. Split- und Join-Transitionen

Umgekehrt erlaubt die Join-Transition analog zur Split-Transition eine definierte Synchronisation mehrerer Agenten. Nur wenn die Gesamtheit jener Instanzen, die zuvor durch eine Split-Transition erzeugt wurden, am Ort der Synchronisation eingetroffen ist, kann die Join-Transition schalten.

8.2.3 Namensschema für hierarchische Agentenbeziehungen

Für die Verwaltung von Agenteninstanzen ist ein Namensschema erforderlich, das ihre eindeutige Benennung erlaubt, diese Namensvergabe an dem Auftrag orientiert, den der Agent ausführt und schließlich die mögliche Schachtelung von Split/Join-Paaren berücksichtigt. Aus diesem Grunde läßt sich eine mindestens zweistufige Namenshierarchie identifizieren:

- Zunächst ist ein Agent durch den *Netztyp* charakterisiert, dem die in seine DR eingebettete Netzdefinition angehört.
- Ein neu erzeugter Agent wird für einen spezifischen *Auftrag* initialisiert, d.h., zwei Agenten des gleichen Netztyps können für unterschiedliche Aufträge mit unterschiedlichen Adressen, Anfragestatements etc. versehen sein.
- Je Auftrag können bei Existenz von Split-Transitionen mehrere *Agenteninstanzen* entstehen.

Da schließlich Split/Join-Paare in beliebiger Schachtelung auftreten können, sind gerade für das Schalten einer Join-Transition Agenteninstanzen der betreffenden Ebene eindeutig zu bestimmen.

Neben diesem hierarchischen Namensschema ist weiterhin Information mitzuführen, *wie viele* Agenteninstanzen für eine betreffende Join-Transition zu erwarten sind.

Aus diesem Grunde wird die mit dem Hauptzweig korrespondierende Instanz als *Hauptinstanz* gewählt, die diese Information trägt und es erlaubt, von ihrem eigenen Namen auf die aller weiteren Instanzen der Seitenzweige zu schließen.

Folglich kann es für einen Netztyp *Fluginformation* im Laufe der Bearbeitung eines Auftrags mit dem eindeutigen Namen *007-HAM-nach-FRA* zur Erzeugung der nachfolgend benannten Agenteninstanzen kommen:

1. Erzeugung eines Agenten mit eindeutigem Namen:
   Fluginformation. 007-HAM-nach-FRA

2. Aufteilung in zwei Instanzen durch eine Split-Transition
   Fluginformation. 007-HAM-nach-FRA. main
   Fluginformation. 007-HAM-nach-FRA. 001

3. Aufteilung der Hauptinstanz in Unterinstanzen durch eine weitere Split-Transition:
   Fluginformation. 007-HAM-nach-FRA.main.main
   Fluginformation. 007-HAM-nach-FRA.main.001
   Fluginformation. 007-HAM-nach-FRA.main.002
   etc.

Bei jedem Split werden den erzeugten Instanzen Namen vergeben, die aus der ursprünglichen Instanz übernommen und um die ebenenspezifischen Namen „main“, „001“, „002“ etc. ergänzt wurden. Eine synchronisierende Engine kann bei Instanzen, deren Join-Transition aktiviert ist, erkennen, ob es sich um eine Hauptinstanz handelt und die erforderliche Anzahl ermitteln. Zu beachten ist dabei die Implementierung der ebenenspezifischen Kardinalitätsinformation als Stapel, damit Informationen eines „höheren“ Split nicht durch die eines „niedrigeren“ überschrieben werden.

Der „Befehlssatz“ einer Engine

Nicht alle Operationen, die mit einer Transition assoziiert sein können, werden als RPC beim Server aufgerufen. Einer Engine ist eine Menge von Befehlen zugeordnet, die sie unmittelbar ausführen kann (sog. *Standardbefehle*). Im Zusammenhang mit dem Einsatz mobiler Agenten ist dabei der Befehl *Go* von besonderer Bedeutung. Bei der Ausführung dieses Befehls wird die korrespondierende Transition zunächst geschaltet, so daß die Ausgangsstellen markiert sind. Anschließend wird jedoch die gesamte Dienstrepräsentation an eine entfernte Engine transferiert, deren Knotenadresse durch den Parameter des *Go* spezifiziert wurde. Dort empfangen, wird der Gesamtzustand der DR restauriert, so daß die Ausführung mit der nachfolgend aktivierten Transition fortgesetzt werden kann.

Im Gegensatz zu sprachbasierten Ansätzen, bei denen Aufgaben der Persistenz, der Kapselung des Ausführungszustandes, der Definition einer Transfersyntax durch eine dedizierte Agenteninfrastruktur zu lösen sind, kann im Falle der Dienstrepräsentation bereits von einer existierenden Infrastruktur ausgegangen werden, die genau diesen Anforderungen gerecht wird. Damit reduziert sich die Implementierung des *Go* als Befehl der Engine auf bereits implementierte Funktionsaufrufe der COSM-Infrastruktur zur Speicherung und Übertragung einer DR.

Ein weiterer Standardbefehl ist *End*, der einen Agenten terminiert und seine DR löscht. Dieser Vorgang kann nur durch das Agentenprogramm (bzw. das Netz) selbst bewirkt werden.

Synchronisation nebenläufiger Agenteninstanzen

Eine besondere Entwurfsentscheidung betrifft die Art der Resultatsynchronisation, wenn nebenläufige Agenteninstanzen mit evtl. unterschiedlichen Teilresultaten zu einem Gesamtergebnis zu konsolidieren sind. Da die Agenten naturgemäß an unterschiedlichen Lokationen im Netz Teilergebnisse produzieren, würde ein Protokoll zur Sperrverwaltung zwischen ihnen offensichtlich die Grundidee des Agentenansatzes konterkarieren. Folglich kann nur bereits a priori beim Netzentwurf (erste Variante) oder erst a posteriori bei der Synchronisation der Teilresultate Information zur Erzielung eines konsistenten Gesamtresultates bereitgestellt und genutzt werden. Je nachdem, ob diese Aufgabe der System- oder der Anwendungsebene zugerechnet wird, interpretiert im zweiten Fall entweder die Engine (zweite Variante) oder eine spezielle Anwendung (d.h. ein dedizierter Server) diese Information (dritte Variante).

1. Im ersten Fall wären Zugriffsinformationen als Teil der DR für die Engine bereitzustellen, so daß sie solche Datenobjekte ermitteln kann, die ein Resultat tragen, sowie die Art und Weise, wie diese Daten zu synchronisieren sind. Diese Variante würde die zusätzliche Standardisierung solcher Beschreibungsmechanismen erfordern.
2. Im zweiten Fall müßte die Engine erkennen, welche Datenobjekte modifiziert wurden, und für diese eine geeignete Synchronisation durchführen. Auch diese Informationen müßten durch vorherige Engines, die eine DR modifizierten, als Metadaten bereitgestellt werden.
3. Im dritten Fall wird die Entscheidung, welche Datenobjekte als Resultat zu berücksichtigen und wie sie zu verarbeiten sind, nicht von der Engine, sondern von einer anwendungsspezifischen Funktion übernommen.

Tatsächlich wird beim Modell der COSM-Agenten davon ausgegangen, daß nur auf der Anwendungsebene, d.h. durch einen dedizierten COSM-Server, die Resultatsynchronisation durchgeführt werden kann. Insbesondere wenn berücksichtigt wird, daß Gesamtresultate nur nach anwendungsspezifischen Verfahren aus den Teilresultaten ermittelt werden können, sollte ein solcher Server diese Funktion implementieren. Die Verfahren zur Konsolidierung des Resultats können beliebig komplex sein:

- Einzelergebnisse der Agenteninstanzen können zu einer Liste konkateniert werden (etwa bei Literaturrecherchen),
- es können k aus N Ergebnisse nach einem anwendungsspezifischen Verfahren ermittelt werden (z.B. die drei preiswertesten),

- es kann lediglich das Terminieren der Teilaktivitäten ohne Berücksichtigung von Resultaten von Bedeutung sein (z.B. wenn die Agenteninstanzen nur Operationen zur Benachrichtigung der jeweiligen Server aufgerufen hatten), oder
- eine nicht standardisierbare Funktion wird auf die Teilergebnisse angewendet (z.B. die Anwendung von Wechselkursen, wenn die Teilresultate Beträge in Fremdwährungen repräsentieren).

Folglich ist für den Join-Prozeß die Nutzung eines Synchronisationsservers erforderlich, dem vor dem Schalten der Join-Transition die Teilergebnisse aller Agenten übermittelt werden. Nach dem Schalten wird von der einzig verbleibenden Hauptinstanz dieses Ergebnis ermittelt und im Agenten abgelegt. Bei COSM-Agenten werden daher zwei Funktionen *SetResult* und *GetResult* (die Namen sind willkürlich gewählt) angenommen. Durch eine geeignete Operationsbeschreibung kann der Agentenprogrammierer definieren, welche Informationen als Teilresultat zum Server übertragen und welche als Gesamtresultat nach dem Join vom Server zurückerhalten werden. Mit jedem Aufruf von *SetResult* fügt der Server die Teilinformation in das Gesamtergebnis ein. Der Nachteil besteht bei diesem Ansatz sicherlich in der Bereitstellung eines „Synchronisationsservers", der nicht an jedem Ort im Netz vom Anbieter des Agenten installiert werden kann. Damit ist eine zusätzliche Migration der Agenten zu Zwecken der Synchronisation erforderlich.

8.2.4 Integration in die COSM-Infrastruktur

Nach der Darstellung des Verarbeitungsmodells für COSM-Agenten wird nun kurz die („Dienst"-)Repräsentation eines Agenten erläutert. Von besonderer Bedeutung ist hierbei die Einbettung des Petrinetzes in die DR, da Operationsbeschreibungen und allgemeine Datenobjekte für Zustandsinformation bereits Gegenstand der Basis-DR sind (vgl. Abschnitt 4.2).

Stellen, Transitionen und Prädikate sind dabei durch eigene Typobjekte definiert. Eine Stelle besteht aus den Namen und der Markierung, während Transitionen *Handles* von Eingangs- und Ausgangsstellen, Operationsbeschreibungen und Prädikatobjekten sowie einen Namen und Information über den Transitionstyp (Split, Join, Standard) umfassen. Prädikate sind als <Wert, Operator, Wert>-Tupel repräsentiert. Als Werte können unmittelbar Integers bzw. Handles von Datenobjekten und untergeordneten Prädikaten in Frage kommen. Die Einbeziehung des Petrinetzes erfolgt somit über den Verweis von Transitionen auf Operationsbeschreibungen sowie die Nutzung von Datenwerten als Operanden in Prädikaten. In Abb. 81 wurde bereits diese Integration auf der Schema- und Instanzebene dargestellt.

Das folgende Programmfragment illustriert die Erweiterung der DR um eine Repräsentation für das Petrinetz und Prädikate:

```
hTransition_t = drm.AddRecordType( "Transition_t" );
drm.AddRecordElement( hTransition_t, "name", hString_t );
drm.AddRecordElement( hTransition_t, "type", hInt_t );
drm.AddRecordElement( hTransition_t, "incomingPlace", hHandle_t );
drm.AddRecordElement( hTransition_t, "outgoingPlace", hHandle_t );
```

```
drm.AddRecordElement( hTransition_t, "additionalPlace",hHandle_t);
drm.AddRecordElement( hTransition_t, "guard", hHandle_t );

hPlace_t = drm.AddRecordType( "Place_t" );
drm.AddRecordElement( hPlace_t, "name", hString_t );
drm.AddRecordElement( hPlace_t, "marked", hBoolean_t );

hOperator_t AddENUM( „Operator_t" );
AddEnumElement( hOperator_t, „AND" );
AddEnumElement( hOperator_t, „OR" );
AddEnumElement( hOperator_t, „NOT" );
AddEnumElement( hOperator_t, „<" );
AddEnumElement( hOperator_t, „>" );
AddEnumElement( hOperator_t, „Length" );
...
hPredicate_t = drm.AddRecordType( "Predicate_t" );
drm.AddRecordnt( hPredicate_t, "leftValue", hHandle_t );
drm.AddRecordElement( hPredicate_t, "rightValue", hHandle_t );
drm.AddRecordElement( hPredicate_t, "Operator", hOperator_t );
```

Beispiel 22. Die Definition eines Agenten in der Dienstrepräsentation

Die durch diese Netzdefinition erweiterte DR bleibt ohne Einschränkung für bestehende Anwendungen, wie z.B. den GK, verarbeitbar. Folglich können GK und Engine
unabhängige *Sichten* einnehmen, die jeweils nur Teile der DR-Inhalte hervorheben.
Daraus folgt, daß eine DR mit wechselnder Abstraktion von Anwendungen der
COSM-Umgebung genutzt werden kann: Zunächst lädt sie der Benutzer mit Hilfe des
GK, um über die Benutzerschnittstelle Datenwerte einzustellen, danach könnte sie an
den Server zurückgeliefert werden, um anschließend als Agent verarbeitet zu werden.

Anwendungsbeispiel

Das unten illustrierte Beispiel wurde auf der Basis von COSM-Agenten implementiert. Es fügt in die bestehende Umgebung aus GK und Anwendungsservern („Thea-
ter" und „Flower Shop") einen zusätzlichen Mehrwertdienst ein – den „Agentenserver". Dieser Server bietet dem Benutzer eine individuelle Schnittstelle, anhand derer
eine Buchungsdienstleistung ausgewählt werden kann. Die damit verbundene Handelstransaktion entspricht einer Sitzung, wie sie in der GEMS-Architektur festgelegt
wurde. Folglich kann der Agentenserver für die angebotenen Operationen Gebühren
verlangen, und für beide Transaktionspartner besteht die Möglichkeit, weitere Unterstützungsdienste hinzuzuwählen (Abb. 83 abstrahiert von dieser Infrastrukturebene).

Im folgenden ist exemplarisch die Erweiterung einer Dienstrepräsentation um
Agentenfähigkeiten beschrieben. Sie kann eingesetzt werden, um Zugriffe auf entfernte Server zu steuern und dafür Agenteninstanzen abzuspalten.

Das in Abb. 83 illustrierte Beispiel veranschaulicht die bei [Libe95] beschriebene
Implementierung von COSM-Agenten. Hierbei nimmt die Dienstrepräsentation wech-
selnde Rollen ein – zunächst als DR im Sinne der COSM-Infrastruktur und anschließend als mobiler Agent im Sinne der oben diskutierten Erweiterung. Wird die DR

vom Agentenserver geladen, erzeugt der generische Klient gemäß der interpretierten Beschreibungsinformation eine Dialogbox. Auf diese Weise fügt der Benutzer Daten ein, mit denen er das Agentenprogramm initialisiert. Nachdem die DR anschließend an den Agentenserver zurückgeliefert wurde, beginnt dieser, sie als Agent zu interpretieren, indem die vorhandene Engine das (im Initialzustand befindliche) eingebettete Petrinetz der DR schaltet.

Die erste Transition bewirkt eine Ausführung der Operation *initialize*, anhand derer z.B. die Adressen zu konsultierender Server ermittelt werden. Das anschließende *Split()* spaltet zwei Agenteninstanzen ab, die aufgrund einer nachfolgenden Transition mit *Go*-Kommando zum *Flower-Shop-* bzw. *Theaterserver* übertragen werden. Die Hauptinstanz verweilt am Ort des Agentenservers und wartet auf das Eintreffen der anderen. Danach führt jeder Agent *SetResult* aus, das zur Addition der Einzelpreise (Blumen und Theaterticket) beim Agentenserver führt. Schließlich werden die Agenteninstanzen zur Hauptinstanz verschmolzen und das Ergebnis mit *GetResult* vom Server abgerufen.

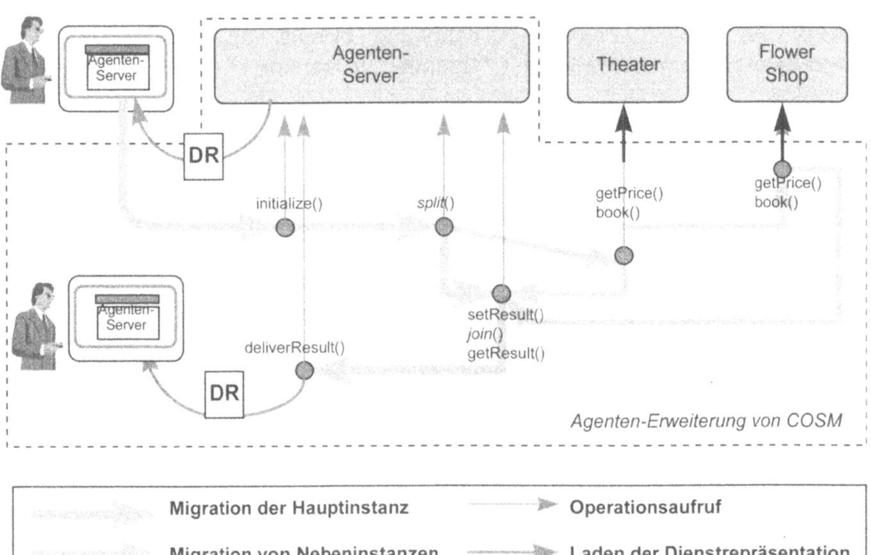

Abb. 83. Bearbeitung einer Aufgabe durch nebenläufige Agenteninstanzen

Bei dem nächsten Aufbau einer Sitzung zwischen generischen Klienten und Agentenserver kann der Benutzer diesen Agenten wieder als DR abrufen und über die Benutzerschnittstelle das Resultat einsehen. Der Agentenserver könnte als COSM-Server die Operationen zum Laden und Zurückliefern einer DR mit Kosten versehen, so daß der Benutzer mit diesem Preis die Kosten der gebuchten Dienstleistungen (Ticket und Blumen) sowie die zur Nutzung des Agentenservers selbst begleicht.

8.2.5 Zusammenfassung und Bewertung

Das oben illustrierte Beispiel zeigte die Integration einer anwendungsspezifischen Erweiterung in die DR auf, ohne daß dadurch bereits existierende Komponenten wie z.B. Server, der generische Klient oder die COSM-Infrastruktur modifiziert werden mußten. Der generische Klient konnte seine Interpretation der DR als Träger von Dienstbeschreibungen beibehalten, während die „neuen" Komponenten – Engine und Agentenserver – in der Lage sind, darüber hinaus auch die Kontrollflußdefinition zu verarbeiten. In diesem Sinne besteht das Anliegen des Agentenbeispiels insbesondere in einer Demonstration der geforderten Erweiterbarkeit dieser EDM-Infrastruktur.

Auch inhaltlich führte das in diesem Abschnitt diskutierte Beispiel mobiler Agenten zu einer sinnvollen Erweiterung der Basisinfrastruktur. Gerade im Kontext des EDM-Modells, das das Entstehen individueller – und somit heterogener – Dienste fördert, kann seitens des Nutzers eine besondere Nachfrage zur Unterstützung der Vermittlung und koordinierten Nutzung entfernter Dienste bestehen. Das Know-how, das ein Agentenserver in der Rolle des Mehrwertdienstes seinen Nutzern zur Verfügung stellt, kann im Kontext des EDM als abrechenbarer Dienst durch den Anwender in Anspruch genommen werden, ohne daß jedoch die Auslieferung von Programmkode erforderlich ist.

Die im folgenden Abschnitt diskutierte Erweiterung zur Zugriffskoordination auf entfernte Dienste greift den Ansatz mobiler Agenten wieder auf, um im Rahmen der EDM-Infrastruktur von COSM wiederum eine spezialisierte Infrastruktur zur Lösung von Workflow-Management-Aufgaben bereitzustellen:

8.3 Interorganisationale Geschäftsprozeßsteuerung mit mobilen Agenten

Während mobile Agenten im Auftrage *eines* Klienten koordinierte Serveraufrufe durchführen, dienen Koordinationsdienste beim Workflow-Management dazu, die Aktivitäten mehrerer Parteien zu steuern. Diese können als unabhängige Marktteilnehmer an einem Geschäftsprozeß partizipieren. Die Koordination selbst ist eine Dienstleistung, die entweder von einem der involvierten Teilnehmer oder von einer neutralen Partei durchgeführt wird. Im folgenden werden verschiedene Ausführungsmodelle untersucht, die es einem Unternehmen erlauben, Geschäftsprozesse zu definieren und durchzuführen, die unabhängige Partner (Banken, Zulieferer, Kunden) durch die Nutzung von COSM-Komponenten (generische Klienten, Agenten und Engines) unmittelbar in diesen Prozeß integrieren können.

8.3.1 Motivation

Der Anwendungsbereich des Workflow-Managements erstreckt sich auf die koordinierte Ausführung einzelner *Aktivitäten* hinsichtlich ihrer kausalen Abhängigkeit, ihres Informationsaustausches und der organisationalen Zuordnung der beteiligten Anwender [LeAl 94].

Während im intraorganisationalen Fall durch zentralisierte Administration die zur Koordination einzelner Aktivitäten erforderlichen Maßnahmen der Schnittstellenanpassung, der Aufgabenzuweisung, der systemtechnischen Homogenität etc. durchführbar sind (vgl. z.B. [WäFB95]), steht ein derart zentralisierender Ansatz jedoch im Widerspruch zum Marktbegriff – und damit auch zum elektronischen Dienstemarkt: Die Rüstkosten der Prozeßintegration, die bei der Abstimmung von Teilsystemen der jeweiligen Partner zu erwarten sind, rentieren sich häufig nur bei angemessen hohen „economies of scale". Dies führt jedoch zu einer Preisgabe von Autonomie der beteiligten Partner und damit zu einer *Kooperation*, bzw. De-facto-Internalisierung, der beteiligten Partner in eine gemeinsame Organisation (Abb. 84):

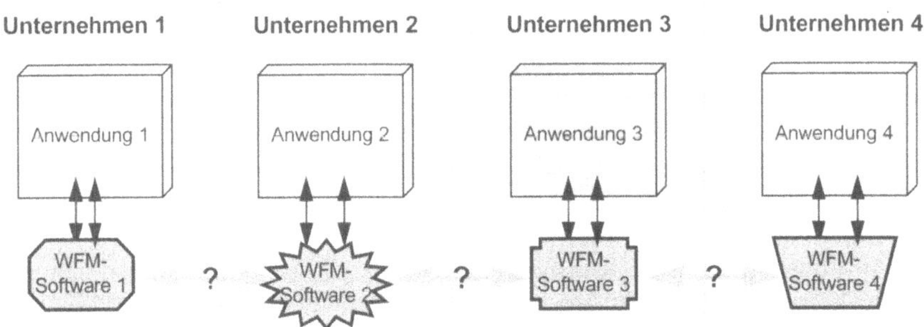

Abb. 84. Heterogenität im Bereich von WFM-Systemen

Im folgenden wird daher untersucht, auf welche Weise sich das EDM-Modell um eine *organisationsübergreifende* Steuerung von Geschäftsprozessen unter Beibehaltung lokaler Autonomie ergänzen läßt. Diesem Vorgehen liegt die Annahme zugrunde, daß die systemtechnische Marktinfrastruktur hinreichende Erweiterungsmöglichkeiten besitzt, um die für solche Integration erforderlichen Funktionen und Strukturen bei Bedarf zu ergänzen. Gemäß der Prämisse, eine über die Infrastruktur hinausgehende Standardisierung Teilnehmergruppen zu überlassen, soll auch bei der COSM-Infrastruktur die Möglichkeit bestehen, die Koordinationsform einer Geschäftsprozeßsteuerung (GPS) frei zu wählen und zu realisieren (vgl. [MMML 95]).

Das WFMC-Prozeßmodell

Ein allgemein anerkanntes Prozeßmodell (vgl. z.B. die Modelle von [Jabl95, Rein93], die teilweise durch das der Workflow Management Coalition (WFMC) wiedergegeben wurden [WFMC95]), sieht folgende Komponenten vor:

- *Aktivitäten* als funktionale Bausteine eines Workflows. Durch eine Aktivität wird spezifiziert, *was* auszuführen ist. Jeder Workflow besteht aus einer Menge von Aktivitäten. Eine Aktivität besteht wiederum aus Eingangs- und Ausgangsdaten, einer Vorbedingung als Prädikat, das auf dem Ausführungszustand des Prozesses definiert ist und einer Aktion (s.u.).

- *Rollen* werden den Aktivitäten zugeordnet und ordnen ihnen organisatorische Einheiten zu, die zur Durchführung einer Aktivität berechtigt sind. Dabei kann eine Aktivität mit mehreren Rollen in Verbindung stehen, wie auch einer Rolle mehrere Aktivitäten zugeordnet sein können.

- *Aktionen* (auch Anwendungen genannt) entsprechen den tatsächlichen Operationen, die eine Aktivität auslöst. Durch eine Aktion wird spezifiziert, *wie* Aktivitäten realisiert werden.

- Der *Kontrollfluß* definiert die verhaltensbezogene Sicht auf einen Workflow, wann eine Aktivität ausgeführt wird. Der Kontrollfluß liefert eine Präzedenzordnung, die auf Strukturierungsmitteln zur sequentiellen, alternativen und parallelen Ausführung beruht.

- Der *Datenfluß* ist eine Komponente des Modells, die sowohl die Daten definiert, die durch das WFM-System (*workflow process control data*) wie auch von Anwendungen (*application data*) genutzt werden.

Das WFMC-Modell unterscheidet ferner zwischen der *Definitions-* und der *Ausführungsphase* (Build-Time und Run-Time). In der ersten erfolgt die Spezifikation eines Workflows, d.h. die Festlegung von Aktivitäten und Aktionen, die Zuordnung von Rollen und die Verbindung der Aktivitäten über den Kontroll- und Datenfluß. Bei der Ausführung ist eine Systemumgebung erforderlich, die eine korrekte Abarbeitung gewährleistet. Dabei werden Aktionen jedoch von externen Anwendungssystemen durchgeführt. In die Ausführung sind Klienten- und Serveranwendungen involviert, die eine Aktion auslösen bzw. ausführen.

Nachfolgend wird dieses Modell für die Unterstützung der Geschäftsprozeßsteuerung in COSM adaptiert. Dabei wird einer Orthogonalität von Definitions- und Ausführungsmodell besondere Bedeutung beigemessen, um Nutzern der COSM-Infrastruktur erst in der Ausführungsphase die Entscheidung zu überlassen, einen geeigneten Abwicklungsmechanismus zu verwenden.

8.3.2 Ausführungsmodelle für Geschäftsprozesse bei COSM

Aufgrund der Vorarbeiten im Bereich mobiler Agenten unterscheidet das Interaktionsmodell von COSM vor allem zwei Verfahren der Verarbeitung: erstens können bei Servern entfernte Prozeduraufrufe synchron ausgeführt und zweitens Dienstrepräsentationen zwischen Verarbeitungsknoten asynchron transferiert werden. Während das erste Verfahren eine zentralisierte Spezifikation für die RPCs verschiedener generischer Klienten zur Folge hat (entsprechend dem Interaktionsmodell in Abschnitt 4.1), erlaubt das zweite eine lokale Verarbeitung an dem Knoten, der aktuell über eine DR verfügt (z.B. in Form einer Engine für mobile Agenten).

Auch im Zusammenhang des WFM werden in ähnlicher Weise zentralisierte Ausführungsmodelle von dezentralisierten unterschieden: Reinwald bezeichnet diese als *Vorgangs-* bzw. *Objektmigrationsmodelle* [Rein93].

- Im Falle des Vorgangsmodells steht ein *Vorgangsverwalter* als zentrale Koordinierungsinstanz im Mittelpunkt. Grundlage der Kommunikation zwischen diesem

Verwalter und jenen Komponenten, die die Aktivitäten ausführen, ist die Übertragung passiver Daten, z.B. in Form eines RPC (vgl. [MeML95d, MeML95f]). Auf diese Weise besteht seitens des Vorgangsverwalters stets Information über den Gesamtzustand des Vorgangs. Dieser Zustand ist ebenfalls durch passive Beschreibung des Vorgangs, seines Ausführungszustandes sowie vorgangsrelevanter Daten charakterisiert. Diese Informationen sind jedoch zunächst nur dem Vorgangsverwalter verfügbar und können gegebenenfalls über Administrationsschnittstellen abgefragt werden [Jabl 93].

- Objektmigrationsmodelle erlauben hingegen eine Kapselung aller Informationen über eine Vorgangsbearbeitung, so daß diese – ähnlich einem mobilen Agenten – zwischen beteiligten Instanzen transferiert werden kann. Ähnlich den COSM-Agenten enthalten die Objekte, die einen Vorgang repräsentieren, eine vollständige Vorgangsbeschreibung. Da bei Objektmigrationsmodellen keine zentrale Instanz existiert, die über Informationen des Ausführungszustandes verfügt, kann weder der Gesamtzustand ermittelt noch der Vorgangsablauf beeinflußt werden:

Tabelle 11. Vergleich der Ausführungsmodelle

	Vorgangsverwaltermodell	*Objektmigrationsmodell*
Zentrale Kontrollinstanz	Ja	Nein
Verarbeitungsmodell	„Data Shipping"	„Function Shipping"
Kommunikationsmodell	Verbindungsorientiert	Verbindungslos
Nebenläufigkeit	Ja, durch multithreaded Vorgangsverwalter	Durch mehrere Agenten
Synchronisation	Durch Vorgangsverwalter	Durch individuelle Agenten

Im Kontext des EDM lassen sich verschiedene Situationen identifizieren, bei denen die Koordination lokaler Aktivitäten von COSM-Servern erforderlich sein kann:

1. *Zentralisierte Koordination:* Ein Geschäftsprozeß erfordert die Beteiligung unterschiedlicher organisatorischer Instanzen, die in einer definierten Ablauffolge Aktivitäten ausführen. Verschiedene generische Klienten (bzw. deren Anwender) nutzen dabei in unterschiedlichen *Rollen* einen Dienst, so daß eine Zugangskontrolle erforderlich ist. Der Anbieter dieses Dienstes sollte mit der gleichen Autonomie, mit der er Schnittstelle und Semantik festlegt, auch die Abfolge von Prozeduraufrufen und deren Zuordnung zu Rollen frei definieren können. Neben dem Besitz der DR ist seitens des generischen Klienten dabei zusätzlich eine Authentisierung des Benutzers erforderlich, damit eine Einschränkung zulässiger Aufrufe für die aktuelle Rolle erfolgen kann.

2. *Dezentralisierte Koordination:* Verschiedene Engines (im Sinne der oben skizzierten Agentenumgebung) realisieren jeweils den Zugang zu einem Dienst, der als Aktivität in Koordination mit anderen einen Vorgang etabliert. Als migrierendes Objekt schließt die DR eine Vorgangsbeschreibung ein, deren Ausführungszu-

stand sowie auch aktuelle Parameter für lokale Prozeduraufrufe am Orte der Engine. Ähnlich dem Beispiel des letzten Abschnitts, existiert (bei nebenläufigen Agenten) keine DR oder andere Instanz, die über vollständige Informationen des Vorgangs verfügt.

Voraussetzung für eine Vorgangsintegration im EDM auf der Basis dieser beiden Modelle ist die Installation eines generischen Klienten bzw. einer Engine sowie die Vergabe einer Rolle einschließlich der entsprechenden Authentisierungsinformation.

Für die COSM-Umgebung wurde ein asymmetrisches Modell gewählt, das einen autonomen Koordinator vorsieht (den Betreiber des Vorgangsverwalters bzw. den Entwickler eines Agentenprogrammes) sowie mehrere Teilnehmer, die ggf. auch externen Organisationen zugeordnet sein können. Deren Rüstkosten reduzieren sich in diesem Modell jedoch auf die Installation eines generischen Klienten [MeML95e].

Im folgenden werden die beiden Modelle der zentralen bzw. dezentralen Vorgangsverwaltung anhand eines Beispiels und anschließend bzgl. ihrer Realisierung in der COSM-Umgebung erläutert (vgl. auch [MLML96]).

Ein Beispiel

In einem Handelsunternehmen soll für einen Kunden ein Angebot abgegeben werden. Dieser Vorgang beginnt mit der Nachricht GetOffer seitens des Kunden, die eine Prüfung onStock auslöst, ob das nachgefragte Produkt sich am Lager (bzw. überhaupt im Angebot) befindet. Ist dies der Fall, wird der Preis ermittelt und ein Angebot für den Kunden erstellt. Im anderen Fall werden Lieferanten mit dem Ziel kontaktiert, ihrerseits ein Angebot abzugeben. Dies kann sich auf das nachgefragte Produkt, aber auch auf Einzelkomponenten beziehen. Aus den eingereichten Angeboten wählt ein Sachbearbeiter das günstigste aus. Falls zusätzlich eine Finanzierung erforderlich ist, wird auch hierfür von verschiedenen Banken das günstigste Angebot ermittelt. Schließlich wird auf der Grundlage der gesammelten Informationen der Angebotspreis festlegt und an den Kunden zurückgeleitet.

Das in Abb. 85 gezeigte Prozeßmodell beschreibt diesen Vorgang anhand eines Petrinetzes. Es abstrahiert vollständig vom Ausführungsmodell und sollte für beide Varianten adaptierbar sein. Ferner entspricht es dem Netzmodell, das im vorherigen Abschnitt zur Kontrollflußrepräsentation mobiler Agenten verwendet wurde. In Abb. 86 ist das der Prozeßdefinition zugrunde liegende Petrinetz dargestellt.

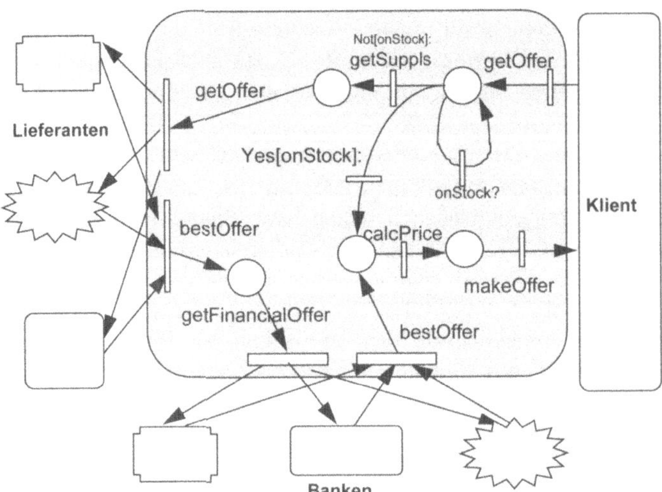

Abb. 85. Beispiel eines Geschäftsprozesses zur Auftragsbearbeitung

Von besonderem Interesse für die folgende Untersuchung ist nun die Abbildung dieser Vorgangsdefinition auf die diskutierten Modelle sowie deren Realisierung auf der Basis von COSM.

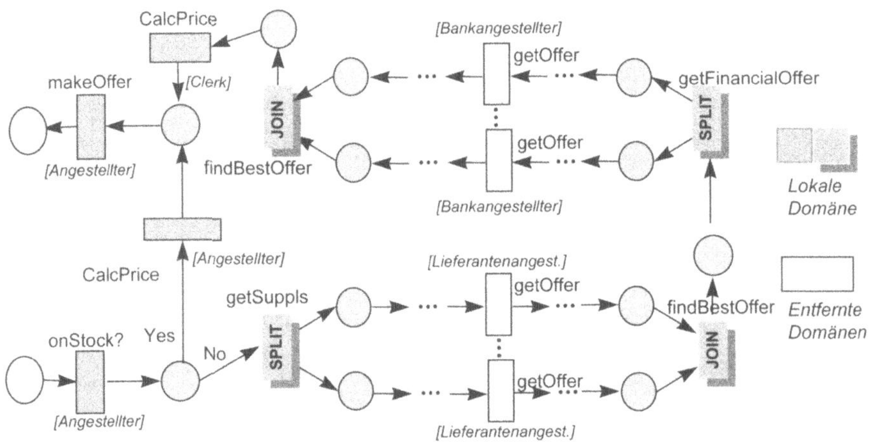

Abb. 86. Petrinetz zur Prozeßdefinition

Zentralisierte Koordination

Entsprechend dem EDM-Modell werden Aktionen durch externe Dienste (Anwendungsserver) realisiert. Der Zugriff auf diese Dienste erfolgt unmittelbar durch generische Klienten. Träger der Dienstbeschreibung ist die DR, die jedoch darüber hinaus auch eine Vorgangsbeschreibung in der im letzten Abschnitt dargestellten Form umfaßt und somit als Prozeßdefinition aufgefaßt werden kann.

Im Gegensatz zur bisher unterstellten Auslieferung der DR vom Anwendungsserver an den Klienten, werden bei WFM-Systemen Aufgaben der Vorgangsverwaltung durch einen dedizierten Server, den *Koordinationsserver* (KS), erbracht. Dieser bietet folgende Schnittstellen zur Nutzung seiner Koordinationsfunktionen an:

- Eine *Serverschnittstelle* zur Registrierung einer neuen Prozeßdefinition. Diese Funktion wird von Anwendungsservern genutzt, um Dienstrepräsentationen im Initialzustand beim Koordinationsserver einzutragen. Von dort sind sie für generische Klienten abrufbar.
- Die *Klientenschnittstelle* erlaubt das Laden einer *Vorgangsbeschreibung* (VB). Sie erlaubt ferner die Auslösung eines neuen Vorgangs und Instanziierung der damit verbunden Vorgangsbeschreibung sowie den Zugriff auf Repräsentationen von Prozessen in Ausführung. Hat sich der Benutzer gegenüber seinem generischen Klienten in einer Rolle authentisiert, so kann er über eine, vom Koordinationsserver verwaltete, *ToDo-Liste* eine neue VB akquirieren.

Der Koordinationsserver agiert selbst als COSM-Server, d.h., er bietet eine eigene DR zur Nutzung seiner Schnittstellen an. Diese Maßnahme kombiniert den interorganisationalen Charakter der COSM-Infrastruktur mit der Koordinationsfunktionalität eines WFM-Systems, da auch externe Benutzer grundsätzlich Zugriff auf den KS haben.

Da der generische Klient über die Authentisierungsinformation des Benutzers verfügt, kann der KS auf diesem Wege anzeigen, welche Vorgänge für diesen Benutzer bereitstehen. Durch die Möglichkeit, Serverreferenzen beim generischen Klienten als dedizierten Datentyp zu verwalten und als Einträge der ToDo-Liste zu präsentieren, kann aus der Benutzerschnittstelle des KS heraus eine unmittelbare Bindung an den Anwendungsserver erfolgen. Anschließend wird die DR an den Koordinationsserver zurückübertragen.

Seitens des GK ist die Ausführung einer Aktion genau dann möglich, wenn beim der VB zugrundeliegenden Petrinetz eine Transition aktiviert ist, zu deren Schalten der Benutzer berechtigt ist. Analog zur Engine bei COSM-Agenten erfolgt dieses Schalten bei der Ausführung eines RPC beim Anwendungsserver.

Im Gegensatz zu anderen WFM-Ansätzen erfolgt die Ausführung der durch die VB beschriebenen RPCs nur bei einem einzelnen Server. Die Motivation liegt hier wiederum in der Unterstützung der Autonomie einzelner Anbieter, bestehende Server des Dienstemarktes zur Bereitstellung des eigenen Dienstes zu nutzen: Ein Anwendungsserver könnte auf diese Weise einen externen Koordinationsserver in Anspruch nehmen, um seine Nutzer in ihrer Berechtigung und Abfolge bei der Ausführung angebotener Operationen einzuschränken. Dabei ist im Gegensatz zu der in Abb. 84 skizzierten Heterogenitätsgrenze lediglich die Installation eines GK erforderlich. Ferner erlaubt diese WFM-Erweiterung die Integration der in Kapitel 6 diskutierten Unterstützungsdienste: Ein KS könnte etwa für die Nutzung seiner Server- oder Klientenschnittstelle einen Preis berechnen oder einen Notar involvieren.

Angewendet auf das Beispiel des Handelsunternehmens, sind neben internen und externen generischen Klienten der Koordinationsserver und der Anwendungsserver an der Vorgangsbearbeitung beteiligt. Zunächst registriert der Anwendungsserver für die Angebotsbereitstellung seine DR im Initialzustand beim Koordinationsserver. Der

Kunde greift in der Rolle des Anwenders auf den KS zu. Gemäß seiner Rollendefinition ist er berechtigt, einen neuen Vorgang auszulösen (getOffer). Als Ergebnis dieser Aktivität liegt eine neue Vorgangsbeschreibung beim KS vor, die z.B. eine vom Kunden eingetragene Produktspezifikation sowie den Ausführungszustand der Vorgangsbeschreibung umfaßt. Im vom Kunden hinterlassenen Zustand der VB ist nur die Lagerverwaltung berechtigt, die Abfrage OnStock beim Anwendungsserver durchzuführen. Im folgenden wird die VB zwischen dem KS und verschiedenen Klienten mit Benutzern in der jeweils berechtigenden Rolle transferiert. Nach dem Prinzip der Auftragsanziehung werden auf diese Weise in der ToDo-Liste angezeigte Aktivitäten ausgeführt. In Abb. 87 wählt ein Mitarbeiter potentielle Lieferanten aus. Sein GK erlaubt ihm im aktuellen Ausführungszustand des Prozesses und aufgrund seiner Rolle lediglich den Aufruf der Operation GetSuppls, anhand derer eine Adressenliste für geeignete Lieferanten vom Anwendungsserver erlangt wird. Nachdem anschließend die VB an den KS zurückgeliefert wurde, kann ein Lieferant diese laden und ein Angebot einreichen (vgl. Abb. 87 unten).

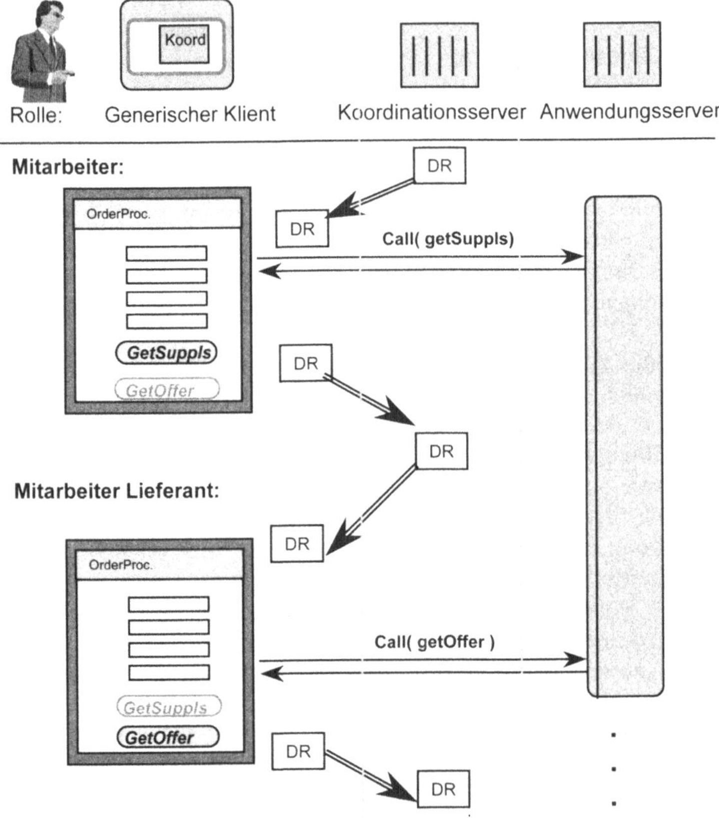

Abb. 87. Interaktion zwischen generischem Klient, Koordinations- und Anwendungsserver

Aus Gründen der Übersichtlichkeit sind nur VB-Transfers zwischen dem KS und generischen Klienten in Abb. 88 eingezeichnet, jedoch keine Aufrufe zwischen GKs und dem AS.

Die zentralisierte Vorgangsverwaltung eignet sich somit insbesondere für die Koordination passiver RPC-Klienten und vernachlässigt eine mögliche Erweiterung zur Prozeßintegration über Organisationsgrenzen hinweg: Tatsächlich könnte der geschilderte Ablauf einen weiteren Prozeß beim Lieferanten auslösen, bzw. selbst durch einen des Kunden ausgelöst worden sein. Da zu diesem Zweck jedoch zusätzliche Funktionalität erforderlich ist, die ein GK, der lediglich RPCs ausführt, nicht realisiert (es müssen z.B. lokale Aktivitäten am Knoten des Klienten ausgelöst werden können), erscheint die Fortentwicklung des Agentenansatzes aus Abschnitt 8.2 als sinnvolle Grundlage zur dezentralisierten Koordination.

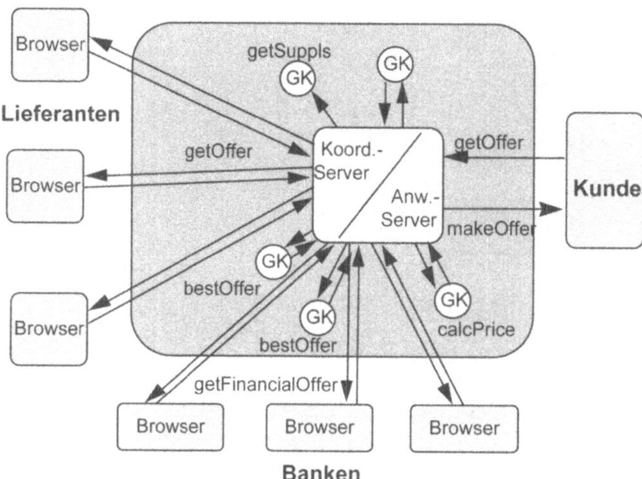

Abb. 88. Zentralisierte Koordination durch einen dedizierten Koordinationsserver

Dezentralisierte Koordination

Der Ansatz der COSM-Agenten erlaubt die individuelle Migration im Netz sowie eine dynamische Zuordnung von Migrationsadressen. Er erfordert Engines, die mit einem Anwendungsserver assoziiert sind, der Operationsaufrufe des Agenten bearbeiten kann. Beim Agentenmodell können im Gegensatz zur zentralisierten Koordination mehrere Anwendungsserver involviert sein, zwischen denen Agenten migrieren. Somit ist die Kenntnis ihrer Schnittstelle bereits zum Zeitpunkt der Agentenprogrammierung, d.h. in der Prozeßdefinitionsphase, erforderlich. Ein Agent teilt somit die Konformitätsdomäne der Anwendung – er nutzt einen klassifizierten Dienst.

Unter Berücksichtigung dieser Unterschiede läßt sich das Netz aus Abb. 86 auch als Grundlage einer agentenbasierten Koordination von Klienten einsetzen: Dabei stellen Server aus der Perspektive des Agenten isolierte Anwendungen dar, die nicht notwendigerweise über eine gemeinsame Datenintegration verfügen (Abb. 89). Ablaufrelevante Daten müssen daher als Bestandteil des Agenten zwischen den Anwendungen transferiert werden, so daß der Persistenzeigenschaft von Agenten besondere Bedeutung zukommt.

Als Nachteil der agentenbasierten Koordination ist die enge funktionale Integration von Klienten und Servern zu werten: Nicht nur innerhalb der Organisation ist das Agentenprogramm mit allen involvierten Anwendungen abzustimmen, sondern auch im Hinblick auf die Funktionen getOffer bzw. getFinancialOffer. Dies erfordert jedoch eine enge Kooperation der Handelspartner, die im Szenario des offenen Dienstmarktes nicht vorausgesetzt werden kann. Aus diesem Grunde sei abschließend eine hybride Realisierung als Synthese beider Ansätze diskutiert:

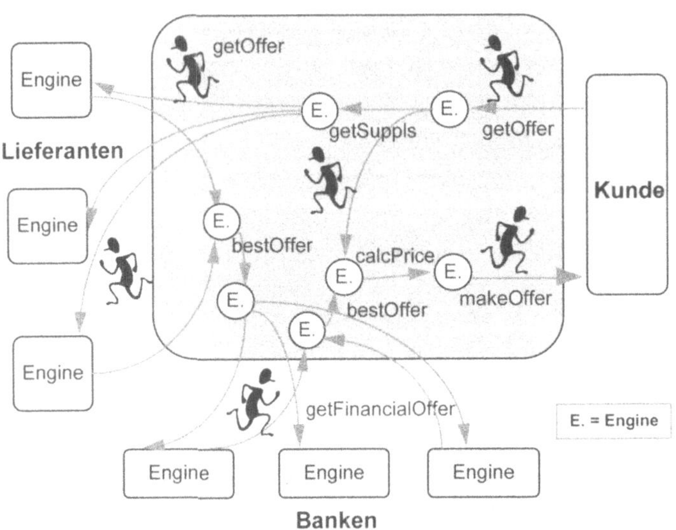

Abb. 89. Dezentrale Koordination durch mobile Agenten

Synthese der dezentralen und der zentralen Koordination

Das Ziel dieser Synthese liegt in der Nutzung von generischen Klienten zur Dateneingabe (wie z.B. beim Einreichen des Angebotes der Lieferanten) in Verbindung mit der Möglichkeit, lokale Operationen beim Lieferanten auszuführen, wenn dieser sich individuell entschlossen hat, die Erstellung des Angebotes zu automatisieren (Abb. 90). Hierbei lassen sich mindestens drei Integrationsstufen identifizieren:

- *Stufe 1*: Entsprechend der Leitidee des EDM wird in der ersten Stufe davon ausgegangen, daß Unternehmen einen COSM-Server betreiben und Interessenten Zugang zu ihrem Dienstangebot über den GK gewähren. In diesem Zustand bilden Unternehmen Inseln der Koordination eigener Abläufe ohne eine Integration von Prozessen über Organisationsgrenzen hinweg.

- *Stufe 2*: Die zweite Stufe erweitert den Koordinationsserver um die Fähigkeit von Engines, nämlich Agenten zwischen Unternehmen versenden zu können. Diese Maßnahme setzt weiterhin das folgende Verhalten beim Koordinationsserver voraus: Wenn ein Agent empfangen wird, für den die Engine keine Operation beim assoziierten Anwendungsserver lokalisieren kann, so wird er in die Task-List eingetragen. Von dort aus ist er als Dienstrepräsentation für generische Klienten abrufbar. Da die Netzadresse des Servers, der sie bereitgestellt hat, Teil einer Dienstrepräsentation ist, wird der generische Klient die Bindung zum ursprünglichen Anwendungsserver aufbauen. Diese Stufe unterstützt immer noch den Zugriff auf unklassifizierte Dienste, nutzt jedoch zur Verteilung der Dienstrepräsentation bereits die Agentenerweiterung.

- *Stufe 3:* In der dritten Stufe findet schließlich der Übergang zur Nutzung klassifizierter Dienste statt. Dies erfordert entweder, daß der Agent als spezifischer Klient z.B. eines Lieferanten-Servers entwickelt (im Sinne des Ansatzes aus dem letzten Abschnitt) oder daß ein Server zur automatischen Ausführung eines Operationsaufrufes des Agenten erweitert wurde. Im ersten Fall würde der Programmierer des Handelsunternehmens das Agentenprogramm für den Aufruf der Operation getOffer beim Lieferanten entwickeln. Gleichzeitig müßte jedoch auch der Lieferant (falls getOffer bisher nur „manuell" durch generische Klienten und Benutzer ausgeführt wurde) diese Operation bereitstellen, so daß die lokale Engine sie direkt aufrufen kann.

Diese „schrittweise Annäherung" erlaubt Klienten und Servern die Erhaltung ihrer lokalen Entwurfs- und Ausführungsautonomie. Diese kann jeder Partner für sich selbst einschränken, ohne daß eine externe Koordination mit anderen bezüglich dieser Einschränkung erfolgen muß.

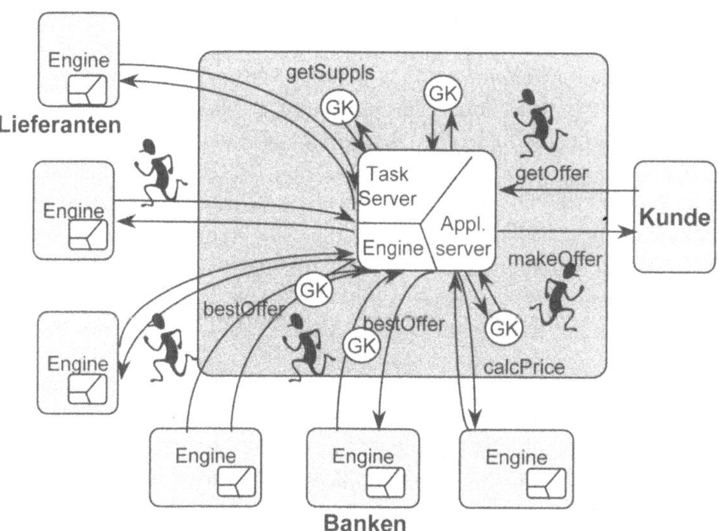

Abb. 90. Synthese der dezentralen und der zentralen Koordination

8.3.3 Zusammenfassung

Die Integration von Aktivitäten über Organisationsgrenzen hinweg erscheint vor dem Hintergrund einer Marktsituation zunächst als Widerspruch. Einer der geforderten Erfolgsfaktoren der Infrastruktur besteht jedoch auch in der Offenheit des Systems für die Organisation des Tauschprozesses selbst, der durch den Markt, die Unternehmung oder eine Mischform – die Kooperation – durchgeführt werden kann. In diesem Sinne besteht bei der COSM-Infrastruktur Offenheit für die Anpassung der systemtechnischen Unterstützung an organisatorische Bedürfnisse: Ein Unternehmen kann andere in eigene Vorgänge einbeziehen, ohne deren Autonomie zu mindern. Ist darüber hinaus eine weiterreichende Integration gewünscht, so kann innerhalb einer gemeinsamen Konformitäts- und sicherlich auch Vertrauensdomäne eine engere Integration von Schnittstellen, Semantiken und auch ökonomischen Vereinbarungen folgen. Festzuhalten ist, *daß* die EDM-Infrastruktur dabei keine Organisationsform begünstigt oder ausschließt.

Auch das angeführte Beispiel der Vorgangsbearbeitung zeigt lediglich exemplarisch, *wie* die EDM-Infrastruktur für solche Zwecke genutzt werden kann. Auf eine detaillierte Darstellung der DR-Objekte (Rollendefinitionen) wird hier verzichtet.

8.4 Dynamische Transaktionssteuerung als Mehrwertdienst

Die bisherigen Beispiele erörterten Möglichkeiten, wie die Anbieter/Nachfrager-Beziehung zwischen Klient und Server durch *Mittler* ergänzt werden kann, die entweder als Agenten- oder als Koordinationsserver den Anwendern einen zusätzlichen Nutzen als Mehrwertdienst bieten. Das beim Workflow-Management genutzte Verfahren der Referenzvermittlung (*Mediation by reference*) führte zur Übermittlung von Objektreferenzen an den Nutzer. Im Sinne der *Mediation by chaining* wird hingegen der im folgenden vorgestellte *dynamische Transaktionsserver* verstanden, der als kommerzieller Mehrwertdienst bereitsteht, um Nachfrager bei der koordinierten Nutzung von Diensten zu unterstützen. Bei dieser Klasse von Anwendungsdiensten erfolgt die Kommunikation unmittelbar zwischen Klient und Mehrwertdienst. Welche Diensterbringer er tatsächlich nutzt, bleibt für den Klienten transparent. Mehrwertdienste werden – als unklassifizierte Dienste – individuell und im Wettbewerb bereitgestellt; eine Standardisierung ihrer Schnittstelle *kann* sich jedoch aufgrund eines Einigungsprozesses ergeben.

Nachdem das Szenario aus Abschnitt 2.4 im ersten Teil als „öffnende Klammer" Anforderungen an die EDM-Infrastruktur exemplarisch zum Ausdruck brachte, wird ihr nun als „schließende Klammer" eine Implementierung des dynamischen Transaktionsmonitors entgegengestellt. Anhand dieser Implementierung soll abschließend die Erfüllung der eingangs gestellten Anforderungen durch einen solchen Mehrwertdienst demonstriert werden.

8.4.1 Motivation

Einem Nachfrager erscheint die transaktionale Nutzung mehrerer Dienste nur dann als sinnvoll, wenn entweder alle oder keiner erfolgreich in Anspruch genommen werden können. Zu diesem Zweck werden *Transaktionsmonitore* (auch: *TP-Monitore*) eingesetzt, die eine Zugriffskoordination realisieren, die jederzeit einen konsistenten Zustand des Gesamtsystems aufrecht erhält. Im Laufe der Entwicklung von Transaktionsmonitoren wurden verschiedenartige Protokolle zur Koordination zwischen Klient, Transaktionsmonitor und Server entwickelt, die auch eine Kooperation von Protokollinstanzen verschiedener Hersteller unterstützen. Allen gemeinsam ist jedoch die Eigenschaft, daß an der Transaktion beteiligte Komponenten eine Konformitätsdomäne teilen. Protokolle und Schnittstellen sind daher normiert und nur, wenn Klienten (bzw. Transaktionsprogramme) sich an Serverschnittstellen mit vorab bekannter Semantik wenden, kann eine transaktionale Dienstnutzung erfolgen.

Eine potentielle Nachfrage besteht somit beim EDM nach einem Transaktionsmonitor als unklassifizierten Dienst, an den erst zur Laufzeit eine Bindung erfolgt und für den die an der Transaktion beteiligten Server ebenfalls erst zur Laufzeit festgelegt wird. Ein solcher *dynamischer Transaktionsmonitor* sollte es Benutzern (bzw. generischen Klienten) erlauben, zu einem beliebigen Zeitpunkt Server auszuwählen bzw. Transaktionen zu beginnen oder zu beenden. Die Entscheidung über Start und Ende der Transaktion sowie die Reihenfolge der Serveraufrufe liegt dabei beim Benutzer des generischen Klienten.

Zwei Argumente motivieren daher die Untersuchung des DTM im Rahmen dieses Buches:

1. *Beitrag des Transaktionsmonitors zum EDM:* Die transaktionale Ausführung einer Menge von Operationen (oder wiederum untergeordneter Subtransaktionen) ist eine optionale Zusatzanforderung, die Systemen zur Erreichung eines höheren Grades an Konsistenz auferlegt werden kann. In bezug auf den EDM ist es wünschenswert, die „Transaktions-Dienstleistung" durch einen ökonomisch eigenständigen Server, der im Wettbewerb mit anderen angeboten wird, in Anspruch zu nehmen. Je nach Transaktionsverfahren können dabei sogar unterschiedliche „Diensttypen" zur Verfügung gestellt werden (die jeweils unterschiedliche Transaktionsverfahren und Commit-Protokolle implementieren: 2-Phase Commit, Sagas, offen geschachtelte Transaktionen etc.). Die Entscheidung, einen Transaktionsmonitor zu nutzen, wird im Gegensatz zu herkömmlichen Ansätzen, die auf Transaktionsprogrammen oder Skripten basieren, erst zur Laufzeit gefällt.
2. *Beitrag der COSM-Implementierung zur TM-Technik:* Aufgrund des DII können dynamisch typisierte Kommunikationssysteme wie der GEMS-RPC im Bereich der Transaktionsmonitore einen qualitativ neuartigen Beitrag leisten aufgrund der Möglichkeit, zur Laufzeit Parameterwerte und -typen zu inspizieren. Somit ist eine angemessene Grundlage zur Weiterentwicklung der TM-Technik gegeben.

Die Entwicklung eines TP-Monitors ist im Kontext des EDM einer Vielzahl von z.T. unvereinbaren Anforderungen ausgesetzt. Diese beziehen sich vornehmlich auf die

Erhaltung der lokalen Autonomie der an einer Transaktion beteiligten Partner sowie ihrer Forderung nach Integrität und Flexibilität (siehe Tabelle 12).

Tabelle 12. Anforderungen an Transaktionsmonitore im EDM

Anforderungen von:	*Autonomie*	*Integrität*	*Flexibilität/ Performanz*
Benutzer / Klient	Wahlfreiheit des TPM, unveränderte Servernutzung	Erhaltung der ACID-Eigenschaften in der globalen Transaktion	Dynamische Einbeziehung weiterer Anwendungsserver
Server	Wahlfreiheit des TPM, minimale Anpassung an Transaktionsprotokolle, minimale externe Kontrolle des lokalen Zustands	Lokale Erhaltung der ACID-Eigenschaften	Integration mit lokaler Parallelitätskontrolle
DTM-Betreiber	Freie Wahl des Transaktionsverfahrens, Bereitstellung individueller Schnittstellen	Effiziente Abbildung der ACID-Anforderungen von Benutzern und Servern	Minimaler Aufwand zur Bereitstellung des Transaktionsmonitors

Ein Transaktionsdienst muß daher verschiedene Anforderungen erfüllen: Server-Betreiber sind bestrebt, den zusätzlichen Aufwand der transaktionalen Nutzbarkeit zu minimieren. Eine Einschränkung ihrer lokalen Ausführungsautonomie versuchen sie zu vermeiden. Dies steht jedoch im Widerspruch zum Interesse des Klienten, der eine globale Integrität nur durch Einschränkung der Serverautonomie erreichen kann (etwa durch ein 2-Phase-Commit-Protokoll). Ein ähnlicher Zielkonflikt besteht bzgl. der Flexibilität der Dienstnutzung: Hier moderiert der DTM zwischen den Interessen der Benutzer (freie Kombinierbarkeit von Diensten zu einem möglichst späten Zeitpunkt) und dem Nutzen eines höheren Durchsatzes aufgrund statischer Transaktionsprogramme.

Die im folgenden dargestellten Transaktionsverfahren repräsentieren unterschiedliche Kompromisse im Spannungsfeld der Anforderungen: Autonomie, Integrität und Flexibilität. Im EDM ist zu erwarten, daß für jedes Transaktionsverfahren Nachfrage seitens der Klienten und Server besteht. Aus diesem Grunde hat die Auswahl des anschließend vorgestellten Verfahrens exemplarischen Charakter.

8.4.2 Verfahren der verteilten Transaktionsverarbeitung

Die Aufgabe eines Transaktionsmonitors besteht in der *a*tomaren, *k*onsistenzerhaltenden, *i*solierten und *d*auerhaften Ausführung von Anwendungsprogrammen (*ACID*-Eigenschaften[40]). Der gesamte mit dieser Ausführung verbundene Effekt auf dem Datenbestand wird damit erst bei erfolgreichem Abschluß der Transaktion für parallele Aktivitäten sichtbar und dauerhaft (vgl. als Grundlage etwa [GrRe93, ÖzVa91,

---

[40] Engl. *A*tomic, *C*onsistency preserving, *I*solation, *D*urable.

Bern90]). Verteilte Transaktionssysteme realisieren dieses Ziel auf der Basis unterschiedlicher Annahmen über das zu erwartende Verhalten der beteiligten Komponenten.

Verteilte Transaktionssysteme

Bei verteilten Transaktionssystemen sind mehrere *lokale Transaktionsmanager* (LTM) durch einen *Koordinator* zu steuern. Das Ziel besteht hier in der Erhaltung der ACID-Eigenschaften auch für eine übergeordnete *globale Transaktion*. Daher wird im folgenden angenommen, daß die Rolle des Koordinators ein *globaler Transaktionsmanager* (GTM) übernimmt, der auf der Basis eines dedizierten Commit-Protokolls für eine konsistente Beendigung globaler Transaktionen sorgt.

Hierbei realisiert das *2-Phase-Commit-Protokoll* (2PC) in seiner strikten Auslegung die Aufrechterhaltung der ACID-Eigenschaften auf globaler Ebene (vgl. z.B. [GrRe93]). Der Nachteil liegt jedoch im starken Eingriff in die Exekutionsautonomie der beteiligten Anwendungsserver, da diese über einen LTM verfügen müssen, dessen Sperrverwaltung und Commit-Verhalten durch eine externe Instanz determiniert ist und der die erforderliche 2PC-Protokollinstanz realisiert. Die Folge kann eine erhebliche Einschränkung der lokalen Nebenläufigkeit sein.

Erweiterungen des 2PC-Protokolls versuchen, die Nachrichtenzahl, die Wartezeit oder die Einschränkung lokaler Autonomie zu reduzieren, indem ein bestimmtes Commit-Verhalten vorab angenommen wird (Presumed Abort/Commit) oder ACID-Eigenschaften abgeschwächt werden (offene geschachtelte Transaktionen [Trai83], Sagas [GMSa87] oder auch S-Transaktionen [ElVe87]). Der Nachteil liegt hier in der Sichtbarkeit von evtl. zurückzusetzender Teilergebnisse laufender Transaktionen, also vor allem im Verzicht auf die Eigenschaft der Atomarität und Isolation. Für einen Anbieter im EDM besteht allerdings die Wahl, seine lokale Anwendung mit Hilfe eines geeigneten GTM auch transaktional nutzbar zu machen. Da häufig die mangelnde Isolation der erwähnten Verfahren aufgrund der Unabhängigkeit involvierter Server keine Probleme bereitet, wird bei der unten erläuterten Implementierung exemplarisch das Verfahren der Sagas durch einen entsprechenden GTM umgesetzt.

Kompensierende Transaktionen

Viele realistische Buchungsanwendungen implementieren Serverschnittstellen, die neben der beabsichtigten Buchung auch deren Rücksetzung erlauben. Gerade für solche Anwendungen eignet sich der SAGA-Ansatz von Garcia-Molina und Salem, die beim Transaktionsprotokoll zwischen GTM und LTM *intendierte* und *kompensierende* Transaktionen unterscheiden. Subtransaktionen der LTM sind hierbei selbständige, semantisch abgrenzbare Aktivitäten, die die Konsistenz der lokalen Datenbank nicht verletzen, da sich „Saga-kompatible" Anwendungen dadurch auszeichnen, daß der Isolation auf globaler Ebene geringe Bedeutung beigemessen wird.

Ein Beispiel möge dies verdeutlichen: Auf dem Dienstemarkt werden Flugreisen, Hotelbuchungen und Mietwagen jeweils von einer Vielzahl von Servern angeboten. Für die gleiche Flugverbindung stehen somit mehrere Reisebüros als Anbieter zu Verfügung. Der Transaktionsmechanismus im „Innenverhältnis" zwischen dem LTM des Reisebüros und den Fluggesellschaften/Hotels/Vermietern ist für die EDM-Betrachtung nicht von Bedeutung. Im „Außenverhältnis" hingegen bieten alle Dienste

Buchungs- sowie Stornierungsoperationen an. Die Wahrscheinlichkeit, daß zwei Klienten exakt die gleiche Kombination der drei Dienstleistungen nachfragen, ist somit sehr gering. Und selbst bei dieser Konstellation kommt es nur dann zu einem vermeidbaren Konflikt, wenn der erste Klient zunächst die letzte verfügbare Ressource bucht und sie später wieder storniert. In dieser Phase würde der zweite Klient auf einen zweiten Server der gleichen Kategorie ausweichen und versuchen, seine Buchung dort durchzuführen. Vor diesem Hintergrund läßt sich das Verfahren der Sagas als angemessen für dieses EDM-Beispiel bewerten. Folgende Vorteile sind zudem im Zusammenhang des Saga-Ansatzes zu nennen:

- Auf eine globale Parallelitätskontrolle kann vollständig verzichtet werden, da die Isolation nur auf der Ebene der Teiltransaktionen erfolgen muß. Da weder für den GTM noch für die anderen LTM die lokale Parallelitätskontrolle sichtbar ist, ist es beliebig, welche Verfahren die einzelnen Knoten verwenden, um die lokale Isolation zu gewährleisten. Damit besteht ein hohes Maß an Autonomie seitens der LTM.
- Da keine Wartebeziehungen zwischen den lokalen Transaktionen eines Sagas bestehen und die Transaktionen nicht mehrere LTM involvieren, können globale Verklemmungen, die sonst die verteilte Sperrverwaltung erheblich erschweren, nicht auftreten.
- Ein Commit-Protokoll, das den Entwurf der LTM erheblich beeinflussen kann, ist nicht erforderlich. Die Funktion eines LTM reduziert sich somit auf die Gewährleistung der Ausführung lokaler Operationen – allerdings mit exactly-once-Semantik.

Für den Fall miteinander im Konflikt stehender Sagas bietet sich die erwähnte Möglichkeit an, auf einen anderen Server auszuweichen, wenn eine lokale Transaktion nicht erfolgreich beendet werden kann. Hier ist jedoch hohes Maß an Flexibilität der beteiligten TP-Monitore erforderlich, das von gängigen Implementierungen von TP-Monitoren nicht erwartet werden kann.

TP-Monitore

Als generische Systemkomponente in transaktionsorientierten Umgebungen integrieren Transaktions- oder TP-Monitore Funktionen des Benutzerzugangs, der Ausführung von Anwendungsprogrammen sowie die verteilte Transaktionsverwaltung und Parallelitätskontrolle. TP-Monitore bieten Schnittstellen an für

- Präsentationsdienste von Endbenutzersystemen,
- die transaktionsorientierte Terminal-Kontext-Verwaltung,
- die Verwaltung von Auftragswarteschlangen,
- die Verwaltung von Serverklassen,
- die Programmverwaltung,
- Funktionen zur Lastbalancierung,
- Bedienschnittstellen zur Administration sowie
- Schnittstellen für die Programmierung und das Testen von Anwendungen.

Abb. 91 zeigt die Rolle des TP-Monitors bei der Integration verteilter Anwendungen. Er koordiniert die Zugriffe externer Klienten auf Datenbank- bzw. Anwendungsserver. Gesteuert wird der TPM durch Transaktionsprogramme, die die Abfolge von Funktionsaufrufen festlegen. Transaktionsprogramme können in herkömmlichen Programmiersprachen wie C oder C++ geschrieben sein oder in einer spezialisierten, interpretierten Skriptsprache (vgl. z.B. den TP-Monitor *Encina* [Tran92]).

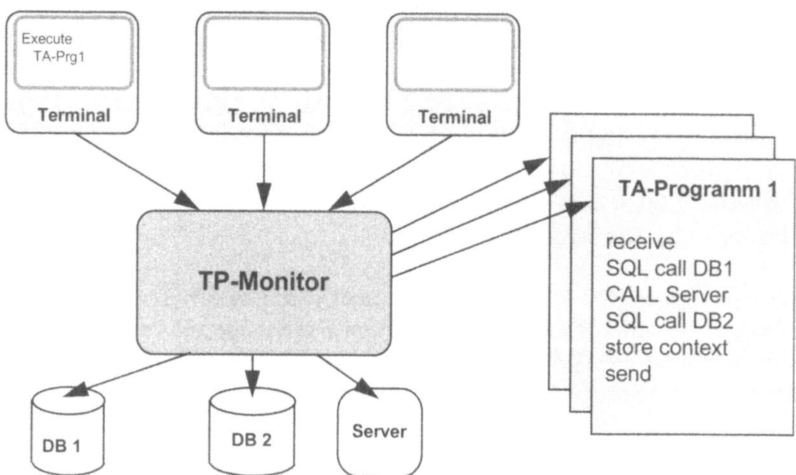

Abb. 91. Integration verteilter Anwendungen durch TP-Monitore

Neuere Ansätze von Skriptsprachen erlauben die Spezifikation des Kontrollflusses als um Kontrollstrukturen erweiterte SQL-Statements (vgl. etwa die TranScripts von Wächter/Reuter [WäRe93] bzw. die aktuelle Entwicklung im Bereich der SQL-Standardisierung [MaMi94]). Ein solches Transaktionsprogramm kann als Auftrag vom Klienten an den TPM übermittelt und unmittelbar ausgeführt werden. Standards zur entfernten Ausführung von Datenbankanfragen wie etwa der RDA (*Remote Database Access*) [Lame94, ISO-RDA93] bieten eine Möglichkeit, auf generische Weise Transaktionsprogramme an den TPM zu übermitteln. Auch über die Domäne von Datenbankzugriffen hinaus erlauben Systeme, die auf *Koordinationssprachen* basieren, die verteilte, transaktionale Kontrolle von Serveranwendungen (vgl. etwa die Sprache PAMELA in [Grif95, Grif96]).

Die Anforderung, im EDM zu einem möglichst späten Zeitpunkt noch Einfluß auf die Konfiguration, d.h. die involvierten Anwendungsdienste, zu nehmen, wird hier bis zur Übermittlung des Transaktionsprogramms erfüllt. Für die gewünschte Erweiterung der lokalen Transaktionen um einen zusätzlichen Server *während* der laufenden globalen Transaktion besteht jedoch keine Unterstützung. Dies hat verschiedene Ursachen:

1. Transaktionsprogramm und Server teilen eine *Konformitätsdomäne*, d.h., das Programm ist spezialisiert auf den Diensttyp des Servers. Dies ist etwa bei standardisierten SQL-Servern bezüglich ihrer Schnittstellensyntax unproblematisch, jedoch können keine Anwendungsdienste einbezogen werden, die nur über eine individu-

elle Schnittstelle nutzbar sind. Berücksichtigt man darüber hinaus auch die semantische Heterogenität der Schemata verschiedener Server und somit auch ihrer Datenbankanfragen, ist durch die Einbeziehung eines weiteren Servers zusätzlicher Programmieraufwand zu erwarten.

2. In der Literatur wird der TPM eher als integraler, standardisierter und „omnipräsenter" Bestandteil von Betriebssystemumgebungen erwartet und nicht als optionaler, individueller Mehrwertdienst im Sinne des EDM-Modells (vgl. [GrRe93]). Dies führt schließlich zu der Forderung, daß Anwendungsdienste sich an die Programmierschnittstellen des TPM anpassen. Da jedoch unterstellt wurde, daß aufgrund der unterschiedlichen Anforderungen an TPMs im Dienstemarkt kein eindeutiger Standard als Teil der Infrastruktur identifiziert werden kann, müßten im Falle der Betriebssystemintegration verschiedene Transaktionsmodelle berücksichtigt werden. Dies würde jedoch zu unnötiger Redundanz und somit zu einer „Fehlallokation von Standards" führen.

Die im folgenden dargestellte Implementierung eines dynamischen Transaktionsmonitors erlaubt nicht nur die Erweiterung der globalen Transaktion um zusätzliche Server *nach* ihrem Beginn, sondern gleichzeitig die Kombination mit Unterstützungsdiensten sowie eine flexible Integration unklassifizierter Dienste.

8.4.3 Realisierung eines dynamischen Transaktionsmonitors

Die exemplarische Implementierung eines TP-Monitors im Rahmen des COSM-Projekts realisiert einen Kompromiß aus informationstechnischen, organisatorischen und ökonomischen Koordinationsanforderungen: Einerseits sind ACID-Eigenschaften aufrecht zu erhalten, andererseits gilt es, eine maximale Nebenläufigkeit zu erzielen. Jeder Betreiber eines Anwendungsservers hat lokal festzustellen, mit welcher Einschränkung der Autonomie seine transaktionale Nutzbarkeit erkauft werden sollte.

Bei der Implementierung wurden Operationen des Servers als lokale Transaktion angenommen sowie ein transaktionaler RPC für ihren Aufruf, so daß exactly-once-Semantik erreicht wird; Kommunikations- und Serverzustand bleiben damit konsistent. Daher können bzgl. des Servers die Begriffe *Operation* und *Transaktion* synonym verwendet werden.

Als Transaktionsmodell wurde aufgrund der genannten Motivation das der Sagas gewählt. Hierbei sind von jedem Server jeweils kompensierende Transaktionen zu den intendierten zu benennen. Potentielle Anbieter sind jedoch nicht grundsätzlich zu dieser Einschränkung der lokalen Autonomie verpflichtet, wenn angenommen wird, daß intendierte Transaktionen, für die keine kompensierende benannt ist, nicht rücksetzbar sind. Folglich kann ein Server auch unmodifiziert einbezogen werden. Die Standardannahme der Nichtkompensierbarkeit sichert den DTM gegen falsche Erwartungen seitens der Klienten ab, indem er diesen signalisieren kann, daß eine Rücksetzbarkeit nicht möglich ist. Dennoch kann der Benutzer evtl. aus der Dienstbeschreibung erkennen, wie er z.B. eine Stornierung „manuell" durchführen kann.

Von Anwendungsservern werden folgende Erweiterungen ihrer Funktion und Beschreibung erwartet:

1. Die DR ist für jede kompensierbare Operation um eine Bezeichnung der kompensierenden zu erweitern.
2. Falls eine Operation kompensiert werden kann, liefert der Server den Namen sowie die dafür erforderlichen Parameter als Erweiterung ihres Resultates. Beim Aufruf der kompensierenden Operation verwendet der DTM die gesamte, erweiterte Resultatliste.

Diese Erweiterung ist aufgrund des Subtyppolymorphismus unproblematisch:

Intendierte Operation:

$$\text{OpInt} (\text{PI1}, ..., \text{PIn}) : \text{RI1}, ..., \text{RIm}$$

Kompensierende Operation:

$$\text{Comp}(PC_1, ..., PC_n): RC_1, ..., RC_m$$

Da das nun vorliegende Resultat der intendierten Operation ein Subtyp des vom Klienten erwarteten ist,

$$(RI_1, ..., RI_m, PC_1, ..., PC_n) \prec (RI_1, ..., RI_m) ,$$

nimmt der Klient die Erweiterung dieser Liste nicht wahr. Umgekehrt gilt für den Aufruf der kompensierenden Operation die Beziehung

$$(RI_1, ..., RI_m, PC_1, ..., PC_n) \prec (PC_1, ..., PC_m).$$

Das bedeutet, daß die aktuellen Parameter im Subtypverhältnis zum angebotenen Parametertyp stehen; der Server implementiert also einen Subtyp der nachgefragten Schnittstelle und ist wegen der Kontravarianz typkonform.

Als Mechanismus zur Beschreibung der Serverschnittstelle sowie der Zusammenhänge zwischen intendierten und kompensierenden Transaktionen wird die Dienstrepräsentation genutzt. Diese ist zu erweitern um eine Tabelle, die für jede Operation kennzeichnet, ob sie idempotent, kompensierbar oder nicht kompensierbar ist. Für den zweiten Fall wird auf das Handle der kompensierenden Transaktion verwiesen. Beispiel 23 zeigt exemplarisch die Definition der Tabelle über die DRM-Programmierschnittstelle:

```
hTASType AddEnumType( „TA_Semantics_t" );
AddEnumElement( hTASType, "Compensatible" );
AddEnumElement( hTASType, "Idempotent" );
AddEnumElement( hTASType, "NotCompensatible" );

hCTType = drm.AddRecordType( "CompensationTable_t" );
drm.AddRecordElement( hCTType, "intOp", hHandleType );
drm.AddRecordElement( hCTType, "compOp", hHandleType );
drm.AddRecordElement( hCTType, "entryType", hTASType );
```

Beispiel 23. Erweiterung der DR um Verweise auf kompensierende Operationen

Ein Server kann sich nun beim DTM registrieren, indem er ihm die erweiterte DR liefert. In einem lokalen Repository verwaltet der DTM diese DRs, die dann potentiellen generischen Klienten für Serverbindungen bereitstehen. Dabei ist zu beachten, daß ein GK sich bei unmodifizierten DRs unmittelbar an den Server binden und der DTM damit umgangen werden würde. Folglich muß dieser die DR dahingehend „fälschen", daß er die Serveradresse durch seine eigene ersetzt und so vom GK selbst aufgerufen wird. Wenn nun ein solcher Aufruf erfolgt, leitet er die Parameter an die ursprüngliche Serveradresse weiter: Sie werden also vom DTM „getunnelt". Wenn jedoch das Resultat des Aufrufes an den GK zurückzuleiten ist und es sich um eine kompensierbare Transaktion handelt, greift er in den Datenstrom ein. Dabei wird das gesamte Resultat als Element einer Kompensationsliste gespeichert.

Als COSM-Server bietet der DTM eine eigene DR an, die der GK zum Erzeugen der Benutzerschnittstelle interpretiert. Diese Schnittstelle kann von jedem DTM individuell gestaltet sein. Sie umfaßt jedoch mindestens Operationen zum Starten, Abbrechen und erfolgreichen Beenden einer globalen Transaktion. Operationen zur Selektion von DRs aus dem lokalen Repository des DTM stellen eine sinnvolle Ergänzung dar. Das Starten einer Transaktion richtet beim DTM eine neue Kompensationsliste ein. Bei jedem Serveraufruf über den DTM wird diese Liste um das zurückgelieferte Resultat erweitert. Im Falle eines Commit kann die Liste verworfen werden, während beim Abbruch der DTM in umgekehrter Reihenfolge die bezeichneten, kompensierenden Operationen aufruft. Die Abb. 92 und Abb. 93 illustrieren die Interaktion des Benutzers mit dem DTM und den Anwendungsservern. Hierbei erfolgt eine Bindung an die letzteren *nach* dem Start der Transaktion.

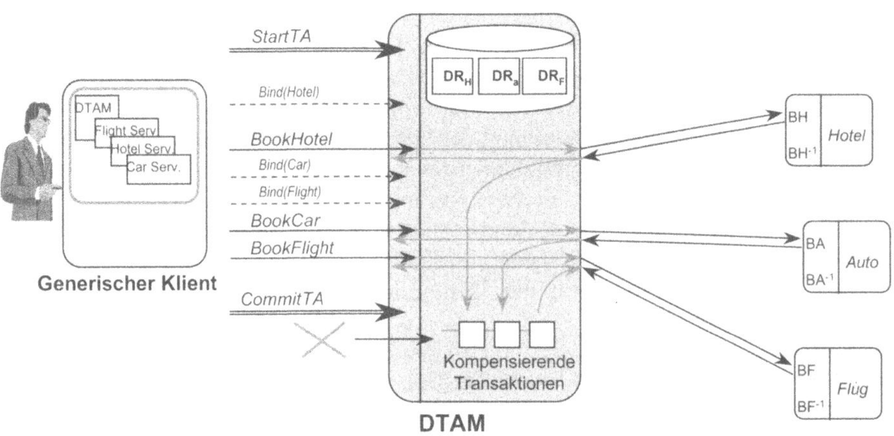

Abb. 92. Nutzung des DTM als Mehrwertdienst in COSM

Über die Dialogschnittstelle des DTM kann der Benutzer jederzeit einen Abbruch der globalen Transaktion und somit die Ausführung der kompensierenden Operationen bewirken:

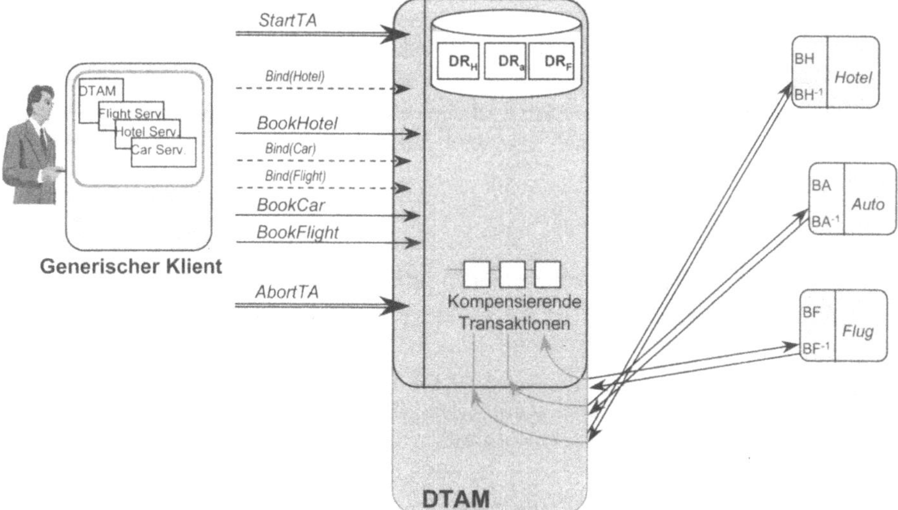

Abb. 93. Abbruch einer Transaktion beim DTM

Interessant ist die Kombination eines DTM mit Unterstützungsdiensten, insbesondere zur Online-Bezahlung von Diensten. Hierbei ist anzunehmen, daß Buchungsdienste, die einen Preis für intendierte Operationen verlangen, evtl. diesen Betrag im Falle der kompensierenden Operation nur teilweise erstatten. Während der erste Aufruf für Klient und Server transparent bzgl. der Präsenz des DTM erfolgt, wird der zweite nur vom DTM ausgeführt – im „Innenverhältnis" mit dem Server. Da der DTM selbst als kommerzieller Dienst genutzt wird, könnte eine mögliche Implementierung folgendermaßen aussehen: Eine Gebühr wird vom DTM nur für die Ausführung seiner Abort-Operation erhoben. Da dieser bereits bei der Ausführung intendierter Operationen de-facto als Stellvertreter des Klienten agierte, empfängt er auch die Stornozahlung der Server. Diese verrechnet er mit seiner eigenen Gebühr und transferiert den Restbetrag an den Klienten zurück. Letztlich wird sich auch bci dcr Intcgration von Zahlungsprotokollen ein Trade-off aus Komfort, Transaktionskosten (im doppelten Sinne) und Zuverlässigkeit ergeben.

8.4.4 Zusammenfassung

Prinzipiell können Transaktionsmonitore beliebig geschachtelt werden, so daß durch die ökonomische Trennung von Dienstleister und -nutzer Transparenz bzgl. der Komplexität des Gesamtgebildes geschaffen wird.

Auch bei diesem letzten Implementierungsbeispiel ist festzuhalten, daß zunächst nur die flexible Bereitstellung und Nutzung innovativer Dienste durch die EDM-

Infrastruktur unterstützt wird und gleichzeitig *bei Bedarf* die Möglichkeit einer Standardisierung als Option *a posteriori* besteht.

Der TP-Monitor charakterisiert als weiterer Stellvertreter die Herausbildung eines gruppenspezifischen Standards. In diesem speziellen Fall handelt es sich um einen funktionsspezifischen Standard, auf den sich der Erbringer des DTM-Dienstes sowie die durch ihn nutzbaren Anwendungsdienste geeinigt haben. Tatsächlich können sich neben diesem Saga-orientierten Modell auch weitere, konkurrierende Standards herausbilden. Auch hier obliegt es letzlich den Marktkräften, zu entscheiden, welcher Mechanismus die gegebene Nachfrage nach Transaktionsunterstützung am besten erreicht.

8.5 Abschließende Bemerkungen zur Implementierung von Mehrwertdiensten

Rückblickend betrachtet, war auch die Entwicklung der COSM-Infrastruktur selbst und ihrer Anwendungen bis zu einem gewissen Grade ein Projekt im „klassischen" Sinne: Ein gewisser Teil – die Infrastruktur – war *geplant* in dem Sinne, daß

- definierte Schnittstellen zwischen den Grundmodulen DRM, GEMS-RPC, GK und den Unterstützungsdiensten vereinbart wurden,
- die geforderte Flexibilität der DR-Typverwaltung besondere Berücksichtigung fand oder auch
- gewisse Entwurfsentscheidungen bezüglich der „Standardisierung" von Systembestandteilen mit dem Ziel einer hohen „Marktkompatibilität" getroffen wurden.

Für in diesem Kapitel skizzierte Entwicklungen jenseits der Infrastrukturebene wurde jedoch eine andere Herangehensweise gewählt: Hier „simulierten" die Entwickler jeweils einen unabhängigen Anbieter, der einen Mehrwertdienst möglichst profitabel bereitstellt. Folglich konnten diese Dienste unabhängig und quasi *im Wettbewerb* entwickelt werden. Vor allem war der Aufwand zur Spezifikation und gegenseitigen Koordination der Entwickler minimal. Vor dem Hintergrund der angestrebten Offenheit für Evolution erscheint dieser Aspekt als Indiz für die tatsächliche Erfüllung einer solchen Forderung.

Bezüglich der aktuellen Entwicklung im Bereich verteilter objektorientierter Systeme (insbesondere CORBA in Verbindung mit Java) ist anzumerken, daß sicherlich der Entwicklungsaufwand für eine neue Version von COSM erheblich reduziert werden könnte: Der generische Klient würde ersetzt werden durch einen Java-fähigen Browser, das DII durch heute verfügbare Softwareprodukte.[41] Auch die Verwaltung von Dienstrepräsentationen ließe sich heute durch eine Objektspeichertechnik realisieren, die die geforderten Persistenzeigenschaften mit denen der Portabilität und dynamischen Erweiterbarkeit kombiniert.

---

[41] Z.B. Orbix von Iona und VisiBroker von Inprise.

Dennoch bleibt auch vor dem Hintergrund besser geeigneter Werkzeuge das Problem bestehen, eine angemessene GEMS-*Architektur* zu finden. Java-Applets eignen sich zwar durch ihre Portabilität für den Einsatz als dynamische Protokollinstanzen. In Java implementierte Module zur DR-Verwaltung können zusammen mit der DR zwischen Server und Klient ausgetauscht werden und zu einer erheblich höheren Qualität z.B. bei der Benutzerschnittstellengestaltung führen.[42] Aufgaben der Schnittstellendefinition, der Standardisierung, des DR-Entwurfs etc. sind damit jedoch nicht gelöst. Insofern versteht sich die GEMS-Architektur nicht als Werkzeug, sondern eher als Referenzarchitektur, die von einem gewissen Abstraktionsgrad an auch für andere Umgebungen adaptierbar ist.

Erfüllung der kritischen Erfolgsfaktoren am Beispiel von COSM

Zum Abschluß des dritten Teils soll noch einmal Bezug genommen werden auf die kritischen Erfolgsfaktoren für einen EDM, die in Abschnitt 2.5 formuliert wurden.

- Reduzierung der *Transaktionskosten* für Anbieter und Nachfrager.
  Bei der COSM-Implementierung wurden Transaktionskosten aus der Infrastruktur in die Anwendungsebene verlagert. Dies bedeutet, daß Transaktionskosten nur freiwillig in Kauf genommen werden, nämlich dann, wenn sie für einen dedizierten Mehrwert- oder Unterstützungsdienst aufgewendet werden. Es besteht somit eine direkte Zurechenbarkeit zwischen Kosten und Diensten, so daß jeder Marktteilnehmer in der Lage ist, die Nutzung eines Dienstes unter verschiedenen Kostenkonstellationen abzuwägen. Abgesehen von den bei allen EDM-Alternativen als konstant angenommenen Netzzugangskosten fallen keine weiteren Kosten durch die Nutzung der Infrastruktur an.
- Reduzierung der *Rüstkosten* für Anbieter und Nachfrager.
  Wenn die COSM-Infrastruktur als öffentlich zugängliche Infrastruktur ohne privatwirtschaftlichen Betreiber zur Verfügung stünde, könnte sie ohne nennenswerte Rüstkosten durch die Marktteilnehmer genutzt werden. Zugangswerkzeuge wie der generische Klient stehen in einheitlicher Form zur Verfügung, so daß sich für einen Benutzer der Lernaufwand auf anbieterspezifische Modalitäten reduziert. Je nach Zusatzoptionen (Abrechnung, Verschlüsselung, Transaktionale Nutzung) können weitere Rüstkosten entstehen, die jedoch durch den Wettbewerb der Unterstützungs- und Mehrwertdienste-Anbieter langfristig reduziert werden können. Insbesondere durch Ergänzungen wie mobile Agenten und die Unterstützung des interorganisationalen Workflow-Management werden Anwendungen aus externen Konformitätsdomänen mit reduziertem Rüstkostenaufwand nutzbar. Gleiches gilt auch für das Beispiel zur Transaktionssteuerung: Für Anbieter bietet deren Nutzung zumindest keinen Mehraufwand im Vergleich zu herkömmlichen TP-Monitoren, während für Nachfrager ein erheblich vereinfachter Zugang realisiert wird.

---

[42] DRs sind zur Kapselung des Sitzungszustandes jedoch immer noch erforderlich, da Java keine persistente Speicherung des Ausführungszustandes erlaubt.

Schließlich besteht für Anbieter die Möglichkeit, einen individuellen, unklassifizierten Dienst bereitzustellen, ohne eine Schnittstellenstandardisierung oder sonstige zentrale Konfiguration zu erfordern. Damit ist sowohl die Beschreibung, die Bereitstellung und auch die Nutzung eines Dienstangebotes etwa mit dem gleichen Aufwand verbunden, der für Angebot und Abfrage eines WWW-Dokuments erforderlich ist.

- *Angemessene Standardisierung.*
Bei COSM ist ein minimaler Kern an Protokollen und Eigenschaften standardisiert: neben der *Repräsentation* der Dienstbeschreibung gilt dies vor allen für den DII-Kommunikationsmechanismus und für die Integration von Unterstützungsdiensten. Dieser Kern an Standards erlaubt jedoch eine dynamische und dezentrale Erweiterung, so daß die Vorzüge der in Abschnitt 2.3.2 identifizierten EDM-Ausprägungen – Börsensystem und Schwarzes Brett – ohne Eingriff in die COSM-Infrastruktur daraus entwickelt werden können. Die für ein Börsensystem erforderliche Standardisierung von Produktbeschreibungen, Protokollen und Systemfunktionen kann nachträglich durch Erweiterung der Dienstrepräsentation, durch die Integration von Unterstützungsdiensten und die Einbindung dedizierter Komponenten wie etwa dem Trader erreicht werden. Trotzdem bleibt die COSM-Infrastruktur selbst generisch bezüglich ihrer Nutzungsweise. Das Evolutionsmodell erlaubt schließlich eine inkrementelle Weiterentwicklung von zunehmend spezialisierten Teilstandards, wie in Abschnitt 4.1.5 beschrieben.

- *Herausbildung von Wertschöpfungsketten.*
Anhand der Anwendungsbeispiele aus den vorherigen Abschnitten wurde deutlich, daß die Herausbildung von Wertschöpfungsketten im Dienstemarkt prinzipiell mit einem Aufwand möglich ist, der mit der Stub-orientierten RPC-Programmierung vergleichbar ist. Allerdings belegt diese Tatsache noch nicht deren Herausbildung unter realen Wettbewerbsbedingungen. Hier ist jedoch zu erwarten, daß bei einer verbesserten Werkzeugunterstützung (Stub-Generatoren, DR-Editoren, dynamisch erweiterterbare generische Klienten) die Bereitstellungskosten für Mehrwertdienste erheblich reduziert werden können.

- *Organisationale Offenheit.*
Die GEMS-Architektur ist als Erweiterung des Internets als Kommunikationsinfrastruktur keinen zusätzlichen privatwirtschaftlichen oder gesetzlichen Auflagen unterworfen und bietet damit die gleiche organisatorische Offenheit. Zusätzlich besteht für Teilnehmergruppen die Möglichkeit, unabhängig Standards zu etablieren. Bei der COSM-Implementierung wird weder ein zentraler Betreiber noch eine zentrale Standardisierungsautorität vorausgesetzt. Damit kann sich der EDM bzgl. allen Ebenen – Kommunikation, Infrastruktur, Anwendung – offen und dezentral entfalten.

- *Dezentralisierung.*
Keine der im dritten Teil beschriebenen Komponenten oder Anwendungen erfordern eine zentrale Instanz zur Namensverwaltung, zur Ablage von Daten etc. Die Implementierungen sind bzgl. ihres Entwicklungsprozesses und ihres Dienstangebotes dezentral und unabhängig. Eine Zentralisierung von Teilaktivitäten kann jedoch von den Marktteilnehmern als erforderlich angesehen werden und ist damit nicht grundsätzlich ausgeschlossen.

- *Unterstützung aller Transaktionsphasen.*
  Insbesondere durch die Integration von Unterstützungsdiensten besteht für Transaktionspartner die Möglichkeit, neben der Informationsphase auch die Phasen der Vereinbarung und der Abwicklung durch die EDM-Infrastruktur unterstützen zu lassen. Bei der Vereinbarung kommt der Dienstrepräsentation als Träger möglicher vertraglicher Konventionen eine besondere Rolle zu. Die Abwicklungsphase wird hinsichtlich der Zahlung durch Unterstützungsdienste begleitet. Zudem ist die eigentliche Lieferung der Dienstleistung bei einem EDM inhärent softwaretechnisch gegeben.

9 Zusammenfassung und Ausblick

Im vorliegenden Buch wurde ein Generisches Elektronisches Marktsystem ökonomisch motiviert, als Software entworfen und in Teilen seiner COSM-Implementation skizziert. An dieser Stelle soll nun erläutert werden, wie die zukünftige Entwicklung des „Electronic Commerce" im Internet fortschreiten wird und welche Parallelen zwischen den hier präsentierten Ergebnissen und der industriellen Implementierung erkennbar sind.

9.1 Zusammenfassende Bemerkungen

Das Ziel dieses Buches besteht im Entwurf einer Architektur für elektronische Marktsysteme auf der Basis ökonomischer Marktmechanismen sowie in der prototypischen Implementierung einer Infrastruktur für den elektronischen Dienstemarkt.

Der Ausgangspunkt der Untersuchung war die Identifikation des mikroökonomischen Marktmodells als geeigneten Mechanismus zur effizienten, dezentralen Koordination verteilter Aktivitäten. Dabei wurde eine die Transparenz erhöhende und Transaktionskosten senkende Wirkung eines elektronischen Marktes als Hauptargument für den EDM angeführt. Wenn zudem auch die erforderliche technische Flexibilität bei der Entwicklung und Nutzung von Diensten gegeben ist, sind die wichtigsten Voraussetzungen zur freien Entfaltung eines Dienstemarktes erfüllt. Als Akteure treten dabei sowohl menschliche Benutzer als auch Softwaresysteme auf. Damit bleibt für jede einzelne Handelstransaktion offen, in welcher Kombination menschliche Benutzer, starr programmierte Softwarekomponenten oder evtl. pro-aktive, „intelligente" Agenten als Anbieter bzw. Nachfrager auftreten.

Als spezieller Untersuchungsgegenstand ergab sich jedoch bald das Problem, Anforderungen zur Unterstützung klassifizierter *und* unklassifizierter Dienste mit denen der offenen Evolution in Einklang zu bringen. Die Alternativen „statisch, formalisiert, nicht organisatorisch offen" und „dynamisch, informell, organisatorisch offen" stellten sich dabei als kaum harmonisierbar heraus. Versuche, auf der Basis einer dieser Alternativen Charakteristika der jeweils anderen zu unterstützen, führen daher häufig zu spezialisierten Detaillösungen. Entsprechend der Darstellungen in Teil II muß das elektronische Marktsystem auf der Ebene seiner Infrastruktur

- Handelstransaktionen zwischen Softwareanwendungen unterstützen,
- diesen die Freiheit zur individuellen Erweiterung ihrer systemtechnischen Infrastruktur gewähren,
- ihnen gleichzeitig die für die anonyme Kommunikation erforderlichen Sicherheitsmechanismen bieten,

- dabei jedoch Konformitätsanforderungen bzgl. angebotener und nachgefragter Dienste erfüllen,
- dabei ferner eine Grundlage für den Zugriff auf klassifizierte wie unklassifizierte Dienste schaffen und schließlich
- diese Anforderungen für alle Wirtschaftssubjekte effizient, d.h. bei minimalen Transaktions- und Rüstkosten, erfüllen.

Für ein generisches elektronisches Marktsystem eignen sich die untersuchten Kommunikations- und Kooperationsmodelle hingegen nur bedingt. Aus der Bewertung dieser Mechanismen im Hinblick auf die Anforderungen von Teil I wurde dann in Kapitel 4 die GEMS-Architektur mit dem Ziel formuliert, die positiven Eigenschaften der untersuchten Client/Server-Modelle durch eine geeignete Systemtechnik zu integrieren und damit die Anforderungen der unterschiedlichen Teilnehmergruppen des EDM zu befriedigen. Dabei wurde dem Aspekt der Erweiterbarkeit von Diensten und Dienstbeschreibungen durch den generischen Mechanismus der Dienstrepräsentation besondere Bedeutung beigemessen.

Zwei Kernkonzepte der GEMS-Architektur bzgl. der Dienstvermittlung und der Unterstützung von Handelstransaktionen wurden im Anschluß erläutert: Das erste dient der flexiblen *Beschreibung und Vermittlung von Diensten* und schlägt sich in der *Dienstrepräsentation* nieder. Es erlaubt Benutzergruppen des EDM, funktions- oder branchenspezifische Normen für Dienstbeschreibung und -schnittstelle einzuführen, ohne daß dieser Standardisierungsprozeß einer zentralen Kontrolle bedarf. Das zweite Konzept beschreibt einen generischen Mechanismus zur flexiblen Spezifikation von *Unterstützungsdiensten* sowie deren Integration für individuelle Handelstransaktionen. Diese Dienste erlauben es ebenfalls, zur Laufzeit untergeordnete Softwarekomponenten, die von vertrauenswürdigen Dritten bereitgestellt werden, unabhängig zu entwickeln, anhand der Dienstrepräsentation zu beschreiben und schließlich transparent zu nutzen.

Mit der Implementierung einer EDM-Infrastruktur im Projekt *COSM* (Common Open Service Market) als exemplarische Umsetzung der Referenzarchitektur befaßt sich schließlich Teil III. Hier wird die Abbildung architektureller Konzepte auf real verfügbare Komponenten, Schnittstellen und Programmierumgebungen aufgezeigt. Bei ihrer Implementation wurde – entsprechend der Darstellung in Kapitel 7 und 8 – zwischen der Infrastruktur und deren Anwendungen unterschieden: Anforderung und Ergebnis der *Infrastruktur* bestand in einer Umgebung, die unter Wahrung der Sicherheitsrestriktionen ohne nachträglichen Eingriff eine dynamische Erweiterung ihrer konstituierenden Elemente – Dienstrepräsentation und Kommunikationsmechanismus – erlaubt. Anforderung und Ergebnis der *Anwendungen* war der praktischen Nachweis, daß diese dynamischen Erweiterungen zu Anwendungsumgebungen führen, die im Kontext der interorganisationalen Kommunikation und Kooperation sinnvolle Lösungen erlauben, die mit vergleichsweise geringem Aufwand (in Form von Rüst- und Transaktionskosten) zu erzielen sind.

9.2   Vergleich mit aktuellen Electronic-Commerce-Plattformen

Der heutige Stand elektronischer Dienstemärkte im Internet beschränkt sich im wesentlichen auf drei Funktionen:

- Online-Kataloge unterstützen die Partner- und Produktsuche. Dabei wird die Informationsphase einer Handelstransaktion im wesentlichen abgedeckt. Zum heutigen Zeitpunkt werden jedoch diese Kataloge mit proprietären Schnittstellen und Datenformaten angeboten, so daß noch keine Interoperabilität gegeben ist. Gleiches gilt für Anfrageschnittstellen, die in der Regel auf der Stichwortsuche basieren oder ein nichtnormiertes Klassifikationsverfahren verwenden. Als Beispiele seien hier die virtuelle Buchhandlung Amazon (www.amazon.com) oder der Automarkt Auto-by-Tel (www.autobytel.com) genannt.
- Elektronische Zahlungsverfahren. Hier herrscht die konventionelle Bezahlung mit Kreditkarte vor. Jede andere Form der im Buch diskutierten Verfahren erfordert heute in der Regel einen abgeschlossenen „Währungskreis", der die Konvertierung in reale Währungen mit hohen Transaktionskosten belegt. Somit ist die Bezahlung über das Internet zwar möglich, jedoch noch nicht in einer Form, bei der die Transaktionskosten der Bezahlung signifikant gesenkt werden können.
- Schließlich zielen aktuelle Entwicklungen im Bereich des elektronischen Datenaustausches (Electronic Data Interchange, EDI) auf eine bessere Integration der EDI-Systeme in die lokale DV-Infrastruktur ab. Damit würden die Rüstkosten zur Durchführung der Geschäftskommunikation gesenkt werden, jedoch besteht noch keine Integration in vorgelagerte Transaktionsphasen sowie mit den in diesem Buch angeführten Unterstützungsdiensten.

Die zukünftige Entwicklung von Electronic Commerce Plattformen wird folglich auf eine weitergehende Vereinheitlichung der industriellen EDM-Infrastruktur abzielen. Einige dieser Projekte sollen an dieser Stelle kurz vorgestellt und mit der GEMS-Architektur verglichen werden:

- Eine der wichtigsten aktuellen Entwicklungen ist die eCo-Architektur des CommerceNet (www.commerce.net). Diese Architektur nutzt das CORBA IIOP (Internet Inter-ORB Protocol) als Rückgrat der Kommunikation. Unterstützungsdienste werden als „enabling services" von Anwendungsdiensten genutzt. Die Anwendungsdienste (z.B. Consumer Services, Settlement Services, Transaction Services) dienen der Durchführung spezieller Phasen der Handelstransaktion. Oberhalb der Kommunikationsebene von CORBA werden WWW-Browser-Umgebungen wie z.B. Netscape ONE eingesetzt und schließlich Java-basierte Anwendungen, die nach Bedarf zum Klienten geladen werden können. Zur Erreichung von Interoperabilität zwischen Zahlungsverfahren werden JEPI-Protokolle (Joint Electronic Payment Initiative) eingesetzt, die sich jedoch auf die Kategorie der elektronischen Bezahlung beschränken. Insgesamt sind bei der eCo-Architektur die wesentlichen Probleme der Integration von Unterstützungsdiensten und Transaktionsphasen zwar erkannt, jedoch noch nicht im nötigen Detaillierungsgrad spezifiziert worden.

- Eine weitere Electronic-Commerce-Architektur wird von Oracle im Rahmen der Network Computing Architecture (NCA) propagiert. Hier wird von einer 3-Tier-Teilung der beteiligten Rechnerknoten ausgegangen: Ein *Universal Client* dient dem flexiblen Zugang des Benutzers zu kommerziellen Diensten. Ein *Application Server* umfaßt die anwendungsspezifische Logik dieses Dienstes und ein *Datenbankserver* dient der serverseitigen Datenablage. Als Kommunikationsprotokoll zwischen diesen Knoten wird wiederum CORBA IIOP eingesetzt. Somit sind Klienten durch das Laden von Java-Anwendungen dynamisch installierbar und mit Serveranwendungen interoperabel. Auf jedem Knoten lassen sich sog. *Cartridges* einfügen, über die die generische NCA-Infrastruktur für spezifische Anwendungen konfigurierbar ist. Im Bereich des Electronic Commerce stehen hier auf der Seite des Klienten Cartridges zur elektronischen Bezahlung, für elektronische Einkaufswagen oder zur Verschlüsselung von Nachrichten zur Verfügung. Serverseitig lassen sich Module zur Abrechnung oder zur Kundenverwaltung einfügen. Offen ist jedoch auch bei dieser Architektur, in welchem Maße eine dynamische Softwarekonfiguration der Transaktionspartner unterstützt wird.

- Der wachsende Erfolg von Java zeigt, welche Bedeutung Anwender den Fragen der Entkopplung, Autonomie, Flexibilität und Individualisierung beimessen. Auch die Weiterentwicklung von Java-Bibliotheken zielt auf die Unterstützung elektronischer Dienstemärkte ab: Das *Java Electronic Commerce Framework* (JECF, [Sun-JECF96]) wird mit dem Ziel entwickelt, auf generische Weise heterogene Komponenten in Java-Anwendungen einzubinden, die Aufgaben der Bezahlung, Verschlüsselung und Authentisierung erfüllen. Von der spezifischen Funktionalität der individuellen Komponenten wird durch sog. *Cassets* abstrahiert. Cassets sind Container-Komponenten, die gegenüber der Anwendung eine standardisierte Schnittstelle unterstützen und damit von der tatsächlichen Realisierung z.B. des Zahlungsprotokolls abstrahieren. Ähnliche Fragestellungen ergeben sich auch im Bereich der *Digital Libraries*, die neben der Vermittlung von Online-Dokumenten auch deren Abrechnung auf der Basis heterogener Zahlungsverfahren unterstützen sollten (vgl. [CKPG+95]). Diese Anforderungen entsprechen gerade der nach Integration von Unterstützungsdiensten in eine Electronic-Commerce-Architektur [AdYe96].

- Die im Rahmen dieses Buches entwickelte Architektur floß als architekturelle Grundlage in das EU-geförderte ACTS-Projekt *OSM* (Open Service Model, s.u.) ein. Insbesondere die flexible Unterstützung von Dienstangebot und -nachfrage sowie der generische Mechanismus zur Integration von Unterstützungsdiensten wird damit über das COSM-Projekt hinaus auch im industriellen Umfeld Verbreitung finden. Ein besonderer Schwerpunkt der Entwicklung liegt dabei in der nahtlosen Integration aller Transaktionsphasen einschließlich der Verhandlungsphase. Dabei werden im Buch diskutierte Ansätze mobiler Agenten und des interorganisationalen Workflow-Managements eingesetzt zur Unterstützung von Verhandlungsprozessen innerhalb von Konsortien sowie zur anschließenden Steuerung des Datenaustausches in der Abwicklungsphase.

Der Beitrag des Buches liegt folglich nicht nur in der Implementierung einer EDM-Infrastruktur, sondern vor allem in der Generik der zugrunde liegenden Architektur. Diese ist daher auf andere Plattformen und Programmierumgebungen transferierbar. Die Implementierungen in Teil III liefern lediglich den Nachweis für eine *exemplarische* Adaption in Richtung der verfügbaren Entwicklungsumgebung.

9.3 Ausblick

EDM-Infrastrukturen sind ein Forschungsgegenstand, der sich rasant entwickelt und zur vollständigen Unterstützung von Handelstransaktionen noch weitere Entwicklungsaktivitäten erfordert. An dieser Stelle sei daher nur auf eine Auswahl von Bereichen hingewiesen, die zur weiteren Ausgestaltung des EDM von Bedeutung sind.

Verhandlungsprotokolle

Im Rahmen des EU ACTS-Projektes OSM (Open Service Model) wird seit Juli 1996 die GEMS-Architektur erweitert zur Unterstützung von *Verhandlungsprotokollen* (negotiation protocols) und auf der Basis von *Java* sowie der *CORBA*-Architektur implementiert. Verhandlungsprotokolle modellieren dabei Interaktionen zwischen Anbietern und Nachfragern auf der Basis von Kommunikationsprimitiven, die der Sprechakttheorie entstammen. So lassen sich etwa Verhandlungsprotokolle festlegen, die eine Kauftransaktion aus den Primitiven Order und Deliver konstruieren. Alternativ kann ein Kauf jedoch auch durch ein mehrstufiges Protokoll (Request – Offer)˙ – Order – Deliver zustande kommen, bei dem zunächst anhand einer Produkt- oder Dienstspezifikation nachgefragt wird, z.B. zu welchem Preis geliefert werden kann. Wenn der Anbieter mit Offer antwortet, kann der Nachfrager mit Order die eigentliche Kauftransaktion auslösen. Das Vokabular zur Modellierung dieser Protokolle ist reduziert auf wenige Sprechakte, die ihrerseits eine fest umrissene Semantik hinsichtlich der erwarteten Aktivität des Kommunikationspartners voraussetzen.

Zwischen solchen Protokollen können Verfeinerungs- bzw. Subtypbeziehungen bestehen und auch aus ihrer Beschreibung abgeleitet werden, da sie sich durch endliche Automaten spezifizieren lassen. Folglich kann eine zusätzliche Komponente als Koordinator von Kommunikationsbeziehungen entwickelt werden, die aufgrund der Kommunikationsprimitiven und der Produktspezifikation – dem Dienstprofil – etwa zu einem Request „passende" Anbieter ermittelt, die zusätzlich verhaltenskonform bzgl. des Verhandlungsprotokolls sind.

Java

Die Verwendung von Java führt zu neuartigen Möglichkeiten und Problemen bei der Umsetzung der GEMS-Architektur: Die Benutzerschnittstelle, die dem Dienstanbieter einen maximalen Gestaltungsspielraum bieten sollte, kann jetzt durch ein spezifisches Java-Applet gestaltet werden. Hier erweist sich die Beschränkung auf Beschreibungsinformation entsprechend der COSM-Implementierung im Vergleich als zu restriktiv. Andererseits kann ein bösartiger Programmierer den Gestaltungsspielraum eines „Dienstrepräsentations-Applet" etwa zur Durchführung nicht vereinbarter

Kommunikationen nutzen. Gegenüber der COSM-Implementierung ist jedoch eine weitergehende Absicherung der EDM-Teilnehmer gegen bösartige Softwarekomponenten erforderlich: Während beim GEMS-Modell nur auf der Infrastrukturebene ablauffähiger Kode in Form vertrauenswürdiger dynamischer Protokollinstanzen (aufgrund einer angemessenen Sicherheitsinfrastruktur) akzeptiert wurde, ist bei einer Java-basierten Umgebung dies auch auf der Anwendungsebene der Fall. Daher ist ein Netzwerk von Diensten zur Qualitätsicherung (*rating services*) notwendig. Diese dienen als vertrauenswürdige Dritte, d.h. als Unterstützungsdienste, und können zur Qualitätsbewertung von DR-Applets beim Sitzungsaufbau konsultiert werden.

Online-Dienste im Internet?

Für die heutigen Betreiber von Online-Diensten erscheint eine langfristige Profitabilität ihrer heutigen Aktivitäten fraglich: Die zentralisierte Filterfunktion einer Verzeichnisstruktur ist aufgrund ihrer Auslagerung an eigenständige, kommerzielle Katalogdienste im EDM nicht mehr erforderlich. Die Realisierung der Abrechnungsfunktion kann heute – zumindest technisch – ebenfalls durch eigenständige Unterstützungsdienste erbracht werden. Gleiches gilt für den Marktzugang, bei dem Online-Dienste und Internet-Provider sich technisch so weit angenähert haben, daß kaum noch „Alleinstellungsmerkmale" auszumachen sind. Handelstransaktionen können heute nicht mehr nur über T-Online durchgeführt werden, wie auch interpersonelle Online-Kommunikation nicht mehr nur durch AOL realisiert wird. Zudem haben auch Online-Dienste, die unmittelbar als Anwendungserweiterung des Internet firmieren, Profilierungsprobleme (vgl. z.B. *Europe Online*). Angesichts der erheblich verbesserten graphischen und softwaretechnischen Gestaltungsmöglichkeiten durch Umgebungen wie Java und CORBA (bzw. durch deren gemeinsame Integration in WWW-Browser) kann auch eine ergonomische Benutzerschnittstelle nicht mehr als Argument für Online-Dienste gelten.

Die Ursache dieser Entwicklung liegt in erheblich reduzierten Transaktionskosten: Wenn der Teilnehmer quasi zum „Nulltarif" Vermittlungsdienste, Anwendungen und Unterstützungsdienste direkt im EDM in Anspruch nehmen kann, besteht für deren Aufbereitung durch Online-Dienste kaum mehr Bedarf. Als Restbestandteil dieser ursprünglichen „Mehrwerte" scheint langfristig allein die *Reputation* des Betreibers zu bleiben: Wenn dieser hinsichtlich relevanter Sicherheitsfunktionen das Vertrauen der Marktteilnehmer gewinnt, so scheint eine abgestimmte Kombination aus Unterstützungsdiensten einen Nutzen zu generieren, der von den Teilnehmern anerkannt wird. Diese Funktion wird jedoch nicht mehr monopolistisch eingebracht, sondern vielmehr im Wettbewerb. Theoretisch kann jeder EDM-Teilnehmer diese Reputation erwerben und als vertrauenswürdiger Dritter agieren, d.h. z.B. eine eigene Währung in Umlauf bringen oder sich in der Funktion des Notars versuchen. Praktisch könnte es sich evtl. erweisen, daß Unternehmen einer gewissen Größe und (Omni-)Präsenz (wie z.B. Telekommunikations- oder Softwareunternehmen) bei der Bereitstellung dieser Dienste im Vorteil sind.

Soziale und politische Auswirkungen

Auch von politischer Seite wird die Einrichtung und Standardisierung von *Information Infrastructures* für elektronische Märkte forciert. Sowohl in den USA (*National*

Information Infrastructure, CommerceNet) als auch im Rahmen der EU-Forschungsprogramme (*vgl. etwa ACTS, ESPRIT oder Info 2000*) wurden Maßnahmen ergriffen zur Unterstützung von Aktivitäten zur Gestaltung solcher Infrastrukturen ([Bang94]). Auf internationaler Ebene sind dabei insbesondere offene Fragen der Deregulierung und der Vereinheitlichung des rechtlichen Rahmenwerks zu lösen. Auch hier erstreckt sich diese Entwicklung zunehmend über die technische Infrastruktur hinaus auf die Anwendungsebene.

Nicht zu vernachlässigen sind dabei jedoch auch die Folgen eines globalisierten Wirtschaftsraumes, in dem Dienstleistungen aufgrund nahezu kostenloser Mobilität von Daten und Informationen gerade dort erbracht werden, wo die erforderlichen Ressourcen am günstigsten sind. Die heutige Sensibilität der Finanzmärkte und ihre Reagibilität auf marginale Änderungen von Wirtschaftsindikatoren kann aufgrund der Transparenz elektronischer Märkte prinzipiell alle Dienstleistungsbereiche erfassen. Das bedeutet, daß nicht nur elektronische Kaufhäuser und Bestellservices, sondern im Prinzip auch Banken, Steuerberater, Werbeagenturen, Versicherungen usw. ihre Dienstleistungen bei vollständiger Konkurrenz international anbieten können.

Anhang
Exemplarische Zahlungsprotokolle

An dieser Stelle sind verschiedene Verfahren der elektronischen Bezahlung skizziert, die als repräsentative Auswahl an Protokollen dienen. Ziel dieser Untersuchungen ist es, Gemeinsamkeiten und Unterschiede hinsichtlich der jeweiligen Protokolleigenschaften aufzuzeigen. Diese Ergebnisse fließen in verdichteter Form in das Kapitel 6 ein, das sich auf dieser Grundlage mit dem Entwurf einer transparenten Integration von Unterstützungsdiensten befaßt.

Ecash

Das Unternehmen DigiCash bietet mit Ecash ein münzbasiertes Verfahren an mit uneingeschränkter Anonymität für den Käufer auf der Basis blind geleisteter Signaturen durch den Bankserver [Chau82, ChFN90, Chau92]. Münzen der Kunstwährung *CyberDollar* (c$) werden anhand *elektronischer Portemonnaies* verwaltet. Die Stückelung der Münzen entspricht 2er-Potenzen von c$ 0,01. Auf diese Weise sind für die Bezahlung eines beliebigen Betrags B maximal $|\log_2 B+1|$ Münzen erforderlich, was den Kommunikationsaufwand und vor allem den Aufwand für die rechenintensive Generierung und Verifikation von Münzen reduziert.

Protokoll

Ein lokaler Münzvorrat des Käufers wird durch das individuelle Prägen von Münzen von einem Bankserver eingerichtet (Abb. 94). Dieser Prozeß besteht zunächst aus der Generierung von „Münzrohlingen" durch den Käufer selbst. Diese enthalten u.a. eine eindeutige Seriennummer. Die durch den privaten Schlüssel des Käufers signierte Münze wird beim Bankserver eingereicht, so daß dieser anhand des öffentlichen Schlüssels die Zugehörigkeit zum Käufer verifizieren kann.

Bevor nun aber diese Münze dem Bankserver übermittelt wird, transformiert der Käufer die Datenstruktur in eine Form, die es dem Bankserver nicht erlaubt, die Seriennummer zu lesen, jedoch trotzdem den Münzbetrag und die Seriennummer durch ein Zertifikat zu signieren und diese Datenstruktur der Münze hinzuzufügen (Abb. 94, Schritt 1). Der Bankserver protokolliert den Betrag und das Zertifikat, um zu einem späteren Zeitpunkt beim Einlösen die Münze zu identifizieren und ihre Echtheit zu verifizieren (Schritt 2). Nachdem der Käufer die Münze vom Bankserver zurückerhalten hat, transformiert er sie wieder in die ursprüngliche Darstellung. Dabei bleiben jedoch Betrag und Zertifikat unverändert (Schritt 3).

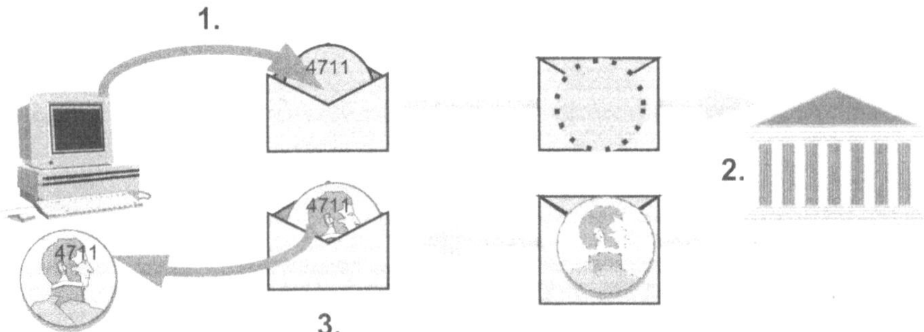

Abb. 94. Blind geleistete Unterschrift der Bank

Die Bank verfügt dabei lediglich über die Information, *daß* der Käufer eine Münze abgehoben hat, jedoch nicht *welche*. Auch unter Kooperation der Bank mit dem Verkäufer kann nicht auf die Identität des Käufers geschlossen werden, da die Bank nicht über die jeweiligen Parameter für den Transformationsalgorithmus verfügt. Ein solches Protokoll zur Erzeugung blind geleisteter Unterschriften ist z.B. bei [PfWa95] beschrieben.

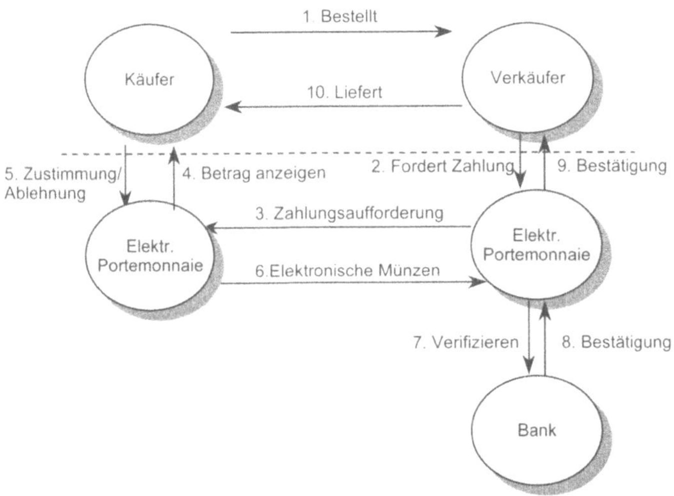

Abb. 95. Zahlungsprotokoll bei Ecash

Ecash-Transaktionen werden über elektronische Portemonnaies durchgeführt, die in einheitlicher Form beim Käufer und Verkäufer als individuell adressierbare Prozesse vorliegen. Ein Münztransfer kann dabei in beliebiger Richtung vorgenommen werden. Die Kommunikation zwischen Anwendungen (üblicherweise WWW-Browser und -Server) und elektronischen Portemonnaies erfolgt über eine Softwareschnittstelle seitens des Verkäufers (vgl. Abb. 95). Wurde vom Verkäufer eine Bestellung entgegengenommen, wird sein elektronisches Portemonnaie veranlaßt, den betreffenden

Münzbetrag vom Käufer einzuholen (Schritt 2). Diesem wird über die lokale Benutzerschnittstelle seines Rechners der Betrag und die Adresse des Verkäufers angezeigt (Schritt 4). Ist er einverstanden, bestätigt er die Zahlung und löst damit den Münztransfer aus. Anschließend kann der Verkäufer die Münzen beim Bankserver einlösen oder sie gegen neue wechseln (Schritt 7). Dabei verifiziert der Bankserver die Münzen und bestätigt im Normalfall deren Gültigkeit. Wenn der Verkäufer diese Bestätigung erhalten hat, kann er das Dokument oder die Ware an den Käufer ausliefern.

Bewertung

Ecash benötigt in seiner aktuellen Implementierung einen zentralen Bankserver – damit sind einer beliebigen Skalierbarkeit Grenzen gesetzt. Andererseits können mehrere Ecash-Domänen etabliert werden, so daß zur Verifikation einer „fremden" Münze ein Clearing-Protokoll zwischen Banken denkbar wäre. Einen Nachteil stellt die Notwendigkeit der Verifikation dar, der jedoch für alle münzbasierten Verfahren gegeben ist, da hier immer die Gefahr der Duplikation besteht.

Das Ecash-System erlaubt uneingeschränkte Anonymität für den Käufer, d.h., auch bei der Kooperation anderer involvierter Parteien (Netzbetreiber, Bank, Verkäufer) kann dessen Identität nicht aufgedeckt werden. Auf die dadurch entstehenden Gefahren weist z.B. [CaST95] hin. Das Ecash-Protokoll ist nicht transaktional, d.h., Münzen können beim Zahlungsvorgang abhanden kommen mit der Folge, daß die Geldmenge sich ändert. Bei Ecash besitzt weder die Bank noch eine andere Instanz außer den Transaktionspartnern Informationen über die Transaktionsdaten. Auch bei Ecash ist dem Verkäufer zwar der Inhalt der Transaktion bekannt, er kann ihn jedoch nicht mit der Identität des Käufers in Verbindung bringen.

NetCash

NetCash ist ein Vorschlag von Medvinsky und Neumann [MeNe93], der vertrauliche, anonyme Zahlungen unter Einbeziehung eines *vertrauenswürdigen Wechslers* vorsieht. NetCash ist ein Beispiel für elektronische Münzrepräsentationen mit eingeschränkter Anonymität für den Käufer. D.h. wenn alle anderen Partner kooperieren, können sie die Identität des Käufers ermitteln. Im NetCash-Modell werden Banken unterteilt in eine „Zentralbank" (*federal insurance corporation*), die Lizenzen erteilt und Banken (*currency server*) (vgl. Abb. 96).

Protokoll

Die Münzrepräsentation umfaßt bei NetCash den Namen der Bank, ihre Internet-Adresse, ein Verfallsdatum, die vom prägenden Bankserver vergebene Seriennummer sowie den Betrag der Münze. Sie ist mit dem privaten Schlüssel der Bank kryptiert worden, so daß sie fälschungssicher und signiert ist.
Ein Bankserver bietet an seiner Schnittstelle folgende Operationen an: *Münzverifikation*, um das „double-spending" aufzudecken; *Münzwechsel*, um die Verfolgung von Münzen zu verhindern; das *Einlösen* von Münzen gegen Schecks sowie eine Funktion mit entgegengesetzter Wirkung. Entsprechend erfolgt das Zahlungsprotokoll bei Net-

Cash (Abb. 96): Zunächst erwirbt der Käufer von der Bank einen Münzvorrat (Schritt 1). Beim Kauf werden die Münzen an den Verkäufer übertragen (Schritt 2). Die korrespondierenden Protokolldateneinheiten können dazu in anwendungsspezifische Nachrichten eingebettet sein. Die Münze ist dabei mit dem öffentlichen Schlüssel des Verkäufers kryptiert, d.h. es besteht seinerseits keine Anonymität. Zur Vermeidung des double-spending ruft dieser die Verifikation seines Bankservers auf (Schritt 3).

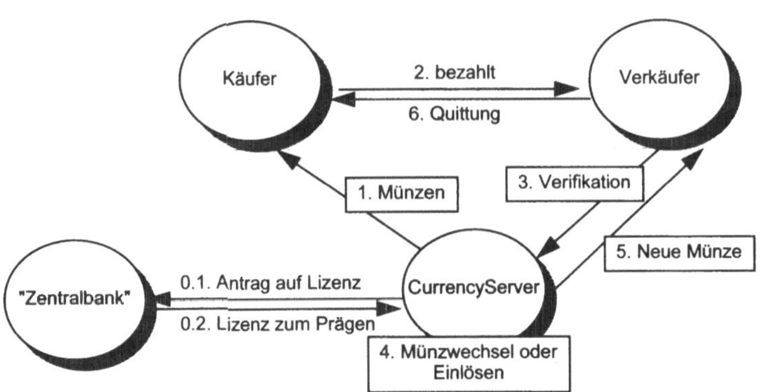

Abb. 96. Zahlungsprotokoll bei NetCash

Dieser Bankserver muß nicht notwendigerweise mit dem des Käufers identisch sein. [MeNe93] beschreiben zu diesem Zweck ein Clearing-Protokoll zwischen Bankservern im NetCash-System. Nach erfolgreicher Verifikation liefert der Verkäufer an den Käufer eine Quittung zurück, die den Erhalt der Zahlung mit einer eindeutigen Transaktionsnummer bestätigt. Weitere Verfeinerungen dieses Protokolls sehen z.B. eine garantierte Versendung der Quittung unter Aufrechterhaltung der Käuferanonymität vor.

Bewertung

Münzen besitzen ein Verfallsdatum, das im Widerspruch zur Funktion der persistenten Wertaufbewahrung steht. Hier ist also ein Protokoll erforderlich, das ggf. in Kooperation mit dem Bankserver die Verlängerung dieses Datums bewirkt oder einen Münztausch durchführt. Durch die eingeschränkte Anonymität des Käufers ist auch das Betrugspotential reduziert.

In seiner einfachen Variante erlaubt das NetCash-Protokoll der Bank eine Verfolgung der Münze vom Käufer zum Verkäufer. Anonym bleibt der Käufer dabei nur gegenüber dem Verkäufer. Soll auch Anonymität gegenüber der Bank gewährleistet werden, ist ein vertrauenswürdiger Wechsler erforderlich, der einen Münztausch durchführt, so daß zum Zeitpunkt der Verifikation der Käufer nicht mehr identifizierbar ist.

Allgemein ist für münzbasierte Verfahren festzuhalten, daß im realistischen Umfeld ein trade-off zwischen dem höheren Maß an Anonymität und dem Mehraufwand zur Absicherung des Verfahrens gegen Betrug besteht. In vielen Fällen ist Käuferanonymität erwünscht, jedoch existieren auch Situationen, in denen sie nicht praktikabel ist, z.B. wenn mit einer Flugbuchung oder Warenlieferung an die Adresse des Käufers die Preisgabe seiner Identität bekannt wird.

First Virtual

First Virtual ist eine der ersten kommerziellen Banken, die sich ausschließlich der unmittelbaren Abwicklung von Zahlungstransaktionen über das Internet widmet [FV95]. Sie realisiert eine kreditkartenbasierte Zahlung, vermeidet jedoch den Transfer der Kartennummer über den unsicheren Kanal des Internet. Nachrichten werden bei der Kommunikation zwischen Käufer, Verkäufer und Bank im Klartext als Internet-eMails ausgetauscht. Eine Authentisierung erfolgt dabei nur gegenüber dem Bankserver, der als vertrauenswürdiger Mittler zur Abwicklung des Zahlungsprotokolls agiert. Somit erfolgt die Kommunikation nicht vertraulich.

Protokoll

Über das WWW wählt der Käufer die gewünschte Ware aus (Abb. 97). Ähnlich der Shareware-Idee liefert der Verkäufer die Ware unmittelbar danach per eMail und erhält vom Käufer die Nummer des zu belastenden FirstVirtual-Kontos (Schritte 1-3). Im nächsten Schritt sendet der Verkäufer die Rechnung in Form einer eMail an den Bankserver und nennt dabei den Betrag, den Kaufgegenstand und das Pseudonym (d.h. die Kontonummer) des Käufers. Dieser leitet sie weiter an den Käufer, der sie mit einer der Optionen „yes", „no" oder „fraud" (Betrug) beantwortet (Schritte 5/6).

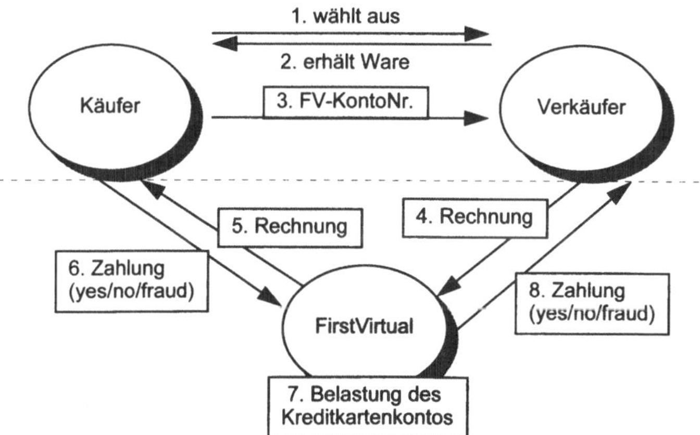

Abb. 97. Zahlungsprotokoll bei First Virtual

Im ersten Fall willigt er in die Belastung seines Kontos ein, im zweiten lehnt er sie ab und im dritten teilt er dem Bankserver mit, daß er Betrug vermutet. Der dritte Fall ist z.B. gegeben, wenn zuvor keine korrespondierende Lieferung der Ware erfolgt ist. Im Fall der Einwilligung erfolgt die Belastung des Kreditkartenkontos, verbunden mit einer Benachrichtigung des Verkäufers über die Reaktion des Käufers (Schritt 8). In periodischen Abständen erfolgt schließlich eine Belastung des realen Kreditkartenkontos des Käufers.

Die Kreditkartennummer tritt bei diesem Protokoll nicht in Erscheinung, sie wird vielmehr vorab über einen sicheren Kanal (z.B. per Post) vom Kunden an den Bankserver übermittelt. Durch die Funktion als vertrauenswürdiger Mittler wird ferner sichergestellt, daß keiner der Handelspartner in betrügerischer Absicht eine falsche Kontonummer oder einen abweichenden Rechnungsbetrag nennt.

Beim Abrechnungsverfahren der FirstVirtual müssen folgende Voraussetzungen für den Kauf von Informationen erfüllt sein:

1. Der Käufer benötigt eine gültige eMail-Adresse.
2. Der Käufer benötigt eine gültige Kreditkarte.
3. Jeder Kauf muß vom Käufer per eMail bestätigt werden.
4. Käufer und Verkäufer benötigen z.Zt. ein Konto bei einer US-Bank.
5. Bei der Eröffnung eines Kontos gibt der Kunde folgende Daten an: Den vollen Namen, die eMail-Adresse und ein selbstgewähltes FV-Pseudonym, das bei Käufen zur Identifikation verwendet wird. Diese „Kontonummer" enthält keine Informationen über den Kontoinhaber.
6. Ferner ist ein Mindestbetrag bei der Kontoeröffnung einzuzahlen.

Bei der Bezahlung muß der Käufer sein FV-Pseudonym nennen. Für den Käufer fallen außer dem vom Verkäufer angezeigten Kaufpreis keine weiteren Kosten an. Das Risiko der Handelstransaktion trägt der Verkäufer gemäß einem zuvor abgeschlossenen Rahmenvertrag. Folgende Informationen sind nach dem Kauf in einer Rechnung des Verkäufers zu liefern:

- Die FV-Kontonummern des Käufers und Verkäufers,
- der Rechnungsbetrag,
- die Währungseinheit,
- eine Beschreibung der Transaktion, z.B. den Namen eines Dokumentes.

Bewertung

Der Hauptvorteil beim FV-Protokoll besteht in der Unabhängigkeit von kryptographischen Verfahren zum Erlangen von Anonymität und Vertraulichkeit. Dies reduziert die organisatorischen Rüstkosten bei der Integration des Verfahrens. Andererseits bietet das Modell keine Handhabe zur verbindlichen Bezahlung in Anspruch genommener Leistungen, da der Verkäufer dieses Risiko explizit in Kauf zu nehmen hat.

Prinzipiell besteht zwischen Käufer und Verkäufer Anonymität, da diese nur gegenseitig ihre Pseudonyme kennen und die Kommunikation in den Schritten 1—3 nicht authentisiert erfolgen muß. Die Bank verfügt jedoch über alle Informationen, sogar über den Transaktionsinhalt, da dieser vom Verkäufer in der Rechnung zu nennen ist.

Auch das FV-Protokoll ist somit ein realistisches Verfahren, daß sich in bestimmten Situationen als Abrechnungsdienst eignet. Allerdings ist offen, in welchem Maße sich Verkäufer bereit erklären, das gesamte Transaktionsrisiko allein zu tragen.

Aus diesem Grunde besteht technisch auch die Möglichkeit, erst *nach* erfolgter Zahlung die Ware oder einen Schlüssel auszuliefern. Damit würde sich das Risiko vom Verkäufer auf den Käufer verlagern.

NetCheque

NetCheque [MeNe95] ist ein Beispiel für den kontenbasierten elektronischen Zahlungsverkehr unter Verwendung des Authentisierungsdienstes *Kerberos* [StNS88]. Es wurde an der University of South California entworfen.

NetCheque-Benutzer verfügen über Konten auf einem Bankserver ihrer Wahl. Diese Server sind ihrerseits miteinander über einen übergeordneten Clearingserver verbunden, so daß Server-übergreifende Transfers darüber abgewickelt werden können. Ein Scheck entspricht bei NetCheque einem handelsüblichen Verrechnungsscheck: Er enthält Daten über den Namen des *Ausstellers*, seiner *Bank*, des *Empfängers*, den *Zahlungsbetrag*, die *Kontonummer* des Ausstellers sowie seine *Unterschrift* in Form einer elektronischen Signatur.

Protokoll

Das NetCheque-System steht als Programmbibliothek zur Verfügung, die vor allem Funktionen zum Ausstellen (WRITE_CHEQUE) und Einziehen (DEPOSIT_CHEQUE) von Schecks implementiert. Das Anwendungsprogramm des Käufers ruft WRITE_CHEQUE mit folgenden Parametern auf:

- Kontonummer des Ausstellers,
- Zahlungsempfänger,
- Zahlungsbetrag und
- Währungseinheit.

Für diese Daten wird eine kryptographische Prüfsumme generiert. In kodierter Form versendet daraufhin der Käufer den Scheck an den Empfänger. Dort wird er mit DEPOSIT_CHEQUE eingezogen und in verschlüsselter Form beim Abrechnungsserver des Empfängers zusammen mit einer Bestätigung eingereicht. Diese erlaubt es, den Scheck im Namen des Empfängers und nur seinem Konto gutzuschreiben.

Befinden sich die Konten von Käufer und Verkäufer auf dem gleichen Server, erfolgt ein sofortiger Ausgleich. Eine entsprechende Meldung wird dem Verkäufer zurückgeliefert. Im anderen Fall kann optional und – bei zusätzlichen Kosten – ein unmittelbarer Ausgleich zwischen den Servern veranlaßt werden (vgl. Abb. 98). Im Normalfall werden eingezogene Schecks jedoch gesammelt und im Kontingent ausgeglichen. Kann ein sofortiger Ausgleich nicht durchgeführt werden, erhält der Verkäufer eine entsprechende Rückmeldung, so daß geeignete Maßnahmen eingeleitet werden können.

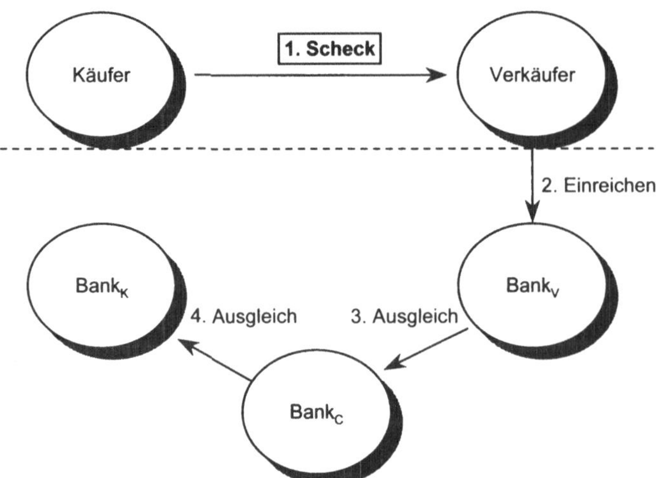

Abb. 98. Zahlungsprotokoll bei NetCheque

Bewertung

Die zweistufige Zertifizierungshierarchie aus Bankserver und Clearingstelle erhöht die Skalierbarkeit des Abrechnungsverfahrens (vgl. [MeNe95]).

Aus Gründen der Effizienz wurden konventionelle (symmetrische) Verschlüsselungsverfahren verwendet, die allerdings mit weniger Aufwand entschlüsselt werden können als asymmetrische. Hierbei hängt es sicherlich vom jeweiligen Betrag ab, ob eine Manipulation in betrügerischer Absicht zu erwarten ist. Symmetrische Verfahren erfordern allerdings auch höheren Aufwand bei der Schlüsselverteilung [StNS88].

Bei NetCheque ist lediglich die Bank über den Inhalt der Transaktion nicht informiert, ansonsten sind alle Daten allen Beteiligten bekannt.

NetBill

Der Zahlungstransfer erfolgt beim NetBill-Protokoll mit gegenseitiger Authentisierung von Käufer und Verkäufer. Besonderer Wert wird auf die Integration in die Anwendungsumgebung gelegt; zu diesem Zweck existiert Software zur Kontenpflege. Die von den NetBill-Entwicklern erwarteten und durch den Zahlungsverkehr verursachten Transaktionskosten belaufen sich bei einem „Kaufpreis" von z.B. 10 Cent auf ca. 1 Cent [SiTy95].

Ein NetBill-Server verwaltet Konten für Käufer und Verkäufer, so daß ein Ausgleich im günstigsten Fall lokal vollzogen werden kann. Befinden sich die Konten bei unterschiedlichen Servern, wird der Ausgleich solange verzögert, bis sich der jeweils zu transferierende Wert auf einen sinnvollen Betrag akkumuliert hat.

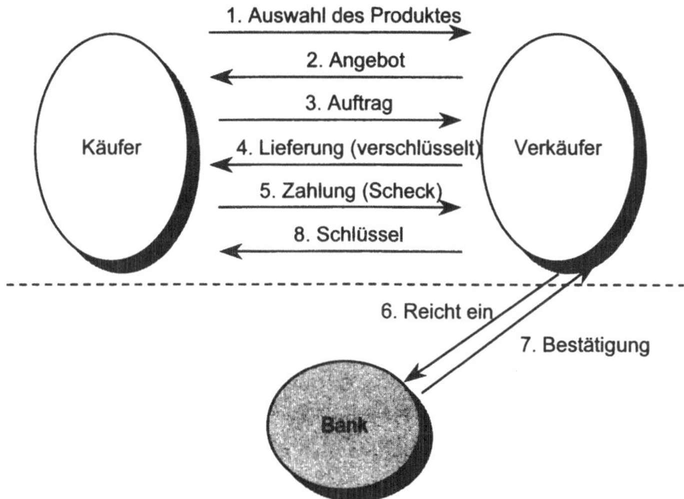

Abb. 99. Zahlungsprotokoll bei NetBill

Protokoll

Ein Warenkauf über den NetBill-Dienst erfolgt in 8 Schritten (vgl. Abb. 99): Zunächst fragt der Käufer ein verbindliches Angebot für eine bestimmte Information nach (1) und erhält als Resultat (2) einen signierten Preis. Daraufhin sendet der Käufer eine signierte Kaufnachricht (3) an den Verkäufer und erhält die Ware allerdings zunächst in verschlüsselter Form (4). Der Verkäufer hat zuvor für die Ware eine kryptographische Prüfsumme zur späteren Verwendung generiert. Im folgenden Schritt (5) sendet der Käufer einen *Electronic Payment Order* (EPO), der folgende Informationen enthält: Die Produktnummer, den akzeptierten Preis, einen Timeout-Stempel sowie eine eigene Prüfsumme. Nach dem Senden dieser Nachricht hat sich bisher nur der Käufer endgültig zum Kauf entschlossen. Die globale Transaktion ist jedoch noch nicht zustande gekommen; sie ist noch vollständig durch den Verkäufer zurücksetzbar.

Erst jetzt wird der Bankserver involviert, indem der Verkäufer ihm sowohl den EPO als auch seine Rechnung sendet (6). Der NetBill-Server prüft jeweils Beträge, Produktnummern und Prüfsummen von EPO sowie Rechnung und liefert im Falle der Übereinstimmung eine Bestätigung in verschlüsselter Form, anderenfalls einen Fehlerkode (7). Schließlich liefert der Verkäufer im Fall der Bestätigung den Schlüssel für das erworbene Dokument (8).

Bewertung

Durch die gegenseitige Authentisierung von Käufer und Verkäufer ist prinzipiell der Spielraum für Betrug eingeschränkt. Ferner beschränkt sich der sensible Teil des Protokolls nur auf die Nachrichten 5-8: Ein bösartiger Käufer, der eine falsche Summe transferiert, kann dabei durch den Bankserver beim Vergleich der Prüfsummen entlarvt werden.

Ein Verkäufer besitzt grundsätzlich mehr Möglichkeiten zum bösartigen Handeln: Er könnte erstens im Schritt (8) den Schlüssel nicht liefern. In diesem Fall kann sich der Käufer direkt an den Bankserver wenden, dem der Schlüssel zusammen mit der Rechnung übermittelt wurde. Zweitens könnte er die einmalige Rechnung mehrfach fakturieren, wie es prinzipiell bei kreditkartenbasierten Systemen möglich ist. Dieser Fall ist bei NetBill ausgeschlossen, da der Käufer jeden EPO signiert, so daß der Verkäufer keine Möglichkeit besitzt, dessen Daten zu modifizieren. Außerdem erwartet der Bankserver für jede Kauftransaktion einen individuellen EPO.

Schließlich kann der Verkäufer ein anderes Produkt liefern, das nicht vom Käufer erwartet wird. Dieser Fall fällt grundsätzlich aus dem Rahmen der bei Zahlungssystemen abdeckbaren Risiken, solange keine „Handhabe" existiert für die gesicherte und rechtswirksame Spezifikation eines Kaufvertrags. Aus der Perspektive des Verkäufers besteht ein Commit zur Transaktion, wenn er den EPO und seine Rechnung an den Bankserver weiterleitet und somit das Resultat (Nachricht 7) vom Server erhalten sollte. Erfolgt dies nicht innerhalb eines gegebenen Zeitraumes, kann auch der Verkäufer aktiv nach dem Resultat fragen.

Bei NetBill besteht keine Anonymität zwischen Käufer und Verkäufer, daher ist größerer Spielraum gegeben zur Vermeidung von Betrugssituationen. Der Bankserver übernimmt neben der eigentlichen Abrechnung zusätzlich auch die Aufgabe, für beide Parteien nicht-abstreitbare Beweise für das Zustandekommen der Transaktion zu verwalten. Somit besteht zumindest eine partielle Handhabe zur Auflösung potentieller Streitfälle. Aufgrund seiner realitätsnahen Zielsetzung bietet der Ansatz von NetBill eine weitreichende Absicherung gegen Betrugssituationen und Nachrichtenverluste. Allerdings resultiert das daraus folgende Protokoll in einem starken Eingriff in die Entwurfsautonomie von Serverschnittstellen, die immer dem Muster Auswahl/Auftrag/Zahlung folgen müssen.

Literatur

[ABBK+95]   S. Auerbach, A. Buchmann, I. Buchmann, T. Kudraß, et al.: "Database Support for PC Software Configuration and Version Management in the START Network". In: *Proc. Enter '95: Intl. Conference "Information and Communication Technologies in Tourism"*, Springer, Wien, 1995, S. 212—219

[ACSS+93]   J. Alt, E. Casais, B. Schiefer, S. Sirdeshpande, D. Theobald: "The OBST Tutorial". Forschungszentrum Informatik (FZI) Karlsruhe, 1993

[AdYe96]   N.R. Adam, Y. Yesha: "Electronic commerce: an overview". In: N.R. Adam, Y. Yesha, Hrsg., *Electronic Commerce*, LNCS 1028, Springer, Berlin 1996, S. 5—12

[AgHe85]   G. Agha, C. Hewitt: "Concurrent programming using actors. Exploiting large-scale parallelism". *AI MEMO Nr. 865*, 1985

[AhHU74]   A.V. Aho, J.E. Hopcroft, J.D. Ullman: "The Design and Analysis of Computer Algorithms". Addison-Wesley, 1974

[Amer87]   P. America: "Inheritance and Subtyping in a Parallel Object-Oriented Language". In: J. Bézivin, J.-M. Hullot, P. Cointe, H. Liebermann, Hrsg., *ECOOP '87, European Conference on Object-Oriented Programming*, LNCS 276, Springer, Berlin, 1987, S. 234—242

[Amer90]   P. America: "Designing an Object-Oriented Programming Language with Behavioral Subtyping". In: J.W. de Bakker, W.P. de Roever, G. Rozenberg, Hrsg., *Foundations of Object-Oriented Languages*, LNCS 489, Springer, Berlin, 1990, S. 60—90

[AmLi90]   P. America, F. van der Linden: "A Parallel Object-Oriented Language with Inheritance and Subtyping". In: *Proc. ECOOP/OOPSLA '90*, ACM SN 25(10), 1990, S. 161—168

[Anne93]   R. Anner: "Elektronische Laderaum- und Frachtbörsen". *EM – Electronic Markets*, Newsletter des Competenzzentrums Elektronische Märkte, Hochschule St. Gallen, #7/93, S. 8, 1993

[APM91]   APM Ltd.: "ANSA – An Application Programmer's Introduction to the Architecture". Cambridge, UK, 1991

[APM96]   APM Ltd.: "ANSA Overview". APM Dokument Nr. APM.1535.02

[ATI94]   Action Technologies. What is Action Workflow: A Primer, 1994.

[BaCl93]   D. Barbará, C. Clifton: "Information Brokers: Sharing Knowledge in a Heterogeneous Distributed System". Technical Report MITL-TR-31-92, Matsushita Information Technology Lab., Princeton, NJ, 1992

[BaDK92]   F. Bancilhon, C. Delobel, P. Kanellakis: "Object-Oriented Database System – The Story of O2". Morgan Kaufmann, 1992

[BaGM91]   Barents, Gassile, Mout: "Trusted Third Parties and Similar Services". TEDIS Report for the Commission of the European Communities DG XIII

[Bako91]   J. Y. Bakos: "A Strategic Analysis of Electronic Marketplaces". *MIS Quarterly*, 1991, S 295—310

[Balf95]   D. Balfanz: "Contracts in a Commercial Teleservice Environment". *Proc. 1st Intl. Workshop on High Speed Networking and Open Distributed Platforms*, St. Petersburg, 1995

[Bang94]   M. Bangemann et al.: "Recommendations to the European Council – Europe and the global information society". Brüssel, 26. Mai 1994

[BeJu95]   A. Bertsch, M. Jurecic: "Notariatsdienste zum nachweisbaren Austausch personenbezogener Daten". In: [Hors95], S. 92—100

[BeRa91]   M. Bearman, K. Raymond: "Federating Traders: An ODP Adventure". In: *Proceedings International IFIP Workshop on ODP*, Berlin, 1991

[Bern90]   P.A. Bernstein: "Transaction Processing Monitors". *Communications of the ACM*, 33(11), 1990, S. 75—86

[Bern93]   P.A. Bernstein: "Middleware: An Architecture for Distributed System Services". *Technical Report CRL 93/6*, Digital Equipment Corp., Cambridge Research Laboratory, Cambridge, Mass., USA

[BGB82]   BGB – Bürgerliches Gesetzbuch, Beck-Texte 5001, DTV, 25. Auflage 1982

[BHJL+87]   A. Black, N. Hutchinson, E. Jul, H. Levy, L. Carter: "Distribution and Abstract Types in Emerald". *IEEE Transactions on Software Engineering*, 13(1), 1987, S. 65—76

[BiNe84]   A. Birrel, B. J. Nelson: "Implementing Remote Procedure Calls". *ACM Transactions on Computer Systems*, 2(1), 1984, S. 39ff

[BLWW95]   R.W.H. Bons, R.M. Lee, R.W. Wagenaar, C.D. Wrigley: "Modeling interorganizational trade using Documentary Petri Nets". In: J.F. Nunamaker, R.H. Sprague, Hrsg., *Proc. 28th Hawaii International Conference on System Sciences*, IEEE Comp. Soc. Press, Los Alamitos, CA, USA, 1995, S. 189—198

[Boga94]   Bogan, N. R.: "Economic Allocation of Computation Time with Computation Markets". *ME Thesis*, Dept. of Electrical Engineering and Computer Science, MIT, 1994

[Broc93]   K. Brockschmidt: "Inside OLE 2". Microsoft Press, 1993.

[CaCL93]   L.M.F. Carneiro, D.D. Cowan, C.J.P. Lucena: "ADVcharts: a Visual Formalism for Interactive Systems". In: *Proc. Workshop on Specification of Behavioural Semantics in Object-Oriented Information Modeling – OOPSLA*, September 1993, S. 17—22

[CaPS95]   J. Camenisch, J.-M. Piveteau, M. Stadler: "Fair anonyme Zahlungssysteme". In: [HWSW95], S. 254—265

[CaST95]   L.J. Camp, M. Sirbu, J.D. Tygar: "Token and Notational Money in Electronic Commerce". http://www.cs.cmu.edu/afs/cs.cmu.edu/user/jeanc/www.usenix.html

[CaWe85]   L.Cardelli, P.Wegner: "On Understanding Types, Data Abstraction, and Polymorphism". *ACM Computing Surveys*, 17(4), 1985, S. 471—522

[CePe85]   S. Ceri, G. Pelagatti: "Distributed Databases: Principles and Systems", McGraw-Hill, 1985

[CFFM+92]   H. Chalupsky, T. Finin, R. Fritzson, D. McKay, S. Shapiro, G. Wiederhold: "An overview of KQML: A knowledge query and manipulation language". University of Maryland Baltimore County, Technical Report, April 1992

[CGHL+95]   D. Chess, B. Grosof, C. Harrison, D. Levine, C. Paris, G. Tsudik: "Itinerant Agents for Mobile Computing". *IEEE Personal Communications Magazine*, October 1995 S. 34—49

[Chau82]   D. Chaum: "Blind Signatures for Untraceable Payments". In: D. Chaum, R.L. Rivest, A.T. Sherman, Hrsg., *Advances in Cryptology, Proceedings of Crypto 82*, S. 199—203

[Chau92]   D. Chaum: "Achieving Electronic Privacy". *Scientific American*, 267(8), 1992, S. 96—101

[ChFN90]   D. Chaum, A. Fiat, M. Naor: "Untraceable Electronic Cash". In: S. Goldwasser, Hrsg., *Proc. CRYPTO '88*, LNCS 403, Springer, Berlin, 1990, S. 319—327

[ChMü96]   B. Christiansen, M. Münke: "Typmanagement – Unterstützung für Trading in heterogenen verteilten Systemumgebungen: Entwurf und Implementation einer Typmanagement-Komponente". Diplomarbeit, Fachbereich Informatik, Universität Hamburg, 1996

[ChRa91]   R. N. Chang, C. V. Ravishankar: "A Service Acquisition Mechanism for the Client/ Service Model in Cygnus". In: *Proc. 11th International Conference on Dis-*
tributed Computing Systems, Arlington, Texas, 1991, S. 90—97

[CKPG+95]   S.B. Cousins, S.P. Ketchpel, A. Paepcke, H. Garcia-Molina, S.W. Hassan, M. Röscheisen: "InterPay: Managing Multiple Payment Mechanisms in Digital Libraries". In: *Proc. 2nd Annual Conference on Digital Libraries*, Austin, Texas, USA, June 11—13, 1995

[Coas37]   R. H. Coase: "The Nature of the Firm". *Economia N.S.*, 1937(4), S. 386—405

[Coas90]   R. H. Coase: "The Firm, the Market, and the Law". University of Chicago Press 1990

[CoGH92]   St. Conrad, M. Gogolla, R. Herzig: "TROLL light: A Core Language for Specifying Objects". *Informatik-Bericht 92-02*, Technische Universität Braunschweig, Dezember 1992

[CoHB92]   D. Coleman, F. Hayes, S. Bear: "Introducing Objectcharts or How to Use Statecharts in Object-Oriented Design". *IEEE Transactions on Software Engineering*, 18(1), 1992, S. 9—18

[Cohe94]   E. S. Cohen: "Review-Based Information Services: Lessons Learned from the Boston Restaurant List". In: *Proc. 2nd Intl. WWW Conference*,1994 (http://www.igd.fhg.de/www/www95)

[Corb91]   J.R. Corbin: "The Art of Distributed Applications – Programming Techniques for Remote Procedure Call". Springer, Berlin, 1991

[CoST95]   B. Cox, M. Sirbu, J.D. Tygar: "NetBill: Security and Transaction Protocols". In: *Proc. First USENIX Workshop on Electronic Commerce*, July 1995

[Cox93]   B. Cox: "Market Processes as a New Foundation for Software Engineering". http://virtualschool.edu/cox/SigSoft93FoundationsOfSE.html

[CuTy93]   C. Cunninham, C. Tynan: "Electronic Trading, Interorganizational Systems and the Nature of Buyer-Seller Relationships: The Need for a Network Perspective". *International Journal of Information Management*, 13, 1993, S. 3—28

[DeGi95]   J. December, M., Ginsburg: "HTML and CGI unleashed". Indianapolis, Sams Publishing, 1995

[Doyl94]   Doyle, J.: "A Reasoning Economy for Planning and Replanning". In: *Proc. ARPA Planning Initiative Workshop*, Tucson, AZ, Feb. 1994

[Drag95]   K. Dragnev: "Entwurf eines Notariatsdienstes zur Protokollierung von Client/Server-Bindungen in offenen Kommunikationsumgebungen". Studienarbeit, Fachbereich Informatik, Universität Hamburg, 1995

[Drag96]   K. Dragnev: "Notariatsdienste – Sicherung von Vertrauen und Verbindlichkeit in offenen elektronischen Märkten". Diplomarbeit, Fachbereich Informatik, Universität Hamburg, 1996

[EbEn94]   J.Ebert, G.Engels: "Structural and Behavioural Views on OMT-Classes". In: E.Bertino, S.Urban, Hrsg., *Object-Oriented Methodologies and Systems*, Palermo, Italy, LNCS 858, Springer, Berlin, 1994, S. 142—157

[Ecke94]   K.-P. Eckert: "Objekt-orientierte Modellierung offener Verteilter Systeme – eine mathematisch untermauerte Pragmatik". Diss., Technische Universität Berlin 1994

[EdHO96]   J. Edwards, D. Harkey, R. Orfali: "The essential distributed objects survival guide". New York, Wiley, 1996.

[EfFl86]   W. Effelsberg, A. Fleischmann: "Das ISO-Referenzmodell für offene Systeme und seine sieben Schichten". *Informatik-Spektrum*, 9(5), Oktober 1986, S. 258—286

[ElVe87]   F. Eliassen, J. Vejalainen: "An S-Transaction Definition Language and Execution Environment". Arbeitspapiere der GMD, Nr. 275, 1987

[EnMo88]   R. Engelmore, T. Morgan, Hrsg.: "Blackboard Systems". Addison-Wesley 1988

[EtWe94]   E. Etzioni, D. Weld: "A Softbot-Based Interface to the Internet". *Communications of the ACM*, 37(7), July 1994, S. 72—76

[FaSa87]   J. Farrell, G. Saloner: "Competition, Compatibility, and Standards: The Economics of Horses, Penguins and Lemmings". In: H. L. Gabel, Hrsg., *Product Standardization and Competitive Strategy*, North-Holland, 1987, S. 1—22

[FFKE94]   T. Finin, R. Fritzson, D. McKay, R. McEntire: "KQML as an Agent Communication Language". In: *Proc. 3rd Conference on Information and Knowledge Management (CIKM '94)*, ACM Press, Nov. 1994

[FGHW88]   F. Flores, M. Graves, B. Hartfield, T. Winograd: "Computer Systems and the Design of Organizational Interaction". *ACM Transactions on Office Information Systems*, 6(2), 1988, S. 153—172

[Flan96]   D. Flanagan: "Java in a Nutshell". O'Reilly, Bonn 1996

[FoMü95]   D. Fox, M. Müller: "Neue Zertifikate für asymmetrische Sicherheitsprotokolle". In: [Hors95], S. 165—173

[FV95]   First Virtual Home Page: http://www.fv.com

[GCWE93]   C. Giraud-Carrier, S.N. Woodfield, D.W. Embley: "State Nets: An Expressively Efficient Behavioural Model". In: *IEEE Phoenix Conference '93*, IEEE, Los Alamitos 1993, S. 571—577

[GeFi92]   M. R. Genesereth, R. E. Fikes (Editors): "Knowledge Interchange Format, Version 3.0 Reference Manual". Computer Science Department, Stanford University, Technical Report Logic-92-1, June 1992.

[Geih95]   K. Geihs: "Client/Server-Systeme, Grundlagen und Architekturen". Thomson, TAT Nr. 6, Bonn 1995

[GeKe94]   M.R. Genesereth, S.P. Ketchpel: "Software Agents". *Communications of the ACM*, 37(7), July 1994, S. 48—53

[GGLM+95]   K. Geihs, H. Gründer, A. Puder, W. Lamersdorf, M. Merz, K. Müller: "Systemunterstützung für offene verteilte Dienstemärkte". In: K. Franke, U. Hübner, W. Kalfa, Hrsg., *Proc. GI/ITG-Konf. 'Kommunikation in Verteilten Systemen' (KIVS'95)*, TU Chemnitz-Zwickau, Informatik aktuell, Springer, Berlin, Februar 1995, S. 445—459

[GMSa87]   H. Garcia-Molina, K. Salem: "Sagas". In: *Proc. ACM SIGMOD International Conference on Management of Data*, San Francisco, 1987, S. 249—259

[Goeb94]   J. Goebel: "Rechtsprobleme elektronischer Transaktionen". *EM – Elektronische Märkte*, Nr. 11, April 1994, S. 5—6

[Gold90]   C. F. Goldfarb: "The SGML Handbook". Clarendon Press, UK, 1990

[Goos94]   R. Goos: "Transfer dynamischer RPC-Parameter bei datenintensiven Client-/Server-Anwendungen". Studienarbeit, Fachbereich Informatik, Universität Hamburg, 1995

[Gora92]   W. Gora: "ASN.1 Abstract Syntax Notation One". Bergheim, Datacom, 1992.

[GoRo83]   A. Goldberg, D. Robson: "Smalltalk-80: The Language and its Implementation". Addison-Wesley, Reading, Mass., USA, 1983

[GrGe95]   H. Gründer und K. Geihs, "An Object-Oriented Framework for Open Service Markets". In: *First International Workshop on High Speed Networks and Open Distributed Platforms*, St. Petersburg/Russland, 1995

[Grif95]   F. Griffel: "PAMELA: Entwurf und Realisierung einer Koordinationssprache für komplexe verteilte Anwendungen". Studienarbeit, Fachbereich Informatik, Universität Hamburg, 1995

[Grif96]   F. Griffel: "Komponentenbasierte Entwicklung interoperabler Software in heterogenen verteilten Systemen". Diplomarbeit, Fachbereich Informatik, Universität Hamburg, 1996

[GrRe93]   J. Gray, A. Reuter: "Transaction Processing: Concepts and Techniques". Morgan Kaufmann, San Mateo, CA, USA, 1993

[GuWh91]   V. Gurbaxani, S. Whang: "The Impact of Information Systems on Organizations and Markets". *Communications of the ACM*, 34(1), 1991, S. 59—73

[HaCh93]   M. Hammer, J. Champy: "Reengineering the Corporation. A Manifesto for Business Revolution". Harper Collins Publishers, 1993

[HaCK94]   C.G. Harrison, D.M. Chess, A. Kershenbaum: "Mobile Agents: Are They a Good Idea?". IBM Research Report #12/21/94, T.J. Watson Research Center, 1994

[HaLe93]   H. Habermann, F. Leymann: "Repository. Eine Einführung". Oldenbourg, München, 1993.

[Hamm93]   V. Hammer: "Beweiswert Elektronischer Signaturen". In: G. Weck, P. Horster, Hrsg., *Verläßliche Informationssysteme*, Vieweg 1993, S. 269—291

[Haye37]   F. A. v. Hayek: "Economics and Knowledge". *Economia*, 1937, S. 33—54

[Haye45]   F. A. v. Hayek: "The Use of Knowledge in Society". *The American Economic Review*, 35(4), Sept. 1945, S. 519—530

[Haye77]   F. A. v. Hayek: "Entnationalisierung des Geldes". J. C. B. Mohr, Tübingen 1977

[HcAb93]   H. Hegering, S. Abeck: "Integriertes Netz und Systemmanagement". Addison-Wesley, Bonn 1993

[HeEb93]   R. Heite, H. Eberle: "Extending DCE RPC by Dynamic Objects and Dynamic Typing. In: A. Schill, Hrsg., *DCE – The OSF Distributed Computing Environment: Client/Server Model and Beyond*. Proc. Intl. DCE Workshop, LNCS 731, Springer, Berlin, 1993, S. 214—228

[Herd95]   S. Herda: "Nichtabstreitbarkeit (Non-repudiation) – Stand der Standardisierung". In: [Hors95], S. 271—282

[Herz94]   R. Herzog. Eröffnungsrede des Bundespräsidenten anläßlich des 13. IFIP Weltkongresses in Hamburg 1994, 27. August 1994, unveröffentlicht

[HiEl95]   K. Hickman, T. ElGamal: "The SSL Protocol". Netscape, Inc., Internet Draft, Juni 1995

[Hill92]   J. M. Hill: "The X.500 Directory Service: A Discussion of the Concerns Raised
              by the Existence of a Global Directory". *Electronic Networking*, 2(1), 1992,
              S. 24—29

[HLNP+90]   D. Harel, H. Lachover, A. Naamad, A. Pnueli, M. Politi, R. Sherman, A. Shtull-
              Trauring, M. Trakhtenbrot: "STATEMATE: A Working Environment for the
              Development of Complex Reactive Systems". *IEEE Transactions on Software
              Engineering*, 16 (4), April 1990, S. 403—413

[Hoar85]   C.A.R. Hoare: "Communicating Sequential Processes". Prentice-Hall, 1985

[Hofr96]   K. Hofrichter: "MHEG 5 – Standardized Presentation Objects for the Set Top
              Unit Environment". In: B. Butscher, E. Moeller, H. Pusch, Hrsg., *Interactive
              Distributed Multimedia Systems and Services*, LNCS 1045, Springer, Berlin,
              1996, S. 33—44

[Hogr89]   D. Hogrefe: "Estelle, LOTOS und SDL: Standard-Spezifikationssprachen für
              verteilte Systeme". Springer, Berlin, 1989

[Hors95]   P. Horster, Hrsg.: "Trust Center – Grundlagen, rechtliche Aspekte, Standardi-
              sierung und Realisierung". Vieweg, Wiesbaden 1995

[HoUl90]   J.E.Hopcroft, J.D.Ullman: "Einführung in die Automatentheorie, formale Spra-
              chen und Komplexitätstheorie". Addison-Wesley, Bonn 1990

[HWSW95]   F. Huber-Wäschle, H. Schauer, P. Widmayer, Hrsg.: *GISI'95 – Herausforde-
              rungen eines globalen Informationsverbundes für die Informatik*, Informatik
              aktuell, Springer, Berlin 1995

[InBR94]   J. Indulska, M. Bearman, K. Raymond: "A Type Management System for an
              ODP Trader". In: J. de Meer, B. Mahr, S. Storp, Hrsg., *Proc. 2nd Conference
              on Open Distributed Processing*, Elsevier, 1994, S. 169—180

[Iona95]   Iona, Inc.: "Orbix Programming Manual". Iona, Inc., Dublin 1995

[ISO-EDI94]   ISO/IEC JTC1/SC30: "The Open-EDI Reference Model". Working Draft,
              Document N075, 1994

[ISO-IRDS90] ISO/IEC JTC1/SC21: "Information Technology – Information Resource Di-
              rectory System (IRDS) framework", Dokument Nr. 10027, ISO 1990

[ISO-IRDS93] ISO/IEC X3H4/93-048R1: "Information technology – Information Resource
              Dictionary System ISO/IEC". International Standard 10027, 1993

[ISO-NR94a]   ISO/IEC CD 13888-1: "Information Technology – Security Techniques – Non-
              Repudiation – Part 1: General Model". ISO/IEC JTC1/SC27 N987, 21.12.94

[ISO-NR94b]   ISO/IEC CD 13888-1: "Information Technology – Security Techniques – Non-
              Repudiation – Part 2: Mechanisms using symmetric cryptographic techniques".
              ISO/IEC JTC1/SC27 N949, 10.94

[ISO-NR94c]   ISO/IEC CD 13888-1: "Information Technology – Security Techniques – Non-
              Repudiation – Part 3: Mechanisms using asymmetric cryptographic
              techniques". ISO/IEC JTC1/SC27 N969, 11.10.94

[ISO-NR95]   ISO/IEC 10181-4: "Information Technology – Open System Interconnection –
              Security Frameworks for Open Systems – Part 4: Non-repudiation Framework".

[ISO-ODP95a] ISO / IEC JTC 1 / SC21: "ODP Trading Function". Draft International Standard
              13235, 1995

[ISO-ODP95b] ISO / IEC JTC 1 / SC21: "Basic Reference Model of Open Distributed Proces-
              sing – Part 1: Overview". Draft International Standard 10746-1, 1995

[ISO-ODP95c] ISO / IEC JTC 1 / SC21: "Basic Reference Model of Open Distributed Proces-
              sing – Part 3: Architecture". Draft International Standard 10746-2, 1995

[ISO-OSI84]   ISO / IEC JTC 1 / SC21: "Information Processing Systems – Open System In-
              terconnection (OSI) – Basic Reference Model". IS 7498, 1984.

[ISO-OSI87]   ISO / IEC JTC 1 / SC21: "Information Processing Systems – Open System Interconnection (OSI) – Service Connections", Technical Report 8509, 1987.

[ISO-RDA93]   ISO / IEC JTC 1 / SC21 / WG 3 Information Processing Systems – Open System Interconnection (OSI): "Remote Database Access (RDA) – Service and Protocol". International Standard 9579-1, 1993

[ISO-SEC89]   ISO / IEC JTC 1 / SC21: "Information Processing Systems – Open System Interconnections Basic Reference Model – Part 2: Security Architecture". International Standard 7498/2, ISO, Feb. 1989

[Jabl 93]   S. Jablonski: "Transaction Support for Activity Management". In: Proc. *Workshop on High Performance Transaction Processing Systems*, 1993

[Jabl 95]   S. Jablonski: "Workflow-Management Systeme. Modellierung und Architektur". Thomson Publishing 1995.

[JaWa95]   P. Janson, M. Waidner: "Electronic Payment over Open Networks". INFORMATIK – Zeitschrift der Schweizer Informatikorganisation, 1(3) Juni 1995, S. 10-15

[JCKT+92]   V. Jagannathan, J. Cleetus, R. Kannan, J. Toth, V. Saks: "Application message Interface". In: Proc. *IPCCC '92*, IEEE, Los Alamitos, 1992, S. 493—500

[Jens92]   Jensen, K.: "Coloured Petri Nets". Volume 1, Springer, Berlin, 1992

[JeVa87]   E. Jessen, R. Valk: "Rechensysteme – Grundlagen der Modellbildung", Springer, Berlin 1987

[JLHB88]   E. Jul, H. Levy, N.C. Hutchinson, A. Black: "Fine Grained Mobility in the System". *ACM Transactions on Computer Systems*, 6(1), S. 109—133

[Jone94]   K. Jones: "Vermittlung und Verwaltung von Diensten in offenen verteilten Systemen: Ein Objekt- und Architekturmodell". Diplomarbeit, Universität Hamburg, Fachbereich Informatik, 1994

[Jul89]   E. Jul: "Migration of Light-weight Processes in Emerald". *Transactions on Computer Systems*, 3(1), 1989, S. 20—23

[Jure95]   M. Jurecic: "Datenschutz und Datensicherheit in offenen Rechnernetzen". Diss., Albert-Ludwigs-Universität, Freiburg 1995

[Kell96]   A.M. Keller: "Smart catalogs and virtual catalogs". In: *Proc. First USENIX Workshop of Electronic Commerce*, USENIX Assoc., Berkeley, CA, USA, 1995, S. 125—131

[KhAb90]   S. Khoshafian, R. Abnous: "Object-Orientation Concepts, Languages, Databases, User Interfaces", New York, Wiley, 1990

[Kili85]   W. Kilian: "Rechtssoziologische und rechtstheoretische Aspekte des Vertragsabschlusses". In: *Festschrift für Rudolph Wassermann zum sechzigsten Geburtstag*, Neuwied 1985, S. 723ff

[Kili93]   W. Kilian: "Möglichkeiten und zivilrechtliche Probleme eines rechtswirksamen elektronischen Datenaustauschs". *Datenschutz und Datensicherheit*, 1993, S. 606—610

[KiRB91]   G. Kiczales, J. des Rivières, D. G. Bobrow: "The Art of the Metaobject Protocol". MIT Press, 1991

[KIT96]   FUN Communications GmbH: KIT – Der Standard, http://fun.de/kit.htm, 1996

[Koch96]   A. Koch: "Verteilte Evaluation von Ausführungskontexten in heterogenen Rechnernetzen". Studienarbeit, Fachbereich Informatik, Universität Hamburg, 1996

[Kord95]   M. Kordes: "Dynamisches Transaktionsmanagement in verteilten Systemen". Studienarbeit, Fachbereich Informatik, Universität Hamburg, 1995

380 Literatur

[Kosl93]   P. Koslowski: "Politik und Ökonomie bei Aristoteles". J.C.B. Mohr, Tübingen, 1993

[Kova92]   E. Kovacs: "Effizienter Zugriff auf dynamische Informationen im Melody-Trader". Interner Bericht, Universität Stuttgart, Fachbereich Informatik, 1992

[Kräh91]   N. Krähenmann: "Identifikation relevanter wirtschaftstheoretischer Ansätze für die Modellierung Elektronischer Märkte", Report Nr. IM2000/CCEM/13, Competence Center Electronic Markets, Hochschule St. Gallen, 11.10.1991

[Lame94]   W. Lamersdorf: "Datenbanken in verteilten Systemen – Konzepte, Lösungen, Standards". Vieweg, Wiesbaden, 1994

[LaMN94]   C. Lai, G. Medvinsky, B. C. Neuman: "Endorsements, Licensing, and Insurance for Distributed System Services". In: *Proc. 2nd ACM Conference on Computer and Communication Security*, 1994

[Lang94]   Th. Langenohl: "Systemarchitekturen elektronischer Märkte". Diss., Hochschule St. Gallen,1994

[LaSa95]   S. Lalis, B. A. Sanders: "From Persistent Objects to Object Transmission in Distributed Systems Using Oberon". *Software – Concepts & Tools*, 16(1), 1995, S. 12—19

[Lau94]   C. Lau. Object-Oriented Programming using SOM and DSOM. Van Nostrand Reinhold, Thomson Publishing Company, New York, 1994.

[LeAl 94]   F. Leymann, W. Altenhuber: "Managing business processes as an information resource". *IBM Systems Journal*, 33(2), 1994

[LeCh93]   G.T. Leavens and Y. Cheon: "Extending CORBA IDL to Specify Behaviour with Larch". *Technical Report 93-20*, Computer Science Dept., Iowa State University, August 1993

[Libe95]   B. Liberman: "Petrinetzbasierte Spezifikation und Realisierung migrierender Agenten". Studienarbeit, Fachbereich Informatik, Universität Hamburg, 1995

[Lieb86]   H. Liebermann: "Using prototypical objects to implement shared behaviour in object-oriented systems". In: *Proc. OOPSLA 1986*, S. 214—223

[Lini95]   P. F. Linington: "RM-ODP: The Architecture". In: K. Raymond, L. Armstrong, Hrsg., *Proc. 3rd Intl. Conference on Open Distributed Processing*, Chapman & Hall, 1995, S. 15—33

[LiWi93]   B.Liskov, J.M.Wing: "A New Definition of the Subtype Relation". In: O. Nierstrasz, Hrsg., *Proceedings European Conference on Object-Oriented Programming 93*, LNCS 707, Springer, Berlin, 1993, S. 117—141

[Lutz94]   S. Lutz: "Repräsentationsformen für Schnittstellenbeschreibungen". Studienarbeit, Fachbereich Informatik, Universität Hamburg, 1995

[MaCr94]   T. W. Malone, K. Crowston: "The Interdisciplinary Study of Coordination". *ACM Computing Surveys*, 26(1), März 1994, S. 87—119

[Mage95]   T. Magedanz: "Intelligent Agents – State of the Art and Potential Application Areas in Future Telecommunications". In: *Proc. 1st International Workshop on High Speed Networking and Open Distributed Platforms*, St. Petersburg, Rußland, 12.-15. Juni, 1995

[Malh96]   A. Malhotra: "Persistent Java Objects: A Proposal". In: *Proc First International Workshop on Persistence and Java*, Glasgow, Sept. 1996, http://www.dcs.gla.ac.uk/~carol/Workshops

[MaMi94]   N. Mattos, L. DeMichiel: "Recent Design Trade-offs in SQL3". In: *ACM SIGMOD Record*, Dezember 1994.

[Mare96]   A. Maresz: "Die Geschäftsprozeßmodellierung und -steuerung in verteilten offenen Systemen". Studienarbeit, Fachbereich Informatik, Universität Hamburg, 1996

[MaRK96]   T. Magedanz, K. Rothermel, S. Kruse: "Intelligent Agents: an Emerging Technology for Next Generation Telecommunications?". In: Proc. IEEE INFOCOM, San Francisco, USA, März 1996

[Math96]   B. Mathiske: "Mobilität in persistenten Objektsystemen". Diss., Fachbereich Informatik, Universität Hamburg, 1996

[MaYB87]   T. W. Malone, J. Yates, R. I. Benjamin: "Electronic Markets and Electronic Hierarchies". *Communications of the ACM*, 30(6), 1987, S. 484—497

[MaYB89]   T. W. Malone, J. Yates, R. I. Benjamin "The Logic of Electronic Markets". *Harvard Business Review*, May-June (3) 1989, S. 166—172

[Meiß84]   W. Meißner: "Kann sich der wirtschaftspolitische Attentismus auf Schumpeter berufen?". In: D. Bös, H.-P. Stolper, Hrsg., *Schumpeter oder Keynes? Zur Wirtschaftspolitik der neunziger Jahre*, Springer, Berlin, 1984

[MeLa93a]   M. Merz, W. Lamersdorf: "Generic Interfaces to Remote Applications in Open Systems". In: *Proc. Intern. IFIP Workshop on Interfaces in Industrial Production and Engineering Systems*, North-Holland, 1993, pp 267—281

[MeLa94]   M. Merz, W. Lamersdorf: "Cooperation Support for an Open Service Market". In: J. de Meer/ B. Mahr/ S. Storp, Hrsg., *Proc. 'International Conference on Open Distributed Processing'*, IFIP-Transactions C: Communication Systems, vol. C-20, Elsevier Science Publishers (North-Holland), Amsterdam, 1994, S. 329—340

[MeML94a]   M. Merz, K. Müller-Jones, W. Lamersdorf: "Service Trading and Mediation in Distributed Computing Systems". In: L. Svobodova, Hrsg., *Proc. 14th 'International Conference on Distributed Computing Systems'*, Poznan, Polen, IEEE Computer Society Press, 1994, S. 450—457

[MeML94b]   M. Merz, K. Müller-Jones, W. Lamersdorf: "Vermittlung und Verwaltung von Diensten in offenen verteilten Systemen". In: B. Wolfinger, Hrsg., *Proc. 24. GI-Jahrestagung*, Informatik aktuell, Springer, Berlin, 1994, S.219—226

[MeML94c]   M. Merz, K. Müller-Jones, W. Lamersdorf: "Trusted Third-Party Services in COSM". *EM – Electronic Markets*, Institute for Information Management, Universität St. Gallen, Schweiz, Heft 12, September 1994, S. 7—8

[MeML95a]   M. Merz, K. Müller, W. Lamersdorf : "Electronic Market Support for the Tourism Industry: Requirements and Architectures". In: W. Schertler, B. Schmid, A M. Tjoa, H. Werthner, Hrsg., *Proc. ENTER95*, Springer, Wien, 1995, S. 220—229

[MeML95b]   M. Merz, K. Müller-Jones, W. Lamersdorf: "The TRADEr: Integrating Trading Into DCE". In: J. de Meer/ B. Reynolds/ J. Slonim, Hrsg., *Proc. IFIP 'International Conference on Open Distributed Processing' (ICODP'95)*, Chapman & Hall, 1995

[MeML95c]   M. Merz, K. Müller-Jones, W. Lamersdorf: "Mobile Klienten: Ortsübergreifender Zugang zu Diensten in offenen verteilten Informationssystemen". In: [HWSW95], S. 423—430

[MeML95d]   K. Müller-Jones, M. Merz, W. Lamersdorf: "Realisierung von Kooperationsanwendungen auf der Basis erweiterter Diensttypbeschreibungen". In: H. Krumm, Hrsg., *Entwicklung und Management verteilter Anwendungssysteme*, Krehl Verlag, Münster, 1995

[MeML95e]   M. Merz, K. Müller-Jones, W. Lamersdorf: "Petrinetz-basierte Modellierung und Steuerung unternehmensübergreifender Geschäftsprozesse". In: [HWSW95], S. 215—222

[MeML95f]   K. Müller-Jones, M. Merz, W. Lamersdorf : "Kooperationsanwendungen: Integrierte Vorgangskontrolle und Dienstvermittlung in offenen verteilten Systemen". In: [HWSW95], S. 518—525

[MeML96]   M. Merz, K. Müller-Jones, W. Lamersdorf: "Agents, services, and electronic markets – how do they integrate?". In: A. Schill, O. Spaniol, Hrsg., *Proc. International Conference on Distributed Platforms ICDP '96*, Feb. 1996

[MeNe93]   G. Medvinsky, B. C. Neuman: "NetCash: A design for practical electronic currency on the Internet". In: *Proc. 1st ACM Conf. Computer and Communications Security*, Nov. 1993, ACM Press, New York 1993, S. 102—106, auch: http://www.netcheque.org/info/netcash

[MeNe95]   G. Medvinsky, B. C. Neuman: "Requirements for Network Payment: The NetCheque^{TM} Perspective". In: *Proc. IEEE CompCon '95*, http://www.netcheque.org/info/netcheque

[MeOb94]   H.-M. Meyer, K. Obermayr: "Objekte integrieren mit OLE 2". Springer, Berlin 1994

[Merz92]   M. Merz: "Generische Unterstützung verteilter Client/Server-Kooperation in offenen Systemen". Diplomarbeit, Universität Hamburg, Fachbereich Informatik, 1992

[Merz96]   M. Merz: "Elektronische Märkte im Internet". Thomson, März 1996

[Merz99]   M. Merz: "Electronic Commerce". dpunkt, Heidelberg, erscheint 1999

[MeTL96]   M. Merz, T. Tu, W. Lamersdorf: "Dynamic Support Service Selection for Business Transactions in Electronic Service Markets". In: *Proc. Intl. Workshop on Trends in Distributed Systems*, Aachener Beiträge zur Informatik, Band 17, Aachen 1996, S. 183—195

[MiDr88]   M.S. Miller, K.E. Drexler: "Open Agoric Systems". In: B.A. Huberman: *The ecology of computing*, Elsevier, Amsterdam, 1988, S. 133—176

[Miln89]   R.Milner: "Communication and Concurrency". Prentice-Hall, 1989

[MLML96]   M. Merz, B. Liberman, K. Müller-Jones, W. Lamersdorf: "Interorganisational Workflow Management with Mobile Agents in COSM". In: Proc. PAAM96 Conference on the Practical Application of Agents and Multiagent Systems, The Practical Application Company, London 1996, S. 405—420

[MMML 95]   M. Merz, D. Moldt, K. Müller, W. Lamersdorf: "Workflow Modeling and Execution with Couloured Petri Nets in COSM". In: J. Billington, M. Diaz, Hrsg., *Proc. Workshop 'Petri Nets applied to Protocols'*, 16th International Conference on Application and Theory of Petri Nets, Turin, 26. Juni 1995, S. 43—54

[MMTH95]   G. Di Marzo, M. Muhugusa, C. F. Tschudin, J. Harms: "The Messenger Paradigm and its Impact on Distributed Systems". In: C. Unger, I. A. Letia, Eds., *Proc. Intl. Workshop on Intelligent Computer Communication*, Cluj-Napoca, Rumänien, 1995

[MoHo96]   E. Moss, T.L. Hosking: „Approaches to Adding Persistence to Java". In: *Proc First International Workshop on Persistence and Java*, Glasgow, Sept. 1996, http://www.dcs.gla.ac.uk/~carol/Workshops

[Muft92]   S. Muftic: "Sicherheitsmechanismen für Rechnernetze". Hanser, München, Wien, 1992

[Müll90]   K. O. W. Müller: "Joseph A. Schumpeter: Ökonom der neunziger Jahre". Berlin: Erich Schmidt, 1990

[Müll96]   K. Müller-Jones: "Vermittlung und Koordination von Diensten in offenen ver-
             teilten Dienstemärkten". Diss., Universität Hamburg, Fachbereich Informatik,
             1996

[NaKa93]   V.R. Narender, R. Kannan: "Dynamic RPC for Extensibility". In: *Proc.
             IPCCC '92*, S. 93—100

[NaSt95]   E. Najm, J.-B. Stefani: "A formal semantics for the ODP computational model".
             Computer Networks and ISDN Systems, 27, 1995, S. 1305—1329

[Nehl95]   R. Nehl: "Standardisierungsbemühungen von Trusted Third Party Dienstlei-
             stungen". In: [Hors95], S. 261—270

[Next96]   Next, Inc.: "Enterprise Objects Framework". Next White Paper, 1996
             http://www.apple.com/enterprise/openstep/index.html

[Nico87]   R. de Nicola: "Extensional Equivalences for Transition Systems". *Acta Infor-
             matica*, 24(2), 1987, S. 211—237

[Nier93a]   O. Nierstrasz: "Regular Types for Active Objects". In: *Proc. of the 8th Confe-
             rence on Object-Oriented Programming Systems, Languages, and Applications
             (OOPSLA '93)*, ACM Press, 1993, S. 1—15

[Nier93b]   O. Nierstrasz: "Composing Active Objects – The Next 700 Object-Oriented
             Languages". In: G. Agha, P. Wegner, A. Yonezawa, Hrsg., *Research Directions
             in Concurrent Object-Oriented Programming*, MIT Press, 1993, S. 151—171

[NiPa91]   O.Nierstrasz, M.Papathomas: "Towards a Type Theory for Active Objects". In:
             *Proceedings OOPSLA/ECOOP 90 Workshop on Object-Based Concurrent
             Systems*, ACM OOPS Messenger, 2(2), April 1991, S. 89—93

[OD96]   Object Design Home Page: "http://www.odi.com".

[OMG92]   Object Management Group: "Object Service Architecture". OMG Document
             92.8.4, 28. August 1992

[OMG93]   Object Management Group: "The Common Object Request Broker: Architectu-
             re and Specification". Specification 1.2, Framingham, Ma., USA, OMG Docu-
             ment No. 91.12.1, 1993

[OMG94]   Object Management Group: "Common Object Service Specification, Volume I
             & II". John Siegel (Hrsg.), John Wiley & Sons, OMG Document No. 94-1-1,
             1994

[OMG-MOCF96] Object Management Group: "Meta-Object Facility, Request for Proposal".
             OMG Document Nr. Draft/2/5/96

[OMG-RCF96] Object Management Group: "Repository Common Facility", Request for In-
             formation, 1996

[OSF92]   Open Software Foundation: "Introduction to OSF DCE". Prentice-Hall, Engle-
             wood Cliffs, New Jersey, 1992

[OSF93]   Open Software Foundation: "OSF DCE Application Development Guide".
             Prentice-Hall, Englewood Cliffs, New Jersey, 1992

[OSM96]   Home Page des OSM (Open Service Model)-Konsortiums an der Universität
             Hamburg: http://osm-www.informatik.uni-hamburg.de, 1996

[Owen93]   J. Owen: "STEP – An Introduction". Information Geometers Ltd., UK, 1993

[ÖzVa91]   T. Özsu, P. Valduriez: "Principles of Distributed Database Systems". Prentice-
             Hall International, Englewood Cliffs, NJ, USA, 1991

[Papp91]   S. Pappe: "Datenbankzugriff in offenen Rechnernetzen". Springer, Berlin, 1991

[Paul94]   W. Paulsen: "Internationalisierung und Technisierung der Finanzmärkte". Stutt-
             gart, Dt. Sparkassenverlag, 1994

[PCGH+96]   A. Paepcke, S.Cousins, H. Garcia-Molina, S. Hassan, S. Ketchpel, M. Röscheisen, T. Winograd: "Using Distributed Objects for Digital Library Interoperability". *IEEE Computer*, 29(5), 1996, S. 61—68

[Pfaf85]   G. E. Pfaff, Hrsg.: "User Interface Management Systems". *Proc. Seeheim Workshop*, Springer, Berlin 1985

[PfWa92]   B. Pfitzmann, M. Waidner: "How to Break and Repair a 'Provably Secure' Untraceable Payment System". In: *Proc. Crypto '91*, Springer, LNCS 576, Berlin 1991, S. 338—350

[PfWa95]   B. Pfitzmann, M. Waidner: "Strong Loss Tolerance for Untraceable Electronic Coin Systems". Hildesheimer Informatik-Berichte, Nr. 15/95, Institut für Informatik, Universität Hildesheim, Juni 1995

[Pint90]   X. Pintado: "Selection and Exploration in an Object-Oriented Environment: The Affinity Browser", Object Management, D. Tsichritzis (Ed.), Centre Universitaire d'Informatique, University of Geneva, July 1990, S. 79—88.
Auch in: O. Nierstrasz, D. Tsichritzis: *Object-Oriented Software Composition.* Prentice Hall, 1995, S. 245—272

[PMGG95]   A. Puder, S. Markwitz, F. Gudermann und K. Geihs, "AI-based Trading in Open Distributed Environments". In: *Proc. IFIP International Conference on Open Distributed Processing*, Brisbane/Australien 1995

[Popi95]   C. Popien: "Dienstvermittlung in Verteilten Systemen". Teubner, 1995

[Port92]   H.H. Porter III: "Separating the Subtype Hierarchy from the Inheritance of Implementation". *Journal of Object-Oriented Programming*, Vol. 5, 1992, S. 20—29

[PuBu96]   A. Puder, C. Burger: "New Concepts for Qualitative Trader Cooperation". In: O. Spaniol, A. Schill, Hrsg., *Proc. International Conference on Distributed Platforms '96*, Chapman & Hall, 1996 S. 301—313

[PuGM95]   A. Puder, F. Gudermann, S. Markwitz: "Ein Mehrphasen-Protokoll für wissensbasierte Dienstvermittlung". In: H. Krumm, Hrsg.: *Entwicklung und Management verteiler Anwendungssysteme (EMVA '95)*, Krehl 1995

[Rann89]   K. Rannenberg: "Untersuchung von Sicherheitsdiensten und ihre Integration in das ISO OSI-Referenzmodell auf der Grundlage eines pragmatisch orientierten Sicherheitsmodells". Technischer Bericht #1989/18, Technische Universität Berlin, 1989

[Raub94]   E. Raubold: "Sicherheitskonzepte für 'offene' IT-Anwendungen". In: G. Cyranek, K. Bauknecht, Hrsg., *Sicherheitsrisiko Informationstechnik*, Braunschweig, Wiesbaden, 1994

[Raym94]   K.A. Raymond: "Reference Model of Open Distributed Processing: a Tutorial". In: J. de Meer, B. Mahr, S. Storp, Hrsg, *Proc. IFIP Conference on Open Distributed Processing*, Elsevier 1994, S. 3—14

[RBPE+90]   J. Rumbaugh, M. Blaha, W. Premerlani, F. Eddy, W. Lorensen: "Object-Oriented Modeling and Design". Prentice Hall, Englewood Cliffs, NJ, 1990, in Deutsch erschienen unter: "Objektorientiertes Modellieren und Entwerfen" bei Carl Hanser und Prentice Hall, 1993

[Rein93]   B. Reinwald: "Workflow-Management in verteilten Systemen". B.G. Teubner Verlagsgesellschaft, Leipzig, 1993

[Reis92]   W. Reisig: "A Primer in Petri Net Design", Berlin, Springer, 1992.

[Riec94]   F.W. Riecke: "Schwache Rechtsgrundlage – keine eindeutige Gesetzgebung für EDI". *EM – Elektronische Märkte*, Nr. 11, April 1994, S. 7.

[RiSA78]   R.L. Rivest, A. Shamir, L. Adleman: "A Method for Obtaining Digital Signatures and Public-Key Cryptosystems". *Communications of the ACM*, 21(2), 1978, S. 120—126

[Rose90]   M.T. Rose: "The Open Book. A practical perspective on OSI". Prentice Hall 1990

[Rose91]   J. Rosenberg et al.: "Multi-media Document Translation – ODA and the EXPRESS Project", New York, 1991

[Rose92]   M. T. Rose: "The Little Black Book". Prentice Hall, 1992

[Ross73]   S. Ross: "The Economic Theory of Agency: The Principal's Problem". *The American Economic Review*, American Economic Association, 63(5), 1973, S. 134—139

[RTLB+91]   R.K. Raj, E. Tempero, H.M. Levy, A.P. Black, N.C. Hutchinson, E. Jul: "Emerald: A General-Purpose Programming Language". *Software – Practice and Experience*, 2(1), Jan. 1991, S. 91—118

[Rupp93]   M. Rupprecht: "Implementierung und parallele Verarbeitung von Kommunikationssoftware". Teubner, Stuttgart 1993

[Saak93]   G. Saake: "Objektorientierte Spezifikation von Informationssystemen". Habilitationsschrift. Teubner, Stuttgart 1993

[Sand93]   T. Sandholm: "An Implementation of the Contract Net Protocol Based on Marginal Cost Calculations Paper". In: *Proc. AAAI '93*, S. 256—262

[SaNo87]   P. A. Samuelson, W. D. Nordhaus: "Volkswirtschaftslehre". 8. Auflage, Bund-Verlag, Köln 1987

[SaTh96]   C. S. de Santos, E. Theroude: „Persistent Java". In: *Proc. First International Workshop on Persistence and Java*, Glasgow, Sept. 1996, http://www.dcs.gla.ac.uk/~carol/Workshops

[ScGe87]   R.W. Scheifler, J. Gettys: "The X Windows System". *ACM Transactions on Graphics*, 5(2), 1987

[Schi90]   A. Schill: "Migrationssteuerung und Konfigurationsverwaltung für verteilte objektorientierte Systeme". Springer, Berlin, 1990

[Schi92]   A. Schill: "Remote Procedure Call: Fortgeschrittene Konzepte und Systeme: Ein Überblick. Teil I: Grundlagen". *Informatik-Spektrum*, 15(2), April 1992, S. 79—87

[Schi93]   A.Schill: "DCE: Das OSF Distributed Computing Environment". Springer, 1993

[Schm88]   H. Schmidt: "Wertpapierbörsen". Vahlen, München 1988

[Schm93]   B. Schmid: "Electronic Markets". *Wirtschaftsinformatik*, 35 (1993) 5, S. 465—480

[Schm93a]   B. Schmid: "Grundlagen und Entwicklungstendenzen Elektronischer Märkte". Report Nr. IM2000/CCEM/20, 1.8.1993

[Schm95]   B. Schmid et al.: "Electronic Mall: Banking und Shopping in globalen Netzen". Teubner, Stuttgart 1995

[Schn94]   M. Schneider: "Rechte auf elektronischen Marktplätzen in Frage gestellt". *Computerwoche*, Nr. 25, 1994, S. 34—37

[Schr93]   G. Schröder: "Syntaktische Erweiterbarkeit von Programmiersprachen und Benennungs-, Bindungs- und Typisierungsinvarianzen". Diplomarbeit, Universität Hamburg, Fachbereich Informatik, 1993

[Schu68]   J. A. Schumpeter: "Der Prozess der schöpferischen Zerstörung. Monopolistische Praktiken". In: H.-H. Barnickel, Hrsg., *Wege der Forschung. Wettbewerb und Monopol*, Wiss. Buchgesellschaft Darmstadt, 1968, S. 173—213

[Schu87]   J. A. Schumpeter: "Theorie der wirtschaftlichen Entwicklung". Duncker & Humblot, Berlin 1987 (1. Auflage 1926)

[Schu87]   J. Schumann: "Grundzüge der mikroökonomischen Theorie". Springer, 5. Aufl., 1987

[ScZb93]   P. Scheidegger, St. Zbornik: "Sicherheitskonzepte für offene elektronische Märkte auf der Basis von EDI". Bericht # IM2000/CCEM/18, Competence Center Electronic Marktes, Hochschule St. Gallen, 1993

[SDKL+94]   M. Stonebraker, R. Devine, M. Kornacker W. Litwin, A. Pfeffer, A. Sah, C. Staelinet al.: "An Economic Paradigm for Query Processing and Data Migration in Mariposa", Sequoia 2000 Technical Report 94/49, University of California, Berkeley, CA, April 1994. Auch erschienen in: *Proceedings of 3rd International Conference on Parallel and Distributed Information Systems*, Austin, TX, USA, 28-30 Sept., IEEE Comput. Soc. Press, Los Alamitos, 1994: 1994. p. 58—67

[SeSE87]   A. Sernandas, C. Sernandas, H.-D. Ehrich: "Object-Oriented Specification of Databases: An Algebraic Approach". In: P.M. Stoecker, W. Kent, Hrsg., *Proc. 13th Int. Conf. on Very Large Databases VLDB'87*, VLDB Endowment Press, Saratoga (CA), 1987, S. 107—116

[SHJE+94]   G. Saake, P. Hartel, R. Jungclaus, R. Wieringa, R. Feenstra: "Inheritance Conditions for Object Life Cycle Diagrams". In: U. Lipeck and G. Vossen (Hrsg.), *Workshop Formale Grundlagen für den Entwurf von Informationssystemen*. Technischer Report 03/94, S. 79-89, Universität Hannover, 1994

[SiTy95]   M. Sirbu, J.D. Tygar: "NetBill: An Internet Commerce System Optimized for Network Delivered Services". In: *Proc. IEEE Personal Communications*, März 1995, S. 34—39. Auch: http://www.ini.cmu.edu/NETBILL/publications/CompCon_TOC.html

[Smit88]   J. M. Smith: "A Survey of Process Migration Mechanisms". *SIGOPS Journal*, 22(3), 1988, S. 28—40

[Smit93]   A. Smith: "Der Wohlstand der Nationen" (Orig.: "The Wealth of the Nations"). H.C. Recktenwald, Hrsg. und Übers., DTV, München, 6. Aufl. 1993

[SoAl95]   M.S. Soucie, J. Almarode: "Supporting enterprise-wide business objects". GemStone, Inc., White Paper, 1995

[Sowa84]   J. F. Sowa: "Conceptual structures, information processing mind and machine". Addison-Wesley, 1984

[Spiv89]   J.M. Spivey: "The Z Notation". Prentice Hall, 1989

[SpPM94]   O. Spaniol, C. Popien, B. Meyer: "Dienste und Dienstvermittlung in Client/Server-Systemen". International Thomson Publishing, TAT, Nr. 1, 1994

[StDB95]   H. Strack, S. Dust, T. Batz: "Digitale Mehrparteien-Zertifizierung – Systemkonzepte, Mechanismen und Realisierungen". In: [Hors95], S. 158—164

[Ster93]   H. Stern: "NFS und NIS. Managing von Unix-Netzwerken". Addison-Wesley, Bonn 1993

[StNS88]   J. G. Steiner, C. B. Neuman, J. I. Schiller: "Kerberos: An Authentication Service for Open Network Systems". In: *Proc. of the Usenix Winter Conference*, Berkeley, CA, USA, Technical Report MIT 1988, S. 191—202

[Sun90]   "Network Programming Guide". Sun Microsystems, Inc. 1990

[Sun95]   "Java: Programming for the Internet". Sun Microsystems, Inc., Java & HotJava, http://java.sun.com

[Sun-JECF96]   Sun Microsystems: "The Java Electronic Commerce Framework". White Paper, http://www.javasoft.com/products/commerce, 1996

[Svob85]   L. Svobodova: "Client/Server Model of Distributed Processing". Technischer
Bericht RZ1350, IBM, Zürich, 1985

[Syst91]   K. Systä: "A Graphical Tool for Specification of Reactive Systems". In: *Proc.
Euromicro Workshop on Real-Time Systems*, Paris 1991

[Tang96]   L. Tang: "A set of protocols for micropayments in distributed systems". In:
Proc. First USENIX Workshop of Electronic Commerce, USENIX Assoc.,
Berkeley, CA, USA, 1995, S. 107—115

[TFGN87]   D. Tsichritzis, E. Fiume, S. Gibbs, O. Nierstrasz: "KNOs: Knowledge Acquisition, Dissemination, and Manipulation Objects". *ACM Transactions on Office
Information Systems*, 5(1), Jan. 1987, S. 96—112

[TNMH96]   K. Takahashi, Y. Nishibe, I. Morihara, F. Hattori: "Collecting Shop and Service
Information with Software Agents". In: *Proc. PAAM96 – Intl. Conference on
the Practical Application of Intelligent Agents and Multi-Agent Technology*,
The Practical Application Company, London 1996, S. 587—596

[Tolk93]   R. Tolksdorf: "Laura: A Coordination Language for Open Distributed
Systems". In: *Intl. IEEE Conference on Distributed Computing Systems*, IEEE,
Los Alamitos 1993, S. 39—46

[Trai83]   I.L. Traiger: "Trends in Systems Aspects of Database Management". In: *Proc.
2nd International Conference on Databases (ICOD-2)*, Wiley & Sons, 1983

[Tran92]   Transarc Corp.: "Distributed Transaction Processing with Encina and OSF
DCE". White Paper, 1992

[Tscha93]   V. Tschammer: "Integration kooperierender Systeme – Architekturen und
Dienstplattformen für offene verteilte Systeme". Diss., GMD-Bericht Nr. 220,
R. Oldenbourg, 1994

[Tschu93]   C. F. Tschudin: "On the Structuring of Computer Communication".
Diss. Nr. 2632, Universität Genf, 1993

[TsWH90]   V. Tschammer, A. Wolisz, J. Hall: "Support for Cooperation and Coherence in
an Open Service Environment". In: *Proc. of the 2nd IEEE Workshop on Future
Trends in Distributed Computing*, IEEE, Los Alamitos, 1990, S. 222—228

[TsWW92]   V. Tschammer, A. Wolisz, M. Walch: "The Performance of Multiple Traders
Operating in the Same Domain". In: *Proc. IEEE Conference on Distributed
Computing Systems '92*, IEEE, Los Alamitos, 1992, S. 122—128

[Valk87]   Valk, R.: "Task-Flow Systems". Technical Report # 124, Hamburg University,
Computer Science, 1987

[Vari96]   H.R. Varian: "Economic mechanism design for computerized agents". In: *Proc.
First USENIX Workshop of Electronic Commerce*, USENIX Assoc., Berkeley,
CA, USA, 1995, S. 13—21

[Velt93]   H. Velthuijsen: "Distributed Artificial Intelligence for Runtime Feature-
Interaction Resolution". *IEEE Computer*, August 1993, S. 48—55

[VoBB95]   A. Vogel, M. Bearman, A. Beitz: "Enabling interworking of traders". In: *Open
Distributed Processing: Experiences with distributed environments, Proc. 3rd
IFIP Conference on Open Distributed Systems*, Chapman & Hall, 1995,
S. 185—196

[Völk95]   B. Völker: "Verwaltung von Schnittstellenbeschreibungen zur Unterstützung
offener Client/Server-Kommunikation". Diplomarbeit, Fachbereich Informatik,
Universität Hamburg, 1995

[WäFB95]   H. Wächter, F.J. Fritz, A. Berthold: "Modellierung und Ausführung flexibler
Geschäftsprozesse mit SAP Business Workflow 3.0". In: [HWSW95],
S. 197—204

[Waid96]   M. Waidner: "Development of a Secure Electronic Marketplace for Europe".
EU ACTS Projekt SEMPER, Dokument Nr. 431ZR056, 19. Februar 1996,
auch: http://www.zurich.ibm.com/wmi/

[Walr72]   L. Walras: "Mathematische Theorie der Preisbeṣtimmung der wirtschaftlichen
Güter". Topos Verlag, Liechtenstein 1972

[WäRe90]   H. Wächter, A. Reuter: "Grundkonzepte und Realisierungsstrategien des Con-
Tract-Modells". *Informatik – Forschung und Entwicklung*, 5, 1990, S. 202—
212

[WäRe91]   H. Wächter, A. Reuter: "The ConTract Model". In: A.K. Emagarmid, Hrsg.,
Database Transaction Models for Advanced Applications, Morgan Kaufmann,
1991, S. 219—263

[Wayn95]   P. Wayner: "Agents Away". *Byte*, 20(5), 1995, S. 133—138

[Wegn87]   P. Wegner: "The Object-Oriented Classification Paradigm". In: B. Shriver, P.
Wegner, Hrsg., *Research Directions in Object-Oriented Programming*, MIT
Press, 1987, S. 479—560

[Well93]   M.P. Wellman: "A market-oriented programming environment and its application to distributed multicommodity flow problems". *Journal of Artificial Intelligence Research*, 1993, S. 1—23

[Well94]   M.P. Wellman: "A computational market model for distributed configuration
design". In: *Proceedings of the National Conference on Artificial Intelligence*,
AAAI, August 1994, S. 401—407

[Well95]   M.P. Wellman: "Market-oriented programming: Some early lessons". In: S. H.
Clearwater, Hrsg., *Market-based Control: A Paradigm for Distributed Resource
Allocation*, World Scientific, 1995

[WeZd88]   P.Wegner, S.B.Zdonik: "Inheritance as an Incremental Modification Mecha-
nism or What Like Is and Isn't Like". In: S.Ghesseng and K.Nygaard, Hrsg.,
Proceedings European Conference on Object-Oriented Programming 88,
LNCS 322, Springer, Berlin 1988, S. 55—77

[WFMC95]   Workflow Management Coalition Documents. WWW:
http://www.aiai.ed.ac.uk./WfMC/, 1995.

[Whit94]   J.E. White: "Telescript Technology: The Foundation for the Electronic Marketplace". White Paper, General Magic, Inc., 1994

[Will90]   O. Williamson: "Transaction-Cost Economics: The Governance of Contractual
Realtions". *Industrial Organization*, 1990, S. 223—261

[Will91]   O.E. Wlliamson: "The nature of the firm : origins, evolution, and development".
New York, Oxford Univ. Press, 1991

[WiWC92]   G. Wiederhold, P. Wegner, S. Ceri: "Towards Megaprogramming". *Communications of the ACM*, 35(11), November 1992, S. 89—99

[WoJe94]   M.J. Wooldridge, N.R. Jennings: "Agent Theories, Architectures, and Langua-
ges: A Survey". In: M.L. Wooldridge, N.R. Jennings, Hrsg., *Intelligent Agents,
Proc. ECAI-94 Workshop on Agent Theories, Architectures, and Languages*,
LNCS 890, Springer, Berlin, 1994 S. 1—39

[WoTs90]   A. Wolisz, V. Tschammer: "Service Provider Selection in an Open Services
Environment". In: *Proc. Second IEEE Workshop on Future Trends of Distributed Computing Systems*, IEEE Computer Society Press, Los Alamitos, 1990, S.
229—235

[WWRT91]   J.C. Wileden, A.L. Wolf, W.R. Rosenblatt, P.L. Tarr: "Specification-Level Interoperability". *Communications of the ACM*, 34(5), 1991, S. 73—87

[ZaWi95]   A.M. Zaremski, J.M. Wing: "Specification Matching of Software Components". In: *Proc. Third ACM SIGSOFT Symposium on the Foundations of Software Engineering*, October 1995.

[Zbor96]   S. Zbornik: "Elektronische Märkte, elektronische Hierarchien, elektronische Netzwerke: Koordination des wirtschaftlichen Leistungsaustausches durch Mehrwertdienste auf der Basis von EDI und offenen Kommunikationssystemen, diskutiert am Beispiel der Elektronikindustrie". Universitätsverlag Konstanz, Konstanz 1996

[ZhSA93]   W. Zhao, B. Srinivasan, C. Avram: "Prototyping Distributed Applications based on RPC". In: Proc. 12th Phoenix Conference on Computers and Communications, März 1993, S. 517—523

Abbildungsverzeichnis

Tabellenverzeichnis

Verzeichnis der Beispiele

Springer
und
Umwelt

Als internationaler wissenschaftlicher Verlag sind wir uns unserer besonderen Verpflichtung der Umwelt gegenüber bewußt und beziehen umweltorientierte Grundsätze in Unternehmensentscheidungen mit ein. Von unseren Geschäftspartnern (Druckereien, Papierfabriken, Verpackungsherstellern usw.) verlangen wir, daß sie sowohl beim Herstellungsprozess selbst als auch beim Einsatz der zur Verwendung kommenden Materialien ökologische Gesichtspunkte berücksichtigen. Das für dieses Buch verwendete Papier ist aus chlorfrei bzw. chlorarm hergestelltem Zellstoff gefertigt und im pH-Wert neutral.